미헬 레메리 지음
김해경 · 이창훈 옮김
신정훈 · 김한수 감수

하느님과 트윗을

가톨릭이 궁금한 사람들이 묻는 질문 200가지

 TwGOD 어플리케이션을 무료로 다운로드하세요!
〈하느님과 트윗을〉 어플리케이션을 이용하면
이 책의 내용과 관련된 정보를 더 찾아볼 수 있습니다.

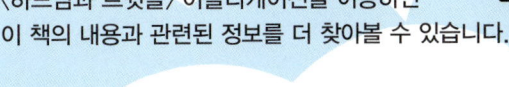

- TwGOD 앱 다운로드: www.tweetingwithgod.com
- 어플리케이션을 실행한 뒤 (SCAN) 로고가 있는 사진을 향해 '책을 스캔하세요.'를 누르세요.
- 손 안에 든 스마트폰을 이용해 동영상을 보고, 외부 링크, 더 읽어 보기를 볼 수 있습니다.

이 책을 요한 바오로 2세 모임the JP2 Group과 〈하느님과 트윗을Tweeting with God〉 기획팀의 청년들에게 바칩니다.

Earlier published by JP2, Leiden, in co-operation with Adveniat Geloofseducatie, Baarn, The Netherlands,
under the title "Twitteren met GOD interactief: Oerknal, bidden, Bijbel, seks, kruistochten, zonde, carrière…", 2012, ISBN 978-94-920-9303-5
© Michel Remery
© JP2 Stichting, Leiden
Cover Photograph © 2009 Roman Eisele
www.jp2.nl | www.tweetingwithgod.com
All rights reserved.

하느님과 트윗을
가톨릭이 궁금한 사람들이 묻는 질문 200가지

2016년 6월 10일 교회 인가
2016년 7월 31일 초판 1쇄 펴냄
2019년 8월 16일 초판 4쇄 펴냄

지은이 · 미헬 레메리
옮긴이 · 김해경, 이창훈
감 수 · 신정훈, 김한수
펴낸이 · 염수정
펴낸곳 · 가톨릭출판사
편집 겸 인쇄인 · 김대영
디자인 자문 · 이창우
편 집 · 김은미, 정주화
디자인 · 강해인

본사 · 서울특별시 중구 중림로 27
지사 · 경기도 고양시 일산동구 노첨길 65
등록 · 1958. 1. 16. 제2-314호
전자우편 · edit@catholicbook.kr
전화 · 1544-1886(대) / (02)6365-1888(물류지원국)
지로번호 · 3000997

ISBN 978-89-321-1450-7 03230

값 15,000원

가톨릭출판사 인터넷쇼핑몰 http://www.catholicbook.kr
직영 매장 명동대성당 (02)776-3601, (070)8865-1886/ FAX (02)776-3602
가톨릭회관 (02)777-2521, (070)8810-1886/ FAX (02)6499-1906
서초동성당 (02)313-1886/ FAX (02)585-5883
서울성모병원 (02)534-1886/ FAX (02)392-9252
절두산순교성지 (02)3141-1886/ FAX (02)335-0213
부천성모병원 (032)343-1886
은평성모병원 (02)363-9119
미주지사 (323)734-3383/ FAX (323)734-3380

가톨릭의 모든 도서와 성물을 '가톨릭출판사 인터넷쇼핑몰'에서 만나 보실 수 있습니다.

이 도서의 국립중앙도서관 출판 예정 도서목록(CIP)은 서지정보유통지원시스템 홈페이지(http://seoji.nl.go.kr)와
국가자료공동목록시스템(http://www.nl.go.kr/kolisnet)에서 이용하실 수 있습니다(CIP제어번호: CIP2016015290).

성경 · 교회 문헌 © 한국천주교중앙협의회

이 책의 한국어판 저작권은 (재)천주교서울대교구 가톨릭출판사에 있습니다.
저작권법에 의해 한국 내에서 보호를 받는 저작물이므로 무단 전재와 무단 복제를 금합니다.

이 책에 관하여

믿음이 깊어지고 예수님과 더 가까워지고 싶습니까? 그렇다면 여러분에게 이 책이 도움을 줄 수 있습니다. 〈하느님과 트윗을Tweeting with GOD〉 프로젝트에서는 성경과 가톨릭교회의 가르침을 바탕으로 하느님에 관해 알려 줍니다. 그래서 혼자서 읽을 수도 있고 모임을 위한 나눔 자료로 활용하거나 교리 교육 후 신앙이 깊어지기를 원할 때 함께하기에 좋은 책입니다. 뿐만 아니라 베드로 사도가 신앙인들에게 "여러분이 지닌 희망에 관하여 누가 물어도 대답할 수 있도록 언제나 준비해 두십시오."(1베드 3,15)라고 이야기했듯이, 다른 사람들에게 자신의 신앙에 대해 말할 때에도 믿음직한 도움이 됩니다.

이 책에 나오는 질문 200가지는 모두 청년들이 직접 제게 물어본 것입니다. 저는 청년들과 함께 지난 몇 년간 네덜란드 레이덴에 있는 본당에서 2주마다 한 번씩 모임을 가졌습니다. 모임에서는 신앙을 주제로 이야기를 나누었는데, 모임 이름은 성인 교황님을 기억한다는 의미로 요한 바오로 2세 모임으로 지었습니다(tweet 2.50 참조). 청년들과 저는 모임에서 제한을 두지 않고 무척 다양한 주제로 이야기를 나누었습니다. 이 책을 집필하면서 저는 마치 모임에서 청년들과 신앙을 주제로 이야기를 나눌 때처럼 썼습니다. 그래서 너무 학문적이지도 않고 아주 철저하지도 않지요. 또한 질문을 쉽게 찾을 수 있도록 큰 주제를 중심으로 내용을 엮었습니다. 또한 웹사이트 www.tweetingwithgod.com와 #TwGOD 어플리케이션으로 소통의 장을 넓혔습니다.

프란치스코 교황은 〈하느님과 트윗을〉 프로젝트가 무척 중요한 의미를 지닌다고 말했습니다. 그래서 이 프로젝트를 축복하시면서 책에 손을 얹고, 진리를 찾아 이 책을 읽는 모든 사람을 위해 기도해 주었지요(사진 참조). 그분의 말씀은 또한 여러분에게도 건네는 말씀이기도 합니다. "예수님은 우리 한 사람 한 사람을 교회에서 그분을 따르는 선교사가 되도록 부르십니다. 오늘도 주님은 여러분을 부르고 계십니다. 군중을 부르시는 게 아니라 바로 여러분 한 사람 한 사람을 부르십니다. 여러분 마음에 그분이 어떤 말씀을 하시는지 귀 기울여 보세요."(2013년 7월 27일 강론; tweet 4.3, 4.4 참조)

이 책에 담긴 질문은 참으로 다양합니다. 처음에는 신앙, 피조물, 성경, 그리고 하느님과 우리의 관계에서 출발합니다. 이어서 교회의 기원과 역사뿐만 아니라 기도 방법, 교회 건물의 역할, 전례와 성사가 가지는 의미까지 폭넓게 다룹니다. 그리고 무엇보다도 신앙인으로서 어떻게 그리스도인다운 삶을 살아야 하는지 여러분에게 이야기합니다.

본문에 있는 '더 읽어 보기'에서는 해당 주제에 대해 더 많이 찾아볼 수 있도록 읽을 자료를 안내합니다. 본문에서는 약어로 표시했습니다.
· 성경
· 《가톨릭 교회 교리서》(약어: CCC)
· 《가톨릭 교회 교리서 요약편》(약어: CCCC)
· 《YOUCAT》(약어: YOUCAT)
이와 관련된 자료는 www.tweetingwithgod.com에서도 찾을 수 있습니다.

서문

이 책은 바로 여러분을 위한 책입니다! 여러분이 이 책을 고른 이유는 저마다 다양하겠지요. 제목이 마음에 들었거나 궁금해하는 질문이 이 책에 실려 있어서일 수도 있고요. 아니면 선물을 받았거나, 다른 사람한테서 신앙에 대해 질문을 받았을 수도 있어요. 또는 단지 심심해서 골랐을 수도 있지요. 그 이유가 무엇이든 여러분에게 4가지를 말씀드리고 싶습니다.

한번 질문을 던져 보세요!
자유롭게 질문을 던져 보세요. 여러분이 던지는 질문 속에는 여러분의 생각과 의심이 드러나 있습니다. 그 질문에서 여러분이 누구이며, 무엇을 원하고, 무엇을 해야 하는지가 드러나지요. 질문에 대한 답은 여러분이 앞으로 나아가도록 도와줍니다. 이 책에서 여러분은 분명 그동안 궁금해하던 질문을 (그리고 바라건대 답도) 많이 마주할 것입니다.

한번 생각해 보세요!
물론 사람은 누구나 생각을 합니다. 그렇지만 진정한 생각은 그리 자주 하지 않는 것 같아요. 나는 누구인가? 나는 어디에서 왔는가? 또 어디로 가는가? 내가 일상생활에서 가장 걱정하는 일은 무엇인가? 그런 질문에 관해 이 책을 읽으면서 여러분이 스스로 생각하며 답을 찾아 나갔으면 합니다.

한번 귀담아들어 보세요!
귀 기울여 듣는 건 참 힘든 일입니다. 마음속으로 자신이 이미 답을 안다고 생각할 때는 더더욱 그렇지요. 진정으로 귀담아들으면 여러분이 누구인지, 어떤 생각을 하는지, 무엇을 믿는지 등이 드러납니다. 이 책에 실린 짧은 트윗이 그런 면에서 도움이 될 것입니다.

한번 믿어 보세요!
어떤 사람들은 예수님을 믿는 것은 논리적이지 않다고 말하지만 전혀 그렇지 않습니다. 오히려 정반대이지요. 예수님께 믿음을 두기만 해도 많은 질문에 답을 얻을 수 있습니다. 하지만 중요한 것은 예수님을 머리로만 믿는 것이 아니라 마음으로 믿는 것입니다.

부르심 이야기
청년들과의 모임에서 부르심을 주제로 이야기할 때면 제가 사제가 된 계기에 대해서 질문을 많이 받습니다. 저는 델프트 공과 대학을 졸업하고 나서 건축가로 일했습니다. 일을 할수록 성취감을 느꼈고 월급도 괜찮았습니다. 여자 친구도 있고 경력도 쌓였으며, 성장할 기회도 많은 데다가 멋진 차도 있었지요. 하나도 나무랄 데가 없어 보였습니다. 그렇지만 저는 이유를 모른 채 항상 불만족스럽게 살았습니다. 원하는 것을 다 가졌는데 왜 이럴까 하는 생각만 들었지요. 얼마간 계속 그런 생각이 떠나지 않았습니다. 그래서 어느 날 저는 한 신부님에게 영적 지도자가 되어 달라고 부탁했습니다(tweet 3.4, 4.6 참조). 그 신부님에게 처음에는 기도하는 방법을 배웠습니다. 그러고 나서 하느님을 신뢰하는 방법을 배웠지요. 쉽지 않더라고요! 솔직히 말해 지금도 늘 쉬운 것은 아니랍니다. 하지만 더 많은 것을 가지고 싶다는 갈망과 노심초사하며 걱정하는 일이 줄어든다는 느낌이 들었고 하느님이 저에게 요청하시는 게 다 좋아 보였습니다. 그리고 마침내 기도 중에 답을 찾았습니다. 사제가 되어 하느님과 진정으로 행복해지고 싶다는 생각이 든 것이지요. 사제가 되겠다는 결정은 지금도 제 삶에서 가장 잘한 결정이라고 생각해요! 하느님은 여러분을 위해서도 계획이 있으십니다. 그리고 중요한 것은, 그분의 계획에 협

력한다면 여러분은 분명 행복할 것이라는 사실입니다. 그렇기에 저는 여러분이 하느님을 믿고 그분의 부르심을 따르도록 돕고 싶습니다(tweet 4.6 참조).

예수님을 향한 여정에 함께하실래요?

하느님을 믿는 것은 늘 쉽지만은 않습니다. 건축학을 공부할 때 저는 종종 성당에 갔는데, 거기에는 늘 연로한 분들밖에 없었어요. 그래서 교회가 분명 얼마 못 가 사라지리란 생각이 들었습니다. 하지만 1995년 마닐라에서 열린 세계 청년 대회에 참여하여 전 세계에서 모인 청년들을 만났을 때 그런 생각이 바뀌었어요. 제 또래인 그들은 예수님을 향한 열정에 가득 차 있었습니다.

예수님을 알기까지 저는 긴 여정을 걸었습니다. 물론 지금도 여전히 그분에 관해서 모르는 게 많습니다. 그래서 계속 질문을 던지지요. 그런데 제 마음속에는 어떤 확신이 있습니다. 바로 제가 예수님께 온전히 의지할 수 있고 교회에 기댈 수 있다는 믿음이지요. 예수님을 믿는 것, 그것이 믿음입니다. 삶의 여정에서 깨달은 것은, 예수님이 저와 친구가 되고 싶어 하신다는 사실입니다. 저를 걱정하고 제가 잘되기만을 바라는 그런 친구 말입니다. 그래서 어려울 때에도, 마음이 울적하거나 고통을 당할 때에도 저는 행복합니다. 왜냐하면 저는 결코 혼자가 아니니까요!

여러분이 그런 사실을 깨닫는 데 이 책이 도움이 될 것입니다. 예수님은 진심으로 여러분의 친구가 되고 싶어 하세요. 그분이 바라시는 것은 오직 하나입니다. 바로 여러분이 이 세상에서도 내세에서도 정말로 행복해지는 것이지요. 그래서 예수님은 여러분이 궁금해하는 질문에 하나도 빠짐없이 답해 주고 싶어 하십니다. 그래서 여러분이 그분을 더 깊이 알고, 그분과 이야기 나누고 그분께 기도하며, 신앙이 얼마나 좋은 일인지 깨닫기를 바라십니다.

미헬 레메리 신부

추천의 말

성인들 가운데는 책 한 권으로 삶이 바뀐 분들이 있습니다. 중세를 열었다고 표현하는 아우구스티노 성인(354~430년)은 어느 날 "집어라, 읽어라Tolle, Lege!"라고 어린이들이 부르는 노랫소리에 성경을 집어 들고 바오로 사도의 말씀을 만나게 됩니다. 이후 성인은 세례를 받았고, 몇 년 후 사제가 되었으며 훗날 히포의 주교가 되었습니다.

예수회를 설립한 로욜라의 이냐시오 성인(1491~1556년)은 군인이었습니다. 그는 팜플로나 전투에서 큰 부상을 입은 뒤 집에서 여러 달 동안 치료를 받았습니다. 이 시기에 그는 예수님과 성인들에 관한 책들을 많이 읽으면서 회심의 길로 들어서게 됩니다(tweet 2.40 참조).

한국 천주교회가 시작되는 데 주도적인 역할을 한 이승훈(1756~1801년)과 이벽(1754~1785년) 등은, 중국에서 선교한 마테오 리치Mateo Ricci 신부가 쓴 《천주실의天主實義》와 이 책을 소개한 이수광의 《지봉유설芝峰類說》 등의 영향을 많이 받았습니다. 그리고 이런 서학 서적을 접한 뒤에 천주교 신앙에 관심을 가지면서 사람들과 만나고 모임을 시작했습니다.

아우구스티노 성인은 암브로시오 성인을 만나 큰 영향을 받았고 서방 그리스도교의 가장 위대한 교부이자 교회 학자가 되었습니다. 또한 로욜라의 이냐시오 성인은 뜻을 같이하는 동료 6명과 함께 예수회를 설립하게 됩니다. 그리고 이벽과 이승훈은 권철신, 권상문, 정약전, 정약용, 김범우 등과 더불어 명례방 공동체를 통해 한국 천주교회 설립에 첫걸음이 됩니다. 이렇듯 책 한 권은 그것을 이해하고 함께 이야기를 나누는 과정에서 신앙인의 여정에 적지 않은 역할을 합니다.

네덜란드의 미헬 레메리 신부님이 쓴 책 《하느님과 트윗을Tweeting with God》이 한국에서 출간되었습니다. 이 책의 저자인 레메리 신부님은 미사 후에 본당 청년들에게서 신앙에 관한 질문을 받은 일을 계기로, 다양한 방법으로 청년들의 질문들을 모았다고 합니다. 그리고 이에 대해 청년들과 이야기를 나누었고, 그 나눔이 바로 이 책으로 거듭난 것입니다. 그래서 이 책은 이 시대를 살아가는 젊은이들이 실질적으로 품을 만한 질문들을 모았다고 할 수 있습니다. 이 질문들은 신앙의 싹을 틔우는 생각을 품고 있기에 소중합니다. 레메리 신부님은 이 책에서 그 해답을 함께 찾아가자고 우리에게 손을 내밉니다. 앞서 말씀드린 아우구스티노 성인, 로욜라의 이냐시오 성인, 이승훈과 이벽이 걸은 여정이 이미 이 책에도 이어지고 있는 듯합니다.

이 책에는 신앙에 대한 가장 기초적인 질문부터 교회의 구성과 역사, 기도와 성사, 지금 우리의 삶과 연결된 질문까지 두루 담겨 있습니다. 이 책을 혼자서 읽고 배워 나갈 수도 있지만, 모임을 통해서 서로 생각을 나누며 읽는 것이 더 좋습니다. 그래서 이 책은 모임을 잘할 수 있는 방안들도 첨부되어 있습니다. 생각을 나누고 소통하는 동안 우리는 하느님의 사랑을 더 깊이 느낄 수 있을 것입니다.

이 책의 특징은 가르치고 일깨우기보다는 함께 질문하고 더불어 고민하는 책이라는 점입니다. 신앙 안에서, 우리 삶에서 부딪히게 되는 여러 문제들을 솔직하게 이야기하며 함께 고민을 나눌 수 있습니다. 그래서 우리는 이 책을 읽으며 더 많은 질문을 하게 되고 그 질문으로 나눔을 하다 보면 삶과 신앙, 이웃과 나, 하느님과 나의 관계를 곰곰이 되짚어 보면서 진정한 답을 찾아낼 수 있습니다.

또한 이 책은 끊임없이 소통하는 책이라고도 할 수 있습니다. 각 질문들이 서로 연결되어 있어서 하나의 질문이 다른 질문으로 계속 이어 나가도록 하기 때문이지요. 그래서 서로 연결된 항목들을 참고하며 배워 나갈 수 있습니다. 특히 이 책은 홈페이지, 어플리케이션, SNS를 통해서도 만날 수 있습니다. 레메리 신부님은 이 책을 거대한 하나의 프로젝트로 보고 현 시대에 맞추어 다양한 네트워크로 많은 이들과 의견을 나눌 수 있는 장을 마련했습니다.

이 책으로 우리 청년들도 하느님과 신앙에 대해 함께 터놓고 이야기를 나눌 수 있기를 기대해 봅니다. 그리고 나눔을 지속적으로 하기를 바랍니다. 또한 이 책에서도 자주 인용하는《성경》,《가톨릭 교회 교리서》,《가톨릭 교회 교리서 요약편》, 《YOUCAT》 등을 읽으면서 그 나눔이 더욱 풍요로워지게 하십시오. 하느님을 알고 싶은 사람에게는 그분을 알아 가는 여정 자체가 기쁨이요 희망이 됩니다.

교회의 전통 안에서 기도는 '하느님과 나누는 대화'라고 말합니다. 그런 의미에서 기도는 결국 '하느님과 함께with God 재잘거리는tweet 것'이라 할 수 있습니다. '하느님과 트윗을!Tweeting with God' 어려운 시대를 살아가는 이 땅의 젊은이들이 이 책을 통해 하느님께 조금 더 다가가고 그분 안에서 희망을 품고 용기와 힘을 내기를 저도 함께 기도하겠습니다.

서울대교구 청소년 담당 교구장 대리
한국천주교주교회의 청소년사목위원회 위원장

정순택 베드로 주교

✝ 정 순 택

차례

이 책에 관하여 · 3 ｜ 서문 미헬 레메리 신부 · 4 ｜ 추천의 말 정순택 베드로 주교 · 6

제1부 하느님에 관한 트윗, 시작과 끝

창조인가요 우연인가요?

1.1 과학은 하느님에 대한 믿음과 배치되나요? · 18
1.2 아담과 하와의 이야기는 실제로 있었던 일인가요? · 20
1.3 진화론은 가톨릭 신앙과 어긋나지 않나요? · 22
1.4 이 세상에 악이 존재하는 까닭은 무엇인가요? · 24
1.5 과학과 신앙은 서로 모순되나요? · 26
1.6 자연을 보며 하느님이 계심을 알아볼 수 있나요? · 28
1.7 왜 하느님을 믿어야 하나요? · 30
1.8 진리란 무엇인가요? · 32
1.9 신앙은 논리적인가요? 신앙에 대해 질문을 해도 되나요? · 34

성경, 진리인가요 거짓인가요?

1.10 성경이 중요한 이유는 무엇인가요? · 36
1.11 하느님은 오직 성경을 통해서만 우리에게 말씀하시나요? 아니면 다른 방법으로도 말씀하시나요? · 38
1.12 하느님이 성경을 직접 쓰셨나요? · 40
1.13 성경은 어떤 언어로 쓰였나요? · 42
1.14 성경과 코란은 어떻게 다른가요? · 44
1.15 구약 성경은 어떤 구조로 되어 있나요? · 46
1.16 가톨릭의 구약 성경과 유다교의 타나크는 어떻게 다른가요? · 48
1.17 신약 성경은 언제, 어떻게 생겨났나요? · 50
1.18 신약 성경은 어떻게 구성되어 있나요? · 52

성경 읽기

1.19 성경에 있는 규정을 모두 지켜야 하나요? · 54
1.20 성경을 어떻게 이해하는 것이 좋을까요? · 56
1.21 성경의 놀라운 이야기는 단지 꾸며 낸 이야기가 아닌가요? · 58

구약 성경의 주요 사건

1.22 노아의 시대에 무엇 때문에 대홍수가 일어났나요? · 60
1.23 아브라함은 왜 그토록 중요한가요? · 62

1.24 왜 이스라엘 백성은 40년간 광야에서 헤맸나요? · 64
1.25 욥의 이야기가 주는 교훈은 무엇인가요? · 66

예수님은 우리를 위해 무엇을 하셨나요?
1.26 왜 예수님은 우리를 위하여 돌아가셨나요? · 68
1.27 계약이란 무엇인가요? 그리고 하느님의 구원 계획은 무엇인가요? · 70
1.28 예수님은 왜 그토록 참혹하게 돌아가셔야 했나요? · 72
1.29 예수님은 단지 훌륭한 사람이나 현자가 아니었나요? · 74
1.30 예수님께 형제와 누이가 있었나요? · 76

성령은 무엇을 하시나요?
1.31 성령은 누구신가요? · 78
1.32 성령은 무엇을 하시나요? 저에게 성령이 필요한가요? · 80
1.33 하느님이 한 분이자 세 분이시라니, 무슨 소리인가요? · 82

악과 고통
1.34 하느님께서 악을 창조하셨나요? 나의 죄와는 무슨 상관이 있나요? · 84
1.35 하느님이 전능하신 분이시라면, 왜 재난이 일어나나요? 왜 악이 존재하나요? · 86
1.36 사람들이 죽는 것은 하느님의 뜻인가요? · 88
1.37 고통은 우리가 하느님께 가까이 다가가는 데 도움이 될 수 있나요? · 90

마리아와 천사들
1.38 마리아는 왜 중요한가요? · 92
1.39 마리아가 하느님이 아니라면, 왜 마리아를 이토록 공경하나요? · 94
1.40 마리아는 평생 동정이었으며 죄를 지으신 적이 없었나요? · 96
1.41 천국에 정말 천사들이 있나요? · 98
1.42 타락한 천사는 왜 그렇게 되었나요? · 100

천국, 지옥, 아니면 연옥?
1.43 죽으면 어떻게 되나요? · 102
1.44 죽자마자 심판을 받나요? · 104
1.45 영원한 삶은 어떤 것일까요? · 106
1.46 지옥은 어떤 곳인가요? · 108
1.47 연옥을 두려워해야 하나요? · 110
1.48 천국에서 제 애완동물을 만날 수 있나요? · 112
1.49 종말은 언제인가요? · 114
1.50 부활은 얼마나 중요한가요? · 116

제2부 교회의 기원과 미래에 관한 트윗

오늘의 교회
2.1 교회란 무엇인가요? 누가 교회 안에 있나요? · 120
2.2 교회는 누가 어떻게 통치하나요? · 122
2.3 사도좌란 무엇인가요? · 124
2.4 교황은 어떻게 될 수 있나요? · 126
2.5 교황청이란 무엇인가요? · 128
2.6 바티칸은 진짜 국가인가요? · 130
2.7 교회가 그렇게 부유한 것은 비그리스도교적인 것 아닌가요? · 132
2.8 교황 대사는 누구인가요? · 134
2.9 수도자는 어떤 사람들인가요? · 136
2.10 수도자와 성직자의 복장은 무엇을 의미하나요? 누가 누구인가요? · 138

교회의 기원
2.11 교회의 기원은 무엇인가요? 교회는 어떻게 시작했나요? · 140
2.12 하나인 교회, 그런데 그리스도인은 왜 갈라졌나요? · 142
2.13 교회가 진리를 말한다는 것을 어떻게 확신할 수 있나요? · 144
2.14 교회 없이도 좋은 그리스도인이 될 수 있나요? · 146

예수님과 사도들 그리고 교황
2.15 사도들은 누구인가요? 그들의 후계자는 누구인가요? · 148
2.16 예수님은 여성을 차별하셨나요? · 150
2.17 교황은 베드로 사도의 후계자인가요? · 152

로마인, 공의회 그리고 교회 교부들
2.18 오순절 이후에 어떻게 됐나요? · 154
2.19 그리스도인은 왜 로마인에게 박해를 받았나요? · 156
2.20 콘스탄티누스 황제는 어떤 변화를 가져왔나요? · 158
2.21 초기 교회의 조직은 어떠했나요? · 160
2.22 공의회란 무엇인가요? · 162
2.23 주요 공의회와 그 내용은 무엇인가요? · 164
2.24 교부란 무엇인가요? · 166
2.25 수도 생활은 어떻게 시작됐나요? · 168

이슬람과 정교회 그리고 선교

2.26 이슬람의 기원은 무엇인가요? · 170
2.27 북유럽 지역은 어떻게 가톨릭을 믿게 되었나요? · 172
2.28 중세에 왕과 교황의 관계는 어떠했나요? · 174
2.29 중세에 일어난 영적 쇄신은 무엇인가요? · 176
2.30 정교회는 어떻게 생겨났나요? · 178
2.31 폭력을 사용하는 십자군이 왜 있었나요? · 180
2.32 스페인 종교 재판소란 무엇이었나요? · 182

종교 개혁을 향해

2.33 르네상스가 시작할 때에 교회에는 무슨 일이 있었나요? · 184
2.34 교회는 왜 아메리카 원주민들에게 잔인했나요? · 186
2.35 대사는 무엇인가요? 교회는 대사부를 팔 수 있나요? · 188
2.36 종교 개혁을 촉발시킨 사상은 무엇이었나요? · 190
2.37 개신교와 가톨릭의 차이는 무엇인가요? · 192
2.38 종교 개혁의 결과는 무엇이었나요? · 194
2.39 성공회란 무엇인가요? · 196

교회의 반응

2.40 반종교 개혁이란 무엇인가요? · 198
2.41 트리엔트 공의회란 무엇이었나요? · 200
2.42 계몽주의 시대에 교회는 무슨 역할을 했나요? · 202
2.43 프랑스 혁명의 결과는 어떠했나요? · 204
2.44 제1차 바티칸 공의회란 무엇인가요? · 206
2.45 교회는 19세기의 사회 변화에 대해 어떻게 대응했나요? · 208

20세기의 교회

2.46 20세기 초, 교회의 상황은 어떠했나요? · 210
2.47 교회는 왜 나치에 반대하지 않았나요? · 212
2.48 제2차 바티칸 공의회는 무엇이었나요? · 214
2.49 제2차 바티칸 공의회 이후에 무슨 일이 일어났나요? · 216
2.50 요한 바오로 2세 교황님은 어떤 분이었나요? · 218

제3부 여러분과 하느님에 관한 트윗, 기도와 성사

기도

3.1 왜 기도해야 하나요? 그리고 어떻게 기도해야 하나요? · 222
3.2 기도는 하느님께 말씀드리는 것과 같은 건가요? · 224
3.3 어떻게 하면 기도를 잘할 수 있나요? · 226
3.4 올바른 결정을 내리는 데 기도가 도움이 되나요? · 228
3.5 기도는 왜 어렵고 지루하게 느껴질까요? · 230
3.6 기도할 때 왜 아무런 응답이 없을까요? · 232
3.7 기도를 하기 위해 어떻게 시간을 내나요? 일상생활에서 하느님은 어디에 계신가요? · 234

기도의 형태

3.8 성경 구절로 어떻게 기도하나요? · 236
3.9 성부, 성자, 성령 중 어느 분에게 기도하나요? 마리아와 성인들에게도 기도하나요? · 238
3.10 왜 똑같은 기도를 계속해서 반복하나요? · 240
3.11 '주님의 기도'는 어떤 기도인가요? · 242
3.12 묵주 기도는 어떻게 하나요? · 244
3.13 시간 전례는 무엇인가요? · 246
3.14 성체 조배를 할 때 어떻게 시간을 보낼 수 있을까요? · 248

전통과 신심

3.15 성수는 어떻게 만드나요? 축복은 어떤 작용을 하나요? · 250
3.16 성해는 무엇인가요? · 252
3.17 왜 성지 순례와 행렬을 하나요? 피정이란 무엇인가요? · 254
3.18 악마를 몰아내기 위한 구마는 진짜인가요? · 256
3.19 이슬람교도와 유대인은 돼지고기를 먹지 않는데 가톨릭 신자들은요? · 258

교회 건물의 내부

3.20 성당은 왜 하느님의 집이라고 하나요? · 260
3.21 성당 안에서 중요한 곳은 어디인가요? · 262
3.22 세례소는 무엇인가요? 그리고 성당 안에는 왜 조각상이 있나요? · 264
3.23 교회 건축 양식은 어떻게 변화해 왔나요? · 266

전례

3.24 전례는 무엇인가요? · 268

3.25 전례에서 하는 동작과 전례에 사용되는 색깔은 무엇을 의미하나요? · 270

3.26 교회는 교회만의 달력이 있나요? · 272

3.27 연중 시기에는 어떤 축일들이 있나요? · 274

교회의 중대한 축일

3.28 예수 성탄 대축일이 가장 중요한 대축일인가요? · 276

3.29 사순 시기에는 왜 단식을 하나요? · 278

3.30 성삼일은 무엇인가요? · 280

3.31 성금요일에 꼭 성당에 가야 하나요? · 282

3.32 부활 성야에는 무엇을 하나요? · 284

3.33 예수 부활 대축일이 얼마나 중요한가요? '우르비 엣 오르비'는 무엇인가요? · 286

3.34 주님 승천 대축일과 성령 강림 대축일은 언제 기념하나요? · 288

성사

3.35 성사는 무엇인가요? · 290

3.36 세례는 어떤 효과가 있나요? · 292

3.37 견진성사로 성령께서 우리에게 두 번째로 내려오시나요? · 294

3.38 왜 바로 하느님께 고백하지 않고 사제에게 고백하나요? · 296

3.39 고백을 제대로 하려면 어떻게 해야 하나요? · 298

3.40 병자성사는 종부성사와 같은 것인가요? · 300

3.41 왜 여성이나 결혼한 남성은 사제가 될 수 없나요? · 302

3.42 모든 신자들의 보편 사제직이란 무엇인가요? · 304

3.43 혼인은 그리스도인에게 왜 그렇게 중요한가요? · 306

성체성사

3.44 미사는 왜 지루한가요? · 308

3.45 미사는 어떻게 구성되어 있나요? · 310

3.46 왜 희망이 아닌 죄를 강조하나요? · 312

3.47 누가 독서를 선택하나요? 강론하는 동안에 자도 되나요? · 314

3.48 성체 안에 예수님이 정말로 현존하시나요? 성체 축성은 무엇인가요? · 316

3.49 누구든지 영성체를 할 수 있나요? · 318

3.50 미사가 끝날 때 우리는 왜 파견되나요? · 320

제4부 그리스도인의 생활에 관한 트윗, 신앙과 윤리에 대해

소명
4.1 왜 우리는 여기 이 세상에 있나요? · 324
4.2 왜 사는 걸까요? · 326
4.3 하느님이 제게 요청하시는 것은 무엇인가요? · 328
4.4 나는 예수님을 어떻게 따를 수 있나요? 또 나의 부르심은 무엇인가요? · 330
4.5 하느님의 부르심을 받은 분들은 누가 있나요? · 332
4.6 어떻게 하느님의 뜻을 알 수 있나요? · 334

그리스도인의 삶을 살기
4.7 그리스도인들은 다른 사람들과 다르게 사나요? · 336
4.8 믿음과 실천은 어떤 관계인가요? · 338
4.9 십계명은 여전히 중요한가요? · 340
4.10 어떤 그리스도인들은 왜 위선적이며 하느님의 법을 위반하나요? · 342
4.11 교회법은 왜 필요한가요? · 344

성덕으로 부르심
4.12 은총이란 무엇인가요? · 346
4.13 죄란 무엇인가요? · 348
4.14 예수님은 용서하는 분이시지만 저도 과연 그럴 수 있을까요? · 350
4.15 성인이란 무엇인가요? · 352
4.16 성인들이 저렇게 많은데 어느 성인에게 기도해야 하나요? · 354
4.17 성인은 어떻게 될 수 있나요? · 356
4.18 기적은 무엇인가요? 그것은 요술과 어떤 점에서 다른가요? · 358

성
4.19 교회는 왜 혼인과 가정을 강조하나요? · 360
4.20 '혼전 성관계를 하지 않는 것'은 구식인가요? · 362
4.21 사람들이 혼인하도록 지어졌다는데 왜 독신을 선택하는 사람들이 있는 건가요? · 364
4.22 정결은 왜 지켜야 하나요? · 366
4.23 교회가 생명을 보호하고 싶어 하면서 왜 아프리카에서 콘돔을 배포하는 일에 반대했나요? · 368
4.24 왜 교회는 '동성 결혼'을 반대하나요? · 370
4.25 자연 주기법은 어떻게 하나요? · 372

인간 생명

4.26 인간 생명은 언제 시작되나요? · 374

4.27 태아 검사의 문제점이 뭔가요? · 376

4.28 낙태는 나쁜가요? · 378

4.29 낙태는 어떤 방법으로 이뤄지나요? · 380

4.30 여성이 성폭행을 당했다거나 아기를 갖고 싶지 않다거나 또는 아프다면요? · 382

4.31 내 신체가 만족스럽지 않아요. 그런데도 있는 그대로 받아들여야 하나요? · 384

인공 수정, 배아, 복제

4.32 아기를 가질 수 없을 경우에는 어떻게 해야 하나요? · 386

4.33 인공 수정과 대리모에 대해서는 어떻게 생각해야 하나요? · 388

4.34 시험관 아기란 무엇이며 무엇이 잘못된 것인가요? · 390

4.35 복제란 무엇이며 우리는 이에 대해 어떤 입장을 취해야 하나요? · 392

4.36 줄기세포와 유전자 변형 작물은 무엇이며 우리는 이에 대해 어떠한 입장을 취해야 하나요? · 394

생명의 끝

4.37 사람이 죽었다고 판단 내리는 때는 언제인가요? · 396

4.38 안락사는 언제나 나쁜 건가요? · 398

4.39 어떤 대가를 치르더라도 생명을 계속 유지시켜야 하나요? · 400

4.40 장기 기증이나 헌혈은 어떤가요? 그리고 견디기 힘든 치료는 거부할 수 있나요? · 402

4.41 자살하면 지옥에 가나요? · 404

4.42 그리스도인들은 사형에 반대하나요? · 406

사회와 공동체

4.43 정당방위로 폭력을 사용하는 것은 허용되나요? · 408

4.44 그리스도인이 군에 입대하거나 전쟁에 참여할 수 있나요? · 410

4.45 그리스도인이 가난한 이들을 돌봐야 하는 이유는 무엇인가요? · 412

4.46 도박, 알코올, 약물에 빠지는 것이 죄가 되나요? · 414

4.47 사회 매체를 올바로 사용하는 방법은 무엇인가요? · 416

4.48 정치 · 경제 · 환경에 관한 그리스도인의 역할은 무엇인가요? · 418

4.49 새로운 복음화란 무엇인가요? · 420

4.50 복음을 전하기 위해 저는 어떻게 해야 하나요? · 422

부록 1 성경 약어 · 424 | 부록 2 가톨릭교회에서의 명칭과 표현 · 425 | 부록 3 역대 교황 · 426

부록 4 성경으로 기도하기 · 429 | 부록 5 기도로 하루를 돌아보기 · 430 | 색인 · 431

일러두기

책에 관해
인명 표기는 주교회의의 기준과 국립국어원의 기준을 따랐습니다. 그 외 지명 등의 표기는 국립국어원 기준을 따랐습니다.
마더 데레사 복녀는 시성이 공포되어 2016년 9월 4일 시성될 예정이므로 성녀로 표기했습니다.
책의 일부 내용은 이해를 돕기 위해 한국 실정에 맞게 바꾸었기에 원문과 다소 차이가 있습니다.

앱의 이용에 관해
한국어 일부 서비스는 저작권자와 협의 후 제공될 예정입니다.

제1부

하느님에 관한 트윗, 시작과 끝

 1.1 과학은 하느님에 대한 믿음과 배치되나요?

오래전부터 과학자들은 세상의 기원을 알고자 애썼습니다. 예를 들어 유럽에서는 빅뱅의 모형을 만들어 보려고 물리학 연구 기관인 유럽입자물리연구소CERN에서 매우 복잡한 실험 장치를 만들기도 했지요. 그런데 일부 사람들은, 교회가 그런 입장에 반대하고 우주의 기원에 대한 설명으로 창세기에 나오는 천지 창조의 이야기(창조설이라고도 하지요.)만을 받아들인다고 생각합니다(tweet 1.2 참조). 그렇지만 이는 분명 사실이 아닙니다. 교회는 절대로 과학을 반대하지 않습니다.

빅뱅 이론

교회는 오랫동안 위대한 과학자를 많이 배출했습니다(더 알기 참조). 예를 들어, 빅뱅 이론을 처음 주장한 이는 가톨릭 사제인 조르주 르메트르 신부(†1966년)였습니다. 그는 여러 면에서 교회의 인정을 받는데, 그런 사실에서 그의 이론이 신앙과 모순되지 않음을 알 수 있습니다. 사실 르메트르 신부의 견해는 교회 밖에서 많은 반대를 받았고 오히려 비오 12세 교황(†1958년)은 그의 이론을 지지했지요. 비록 빅뱅 이론은 하느님이 세상을 창조하신 것을 직접 입증하지 못합니다. 하지만 이 이론은 하느님이 한처음에 "빛이 생겨라."(창세 1,3) 하고 말씀하셨다는 성경의 천지 창조 이야기와 함께 설명할 수 있습니다. 빅뱅 이론을 알고 약 140억 년 전에 하느님이 이 창조의 폭죽을 터뜨리기 위해 성냥불을 붙이셨다고 이해하더라도 아무런 문제가 없으니까요.

멘델의 유전 법칙

빅뱅 이론뿐만 아니라 유전 법칙 또한 가톨릭 사제가 처음 내세웠습니다(tweet 1.3 참조). 바로 그레고어 멘델 신부(†1884년)입니다. 이러한 이론들에 따르면 우주와 생명은 시간이 지나면서 점진적으로 발전합니다. 이는 하느님이 사람에게 피조물의 발전에 기여하도록 하셨다고 이해하는 가톨릭교회의 입장과 일치하지요(tweet 1.3 참조). 라틴어 에볼베레evolvere는 '펼쳐지다'라는 뜻으로, 아우구스티노 성인이 우주의 진화를 설명하는 데 쓴 단어입니다. '진화'를 뜻하는 영어 단어evolution도 여기서 유래했습니다.

빅뱅 이론과 멘델의 유전 법칙은 시간이 지나면서 만물이 어떻게 변화하는지를 잘 설명해 줍니다. 그렇지만 이러한 이론들에서 설명하는 만물은 스스로 창조하지는 못합니다. 이를 통해 우리는 만물의 시초가 되는 제1원인이 필요하다는 것을 알 수 있습니다(tweet 1.9 참조). 이 제1원인을 우리는 하느님이라고 부릅니다. 그뿐만 아니라 가톨릭 사상가들은 다른 사람들과 마찬가지로 우주의 위대한 질서와 아름다움을 간파했습니다. 이러한 숨어 있는 질서는 겉으로 증명되지 않지만 우주가 하느님의 창조적인 지성의 활동이라는 믿음으로 이끕니다.

무無에서 창조된 만물

창조 설화에서 우리는 하느님이 얼마나 신중하게 세상을 만드셨는지를 알 수 있습니다. 하느님은 무無에서(라틴어, 엑스 니힐로ex nihilo) 만물을 창조하셨습니다. 수많은 태양계를 포함한 방대한 우주도, 우리 몸속에 있는 가장 작은 분자도 모두 하느님이 창조하셨습니다. 이런 사실을 깨닫는다면, 우리는 하느님의 친밀함을 경험하고 하느님이 어디에나 계시며, 지구에서 아득히 먼 우주에도 계심을 알게 될 것입니다. 만약 우주 여행자가 행성 사이의 어둠 속을 떠다닌다 해도, 거기에도 또한 하느님이 계시겠지요(시편 139,8-12 참조).

| 더 알기

유명한 과학자 가운데 가톨릭 신자는 누구인가요?

위대한 과학자 가운데는 가톨릭 신자가 많습니다. 예를 들면, 프란치스코회 수사 사제인 로저 베이컨 신부(✝1292년)는 교황의 분부를 받아 철학과 자연과학에 관한 저술을 했습니다. 니콜라우스 쿠사누스 추기경(✝1464년)은 근시인 사람을 도우려고 렌즈를 개발했지요.

놀라운 발명품을 만든 레오나르도 다 빈치(✝1519년)와 지동설을 처음 주장한 니콜라우스 코페르니쿠스(✝1543년)도 가톨릭 신자였습니다. 예수회 출신 학자인 마테오 리치(✝1610년)는 처음으로 중국어 사전을 썼고 예수회의 안젤로 세키(✝1878년)는 맨 처음 별을 스펙트럼에 따라 분류하여 천체 분광학이라는 새로운 학문 분야를 열었습니다. 장 바티스트 라마르크(✝1884년)는 찰스 다윈보다 먼저 진화론을 내세워 학문으로 체계화했습니다. 또한 앞서 말한 그레고어 멘델 신부는 유전학의 시조입니다(tweet 1.3 참조). 전기 분야에 위대한 발자취를 남긴 알레산드로 볼타(✝1827년)와 앙드레 마리 앙페르(✝1836년)도 모두 가톨릭 신자였습니다.

세계 지도를 만든 것도 가톨릭 신자였습니다. 마르코 폴로(✝1324년), 바르톨로메우 디아스(✝1500년), 크리스토퍼 콜럼버스(✝1506년)가 그런 예입니다.

 빅뱅 이론은 하느님에 대한 믿음과 배치되지 않습니다. 오히려 그 이론은 하느님이 어떻게 우주를 창조하셨는지 알려 주는 이론으로 볼 수 있습니다.

더 읽어 보기
천지 창조: CCC 282–299항; CCCC 54항; YOUCAT 43항.

1.2 아담과 하와의 이야기는 실제로 있었던 일인가요?

성경은 우리의 첫 조상인 아담과 하와의 창조에 대해 이야기합니다. 창조 설화에는 한 이야기에 이어 다음 이야기가 뒤따르는데(창세 1,26-28. 2,7-8.18-24 참조), 창조 설화가 두 가지라는 사실만 봐도 곧 그것이 일어난 일을 있는 그대로 묘사한 것이 아님을 알 수 있습니다. 그렇지만 그 이야기들은 터무니없지 않습니다. 중요한 것은 '어떻게' 창조되었는지가 아니라 '왜' 창조되었는지이기 때문입니다.

아담과 하와의 이야기는 하느님과 인간의 관계 그리고 인간과 인간의 관계에 관해 많은 것을 가르쳐 줍니다. 예를 들어, 이 이야기는 하느님이 당신의 계획에 따라 우리를 창조하셨음을 알려 줍니다. 또한 "하느님께서 보시니 손수 만드신 모든 것이 참 좋았다."(창세 1,31)라고 여기셨음을 말해 줍니다. 그렇기에 우리는 우리가 어떤 존재이고, 또 누구인지에 대해 기뻐할 수 있습니다. 또한 이 이야기는 우리가 아담과 하와를 같은 조상으로 모시기에 모두 한 가족이며, 우리를 죄짓게 하는 똑같은 '유전병', 즉 타락한 인간의 본성을 지니고 있음을 알려 줍니다(tweet 1.4 참조).

우리에게 부여된 일

세상을 창조하실 때 하느님은 인간을 창조하시는 일에 특별히 주의를 쏟으셨습니다. 그분은 당신을 닮은 모습으로 우리를 만드셨습니다(창세 1,26 참조). 이 말은 피조물 가운데 우리가 독특한 위치를 차지한다는 뜻입니다(tweet 1.48 참조). 그리고 하느님이 우리를 사랑하시듯이, 우리도 하느님과 다른 사람들을 사랑할 수 있다는 뜻이기도 합니다. 하느님은 사람이 혼인을 하도록 우리를 남자와 여자로 만드셨습니다(창세 2,24 참조; tweet 4.19 참조). 또한 하느님은 우리 인간에게 특별히 세상에 대한 과업을 주셨습니다. 온갖 생물에게 이름을 붙이게 하신 것입니다(창세 2,19 참조). 하느님은 아담과 하와에게 이렇게 말씀하셨습니다. "자식을 많이 낳고 번성하여 땅을 가득 채우고 지배하여라. 그리고 바다의 물고기와 하늘의 새와 땅을 기어 다니는 온갖 생물을 다스려라."(창세 1,28) 이러한 책임에는 피조물에 대한 존중도 속합니다(CCC 2415항 참조; tweet 4.48 참조). 그러니 환경을 돌보는 일은 가톨릭 신자에게 당연한 일이지요!

창조 때 하느님은 홀로 계셨나요?

"한처음에 하느님께서 하늘과 땅을 창조하셨다."(창세 1,1)라고 성경에 쓰여 있습니다. 그렇지만 창조 때 하느님은 홀로 계시지 않았습니다. 창세기는 "하느님의 영이 그 물 위를 감돌고 있었다."(창세 1,2)라고 전합니다. 그것이 바로 성령입니다. 더불어 요한 복음서는 "한처음에 말씀이 계셨다. 말씀은 하느님과 함께 계셨는데 말씀은 하느님이셨다."(요한 1,1)라고 전합니다. 하느님의 살아 계신 말씀이신 예수님(tweet 1.29 참조)은 한처음부터 하느님과 함께 계셨습니다. "하느님께서 말씀하시기를 ……"(창세 1,3)이라는 구절을 읽을 때마다, 성자도 함께하고 계셨다는 것을 알아야 합니다. 사실상 성자는 하느님의 말씀이셨습니다! 이것은 신약 성경이 구약 성경을 어떻게 명확하게 하는지 알 수 있는 좋은 예입니다(tweet 1.10 참조). 하느님은 이처럼 언제나 삼위 안에 계십니다(tweet 1.33 참조). 그러한 까닭에 바오로 사도는 만물이 그리스도를 통하여 또 그리스도를 향하여 창조되었다고 한 것입니다(콜로 1,16-17 참조).

세상을 6일 만에 창조하셨다고요?

창조 설화는 아름답고 시적인 이야기입니다(창세 1-2장 참조). 그러나 과학자들이 말하는 지구의 기원과는 많이 다르지요. 그렇다면 가톨릭 신자들은 과학자들의 말을 무시해야 할까요? 물론 아닙니다! 예를 들면 아우구스티노 성인은 성경에 나오는 날은 실제 하루를 뜻하는 것이 아니라고 했는데, 이는 태양이 넷째 날에 가서야 만들어졌기 때문입니다〈신국론〉XI,7). 문자 그대로 6일 만에, 즉 144시간 만에 만들어졌다는 의미가 아닙니다. 그런데도 왜 우리는 여전히 창조 설화를 읽을까요? 그것은 창조 이야기가 하느님과 세상 그리고 인간에 관해 대단히 중요한 진리를 전해 주기 때문입니다. 창조 이야기는 단지 교훈을 담은 이야기가 아니라, 하느님이 계시하신 상징적인 역사를 담은 이야기입니다. 이를테면 창조 이야기는 여러 신이 있는 것이 아니라 오직 참하느님 한 분만이 계시다는 것을 알려 줍니다. 또한 우리를 창조하신 하느님은 우리에게 특별히 주의를 기울이셨다는 것도 알려 주지요. 그리고 하느님이 창조하신 세상은 악이 들어오기 전까지는 매우 좋았다는 것도 말해 줍니다(tweet 1.36 참조).

더 알기

카인과 아벨

아담과 하와에게는 아들이 둘 있었는데, 맏아들 카인은 농부였고 아우 아벨은 양치기였습니다. 두 형제가 하느님께 제물을 바쳤을 때, 하느님은 아벨의 제물만을 받으셨습니다(창세 4,4-5 참조). 이에 카인은 몹시 화가 나 아우를 죽였습니다. 하느님이 아벨이 어디 있는지 카인에게 물으시자 그는 "모릅니다. 제가 아우를 지키는 사람입니까?"(창세 4,9) 하고 대꾸했습니다. 하느님은 "네가 무슨 짓을 저질렀느냐? 들어 보아라. 네 아우의 피가 땅바닥에서 나에게 울부짖고 있다."(창세 4,10)라고 대답하셨습니다. 그리고 죄에 대한 벌로 카인은 그의 땅에서 떠나야 했습니다. 하느님은 "네가 땅을 부쳐도, 그것이 너에게 더 이상 수확을 내주지 않을 것이다. 너는 세상을 떠돌며 헤매는 신세가 될 것이다."(창세 4,12) 하고 말씀하셨습니다. 그렇지만 카인이 끔찍한 짓을 저질렀어도 하느님은 끊임없이 그를 사랑하셨습니다. 그래서 아무도 그를 해치지 못하도록 표를 찍어 주셨습니다.

 아담과 하와의 이야기는 인류의 기원을 과학적으로 설명하는 것이 아니라 우리 인간의 조건에 대하여 알려 주는 이야기입니다.

더 읽어 보기

인간의 창조: CCC 343항; CCCC 63항; YOUCAT 56항. 피조물에 대한 존중: CCC 2415-2418, 2450-2451, 2453-2455항; CCCC 506-508항; YOUCAT 436-437항. 창조주: CCC 279-292, 315-316항; CCCC 51-52항; YOUCAT 41, 44항. 피조물: CCC 337-349, 353-354항; CCCC 62-65항; YOUCAT 46-48항.

1.3 진화론은 가톨릭 신앙과 어긋나지 않나요?

학교 수업 시간에 우리는 진화론에 관해 배웁니다. 그렇지만 진화론 그 자체는 가톨릭 신앙과 어긋나지 않습니다. 가톨릭 사제인 그레고어 멘델 신부가 유전 법칙을 정립했고, 그 법칙은 다윈의 진화론을 현대적으로 이해하는 토대를 마련하였습니다. 어떻게 보면 인간의 몸도 계속 진화해 왔다고 말할 수 있습니다.

적자생존

그러나 우리가 진화론을 토대로 사람은 한낱 동물에 불과하다든지 오직 적자생존 법칙만이 유효하다는 결론을 내린다면 이는 잘못된 생각입니다. 그런 생각은 사회적 불의로 이어질 수 있으며 심지어 사회의 약자에게 끔찍한 폭력을 가하는 모습으로 나타날 수도 있습니다. 나치즘은 적자생존 법칙을 옹호했습니다.

물론 진화론은 생물이 시간이 지나면서 어떻게 진화하는지 이해하는 데 도움이 됩니다. 그러나 진화론을 근거로 삼아 인간의 존엄성을 부인해서는 안 됩니다. 강하든 약하든 상관없이 모든 사람은 하느님을 닮은 모습으로 창조되었습니다. 이런 이유로 우리는 그리스도인으로서 사회 약자에게 특별한 관심을 가집니다. 교회의 사회 교리는 여기에 근거를 두고 있습니다(tweet 4.45 참조).

인간은 동물과 다릅니다

동물은 모두 자신이 서식하는 자연에 적응할 수 있습니다. 또한 기계에서는 찾아볼 수 없는 행위 능력과 번식욕이 있습니다. 그러나 인간이 지닌 능력은 동물의 이러한 능력을 훨씬 뛰어넘습니다. 이러한 차이에 대해 철학자 루트비히 비트겐슈타인(†1951년)은 알기 쉽게 설명합니다. 그에 따르면 개는 자기의 주인을 알아보지만 그 주인이 내일모레 돌아온다는 것은 알지 못합니다. 또한 G. K. 체스터턴(†1936년)은 새는 둥지를 만들 수는 있어도 그 둥지를 고딕 양식으로 만들지는 못한다고 했습니다(〈영원한 인간〉). 이러한 사례에서 동물과 인간이 어떻게 다른지 분명하게 알 수 있습니다. 동물은 시간·언어·예술·건축·윤리·과학·철학·신학과 같은 추상적 개념을 이해하지 못합니다. 반면 우리 인간은 추상적 사고가 가능합니다. 우리는 지금 이 순간에도 생존 본능을 넘어서 사고하고 있습니다. 이것은 인간이 불멸의 영혼을 지녔다는 생각을 뒷받침합니다. 동물은 현재의 자신에 만족하며 지내지만 인간은 궁극적인 행복을 추구하며 유한하고 물질적인 것만으로는 만족하지 못합니다.

하느님의 선물인 영혼

우리가 인간으로 살 수 있는 것은 바로 영혼이 있기 때문입니다. 자신의 뜻에 따라 선택을 하는 자유가 있는 것도 바로 영혼이 있기 때문이지요. 동물과 달리 우리는 무엇이 옳고 그른지 판단할 수 있으며, 그에 따라 선택도 할 수 있습니다. 또한 양심에 따라 선악을 분별할 수 있습니다(tweet 4.1, 4.12 참조). 하느님은 인간을 너무나 사랑하셔서 영혼을 주시어 우리 모두가 육신이 죽은 후에도 계속해서 살도록 해 주셨습니다. 생명이 시작되는 수태의 순간에 하느님은 우리의 영혼을 창조하십니다(tweet 4.26 참조). 이 영혼은 생명의 중심입니다. 영혼은 우리에게 정신과 의지를 주며 우리를 인간으로 만듭니다. 영혼이 있기에 우리는 하느님을 사랑할 수 있고 서로를 사랑할 수 있습니다.

| 더 알기

공룡과 외계인에 관해서는요?

공룡은 고생물학자에 의해 그 존재가 입증되었습니다. 지구는 수십억 년 전 탄생하여 여러 지질 시대를 거쳐 왔습니다. 이러한 사실은 지구의 기원에 대한 가톨릭의 견해와 어긋나지 않습니다. 요한 바오로 2세 성인 교황은 언젠가 이렇게 말했습니다. "진리는 진리와 모순될 수 없습니다."(1996년 10월 22일) 진정한 과학적 진리는 결코 신앙의 진리와 모순되지 않습니다(tweet 1.5 참조). 그렇기에 가톨릭교회는 과학을 두려워하지 않지요.

이따금 우리는 UFO나 외계인의 존재가 흐릿하게 나타난 사진을 보며 놀라워합니다. 외계인은, 하느님이 사람을 창조하시기 전에 미리 연습해 보신 것이라고 말하는 사람도 있습니다. 그러나 성경이나 과학은 이를 확인해 주지 않습니다.

천문학자들에 따르면 우리는 우주 더 멀리까지 관측할 수 있게 되었지만 지구 밖에서 아직 생명을 발견하지는 못했습니다. 생명이 살 수 있는 행성이 이론적으로 존재하기는 합니다. 설령 지구 밖에 생명이 존재하더라도 그것 역시 하느님이 사랑으로 창조하신 것입니다. 그러니 우리는 외계인에 관한 질문에 걱정할 필요가 없습니다.

> 진화와 창조는 서로 배타적인 것이 아닙니다. 진화는 자연에서 분명히 드러납니다. 영혼을 가진 우리는 하느님에 의해 창조되었습니다.

더 읽어 보기
창조: CCC 282–289항; CCCC 51항; YOUCAT 42항. 영혼: CCC 362–368항; CCCC 69–70항; YOUCAT 62–63항.

1.4 이 세상에 악이 존재하는 까닭은 무엇인가요?

하느님은 사랑으로 세상을 창조하셨습니다. 그분은 온갖 좋은 것을 창조하셨지요(창세 1,25 참조). 인간은 자유를 남용하여 하느님을 거스르는 죄를 지었습니다. 그래서 우리가 만나는 이 세상에는 좋은 것만 있지 않게 되었습니다. 주변을 돌아보면 자연재해, 전쟁, 빈곤, 범죄, 질병 등 세상에 고통과 악이 많다는 것을 알 수 있습니다.

신중한 자유

이 세상에 악이 존재하는 것은 하느님이 우리에게 자유로운 선택을 허락하셨기 때문입니다(tweet 1.34 참조). 우리는 하느님을 선택할지, 아니면 그분을 거부할지 의식적으로 선택할 수 있습니다. 우리는 사랑하는 사람을 자유로이 선택할 수 있을 때라야 그 사람을 참으로 사랑할 수 있습니다. 물론 하느님은 우리가 당신을 사랑하는 선택을 하길 원하십니다. 바로 그것을 위해 하느님이 우리를 창조하셨으니까요! 그러나 우리는 자유롭기에 또한 하느님을 거부할 수도 있습니다. 그러나 그것은 우리를 하느님에게서 멀어지게 만들기 때문에 죄입니다. 우리는 나약하기에 자유를 남용하여 하느님을 거역하도록 유혹을 받습니다. 우리가 죄를 짓고 싶지 않을 때에도 악은 종종 우리 마음을 강하게 잡아끕니다. 우리가 이렇게 쉽사리 유혹에 빠지는 이유는 바로 원죄 때문입니다.

나무 열매와 뱀

아담과 하와의 이야기에서는 인간의 첫 번째 죄인 원죄(더 알기 참조)에 대하여 말합니다. 아담과 하와는 악의 유혹을 받았습니다(창세 3장 참조). 그들은 하느님이 무엇을 원하시는지 잘 알고 있었습니다. 에덴 동산에는 하느님이 그 열매를 먹지 말라고 명하신 나무가 한 그루 있었습니다(창세 3,3 참조). 에덴 동산에는 다른 나무도 아주 많았기에 유일하게 금지된 그 나무의 열매를 꼭 따 먹을 필요는 없었습니다. 하지만 그들은 뱀으로 나타난 악의 목소리에 귀를 기울였습니다. 그 목소리는 금지된 그 열매를 먹기만 하면 하느님처럼 되어 선과 악을 알게 되리라고 꾀었습니다(창세 3,5 참조). 적어도 후자는 사실이었습니다. 열매를 따 먹은 즉시 그들은 정말로 악을 알게 되었기 때문입니다.

하느님의 명령을 어기고 나서 아담과 하와는 감히 하느님을 보지 못하고 피해서 숨었습니다(창세 3,8 참조). 알몸이 부끄러워 (위 그림에 묘사된 한 쌍의 남녀같이) 무화과나무 잎으로 자신을 가렸지요(창세 3,7 참조). 그리하여 그들을 만드시고 그들을 참으로 사랑하시는 하느님과 멀어졌습니다. 이 첫 번째 죄가 '타락'입니다. 왜냐하면 그 죄가 하느님과 인간을 이간시켰기 때문입니다. 창세기는 '타락'으로 인하여 인간이 어떻게 원초적 선을 잃어버리고 결과적으로 사랑과 생명의 근원이신 하느님과의 친밀함을 잃게 되었는지

| 더 알기

원죄란 무엇인가요?

우리는 악의 역사 속에서 태어났다고 말할 수 있습니다. 즉 우리보다 앞서 산 사람들이 저지른 죄의 사슬에 묶여 있습니다. 불행하게도, 각 세대는 다음 세대에게 많은 문제들을 넘겨 주었습니다. 그렇지만 원죄는 이러한 죄와 다릅니다. 원죄란 첫 번째 죄로 인해 "원초적 거룩함과 의로움"(CCC 405항)을 잃은 것을 말합니다. 이 첫 번째 죄는 아담, 즉 '첫 번째 인간'이 저지른 죄인데, 그는 하느님께 불순종하기로 자유로이 선택했습니다(창세 3장 참조).

원죄 때문에 인간의 본성은 상처를 입었습니다(tweet 4.10 참조). 하느님과 우리의 친밀성이 깨어졌기 때문에 인류는 천지 창조 때와 같이 완전하지 않습니다. 우리는 정신이 어두워지고 의지가 약해졌으며, 무지와 속임수와 무질서한 욕구의 지배를 받습니다. 그 결과 죄가 없는 사람이 아무도 없고 모든 사람은 언젠가는 죽어야 합니다.

하지만 세례는 원죄와 우리 자신이 지은 모든 죄를 씻어 냅니다(tweet 3.36 참조). 그런데 세례 후에도 우리 안에는 정욕情慾이 여전히 남아 있습니다. 정욕이란 우리를 나약하게 하고 하느님이 우리에게 주신 한계를 넘어서도록 유혹하며, 쾌락으로 기우는 강한 경향을 말합니다. 그렇기에 우리에게는 거듭거듭 하느님의 용서가 필요합니다. 하느님은 솔직하게 용서를 청하는 사람에게 고해성사를 통해 기꺼이 용서를 베푸십니다(tweet 3.38 참조).

를 보여 줍니다.

거룩한 시

아담과 하와의 이야기는 하느님과 인간의 조건에 대해 시적으로 많은 것을 말해 줍니다. 이 계시 역사는 실제 일어났던 일을 상징적인 방법으로 전합니다. 인간의 첫 불순종으로 죄가 세상에 들어왔는데 이는 모든 시대의 사람들에게 중요한 사실이자 교훈입니다. 이 이야기는 우리가 현재 처한 상황을 더욱 분명하게 보여 줍니다. 또한 하느님을 따르기로 선택하고 하느님이 우리에게 주신 한계를 존중하는 것이 얼마나 중요한지를 알려 줍니다(CCC 396항 참조). '타락'으로 피조물의 아름다움이 훼손되었습니다. 인간은 생명의 근원과 떨어져 죽을 운명이 되었습니다. 이는 하느님의 원초적인 계획이 아니었습니다. 그러나 예수님의 탄생으로 하느님은 이런 운명을 영원히 바꾸셨습니다(tweet 1.26 참조).

 첫 번째 남자와 여자는 하느님을 거스르는 선택을 하여 첫 번째 죄, 즉 원죄를 저지르며 하느님과 멀어졌습니다. 우리는 그들의 타락한 상태를 물려받았습니다.

더 읽어 보기

하느님의 원초적 계획: CCC 374-379항; CCCC 72항; YOUCAT 66항. 타락: CCC 386-390항; CCCC 73항; YOUCAT 67-68항.
원죄: CCC 396-409, 415-419항; CCCC 75-77항; YOUCAT 68-69항.

1.5 과학과 신앙은 서로 모순되나요?

때로 신앙과 과학은 서로 모순되는 듯이 보입니다. 그러나 실은 그렇지 않습니다. 과학은 예수 그리스도에 대한 신앙이 부당하다는 것을 증명한 적이 없습니다. 그리고 교회는 과학적 연구를 반대하지 않습니다. 오히려 가톨릭 신자인 과학자들이 언제나 많았을 뿐만 아니라(tweet 1.1 참조), 이미 몇백 년 전에 교황청 과학원이 설립되었습니다. 하지만 교회는 반드시 도덕적이고 윤리적으로 정해진 한계 내에서 과학을 연구하도록 가르칩니다. 예를 들어 연구에서 고의적으로 인간의 존엄성이나 생명을 해쳐서는 결코 안 됩니다. 따라서 인간 배아의 파괴와 관련된 연구는 허용되어서는 안 됩니다(tweet 4.34 참조).

진리를 통한 자유

몇몇 사람들은 세상을 바라보는 자신만의 방식에 갇혀 자신의 신념만을 고집합니다. 그들은 자신의 방식에 모순되는 것처럼 보이는 것이 있으면 무엇이든 거부합니다. 반면에 갈릴레오 갈릴레이(더 알기 참조)는 남들과 토론하는 것을 두려워하지 않았습니다. 과학으로 발견하는 진리에 대해 두려워할 필요는 없습니다. 예수님은 "진리가 너희를 자유롭게 할 것이다."(요한 8,32)라고 말씀하셨습니다. 그 말씀은 분명 우리가 질문하고, 조사하고, 과학적 연구를 할 수 있다는 것을 뜻합니다. 그렇게 하는 것은 신앙이 깊어지는 데 도움이 될 수 있습니다. 왜냐하면 이를 통해 하느님이 세상을 얼마나 아름답게 만드셨는지 이해할 수 있기 때문입니다. 그러나 과학 그 이상의 것이 있습니다. 모든 것을 수와 양으로 계산하고 재는 것은 불가능합니다. 이를테면 신학이 그렇습니다. 신학은 하느님에 대한 질문에 답을 찾으려고 노력하는 학문입니다.

하느님이 하신 일

우주의 복잡한 구조에 대해 말하며, 베네딕토 16세 교황은 시편을 인용하여 별이 총총한 "하늘은 하느님의 영광을 이야기"(시편 19,2)한다고 했습니다. 그리고 과학적 연구의 결과는 자연의 법칙에 대한 이해를 향상시키므로 우리가 하느님을 찬양하게 한다고 덧붙였습니다. 이와 같이 우리는 과학을 통해 감사하며 주님이 하신 일을 바라볼 수 있습니다(2008년 12월 21일 삼종 기도 참조). 동시에 우리는 하느님이 과학으로 발견할 수 있는 것보다 더 크신 분이라는 사실을 절대로 잊어서는 안 됩니다. 그 때문에 예수 그리스도에 대한 신앙이 가장 중요합니다. 왜냐하면, 하느님의 아들이신 예수님은 성부에 대한 완전한 진리를 드러내실 수 있기 때문입니다.

신앙과 과학

제2차 바티칸 공의회(tweet 2.48 참조)는 "하느님께서는 인간 이성의 자연적 빛으로 조물을 통하여 확실하게 인식될 수 있다."(《계시 헌장》 6항)라고 했습니다. 이성을 사용함으로써, 즉 주의 깊게 사고함으로써 사람은 하느님이 존재하신다는 결론에 이를 수 있습니다(tweet 1.6 참조).

과학과 신앙은 둘 다 대단히 중요합니다. 요한 바오로 2세 교황은 신앙과 이성의 관계에 대해서 이렇게 썼습니다. "신앙과 이성은 인간 정신이 진리를 바라보려고 날아오르는 두 날개와 같습니다. 하느님께서는 인간의 마음속에 진리, 곧 당신 자신을 알고자 하는 열망을 심어 놓으셨습니다. 그래서 남녀 모든 인간이 하느님을 알고 사랑함으로써 또한 자기 자신에 관한 충만한 진리에 이르게 될 것입니다."(《신앙과 이성》 서론)

| 더 알기

갈릴레이가 교회와 갈등을 겪은 까닭은 무엇인가요?

이탈리아의 학자 갈릴레오 갈릴레이(†1642년)는 교회와 갈등을 겪은 과학자의 대표적 예입니다. 소문에 의하면, 교회 지도자들은 갈릴레이가 어떠한 말도 하지 못하게 했다고 합니다. 그가 단지 코페르니쿠스(†1543년)의 태양 중심설이 진리라고 했으며, 지구는 태양을 중심으로 공전한다고 말했기 때문입니다. 이 개념은 교회 안팎으로 많은 반대에 부딪혔습니다. 갈릴레이는 증거가 부족하였기에 여생을 그의 집에서 연금된 상태로 살아야 했습니다. 그런데도 그의 딸은 수녀가 되었습니다.

나중에 가서 갈릴레이의 주장이 대부분 옳다는 것이 입증되었습니다. 하지만 갈릴레이 사건은 양쪽 모두가 오해를 하였고, 태양계를 바라보는 시각 이외의 문제들까지 겹쳐져 복잡한 과정을 겪은 것입니다. 교회는 과학적 증거가 명백해지자 지구가 태양을 중심으로 공전한다는 것을 받아들였습니다. 갈릴레이는 과학에 대한 기여로 교회의 찬양을 받았고 모든 비난에서 벗어났습니다. 비오 12세 교황은 그를 위대한 과학자라고 칭했습니다(1939년 12월 3일). 요한 바오로 2세 교황은 교회 지도자들의 압박으로 그가 고통을 많이 받은 것에 유감스러워하며(1979년 11월 10일), 공식적으로 용서를 청했습니다(2000년 3월 12일).

 과학과 신앙을 통해서 발견된 진리는 그 자체로는 서로 모순되지 않습니다. 예수님은 "진리가 너희를 자유롭게 할 것이다."라고 말씀하셨습니다.

더 읽어 보기
과학과 창조: CCC 282-289항; CCCC 51항; YOUCAT 41항. 피조물 안에 새겨진 법칙: CCC 339, 346, 354항; CCCC 62, 64항; YOUCAT 45항.

1.6 자연을 보며 하느님이 계심을 알아볼 수 있나요?

이따금 우리는 뉴스에서 언론인이 비밀문서를 인터넷에 공개했다는 기사를 읽습니다. 이러한 정보를 통해 숨겨진 진실이 사회에 폭로됩니다. 작가, 예술가, 그리고 음악가도 우리에게 어떤 것을 드러냅니다. 글을 읽고 그림을 보며 음악을 주의 깊게 들을 때, 우리는 그것을 창작한 사람에 대해 무엇인가를 알 수 있습니다. 마찬가지로 우리가 자연계를 자세히 살펴보며 모든 것이 얼마나 아름답게 서로 잘 어우러져 있는지 깨닫게 되면, 여러 가지 질문이 저절로 떠오를 것입니다.

이 모든 것은 어디서 왔나요?

우리는 신생아를 볼 때 경이로움, 경외에 가까운 느낌을 받습니다. 손가락 열 개, 반짝이는 두 눈, 그리고 아주 작으면서도 수많은 옹알이를 하는 입처럼 아기는 어른이 되기에 필요한 모든 것을 이미 가지고 있습니다. 산꼭대기에 올라 숨을 헐떡이며 아주 멋진 경관을 둘러볼 때도 그러한 느낌을 받을지도 모릅니다. 이런 때에 우리는 '이 모든 것은 어디서 온 걸까?' 하며 경이로움을 느낄 것입니다. 조그만 씨앗은 몇 주도 지나지 않아 식물로 완전히 자랍니다. 씨앗이 싹트고 떡잎을 피운 다음에는 식물의 주요 부분 모두가 이미 조그맣게 나 있습니다. 자연은 너무나 놀랍도록 잘 작동하기에 세상이 이렇게 되어 있다는 것이 단순히 우연이라고는 믿기 어렵습니다.

지구와 생명의 기원에 관한 질문

시간을 가지고 주의 깊게 살펴보면 여러분은 이 모든 것의 기원이 어디인지 스스로에게 물을 것입니다. 이토록 아름다운 모든 것을 만든 분이 있는 것일까? 인간은 우연의 산물 그 이상이 아닐까? 지구의 기원과 지구상의 생명의 기원에 관해서는 흥미있는 과학적 이론이 많습니다. 그렇지만 모든 것을 설명할 수 있는 유일한 이론은 존재하지 않습니다(tweet 1.1 참조). 요컨대 이성이 있는 어떤 존재, 즉 창조자가 이 모든 것을 만들었다고 생각하지 않으면 이 이론 가운데에 어떤 것도 완전하지 않습니다. 우리는 이를 하느님이라 부릅니다. 이렇게 하여 수많은 위대한 사상가들은 하느님이 존재하여야 하며 그분이 세상을 창조하셨다는 결론을 내리게 되었습니다.

자연은 하느님을 드러냅니다

그것이 사실이라면, 우리는 하느님의 피조물, 즉 자연을 바라봄으로써 하느님에 대하여 무엇인가를 알 수 있어야 합니다. 바오로 사도는 "세상이 창조된 때부터, 하느님의 보이지 않는 본성 곧 그분의 영원한 힘과 신성을 조물을 통하여 알아보고 깨달을 수 있게 되었습니다."(로마 1,20)라고 말했습니다. 비록 우리는 하느님에 대해 모르는 것이 많지만 하느님은 자연 안에서 당신에 관해 중요한 것을 많이 드러내고 계십니다. 하지만 그래도 여전히 질문이 많이 남아 있습니다. '하느님은 계속해서 세상을 돌보시고 계실까?'(더 알기 참조), '하느님이 여전히 세상을 염려하신다면, 왜 자연재해가 일어날까?' 이러한 질문은 나중에 다룰 예정입니다 (tweet 1.35 참조). 지금은 자연이라 부르는 하느님의 피조물을 바라봄으로써 우리는 하느님에 대하여 무엇인가를 알 수 있다는 결론으로 충분합니다.

| 더 알기

정원사이신 하느님

한 가톨릭 신자가 하느님을 믿는다는 이유로 무신론자들에게 조롱을 당하자 휴대폰과 맥가이버칼을 꺼냈습니다. 그는 휴대폰의 뒷면을 열어 탁자 위에 올려놓고 이렇게 말했습니다. "내가 만약 이 조그만 전자 부품들이 모두 우연히 제자리에 딱 맞게 결합되었다고 말한다면, 여러분은 나를 무척 비웃겠지요. 이제 자연을 한번 바라보세요. 만약 자연이 우연히 스스로 발달하고 자리를 잡았다면 그것은 억지가 아닐까요?" 우리는 복잡하고도 아름다운 자연을 지켜보며 경외심을 느낄 때 하느님을 믿도록 힘을 얻습니다.

또한 창조는 죽은 메커니즘이 아니며, 하느님은 아무런 배려도 하지 않으신 채 자신의 피조물을 세상에 보내시는 단순 기술자가 아닙니다. 오히려 하느님은 끊임없이 자신의 정원을 돌보는 정원사이십니다. 예수님은 성부 하느님을 포도밭 농부에 비유하시면서, 시들거나 죽은 나뭇가지를 쳐내시고 살아 있는 가지를 손질하며 자신이 심은 포도나무를 돌보신다고 하셨습니다. 이 비유에서 예수님 자신은 포도나무이며(요한 15,1 참조) 그분 안에 함께 머무르는 모든 사람들은 가지입니다. 그러므로 예수님은 모든 사람들이 그분과 하나가 되도록 초대하십니다.

 마치 예술가처럼 하느님은 피조물 안에서 당신에 관하여 무엇인가를 드러내십니다. 분명 우리가 보는 질서와 아름다움은 우연히 생겨나지 않았습니다.

더 읽어 보기
자연 안에 존재하시는 하느님: CCC 31-36항; CCCC 3항; YOUCAT 4항.

1.7 왜 하느님을 믿어야 하나요?

우리 모두의 마음속 깊은 곳에는 하느님을 향한 갈망이 있습니다. 그렇지만 그 갈망을 알아차리기란 쉽지 않습니다. 우리 삶에 온갖 스트레스가 가득하기 때문입니다. 그래서 심오한 체험을 하고 나서야 우리는 이러한 갈망이 있다는 것을 깨닫습니다. 그리고 그때서야 양심의 소리를 듣는 법을 알게 됩니다. 그 소리는 우리에게 선과 악의 차이를 말해 주며, 하느님을 가리킵니다(tweet 4.1 참조). 모든 것이 복잡하게 얽혀 있는 것을 살펴보세요. 이것이 우연히 그렇게 되었을까요? 아니면 하느님이 그 원인일까요?

하느님은 당신을 갈망하십니다

우리가 하느님을 믿건 믿지 않건 하느님은 우리를 사랑하십니다. 결국 우리 부모님을 통해서 우리에게 생명을 주신 분은 하느님이십니다. 그리고 하느님은 거기서 한층 더 나아가십니다. 하느님은 예수님을 통해 여러분에게 당신의 생명을 주시고 싶어 하십니다(tweet 1.26 참조). 우리는 하느님과 함께 살 수 있습니다! 다만 우리를 위한 하느님의 계획을 받아들이고 그 계획에 협력하기만 하면 하느님과 함께 살 수 있는 것입니다(tweet 4.3 참조). 하느님 계획의 목적은 현재 그리고 천국에서 영원히 우리를 행복하게 하는 데 있습니다(tweet 1.45 참조). 자녀를 사랑하는 부모와도 같이 하느님은 우리에게 최선의 것만을 원하십니다(로마 8,14 참조). 예수님은 우리가 자유롭게 우리의 아버지이신 하느님께 말씀드릴 수 있다고 가르치셨습니다. 하느님은 모든 것을 이해하시고 우리에게 성령을 보내시며, 성령은 우리가 믿도록 도와주십니다(tweet 1.32 참조).

다른 사람들이 원하기 때문에 내가 믿어야 하나요?

이 질문에는 한마디로 "아니요."라고 대답할 수 있습니다. 의무적으로 믿어야 할 때는 진심으로 믿을 수 없습니다. 오로지 자진하여 믿을 때만 진심으로 믿을 수 있는 법입니다. 우리 마음의 주인은 바로 우리 자신입니다. 일단 하느님을 알게 되면 우리는 그분을 믿기 시작할 수 있습니다. 부모나 친구가 우리가 하느님을 믿는 것을 좋아할 수도 있고, 좋아하지 않을 수도 있겠지요. 하지만 그 선택은 온전히 우리가 하는 것입니다.

하느님을 좀 더 알고 싶다는 자신의 마음에 진실로 귀를 기울이게 되면, 우리는 하느님이 존재하시고 그분은 우리를 사랑하신다는 것을 믿을 수 있습니다. 결국 신앙은 하느님이 주시는 선물입니다. 그러나 우리가 기도로 청할 때 받는 선물이지요. 중병을 앓는 아들을 둔 사람처럼, "저는 믿습니다. 믿음이 없는 저를 도와주십시오."(마르 9,24)라고 우리는 예수님께 말씀드릴 수 있습니다. 하느님이 존재하심을 굳게 믿을 때 우리는 어려움을 이겨 낼 수 있습니다. 그것은 더 이상 어려움이 존재하지 않아서가 아니라, 우리가 이제는 홀로 그 어려움과 맞닥뜨리지 않기 때문입니다.

완전한 행복

우리는 완전한 행복을 갈망하지만 우리가 기대하는 만큼 늘 행복을 누리지는 못합니다. 많은 사람이 경력, 사치품, 권력, 재산, 명성과 같이 우리가 흔히 성공이라고 생각하는 것에서만 행복을 찾습니다(tweet 3.7 참조). 그러나 이러한 것에서만 행복을 찾으면 결국 실망하고 맙니다. 궁극적으로 완전한 행복은 오로지 하느님 안에서만 찾을 수 있기 때문입니다. 하느님의 피조물로서(창세 1,26 참조), 우리는 본성적으로 하느님을 열망합니다(tweet 4.1 참조). 그러나 실은 우리가 본성적으로 종종 하느님에게서 달아나는 것 같습니다! 때때로 우리는 온갖 것을 다 해 보고 나서야 비로소 하느님을 찾습니다. 하느님은 이스라엘 백성에게 자유롭고 풍요로운 삶을 약속하셨습니다. 그러나 약속의 땅으로 들어가기까지 그들은 40년간 고통을 겪어야 했지요(tweet 1.24 참조). 우리의 삶에도 어려움이 가득합니다. 그러나 약속의 땅이 이스라엘 백성을 기다린 것처럼, 우리에게는 하느님과 함께하는 행복한 결말이 기다립니다.

| 더 알기

그리스도인으로서의 삶을 선택해야 하는 이유

영국 작가 C. S. 루이스(†1963년)는 이렇게 말했습니다. "그리스도교가 만약 거짓된 것이라면 큰 문제가 되지 않습니다. 하지만 만약 참되다면 그것은 무한히 중요한 것입니다. 어떠한 것도 적당히 중요할 수는 없습니다."(《그리스도교 변증론》). 결론은 '만일의 경우를 대비해서' 그리스도인으로서의 삶을 선택해야 한다는 것입니다. 만약 하느님이 존재하지 않는다면, 죽었을 때 생전에 좋은 삶을 산 사람으로 남게 될 뿐입니다. 그러나 만약 하느님이 존재한다면, 죽었을 때 하느님의 명령을 어기고 하느님이 존재하지 않는 것처럼 산 자신을 무한히 후회하게 될 것입니다. 그는 자신의 잘못을 바로잡을 기회가 거의 없을 테니까요! C. S. 루이스는 그리스도교 신앙의 옹호자입니다. 그는 작가 J. R. R. 톨킨(《반지의 제왕》의 저자)의 친한 친구이기도 합니다. 《스크루테이프의 편지》와 《순전한 그리스도교》부터 시작해서 루이스의 책을 읽어 보십시오. 그는 또한 《나니아 연대기》도 썼습니다.

> 궁극적인 행복은 하느님 안에서만 발견할 수 있습니다. 그분은 우리를 지어내셨고, 우리를 아시며, 우리를 사랑하십니다. 하느님을 믿는 데 더 이상 다른 이유가 필요한가요?

더 읽어 보기
하느님을 향한 갈망: CCC 27항; CCCC 2항; YOUCAT 3항.

1.8 진리란 무엇인가요?

예수님이 빌라도에게 "진리를 증언하려고 세상에 왔다."라고 말씀하시자 그가 물었습니다. "진리가 무엇이오?"(요한 18,37-38 참조) 이처럼 많은 사람들이 진리가 무엇인지 궁금해합니다. 이는 참 좋은 질문이지요.

느끼고, 생각하고, 믿어라

13세기에 토마스 아퀴나스 성인도 같은 질문을 했습니다. 그리고 "진리란 사유와 대상의 일치입니다."(《신학대전》 I,61,1)라는 답을 찾았습니다. 때때로 우리는 어떤 것에 대해서 우리의 생각이나 견해를 바꿉니다. 이때 달라지는 것은 대상 자체가 아니라 우리가 대상을 보는 방식입니다. 우리는 반드시 대상을 있는 그대로 파악하고자 끊임없이 노력해야 합니다. 왜냐하면 우리가 대상을 지각하는 방식과 사유하는 방식은 둘 다 잘못될 수 있기 때문입니다! 이런 이유로 토마스 아퀴나스 성인은 감각을 사용하여(실증적 진리), 숙고를 통하여(철학적 진리), 그리고 하느님이 드러내 보이시는 신앙(신학적 진리)을 통하여 진리를 발견할 수 있다고 했습니다. 세상에서 우리가 겪는 경험에 대해 숙고함으로써, 이것을 예수님이 우리에게 하시는 말씀에 결부시킴으로써 우리는 하느님과 우리 자신에 대한 진리를 깨닫게 됩니다.

나만의 진리일까요? 절대적 진리일까요?

예수님은 "진리에 속한 사람은 누구나 내 목소리를 듣는다."(요한 18,37)라고 말씀하셨습니다. 그리고 자주 진리에 대해 이야기하시며 진리만이 우리를 자유롭게 할 것이라고 말씀하셨습니다(요한 8,32 참조). 또한 하느님의 말씀이 진리라는 것을 알려 주셨으며(요한 17,17 참조), 당신에 대해서도 "나는 길이요 진리요 생명이다. 나를 통하지 않고서는 아무도 아버지께 갈 수 없다."(요한 14,6)라고 하셨습니다. 토마스 아퀴나스 성인은 예수님이 우리와 하느님 사이를 완벽하게 이어 주신다고 말합니다. 그러므로 예수님은 하늘과 땅 사이를 잇는 다리이십니다. 예수님은 진리이십니다. 물론 이 말에 누구나 동의하는 것은 아닙니다. 어떤 사람들은 진리는 상대적이라서 사람이 생각하고 느끼고 믿는 것에 달려 있다고 생각합니다(더 알기 참조). 그들은 각자가 진리라고 여기는 것이 다른 사람의 것과 다를 때에도 자신만의 진리를 고집할 수 있다고 생각합니다. 그래서 진리가 주관적이라고 생각합니다.

객관적 진리

하지만 예수님은 객관적 진리, 즉 그분의 인성에 대해 말씀하십니다. 그 진리는 누구에게나 유효하며, 사람이 무엇을 믿느냐와는 관계가 없습니다. 이를테면 어떤 나무는 겨

| 더 알기

진리에 대한 짧은 우화

한 무리의 장님들이 인도 왕의 궁전에서 처음으로 코끼리를 마주하게 되었습니다. 장님 가운데 손을 내밀어 코끼리의 옆구리를 만진 사람은 코끼리는 벽만큼이나 매끈하다고 말했습니다. 그러나 코를 만진 사람은 뱀처럼 둥글다고 말했습니다. 엄니를 붙잡은 사람은 창처럼 끝이 뾰족하다고 했고, 꼬리를 잡은 사람은 밧줄처럼 가느다랗다고 말했습니다.

그렇다면 무엇이 진리일까요? 이 이야기의 마지막에서 인도 왕은 어떻게 보면 모두가 옳지만, 장님들이 저마다 발견한 것을 모두 합해야만 코끼리에 대해 완전한 진리에 이른다고 말합니다. 이 우화는 유일하게 옳은 종교는 없으며, 각 종교는 하느님에 관한 것을 조금씩 드러낸다는 것을 보여 주기 위해서 인용되곤 합니다. 하지만 이런 결론은 지나치게 단순합니다. 서로 다른 종교들이 직접적으로 상대 종교를 거스르는 일이 얼마나 많은지를 보십시오. 우스운 것은 진정한 진리는 결코 알 수 없다고 말할 때도 종종 그 우화가 인용된다는 사실입니다. 그렇지만 그 우화에 나오는 인도 왕은 옳게 말했습니다. 코끼리에 관해 서로 다르게 말한다고 해서 코끼리 자체는 변하지 않습니다. 비록 그 사람들이 코끼리에 대해 지니는 주관적인 생각은 서로 다를지라도, 궁전에는 객관적으로 확인할 수 있는 코끼리 한 마리가 있을 뿐입니다. 결국 진리는 하나입니다. 그리고 이와 마찬가지로 하느님도 한 분뿐이십니다. 우리는 피조물 안에서(tweet 1.6 참조), 하느님이 우리에게 하신 말씀 안에서(tweet 1.10 참조), 그리고 예수님의 삶과 죽음을 통해서(tweet 1.26 참조), 하느님에 대한 진리의 단편들을 발견할 수 있습니다.

울에 마치 죽은 것처럼 보입니다. 하지만 봄이면 다시 새로 꽃을 피우기에 죽은 것이 아닙니다. 어떤 사람은 그 나무가 죽었다가 다시 살아났다는 것이 진리라고 말할지도 모릅니다. 그러나 그 말은 사실 진리가 아닙니다. 사실상 나무는 살아 있고 단지 모습이 변할 뿐입니다. 이것이 객관적 진리입니다. 다른 사람들이 무어라 생각하고, 말하고, 믿더라도 복음의 메시지 또한 객관적 진리입니다(tweet 1.20 참조). 예수님이 사람으로서 이 세상에서 사셨다는 점을 생각해 보면 복음의 진리는 더 명확하고 확실해집니다. 예수님은 말씀하시고 행하신 모든 것을 통해서, 하느님이 누구이신지 선포하셨습니다. 하느님은 우리의 창조주시며, 우리를 사랑하시고, 우리가 천국에서 영원한 행복을 누리도록 당신의 초대를 받아들이기를 바라시는 분이심을 선포하셨습니다. 이는 우리가 발견하게 될 가장 중요한 진리입니다.

> 진리는 사람들이 생각하는 것(주관적)에 달려 있지 않고, 실제로 존재하는 것(객관적)에 달려 있습니다. 그래서 진리입니다. 그리고 예수님은 진리이십니다.

더 읽어 보기
하느님은 진리이시다: CCC 214-217, 231항; CCCC 41항; YOUCAT 32항.

1.9 신앙은 논리적인가요? 신앙에 대해 질문을 해도 되나요?

질문을 하는 것은 해가 되지 않습니다. 오히려 정반대지요. 사실 질문은 우리가 신앙에 대하여 고민하고 있음을 보여 줍니다! 그리고 예수님은 열두 살 때, 이미 성전에서 율법 교사들에게 질문을 하셨습니다. 성경에서도 "그의 말을 듣는 이들은 모두 그의 슬기로운 답변에 경탄하였다."(루카 2,46-47)라고 합니다. 이처럼 우리도 질문을 함으로써 신앙에 관한 진리를 더욱 깊이 탐구할 수 있습니다.

신앙을 설명하기

베네딕토 16세 교황은 언론인과의 만남에서 '신앙을 가져야 하는 이유를 제시하는 것'이 얼마나 중요한지 말했습니다(2010년 11월 26일). 《하느님과 트윗을》과 같은 책은 신앙이 우리에게 어떤 의미가 있는지 생각하는 데 도움이 됩니다. 그뿐 아니라 훨씬 더 중요한 진리, 곧 하느님이 우리를 사랑하신다는 근본적인 진리를 깨닫는 것은 좋은 일입니다. "믿음, 희망, 또는 어떤 윤리적 덕의 실천이든 사목자가 제안하는 것이 무엇이든 간에 그와 함께 주님의 사랑이 강하게 견지되어야 합니다. 그래서 그리스도인 완덕의 모든 행위가 하느님 사랑 이외의 어떤 근원이나 목적을 지닐 수 없다는 사실이 명백히 드러나야 합니다."(《로마 교리서》 서문, 17항)

우리는 하느님을 완전히 이해할 수 있나요?

우리는 이성을 통해 하느님을 알 수 있습니다. 그러나 우리의 이해는 한계를 지니지만 하느님은 그렇지 않으십니다. 그래서 우리는 결코 완전하게 하느님을 알거나 이해할 수 없습니다. 하지만 하느님은 역사 안에서 당신의 행위 하나하나를 통해 우리가 당신에 대해 하나씩 더 알도록 당신을 드러내십니다(tweet 1.6 참조). 특히 우리가 중요한 질문을 찾으려고 애쓸 때 그분은 당신에 대해 더 알려 주십니다. 이를 위해 종종 지속적이고 집요한 탐색이 필요합니다. 또한 답을 얻을 수 없는 질문이 있을지도 모릅니다. 어떤 경우라도 하느님은 한 가지 답 안에 담겨 계실 수 없습니다. 이와 같이 하느님을 알 수 없을 때, 우리는 조용히 하느님의 위대함과 사랑을 관상하면서 진리에 다가갈 수 있습니다.

어디에서 신앙에 관해 더 찾아볼 수 있을까?

신앙에 대해서는 우선 성경에서 배울 수 있습니다(tweet 1.10 참조). 성경은 번역본이 많은데 우리나라에서는 새 번역 성경을 기본으로 합니다. 이 밖에도 가톨릭 신앙의 가장 중요한 요소를 설명하는 책이 있습니다. 바로 《가톨릭 교회 교리서》입니다. 이 책은 우리 신앙의 모든 측면을 설명하기에 자주 볼 만한 가치가 있습니다. 하지만 《가톨릭 교회 교

| 더 알기

믿는다는 것은 논리적인가요?

그렇다면 하느님은 어떤 분일까요? '나는 왜 여기에 존재하는가? 사람은 왜 죽어야만 하는가?'와 같은 질문에 대답하려고 사람이 하느님을 고안한 것일까요? 하느님은 영웅에 대한 환상에서 위안을 찾는 나약한 사람들의 마음속의 환영인가요? 공산주의의 창시자인 카를 마르크스(†1883년)는 종교를 "인민의 아편"이라고 했습니다. 이처럼 신앙은 환상이나 가짜 약에 불과한 것일까요? 아니면 뭔가 더 있는 것일까요? 여러 시대에 걸쳐 훌륭한 학자들이 하느님의 존재에 대해 깊이 생각했습니다. 그리고 결국 하느님이 존재하실 수밖에 없다는 결론에 이르렀습니다. 기원전 4세기의 그리스 철학자 아리스토텔레스와 중세의 토마스 아퀴나스 성인은 하느님을 "부동의 동자unmoved mover"라고 말했습니다. 이 말은 우리가 살아가는 세상에서 아무것도 저절로 움직이지 못하고, 어떤 것에 의해 움직이는데, 그렇다면 최초의 움직임의 원인이 있어야만 한다는 데에서 나왔습니다. 다른 말로 '제1원인은 무엇인가?'(tweet 1.1 참조)라는 질문의 답이 하느님이라는 것이지요.

이는 상당히 어려운 수수께끼입니다! 이러한 제1원인은 다른 것에 의해 '움직여지지 않아야unmoved' 합니다. 또한 시간 역시 움직임을 측정하는 것이기에 시작도 끝도 없어야 합니다. 우리는 이러한 존재를 하느님이라고 부릅니다. 다른 위대한 지성들도 하느님을 믿는 것이 논리적이라고 했습니다. 예를 들어 중세의 학자였던 캔터베리의 안셀모 성인은 하느님을 "그분보다 더 위대한 분을 생각할 수 없는 분"이라고 했습니다. 그리고 영국의 과학자인 아이작 뉴턴(†1726년)은 하느님을 자연법칙을 결정하시는 분으로 보았습니다. 20세기의 천재 알베르트 아인슈타인은 뉴턴의 이런 결론에 동의했습니다. 그는 "과학적 진리를 추구하는 사람이라면 누구나 우주 법칙에 인간의 영보다 엄청나게 월등한 영이 있다고 확신하게 됩니다."라고 말했습니다.

리서》는 상당히 두꺼운 책이지요. 그래서 이를 요약한 《가톨릭 교회 교리서 요약편》과 청년을 위한 《YOUCAT》이 있습니다. 이런 책은 여러분이 마침내 하느님과 인격적인 관계를 맺을 수 있도록 이끌어 줄 것입니다.

 우리가 의문을 지닌다는 것은 우리가 하느님을 생각한다는 뜻입니다. 우리는 머리로 신앙의 논리를 이해할 수 있고, 가슴속에서 하느님을 체험할 수 있습니다.

더 읽어 보기
하느님을 향한 갈망: CCC 28-30항; CCCC 2항; YOUCAT 3항. 하느님과 함께하는 행복: CCC 30항; CCCC 2항; YOUCAT 3항.

1.10 성경이 중요한 이유는 무엇인가요?

성경의 기원, 역사, 그리고 구조에 대해 생각해 보는 것은 매우 흥미로운 일입니다. 그러나 성경이 우리에게 말을 건네도록 할 때 성경은 우리 삶을 변화시킬 수 있는 엄청나게 좋은 보물이라는 사실을 깨닫는 것이 훨씬 더 중요합니다.

하느님의 말씀

성경이 성서 또는 '하느님의 말씀'이라고 불리는 것은 당연합니다. 성경은 오로지 하느님에 관한 것만이 아니라 우리에 관한 것이기도 합니다! 성경의 한마디 한마디에는 하느님이 우리에게 전하는 말씀이 있습니다. 그것은 그저 오래 전에 쓰인 말이 담긴 책이 아닙니다. 이 고대의 문헌을 통해서 하느님은 지금 당장 우리에게 말씀하시고 싶어 하십니다.

성경은 하느님과 그분의 구원 계획에 관한 글이 쓰인 것입니다. 하느님의 계시 전체를 담고 있지요(tweet 1.27 참조). 성경은 완독할 수 없는 유일한 책입니다. 우리는 성경 구절에서 언제나 새로운 것을 발견하게 됩니다. 성경을 읽으면 읽을수록 하느님이 당신의 백성에게 말씀하시는 방식을 점점 더 알아차리게 되고 여러분의 삶에서 하느님의 뜻을 발견할 줄 알게 됩니다(tweet 3.4 참조).

하느님은 사랑이십니다

성경이 전하는 가장 중요한 메시지는 하느님이 우리를 진정으로 사랑하신다는 것입니다. 우리는 하느님이 사랑 때문에 우리와 온 세상을 어떻게 창조하셨는지 깨달을 수 있습니다(tweet 1.2 참조). 하느님은 사랑 때문에 당신의 백성을 올바른 길로 이끄시려고 예언자들을 보내셨습니다. 하느님은 사랑 때문에 당신의 백성이 오랫동안 광야를 헤매는 동안 그들을 돌보셨고, 억압과 그 밖의 다른 많은 어려움에서 구해 주셨습니다(tweet 1.24 참조). 결국 하느님이 사람이 되시어 지상에서 태어나신 것은 사랑 때문이었습니다. 예수님을 통해서 하느님은 세상에서 사셨고 당신이 우리에게 품으신 사랑에 대해 알려 주셨습니다. 예수님이 당신 목숨을 버리시고, 십자가 위에서 돌아가시고, 죽음에서 되살아나신 것도 바로 사랑 때문이었습니다(tweet 1.26 참조). 부활하신 후에 예수님은 다시 세상에서 사시면서 승천하시기 전까지 가르치셨습니다. 성경은 이러한 사건들을 목격하고 다른 사람들에게 이 사건을 전한 수많은 사람들에 대한 기록도 전해 줍니다. 예수님의 부활은 우리도 죽음에서 되살아나 천국에서 영원히 하느님과 함께 살 수 있다는 하느님의 약속입니다(tweet 1.50 참조).

구약과 신약

성경의 두 부분인 구약 성경과 신약 성경은 일체를 이룹니다. 구약 성경과 신약 성경은 모두 인간에 대한 하느님의 사랑을 말해 줍니다. 구약 성경에서 우리는 신약 성경을 위하여 하느님이 한 민족을 준비하시는 것을 알 수 있는데, 신약 성경은 구약 성경을 완성합니다. 따라서 구약 성경과 신약 성경은 "서로를 밝혀 주며, 둘 다 참된 하느님의 말씀"(CCC 140항)입니다. 그러므로 우리는 성경 전체를 그리스도인인 우리의 삶을 위한 도움과 길잡이의 원천이라고 이해할 수 있습니다. 우리는 "당신 말씀은 제 발에 등불, 저의 길에 빛입니다."(시편 119,105)와 같은 성경 구절을 사용하여 하느님께 말씀드릴 수 있습니다. 신약 성경에서 예수님은 제자들에게 구약 성경이 당신에 관해 이야기한 것이라고 설명하셨습니다. "모세와 모든 예언자로부터 시작하여 성경 전체에 걸쳐 당신에 관한 기록들을 그들에게 설명해 주셨습니다."(루카 24,27) 예수님이 우리에게 주의를 주시듯이 그들에게도 주의를 주셨습니다. 가장 중요한 것은 성경을 지적으로만 연구하는 것이 아니라 예수님과 인격적인 관계를 갖는 것이라고 말입니다(요한 5,39-40 참조). 성경을 뜻하는 영어 단어 'Bible'은 '지구를 떠나시기 전의 기본 가르침Basic Instructions before Leaving Earth'이라는 말의 첫 글자로 재미있게 풀이할 수 있습니다. 단지 예수님께 다가가기만 하면 우리는 진정으로 하느님을 알게 되고 영원히 살게 됩니다. 그것이 구약과 신약 성경 둘 다에 나타난 궁극적인 메시지입니다.

| 더 알기

어떻게 성경의 인용구를 찾아볼 수 있나요?

성경은 세 가지의 구성요소로 나뉘어 있습니다.
- 책
- 장
- 절

만약 성경의 첫 번째 세 구절을 찾아보고자 한다면, 먼저 책(창세기), 그다음엔 장(1), 그리고 나서 절(1절부터 3절까지)을 봅니다. 지면을 절약하기 위해서, 책의 이름은 창세 1,1-3과 같이 종종 줄여서 씁니다. 성경 약어 전체는 부록 1에 있습니다. 어떤 명칭은 열왕기 상권과 하권(1열왕, 2열왕)처럼 연속된 책으로 되어 있습니다.

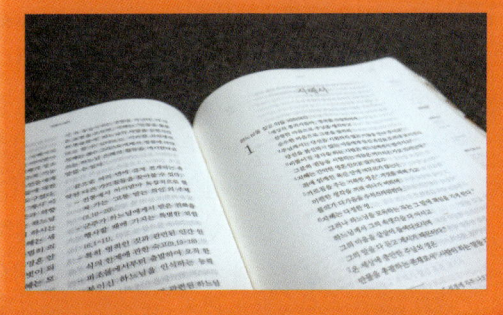

성경은 하느님의 말씀입니다. 성경은 지금 이 순간 여러분을 위한 하느님의 메시지를 담고 있습니다. 만약 여러분이 성경에 마음을 연다면, 하느님이 여러분에게 하시는 말씀을 들을 수 있습니다.

더 읽어 보기
성경의 중요성: CCC 101-104항; CCCC 24항; YOUCAT 14항. 부활의 중요성: CCC 638항; CCCC 126항; YOUCAT 104항.

1.11 하느님은 오직 성경을 통해서만 우리에게 말씀하시나요? 아니면 다른 방법으로도 말씀하시나요?

우리는 하느님의 피조물에서 그분의 발자취를 발견하고, 이성을 통해서 그분을 알 수 있습니다(tweet 1.6 참조). 그렇기는 하지만, 하느님이 누구이신지 알려면 더 많은 도움이 필요합니다. 감사하게도 하느님은 당신을 알 수 있도록 여러 가지 방법을 취해 주십니다. 자연 계시를 넘어서는 방식으로 하느님은 당신을 계시하십니다. 이러한 초자연적 계시는 우리 이성의 한계를 뛰어넘습니다. 이는 하느님에 관해 알 수 있게 해 줄 뿐만 아니라, 인격적으로 하느님과 만나고 그분을 사랑할 수 있도록 인도합니다.

두 가지 길

우리는 이러한 초자연적 계시를 두 가지 방법, 즉 성경과 교회의 성전聖傳을 통해 전달받습니다. 바오로 사도는 "형제 여러분, 굳건히 서서 우리의 말이나 편지로 배운 전통을 굳게 지키십시오."(2테살 2,15)라고 말하며 이 두 가지가 모두 중요하다고 알려 줍니다. 하느님의 계시는 예수님 안에서 완성되고 마지막 사도의 죽음으로 끝납니다. 완성된 계시를 교회가 더 잘 이해하도록 성령은 예수님이 승천하신 때부터 도우셨습니다. 그리고 오늘날에도 여전히 교회를 돕고 계십니다(tweet 2.13 참조).

오직 성경만으로?

개신교의 마르틴 루터(†1546년)는 교회의 성전을 거부했습니다. 그는 '오직 성경만으로sola scriptura'라는 입장을 가르쳤습니다(tweet 2.36 참조). 그 때문에 개신교 신자들은 하느님에 대한 지식의 근거를 성경에만 둡니다. 그렇지만 성경에는 하느님이 오직 성경을 통해서만 당신을 드러내신다고 나오지 않습니다. 성경은 '교회가 진리의 기둥이며 기초'(1티모 3,15 참조)라고 합니다. 또한 성경 구절을 글자 그대로 이해하려 해도 다르게 해석될 수 있는 여지가 많습니다. 더욱이 내용을 고려하지 않고 성경 구절을 직설적인 의미로 받아들인다면 오해의 여지가 많습니다. 이를테면, 유사 이래로 전쟁을 주창하는 데 성경을 인용한 사람들이 많았습니다. 그들은 "그리고 주 너희 하느님께서 그들을 너희에게 넘겨주셔서 너희가 그들을 쳐부수게 될 때, 너희는 그들을 반드시 전멸시켜야 한다."(신명 7,2)와 같은 구절을 인용했습니다. 그러나 "행복하여라, 평화를 이루는 사람들! 그들은 하느님의 자녀라 불릴 것이다."(마태 5,9)와 같은 구절은 평화를 강조하기 위해 인용됩니다. 그렇다면 어떤 구절이 옳을까요? 그것을 판가름하려면 성경을 올바르게 이해하는 것이 중요합니다(tweet 1.19, 1.20 참조).

하나의 계시, 두 개의 길

1세기에 집필된 예수님에 관한 글들이 신약 성경의 일부가 되었습니다. 성경은 바오로 사도(더 알기 참조)와 네 명의 복음사가, 그리고 그 밖의 다른 사람들에 의해 기록되었습니다(tweet 1.17 참조). 그리고 성경을 올바르게 해석하는 방법에 관한 정보가 함께 구전口傳되었습니다. 성경에 포함되지 않은 구전 정보는 성전聖傳이라고 알려져 있습니다. 성경과 성전은 교회에 맡겨진 하나의 통합된 전체입니다. 계시 헌장에서는 이에 대해 이렇게 말합니다. "동일한 신적 원천에서 솟아 나와 어떤 방식으로든 하나를 이루며 같은 목적을 지향한다."(〈계시 헌장〉 9항) 예수님은 하느님의 말씀에 관한 성전을 열두 사도에게 맡기셨고 이는 그들의 후계자들이 물려받았습니다. 그들의 후계자인 주교에게는 이 말씀을 보호하고 전파할 책임이 있습니다. 성전의 좋은 예로는 가톨릭 신자와 그 밖의 다른 그리스도인들이 주일마다 고백하는 신앙 고백이 있습니다(tweet 1.31 참조).

| 더 알기
바오로 사도는 어떤 분이셨나요?

바오로 사도는 회심하기 전에는 그리스도인을 열렬히 박해한 사람입니다. 그는 자기를 소개하며 하느님의 교회를 몹시 박해하여 없애 버리려고 했다고 말하기도 했습니다(갈라 1,13 참조). 그러나 바오로는 다마스쿠스로 가던 길에 큰 빛을 보았고 "왜 나를 박해하느냐?"(사도 9,4) 하시는 예수님의 목소리를 들었습니다. 그때부터 예수님의 가장 열렬한 제자가 되었습니다. 그는 하느님의 뜻에 따라 예수님의 사도로 부르심을 받았다고 말했습니다(1코린 1,1 참조). 예수님이 돌아가시고 약 20년이 지났을 때 바오로는 구원에 관한 복음을 전파하며 여러 그리스도교 공동체에 많은 편지를 썼습니다. 이런 방법으로 신생 교회와 계속 연락했지요(tweet 2.18 참조). 그리고 이 서간들은 신약 성경의 일부가 되었습니다(tweet 1.18 참조).

> 하느님은 성경과 성전을 통해 우리에게 말씀하십니다. 성경과 성전은 교회가 전해 주는 하느님의 계시를 구성합니다.

더 읽어 보기
성경과 계시: CCC 75–79항; CCCC 12–13항; YOUCAT 12항. 이성을 통하여: CCC 36–38, 50항; CCCC 3–4, 6항; YOUCAT 4–5, 7항.

1.12 하느님이 성경을 직접 쓰셨나요?

성경을 읽다 보면 유형과 양식이 서로 다른 글을 많이 발견합니다. 흥미진진한 이야기, 아름다운 시, 영감을 주는 기도뿐만 아니라 우리를 일깨우는 서간이 성경에 포함되어 있습니다. 또한 탄생과 사망의 목록이 지루하게 이어지기도 하지요. 성경에서 가장 오래된 글은 예수님이 나시기 1,500여 년 전부터 전해 내려왔습니다. 이러한 글은 기록되기 전에 대대로 구전되어 내려왔습니다. 따라서 성경을 쓴 사람은 각기 다른 시대를 산 여러 지역 출신입니다 (더 알기 참조). 이 책들 가운데 어떤 것은 현재의 형태를 갖추기 전에 여러 세대에 걸쳐 기록되었습니다. 이를테면, 성서학자들은 이사야 예언서는 서로 다른 시기를 산 세 명에 의해 집필되었다고 생각합니다. 그렇지만 우리는 이 예언서를 여전히 단일한 글로 이해합니다.

영감

성경 저자들은 공통점이 적어도 하나 있었습니다. 하느님의 영감을 받아 썼다는 것입니다(2티모 3,16 참조). 그들이 사용한 글의 양식은 어느 정도 그들이 살았던 특정한 시대와 문화에 의해 결정되었지만 그들이 썼던 글의 내용은 모두 동일하게 하느님의 말씀이었습니다. 따라서 성경의 원저자는 성경 저자들에게 영감을 주신 하느님이십니다(CCCC 18항 참조). 영감inspiration이라는 단어를 살펴보면 이것이 분명하게 드러납니다. 이 단어는 '영' 또는 '얼'을 뜻하는 라틴어 스피리투스spiritus에서 나왔습니다. 그러므로 영감을 받는다는 것은 성령이 우리 안에서 그리고 우리를 통해서 일하신다는 뜻입니다. "예언은 결코 인간의 뜻에서 나온 것이 아니라, 사람들이 성령에 이끌려 하느님에게서 받아 전한 것입니다."(2베드 1,21) 바로 이런 이유로 성경을 거룩한 책 또는 하느님의 말씀이라고 부릅니다.

하느님의 말씀을 받아쓰기한 것이냐고요?

하느님이 성경의 저자라는 말은 하느님이 성경 구절을 구술하셨다는 뜻이 아닙니다. 성경을 쓴 저자들은 자신의 언어, 자신의 어휘를 사용했고, 자신의 문화와 환경에서 작업에 임했습니다. 예수님은 하느님에 관해 알려 주실 때 청중이 쉽게 이해하도록 때때로 비유, 우화로 이야기하셨습니다. 성경에 있는 그 밖의 다른 이야기들은 고고학적 증거가 있는 역사적인 사건을 기록한 것입니다(tweet 1.20 참조). 성경에 있는 이야기는 모두 하느님과 우리의 관계에 대해 중요한 것을 말해 줍니다.

우리의 삶

성경은 역사적인 이야기만을 모은 책이 아닙니다. 성경은 지금 우리에게 전하는 하느님의 말씀을 담고 있습니다. 성

| 더 알기

성경이 무엇인가요?

성경은 많은 책들을 포함하고 있습니다. 이 책들은 역사적으로 100년경까지 여러 시대에 걸쳐 집필되었습니다(tweet 1.27 참조). 영어의 Bible이라는 단어는 '책들'이라는 그리스어 '비블리아'에서 나온 말입니다. 성경은 여러 저자들에 의해 쓰인 73권의 전집입니다. 후대에 가서, 찾아보기 쉽도록 장과 절로 나뉘어졌습니다(tweet 1.10 참조). 성경에 나타나는 공통적인 주제는 하느님은 우리에게 당신을 드러내시고 당신의 사랑을 나누어 주시기 위하여 우리를 초대하신다는 것입니다. 성경은 다음과 같이 두 부분으로 구성되어 있습니다.

- 구약 성경은 이스라엘 민족의 역사와 하느님과 그들의 관계에 관한 책 46권으로 구성되어 있습니다. 이 책들은 대부분 그리스도가 태어나시기 전 천 년 동안 기록되었습니다.
- 신약 성경은 예수님과 첫 그리스도인(tweet 1.18 참조)인 그분의 제자들에 관한 책 27권으로 구성되어 있습니다. 이 책들은 대부분 50년과 70년 사이에 집필되었습니다.

성경 안에서는 'Bible'이라는 낱말을 찾아볼 수 없는데, 그것은 성경을 뜻하는 말로 'Scripture'(요한 2,22)를 쓰기 때문입니다. 처음에 성경은 석판이나 파피루스 두루마리에 기록되었습니다. 성경 구절이 기록된 파피루스 두루마리 가운데는 팔레스타인 지역 사해 근처 쿰란에서 발견된 것이 유명합니다(tweet 1.20 참조).

령의 영감을 받은 저자들의 작업을 통해 하느님은 당신과 인간에 관한 가장 심오한 진리를 드러내 보이십니다. 성경은 '진리를 확고하고 성실하게 그르침이 없이 가르칩니다.'(《계시 헌장》 11항 참조) 또한 성령은 저자들이 글을 기록하도록 영감을 주셨을 뿐만 아니라(tweet 1.12 참조) 바르게 이해할 수 있도록 우리에게도 영감을 주셨습니다(tweet 1.20 참조). 그래서 우리는 지금 바로 이 순간에 하느님과 함께한다는 것과, 천국에서 하느님과 함께할 것을 받아들일 수 있습니다. 성경의 목적은 우리가 하느님을 알고, 사랑하고, 섬기며, 이를 통해 참된 행복을 발견하도록 우리를 돕는 데 있습니다. 하지만 우리가 성경을 제대로 이해하려면 예수님이 그러셨듯이 기도하는 것이 중요합니다(마르 1,35 참조; 루카 6,12 참조).

 성령은 각기 다른 시대와 각기 다른 지역 출신의 성경 저자들에게 그들 자신의 말로 당신의 메시지를 그르침 없이 전파하도록 영감을 주셨습니다.

더 읽어 보기
성경 저자: CCC 105–108, 135–136항; CCCC 18항; YOUCAT 14항.

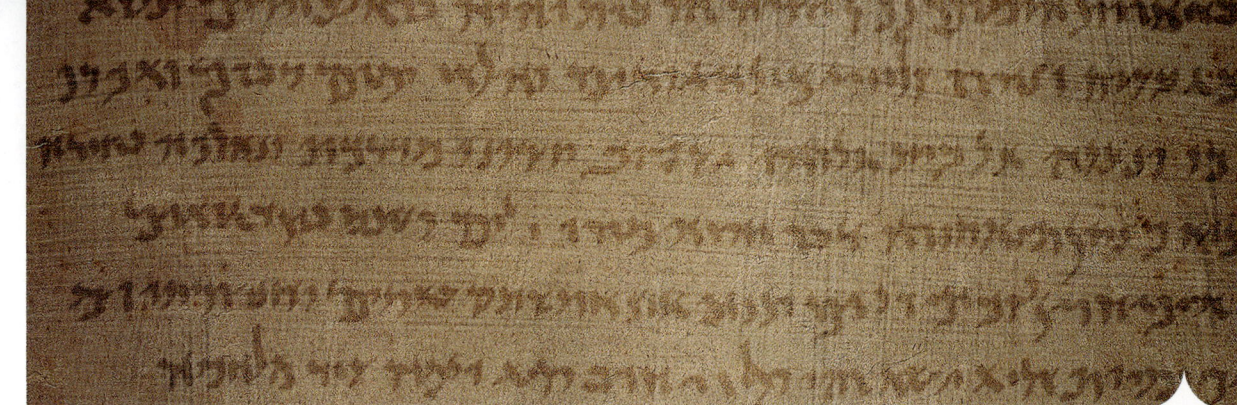

 ## 1.13 성경은 어떤 언어로 쓰였나요?

구약 성경은 대부분 기원전 1200년에서 100년 사이에 이스라엘 민족의 언어인 히브리어로 기록되었습니다. 히브리어에는 알파벳이 22개인데 영어와는 달리 오른쪽에서 왼쪽으로 씁니다. 시편 119편을 한번 보세요. 스물두 개의 각 문단은 스물두 개의 히브리 알파벳 순서에 상응하는 자모로 시작합니다. 히브리어는 자음만을 기록하기 때문에 히브리어를 해석하는 것은 매우 어렵습니다. 예를 들면 문자 메시지나 트위터에 있는 줄임말들은 여러 글자 사이에 있는 생략된 모음들 때문에 여러 의미를 가질 수 있습니다. 같은 식으로 성경 속의 단어는 하느님에 관하여 다른 것을 의미하는 것으로 해석될 수도 있습니다.

그래서 정확하게 해석하기가 매우 어려운 것입니다. 동시에 이런 점은 하느님에 대해 계속해서 새로운 방식으로 생각하는 데 도움이 되기도 합니다. 왜냐하면 하느님의 존재는 인간의 단어로는 결코 완전히 표현할 수 없기 때문입니다 (tweet 1.20 참조). 히브리어는 유다인들에게 신성한 언어입니다. 하지만 기원전 6세기부터 유다인은 일상생활에서 다른 언어인 아람어를 점점 더 많이 사용했습니다. 그래서 예수님이 탄생하셨을 때에는, 아람어가 유다인의 공용어였습니다. 후에, 구약 성경의 일부(에즈 4,9-6,18. 7,12-26 참조; 다니 2,4-7.28 참조)는 아람어로 기록되었습니다. 아람어 글자는 히브리어처럼 보이지만 사실은 별개의 언어입니다.

고대 세계의 언어

히브리어 사용이 줄면서 그리스어가 점점 더 중요해졌습니다. 이 때문에 기원전 300년에서 기원전 100년 사이에 구약 성경이 그리스어로 번역되었습니다. 처음으로 그리스어로 번역된 구약 성경은 70인역입니다(tweet 1.16 참조). 그리스어는 오늘날의 영어처럼 서서히 세계의 언어가 되었습니다. 그 결과 신약 성경 전체가 (구약 성경의 일부처럼 (tweet 1.15 참조)) 그리스어로 기록되었습니다.

예수님에게는 아람어가 모국어였지만, 회당에서 예수님은 히브리어를 사용하셨습니다. 예수님은 아마 그리스어도 사용하셨을 것입니다. 이는 로마인들이 그리스인을 무찌르고 그들의 땅을 점령한 뒤 라틴어(로마인들의 언어)가 아니라 그리스어를 로마 제국의 공용어로 삼았기 때문입니다. 라틴어는 행정과 법률 용어로만 사용되었습니다. 그래서 당시 바오로 사도는 로마 제국의 수도였던 로마 신자들에게 보낸 서간을 그리스어로 썼을 것입니다.

일부 아람어

그리스어로 집필된 신약 성경에는 아람어 표현이 여전히 남아 있습니다. 예를 들어, "탈리타 쿰(소녀야, 내가 너에게 말

| 더 알기

구약 성경: 46권

구약 성경의 문헌들은 기원전 1200년에서 기원전 100년 사이에 기록되었으며, 대부분 히브리어로 집필되었습니다. 다음은 히브리어의 한 예입니다.

אֶהְיֶה אֲשֶׁר אֶהְיֶה

"나는 있는 나다."(탈출 3,14; tweet 1.24 참조)

신약 성경: 27권

신약 성경의 문헌들은 대부분 약 50년과 70년 사이에 그리스어로 쓰였습니다. 다음은 그리스어의 한 예입니다.

Ἐν ἀρχῇ ἦν ὁ λόγος

"한처음에 말씀이 계셨다."(요한 1,1; tweet 1.29 참조)

한다. 일어나라.)"(마르 5,41), "에파타(열려라.)"(마르 7,34), "엘로이 엘로이 레마 사박타니(저의 하느님, 저의 하느님, 어찌하여 저를 버리셨습니까?)"(마르 15,34) 등이 있습니다. 또한 "아빠(아버지)"(갈라 4,6)와 "마라나 타(저희의 주님, 오십시오!)"(1코린 16,22)와 같은 아람어 낱말도 남아 있습니다.

불가타 성경(대중 라틴말 성경)

4세기 무렵 라틴어가 공용어로서 중요해졌습니다. 이에 교황의 요청으로 예로니모 성인(†420년)은 성경 전체를 라틴어로 번역했습니다. 이 불가타(대중 라틴말) 성경은 오늘날에도 매우 중요합니다. 예로니모 성인은 제자 에우스토키움 성녀에게 성경에 대하여 다음과 같이 말했습니다. "가능한 한 자주 읽고 배우십시오. 잠을 잘 때도 여전히 그 책이 손에 있게 하고 성경을 펼친 채 그 위에 엎드려 잠드십시오."(《서간집》 22,17)

 구약 성경은 대부분 히브리어로 기록되었고 신약 성경은 대부분 그리스어로 기록되었습니다.

더 읽어 보기

성경 목록: CCC 120항; CCCC 20항; YOUCAT 16항. 구약 성경: CCC 121–123항; CCCC 21항; YOUCAT 17항.
신약 성경: CCC 124–127, 139항; CCCC 22항; YOUCAT 18항.

 1.14 성경과 코란은 어떻게 다른가요?

성경은 하느님의 영감을 받아 저술되었습니다(tweet 1.12 참조). 성경 구절을 인용하여 기도할 때, 우리는 가슴속에 있는 것을 하느님께 말씀드리기 위해서 그 구절을 기도로 바꾸는 것입니다. 반면에 이슬람교도들은 하느님이 직접 내리신 말씀을 문자로 옮긴 것이 코란이라고 믿습니다. 그들은 7세기 초에 가브리엘 천사가 무함마드(†632년)에게 아랍어로 구술했다고 생각합니다(코란 2.97 참조). 이러한 이유로 이슬람교도들은 아랍어로 코란을 암송할 때 치유와 방어의 힘을 얻는다고 여깁니다.

성경을 대하는 자세와 코란을 대하는 자세

만일 아무도 성경을 읽지 않는다면 성경은 가치가 없습니다. 하지만 이슬람교도들은 코란 책 자체를 대단히 경건한 마음으로 대합니다. 이와 마찬가지로, 그리스도인들도 성찬례 때 공경과 기도의 표시로 복음서에 입맞춤을 하고 분향합니다(tweet 3.21 참조). 그러나 특히 인쇄기 발명 이후 그리스도인들에게 성경은 어디를 가든 가지고 다니고 언제든 읽을 수 있는 일반 책처럼 되었습니다. 그래서 성경을 읽기 전에 몸을 씻기까지는 하지 않습니다. 물론 하느님의 말씀을 깨달으려면(마르 7,14 참조) 주의 깊고 성실하게 듣는 올바른 마음가짐이 필요합니다. 반면에 이슬람교도들은 코란을 대단히 경건한 마음으로 대하고 코란을 읽기 전에 몸을 씻는 예식을 합니다(코란 56.77-79 참조). 또한 코란을 그저 다른 책과 함께 책꽂이에 꽂아 두거나 불결하다고 여기는 바닥에 놓는 일이 없습니다.

하느님은 아랍어로 말씀하시나요?

그리스도인에게 예수님은 하느님의 말씀입니다. 성경은 우리에게 그러한 예수님에 대해 알려 주는 책입니다. 이슬람교도에게 코란은 하느님이 하신 말씀입니다.

성경을 번역하여 읽는 것은 그리스도인에게 정말 좋은 일입니다. 어떤 언어로 번역되었든 우리는 성경을 읽는 것이고, 그것은 살아 있는 하느님의 말씀이기 때문입니다. 성경 구절에 대해 생각해 보고 그 구절을 기도에 사용할 때 우리는 성령의 도움으로 그 구절 속에서 우리와 관련된 새로운 의미를 늘 깨달을 수 있습니다. 교회는 길잡이를 제공하고 성경 해석에 경계를 설정함으로써 우리를 도와줍니다(tweet 1.20 참조).

그러나 이슬람교도는 코란을 아랍어로 읽는 것을 선호합니다. 하느님이 코란을 아랍어로 구술하셨다고 믿기 때문입니다. 이 사실은 아랍어 원문에 절대적인 권위를 부여합니다. 코란의 번역본은 교육적일 수는 있어도 더 이상 거룩하지는 않다는 것입니다. 게다가 아무나 코란을 해석할 수 있는 것도 아닙니다. 무함마드와 그의 제자들만이 코란의 원문을 설명할 수 있습니다. 이들의 해석과 설명은 하디스 hadith에 기록되어 있습니다. 하디스는 이슬람교에서 코란 다음으로 가장 권위 있는 문헌입니다(tweet 2.26 참조).

성경, 아니면 코란?

코란에는 성경이 언급되고 인용되기도 하지만, 또한 성경을 거부하는 구절도 있습니다. 이슬람교에 따르면 성경은 진리를 왜곡시키는 모조품이며, 진정한 진리는 오직 코란에서만 발견할 수 있다고 합니다. 코란은 예수님에 대해서 말하고 예수님을 중요한 예언자로 존경하지만 예수님이 하느님의 아들이라는 것을 명백하게 부인합니다(코란 5.116, 19.34-35 참조). 또한 코란은 예수님의 부활을 부인합니다. 코란에 따르면 예수님이 아니라 어떤 다른 이가 십자가 위에서 죽었습니다(코란 4.157 참조). 그러므로 코란은 우리 신앙의 핵심을 거부하는 것입니다.

성경은 우리에게 오직 완전한 진리만을 전합니다. 즉 하느님은 사랑으로 우리 가운데 사시기 위해 이 세상에 오셨고 예수님을 통해 인간이 되셨습니다(요한 3,16 참조). 이슬람교와는 달리 그리스도교는 '경전의 종교'가 아닙니다(코란 49.46 참조; tweet 2.26 참조). 《가톨릭 교회 교리서》에서는 클레르보의 베르나르도 성인(†1153년)의 말을 인용하며, "그리스도교는 하느님의 말씀의 종교로, 이 말씀은 '글로 된 무언의 말이 아닌, 사람이 되시어 살아 계신 말씀'"(CCC 108항; tweet 1.29 참조)이라고 말합니다. 하느님의 살아 계신 말씀이신 예수님 없이는, 그리고 성령의 도움 없이는 성경은 그저 죽은 말이 많이 담긴 책에 지나지 않습니다. 하지만 우리가 성경을 읽을 때 그 말은 살아납니다. 이 사실을 책장에서 성경을 꺼내 바로 지금 읽으라는, 여러분을 향한 절박한 권고로 받아들여도 괜찮습니다!

더 읽어 보기
교회에서 성경의 역할: CCC 103-104, 131-133, 141항; CCCC 24항; YOUCAT 19항.

| 더 알기

코란

아랍어로 코란은 '암송'이라는 의미입니다. 코란은 114수라(코란의 장)를 이루는 다양한 길이의 아야(코란의 절)로 구성되어 있습니다. 무함마드는 가브리엘 천사가 이것을 610년에서 632년 사이에 메카와 메디나에서 아랍어로 쓰라고 지시했다고 전합니다(코란 2.97 참조). 무함마드가 세상을 떠난 후 650년경 이 글들이 수집되었고 그 길이를 토대로 코란이 체계적으로 정리되었습니다.

 신약 성경은 예수님을 하느님의 아들이라고 하는데, 코란은 이를 부인합니다. 하느님은 성경 저자들에게 영감을 주셨습니다. 하느님이 성경을 구술하지 않으셨습니다.

1.15 구약 성경은 어떤 구조로 되어 있나요?

구약 성경은 네 부분으로 구성되어 있습니다. 맨 앞의 다섯 권의 책은 오경(그리스어, 펜타튜코스Pentateuchos)입니다. 이 그리스어는 문자 그대로 '다섯 두루마리'를 의미합니다. 유다인들은 이를 '가르침'이나 '율법'을 뜻하는 모세 오경 또는 토라Torah라고 부릅니다. 모세 오경에는 유다 민족의 근간이 되는 이야기와 하느님이 모세에게 주신 율법이 담겨 있습니다. 구약 성경의 그다음 부분은 역사서로 이루어져 있습니다. 이 책들은 이스라엘 민족의 역사를 기록하고 있습니다. 유다인들은 사무엘, 나단, 엘리야, 엘리사 예언자와 관련된 이 역사서를 전기 예언서라고 부릅니다. 구약 성경의 세 번째 부분인 예언서는 주로 죄에 대하여 사람들에게 경고하고 이스라엘의 멸망과 메시아(예수님(tweet 1.27 참조))의 오심을 예언한 예언자들을 다룹니다. 유다인들은 이 책들을 후기 예언서라고 합니다. 그들의 예언 가운데 어떤 것은 기원전 587년에 이스라엘 민족이 바빌론에 정복당하고 포로가 되었을 때 적중하였습니다. 그러나 예언자는 점쟁이가 아니라 하느님의 이름으로 말하고 행하는 사람임을 잊지 말아야 합니다. 마지막으로, 유다인들이 성문서라고 부르는 지혜서가 있습니다. 지혜서에는 신앙인들의 질문, 통찰, 시, 도덕적 지혜가 풍부하게 담겨 있습니다. 성경 가운데 일곱 권(그리고 다른 책들의 일부분)은 이집트의 알렉산드리아에 있던 유다인 공동체에 의해 그리스어로 기록되었습니다. 이는 제2경전(tweet 1.16 참조)이라고 알려져 있는데, 가톨릭과 정교회의 성경에만 포함되어 있습니다(tweet 2.30 참조). 그러나 유다인과 개신교 신자들은 그것들을 외경으로 여깁니다.

유다교의 타나크

유다인들은 구약 성경을 타나크Tanakh라고 부릅니다. 그것은 세 권의 가장 중요한 부분인 율법서(토라Torah), 예언서(너비임Neviim), 성문서(커투빔Ketuvim)의 머리글자를 모아서 만든 단어입니다. 이 책들은 예수님이 루카 복음서(4,16-21 참조)에서 하신 것과 같이, 공적으로 회당에서 봉독하거나 낭송하도록 두루마리에 기록되어 있습니다.

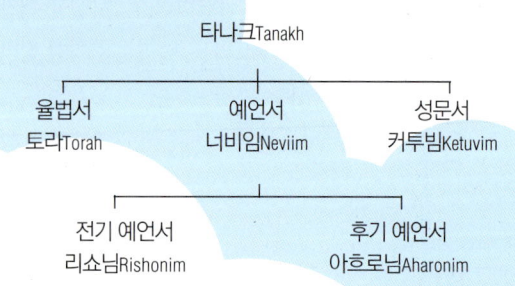

구약 성경 46권

오경 ▶ 모세 오경 ▶ 창세기, 탈출기, 레위기, 민수기, 신명기
역사서 ▶ 전기 예언서 ▶ 여호수아기, 판관기, 룻기, 사무엘 상 · 하권, 열왕기 상 · 하권
예언서 ▶ 후기 예언서 ▶ 이사야서, 예레미야서, 에제키엘서, 열두 소예언서(호세아서, 요엘서, 아모스서, 오바드야서, 요나서, 미카서, 나훔서, 하바쿡서, 스바니야서, 하까이서, 즈카르야서, 말라키서)
지혜서 ▶ 성문서 ▶ 역대기 상 · 하권, 시편, 욥기, 잠언, 아가, 코헬렛, 애가, 에스테르기(히브리어 부분), 다니엘서, 에즈라기, 느헤미야기

⎫ 여기까지가
⎬ 유다교 정경인
⎭ 타나크

제2경전 ▶ 유딧기, 토빗기, 마카베오기 상 · 하권, 지혜서, 집회서, 바룩서, 에스테르기(그리스어 부분)

| 더 알기

시편의 번호

시편에는 150편의 노래가 실려 있습니다. 그러나 히브리어 번역본과 그리스어 번역본이 이를 서로 다르게 나누기 때문에 두 번역본의 시편 번호가 항상 같지는 않습니다. 그리스어 번역본은 히브리어 번역본의 시편 9편과 10편을 하나로 합쳤습니다. 그래서 시편 9편부터 147편까지 그리스어 번역본 번호는 히브리어 번역본 번호보다 언제나 하나가 더 작습니다. 그리스어 번역본 시편 138편은 그래서 히브리어 번역본에서는 시편 139편이 됩니다. 하지만 히브리어 번역본 시편 147편을 그리스어 번역본에서는 두 개의 시편으로 나누기 때문에, 두 번역본 모두 총 150편의 노래가 실려 있습니다. 현대의 성경 번역본들은 대부분 히브리어 방식을 따르지만 어떤 성경에서는 '시편 138(139)'과 같이 두 가지 번호를 다 보여 줍니다.

 구약 성경은 46권으로, 오경, 역사서, 예언서, 지혜서의 네 부분으로 나눌 수 있습니다.

더 읽어 보기
성경 목록: CCC 120항; CCCC 20항; YOUCAT 16항. 구약 성경: CCC 121–123항; CCCC 21항; YOUCAT 17항.

1.16 가톨릭의 구약 성경과 유다교의 타나크는 어떻게 다른가요?

유다교의 타나크는 가톨릭의 구약 성경 46권 가운데 39권으로 이루어져 있습니다(tweet 1.15 참조). 타나크는 예수님이 돌아가시고 수십 년 후에 확정되었습니다. 70년에 로마인들이 예루살렘 성전을 파괴한 후에, 유다인들은 안정성과 지침의 근거가 필요했습니다. 그래서 현재의 모습으로 타나크를 마련했습니다. 39권의 책들은 모두 우리 구약 성경에 포함되어 있으며, 구약 성경은 이 외에도 7권의 책을 포함합니다(tweet 1.15 참조).

70인역 성경

타나크가 언제나 39권이었던 것은 아닙니다. 한 옛날 번역본은 가톨릭 구약 성경의 46권을 모두 포함했습니다. 기원전 300년부터 알렉산드리아의 유다인 공동체는 타나크를 그리스어로 번역했습니다. 그 결과 70인역(LXX) 성경이 나왔습니다. 라틴어로는 70을 뜻하는 '셉투아진타 septuaginta'로 불리며, 이 이름은 번역에 참여했다고 전해지는 70인의 학자로부터 비롯되었습니다. 특히 더 이상 히브리어를 말하거나 읽지 못하고 그리스어를 사용하는 유다인 공동체에 70인역은 대단히 중요했습니다. 70인역은 우리에게도 역시 매우 중요합니다. 여기에는 우리의 구약 성경 46권이 모두 포함되어 있기 때문입니다.

70인역의 역자들은 가장 오래된 히브리 말 글 모음에 없었던 7권의 책을 포함시켰습니다. 그들은 예수님이 탄생하시기 오래전에 이미 이 7권이 하느님의 영감을 받아 기록된 것이라고 생각했습니다. 이 7권의 책은 '제2의 성경 목록'이란 의미에서 '제2경전'이라고 부릅니다(tweet 1.15 참조). 후에 신약 성경을 쓸 때 저자들은 제2경전을 포함하여 70인역 그리스어 본문을 참조했습니다. 이 사실은 초기 그리스도인들이 70인역 전체를 온전히 받아들였다는 것을 보여 줍니다. 그래서 가톨릭의 구약 성경은 46권으로 구성되어 있습니다.

개신교의 성경은 어떤가요?

이러한 역사를 고려해 볼 때, 16세기에 마르틴 루터가 제2경전을 성경으로 여기지 않고 그가 독일어로 번역한 구약 성경과 신약 성경 사이에 끼워 넣었다는 것은 상당히 의아한 일입니다. 게다가 나중에 출간된 많은 개신교판 성경은 제2경전을 전혀 포함시키지 않습니다. 당시 개신교 신자들은 어떤 책이 구약 성경인지 유다인들이 가장 잘 알고 있었을 것이라고 생각했기 때문입니다. 그러나 이 7권이 그리스도가 탄생하시기 300년 전에 이미 70인역에 포함되었다는 사실을 고려해 볼 때, 비록 나중에 유다교 성경에서 배제되기는 했지만 이 7권은 사실상 유다교 성경의 일부라고 볼 수 있습니다.

구성상의 차이점

타나크와 가톨릭 성경이 다른 점이 또 하나 있는데, 책의 순서입니다. 가톨릭 성경에서는 성문서가 아니라 후기 예언서가 구약 성경 끝에 있습니다(tweet 1.15 참조). 후기 예언서가 신약 성경을 준비하는 구실을 한다는 이유 때문입니다. 후기 예언서에는 메시아(우리의 구세주 예수님(tweet 1.27 참조))의 오심에 대한 언급이 많이 나오기 때문에 그리스도인들이 이를 신약 성경 바로 앞에 둔 것은 타당합니다. 결국 타나크와 가톨릭의 구약 성경의 차이는 크지 않습니다. 이 둘은 똑같이 하느님과 그분의 백성의 관계를 묘사합니다. 그러나 신약 성경이 구약 성경을 완성하고 우리가 구약 성경을 이해하도록 돕는다는 사실을 깨닫는 것이 대단히 중요합니다. 예수님이 하느님의 자기 계시와 유다인과 시작되었던 구원을 완성하셨기 때문에 예수님으로 인해서 구약 성경은 또 다른 차원을 얻었습니다(tweet 1.26 참조).

| 더 알기

유다교 회당

예수님은 유다교의 기도하는 집인 회당에 종종 가셨습니다(마르 1,21 참조). 성당이 전례를 위한 장소인 것과 마찬가지로, 회당은 기도의 장소입니다(tweet 3.20, 3.24 참조). 회당에는 기도를 위한 커다란 집회장뿐만 아니라, 일반적으로 모임이나 공부를 위해 사용하는 작은 방도 있습니다. 회당에서 가장 중요한 장소는 토라의 두루마리가 보관되어 있는 궤입니다. 이 궤는 예루살렘 방향을 가리킵니다. 그래서 유다인들이 그것을 향해 기도할 때, 그들은 예루살렘 성전이 위치한 곳을 향합니다. 회당의 궤는 십계명이 보관되어 있는 예루살렘 성전의 계약 궤를 가리킵니다(tweet 1.24, 1.27 참조).
일반적으로 회당의 중심부에는 두루마리를 읽는 독경대가 있습니다.

> 가톨릭의 구약 성경은 기원전 300년경에 알려진 히브리 성경 46권으로 구성되어 있습니다. 이들 중 39권은 타나크를 구성하는데 타나크는 1세기 말에 편집되었습니다.

더 읽어 보기
성경 목록: CCC 120항; CCCC 20항; YOUCAT 16항.

1.17 신약 성경은 언제, 어떻게 생겨났나요?

구약 성경은 초기 그리스도인들에게 유일한 성경이었습니다. 교회의 초기에 예수님과 관계된 사건들은 여전히 구전으로 전해졌습니다. 그러다가 그리스도의 죽음과 부활 사건이 있은 지 20년에서 40년이 흐른 뒤에 대부분의 신약 성경이 집필되었습니다. 처음으로 기록된 신약 성경은 바오로 사도의 서간인데, 바오로 사도는 50년경 전도 여행을 하면서 자신이 지도했던 그리스도교 공동체들에 여러 통의 편지를 보냈습니다. 첫 세대 그리스도인들은 자신들이 점차 나이가 들자, 자신의 체험을 잊어버리지 않기 위해서 그 내용을 글로 기록하기 시작했습니다. 이렇게 해서 그 밖의 다른 성경들이 생겨났습니다.

필사되어 전해졌습니다

이 글들은 필사되어 다른 그리스도교 공동체에 전해졌고, 기도 모임에서 낭독되었습니다. 그러면서 그리스도인들은 예수님에 관한 이 글이 특별히 거룩한 지위와 권위를 지닌다는 점을 점차 깨달았습니다. 이 글의 원본은 남아 있지 않습니다. 그러나 신약 성경 본문의 초기 사본들은 여전히 남아 있으며, 그 내용에 큰 변화가 없음을 입증합니다. 예수님의 삶에 관해 기록된 글이 모두 신약 성경에 포함된 것은 아닙니다(더 알기 참조). 어떤 글이 참으로 하느님의 영감으로 기록된 것인지 확실히 알아내어 성경에 포함시키기 위해서, 초대 교회는 여러 가지 사안을 고려했습니다. 무엇보다도 먼저, 열두 사도나 그들의 제자들이 기록한 글인지의 여부를 아는 것이 중요했습니다. 그 글을 사용한 그리스도교 공동체의 중요성도 고려되었습니다. 다음은 그리스도교 공동체가 어떤 글을 전례에서 가장 많이 사용했는지도 확인하였습니다. 어떤 성경 구절이 성령의 영감을 받았는지 확정하는 과정에서 글의 내용이 예수님의 가르침 전체와 부합하는지도 대단히 중요했습니다(tweet 1.12 참조; 더 알기 참조).

신약 성경이 완성된 시기

초대 그리스도인 저술가들은 신약 성경이 언제 완성되었는지 알아내는 데에 우리에게 도움을 줍니다. 안티오키아의 이냐시오 성인(†100년경), 로마의 클레멘스 성인(†101년경), 폴리카르포 성인(†155년)의 글에는 네 명의 복음사가와 바오로 사도의 서간이 자주 언급됩니다. 다른 중요한 자료로 이레네오 성인(†202년)의 작품과 무라토리 단편이라 불리는 170년에 기록된 사본이 있습니다. 이러한 저술가들의 작품에서 우리는 2세기 말에는 현재 신약 성경의 거의 모든 책들이 하느님의 영감을 받은 성경으로 간주되었고 그리스도인들이 널리 사용했음을 알 수 있습니다.

똑같은 27권의 책

현존하는 완벽한 신약 성경 수사본 가운데 가장 오래된 것은 4세기 것으로 판단되는 바티칸 사본입니다. 이와 같은 사본들은 4세기 무렵부터 똑같은 27권 책의 목록이 거의 모든 곳에서 사용되었음을 보여 줍니다. 물론 이 목록이 어떻게 편집된 것인지에 관해 모든 사실이 다 알려진 것은 아닙니다. 하지만 우리가 확실히 아는 것은 이 27권의 책이 신약 성경을 구성하고, 거의 2,000년 동안 무척 중요한 역할을 해 왔다는 것입니다!(더 알기 참조) 이 책들 덕분에 수십 억의 사람들이 서로 다른 시대와 장소에 살아가면서 예수님과 그분의 제자들을 만날 수 있었습니다.

| 더 알기

신약 성경에 새로운 책이 추가될 수 있나요?

신약 성경에 포함된 책 외에도, 예수님에 관한 이야기를 담은 글과 열두 사도 중에 한 사람이 썼다고 주장하는 첫 몇 세기 동안에 쓰여진 글들은 많습니다. 그뿐만 아니라 (열두 사도의 가르침을 받은) 사도 교부들이 쓴 글들도 있지요(tweet 2.24 참조). 이 글들이 매우 흥미로울 수 있음에도 불구하고 초대 교회에서 이 글들은 성경으로 여겨지지 않았습니다. 우리가 가톨릭 신자로서 믿는 것은, 초대 교회가 어떤 글을 하느님의 영감을 받은 것으로 결정할 때, 성령의 감도를 받았다는 것입니다(tweet 1.32 참조). 그렇기 때문에 지금까지 알려지지 않은 성경 책이 어딘가에 있을 수 없다고 확신할 수 있습니다. 거의 2,000년 동안 새로운 책이 단 한 권도 성경에 추가되지 않았다는 사실은 그 자체로 성경이 완전하다는 점을 드러냅니다. 이는 성경과 성전이 어떻게 함께 작용하는지를 보여 주는 좋은 예입니다(tweet 1.11 참조). 교회의 성전이 없이는, 성경은 결코 있을 수 없을 것입니다! 아우구스티노 성인은 이렇게 말했습니다. "만일 가톨릭교회의 권위가 나를 이끌어 주지 않았다면, 나는 복음을 믿지 않았을 것입니다."《마니교 기초 서간 반박》 5,6)

> 바오로 사도는 50년경에 여러 서간을 썼습니다. 그 후에 다른 저자들이 신약 성경 27권 가운데 나머지를 저술했습니다.

더 읽어 보기
성경 목록: CCC 120항; CCCC 20항; YOUCAT 16항. 신약 성경: CCC 124-127, 139항; CCCC 22항; YOUCAT 18항.
성경의 해석: CCC 119항; CCCC 19항; YOUCAT 16항.

1.18 신약 성경은 어떻게 구성되어 있나요?

신약 성경은 복음서, 사도행전, 서간(바오로, 야고보, 베드로, 요한, 유다의 서간), 그리고 요한 묵시록으로 구성되어 있습니다.

복음서와 사도행전

복음서는 예수 그리스도의 삶과 죽음과 부활에 대한 네 개의 이야기입니다. 복음서는 복음사가 네 명에 의해 기록되었습니다(더 알기 참조). 복음이란 말은 '기쁜 소식' 또는 '좋은 소식'이라는 의미인데, 이는 예수님이 이 세상에 가져오신 하느님의 사랑과 구원의 메시지를 나타냅니다(tweet 1.27 참조).

마태오 · 마르코 · 루카 복음서는 매우 유사합니다. 그래서 학자들은 이를 공관 복음서라고 부릅니다. 학자들은 이 세 복음서에 공통의 자료가 있었다고 생각합니다. 하지만 그 자료는 분실되고 없다고 주장합니다. 요한 복음서는 다른 복음서와는 달리 신학적인 양식과 내용을 보다 많이 담고 있습니다. 요한 복음서는 다른 세 복음서에서 이미 언급한 것 가운데 여러 가지를 언급하지 않습니다. 루카 복음서와 마찬가지로 사도행전도 루카 복음사가에 의해 기록되었습니다. 사도행전은 초대 교회의 역사에 대해 전해 주는데, 특히 베드로 사도의 지도하에 있던 예루살렘의 첫 세대 그리스도인들에 관한 이야기를 잘 알려 줍니다. 또한 첫 번째 선교사들, 특히 하느님의 말씀을 널리 전하기 위해 파견된 바오로 사도에 관해서도 알 수 있습니다(tweet 1.11 참조).

서간과 요한 묵시록

바오로 사도는 아나톨리아(지금의 터키)와 지중해 북동부를 두루 여행하며 전도했으며 현지 교회들을 방문했는데, 일부 교회는 자신이 직접 세웠습니다. 그 후로 바오로는 그들의 신앙 여정을 이끌기 위해 이들 신생의 그리스도교 공동체에 편지를 보냈습니다. 이 편지들이 바오로 사도의 서간입니다. 이 가운데 히브리인들에게 보낸 서간은 오늘날 사실상 바오로 사도가 쓰지 않았다고 알려져 있지만 그가 쓴 것으로 오랫동안 간주되어 왔습니다. 그 외의 다른 서간은 여러 저자들에 의해 쓰였습니다. 이 편지들은 내용 면에서 바오로 사도의 서간보다 일반적이며 대부분은 어느 특정한 공동체에 보낸 것이 아닙니다. 신약 성경의 맨 끝에는 요한 묵시록이 있습니다. 묵시록에는 세상의 종말과 악과의 마지막 전투에 대한 예언적 환시가 들어 있습니다. 이 책의 언어는 대단히 상징적인데 최후의 심판과 천상 예루살렘에 관한 내용을 담고 있습니다(tweet 1.44 참조).

신약 성경 27권

- 복음서 ▶ 마태오 · 마르코 · 루카 복음서 ― 공관 복음서
  요한 복음서
- 사도행전 ▶ 사도행전
- 서간 ▶ 로마 신자들에게 보낸 서간 ┐
  코린토 신자들에게 보낸 첫째 · 둘째 서간 │
  갈라티아 신자들에게 보낸 서간 │
  에페소 신자들에게 보낸 서간 │
  필리피 신자들에게 보낸 서간 │
  콜로새 신자들에게 보낸 서간 ├ 바오로 사도
  테살로니카 신자들에게 보낸 첫째 · 둘째 서간 │
  티모테오에게 보낸 첫째 · 둘째 서간 │
  티토에게 보낸 서간 │
  필레몬에게 보낸 서간 │
  히브리인들에게 보낸 서간 ┘
  야고보 서간 ┐
  베드로의 첫째 · 둘째 서간 ├ 다른 저자
  요한의 첫째 · 둘째 · 셋째 서간 │
  유다 서간 ┘
- 묵시록 ▶ 요한 묵시록

| 더 알기

복음사가

전통적으로 네 명의 복음사가를 날개를 달고 있는 생물로 상징하는 경우가 많습니다(에제 1,10 참조; 묵시 4,7 참조). 네 명의 복음사가의 상징은 다음과 같습니다.

- 마태오 – 사람: 그의 복음서는 예수님의 조상들의 긴 족보로 시작합니다.
- 마르코 – 사자: 그는 으르렁거리는 사자처럼 설교하는 요한 세례자로 복음서를 시작합니다.
- 루카 – 황소: 황소는 번제물로 즈카르야가 성전에서 바친 동물입니다.
- 요한 – 독수리: 그의 복음서는 영원한 말씀이신 예수님에 관한 개관으로 시작합니다. 교회에서는 이러한 상징들을 흔히 볼 수 있습니다. 예를 들면, 독서대는 하느님의 말씀의 상징으로서(요한 1,1 참조) 독수리 이미지로 장식된 것이 많습니다.

> 신약 성경은 네 개의 복음서, 사도행전, 바오로 사도와 다른 저자들에 의한 21편의 서간, 그리고 요한 묵시록으로 구성되어 있습니다.

더 읽어 보기
성경 목록: CCC 120항; CCCC 20항; YOUCAT 16항. 신약 성경: CCC 124-127, 139항; CCCC 22항; YOUCAT 18항.

1.19 성경에 있는 규정을 모두 지켜야 하나요?

예수님은 이렇게 말씀하셨습니다. "내가 율법이나 예언서들을 폐지하러 온 줄로 생각하지 마라. 폐지하러 온 것이 아니라 오히려 완성하러 왔다. 내가 진실로 너희에게 말한다. 하늘과 땅이 없어지기 전에는, 모든 것이 이루어질 때까지 율법에서 한 자 한 획도 없어지지 않을 것이다."(마태 5,17-18) 이 말씀 때문에 구약 성경의 모든 계명이 여전히 유효한 것처럼 보입니다. 그러나 예수님은 "율법과 예언자들의 시대는 요한까지다. 그 뒤로는 하느님 나라의 복음이 전해지고 있는데, ……"(루카 16,16)라고도 말씀하셨습니다. 이 말씀대로 예수님이 오신 후 분명 근본적인 것이 바뀌었습니다.

사랑의 희생

예수님은 사랑 때문에 성부께 순종하여 인류를 위하여 자신을 바치심으로써 율법과 예언서를 완성하셨습니다. 예수님이 십자가 위에서 희생되신 그 순간부터 우리는 하느님과 화해했습니다(tweet 1.26 참조). 이러한 이유 때문에 우리에게는 더 이상 번제물과 희생 제물에 관한 유다교의 율법이 요구되지 않습니다. (창세기의) 옛 계약하에서 사람들은 희생 제물로 바친 동물을 통해서 하느님과 일시적인 화해를 얻었습니다. 그러나 예수님은 단 한번에 모든 시대를 위한 희생 제물이 되셨습니다. 다른 많은 율법에 대해서도 마찬가지입니다. 그렇지만 십계명은 하느님이 모세에게 주신 때와 마찬가지로 여전히 유효합니다(tweet 4.9 참조).

이중 계명

성경은 온전히 그대로 이해되어야 합니다. 하지만 신약 성경은 구약 성경에 새로운 빛을 비춥니다(더 알기 참조). 예수님은 한 질문에 답변하여 다음과 같이 십계명을 요약해서 알려 주셨습니다. "첫째는 이것이다. '이스라엘아, 들어라. 주 우리 하느님은 한 분이신 주님이시다. 그러므로 너는 마음을 다하고 목숨을 다하고 정신을 다하고 힘을 다하여 주 너의 하느님을 사랑해야 한다.' 둘째는 이것이다. '네 이웃을 너 자신처럼 사랑해야 한다.' 이보다 더 큰 계명은 없다."(마르 12,29-31)

예수님은 유다교 성서, 즉 구약 성경과 관련하여 아무런 새로운 말씀을 하지 않으셨습니다. 그렇지만 청중들에게 옛 율법을 뛰어넘으라고 하시며 이렇게 요청하셨습니다. "'네 이웃을 사랑해야 한다. 그리고 네 원수는 미워해야 한다.' 고 이르신 말씀을 너희는 들었다. 그러나 나는 너희에게 말한다. 너희는 원수를 사랑하여라. 그리고 너희를 박해하는 자들을 위하여 기도하여라."(마태 5,43-44)

| 더 알기

"이는 이로"와 "다른 뺨마저 돌려 대어라."를 어떻게 조화시켜야 하나요?

구약의 하느님이 "눈은 눈으로, 이는 이로"(신명 19,21)와 같은 규정을 적용하도록 허락하셨는데 예수님은 오히려 "누가 네 오른뺨을 치거든 다른 뺨마저 돌려 대어라."(마태 5,39)라고 말씀하십니다. 이 까닭은 무엇인가요? 또한 구약의 하느님은 전쟁과 파괴를 권하셨습니다(신명 7,1-2 참조). 이 까닭은 무엇인가요? 이에 대한 완벽한 답은 없습니다. 하지만 우리는 이런 질문을 여러모로 생각해 볼 수 있습니다. 하느님이 당신의 백성과 함께하시는 여정에는 여러 국면이 있다고 할 수 있습니다. 그리스도의 오심을 준비하기 위하여 하느님은 우상을 숭배하고 부도덕하게 행동하던 이방인을 멀리하기를 원하셨습니다. 이 사실이 우상숭배를 반대하는 엄격한 명령과 이스라엘이 이방의 민족들을 거슬러 벌이는 전쟁을 설명해 줍니다. 구약 성경의 율법, 관례, 관습은 최악의 죄를 방지하기 위한 것이었습니다. 그리스도가 오시면서 이러한 엄격한 율법은 하느님과 이웃을 사랑하라는 가장 중요한 율법으로 분명히 대체되었습니다. 이 명령은 이미 구약 성경에 있었지만(레위 19,18 참조; 신명 6,5 참조), 예수님은 그것을 가장 중요한 율법으로 삼으셨습니다(루카 10,25-28 참조). 그뿐만 아니라 구약 성경의 가혹한 처벌은 죄가 얼마나 나쁜 것인지를 인식하게 도와줍니다. 예를 들면, 간음에 대한 처벌은 돌로 쳐 죽이는 것이었습니다. 하지만 간음한 여자를 예수님 앞에 데려왔을 때, 예수님은 군중에게 죄가 없는 사람이 먼저 여자에게 돌을 던지라고 말씀하셨습니다(요한 8,7 참조). 사람들은 여자에게 돌을 던지지 않고 하나씩 모두 떠나갔지요. 그리고 예수님은 여자에게 "나도 너를 단죄하지 않는다. 가거라. 그리고 이제부터 다시는 죄짓지 마라."(요한 8,11) 하고 말씀하셨습니다. 예수님은 근본적으로 새로운 것을 가져오셨습니다. 비록 죄는 대단히 나쁜 것이지만, 예수님은 우리를 용서해 주시고 그런 다음 우리를 하느님과 화해시키실 수 있다는 것입니다(tweet 3.38, 4.13 참조). 그러므로 우리는 언제나 예수님의 가르침을 마음에 새기며 성경을 읽어야 합니다.

교회에 하신 결정적인 말씀

하느님과 이웃을 사랑하는 것, 그것이 그리스도인의 본질입니다. 그렇게 할 때, 우리는 홀로 떨어져 있는 것이 아니라 오히려 서로를 그리고 모든 사람을 사랑하고자 하는 신앙인의 공동체를 이룹니다. 이 공동체가 교회이며, 교회는 지혜로우신 성령의 감도를 받습니다(tweet 1.31 참조). 그렇기에 우리는 구약 성경의 어떤 계명이 우리에게 유효하고 유효하지 않은지를 가르치는 교회의 판단을 신뢰할 수 있습니다(tweet 1.20 참조).

 신약 성경은 구약 성경에 새로운 빛을 비춥니다. 예수님은 어떤 규정은 폐지하셨지만 다른 규정들은 재확인해 주셨습니다. 사랑은 가장 큰 계명입니다.

더 읽어 보기
성경의 중요성: CCC 106-108, 115-119항; CCCC 18항; YOUCAT 15항.
구약 성경과 신약 성경의 단일성: CCC 128-130, 140항; CCCC 23항; YOUCAT 17-18항.

1.20 성경을 어떻게 이해하는 것이 좋을까요?

성경은 하느님의 말씀이지만, 그것은 사람에 의해 기록되었습니다(tweet 1.12 참조). 그렇다면 하느님이 말씀하실 때와 인간 저자들이 말할 때를 어떻게 구별할 수 있을까요? 무엇이 역사인지, 무엇이 이야기인지, 무엇이 시이고, 무엇이 비유인지를 어떻게 알 수 있을까요? 이러한 것의 뜻을 바르게 이해하는 방법을 어떻게 알 수 있을까요?

성경을 올바르게 읽기

성경을 올바르게 읽고 이해하기를 원한다면, 적어도 세 가지 중요한 점을 기억해야 합니다. 무엇보다도 먼저 우리는 "성경 전체의 내용과 단일성"(CCC 112항; 〈계시 헌장〉 12항)을 생각해 보아야 합니다. 어떠한 성경 구절이든지 부분적으로만 보면 진리를 왜곡시키고 그릇된 메시지를 전달할 가능성이 있습니다. 대대로 사람들은 자기 자신의 의견에다 성경을 맞추려고, 성경의 근본적인 메시지는 고려하지 않은 채 성경 구절을 인용하여 하느님의 말씀을 왜곡시키곤 했습니다(tweet 1.11 참조). 그러나 성경은 일관성 있는 전체입니다. 그러므로 모든 부분을 다른 부분 및 전체와 관련하여 읽고 이해해야 합니다. 둘째, 우리는 성경을 전체 교회의 성전聖傳에 따라 읽어야 합니다(CCC 113항 참조; 〈계시 헌장〉 12항 참조; tweet 1.11 참조). 하느님은 우리에게 당신을 성경과 성전의 두 가지 방식으로 드러내셨습니다. 오랜 세기에 걸쳐서 성인들, 교황들, 그리고 교회의 공의회는 성경에 관해 훌륭한 주석을 썼습니다. 그들의 설명은 우리가 성경에서 발견하는 하느님에 관한 진리를 더욱 깊이 찾는 데 도움이 됩니다. 셋째, 신앙 진리는 하나의 커다란 전체의 일부, 즉 구원이라는 하느님의 계획의 일부라는 것을 깨닫는 것이 중요합니다. 우리는 하느님의 계시를 통해서 이 계획에 대해 알고 있습니다(CCC 114항 참조; tweet 1.27 참조).

성령과 교회

성경을 이해하려고 할 때, 우리는 우리의 상식과 오랜 세기에 걸쳐서 성경을 올바르게 해석한 수많은 사람들의 도움을 받습니다. 그러나 우리에게는 무엇보다도 성령의 도움이 필요합니다. 성령은 하느님과 함께하는 우리의 길을 안내하시기 때문입니다. 성령은 예수님이 열두 사도에게 약속하신 협조자로, 사도들이 복음을 이해하고 선포하도록 도와주셨습니다(tweet 1.31 참조). 교회는 그르침 없이 성경을 해석하는 근본 임무(tweet 2.11 참조)를 예수님에게 받았습니다. 성령이 주신 도움으로 교회는 모든 신자들과 화합하며, 또한 성전에 비추어 우리가 하느님의 말씀을 올바르게 이해하도록 돕습니다.

기도: 하느님과 나누는 말

성경 저자들이 성경을 집필할 때 하느님은 저자들에게 영감을 주셨는데, 이것이 무엇을 의미하는지 아는 것이 중요합니다. 그것을 알기 위해 우리는 저자들의 배경과 그들이 살았던 시대에 대하여 읽고 연구할 수 있습니다. 그러나 가장 중요한 것은 시대와 장소에 얽매이지 않으시는 원저자이신 하느님의 말씀을 듣는 것입니다. 우리는 성경을 공부하기보다는 기도하며 읽음으로써 하느님의 말씀을 듣습니다(tweet 3.8 참조). 성경은 우리뿐만 아니라 모든 시대의 모든 사람들과 모든 장소를 위한 것입니다. 우리가 '하느님의 말씀'에 대해 말하는 것에는 충분한 이유가 있습니다. 성경 구절을 통해서 우리는 하느님이 직접 하시는 말씀을 들을 수 있기 때문입니다! 그런 까닭에 성경은 이렇게 말합니다. "행복하여라! 악인들의 뜻에 따라 걷지 않고 …… 주님의 가르침을 좋아하고 그분의 가르침을 밤낮으로 되새기는 사람."(시편 1,1-2)

| 더 알기

성경을 증명하는 고고학적 발굴

성경에 나오는 지명 가운데는 고고학자들이 발굴한 장소가 많이 있습니다. 이를테면, 헤로데 임금 궁전의 유적들이 발견된 예루살렘의 성전산이 여기 속합니다(루카 23,7 참조). 카이사리아에 있는 어느 돌에 새겨진 글은 본시오 빌라도가 1세기에 유다의 총독이었다는 사실을 입증합니다(마태 27,11 참조). 또한 구약 성경에 등장하는 많은 임금에 대한 증거도 발견되었는데, 예를 들어 유다의 임금이었던 히즈키야(2열왕 18,1 참조)의 옥새가 발견된 적도 있습니다. 1946년과 1956년 사이에는 쿰란 근처에 있는 동굴에서 사해 두루마리가 발견되었습니다. 이 파피루스 두루마리는 예수님이 사시기 1세기 전에 기록된 것으로 추정되는 유다교 성서의 필사본으로, 현재까지 알려진 사본 가운데 가장 오래되었습니다. 또한 이 두루마리에 적힌 목록은 우리의 구약 성경과 일치합니다.

 교회는 성령의 도움을 받아 우리가 성경을 그 전체성과 성전에 따라 올바르게 읽고 이해할 수 있도록 돕습니다.

더 읽어 보기
성경을 올바르게 읽기: CCC 109-114, 137항; CCCC 19항; YOUCAT 16항.

1.21 성경의 놀라운 이야기는 단지 꾸며 낸 이야기가 아닌가요?

하와는 아담의 갈빗대에서 만들어졌고(창세 2,21-22 참조), 용사들로 이름난 장사들이 세상에 살았으며(창세 6,4 참조), 요나는 큰 물고기에게 삼켜졌을 뿐만 아니라, 사흘 후에 물고기가 뱉어 냈는데도 살아났다고 합니다(요나 2장 참조). 이런 놀라운 이야기가 틀림없이 그대로 일어났는지 궁금해하는 것보다 더 중요한 것은, 이 이야기들에 담긴 깊은 의미입니다. 예수님이 비유의 형식으로 표현하여 당신의 메시지를 더 명확히 드러내고자 하셨듯이, 구약 성경의 어떤 책에서는 시적인 방식으로 하느님에 관하여 더욱 깊은 진리를 드러냅니다. 그러므로 그것을 단지 꾸며낸 이야기로 폄하해서는 안 됩니다.

신약 성경과의 연관성

아담의 갈빗대에서 하와를 창조했다는 것은 하와가 아담보다 열등하다는 의미가 아니라 그들이 동등하며, 일체라는 의미입니다. 그래서 아담은 하와를 보고 "내 살에서 나온 살이로구나!"(창세 2,23; tweet 1.2, 3.43 참조)라고 말했습니다. 어떤 사람들은 이 장면에서 예수님과의 상징적인 관련성을 봅니다. 예수님의 옆구리는 창으로 찔렸고 그곳에서 피와 물이 흘러나와(요한 19,34 참조) 교회가 탄생했기 때문입니다. 예수님은 자신의 '수난과 죽음'에 요나가 큰 물고기의 배 속에서 보낸 사흘 밤낮을 연관시키셨습니다(마태 12,40 참조).

이스라엘 민족이 하느님께 불평했을 때 겪은 경험도 또 다른 연관성을 볼 수 있는 구절입니다. 광야에서 갑자기 독사들이 나타나 이스라엘 백성을 물기 시작했습니다(tweet 1.24 참조). 이스라엘 백성이 간청하자 하느님은 모세에게 구리뱀을 기둥 위에 달라고 하신 뒤 "누구든지 그것을 보면 살게 될 것이다."라고 말씀하셨습니다(민수 21,4-9 참조). 이것은 예수님이 매달리신 십자가, 즉 누구든지 신앙의 눈으로 예수님을 바라보면 영원한 삶을 얻을 것(요한 3,14-15 참조)이라는 점과 깊이 관련된 구절입니다.

사실인가요 허구인가요?

성경에 있는 모든 이야기와 비유는 하느님의 영감을 받은 것인데, 그것은 우리에게 중요한 것을 말해 줍니다. 설령 창조 설화(창세 1,1-2,4 참조)나 바벨탑(창세 11,1-9 참조)과 같은 이야기가 무슨 일이 있었는지 정확하게 묘사하지 않는다 하더라도, 그 이야기는 여전히 진실입니다. 그 이야기의 핵심 메시지는 진실입니다. 우리에게는 혼자서 하느님께 올라갈 수 있다고 생각하는 교만의 위험이 늘 도사리고 있습니다. 그것이 바벨탑이 보여 주는 위험입니다. 이처럼 구약 성경의 모든 이야기는 하느님과 우리의 관계에 주는 교훈을 담고 있습니다.

| 더 알기

복음서들은 서로 모순되나요?

복음서들은 때때로 내용이 서로 모순된 듯 보입니다. 예를 들어, 마태오 복음서에서 예수님은 복음을 선포하도록 제자들을 파견하시며 '신발도 지팡이도' 지니지 말라고 이르십니다(마태 10,10 참조). 반면에 마르코 복음서에서는 '지팡이' 외에는 아무것도 가져가지 말라고 명하시고 '신발'은 신으라고 말씀하십니다(마르 6,8-9 참조). 이 글들은 각각 다른 증인들의 기억을 바탕으로 기록된 것이기에 약간 차이가 있을 수 있습니다. 모순처럼 보이거나 실제로 모순이 되는 것 가운데 많은 부분이 쉽게 설명될 수 있는 문제이지요. 예를 들어, 예수님이 사도들을 여러 번 파견하실 때, 가끔은 신발과 지팡이를 지니고 또 때로는 그것이 없이 보내신 모습을 상상해 볼 수 있습니다. 이런 차이점들은 핵심 메시지가 아니라 부차적인 것입니다. 핵심 메시지는 언제나 같습니다. 예수님은 악과 죄에서 사람들을 구하시기 위하여 오셨습니다. 그분의 복음은 온 세상에 전파되어야 합니다. 요한 복음사가는 이렇게 썼습니다. "이것들을 기록한 목적은 예수님께서 메시아이시며 하느님의 아드님이심을 여러분이 믿고, 또 그렇게 믿어서 그분의 이름으로 생명을 얻게 하려는 것이다."(요한 20,31) 이 핵심 진리는 네 명의 복음사가에 의해 그르침이나 불일치가 없이 기록되었습니다. 이는 하느님의 영감 덕분입니다. 성령이 예수님 구원의 말씀과 행위를 인간 저자들이 기록하도록 영감을 주셨고, 또한 같은 성령이 우리가 예수님의 말씀과 행위를 이해하도록 도우십니다.

핵심 메시지를 봐야 합니다

구약 성경에 나오는 내용 중 많은 것이 이미 여러 연구에서 공통적으로 입증된 역사적 사실입니다. 고고학자들은 성경 속의 인물, 장소, 사건으로부터 연구의 실마리를 찾을 수 있었습니다(tweet 1.20 참조). 그러나 특정한 때에 무슨 일이 정말로 일어났었는지를 아는 것보다 훨씬 더 중요한 것이 있습니다. 바로 하느님이 당신의 백성과 함께 걸으신 길을 아는 것입니다. 구약 성경의 핵심 메시지는 하느님이 당신 백성이 온갖 잘못을 저질러도 끊임없이 그들을 사랑하시며, 언제나 그들에게 기회를 주신다는 것입니다. 바로 이것이 성경이 전해 주는 가장 놀라운 메시지이며, 또한 그것은 사실입니다!

 성경에 있는 모든 내용을 문자 그대로 받아들일 수는 없습니다. 그렇지만 성경 구절은 저마다 하느님의 사랑에 관한 중요한 메시지를 담고 있습니다.

더 읽어 보기

구약 성경의 가치: CCC 121-123, 128-130, 140항; CCCC 21, 23항; YOUCAT 17항. 복음서: CCC 124-127, 139항; CCCC 22항; YOUCAT 18항.

1.22 노아의 시대에 무엇 때문에 대홍수가 일어났나요?

창세기에는 노아와 그의 가족 이야기가 나옵니다. 아담과 하와가 타락한 후 여러 세대가 지난 옛날에, 하느님은 사람들이 생각과 뜻이 얼마나 악해졌는지를 아셨습니다. 하느님은 마음 아파하시며 사람을 만드신 것을 후회하셨지요(창세 6,7 참조).

올바르게 행동하는 사람이 노아뿐이라는 것을 보시고, 하느님은 노아와 그의 가족 말고는 모든 것을 멸망시키기로 결정하셨습니다. 하느님은 노아에게 말씀하셨습니다. "너는 전나무로 방주 한 척을 만들어라. …… 이제 내가 세상에 홍수를 일으켜, 하늘 아래 살아 숨 쉬는 모든 살덩어리들을 없애 버리겠다. 땅 위에 있는 모든 것이 숨지고 말 것이다. 그러나 내가 너와는 내 계약을 세우겠다. 너는 아들들과 아내와 며느리들과 함께 방주로 들어가거라. 그리고 온갖 생물 가운데에서, 온갖 살덩어리 가운데에서 한 쌍씩 방주에 데리고 들어가, 너와 함께 살아남게 하여라. 그것들은 수컷과 암컷이어야 한다."(창세 6,14-19)

홍수

노아는 하느님이 그에게 명령하신 대로 다 했습니다. 그리고 성경에서 특별한 의미를 지니는 날짜인 이레가 지나자 비가 내리기 시작했습니다. 40일 밤낮 비가 쏟아지자 모든 것이 비에 쓸려 갔고, 노아의 방주는 거대한 바다 위를 떠다니게 되었습니다. 백오십 일이 지나서야, 방주는 산 위에 멈춰 섰습니다. 다만 이 날짜들을 일출에서 일몰까지를 하루로 보는 기준에 따라 헤아릴 필요는 없습니다(tweet 1.2 참조).

노아는 그들이 육지로 돌아갈 수 있는 때가 되었는지 보려고 비둘기를 내보냈습니다. 비둘기는 부리에 올리브 잎을 물고 돌아왔습니다. 이 이미지는 오늘날 평화를 드러내는 상징으로 자주 사용되는데, 이는 또한 하느님이 당신의 백성에게 내셨던 화를 거두셨다는 사실과 연관됩니다.

무지개

하느님은 "사람의 마음은 어려서부터 악한 뜻을 품기 마련 내가 다시는 사람 때문에 땅을 저주하지 않으리라."(창세 8,21)라고 말씀하셨습니다. 그리고 그날 노아와 계약을 맺으시어 다시는 땅을 파멸시키는 홍수가 일어나게 하지 않겠다고 약속하셨습니다. 이어 당신의 백성과 세우신 새 계약의 표징으로 무지개를 보내셨습니다(창세 9,16 참조). 하느님은 당신의 약속을 지키셨습니다. 사람들이 계속해서 죄를 지어도("악한 일에 기울어 나쁜 짓 하는 사내들"(시편 141,4; tweet 1.4 참조)), 하느님은 계속해서 자비를 베푸셨습니다(tweet 1.27 참조). 너무나 오래전에 일어난 사건이라 거의 알려진 것이 없지만 대홍수에 관한 성경 이야기와 비슷한 내

| 더 알기

성경에 나타나는 물

물은 성경에서 중요한 역할을 합니다. 한편으로는 물의 부족은 죽음을 야기합니다(창세 6,17 참조). 다른 한편으로는 사람이 물에 빠질 수 있기 때문에 물은 위험합니다(마태 14,28-32 참조). 이스라엘 백성이 이집트에서 탈출할 때 홍해의 갈라진 바닷물 사이에서 일어난 일을 생각해 보십시오. "주님께서는 밤새도록 거센 샛바람으로 바닷물을 밀어내시어 …… 이스라엘 자손들이 바다 가운데에 마른 땅을 걸어 들어갔습니다. 바닷물은 그들 좌우에서 벽이 되어 주었습니다."(탈출 14,21-22) 이집트 군사들이 그들 뒤를 따라가자 바닷물이 다시 흘러들어와 그들을 덮쳐 버렸습니다. 이러한 기적적인 사건을 직접 경험했는데도 이스라엘 백성은 나중에 광야에서 목이 마르다고 투덜거렸습니다. 또다시 하느님은 당신의 백성을 도우셨습니다. 모세에게 지팡이를 가지고 '호렙의 바위'로 가서 그 바위를 치라고 하셨습니다. 하느님은 이렇게 말씀하셨습니다. "그곳에서 물이 터져 나와 백성이 그것을 마시게 될 것이다."(탈출 17,6) 그러나 성경에서 물의 가장 중요한 역할은, 구원으로 가는 길을 열어 주는 '세례'를 통해 예수님이 가져오신 구원입니다. "진실한 마음과 확고한 믿음을 가지고 하느님께 나아갑시다. 우리의 마음은 그리스도의 피가 뿌려져 악에 물든 양심을 벗고 깨끗해졌으며, 우리의 몸은 맑은 물로 말끔히 씻겼습니다."(히브 10,22)

용이 고대 근동의 다른 이야기들에도 나오니 참으로 흥미롭습니다.

하느님의 약속이 이행되었습니다

베드로 사도는 방주를 '세례'의 이미지로 보았습니다. 방주에서 목숨을 건진 이는 여덟 명입니다. 그러나 '세례'를 통해서는 누구든지 구원받을 수 있습니다(1베드 3,20-21 참조; tweet 3.36 참조). 교회는 방주를 대신합니다. 우리는 교회를 올바른 목적지로, 즉 하느님 안에 있는 궁극적인 구원으로 우리를 데려가는 배로 볼 수 있습니다(tweet 1.27 참조). 교회를 세우심으로써, 하느님은 언제나 당신의 백성을 돌보겠다고 하신 약속을 지키셨습니다.

 사람들의 죄 때문에 하느님은 홍수로 그들을 멸하셨습니다. 그러나 노아는 의로운 사람이었습니다. 그래서 하느님은 그와 그의 가족을 구하셨습니다.

더 읽어 보기
노아: 창세 6-9장; CCC 56-58, 71항; CCCC 7항; YOUCAT 8항.

1.23 아브라함은 왜 그토록 중요한가요?

아브라함은 자기가 바랄 수 있는 것을 전부 가졌다고 생각한 바로 그때, "네 고향과 친족과 아버지의 집을 떠나, 내가 너에게 보여 줄 땅으로 가거라. 나는 너를 큰 민족이 되게 하고 …… 세상의 모든 종족들이 너를 통하여 복을 받을 것이다."(창세 12,1-3) 하는 하느님의 목소리를 들었습니다. 하느님이 난데없이 우리에게 이렇게 말씀하신다고 한번 상상해 보십시오!

길을 떠나는 아브라함

아브라함은 하느님이 명령하신 대로 모든 것을 두고 어디로 가는지도 모른 채 아내 사라이, 식솔, 자기 가축을 데리고 떠났습니다. 그는 먼저 가나안으로 갔고 그런 다음 네겝 사막을 지나 이집트로 갔다가, 다시 가나안으로 돌아왔습니다. 한 걸음 한 걸음마다 하느님은 그에게 길을 보여 주셨습니다. 어느 날, 하느님은 아브라함에게 매우 큰 상을 받게 되리라 약속하셨습니다. 그러자 "주 하느님, 저에게 무엇을 주시렵니까? 저는 자식 없이 살아가는 몸"(창세 15,2)이라고 아브라함이 아뢰었습니다. 하느님은 아브라함에게 그의 후손이 별만큼이나 많아질 것이니 믿으라고 말씀하셨습니다(창세 15,5 참조). 아브라함은 하느님을 믿었습니다. 그날 밤, 하느님은 당신의 약속을 확인해 주시기 위하여 아브라함과 계약을 맺으셨습니다(더 알기 참조). 하느님이 약속하신 대로, 아브라함은 늘그막에 아들을 얻었고 그 이름을 이사악이라 했습니다(창세 21,2-3 참조).

하느님과의 씨름

어느 날 하느님은 아브라함에게 아들 이사악을 제물로 바치도록 산으로 올라가라고 명하셨습니다(그림 참조). 아브라함은 가슴이 찢기듯 아팠지만 하느님의 명령에 순종했습니다. 그러나 아브라함이 칼을 잡고 가장 사랑하는 아들을 하느님께 바치려 하는 그때, 하느님이 개입하시어 그를 멈추게 하셨습니다. 그러고는 "네가 하느님을 경외하는 줄을 이제 내가 알았다."(창세 22,12) 하고 말씀하셨습니다. '나는 하느님을 위해 기꺼이 모든 것을 포기할 수 있는가?' 스스로에게 물어보십시오. 나중에 이사악은 결혼하여 쌍둥이 에사우와 야곱을 얻었습니다.

어느 날 야곱은 천사와 싸웠습니다. 그 뒤에 천사가 야곱에게 이제부터 그는 이스라엘이라 불릴 것이라고 말했습니다(창세 32,29 참조). 이와 마찬가지로, 우리는 하느님과 함께하는 여정에서 무척 힘들 때가 있습니다. 이를 이겨 낼 때 우리는 야곱처럼 다른 사람이 될 수 있을 것입니다. 야곱의 열두 아들은 열두 사도의 전신인 이스라엘 열두 지파의 우두머리가 되었습니다. 아브라함, 이사악, 야곱은 하느님 백성의 위대한 성조입니다.

| 더 알기

하느님은 어떻게 아브라함과 계약을 맺으셨나요?

하느님을 향한 아브라함의 믿음은 하느님이 그와 맺으신 계약으로 더 굳건해졌습니다. 하느님은 아브라함에게 암송아지, 암염소, 숫양, 산비둘기, 어린 집비둘기를 가져오라고 하셨습니다. 아브라함은 이 모든 것을 반으로 잘라 잘린 반쪽들이 마주 보게 차려 놓았습니다. 해가 지고 나서 아브라함은 연기 뿜는 화덕과 타오르는 횃불이 그 쪼개 놓은 짐승들 사이로 지나가는 모습을 보았습니다(창세 15,17-18 참조). 이 '쪼개 놓은 짐승들 사이로 지나가는 것'은 옛 의식이었습니다. 거기에서 약속하는 사람은 죽 늘어세워진 죽은 짐승들 사이로 걸어갔습니다. 이는 앞으로 있을 수 있는 저주를 상징했습니다. 이 의식은 '만약 내가 한 약속을 지키지 않으면 그때는 이 짐승들처럼 나에게도 같은 일이 있을 것입니다.'라는 의미를 지녔습니다. '쪼개 놓은 짐승들 사이로 지나가는 것'으로 하느님은 깨뜨릴 수 없는 약속, 즉 계약을 아브라함과 맺으셨습니다.

순명하는 삶

아브라함은 하느님을 신뢰하였기에 약속의 땅을 받았고 이스라엘 백성의 시조가 되었습니다. 하느님이 당신의 약속을 지키시어 아브라함은 수많은 자손을 얻었습니다. 우리 역시 아브라함의 자손이며, 모든 믿는 이들이 아브라함의 자손입니다. 아브라함의 본보기는 우리에게 매우 중요합니다. 하느님께 순명함으로써, 그는 하느님의 구원 계획에 참여하는 특권을 받았습니다. 그 계획은 우리를 한 걸음 한 걸음 천국으로 이끄시는 예수님의 삶과 죽음과 부활을 통해서 완성되었습니다(tweet 1.27 참조). 우리가 아브라함처럼 하느님께 순명한다면, 하느님은 우리를 통해서도 위대한 일을 이루실 수 있습니다.

> 하느님은 아브라함을 부르시어 우리의 '믿음의 조상'이 되게 하셨습니다. 아브라함은 하느님께 순명했고 그 믿음 덕분에 전혀 상상치 못한 방법으로 보상을 받았습니다.

더 읽어 보기
아브라함: 창세 12-36장, CCC 59-61, 72항; CCCC 8항; YOUCAT 8항. 순명: CCC 145-147항; CCCC 26항; YOUCAT 20항.

1.24 왜 이스라엘 백성은 40년간 광야에서 헤맸나요?

요셉은 야곱의 아들로(tweet 1.23 참조), 형들의 손에 의해 노예로 팔린 후 이집트에서 파라오의 재상이 되었습니다(창세 37-41장 참조). 훗날 형제들의 고향에 큰 기근이 들자, 요셉의 형제 11명은 이집트로 가 그와 함께 살게 되었습니다(창세 42-47장 참조). 그들의 자손이 크게 늘어나자 파라오는 그들을 억압하기 시작했습니다. 하느님은 이스라엘 백성이 파라오의 억압하에 얼마나 고통을 겪는지 아셨습니다. 당신이 사랑하시는 백성이 고통을 받을 때, 하느님 또한 고통을 받으셨습니다(tweet 1.37 참조).

모세

하느님은 백성들을 보다 나은 삶으로 이끄시고자 이집트에 있는 당신의 백성 가운데서 모세를 택하셨습니다. 그러나 모세는 이 임무를 맡기를 두려워했습니다. 하느님이나 자신에게 충분한 믿음이 없었기 때문이지요. 그래서 "그들이 저를 믿지 않고 제 말을 듣지도 않으면서 '주님께서 당신에게 나타나셨을 리가 없소' 하면 어찌합니까?"(탈출 4,1) 하고 걱정했습니다. 그러자 하느님은 모세가 하느님의 이름으로 행동한다는 것을 백성에게 드러내도록 그에게 표징을 주셨습니다. 모세가 지팡이를 땅에 던지자, 뱀이 되었습니다(탈출 4,3 참조). 그가 손을 품에 넣었다가 꺼내 보니 그 손이 나병에 걸렸고, 다시 손을 품에 넣었다가 꺼내 보니 나병이 사라졌습니다(탈출 4,6-7 참조). 그래도 모세는 자기는 말솜씨가 없는 사람이라며 여전히 거절했습니다. 하느님은 그의 형 아론이 대변인 역할을 할 수 있다고 모세에게 말씀하셨습니다. 의혹과 나약함이 있음에도 모세는 하느님의 도움으로 마침내 주어진 임무를 성공적으로 수행했습니다.

40년간 광야를 헤맨 이스라엘 백성

하느님은 이스라엘 백성이 이집트의 종살이에서 벗어나도록 그들을 도우셨습니다. 모세는 파라오 앞으로 가 이스라엘 백성을 놓아 달라고 하느님의 이름으로 말했습니다. 그러나 파라오는 이를 거절했지요. 이에 하느님이 10가지 재앙을 이집트에 보내시자 결국 파라오는 마지못해 이스라엘 백성이 떠나도록 허락했습니다. 이집트에서 도망쳐 나온 후에 이스라엘 백성은 40년 동안 이어질 여정을 시작했습니다. 날마다 하느님은 그들에게 '만나'라고 하는 먹을 것을 보내 주셨습니다. 이는 신뢰를 배우는 수업이었습니다. '하늘에서 내려 주는 양식'은 금방 상하기 때문에 이를 보관할 수가 없었습니다. 그것은 꼭 하루 먹을 만큼 충분했습니다(탈출 16장 참조). 시나이 산에서 하느님은 모세에게 십계명을 일러 주시어 이스라엘 백성과 새 계약을 맺으셨습니다(탈출 19-20, 24장 참조; tweet 1.27 참조). 십계명이 적힌 석판은 '계약 궤'에 보관되었습니다. 백성들은 광야를 헤매는 동안 이를 가지고 다녔으며 나중에는 예루살렘 성전에 두었습니다. 이스라엘 백성은 계속해서 십계명을 어기고 하느님을 믿지 않았기 때문에 40년간 광야를 헤매는 벌을 받았습니다. 그 후에, 모세와 이스라엘 백성은 하느님이 아브라함, 이사악, 야곱에게 약속하신 땅이 보이는 곳에 이르렀습니다(신명 34,4 참조). 모세는 백성들이 '약속의 땅'에 들어가기 전에 죽었고, 백성들은 스스로 새로운 장래를 계획했습니다. 구약 성경의 다른 책에는 그 나머지 이야기가 이어집니다.

약속의 땅에서 천국으로

하느님은 또 다른 계약을 당신의 백성에게 약속하셨습니다(예레 31,31 참조). 하느님이 이스라엘 백성을 이집트의 종살이에서 해방시키신 것과 마찬가지로, 예수님은 사람들을 죄의 속박에서 해방시키심으로써 이 약속을 이행하시기 위해 오셨습니다. 예수님은 새 이스라엘인 교회를 열두 지파가 아니라 열두 사도를 기초로 하여 세우셨습니다. 이는 우리를 위하여 십자가 위에서 하느님과 맺으신 계약입니다. 예수님은 우리 모두를 천국이라는 약속의 땅으로 데려가기를 원하십니다. 예수님이 우리를 위하여 목숨을 바치셨기 때문에, 우리는 그분을 신뢰하고 그분께 의지할 수 있습니다(tweet 1.28 참조). 그러니 우리는 엄청난 역경이 닥칠 때조차도 결코 희망을 잃어서는 안 됩니다.

| 더 알기

하느님의 이름은 무엇입니까?

모세는 그가 치던 양 떼와 함께 광야를 지나다가 홀연히 불에 타는 떨기를 보았습니다. 그것을 향해 다가가면서, 모세는 가지가 불꽃에 타서 없어지지 않는 모습을 보았습니다. 그러고는 하느님의 목소리를 들었습니다. "이리 가까이 오지 마라. 네가 서 있는 곳은 거룩한 땅이니, 네 발에서 신을 벗어라."(탈출 3,5) 모세가 하느님께 이름을 말씀해 주십사고 여쭙자, 하느님은 "나는 있는 나다."(탈출 3,14) 하고 말씀하셨습니다. 하느님은 있는 분이십니다. 그분은 '존재하는 분'이십니다. 그분은 모든 시대에 모든 사람들을 위하여 존재하십니다. 그분은 또한 여러분을 위해서도 존재하십니다! 히브리어로 하느님의 이름을 야훼YHWH라고 씁니다. 이 네 글자는 모음 없이 발음할 수가 없습니다. 이 사실은 우리는 하느님을 완전히 알거나 이해할 수 없으며, 하느님은 인간의 말로 완전하게 표현될 수 없다는 것을 가리킵니다. 하느님은 언제나 우리가 당신을 이해하는 것보다 더 위대하십니다.

 하느님이 이스라엘 백성을 종살이에서 해방시키신 후에, 이스라엘 백성은 불순명에 대한 벌로 40년이 지나서야 약속의 땅에 이르렀습니다.

더 읽어 보기
이스라엘: 탈출 1-24장; CCCC 8, 38-40항; YOUCAT 8항.

1.25 욥의 이야기가 주는 교훈은 무엇인가요?

욥은 한평생 하느님을 믿은 경건한 사람이었습니다. 그런데 어느 날 욥과 그의 가족에게 불행이 덮쳤습니다. 심부름꾼들이 차례로 끔찍한 소식을 가져왔는데, 도둑과 불로 재산을 온통 잃었고, 집이 무너져 자식이 전부 죽었습니다. 비록 욥은 충격을 받았지만, "주님께서 주셨다가 주님께서 가져가시니 주님의 이름은 찬미받으소서."(욥 1,21)라고 말했습니다. 그렇지만 그것으로 끝이 아니었습니다. 욥 자신도 머리부터 발끝까지 부스럼으로 덮였습니다. 이런 까닭에 그의 아내조차 그의 믿음을 조롱하였지만 욥은 하느님에 대한 신뢰심을 잃지 않았습니다.

욥이 당한 고통의 근원

이러한 지독한 고통은 어디에서 비롯된 것일까요? 욥에게 왜 이런 일이 일어났을까요? 욥의 세 친구들은 하느님은 언제나 공의로우시기 때문에 욥이 틀림없이 어떤 잘못을 했을 것이라고 했습니다. 그러나 이 이야기의 독자인 우리는 욥에게 닥친 고통은 '사탄', '유혹자', '하느님의 적'이 일으켰다는 것을 이미 압니다(욥 1,6-12 참조). 사탄은 욥이 하느님을 사랑하는 것은 오로지 그렇게 좋고 행복한 삶을 주셨기 때문이라고 하느님께 말했습니다. 그러자 하느님은 욥의 목숨은 제외하고 그의 모든 소유를 사탄에게 넘기셨습니다. 사탄은 가장 무시무시한 방법으로 욥을 위협하여 비웃으려고 이 힘을 사용했습니다.

고통을 대면하기

욥기는 우리가 고통에 관해 가진 질문 모두에 완전하게 답해 주지 않습니다. 하느님은 악마나 인간이 악을 행하는 것을 허락하시는데, '왜'라는 질문에 대한 답은 주시지 않습니다(tweet 1.34 참조). 욥기에서 가장 큰 부분을 차지하는 것은, 모든 고통은 죄에 대한 벌이라고 주장하던 욥의 친구들과 욥이 나눈 토론입니다. 그러나 욥은 자기의 무죄함을 알기에 하느님이 잘못하셨다는 것을 입증하려고 감히 하느님께 도전하기까지 했습니다(욥 31장 참조). 한 친구는 하느님은 죄를 벌하시지만 의로운 사람에게는 상을 주신다고 주장하면서 자신도 모르게 "자네의 시작은 보잘것없었지만 자네의 앞날은 크게 번창할 것이네."(욥 8,6-7)라고 욥의 미래를 예언했습니다. 욥의 이야기는 삶이 때로는 얼마나 혼란스러울 수 있는지뿐만 아니라, 하느님을 향한 믿음이 마침내 어떻게 행복한 결말을 가져오는지도 말해 줍니다. 욥은 결국엔 하느님이 자기를 다시 회복시키시리라고 굳건히 믿었습니다. 고통을 통해서 그는 완전히 바뀌었습니다. 고통을 겪기 전에 그는 하느님께 세상의 온갖 축복을 청했지만, 그 후부터는 오로지 한 가지 소망, 즉 하느님을 뵙기만을 청하게 되었습니다. 마지막에 그는 두 가지를 다 받았습니다. 하느님은 욥의 여생에 지난날보다 훨씬 더 큰 복을 내려주셨습니다(욥 42,12 참조).

욥 이야기의 교훈

욥의 경우, 우리는 그의 고통이 어디서 비롯되었는지를 압니다. 그러나 우리 자신에게 닥친 고통에 대해서는 어떻게 생각하나요? 사랑하는 사람이 갑자기 죽는다면요? 뉴스에서 많은 사람이 전쟁이나 참사로 죽고 다쳤다는 소식을 들었을 때는요? 그럴 때 하느님은 어디에 계시나요? 여기에는 완전한 답이 없습니다. 그러나 우리는 그리스도인으로서 우리의 희망은 현재의 삶 너머를 가리킨다는 것을 압니다. 고통을 겪을 때, 욥을 떠올려 보세요. 그는 그 모든 고통을 통해서 마침내 그전보다 훨씬 더 행복해졌습니다. 예수님으로 인해서, 고통의 의미가 추가되었습니다. 왜냐하면 예수님은 다른 사람들을 위해 기꺼이 고통을 받으셨기 때문입니다(tweet 1.37 참조). 예수님과 함께라면 우리의 고통은 예수님의 고통처럼 구원의 가치를 지닐 수 있습니다(tweet 1.28 참조). 다시 말해 우리의 고통은 자기 자신과 다른 사람들을 구원하는 데 도움이 될 수 있습니다.

| 더 알기
고통에서 기쁨으로

프란치스코 교황은 많은 사람들이 삶에서 고통을 겪는다는 것을 알기에, 예수님의 죽음과 부활이 가져온 근본적인 변화를 강조하면서 이렇게 말했습니다.

"그리스도 부활의 권능이 모든 사람에게, 특별히 고통을 겪는 사람들에게, 그리고 신뢰와 희망을 가장 필요로 하는 모든 상황에 미치기를 빕니다. …… 그리스도는 단번에 모두를 위하여 악을 온전히 극복하셨습니다. 그러나 이 승리를 우리의 삶 속으로 그리고 역사와 사회의 실제 상황 속으로 맞이하는 것은 우리와 모든 시대의 사람들에게 달려 있습니다. ……

부활하신 그리스도의 은총으로 감동을 받도록 하세요. 그리스도가 나 자신뿐만 아니라 다른 사람들의 마음을 아프게 할 수 있는 나의 좋지 않은 면도 바꾸시도록 자신을 내어 드리십시오. 그러면 나의 삶에서 그리스도의 승리가 확인되고, 그 유익한 행위가 널리 퍼지게 될 것입니다. 이것은 은총의 힘입니다! ……

죽었다가 부활하신 주님의 이름으로 지극히 거룩하신 성모 마리아의 전구를 통해 함께 기도합시다. '파스카의 신비가 우리의 시대에 완전하게 작용하여 미움은 사랑으로, 거짓은 진실로, 보복은 용서로, 슬픔은 기쁨으로 바뀌도록 도와주소서.'"(2013년 4월 1일 부활 삼종 기도)

> 욥은 고통이나 슬픔 중에도 하느님께 믿음을 둘 수 있다는 것을 보여 줍니다. 하느님을 신뢰하는 것은 지금 그리고 천국에서 언제든 보상을 받습니다.

더 읽어 보기
욥: 욥기 1–42장.

 ## 1.26 왜 예수님은 우리를 위하여 돌아가셨나요?

예수님이 세상에 오심으로써 하느님은 당신의 백성인 유다인과 온 인류에게 새롭고 영원한 계약을 마련해 주셨습니다(tweet 1.27 참조). 이 계약은 예수님의 십자가의 죽음과 사흗날의 부활로 확증되었습니다. 하느님은 우리를 너무나 사랑하시기 때문에 영원한 생명을 얻도록 우리를 구하시기를 원하셨습니다. 하느님은 세상을 너무나 사랑하신 나머지 외아들을 내주시어, 그를 믿는 사람은 누구나 멸망하지 않고 영원한 생명을 얻게 하셨습니다(요한 3,16 참조). 예수님 안에서, 하느님은 사람이 되시어 우리를 위하여 돌아가시고 우리를 당신과 화해시키셨습니다(tweet 1.45 참조).

새로운 시작

바오로 사도는 한 사람, 즉 아담을 통하여 죄와 죽음이 세상에 들어왔다고 했습니다(로마 5,12-13 참조; tweet 1.4 참조). 그러나 또 한 사람, 즉 예수님은 그것을 없애 주셨습니다. 아담의 첫 번째 죄는 원죄로서 그의 모든 자손들을 짓누르고(tweet 1.4 참조) 그들로 하여금 죽음의 지배를 받게 했습니다. 예수님은 이를 바꾸셨습니다. 그분은 '죄를 용서해 주시려고'(마태 26,28 참조) "많은 이들의 몸값으로"(마태 20,28) 자기 목숨을 바치셨습니다. 십자가 위에서, 예수님은 현재, 과거, 그리고 미래의 모든 사람들의 죄과를 떠맡으셨습니다. 우리의 죄까지도 말입니다! 그 결과, 세례를 받을 때 우리는 원죄와 우리가 그동안 지은 모든 죄로부터 깨끗해집니다. 세례로 우리는 예수님을 통해서 흠 없이 되어 하느님의 자녀로서 하느님과의 관계를 새로이 시작합니다.

마지막 제물

이스라엘 백성은 이집트의 종살이에서 탈출하였는데 이로써 하느님과 그들이 맺은 계약이 확인되었습니다(tweet 1.24 참조). 하지만 백성들은 자주 죄를 지어 이 계약을 깨뜨리곤 했습니다. 그래서 '옛 계약'하에서는 하느님께 제물을 계속해서 바쳐야 했습니다(히브 10,1 참조).

예수님은 십자가 위에서 돌아가심으로써 하느님과 인간 사이에 새롭고 영원한 계약을 맺으셨습니다(tweet 1.27 참조). 바로 예수님이 마지막 제물이 되신 것입니다. 하지만 물론 예수님은 그 이상이셨고, "친구들을 위하여 목숨을 내놓는 것보다 더 큰 사랑은 없다."(요한 15,13)라고 하셨습니다. 사랑으로부터 비롯된 예수님의 십자가 상 희생은 우리와 하느님께 굉장한 선물이었습니다. 이를 통해 예수님은 우리를 대신하여 하느님과 '새 계약'을 시작하셨습니다. 그것은 우리가 결코 다시 깨뜨릴 수 없는 계약입니다. 예수님의 희생 덕분에 우리는 죄의 짓눌림에서 해방되고 세례를 통해서 하느님의 자녀가 될 수 있습니다(tweet 3.36 참조).

하느님의 어린양

요한 세례자가 예수님을 "세상의 죄를 없애시는 하느님의 어린양"(요한 1,29)이라고 한 것은 당연합니다. 이사야 예언자는 주님은 우리가 범한 모든 죄에 대한 허물을 주님의 종에게 돌렸다고 했습니다. 바로 그 종과 마찬가지로 예수님은 "도살장에 끌려가는 어린양"(이사 53,7)이셨습니다. 성찬례 때, 미사의 제물은 예수님의 십자가 희생과 하나가 됩니다. 예수님은 십자가 위에서 우리를 위하여 부서지셨습니다(tweet 3.45 참조). 미사 중에 사제에 의해서 축성된 빵이 쪼개어지는 것은 이것을 상징합니다. 미사의 그 순간에 우리는 "하느님의 어린양, 세상의 죄를 없애시는 주님, 자비를 베푸소서."라고 말합니다. 예수님은 실로 우리에게 자비를 베푸십니다. 우리는 죄를 용서받음으로써 예수님과 함께 영원히 살게 되었습니다.

| 더 알기

예수님은 이름이 여러 개 있나요?

'예수'라는 이름은 '하느님은 구원하신다.' 또는 '하느님은 도움이시다.'라는 의미입니다. 예수님은 "백성을 죄에서 구원하실 것"(마태 1,21)이고, 몸값을 지불하고 그들을 되찾으실 것(마태 20,28 참조)이므로 그 이름이 주어졌습니다. 그래서 우리는 예수님을 우리의 구원자이며 구속자라고 합니다.

그리스어로 그리스도(히브리어로 메시아)는 '기름부음받은 이'라는 뜻입니다. 하느님이 "성령과 힘"(사도 10,38)으로 예수님에게 기름을 부어 주셨습니다. 예수님과 마찬가지로, 그리스도인들은 세례 · 견진 · 성품성사 때, 성유(축성된 기름)로 기름부음을 받습니다(tweet 3.36–3.37, 3.41 참조).

IHS는 성당뿐만 아니라 프란치스코 교황의 교황 문장에서 볼 수 있습니다. 이는 예수를 뜻하는 그리스어의 첫 세 글자로 라틴어에서 I와 J는 같은 글자라서 이렇게 쓸 수 있습니다. 예수님을 뜻하는 모노그램 IHS는 여러 가지 의미를 지니고 있습니다. 이를 "인간의 구원자 예수Jesus Hominem Salvator"로 해석하기도 하고 십자성호에서와 같이 "이 십자가의 표시로In Hoc Signo"로 해석하기도 합니다(tweet 2.20 참조). 여러 수도회, 특히 로욜라의 이냐시오 성인(✝1556년)이 창설한 예수회(tweet 2.4 참조)는 그리스도의 모노그램인 IHS를 대중화하는 데 이바지했습니다.

 예수님은 죽음과 부활로써 하느님과 우리의 관계를 회복시키셨습니다. 예수님의 희생으로, 하느님께 돌아서는 이는 누구나 천국에 갈 수 있습니다.

더 읽어 보기

세례와 죄를 씻음: CCC 1250, 1282항; CCCC 258항; YOUCAT 197항. 완전한 계시: CCC 65–67, 73항; CCCC 9–10항; YOUCAT 9–10항.
예수님이 우리의 죄를 짊어지시다: CCC 613–617, 622–623항; CCCC 122항; YOUCAT 101항.

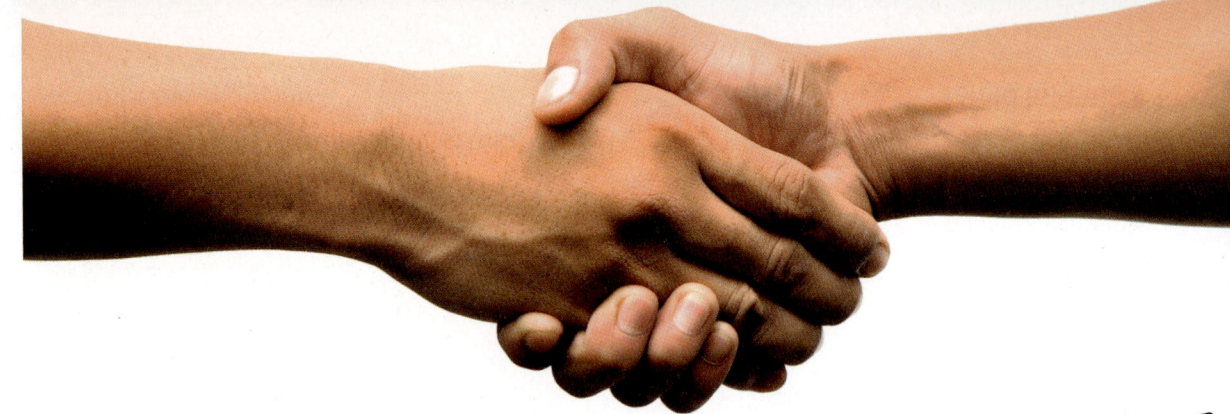

 ## 1.27 계약이란 무엇인가요?
그리고 하느님의 구원 계획은 무엇인가요?

한처음부터 하느님은 인간과 관계를 맺어 오셨습니다. 하느님은 우리를 사랑하시기에, 우리가 당신의 사랑을 거부하고 당신으로부터 떨어져 나가리란 것을 아시면서도 우리의 구원을 위한 계획을 세우셨습니다. 이는 성경에서 볼 수 있습니다. 구약 성경은 창조와 인류의 타락으로 시작합니다(tweet 1.1-1.4 참조). 대홍수 후에(tweet 1.22 참조) 구약 성경은 대부분 유다 민족, 즉 이스라엘 백성이 하나의 민족 공동체로 형성되어 가는 것에 대해 말해 줍니다(tweet 1.23-1.24 참조). 이 겨레는 하느님이 특별한 목적을 이루시기 위해 세상의 모든 민족 가운데서 선택하셨습니다.

하느님과의 관계

하느님은 당신이 이스라엘 백성을 선택하신 것을 계약을 통해서 확인해 주셨습니다. 그것은 일반적인 계약과 같은 것이라기보다는, 무슨 일이 있어도 하느님이 당신의 백성을 사랑하시고 돌보시는 것에 그들은 그 보답으로 하느님을 사랑하겠다는 영적 결혼과 같은 것입니다. 이 계약은 처음에는 아브라함을 통해 이루어졌고, 그다음에는 이집트 탈출을 통해 갱신되었습니다(tweet 1.23-1.24 참조). 그러나 이스라엘 백성은 하느님께 충실하지 않았습니다. 그들은 다른 신들을 섬기고, 자기들이 하고 싶은 대로 하려고 하느님을 외면하여 불행과 고통을 초래했습니다. 하느님은 이스라엘을 용서하시고 모세에게 두 개의 돌 판에 새겨진 십계명을 주심으로써 계약을 다시 세우셨습니다(tweet 1.24, 4.9 참조). 구약 성경의 나머지 부분은 하느님의 백성이 어떻게 자신들을 해치고 하느님과 서로에게 되풀이하여 죄를 지었는지, 매번 하느님이 그들을 어떻게 용서해 주시고 당신의 계약을 새롭게 하셨는지를 이야기해 줍니다.

구원 계획

하느님은 당신의 백성이 당신에게서 멀어질 때마다, 당신의 말을 전달하고 당신의 백성을 다시 데려오도록 예언자들에게 분부하셨습니다. 예언자들은 하느님이 당신의 백성을 위해 큰 계획을 가지고 계신다고 말해 주었습니다. 하느님은 그들뿐만 아니라 그들을 통해 세상의 모든 사람을 구하시기를 원하셨습니다. 구약 성경의 많은 부분이 예언자들에게 할애되어 있습니다. 하느님은 예언자들을 통해서 당신의 구원 계획의 가장 큰 부분, 즉 죄로부터의 구원과 영원한 행복을 가져오실 구세주 예수님의 강생을 위해 하느님의 백성을 준비시키셨습니다. 하느님은 그들이 기다려 오던 구세주를 받아들이도록 백성을 준비시키기 위해 마지막 예언자인 요한 세례자를 보내셨습니다. 그리고 때가 차서, 예수님이 유다 가문에 탄생하셨습니다. 유다인

가운데 몇몇은 예수님을 받아들였지만, 대다수의 유다인들은 그분을 받아들이지 않았습니다. 그러나 하느님의 구원 계획은 계속해서 펼쳐졌습니다. 예수님은 자기 민족의 지도자들에게 거부당해 사형 선고를 받으셨지만 예수님의 십자가 상 죽음은 바로 온 세상을 구원할 수단이었습니다(tweet 1.26 참조). 이렇게 하여 예수님은 우리를 대신해서 하느님과 계약을 맺으셨습니다. 그 계약은 인간의 죄로는 더 이상 깨어질 수 없는 것이었습니다.

지속되는 구원 계획

예수님은 부활하신 후, 열두 사도에게 사명을 주시어 예수님의 죽음과 부활에 관한 기쁜 소식을 세상의 모든 민족에게 전하게 하셨습니다. 초기에는 사도들이 어디를 가든 자기 민족에게 박해를 받았습니다. 그래서 이 사명은 결국 실패할 듯 보였습니다. 그러나 하느님의 일은 실패하지 않았습니다. 열두 사도의 기쁜 소식은 이방인들, 다시 말해서 유다인이 아닌 사람들에게 전파되었습니다. 이러한 교회의 선교 열정은 대대로 이어졌고, 그 결과 옛 예언이 이루어져 하느님이 마련하신 구원이 온 세상으로 퍼졌습니다.

| 더 알기

기원후는 무슨 뜻인가요?

기원후A.D.는 '우리 주님의 해에'를 의미하는 라틴어 '아노 도미니Anno Domini'의 약어입니다. 우리의 달력은 예수님이 탄생하신 연도를 시작으로 합니다. 이는 우연한 일이 아니라, 예수님의 탄생이 인류에게 얼마나 중요한지를 나타내는 한 방법이지요. 인류에게 새로운 미래가 주어졌기에 그때부터 달력이 새로 시작하는 것입니다. 이런 까닭에 역사적 날짜는 그리스도 이전과 이후를 의미하는 기원전B.C.이나 기원후A.D.로 표기합니다. 이러한 연대 체계는 525년에 디오니시우스 엑시구스 수사가 만들었습니다. 그는 예수님이 부활하신 날짜를 알아내려고 자기가 살던 때부터 예수님이 사신 때까지 날짜를 거꾸로 세었습니다. 그가 산출해 낸 날짜는 우리가 쓰는 달력의 바탕이 되었지요. 그 당시에는 여러 가지 달력을 썼습니다. 그러나 달력의 오류 때문에, 흥미롭게도 우리는 예수님이 정확히 몇 년에 탄생하셨는지 알 수가 없습니다. 우리는 헤로데 임금이 통치하던 기간에 예수님이 태어나셨다는 것을 압니다. 그러나 헤로데 임금은 기원전 4년경에 죽었습니다. 그래서 학자 대부분은 예수님은 우리가 0년이라고 부를 수 있는 해가 아니라 기원전 6년경에 태어나셨으리라 추정합니다.

> 하느님이 이스라엘 백성과 맺은 계약은 세상의 구원을 위해서 그들을 따로 떼어 두었습니다. 구원 역사는 인류 구원을 위한 하느님의 계획이 펼쳐지는 것을 의미합니다.

더 읽어 보기
이스라엘과의 계약: CCC 62–64, 72항; CCCC 8항; YOUCAT 8항. 구원 계획: CCC 51–55, 68–70항; CCCC 6–7항; YOUCAT 7–8항.

1.28 예수님은 왜 그토록 참혹하게 돌아가셔야 했나요?

한가지 분명한 사실이 있습니다. 예수님은 크나큰 육체적 고통이 예비된 십자가 상 죽음을 앞두고 고뇌하셨습니다. 이 일이 일어나지 않게 해 달라고 하느님께 청하기까지 하셨습니다. 겟세마니 동산에서는 "아버지, 아버지께서 원하시면 이 잔을 저에게서 거두어 주십시오."(루카 22,42)라고 기도하셨습니다. 예수님은 이러한 크나큰 고통을 견딜 수 있을 만큼 자신이 충분히 강인하지 않다고 생각하신 걸까요? 그랬을지도 모릅니다. 그러나 예수님은 여전히 성부께 순명하고자 하셨으며 우리에 대한 사랑에서 고통을 각오하셨기에 뒤이어 이렇게 말씀하셨습니다. "그러나 제 뜻이 아니라 아버지의 뜻이 이루어지게 하십시오." (루카 22,42) 그러고는 돌아가셨습니다.

참혹한 죽음

성경에는 이로써 예수님이 우리 죄에 대한 용서를 얻으셨고 이를 통해 우리를 죽음에서 구하셨다고 적혀 있습니다(tweet 1.26 참조). 그렇다면 전능하신 하느님이(tweet 1.35 참조) 다른 방법으로 우리를 구하실 수도 있지 않았는지 우리는 자문해 볼 수 있습니다. 우리는 그 답을 모릅니다. 그러나 겟세마니에서 바치신 예수님의 기도는 '다른 방법이 없으셨다는 것'을 시사합니다. 이는 하느님의 능력에 한계가 있어서가 아니라, 하느님과 죄 많은 인간을 재결합시키기 위해 완전한 제물이 필요했기 때문입니다. 그래서 하느님은 완전한 제물인 당신 자신을 내어 주신 것입니다. 유다의 종교 지도자들은 예수님이 죄를 용서하고 자기를 하느님의 아들이라고 여기는 것을 하느님에 대한 모욕(또는 신성모독)으로 보았습니다(더 알기 참조). 그러한 이유에서 그들은 예수님의 사형을 요구했습니다. 하느님은 예수님의 부활을 통해 예수님이 참으로 당신의 '아들'이시며, 참으로 죄를 용서해 주시고 영원한 생명을 줄 수 있는 권능을 지니신다는 것을 보여 주셨습니다. 하느님의 외아드님을 살해한 죄는 상상할 수 없을 정도로 큽니다. 그러나 예수님은 그렇게 한 사람들을 용서해 주심으로써 하느님께 용서받지 못할 만큼 큰 죄가 없다는 것을 우리에게 가르쳐 주십니다(루카 23,34 참조).

거룩한 상처

베드로 사도는 우리가 예수님의 상처로 어떻게 치유를 받았는지를 이야기합니다(1베드 2,24 참조). 예수님은 자신의 상처로 하느님과 인간을 화해시키셨습니다. 십자가 상 희생은 인류를 대신해서 예수님이 하느님께 드린 대답으로 볼 수 있습니다. 그리고 예수님의 부활은 하느님이 인간에게 주신 대답입니다. 예수님의 손, 발, 그리고 옆구리에 있는 오상은 우리의 구원을 나타내는 표지입니다. 예를 들어,

| 더 알기

예수님은 '하느님의 아들'이신가요?

예수님의 시대 이전에 유다인은 이미 몇몇 특별한 인물을 '하느님의 아들'이라고 부른 적이 있습니다. 우선 성경은 이스라엘을 하느님의 "맏아들"(탈출 4,22)이라고 부릅니다. 시편에서도 이따금 왕들을 하느님의 아들이라고 칭했습니다(시편 2,7 참조). 그러나 우리가 예수님을 '하느님의 아들'이라고 할 때, 이는 단지 문화적이거나 명예로운 칭호로 부르는 것이 아닙니다. 예수님과 성부의 관계는 하느님과 우리의 유대와는 다릅니다. 왜냐하면 예수님 자신이 또한 하느님이시기 때문입니다. '의심 많은 사람'으로 알려진 토마스 사도는 "저의 주님, 저의 하느님!"(요한 20,28)이라고 예수님께 고백했습니다. 하느님도 예수님을 "내가 사랑하는 아들"(마태 3,17)이라고 하셨습니다. 베드로는 예수님께 "스승님은 살아 계신 하느님의 아드님 그리스도이십니다."(마태 16,16)라고 말씀드리기까지 했습니다. 예수님은 그것을 확인해 주셨습니다. 예수님이 자신을 '하느님의 아들'이라고 말씀하시자 많은 사람들이 예수님을 믿지 않았습니다. 그들은 심지어 예수님이 하느님을 모독했다고 여기며 "당신은 사람이면서 하느님으로 자처하고 있소."(요한 10,33)라면서 돌을 던지려고 했습니다. '하느님의 아들'이라는 표현이 그저 존칭이라면 그들은 예수님께 돌을 던지려고 하지 않았겠지요. 성경은 예수님이 참하느님이시라는 것을 확인해 줍니다. 예수님을 '하느님의 아들'이라고 믿는 것은 그리스도인이 되기 위해 필수적인 것입니다(CCC 454항 참조). 니케아 콘스탄티노폴리스 신경에서(tweet 1.31 참조) 우리는 예수님이 "참하느님에게서 나신 참하느님으로서 창조되지 않고 나시어 성부와 한 본체"라고 고백합니다.

주교가 성유로 제대를 축성할 때 제대의 표면에 다섯 개의 십자 표시를 하는데, 이는 예수님의 오상을 상징합니다.

죽음으로부터 비롯된 생명

예수님의 가장 극심한 고통은 육체적 상처가 아니라 십자가 위에서 겪으신 버려짐과 거부였습니다. 그분은 비록 하느님이시지만, 인성을 통해 하느님에게 버림받음을 경험하셨습니다. 그것은 그리스도를 통하여 주어지는 용서가 없다면 우리가 죄 때문에 바로 겪었어야 하는 고통입니다. 예수님은 우리의 처지에서 "저의 하느님, 저의 하느님, 어찌하여 저를 버리셨습니까?"(마르 15,34)라고 하신 것입니다. 예수님은 아무런 죄나 잘못도 없이 우리를 위하여 '죄인'이 되셨습니다(히브 9,28 참조; tweet 1.26 참조). 예수님이 십자가 위에서 견디신 것은 우리의 죄며 그 죄에 대한 형벌이었습니다. 예수님은 마지막 순간까지 하느님을 신뢰하셨습니다(2티모 2,13 참조). 마지막 숨을 거두시는 순간에도 "아버지, 제 영을 아버지 손에 맡깁니다."(루카 23,46)라고 하셨습니다. 우리의 처지에서 하느님께 사랑을 바치심으로써, 예수님은 하느님과 우리가 화해할 수 있도록 이끌어 주신 것입니다(콜로 1,20 참조). 이렇게 예수님은 성부와 우리를 대신하여 영원히 지속될 새 계약을 세우셨습니다(히브 9,15 참조; tweet 1.27 참조).

> 예수님은 우리의 처지가 되셔서 고통과 죽음을 겪으심으로써, 우리를 하느님과 화해시키셨습니다. 우리가 영원한 삶을 살 수 있도록 예수님은 죄를 쳐부수셨습니다.

더 읽어 보기
예수님이 우리의 죄를 짊어지시다: CCC 613–617, 622–623항; CCCC 122항; YOUCAT 101항. 십자가 위에서의 희생: CCC 616–618, 623항; CCCC 122–123항; YOUCAT 101–102항. 하느님의 아들: CCC 441–445, 454항; CCCC 83항; YOUCAT 74항.

1.29 예수님은 단지 훌륭한 사람이나 현자가 아니었나요?

어떤 사람들은 예수님이 예언자처럼 하느님에 관하여 말하도록 부르심을 받았을 뿐이라고 말합니다. 그러나 만약 예수님이 '정말로' 훌륭한 인물에 불과하다면 그분은 아마 자신이 하느님이라고 말씀하시지 않았을 것입니다. 이 말씀을 거짓말이라고 여긴다면 예수님을 훌륭한 사람이라고도 볼 수 없지요. 거짓말쟁이가 훌륭한 사람일 리 없으니까요.

여러분은 선택해야 합니다

영국 작가 C. S. 루이스는 예수님을 하느님이 아니라 위대한 도덕 교사로만 받아들이는 사람들에게 이렇게 충고했습니다. "단지 사람이면서 예수님과 같이 말했다면 그는 위대한 도덕 교사가 아니었을 것입니다. 그 사람은 정신이 나간 사람이었거나 아니면 '지옥의 악마'였겠지요. 여러분은 선택해야 합니다. 이 사람이 과거는 물론 현재도 하느님의 아들인지, 아니면 정신이상자인지, 그보다 나쁜 어떤 이인지 말입니다."(《순전한 그리스도교》) 그러므로 루이스의 말대로 가능성은 세 가지입니다. 첫째, 예수님은 미쳤거나, 둘째, 예수님은 악마이거나, 셋째, 예수님은 과거에도 지금도 하느님이신 것입니다(tweet 1.27 참조).

정신이상자인가, 악마인가 아니면 하느님인가?

복음서에서 몇몇 사람들은 예수님을 미친 사람이라고 말합니다(요한 10,20 참조). 그러나 대부분은 예수님이 이성적으로 논쟁하셨으며 그래서 미치지 않았다고 인정합니다. 게다가 예수님의 적조차도 예수님을 악마라고 비난할 수 없었습니다. 오히려 예수님은 초자연적 본성으로 선한 일을 하셨습니다. 예수님은 그분이 그리스도, 또는 메시아인지 묻는 질문을 받으셨을 때, 자신이 행한 기적에 관해 언급하셨습니다. "눈먼 이들이 보고 다리저는 이들이 제대로 걸으며, 나병 환자들이 깨끗해지고 귀먹은 이들이 들으며, 죽은 이들이 되살아나고 가난한 이들이 복음을 듣는다."(마태 11,5) 오래전부터 예언자들은 하느님이 언젠가 이 모든 것을 이루실 구세주를 보내 주시리라 예언했습니다(이사 29,18-19 참조). 그런데 그 일이 일어난 것입니다! 이것을 보며 사람들은 "그가 한 말은 마귀 들린 자의 말이 아니오. 마귀는 눈먼 이들의 눈을 뜨게 할 수가 없지 않소?"(요한 10,21)라고 말했습니다. 예수님이 자신을 두고 하신 말씀 중에 가장 놀라운 것은(tweet 1.28 참조), 자신이 하느님과 하나라고 하신 말씀이었습니다. 예수님은 대단한 기적을 행하시며 하느님을 친밀히 아는 이로서 하느님에 관하여 말씀하셨습니다. 그 모든 것을 할 수 있는 사람은 현자 이상이어야 합니다. 따라서 그분은 바로 하느님이 틀림없습니다!

| 더 알기

예수님은 사람이신가요, 말씀이신가요, 아니면 하느님이신가요?

어떤 사람들은 예수님이 돌아가시고 수 세기가 지나고 나서야 교회가 예수님이 하느님이시라고 확정했다고 말합니다. 그러나 신약 성경은 초대 그리스도인들이 이미 예수님이 하느님이시라는 것을 믿었다고 전합니다(로마 9,5 참조; 콜로 2,9 참조). 예수님은 "아버지와 나는 하나다."(요한 10,30)라고 말씀하셨습니다. 그리고 요한 복음사가는 예수님을 '말씀'이시라고 전합니다. "한처음에 말씀이 계셨다. 말씀은 하느님과 함께 계셨는데 말씀은 하느님이셨다."(요한 1,1) 예수님은 세상을 창조하실 때 하느님이 하신 말씀이십니다(tweet 1.2 참조). 고대 그리스인들은 이 '말씀(로고스)'이라는 용어를 하느님과 물질적 세상을 연결하는 다리를 뜻하는 것으로 이해했습니다. 하지만 예수님은 하느님과 인간 사이의 다리이며 중개자일 뿐만 아니라 또한 하느님이십니다. 초대 그리스도인들이 이 사실을 믿었다는 것을 보여 주는 글은 많습니다. 예를 들면 안티오키아의 이냐시오 성인은 서기 108년경에 예수님은 하느님이시며 인간에서뿐만 아니라 하느님의 영에서 나셨다고 했습니다(루카 1,35 참조). 로마의 역사학자 플리니우스의 초기 기록에서 또 다른 예를 볼 수 있습니다. 그는 그리스도인들이 그들의 지도자를 "신으로"(서간 10,96) 섬긴다고 트라야누스 황제에게 썼습니다. 그러나 예수님은 한편으로 완전한 인간이셨습니다. 예수님은 마리아에게서 나셨고(루카 2,7 참조). 또한 평범한 어린이로 자라셨습니다(루카 2,40-52 참조). 예수님은 배고픔과 목마름을 경험하셨고(마태 4,2 참조; 요한 19,28 참조), 지치셨으며(요한 4,6 참조), 고뇌하셨고(루카 22,44 참조), 마침내 돌아가셨습니다(루카 23,46 참조). 죽었다가 사흘날에 다시 살아나셨을 때도, 영광을 받으시긴 했지만 사람의 몸을 가지고 계셨습니다(루카 24,39 참조; 요한 20,20-27 참조). 사람으로서, 예수님은 죄 이외의 모든 면에서 우리와 똑같으셨습니다(히브 4,15 참조). 결국 예수님은 하느님이시며 동시에 사람이십니다! 예수님은 두 본성, 즉 신성과 인성을 둘 다 가지신 위격이십니다. 이런 점에서 예수님은 유일무이하십니다.

하느님이시며 인간이신 분

예수님이 베들레헴에 나셨을 때, 구세주를 보내시겠다는 하느님의 약속이 이루어졌습니다(루카 2,1-7 참조; 요한 1,1-14 참조). 예수님은 사람이 되신 하느님이십니다(더 알기 참조). 예수님은 우리가 서로 사랑하는 법을 가르치셨을 뿐만 아니라 그 가르침을 몸소 실천하셨습니다. 이는 다른 사람들이 한 번도 한 적이 없는 행동이었습니다. 그분은 그분의 인성을 통해서 완전한 인간이 사는 법을 보여 주셨습니다. 우리도 이를 실천하려고 노력할 수 있으며, 이를 통해 우리 자신의 구원에 참여할 수 있습니다. 사람이 되심으로써, 하느님은 죄와 잘못이 가져온 이 세상의 삶의 한계에서 우리를 구원하셨습니다. 예수님은 하늘에서 누릴 영원한 생명으로 가는 길을 열어 주셨습니다(tweet 1.45 참조). 한낱 인간에 불과한 이는 결코 이러한 일을 할 수 없습니다.

> 아무리 훌륭하고 현명한 사람일지라도 예수님이 하신 방식으로 우리를 하느님과 화해시키지 못합니다. 예수님은 인간이시며 하느님이십니다. 그분은 우리의 구원을 바라신 분이시며, 우리의 '구원 자체'이십니다.

더 읽어 보기

하느님과 인류: CCC 464-469, 480-482항; CCCC 89-91항; YOUCAT 77항.

1.30 예수님께 형제와 누이가 있었나요?

나자렛 사람들은 예수님을 두고 이렇게 말했습니다. "저 사람은 목수의 아들이 아닌가? 그의 어머니는 마리아라고 하지 않나? 그리고 그의 형제들은 야고보, 요셉, 시몬, 유다가 아닌가? 그의 누이들도 모두 우리와 함께 살고 있지 않는가?"(마태 13,55-56; 마르 6,3 참조). 그리고 예수님은 어머니와 형제들이 예수님과 이야기하려고 밖에서 기다린다는 말을 들었습니다(마태 12,46 참조). 또 예수님의 형제들이 축제를 지내러 올라갔지만 정작 예수님은 그들과 함께 가지 않으시고 남아 계셨습니다(요한 7,3-9 참조). 그래서 마리아가 예수님 말고도 다른 자녀를 출산했는지, 즉 가톨릭 신자들이 믿는 것과 같이 동정녀로 끝까지 남아 계신 것이 아니었는지 의아해할 수 있습니다(tweet 1.40 참조).

형제인가요? 친척인가요?

성경에서 우리는 '형제'라는 낱말이 동기지간이 아닌 다른 친척을 의미하는 경우를 많이 봅니다. 이 낱말은 때로 카인과 아벨처럼 부모가 같은 사람들(창세 4,2 참조; tweet 1.2 참조)을 말하지만, 그렇지 않은 경우도 많습니다. 예를 들면, 토빗은 라파엘 천사를 "형제여"(토빗 5,11)라고 불렀습니다. 당시 토빗은 그가 천사라는 것은 몰랐어도, 부모님이 같지 않다는 것은 분명히 알고 있었지요! 복음서에서 예수님의 형제 누이에 관해 이야기할 때는 요셉과 마리아의 자녀를 뜻하는 게 아니라 사촌, 조카, 삼촌, 이모 등 다른 친척들을 의미합니다. 히브리어로는 이 모든 관계에 대해서 대개 같은 단어를 사용합니다. 그 단어는 70인역(tweet 1.15 참조)과 신약 성경에서 형제를 뜻하는 그리스어인 '아델포스'로 번역되었습니다.

예수님의 형제들

예수님의 '형제들'의 이름은 모든 주민이 예수님을 아는 고향 나자렛에서의 일화에 나옵니다. 마태오 복음사가는 예수님의 '형제들'이 (작은) 야고보, 요셉, 시몬, 유다라고 이야기했습니다(마태 13,55 참조). 마르코 복음서에는 요셉이 요세로 나옵니다(마르 6,3 참조). 혼동을 일으키는 점이 있는데, 이 '형제들'의 어머니 역시 이름이 마리아였습니다. 성경에 그녀는 "(작은) 야고보와 요셉(또는 요세(마르 15,40))의 어머니 마리아"(마태 27,56)라고 나오며, "(작은) 야고보의 어머니 마리아"(마르 16,1; 루카 24,10)라고도 나옵니다. 이 마리아는 예수님의 어머니와 사촌 사이였을 것입니다. 왜냐하면 복음서에서 "이모, 클로파스의 아내 마리아"(요한 19,25)라고 기록되어 있기 때문입니다.

한편 (큰) 야고보와 요한의 어머니 역시 예수님을 가까이 따랐는데, 그녀는 제베대오와 결혼했습니다(마태 20,20. 27,56 참조; 마르 10,35 참조). 예수님이 십자가에 달리셨을 때 그녀

을 보려고 했을 때, 예수님은 "누가 내 어머니고 누가 내 형제들이냐?"(마태 12,48) 하고 질문하셨습니다. 이 질문에 "하늘에 계신 내 아버지의 뜻을 실행하는 사람이 내 형제요 누이요 어머니이다."(마태 12,50)라고 예수님이 직접 대답하셨습니다. 예수님은 친히 우리 모두를 "형제, 누이, 어머니"라고 부르십니다. 그렇게 하심으로써 혈육 관계는 예수님을 따르는 것만큼 중요하지 않다는 것을 알려 주십니다. 이는 세례성사에서 분명하게 드러납니다(tweet 3.36 참조). 이 성사로 우리는 함께 하느님의 자녀라는 큰 가족을 형성합니다. 따라서 우리는 예수님의 형제, 누이입니다. 또한 그렇기에 예수님의 어머니 마리아는 우리 모두의 어머니입니다.

는 예수님의 어머니와 함께 십자가 아래에 서 있었습니다(요한 19,25 참조; 루카 24,10 참조). 한번은 그녀가 '제베대오의 두 아들'인 (큰) 야고보와 요한이 하느님 나라에서 예수님의 오른쪽과 왼쪽에 앉을 수 있게 해 주십사고 예수님께 청했는데, 아마 그들이 예수님의 친척이기 때문에 그런 청이 가능했을 것입니다(마르 10,35-37 참조; 마태 20,20-21 참조).

누가 내 어머니고 누가 내 형제들이냐?

이 형제들 가운데 누구도 요셉과 마리아의 자녀가 아니었습니다. 예수님은 두 분의 유일한 자녀였습니다. 그렇지 않다면 예수님이 십자가에 매달리셨을 때 어머니를 요한 사도가 아니라 그의 형제들에게 맡기지 않으셨을까요?(요한 19,27 참조; 사진 참조) 바오로 사도가 훗날 야고보를 만난 일에서 알 수 있듯이(갈라 1,19 참조) '주님의 형제' 야고보는 여전히 생존했습니다. 예수님의 어머니와 형제들이 예수님

> 마리아와 요셉은 어떠한 아이도 함께 낳지 않았습니다. 예수님의 '형제들'과 '누이들'이란 다른 친척입니다. 우리도 예수님의 형제나 누이가 될 수 있습니다.

더 읽어 보기
마리아의 동정: CCC 496–498항; CCCC 98항; YOUCAT 80항. 예수님의 형제 누이: CCC 499–501, 510항; CCCC 99항; YOUCAT 81항.

 ## 1.31 성령은 누구신가요?

대부분의 사람들은 하느님을 아버지로 생각할 수 있습니다. 예수님은 인간이기 때문에 우리는 하느님의 아드님 예수님이 어떻게 생기셨을지 상상해 볼 수 있습니다. 그렇다면 성령은 누구실까요? 성경의 맨 처음인 창세기에는 "한처음에 …… 하느님의 영이 그 물 위를 감돌고 있었다."(창세 1,1-2)라고 적혀 있습니다. 성부이신 하느님과 성자이신 하느님이 언제나 존재하셨듯이, 성령이신 하느님도 항상 존재하셨습니다. 그분은 성삼위의 세 번째 위격이십니다(tweet 1.33 참조).

아버지와 아들로부터 나오신 분

성령은 자기의 고유한 인격과 은사를 지닌 위격이십니다(tweet 1.32 참조). 토마스 아퀴나스 성인은 성령을 성부와 성자 사이의 사랑의 결실이라고 불렀습니다. 태양이 따뜻한 햇살을 만들어 내듯이 성령은 성부와 성자로부터 나옵니다. 우리는 주일마다 신경을 고백할 때 이것을 확인합니다(더 알기 참조). 성령은 바로 하느님이시기 때문에, 하느님을 완전히 이해합니다(1코린 2,10 참조).

해변의 파도

성령을 그려 보려면, 해변을 생각해 보세요. 바다가 보이지 않고 파도가 보이나요? 성령은 마치 파도와도 같고 바다는 '하느님의 말씀'과도 같습니다. 성령을 통해서, 생명이 이 세상에 왔습니다. 성령은 우리에게 말씀하십니다. 그러나 자기에 대해서가 아니라 그저 우리가 성부의 '말씀'을 들을 수 있도록 허락하십니다. 그분은 보이지 않게 우리에게 다가오시고 우리가 하느님의 말씀을 이해하고 신앙으로 받아들이도록 우리를 도와주고자 하시는 하느님의 영입니다(CCC 687항 참조; tweet 1.20 참조). 구약 성경에서 임금들은 기름부음을 받음으로써 성령을 받았습니다. 이 성령은 모세, 엘리야, 이사야, 에제키엘, 예레미야와 같은 예언자들과 다른 많은 사람들을 도와주셨던 같은 성령이십니다. 그 예언자들은 용감하게 임금들도 비판하였습니다. 성령은 그들이 수많은 사람들에게 힘을 줄 수 있도록 하셨습니다. 성령의 도움으로 복음을 전파하기 위하여 나간 열두 사도들에게도 마찬가지입니다. 오늘날까지도 성령은 여전히 우리에게 은사를 주시며 우리를 도우십니다(tweet 1.32 참조).

생명의 숨결

창조 이야기에서 하느님은 흙의 먼지로 사람을 빚으시고 그에게 당신의 숨결(성령)을 불어넣어 생명을 주셨다고 합니다(창세 2,7 참조). 이렇게 성령은 종종 '하느님의 숨결'이라고 불립니다. 우리는 성령이 하시는 일을 통해서 그분을 알 수 있기 때문에, 성령을 표현하기 위해서 숨결, 공기, 또

| 더 알기

"성령을 믿으며"

가톨릭교회와 그 밖의 다른 많은 그리스도교 공동체는 주일마다 니케아 콘스탄티노폴리스 신경을 고백합니다. 신경으로 우리는 성부이신 하느님, 성자, 그리고 성령께 우리의 믿음을 표현합니다.

니케아 콘스탄티노폴리스 신경

한 분이신 하느님을 저는 믿나이다.
전능하신 아버지,
하늘과 땅과 유형무형한 만물의 창조주를 믿나이다.
또한 한 분이신 주 예수 그리스도, 하느님의 외아들
영원으로부터 성부에게서 나신 분을 믿나이다.
하느님에게서 나신 하느님, 빛에서 나신 빛
참하느님에게서 나신 참하느님으로서,
창조되지 않고 나시어
성부와 한 본체로서 만물을 창조하셨음을 믿나이다.
성자께서는 저희 인간을 위하여, 저희 구원을 위하여
하늘에서 내려오셨음을 믿나이다.
<u>또한 성령으로 인하여 동정 마리아에게서 육신을 취하시어 사람이 되셨음을 믿나이다.</u>
(밑줄 부분에서 모두 머리를 깊이 숙입니다.)
본시오 빌라도 통치 아래서 저희를 위하여
십자가에 못박혀 수난하고 묻히셨으며
성서 말씀대로 사흗날에 부활하시어
하늘에 올라 성부 오른편에 앉아 계심을 믿나이다.
그분께서는 산 이와 죽은 이를 심판하러 영광 속에 다시 오시리니
그분의 나라는 끝이 없으리이다.
또한 주님이시며 생명을 주시는 성령을 믿나이다.
성령께서는 성부와 성자에게서 발하시고
성부와 성자와 더불어 영광과 흠숭을 받으시며
예언자들을 통하여 말씀하셨나이다.
하나이고 거룩하고 보편되며
사도로부터 이어 오는 교회를 믿나이다.
죄를 씻는 유일한 세례를 믿으며
죽은 이들의 부활과 내세의 삶을 기다리나이다.
아멘.

는 바람, 물, 불, 빛, 구름과 같은 상징을 자주 사용합니다. 성령은 예수님이 세례를 받으실 때 예수님 위로 내려온 비둘기로 묘사되기도 합니다(마태 3,16 참조).

성부와 성자와 함께 성령은 하느님이십니다. 성령은 우리를 위로하시고, 우리가 하느님의 사랑을 서로 나누게 하시고, 우리를 도우십니다.

더 읽어 보기
성령: CCC 687-688항; CCCC 137항; YOUCAT 116항. 성령의 이름과 상징: CCC 691-701항; CCCC 138-139항; YOUCAT 115항.

1.32 성령은 무엇을 하시나요? 저에게 성령이 필요한가요?

요한 세례자는 예수님에 관해 이렇게 말합니다. "나는 너희를 회개시키려고 물로 세례를 준다. 그러나 내 뒤에 오시는 분은 나보다 더 큰 능력을 지니신 분이시다. 나는 그분의 신발을 들고 다닐 자격조차 없다. 그분께서는 너희에게 성령과 불로 세례를 주실 것이다."(마태 3,11) 이보다 훨씬 전에, 이사야 예언자는 이미 기다리던 구세주에 대해서 이와 같이 말했습니다. "그 위에 주님의 영이 머무르리니 지혜와 슬기의 영 경륜과 용맹의 영 지식의 영과 주님을 경외함이다."(이사 11,2)

약속이 이루어졌습니다

이 약속은 예수님을 통하여 이루어졌습니다. 예수님은 성령으로 충만하셨습니다(루카 4,18-19 참조). 마리아는 성령으로 인해 잉태하였으며(루카 1,35 참조), 아들을 낳았습니다(루카 1,31 참조). 예수님이 세례를 받으셨을 때, 성령은 예수님 위로 내려왔습니다(마태 3,16 참조). 예수님은 하느님 나라를 전하셨고 성령의 도우심으로 많은 기적을 행하셨습니다. 눈먼 이들을 고치시고 다리저는 이들이 다시 걷게 해 주셨으며, 악령을 쫓아내셨습니다. 그러나 성령은 예수님만을 위한 것이 아니었습니다. 예수님은 부활하신 후에, 당신의 모든 제자들에게 성령의 은사를 주셨습니다.

성령의 활동

하느님은 그리스도인으로서 삶을 잘 살도록 우리에게 성령을 주셨습니다. 성령은 특별히 세례성사와 견진성사를 통하여 주어지는데, 성사는 성령의 은사로 우리를 강하게 합니다(더 알기 참조; tweet 3.36-3.37 참조). 성인과 같은 사람의 삶에서 성령이 가장 분명하게 드러납니다. 이를테면 막시밀리안 콜베 성인(†1941년)은 한 남자의 목숨과 자신의 목숨을 맞바꿈으로써 위대한 성령의 열매인 그리스도인의 사랑을 보여 주었습니다(tweet 4.41 참조). 성령 없이는 아무도 그리스도교 신앙을 가질 수 없습니다(1코린 12,3 참조). 성령은 진심으로 기도하도록 우리를 가르치십니다. "하느님께서 당신 아드님의 영을 우리 마음 안에 보내 주셨습니다. 그 영께서 '아빠! 아버지!' 하고 외치고 계십니다."(갈라 4,6)

위로자이시며 협조자이신 분

예수님은 돌아가시기 전에 '보호자', 즉 '협조자'가 제자들을 도와주러 오신다고 약속하셨습니다(요한 14,16-17 참조). 해마다 성령 강림 대축일에 우리는 이를 기념합니다(tweet 3.34 참조). 하느님은 우리의 자유를 존중하시기 때문에, 우리는 성령에 협조하거나 성령을 거스를 수 있습니다. 우리에게는 선택의 여지가 있는 것입니다. 날마다, 다양하게 우리는 그러한 선택과 맞닥뜨립니다. 그리스도인으로서 삶을 살고자 할 때 우리가 수없이 겪는 일이지요. 성령은 우리가 옳은 것을 선택하도록 도와주는 은사를 주십니다(더 알기 참조). 성령이 우리를 통하여 활동하신다는 증거는 바오로 사도가 말한 성령의 열매입니다. 성령은 우리가 기도하도록 도와주십니다. 바오로 사도가 "성령께서도 나약한 우리를 도와주십니다. 우리는 올바른 방식으로 기도할 줄 모르지만, 성령께서 몸소 말로 다할 수 없이 탄식하시며 우리를 대신하여 간구해 주십니다."(로마 8,26)라고 했듯이 우리는 혼자서 기도하지 못합니다. 성령은 또한 우리의 신앙을 설명하도록 도와주십니다. "어떻게 답변할까, 무엇으로 답변할까, 또 무엇을 말할까 걱정하지 마라. 너희가 해야 할 말을 성령께서 그때에 알려 주실 것이다."(루카 12,11-12)라는 성경 말씀을 항상 기억하세요.

성령의 9가지 열매 (갈라 5,22-23 참조)

- 사랑
- 인내
- 온유
- 기쁨
- 선행
- 성실
- 평화
- 호의
- 절제

| 더 알기

성령의 일곱 가지 은사(이사 11,2 참조; CCC 1831항 참조)

1. **지혜**: 하느님의 계획과 의도를 아는 것
2. **통찰**: 계시된 진리, 특히 성경에 계시된 진리를 이해하는 것
3. **의견**: 하느님께서 바라시는 최선의 행동 방침을 아는 것
4. **용기**: 어려움에 맞닥뜨렸을 때 하느님을 섬기는 데에 옳은 것을 하기 위한 강인함
5. **지식**: 하느님과의 올바른 관계에서 피조물을 아는 것
6. **공경**: 창조주이며 모든 것의 주님이신 하느님을 흠숭하고, 모든 남녀를 하느님의 모상대로 창조된 하느님의 자녀로 존중하는 것
7. **하느님에 대한 경외**: 완전히 선하시고 우리의 사랑을 받아 마땅하신 하느님의 마음을 상하게 해 드리지 않을까 두려워하는 것

우리가 하는 모든 올바른 선택은 성령의 영감을 받은 것입니다. 진정한 그리스도인의 삶을 살기 위해서 성령의 도움이 필요합니다. 그것을 청하세요!

더 읽어 보기

성령으로 인하여 임태: CCC 484-486항; CCCC 94항; YOUCAT 80줄. 성령의 선물: CCC 1830-1831, 1845항; CCCC 389항; YOUCAT 310항. 성령의 열매: CCC 1832항; CCCC 390항; YOUCAT 311항. 견진성사의 열매: CCC 1302-1305항; CCCC 268-269항; YOUCAT 205항.

1.33 하느님이 한 분이자 세 분이시라니, 무슨 소리인가요?

하느님은 오직 한 분이시지만 하느님 안에는 세 위격, 즉 성부이신 하느님, 성자이신 하느님, 성령이신 하느님이 계십니다. 이 세 분이 성삼위입니다. 그렇지만 어떻게 우리가 하나이면서 동시에 셋인 무언가를 생각할 수 있을까요? 결국, 우리는 이것을 완전히 이해하지 못 합니다. 아우구스티노 성인은 어느 날 삼위일체에 대해 곰곰이 생각하며 해변을 따라 걸었습니다. 성인은 아주 조그만 양동이를 들고서 왔다 갔다 하는 꼬마와 우연히 마주쳤습니다. 그 꼬마는 성인에게 자기가 모래에 파놓은 구멍에 바닷물을 모두 담을 것이라고 말했습니다. 성인은 웃으며 절대로 그 구멍에 바닷물을 다 담을 수 없을 것이라고 말했습니다. 그러자 꼬마는 성인에게 당신도 삼위일체의 신비를 머리로 완전히 이해할 수 없을 것이라고 대꾸했습니다.

하느님의 이미지

그렇지만 어떤 이미지는 하느님이 한 분이시며 세 분이시라는 것이 무슨 뜻인지 이해하는 데 조금은 도움이 될 수 있습니다. 이를테면, 트라이앵글은 세 변으로 되어 있지만 그것이 하나의 완전한 트라이앵글입니다. 이런 의미에서 세 변은 하나입니다. 만약 한 변을 없애면 더 이상 트라이앵글이 될 수 없습니다. 또한 어떤 물체든지 차지한 공간은 하나입니다. 그러나 그 물체는 세 차원을 가지고 있습니다.

5세기에 파트리치오 성인은 성삼위를 설명하기 위해서 클로버를 사용했습니다. 그것은 하나의 클로버이지만 세 개의 잎을 가지고 있습니다. 성삼위을 그린 어떤 작품에는, 성부이신 하느님이 하얀 수염이 난 노인으로, 예수님이 젊은 남자로 묘사되어 있습니다. 이 때문에 우리는 아버지이신 하느님과 성자이신 예수님에 대해 따로따로 분리된 이미지를 갖고 있을 수도 있습니다. 하지만 성삼위의 위격은 언제나 존재하였으며, 또 영원히 존재할 것입니다. 성삼위는 시작도 끝도 없이 존재하십니다.

사랑을 나누기

성부와 성자와 성령 간의 사랑의 관계는 바로 하느님의 본질이며, 하느님은 그 사랑을 당신만을 위하여 간직하고 싶어 하시지 않습니다. 하느님은 우리가 당신의 사랑을 나누도록 우리를 창조하셨습니다. 우리는 예수님과 하나 됨으로써 삼위일체이신 사랑의 공동체에 참여합니다.

특별한 관계

안드레이 루블료프(†1430년경)의 유명한 성화 〈삼위일체〉는, 아브라함을 방문하여 이사악의 탄생을 예언한 세 명의 천사(창세 18,1-15 참조)를 그리고 있습니다. 그런데 이 천사들은 성부와 성자와 성령을 상징합니다(그림 참조). 그들의

자세와 표정은 그들의 관계를 보여 줍니다. 그리고 아브라함이 그들과 함께 식사를 나눌 때 그들의 공동체에 참여했음을 알게 해 줍니다. 성화에서 천사들은 사랑의 일치를 이루지만, 각각의 천사는 또한 완전히 구별됩니다. 화가는 왼편의 천사 위에 우리 모두를 기다리는 천상의 거처를 그려 (요한 14,2-3 참조) 왼편의 천사가 성부임을 묘사했습니다. 또한 오른편에는 산과 함께 성령이 그려져 있는데, 산은 우리가 기도를 통해 하느님께 오르는 것을 상징합니다. 또한 가운데 천사 뒤에는 십자가를 상징하는 생명의 나무를 그려 그분이 성자이심을 표현했습니다. 성자는 성작을 가리키는데, 그것은 우리를 대신한 당신의 희생을 나타냅니다. 또한 성부와 성령 사이의 빈 공간은 바로 성자를 담고 있는 잔처럼 보입니다. 삼위의 세 위격과 마찬가지로, 천국에서 우리는 하느님과 우리 서로와 완전한 관계를 맺게 될 것이며 (tweet 1.45 참조) 완전한 우리 자신이 될 것입니다.

더 읽어 보기
성삼위: CCC 232-267항; CCCC 45-49항; YOUCAT 35-39항.

| 더 알기

사도신경 (12개의 신앙 항목)

1. 전능하신 천주 성부 천지의 창조주를 저는 믿나이다.
2. 그 외아들 우리 주 예수 그리스도님
3. 성령으로 인하여 동정 마리아께 잉태되어 나시고
4. 본시오 빌라도 통치 아래서 고난을 받으시고 십자가에 못 박혀 돌아가시고 묻히셨으며
5. 저승에 가시어 사흘날에 죽은 이들 가운데서 부활하시고
6. 하늘에 올라 전능하신 천주 성부 오른편에 앉으시며
7. 그리로부터 산 이와 죽은 이를 심판하러 오시리라 믿나이다.
8. 성령을 믿으며
9. 거룩하고 보편된 교회와 모든 성인의 통공을 믿으며
10. 죄의 용서와
11. 육신의 부활을 믿으며
12. 영원한 삶을 믿나이다. 아멘.

하느님은 세 위격으로서, 성부와 성자와 성령 간에 사랑을 자체로 나누십니다. 하느님은 그 사랑을 우리와도 나누고 싶어 하십니다!

1.34 하느님께서 악을 창조하셨나요? 나의 죄와는 무슨 상관이 있나요?

하느님이 완전히 선하시다면 어떻게 하느님은 악이 존재하는 것을 허락하실까요? 하느님이 무엇이든 하실 수 있는 분이라면, 왜 사람들이 끔찍한 짓을 하도록 내버려 두실까요? 왜 하느님이 나서시지 않나요? 이러한 질문에 대한 답을 우리는 완전히 알 수 없습니다. 이러한 것을 '죄악의 신비'(라틴어, 미스테리움 이니퀴타티스mysterium iniquitatis)라 합니다. 하지만 악이란 선이 변질된 것, 또는 왜곡된 것이며, 하느님의 뜻과 일치하지 않는다는 것을 우리는 잘 알고 있습니다.

악의 근원

아우구스티노 성인은 그리스도인이 되기 전에는 "악이 어디서 오는 것인지 알려고 애썼지만, 답을 찾지 못했습니다."《고백록》 7,7,11)라고 했습니다. 개종한 후에, 성인은 악이라는 문제와 마주할 때 하느님 사랑의 관점에서 그것을 이해하려고 노력하는 것이 최선이라고 보았습니다. 하느님 계시의 빛으로 밝혀지지 않으면, 악의 근원이 죄라는 사실을 알기가 매우 어렵습니다(CCC 387항 참조; tweet 1.4 참조).

하느님은 우리가 당신을 사랑하고 우리 서로를 사랑하도록 만드셨습니다. 우리에게는 주님이 의도하신 바대로 사랑할 자유가 있습니다. 하지만 그 자유를 오용하여 나쁜 선택을 할 수도 있습니다. 우리 모두는 잘못이라고 알고 있으면서도 그 일을 한 경험이 있습니다. 마음속으로는 자신이 나쁜 선택을 하는 것을 알면서도, 그 선택을 밀고 나갔고 결국 그것을 행했습니다. 우리는 자신의 선한 의지를 거스르고, 그 일에 동의하도록 우리 자신을 내버려 두었습니다. 우리가 인간으로서 악에 참여한다는 것은 바로 이러한 의미입니다.

선과 악 사이의 갈등

선과 악 사이의 갈등, 이는 모든 사람의 마음과 생각 속에서 일어납니다. 아담과 하와가 죄에 떨어지는 성경 이야기를 문자 그대로 받아들일 필요는 없지만, 그 이야기는 중요한 사실을 드러냅니다(tweet 1.2 참조). 그 이야기는 첫 번째 남자와 여자가 선보다 악을 선택하도록 유혹을 받았고, 따라서 아무도 유혹을 피할 수 없음을 보여 줍니다. 그 이야기는 또한 아담과 하와가 '어떻게' 유혹을 받았는지 보여 줍니다. 우선 뱀은 하와에게 거짓말을 하여 하느님께 순종하지 않아도 하느님이 말씀하신 것처럼 죽지 않으며, 오히려 하느님처럼 되리라고 했습니다. 모든 유혹의 뒤에는 나쁜 것을 좋은 것이라고 하는 거짓말이 있습니다. 하와에게는 금지된 나무가 먹음직하고 소담스러워 보였으며, 슬기롭게 해 줄 것처럼 탐스럽게 보였습니다(창세 3,6 참조). 그것이 이렇게 보일 때 그녀는 이미 속고 있었던 것입니다. 모든 죄의 뿌리에 이 세 가지 욕망, 즉 "육의 욕망과 눈의 욕망과 살림살이에 대한 자만"(1요한 2,16)이 있습니다. 원조가 '타락'하였기 때문에 인류는 죄에 떨어지기 쉬운 경향을 보입니다(tweet 1.4 참조). 우리는 이 경향을 조상들에게서 물려받았습니다. 바오로 사도의 말대로 '한 사람(아담)의 불순종으로 많은 이가 죄인이 되었습니다.'(로마 5,19 참조) 그리고 세례 후에도 악으로 기우는 경향은 여전히 우리 안에 남아 있습니다(더 알기 참조). 그런 까닭에 죄에 대항하는 우리의 싸움은 종종 너무나 힘겹습니다(tweet 4.13 참조).

악과 예수님

우리는 예수님이 왜 우리 세상에 오셨는지 핵심적인 이유를 알게 되었습니다. 예수님은 죄라는 무거운 짐에서 인간을 구하시려고 오셨습니다(tweet 1.26 참조). 바오로 사도는 "한 사람의 범죄로 모든 사람이 유죄 판결을 받았듯이, 한 사람의 의로운 행위로 모든 사람이 의롭게 되어 생명을 받습니다."(로마 5,18)라고 했습니다. 이처럼 가장 중요한 것은 우리의 죄가 아니라, 예수님이 우리에게 주시는 용서와 구원입니다. 예수님이 주시는 용서와 구원을 받아들임으로써, 그리고 예수님과 하나 됨으로써, 우리는 죄에 떨어지기 쉬운 경향을 극복할 수 있고, 세상에서 작용하는 악을 정복할 수 있습니다. 그리고 하느님이 처음부터 의도하신 남자와 여자가 될 수 있습니다. 이 때문에 토마스 아퀴나스 성인은 "하느님은 악으로부터 보다 선한 것을 가져 오시기 위하여 악이 일어나도록 허락하십니다."(《신학대전》 III.1.3 AD 3)라고 말할 수 있었습니다. 또한 바오로 사도도 "죄가 많아진 그곳에 은총이 충만히 내렸습니다."(로마 5,20)라고 말했습니다.

더 읽어 보기
자유의 남용: CCC 386-387항; CCCC 73항; YOUCAT 67항. 세상의 악: CCC 309-314, 324항; CCCC 57-58항; YOUCAT 51항.
세례의 필요성: CCC 1257-1261, 1281, 1283항; CCCC 261-262항; YOUCAT 199항.

| 더 알기

세례성사와 고해성사

예수님이 우리의 죄를 위하여 당신의 목숨을 바치셨기에, 원죄(tweet 1.4 참조)와 우리의 본죄는 모두 세례를 통해서 씻어집니다. 이것이 그리스도인의 삶의 시작입니다(tweet 3.36 참조). 이렇게 하여 우리는 하느님의 자녀가 됩니다. 하지만 세례 후에도 악에 기우는 경향은 우리에게 여전히 남아 있습니다(tweet 1.4 참조). 우리는 어떤 잘못을 하도록 쉽게 설득을 당합니다. 세례 후에 지은 죄를 없애기 위하여, 예수님은 또 다른 성사인 '고해성사'를 우리에게 주셨습니다(tweet 3.38-3.39 참조). 교회의 모든 성사를 통해서 예수님은 우리에게 은총을 주시는데, 그것은 예수님 자신의 생명을 나누는 것입니다(tweet 4.8 참조). 은총은 우리가 마주하는 어려움들을 쉽게 극복할 수 있도록 해 줍니다. 유혹마저도 말이지요. 세례 때 받은 성령(tweet 1.32 참조)은 하느님의 은총을 받기 위해 마음을 열도록 우리를 도와주십니다.

---

t 하느님은 모든 것을 선하게 창조하셨습니다. 그리고 우리에게 선한 것을 선택할 수 있도록 자유 의지를 주셨습니다. 그러나 우리가 자유 의지를 오용하여 죄를 지을 때 악이 발생하게 됩니다.

1.35 하느님이 전능하신 분이시라면, 왜 재난이 일어나나요? 왜 악이 존재하나요?

하느님은 전능하신가? 다른 말로 하느님은 무엇이든 하실 수 있으신가? 어느 날 한 위대한 철학자가 물었습니다. 하느님은 자신도 들 수 없는 아주 무거운 돌을 만드실 수 있는지 말입니다. 만약 이 교묘한 질문을 진지하게 숙고할 때, 우리는 하느님이 전능하신 분이 아니라는 결론을 내려야 합니다. 그러나 우리가 정말 하느님을 인간 언어의 속임수 안에 가둘 수 있을까요? '하느님은 왜 우리가 살고 있는 이 세상에서 악을 없애지 않으실까?' 하고 궁금해하는 사람이 많습니다. 이 질문에 대한 답을 찾아내고자 하기 전에 우리는 사람이 행하는 악(윤리적 악)과 자연재해(물리적이거나 자연적인 악)와 같이 우리가 악으로 경험하는 것을 구별해야 합니다.

자연재해는 벌인가요?

지진, 쓰나미, 허리케인과 같은 자연재해를 하느님의 벌로 여기는 사람들이 있습니다. 이는 전적으로 틀린 생각입니다. 하느님이 날씨에 영향을 주실 수 있다는 것은 사실입니다(신명 11,17 참조; 야고 5,17 참조). 또한 구약 성경에서, 어떤 자연재해는 사람들의 죄에 대한 벌이었습니다. 이를테면 대홍수를 생각해 보세요(tweet 1.22 참조). 그러나 그 모든 것은 이스라엘 백성의 역사의 일부였습니다. 하느님은 그들을 예수님의 탄생을 위해 준비시키고 계셨습니다. 예수님이 우리에게 오신 것은 하느님이 인류를 사랑하신다는 결정적인 증거입니다. 그러나 자연재해로 야기된 고통과 슬픔은 그 사랑에 부합하지 않습니다. 그러니 우리는 그러한 자연재해를 하느님이 내리신 벌로 여길 수 없습니다. 하느님은 이러한 재난을 당한 사람들과 함께 고통을 받으십니다. 또한 희생자들을 돕도록 다른 사람들의 마음을 북돋우십니다. 이렇게 하여 악으로부터 선한 어떤 것이 나올 수 있습니다. 하느님은 그것을 위해 우리의 도움을 필요로 하십니다. 그러나 왜 하느님이 그러한 자연재해를 허락하시는지에 대한 답은 여전히 찾기 어렵습니다. 그것은 악의 기원과 관련이 있습니다. 악은 우리에게 여전히 신비입니다.

인간의 자유

어째서 하느님은 악을 행하려는 사람들을 막지 않으실까요? 이에 대해 간단히 답한다면, 하느님이 사람을 자신이 조종하는 꼭두각시로 만들지 않으셨기 때문입니다. 사람은 선을 행하기로 택할 수 있는 자유 의지를 가지고 있습니다. 이와 마찬가지로 악을 행하기로 선택할 자유도 가지고 있습니다. 우리가 자유롭게 독자적인 길을 선택한다면, 하느님은 개입하시지 않을 것입니다. 그렇지 않다면 우리는 진정으로 자유로운 것이 아닙니다. 하느님이 개입하시지 않는 것을 그분의 무능함이라고 말할 수도 있을 것입니다.

그러나 하느님은 우리가 당신의 뜻을 행하도록 억지로 강요하시는 독재자가 아닙니다. 우리에게 주어진 선택의 자유는 하느님의 무한한 사랑의 결과입니다. 하느님은 사람들을 너무나도 사랑하시기에 우리의 악한 선택으로 야기되는 고통을 지켜보시며 가슴 아파하십니다.

악에 대응하는 길

사람들은 선을 택할 수도 있지만 악을 택하기도 합니다. 살인, 절도, 강간, 중상 모략과 같이 다른 사람을 희생시켜 자신이 뭔가를 얻기 원할 때 그러한 선택을 하지요. 하느님의 뜻이나 우리가 남에게 끼치는 해를 고려하지 않고 자신의 욕구만을 생각할 때, 우리는 교만으로 가득 찹니다. 아담과 하와는 자신이 "하느님처럼"(창세 3,5; tweet 1.4 참조) 될 수 있다고 생각했을 때 교만으로 타락했습니다. 악에 대응하는 길은 단 하나입니다. 하느님을 사랑하기로 하고 하느님이 원하시는 것을 선택함으로써 겸손해지는 것입니다. 예수님은 우리의 본보기이십니다. 그분은 하느님이셨고 하느님과 같으셨지만, 우리의 인성을 취하시고 십자가 위에서 죽기까지 성부께 순명하심으로써 당신 자신을 낮추셨습니다(필리 2,8 참조; tweet 1.26 참조).

| 더 알기

하느님은 전능하시고 자비로우시다

하느님은 바로 우리의 나약함을 통해서 당신의 전능하심과 자비를 보여 주실 수 있습니다. 아브라함이 늙은 나이에 아버지가 되리라고 믿지 않을 때, 하느님은 이렇게 말씀하셨습니다. "너무 어려워 주님이 못 할 일이라도 있다는 말이냐?"(창세 18,14; tweet 1.23 참조) 이 말씀을 생각해 보십시오. 천사가 마리아에게 예수님의 잉태를 알렸을 때, 마리아는 아들을 낳을 것이라는 말을 좀처럼 믿기 어려웠습니다. 그러자 가브리엘 대천사는 "하느님께는 불가능한 일이 없다."(루카 1,37)라고 했습니다. 아브라함과 마리아에게는 믿음이 있었습니다. 그래서 하느님은 당신의 전능하심을 그들에게 또 그들을 통해서 드러내 보이실 수 있었습니다. 비결은 하느님께 우리를 온전히 내어 드리는 데 있습니다. 우리가 어떻게든 하느님께 의지할 수 있다면, 하느님이 크나큰 일을 하실 수 있기 때문입니다! 그러면 재난과 악이 결코 우리를 완전히 짓누를 수 없을 것이며 우리의 희망을 빼앗을 수 없을 것입니다. 하느님은 전능하십니다. 악에서 선을 이끌어 내실 수 있기 때문입니다. 하느님은 가장 절망적인 상황에서도 사람들에게 선을 행하도록 영감과 힘을 주실 수 있는 분입니다. 세상의 악은 여전히 엄청난 신비입니다. 그러나 악은 우리를 위한 하느님의 무한하신 사랑을 상쇄할 시도조차 할 수 없습니다.

세상도, 그 세상에 사는 사람들도 완벽하지 않습니다. 따라서 나쁜 일들은 생기게 마련입니다. 하느님은 악에서 선을 이끌어 내심으로써 당신의 전능하심을 드러내 보이십니다.

더 읽어 보기
세상의 악: CCC 309-314, 324항; CCCC 57-58항; YOUCAT 51항.

1.36 사람들이 죽는 것은 하느님의 뜻인가요?

하느님은 생명을 주시려고 우리를 창조하셨습니다. 그렇지만 죄를 통해 죽음이 세상에 들어왔습니다. 바오로 사도는 "죄가 주는 품삯은 죽음"(로마 6,23; tweet 1.4 참조)이라 했습니다. 하느님은 생명의 근원이십니다. 하느님을 등진다면 이는 또한 생명을 등지는 것입니다. 그러나 그 반대도 역시 사실입니다! 죄가 세상으로 들어온 순간, 죽음은 인간의 운명이 되었습니다. 그러나 그것은 하느님이 지상의 낙원인 에덴을 창조하셨을 때, 하느님이 의도하신 바가 아니었습니다. 그런데도 하느님은 당신 이외의 것을 선택할 인간의 자유를 존중하셨습니다(tweet 1.2, 1.34 참조). 고통과 죽음이 있는 지금과 같은 세상에서 우리는 영원히 살 수 없습니다. 모든 사람이 결국엔 죽습니다. 그러나 "나는 양들이 생명을 얻고 또 얻어 넘치게 하려고 왔다."(요한 10,10)라는 예수님의 말씀대로, 우리는 그리스도인으로서 죽음이 끝이 아니라 오히려 새로운 시작임을 압니다. 예수님이 우리를 위하여 당신의 목숨을 바치셨고 죽음에서 부활하셨기에, 우리는 죽은 후에 천국에서 예수님과 함께 영원히 살 수 있습니다. 무덤은 예수님을 붙잡아 둘 수 없었고, 또 예수님과 일치를 이룬 사람들을 붙잡아 두지 못할 것입니다. 이것이 우리 희망의 근거입니다(tweet 1.50 참조).

알을 깨고 나오기

우리가 알고 있듯이 죽음은 인간의 일부입니다. 영국 작가 C. S. 루이스는 이렇게 썼습니다. "달걀이 닭이 되기란 어려울지도 모릅니다. 여전히 달걀인 채 날기를 배우는 것은 달걀에게는 더 어려운 일입니다. 우리는 현재 달걀과도 같습니다. 하지만 여러분은 언제까지나 변하지 않는 번듯한 달걀일 수만은 없습니다. 우리는 알을 깨고 나와야 합니다. 그렇지 않으면 썩게 됩니다."《순전한 그리스도교》) 비록 죽음은 피할 수 없으며, 하느님께 희망을 둔 사람들에게는 영원한 생명이 기다린다고 이해하고 있지만, 그래도 누군가 죽으면 슬픕니다. 사람들은 누가 죽었을 때, 너무 젊은데 죽었다거나 너무 일찍 죽었다고 말합니다. 나이가 아주 많은 사람이 죽었을 때도 우리는 큰 슬픔을 느낍니다. 이는 당연합니다. 누군가를 잃은 것을 애도하는 것이 그 사람에 대한 하느님의 계획을 비난하는 것이 아닐까 생각할지도 모르지만, 사랑하는 사람을 애도하는 것은 인지상정입니다. 예수님도 라자로가 죽었을 때 그의 죽음을 몹시 슬퍼하셨습니다(요한 11,35 참조).

신비

왜 어떤 사람은 젊어서 죽고 다른 사람은 늙어서 죽을까요? 왜 범죄자는 살아남고 선한 사람이 죽을까요? 왜 질

| 더 알기

죽음 후의 기적

사람이 죽으면 영혼이 하느님께 가는 반면에 육신은 남아서 썩습니다(tweet 1.43 참조). 그러나 이따금 돌아가신 성인의 육신을 통해서 기적이 일어납니다. 예를 들면, 아빌라의 데레사 성녀(†1582년)가 돌아가셨을 때, 그 주위에는 보통 시신에서 나는 악취가 아니라 경이롭고 달콤한 향기가 오래도록 남아 있었습니다. 야누아리오 성인(†305년)의 피는 아직도 불가사의하게 매년 그의 축일인 9월 19일에 액체로 변합니다. 시에나의 카타리나 성녀(†1380년)와 루르드의 베르나데트 성녀(†1879년)의 시신은 바로 썩어 버리지 않았습니다. 그들의 시신을 방부처리 하지 않았지만 여전히 아름답고 온전하게 남아 있습니다.

병과 사고는 우리에게서 사람들을 앗아갈까요? 왜 하느님은 이에 개입하지 않으실까요? 우리는 그 답을 알지 못합니다. 우리는 죽음을 악으로 경험하고 이것은 우리에게 악의 신비를 상기시킵니다(tweet 1.34 참조). 그러나 우리의 전망은 제한되어 있습니다. 만약 우리가 전체 그림을 이해할 수 있다면, 틀림없이 하느님의 지혜에 위안을 받고 경외심을 갖게 될 것입니다.

전망

우리에게 어떤 일이 일어나도, 우리는 하느님이 우리를 사랑하시고 우리를 위해 가장 좋은 것을 원하신다고 굳게 믿을 수 있습니다. 하느님은 우리가 천국에서 영원한 삶을 살도록 정하셨습니다(tweet 1.45 참조). 이는 우리 모두가 정말로 알아야 할 사실입니다. 하느님은 "내 생각은 너희 생각과 같지 않고 너희 길은 내 길과 같지 않다."(이사 55,8)라고 하셨습니다. 예수님의 부활은 거룩한 삶을 살려고 노력하는 사람은 누구든지 천국을 얻으리라는 희망(tweet 1.45, 1.50 참조)을 줍니다. 이렇게 예수님은 죽음이라는 현실을 변화시키셨습니다. 하느님은 우리에게 죽음이 아니라 생명을 원하십니다. 그래서 바오로 사도는 "나에게는 삶이 곧 그리스도이며 죽는 것이 이득입니다."(필리 1.21)라고 말했습니다.

> 죽음은 하느님이 우리에게 바라시는 것이 아닙니다. 죄를 통해 이 세상에 들어온 것입니다. 우리 모두는 죽습니다. 그러나 예수님의 부활로 우리는 영원히 살 수 있습니다.

더 읽어 보기
세상의 악: CCC 309-314, 324항; CCCC 57-58항; YOUCAT 51항. 죽음: CCC 1005-1014, 1019항; CCCC 206항; YOUCAT 155항.

1.37 고통은 우리가 하느님께 가까이 다가가는 데 도움이 될 수 있나요?

모든 사람은 생의 어느 시기에 고통을 겪습니다. 그러나 고통은 하느님이 우리에게 의도하신 것이 아닙니다. 그러므로 중요한 것은, 고통은 일종의 개인적인 벌이 아님을 아는 것입니다. 고통은 아담과 하와가 죄에 떨어졌을 때 세상에 들어왔습니다(tweet 1.27 참조). 이제 그 고통은 삶의 일부이기에 피할 수 없습니다. 우리를 악의 승리에서 구하시고자 예수님은 모든 사람을 위해 고통받기를 택하셨고 십자가 위에서 돌아가셨습니다. 이는 사랑 때문에 그러셨던 것입니다. 이렇게 하느님은 세상에서 고통을 없애신 것이 아니라 고통을 구원의 수단으로 만드시면서 고통을 직접 견디셨습니다. 예수님은 당신이 거부당하고 죽임을 당하리란 것을 미리 아셨습니다(마태 16,21 참조; 마르 8,31 참조). 그렇지만 고통을 이 세상에서 겪어야 할 당신의 사명으로 받아들이셨습니다(tweet 1.28 참조). 당신의 고통과 죽음을 통하여 예수님은 천국의 영원한 삶으로 가는 길을 우리에게 열어 주셨습니다(tweet 1.26 참조). 이로 인해 가장 참혹한 고통 속에서조차 우리는 다른 삶, 즉 고통이 없는 천국의 삶을 고대할 수 있게 되었습니다! 우리의 고통을 예수님의 고통과 결합시킴으로써 우리는 자기 자신을 예수님의 구원 사명에 결속시킬 수 있습니다.

고통의 이해

예수님은 사랑 때문에 고통을 받으시고 십자가 위에서 돌아가셨습니다. 예수님의 희생을 깊이 생각해 보면 우리는 우리 자신의 고통을 깊이 이해할 수 있습니다. 베네딕토 16세 교황은 이렇게 말했습니다. "예수님께서 우리의 고통에 의미를 부여하신 것은 이런 식이었습니다. 남녀노소 모두가 고통을 이해하고 자기 것으로 만들고 나서부터는 가혹한 신체적 정신적 시련으로 인해 비통함에도 불구하고 깊은 평온을 경험했습니다."(2009년 2월 1일 삼종 기도) 비록 고통은 언제나 궁극적으로는 악에 의해 야기됩니다. 하지만 그것은 하느님과 더 가까워지는 길이 될 수 있습니다. 그래서 악한 것에서 선한 것이 나올 수 있습니다.

우리는 특히 다른 사람들에게 육체적·정신적 고통을 주지 않도록 해야 합니다(tweet 4.39 참조). 그렇지 않아도 언제나 고통이 너무나 많기 때문입니다. "그리스도의 환난에서 모자란 부분을 내가 이렇게 그분의 몸인 교회를 위하여 내 육신으로 채우고 있습니다."(콜로 1,24)라는 바오로 사도의 말처럼 우리는 우리의 고통을 하느님께 봉헌할 수 있습니다. 이렇게 할 때 우리 자신의 고통은 예수님의 십자가 상 고통과 함께 의미를 얻을 수 있습니다. 다행스럽게도, 하느님은 우리가 우리의 능력 이상으로 시련을 겪지 않을 것이며 당신이 우리에게 힘을 주실 것이라고 약속하셨습니다

(1코린 10,13 참조). 이것이 바오로 사도가 "나에게 힘을 주시는 분 안에서 나는 모든 것을 할 수 있습니다."(필리 4,13)라고 말한 이유입니다.

고통을 청하다니요?

여러분은 자신과 다른 사람들의 구원을 위하여 고통을 봉헌하고자 하느님께 고통을 달라고 청하기까지 할 수 있습니다. 그것은 훌륭한 기도입니다. 왜냐하면 하느님은 우리를 위해서 좋은 것만을 주시기 때문입니다. 단식, 금욕, 그리고 다른 형태의 자기 부정의 전통도 이런 관점에서 볼 수 있습니다(tweet 3.19 참조). 예수님의 고통에 참여하기 위해서 일부러 자신에게 신체적 해를 가하는 일부 그리스도인의 모습에 대해서는 훨씬 더 주의해야 합니다. 어떤 성인들이 이렇게 하기는 했지만, 우리는 이미 이 세상에 고통이 충분하다는 사실을 입증할 수 있습니다. 소화 데레사 성녀는 애덕을 실천함으로써 자신을 낮추는 것을 육체적인 보속보다 더 선호했습니다(더 알기 참조). 육체적인 고통을 추구하다가는 그 고통을 견뎌 내는 자신의 능력 때문에 오히려 교만해질 위험이 있습니다. 예수님은 바로 그러한 우리의 죄 때문에 십자가 위에서 돌아가셨습니다!

희망

우리 모두는 한 번쯤 고통에 시달리는데 때때로 고통은 무척 힘든 시련입니다(〈구원에 이르는 고통〉 23항 참조). 그러나 예수님이 죽음에서 부활하셨기 때문에, 고통과 죽음은 마지막 말이 아닙니다. 그러므로 우리는 고통과 죽음 앞에서도 부활을 고대할 수 있습니다(tweet 1.50 참조). 특히 우리가 우리의 고통을 하느님께 봉헌할 수 있다면 그렇게 할 수 있습니다. 우리는 영원한 생명이라는 기쁨을 바랍니다. 그것은 우리가 누릴 만해거나 우리 자신의 공로 때문이 아니라 예수님의 공로 때문입니다. 바오로 사도는 이렇게 말했습니다. "나는 그리스도의 힘이 나에게 머무를 수 있도록 더 없이 기쁘게 나의 약점을 자랑하렵니다."(2코린 12,9)

| 더 알기

소화 데레사 성녀는 어떤 분이셨나요?

프랑스의 젊은 수녀인 소화 데레사 성녀(†1897년)는 짧은 생애 동안 극심한 고통을 받았습니다. 그녀는 23세 때 폐결핵에 걸렸습니다. 그 병으로 그녀는 폐가 서서히 망가졌는데 당시에는 그 병을 치료할 약이 없었습니다. 그러나 소화 데레사 성녀는 육체적인 고통 너머를 바라보면서 자신의 고통의 의미를 찾아갔습니다. 그녀는 이 고통의 의미를 예수님의 십자가에서 발견했습니다. 그것은 이 세상의 구원을 위해 그녀가 예수님과 함께 고통을 받도록 해 주었습니다. 예수님과 함께하는 고통에 관하여 그녀는 이렇게 썼습니다. "평화롭게 고통을 받기 위해서 예수님이 원하셨던 모든 것을 원하는 것만으로 충분했습니다."(《성녀 소화 데레사 자서전》) 결국 소화 데레사 성녀는 24세의 나이로 선종했습니다. 성녀의 축일은 10월 1일입니다.

> 우리 한 사람 한 사람에 대한 사랑으로 인해 예수님이 받으신 고통은 우리를 구원합니다. 우리가 고통을 예수님과 함께 하느님께 봉헌할 수 있다면 우리의 고통은 의미 있는 것이 됩니다.

더 읽어 보기
고통: CCC 1500-1505항; YOUCAT 241항.

1.38 마리아는 왜 중요한가요?

마리아는 우리의 역사에서 중대한 역할을 하였습니다. 하느님은 인류의 구원에 협력하도록 마리아를 택하셨습니다. 성경은 마리아를 "요셉이라는 사람과 약혼한 처녀"(루카 1,27)라고 합니다. 교회의 전승에 따르면 마리아의 부모님은 요아킴 성인과 안나 성녀였습니다.

마리아와 예수님

예수님은 30세가 되어서야 공적으로 설교하고 기적을 행하기 시작하셨습니다. 하지만 흔히 예수님의 '숨은 삶'이라고 하는, 우리가 알지 못하는 그 이전의 삶이 있습니다. 우리는 루카 복음서에서 우리는 예수님의 어린 시절과 그분의 어머니 마리아에 대해서 가장 많은 것을 알 수 있습니다. 천사가 마리아에게 구세주를 낳을 것이라고 말하자 "보십시오, 저는 주님의 종입니다. 말씀하신 대로 저에게 이루어지기를 바랍니다."(루카 1,38)라고 대답한 주님 탄생 예고에서 우리는 마리아를 처음 만납니다. 예수님이 베들레헴에서 탄생하셨을 때, 양치기들은 거룩한 아기를 경배했으며 천사에게서 들은 대로 그 아기가 구원자라는 말을 전해 주었습니다. "마리아는 이 모든 일을 마음속에 간직하고 곰곰이 되새겼"(루카 2,19)습니다. 예수님이 태어나고 40일 후에 요셉과 마리아는 유다인 관습에 따라 예수님을 성전에서 하느님께 봉헌했습니다. 그때 시메온 예언자는 마리아에게 이렇게 말했습니다. "이 아기는 …… 반대를 받는 표징이 되도록 정해졌습니다. 그리하여 당신의 영혼이 칼에 꿰찔리는 …… 것입니다."(루카 2,34-35) 이 말은 마리아가 어떻게 그녀의 아들과 함께 고통을 받게 될 것인지를 예언한 것입니다(더 알기 참조).

마리아의 고통

마리아의 고통은 새로 태어난 자기 아들을 죽이려고 파견된 군사들을 피해 성가정이 이집트로 달아날 때 이미 시작되었습니다(마태 2,13-15 참조). 또 예수님이 열두 살이 되던 해에 예루살렘을 방문하는 동안 그의 양친은 예수님을 잃었습니다. 사흘 동안 애타게 찾아 헤매다가 요셉과 마리아는 성전에서 예수님을 찾았습니다. 거기서 예수님은 유다인 율법 교사들의 말을 듣기도 하고 그들에게 말을 걸기도 하느라고 바빴습니다. 여기서도 마리아는 "이 모든 일을 마음속에 간직"(루카 2,51)했습니다. 마리아는 언제나 하느님을 믿었습니다. 자기 아들이 처형되었을 때, 마리아는 십자가 아래 서 있었습니다. 요셉은 이미 세상을 떠나고 없었습니다. 그렇지 않았다면 그도 틀림없이 마리아와 함께 거기에 서 있었을 것입니다. 이때 예수님은 요한 사도에게 "이분이 네 어머니시다."(요한 19,27; tweet 1.30 참조)라고 말씀하셨습니다. 예수님의 목적은 당신이 돌아가신 후에도 당신의 어머니가 봉양받으실 수 있도록 확인하는 것에 그치지 않고 마리아를 요한의 어머니 그리고 예수님 안에서 형제자매인 우리 모두의 어머니로 삼고자 하신 것입니다(tweet 1.30 참조). '연민'이란 '함께 고통을 겪는 것'을 뜻합니다. 요한 바오로 2세 교황은 특히 십자가 아래 서서 아들과 함께 겪은 마리아의 고통, 마리아의 연민은 "인간적 견지에서는 거의 상상할 수 없는 격렬한 상태에 달했지만 세상의 구원을 위해서는 불가사의하고 초자연적인 풍성한 결실을 맺는 것이었습니다."(〈구원에 이르는 고통〉 25항)라고 말했습니다.

| 더 알기

성모칠고聖母七苦는 무엇인가요?

9월 14일 교회는 성 십자가 현양 축일을 지냅니다. 그다음 날 우리는 마리아의 일곱 가지 고통을 되새겨보며 그분의 고통을 기억합니다.

- 시메온의 예언(루카 2,22-35 참조)
- 이집트로의 피난(마태 2,13-15 참조)
- 성전에서 예수님을 잃어버림(루카 2,41-51, 그림 참조)
- 십자가의 길에서 예수님과 만남(요한 19,25 참조)
- 예수님의 십자가 처형과 죽음(마태 15,24-37 참조)
- 마리아께서 예수님의 주검을 품에 안으심(마르 15,46 참조)
- 예수님을 무덤에 묻으심(요한 19,38 참조)

마리아의 기도

마리아는 자신의 믿음과 예수님과의 친밀함을 통해서 특별한 방법으로 우리를 위해서 간구해 주실 수 있습니다. 예를 들면, 마리아의 청에 예수님은 카나의 혼인 잔치에서 물을 포도주로 바꾸는 첫 번째 기적을 행하셨습니다(요한 2,1-12 참조). 마리아는 예수님과 함께 천국에 계시기 때문에, 우리는 그분에게 "이제와 저희 죽을 때"(성모송; tweet 1.39 참조) 우리를 위해서 빌어 달라고 청할 수 있습니다. 물론 우리는 예수님께 직접 기도드릴 수 있습니다. 그러나 하느님은 다른 사람들을 위하여 기도하는 사람들에게도 귀 기울이십니다(tweet 3.9 참조). 모세는 자주 이스라엘 백성들을 위해 기도했습니다(탈출 32,11-14 참조; 민수 14,13-20 참조). 예수님도 우리에게 다른 사람들을 위하여 기도하라고 말씀하셨으며(마태 5,44 참조), 스테파노 성인은 자신에게 돌을 던지는 사람들을 위하여 기도했습니다(사도 7,60 참조). 마리아에게 우리를 위해 기도해 달라고 청하는 것은 아주 좋은 습관입니다.

> **T** 마리아는 우리에게 특별하고 중요한 분이십니다. 마리아는 "은총이 가득"(루카 1,28)하시며, "여인들 가운데에서 가장 복되시며"(루카 1,42), "주님의 어머니"(루카 1,43)이십니다.

더 읽어 보기
마리아의 역할: CCC 972, 974-975항; CCCC 199항; YOUCAT 147항.

1.39 마리아가 하느님이 아니라면, 왜 마리아를 이토록 공경하나요?

마리아는 하느님의 어머니로 불립니다. 그러나 마리아는 여신이 아니라 인간입니다. 오직 하느님만이 경배를 받으실 수 있습니다(묵시 19,10 참조). 그러므로 우리는 마리아를 숭배하는 것이 아니라 공경하고 극진히 대하는데, 이는 하느님이 굉장히 특별한 역할을 맡기시려고 마리아를 선택하셨기 때문입니다. 마리아는 성자의 어머니입니다(tweet 1.38 참조). 마리아가 예수님을 잉태했을 때, 마리아는 "이제부터 과연 모든 세대가 나를 행복하다 하리니"(루카 1,48)라고 말했습니다.

마리아님, 기뻐하소서!

마리아 공경은 성경을 근거로 합니다. 가장 흔히 마리아께 드리는 기도는 성경 구절에 바탕을 두고 있습니다(더 알기 참조). 대천사 가브리엘은 마리아에게 "은총이 가득한 이여, 기뻐하여라. 주님께서 너와 함께 계시다."(루카 1,28)라고 말했습니다. 마리아의 친척이었던 엘리사벳 역시 마리아를 "내 주님의 어머니"(루카 1,43)라고 불렀습니다. '주님'(그리스어, 키리오스)이라는 용어는 하느님에게 사용되었습니다. 예수님은 하느님이시므로(tweet 1.29 참조) 마리아는 '하느님의 어머니'(그리스어, 테오토코스)이십니다. 그렇다고 해서 이 사실이 마리아를 여신으로 만들지 않습니다. 마리아는 언제나 전적으로 인간입니다. 마리아는 하느님의 어머니이시므로 엘리사벳이 그러했듯이 우리는 마리아를 공경할 뿐입니다.

옛 관습

처음부터 교회는 마리아를 극진히 대했고 마리아에게 기도를 간청했습니다. 2세기에 이레네오 성인은 마리아를 "우리의 변호자"라고 불렀습니다. 그는 또 마리아를 "둘째 하와"라고도 했습니다. 왜냐하면 예수님은 죄에 떨어진 '타락'의 결과에서 인류를 해방시키기 위하여 둘째 아담으로서

| 더 알기 1

성모송

은총이 가득하신 마리아님, 기뻐하소서!
주님께서 함께 계시니 여인 중에 복되시며
태중의 아들 예수님 또한 복되시나이다.
천주의 성모 마리아님,
이제와 저희 죽을 때에
저희 죄인을 위하여 빌어 주소서.
아멘.

| 더 알기 2

마리아의 발현에 대해 어떻게 생각해야 하나요?

어떤 사람이 예수님, 마리아 또는 성인 중의 한 사람이 자기에게 나타났다고 주장할 때, 교회는 가끔 이것이 참으로 하느님이 일으키신 초자연적 사건인지를 결정하기 위해서 조사를 합니다. 만약 이것이 사실이라면, 그 발현은 믿을 만한 것으로 공인됩니다. 이는 누구나 기도하기 위해 그 특별한 장소를 방문하는 것이 허용된다는 것을 뜻합니다. 발현 가운데에서도 마리아의 발현이 가장 유명합니다. 예를 들어, 마리아는 1858년 루르드라는 프랑스 마을에서 14살이던 베르나데트 수비루에게 나타나셨습니다. 교회는 이 발현을 인정하였고 베르나데트는 마침내 성녀로 선포되었습니다. 루르드에서 계속 기적이 일어나면서 루르드는 성모 순례의 중요한 장소가 되었습니다. 그 밖의 교회에서 인정된 마리아의 발현은 파티마, 과달루페, 파리, 라살레트, 위스콘신 주의 챔피언에서 있었습니다. 마지막 사도가 죽었을 때, 공적 계시는 완성되었습니다(tweet 1.11 참조). 그러므로 발현이 신앙의 유산에다 어떠한 새로운 것을 절대로 추가할 수 없습니다. 누구든지 성모 마리아의 발현을 믿거나 믿지 않을 자유가 있습니다. 발현은 성경에 있는 공적 계시와는 달리 사적 계시입니다. 그러나 이러한 장소로 성지 순례를 다녀와서 신앙이 성장한 사람들이 많이 있습니다. 그러니 한 번 성지 순례를 해 보세요!

(1코린 15,47 참조) 오셨기 때문입니다(tweet 1.4 참조). "거룩하신 천주의 성모님, 저희를 지켜 주시고 어려울 때 저희가 드리는 간절한 기도를 물리치지 마소서. 또한 온갖 위험에서 언제나 저희를 지켜 주소서. 영화롭고 복되신 동정녀시여." 《성모님께 보호를 청하는 기도》라는 3세기부터 알려진 마리아께 드리는 기도는 이미 그때부터 그리스도인들이 마리아에게 열렬히 기도했음을 보여 줍니다.

는 모세의 율법에 따라 아기 예수님이 할례를 받으신(tweet 1.38 참조) 날로 마리아를 천주의 성모라는 호칭으로 공경합니다. '성모 승천 대축일'(8월 15일)은 평생 죄를 지은 적이 없었던 마리아가 "지상 생활의 여정을 마치시고 육신과 영혼이 하늘의 영광으로 올림"(《지극히 관대하신 하느님》 42항; tweet 1.40 참조)을 받으셨다는 것을 기념합니다.

축일

마리아께 봉헌되는 축일은 많습니다. 마리아를 좀 더 이해할 수 있도록 그중 몇몇 축일을 살펴보겠습니다. '한국 교회의 수호자 원죄 없이 잉태되신 동정 성모 마리아 대축일'(12월 8일)은 구원에 미리 참여하는 마리아가 원죄에 물듦이 없이 잉태되심을 기념합니다(tweet 1.38 참조). '주님 탄생 예고 대축일'(3월 25일)은 천사가 마리아에게 구세주를 낳으실 것이라고 알려 준 때를 기념하여 성탄 아홉 달 전에 교회가 거행하는 축일입니다. '천주의 성모 마리아 대축일'(1월 1일)

> 예수님은 우리에게 마리아를 우리의 어머니로 주셨습니다. 그러므로 우리는 우리를 위해서 아드님이신 예수님께 잘 말씀해 달라고 성모님께 기도하고 청할 수 있습니다.

더 읽어 보기
성모송: CCC 2676–2679, 2682항; CCCC 563항; YOUCAT 480항. 묵주 기도: CCC 2678항; CCCC 563항; YOUCAT 481항.
마리아 공경: CCC 971항; CCCC 198항; YOUCAT 149항.

1.40 마리아는 평생 동정이었으며 죄를 지으신 적이 없었나요?

몇 몇 사람들은 마리아가 예수님을 낳았을 때 동정녀였다는 것을 믿기 어려워합니다. 또한 그들은 마리아가 그 후에도 여전히 동정이었다는 것도 받아들이기 어려워합니다. 그들은 이러한 가톨릭의 교리가 너무나 부자연스러워 보이기 때문에 어려워합니다. 그러나 하느님이 몸소 인간으로 태어나셨다는 것을 믿는 사람들은 마리아의 동정성을 믿는 것에 아무런 문제가 없습니다.

평생 동정이었다고요?

하느님을 대신하여, 가브리엘 천사는 마리아에게 하느님의 아들을 잉태할 것이라고 말했습니다. 마리아가 "저는 남자를 알지 못하는데, 어떻게 그런 일이 있을 수 있겠습니까?"(루카 1,34) 하고 말하자 천사는 "성령께서 너에게 내려오시고 지극히 높으신 분의 힘이 너를 덮을 것이다."(루카 1,35)라고 대답했습니다. 인간이 아니라 하느님이 친히 아버지가 되실 것이었습니다. 마리아가 하느님과 협력함으로써 예수님이 인성을 받으실 것이었습니다. 비록 마리아는 그 당시에 의문이 많아서 이의를 제기할 수도 있었겠지만, "하느님께는 불가능한 일이 없다."(루카 1,37)라고 확신했습니다. 따라서 교회는 동정 마리아가 "남자의 관여 없이 성령으로"(CCC 496항; 루카 1,34 참조) 예수님을 잉태하였다는 것을 믿습니다. 교회의 전승은 예수님의 탄생 후에도 마리아는 여전히 동정이었다고 가르칩니다. 성경은 예수님의 형제와 누이에 대하여 말합니다. 그러나 이들은 마리아의 자녀가 아니라 친척이었습니다(tweet 1.30 참조). 예수님이 탄생하시기 수백 년 전에 이미 이사야 예언자는 "보십시오, 젊은 여인이 잉태하여 아들을 낳고 그 이름을 임마누엘이라 할 것입니다."(이사 7,14; 마태 1,23 참조)라고 동정녀의 출산을 예언했습니다. 성경에서 임마누엘은 예수님께 주어진 이름 가운데 하나로 '하느님께서 우리와 함께 계신다.'라는 뜻입니다. 또한 주님의 천사의 명에 따라 요셉이 지은 예수라는 이름은 '하느님께서 구원하십니다.'라는 의미입니다(마태 1,21 참조).

원죄 없으신 잉태

하느님과 죄, 완전함과 불완전함은 자석의 두 극처럼 서로를 밀어냅니다. 하지만 하느님은 인간이 되시기 위하여 인간인 어머니가 필요하셨습니다. 이 두 가지 사실을 고려할 때, 교회는 '타락' 이후의 다른 인간과는 달리 마리아의 무염시태를, 즉 마리아가 원죄에 물듦이 없이 잉태되셨음을 믿습니다(tweet 1.4, 1.38 참조). 그리스도의 죽음과 부활이 가져다준 은총을 마리아는 앞서 받으셨던 것입니다. 어떻게 하느님이 죄 많은 인간의 몸속에서 아홉 달을 계실 수가 있었겠습니까? 나아가 교회는 마리아가 일생 동안 본죄에서

| 더 알기

마리아는 실제로 죽었나요?

마리아는 육신과 영혼이 하늘의 영광에 올림을 받을 때까지 육신과 영혼을 완전히 오직 하느님께 봉헌하였습니다. 아담과 하와의 '타락'을 통하여 죽음이 세상에 들어왔고, 그래서 원죄의 직접적인 결과로 죽음이 들어왔습니다(로마 5,12 참조; tweet 1.4 참조). 그러나 마리아는 죽을 필요가 없었습니다. 왜냐하면 마리아에게 죄가 없었기 때문입니다. 마리아는 지상 생활의 끝에 영혼과 육신이 천국으로 들어 올림을 받으셨습니다. 동방 교회는 마리아의 죽음에 약간 다르게 접근하는데, 요한 바오로 2세 교황님도 그러한 접근 방법을 좋아했습니다. 동방 교회는 마리아가 우리처럼 죽지 않아도 되었지만, 아드님의 고통과 죽음을 함께 나누기를 자유로이 선택하셨다고 추정합니다. 그래서 동방 교회는 마리아가 '영면dormitio'하셨다고 말하며, 그 순간에 마리아의 영혼이 천국에 들었다고 말합니다. 사흘날에 하느님께서 마리아를 일으키신 후에, 마리아의 육신도 천국으로 들어 올림을 받았다는 것입니다. 요한은 천국에 대한 장대한 환시를 보다가 마리아가 거기에 있는 것을 보았습니다(묵시 12,1 참조). 예수님은 인류를 이러한 방식으로 격려하시고 싶으셨습니다. 그것은 시간의 종말에 예수님이 우리 모두의 육신과 영혼을 천국으로 들어 올리기를 원하시기 때문입니다(tweet 1.49 참조). 예수님은 우리 한 사람 한 사람을 위한 자리를 이미 마련해 놓으셨습니다(요한 14,3 참조).

도 자유로웠다고 믿습니다. 이 또한 하느님의 은총 덕분입니다(tweet 4.12 참조).

죄 없이 거룩하신 분?

사람들은 "마리아는 죄를 지을 기회가 전혀 없었나요?"라는 질문을 가끔 합니다. 이는 아주 좋은 질문이며, 그 답은 매우 중요합니다. 먼저 하와 또한 원죄 없이 세상에 왔지만 하와는 하느님에 대한 불순종을 선택했다는 사실을 떠올려 보세요(tweet 1.4 참조). 반면 마리아는 하느님에 대한 순명을 선택했습니다. 특히 천사가 마리아에게 주님의 탄생을 예고했을 때, 마리아는 "말씀하신 대로 저에게 이루어지기를 바랍니다."(루카 1,38)라고 대답했습니다. 이렇게 말하며 마리아는 하느님의 계획을 따르기로 자유로이 선택했습니다. 그렇게 함으로써 마리아는 또한 죄를 짓지 않기를 선택한 것입니다. 마리아가 하느님께 "예."라고 함으로써 우리의 구원을 가능하게 한 것처럼, 우리도 같은 대답을 해야 합니다. 마리아가 카나의 혼인 잔치에서 신랑의 하인에게 말씀하셨듯이, 마리아는 우리 각자에게도 말씀하십니다. "무엇이든지 그가 시키는 대로 하여라."(요한 2,5) 이보다 더 좋은 충고가 어디 있겠습니까!

> 마리아는 평생 동정이었고 죄를 지은 적이 없었습니다. 마리아는 모든 일을 하느님께 봉헌했습니다. 이런 까닭에 마리아의 육신과 영혼이 천국에 든 것입니다.

더 읽어 보기
원죄 없이 잉태되신 마리아: CCC 487-493, 508항; CCCC 96항; YOUCAT 83항. 동정 마리아: CCC 499-501, 510항; CCCC 99항; YOUCAT 81항. 동정과 어머니: CCC 501-507, 511, 963-966, 973항; CCCC 100, 196항; YOUCAT 85항.

1.41 천국에 정말 천사들이 있나요?

우리와 마찬가지로 천사는 인격을 지닌 존재입니다. 그들은 지능과 자유 의지가 있습니다. 하지만 우리와 달리 천사는 육신이 없습니다. 천사들은 천국에서 하느님과 함께 머물며 하느님을 섬기기로 확고한 선택을 했습니다(tweet 1.42 참조). 그리스어로 천사를 뜻하는 말인 '앙겔로스'는 '소식의 전달자'라는 의미이기도 합니다. 성경에서 천사는 종종 사람들에게 하느님의 메시지를 전달합니다.

천사는 어디에서나

우리는 천사를 성경 어디에서나 볼 수 있습니다. 낙원의 입구에도 천사가 있습니다(창세 3,24 참조). 또한 하늘에서 하느님의 옥좌를 둘러싸고 있습니다(이사 6,2 참조). 천사는 예수님의 삶에서도 한몫을 합니다. 가브리엘 천사는 예수님의 탄생을 알렸으며(루카 1,26 참조), 예수님이 탄생하시던 날 밤에 천사들이 "지극히 높은 곳에서는 하느님께 영광 땅에서는 그분 마음에 드는 사람들에게 평화!"(루카 2,14)라며 노래를 불렀습니다. 또한 천사는 예수님이 죽음의 공포에 싸여 겟세마니 동산에서 기도하며 밤을 지새우실 때 예수님의 기운을 북돋아 드렸습니다(루카 22,43 참조). 여자들이 예수님의 무덤에 기도하러 갔을 때 예수님의 부활을 알려 준 것도 천사입니다(마태 28,2-6 참조). 그리고 예수님이 두 번째 오실 때 예수님이 다시 오심을 천사들이 알려 줄 것입니다(1테살 4,16 참조; tweet 1.49 참조).

알려진 천사들

성경에는 세 분의 대천사 미카엘, 가브리엘, 라파엘이 언급됩니다. 미카엘 대천사는 악마에 대항하는 천국 군대의 사령관입니다(묵시 12,7 참조). 그의 이름은 "누가 하느님과 같은가?"라는 뜻이기에, 흔히 그림이나 조각상에서 라틴어 번역인 "Quis ut Deus?"를 볼 수 있습니다. 악에 맞서 싸울 때 미카엘 대천사에게 기도하고 도움을 청하는 것은 정말 좋은 방법입니다(tweet 3.18 참조). 프랑스의 몽 생 미셸이나 이탈리아의 사크라 디 산 미켈레와 같은 세계 각지의 성지에서 미카엘 대천사는 공경을 받고 있습니다. 베네딕토 16세 교황은 미카엘 대천사가 하느님 백성의 수호자라는 것을(다니 10,21 참조; 2007년 9월 29일) 우리에게 상기시켜 주었습니다. 가브리엘 대천사는 예수님의 탄생을 알려주었습니다(루카 1,26 참조). 그의 이름은 '하느님은 나의 힘이십니다.'라는 뜻입니다. 라파엘 대천사는 눈먼 이를 고쳐 주었습니다(토빗 3,17 참조). 그의 이름은 '하느님께서 치유하십니다.'라는 뜻입니다. 이 대천사들은 "영광스러운 주님 앞에서 대기하고 또 그분 앞으로 들어가는 일곱 천사"(토빗 12,15) 가운데 일부입니다. 이 성경 구절 때문에 동방 교회에서는 그 밖의 다른 대천사 넷도 공경합니다. 그러나 그들의 이름은 성경이 아닌 책에만 나타나 있습니다. 그래서 가톨릭교회는 위에 언급한 세 명의 대천사만 인정합니다. 이 대천사들의 축일은 9월 29일입니다.

수호천사

하느님은 천사에게 매우 중요한 임무를 맡기지만, "분명 천사들을 보살펴 주시는 것이 아니라, 아브라함의 후손들을 보살펴"(히브 2,16) 주십니다. 우리는 생명이 시작될 때부터 천사들의 보호를 받습니다. 모든 사람은 자기를 지켜보는 천사가 있습니다. 바로 자기의 수호천사입니다(마태 18,10 참조; 사도 12,15 참조). 이 수호천사는 사람들을 돌보도록 하느님의 명령을 받았습니다. "그분께서 당신 천사들에게 명령하시어 네 모든 길에서 너를 지키게 하시리라."(시편 91,11) 그들의 축일은 10월 2일입니다. 그들은 하느님의 옥좌를 둘러싸고 있기 때문에 우리는 언제나 그들에게 우리를 위해 전구해 달라고 청할 수 있습니다. 천사의 보호를 받기 위해 기도하는 것, 특히 우리 자신의 수호천사에게 기도를 하는 것은 아주 좋은 생각입니다. 다음은 수호천사께 드리는 기도로 잘 알려진 것입니다. "언제나 저를 지켜 주시는 수호천사님, 인자하신 주님께서 저를 천사님께 맡기셨으니 저를 비추고 지키시며 다스리고 이끄소서."

| 더 알기
구품으로 나뉜 천사계?

6세기의 학자인 디오니시우스는 성경을 연구하며 세 단계를 지닌 천사들의 위계를 알아냈습니다.
천사에 관해 《가톨릭 교회 교리서》는 다음과 같이 알려 줍니다. "전례 안에서 교회는 천사들과 하나 되어, 하느님을 '거룩하시도다! 거룩하시도다! 거룩하시도다!' 하고 찬미한다. …… 교회는 천사의 도움을 청하며……"(CCC 335항)

1.1 세라핌	(이사 6,2)
1.2 케루빔	(창세 3,24)
1.3 좌품	(콜로 1,16)
2.1 주품	(콜로 1,16)
2.2 역품	(콜로 1,16; 1베드 3,22)
2.3 능품	(로마 8,38; 1베드 3,22)
3.1 권품	(콜로 1,16; 로마 8,38)
3.2 대천사	(1테살 4,16)
3.3 천사	(로마 8,38; 1베드 3,22)

 성경 어디에서나 천사를 볼 수 있는데, 그들은 하늘에서 하느님을 경배하고 우리에게 메시지를 전달해 줍니다. 천사들은 우리를 지켜봅니다. 여러분에게도 수호천사가 있습니다!

더 읽어 보기
천사: CCC 328-336, 350-352항; CCCC 60-61항; YOUCAT 54-55항.

 ## 1.42 타락한 천사는 왜 그렇게 되었나요?

성경과 교회의 성전에 의하면 천사는 하느님께 반역하고 사탄 또는 악마로 알려지게 되었습니다. 사람들은 언제나 하느님의 반대편에 서는 유혹의 목소리를 경험했습니다(창세 3,1-5 참조). 그리고 그 목소리를 사탄, 즉 인류의 유혹자가 된 타락한 천사의 것이라고 생각합니다. 사탄은 원래 하느님이 창조하신 선한 천사였습니다. 그러나 그 천사는 하느님과 하느님의 사랑을 철저하게 거부하기로 했습니다. 그 선택의 결과 그는 땅으로 떨어졌고 그의 부하들도 그와 함께 떨어졌습니다(묵시 12,9 참조). '타락한 천사'를 통하여 악의 힘이 세상으로 들어왔습니다. 성경에 따르면 타락한 천사의 우두머리인 사탄은 베엘제불, 악마, 유혹자, 거짓의 아비, 어둠의 주인 등 많은 이름을 가지고 있습니다.

하느님에 대한 돌이킬 수 없는 반역

타락한 천사들이 하느님과 그분의 자비로운 사랑을 거슬러 내린 선택은 결정적인 것입니다. 그 때문에 그들은 용서받을 수 없게 되었습니다. 다마스쿠스의 요한 성인은 이렇게 말했습니다. "사람이 죽은 뒤에 참회가 없는 것처럼, 그들도 타락한 뒤에는 참회가 없습니다."(《정통 신앙》 2,4) 그래서 성경에는 "자기 영역을 지키지 않고 거주지를 이탈한 천사들도 저 중대한 날에 심판하시려고 영원한 사슬로 묶어 어둠 속에 가두어 두셨습니다."(유다 1,6)라고 적혀 있습니다.

악마

요한 성인은 악마는 처음부터 죄를 지었다고 했으며(1요한 3,8 참조), 예수님은 악마를 "거짓말쟁이며 거짓의 아비"(요한 8,44)라고 이르셨습니다. 악마(뱀)는 아담과 하와를 "하느님처럼"(창세 3,5) 될 것이라는 거짓말로 유혹했습니다. 하느님처럼 되고 싶다는 것은 하느님의 권위를 거부하고 싶다는 뜻입니다. 이것은 악마를 타락하게 만든 것과 같은 교만입니다. 그래서 아담과 하와의 죄는 그토록 심각한 것입니다(tweet 1.4 참조). 악마의 힘은 무한하지 않습니다. 그는 피조물이며 하느님 나라가 오는 것을 반대할 힘이 없습니다. 예수님은 "악마가 한 일을 없애 버리시려고"(1요한 3,8) 세상에 오셨습니다. 마지막 때 최후의 심판에서 하느님은 악의 힘을 파괴하실 것입니다. 그러나 그 일이 일어날 때까지, 우리는 세상에 악마가 존재함을 고려해야 합니다. 왜 하느님이 악마가 세상에서 활동하도록 허락하시는지는 여전히 크나큰 신비입니다. 하지만 "하느님을 사랑하는 이들, 그분의 계획에 따라 부르심을 받은 이들에게는 모든 것이 함께 작용하여 선을 이룬다는 것을 우리는 압니다."(로마 8,28)

정신을 차리고 깨어 있으십시오

우리는 세상에 존재하는 악에 대해 진지하게 생각해야 합니다(tweet 1.34 참조). 아담과 하와를 유혹했듯이, 악마는 우리가 하느님을 거부하도록 유혹합니다. 물론 악마는 머리에 뿔이 달린 우스꽝스러운 모습으로 창을 휘두르며 우리에게 죄를 짓도록 충동질하면서 우리를 유혹하지 않습니다. 악의 영향은 현실적입니다. 우리는 우리 자신 안에서, 또 우리 주변에서 악을 경험합니다. 때때로 우리는 그릇된 것이라고 알고 있고, 자신과 다른 사람들을 해치는 일이라는 것을 알면서도 그 일을 하고자 하는 충동을 느낍니다. 우리에게는 이렇게 죄에 기울어지는 경향이 있습니다! "정신을 차리고 깨어 있도록 하십시오. 여러분의 적대자 악마가 으르렁거리는 사자처럼 누구를 삼킬까 하고 찾아 돌아다닙니다. 여러분은 믿음을 굳건히 하여 악마에게 대항하십시오."(1베드 5,8-9)라고 베드로 사도가 말한 것처럼 우리는 깨어 있어야 합니다.

| 더 알기

성경에 나오는 악마

악마는 하와를 유혹하는 뱀의 모습을 취하고 있습니다(tweet 1.4 참조). 또한 악마는 욥에게 고통을 주도록 했습니다(tweet 1.25 참조). 악마 가운데 하나인 루시퍼는 '샛별'이라는 뜻을 가지고 있습니다. 이사야 예언서의 한 구절은 루시퍼의 타락을 가리키는 것으로 이해됩니다. "어찌하다 하늘에서 떨어졌느냐? 빛나는 별, 여명의 아들인 네가 …… 너는 네 마음속으로 생각했지. '나는 하늘로 오르리라. 하느님의 별들 위로 나의 왕좌를 세우고 ……' 그런데 너는 저승으로, 구렁의 맨 밑바닥으로 떨어졌구나."(이사 14,12-15) 신약 성경에 의하면, 악마는 예수님을 유혹했습니다(마태 4,1-11 참조). 예수님은 자주 "더러운 영아, 그 사람에게서 나가라."(마르 5,8)라고 명령하시며 마귀 들린 사람들에게서 마귀를 쫓아냈습니다. 예수님을 배반하도록 유다를 충동질한 것도 악마였습니다(루카 22,3 참조). 그렇지만 두려워하지 않아도 됩니다. 예수님은 사랑이신 하느님이시므로 악마보다 강하십니다(1요한 4,8 참조) 하느님은 "죽음의 권능을 쥐고 있는 자 곧 악마를 당신의 죽음으로 파멸"(히브 2,14)시키시려고 사람이 되셨습니다.

 천사들은 선하게 창조되었지만 몇몇 천사들은 자유를 오용하고 하느님께 반역했습니다. 이런 천사들은 천국에서 떨어졌으며 자기들의 운명을 나누도록 우리를 유혹합니다.

더 읽어 보기
타락한 천사들: CCC 391-395, 414항; CCCC 74항.

 ## 1.43 죽으면 어떻게 되나요?

천국, 지옥, 아니면 연옥?

우리는 특히 사랑하는 이가 죽었을 때 죽음이 정말로 끝이라는 것을 믿기 어려워합니다. 사랑이 어떻게 끝날 수 있을까요? 그런 때에 사람들은 죽음 다음에 뭔가가 더 있을 것이라고 마음속으로 깊이 느낍니다. 예수님은 그 이상이 있다는 것을 확인해 주셨고 모든 믿는 이들에게 죽음이 절대로 끝이 아니라는 것을, 죽은 다음에 그들의 삶은 천국에서 하느님과 함께 계속될 것이라는 것을 약속해 주셨습니다. 예수님은 "나는 부활이요 생명이다. 나를 믿는 사람은 죽더라도 살고, 또 살아서 나를 믿는 모든 사람은 영원히 죽지 않을 것이다."(요한 11,25-26)라고 말씀하셨습니다.

죽음에 대한 두려움

예수님의 부활을 믿으면서도 대부분의 사람들은 죽음을 두려워합니다(tweet 1.50 참조). 죽음은 너무나 결정적이며 너무나 불가사의합니다. 죽음은 우리가 알고 있는 모든 것으로부터 분리되어 알지 못하는 상태로 건너가는 것을 뜻합니다. 사랑하는 사람도 데리고 가지 못하고 소유물도 가져가지 못합니다. 그렇게 우리는 혼자 죽습니다. 예수님조차도 당신 자신의 고통과 죽음이 다가오자 두려워하셨습니다(마르 14,33-36 참조). 우리들 대부분이 느끼는 불안은 이해할 수 있으며 인간적입니다. 하지만 꼭 필요한 것은 아닙니다. 죽을 때 삶이 변화하기는 하지만, 삶은 여전히 계속됩니다! 이런 이유로 위령 미사에서 사제는 "주님, 믿는 이들에게는 죽음이 죽음이 아니요 새로운 삶으로 옮아감이오니, 세상에서 깃들이던 이 집이 허물어지면 하늘에 영원한 거처가 마련되나이다."(위령 감사송 1)라고 기도합니다.

사말四末

교회의 성전聖傳은 죽음, 심판, 지옥, 천국의 '사말(종말의 네 가지 실재)'에 대하여 말합니다(CCCC 부록 II 참조). 죽음은 누구에게나 현실입니다. 죽음은 또한 결정적입니다. 죽은 후에 우리는 죽기 전의 지상의 삶에 관해 아무것도 바꿀 수 없습니다(CCC 1021항 참조). 지상에서 사는 동안 우리는 하느님의 사랑에 긍정적으로든 부정적으로든 응답할 자유가 있지만, 죽은 뒤에는 심판이 이어집니다(히브 9,27 참조).

선善으로서의 죽음

죽으면 영혼은 육신을 떠나 영혼의 종착지인 천국이나 지옥으로 갑니다. 하느님의 자비를 받아들였지만 하느님의 현존으로 들어가기 전에 정화되어야 할 필요가 있다면, 그 사람은 연옥을 거쳐서 천국으로 갈 것입니다(CCC 1010항 참조; tweet 1.44 참조). 그리스도 안에서의 우리의 구원이 천국에서 완성되고 우리는 영원히 하느님과 함께합니다(tweet

1,45 참조). "나의 바람은 이 세상을 떠나 그리스도와 함께 있는 것입니다. 그 편이 훨씬 낫습니다."(필리 1,23)라고 한 바오로 사도처럼 어떤 그리스도인들은 천국을 고대하며 죽음을 열망합니다. 또 다른 시간에서 그는 "우리가 그분과 함께 죽었으면 그분과 함께 살 것이고"(2티모 2,11)라고 했습니다. 이 말은 우리가 죽은 후에도 그리스도 안에서 사는 새 삶이 시작될 것이라는 말입니다. 그리고 이를 위해서 우리는 세례를 통해서 '예수님과 함께 죽었습니다.'(tweet 3.36 참조) 바오로 사도는 주님과 함께 있고자 하는 열망에도 불구하고 지상에서 그가 얼마나 살아야 하는지는 하느님이 가장 잘 아신다는 것을 신뢰하며 자신의 소명 안에서 인내했습니다(필리 1,24 참조).

| 더 알기

나의 죽음을 준비할 수 있을까요?

우리는 죽은 후에 하느님을 마주해야 합니다. 그래서 교회는 죽을 때를 준비하도록 권고합니다(CCC 1014항 참조). 이런 까닭에 우리가 성모송을 바칠 때마다 "저희 죽을 때에" 우리를 위하여 기도해 달라고 성모님께 청합니다(tweet 1.39 참조). 우리는 임종하는 사람의 수호성인인 요셉 성인께도 기도드릴 수 있습니다.

토마스 아 켐피스(†1471년)는 죽음을 의식하는 것은 훌륭한 그리스도인이 되는 데 도움이 된다고 말했습니다. "그러므로 네 모든 행동과 생각을 함에 있어 바로 오늘 죽을 것처럼 하고 있어라. 네 양심이 평안하다면 죽음을 그렇게 무서워하지 않을 것이다. 죽음을 무서워하는 것보다는 죄를 피하는 것이 더 낫다. 오늘 준비가 다 되어 있지 않은데 어떻게 내일 준비가 되어 있겠느냐? 내일은 불확실한 날이다. 네게 내일이 있을 것이라고 어떻게 알 수 있겠는가?"《준주성범》

아시시의 프란치스코 성인은 하느님을 찬미하면서 죽음에 대해 이렇게 말했습니다. "내 주여! 목숨 있는 어느 사람도 벗어나지 못하는 육체의 우리 죽음, 그 누나의 찬미 받으소서. 죽을 죄 짓고 죽는 저들에게 앙화인지고, 복되다, 당신의 짝없이 거룩한 뜻 좇아 죽는 자들이여! 두 번째 죽음이 저들을 해치지 못하리로소이다."《태양의 찬가》; tweet 1.44 참조)

> **T** 죽을 때 우리는 모든 소유물과 모든 사람들을 남기고 떠납니다. 우리의 영혼은 육신에서 분리되어 하느님 앞에 섭니다.

더 읽어 보기
죽음을 위한 준비: CCC 1014항; CCCC 206항; YOUCAT 155항. 죽음과 부활: CCC 992-1004, 1016-1018항; CCCC 205항; YOUCAT 154항. 그리스도인의 죽음: CCC 1010항; CCCC 206항; YOUCAT 155항.

 ## 1.44 죽자마자 심판을 받나요?

죽자마자 우리는 우리가 일생 동안 해 온 선택으로 하느님의 심판을 받습니다. 결국 우리가 자문해 볼 수 있는 가장 중요한 질문은 "우리가 하느님의 사랑에 따라 아니면 그에 반하여 선택하느냐?"는 것입니다. 십자가의 요한 성인(†1591년)은 "우리의 삶이 저물었을 때, 우리는 사랑에 의거하여 심판을 받을 것입니다."《잠언과 영적 권고》라고 했습니다.

개별 심판

하느님은 선하십니다. 이 말은 하느님은 또한 공의로우시다는 뜻입니다. 우리는 죽고 나서 하느님의 개별 심판을 받습니다(마태 12,36 참조). 이 심판은 우리의 개인적인 삶에 관한 모든 것과 관련되기 때문에 '개별적'입니다. 이 판결은 우리가 한 말(마태 12,6 참조), 우리의 생각(1코린 4,5 참조), 우리의 행동(마태 16,27 참조; 로마 2,6 참조; 2코린 5,10 참조), 그리고 우리가 소홀히 한 것(마태 25,35-47 참조)을 모두 감안합니다. 겁이 나시나요? 좋은 소식은 여러분이 아직도 하느님께 돌아설 수 있다는 것입니다! 하느님의 용서를 청할 수 있는 가장 좋은 때는 바로 지금이며, 여러분은 고해성사를 통해서 용서를 청할 수 있습니다(tweet 3,39 참조). 개별 심판의 결과에 따라 우리 영혼은 곧바로 '하늘의 행복으로' 들어가거나 연옥에서 정화를 거치거나 곧바로 영원한 벌을 받습니다(CCC 1022항 참조; tweet 1.45-1.47 참조). 우리의 심판은 우리의 육신이 부활한 후 영혼과 육신이 다시 한 번 더 결합할 때 최후의 심판에서 완성됩니다(tweet 1.50 참조).

모든 사람의 구원

신앙을 가지고 훌륭한 그리스도인의 삶을 살려고 참으로 노력한다면, 하느님의 심판을 두려워할 필요가 없습니다. "주님께서는 …… 여러분을 위하여 참고 기다리시는 것입니다. 아무도 멸망하지 않고 모두 회개하기를 바라시기 때문입니다."(2베드 3,9)라는 성경 구절을 읽어 보세요. 그러면 무척 안심이 됩니다. 하느님은 우리 모두가 영원히 살기를 바라십니다(요한 3,16 참조). 예수님은 당신의 죽음으로 죽음의 권능을 가진(히브 2,14 참조) 죄와 죽음과 악마를 패배시키셨습니다. 그러므로 예수님은 당신을 믿고 그 믿음을 행동으로 보여 주는 모든 이에게 천국으로 향한 길을 열어 주셨습니다(tweet 1.45, 4.8 참조).

최후의 심판

그렇다면 무엇 때문에 최후의 심판을 받을까요? 그 이유는 예수님이 영광에 싸여 다시 오실 때(tweet 1.49 참조), 새 하늘과 새 땅이 있을 것이며 더 이상 악이 존재하지 않을 것이기 때문입니다. 그러면 우리의 육신과 영혼은 재결합되어

| 더 알기

천국이나 지옥으로 우리 운명이 예정되어 있나요?

누구든지 하느님을 선택할 수 있지만, 우리는 모두 계속 대죄를 지을 수 있습니다. 대죄를 짓는 것은 하느님을 거부하는 것입니다. 어떠한 경우든, 각 개인은 자기가 하는 선택의 책임이 있습니다. 예수님은 이 지상의 삶에 얼마나 많은 유혹이 있는지 아셨기 때문에 제자들에게 "너희는 좁은 문으로 들어가라. 멸망으로 이끄는 문은 넓고 길도 널찍하여 그리로 들어가는 자들이 많다. 생명으로 이끄는 문은 얼마나 좁고 또 그 길은 얼마나 비좁은지, 그리로 찾아드는 이들이 적다."(마태 7,13-14)라고 강하게 충고하셨습니다. 이 성경 구절과 그 밖의 다른 성경 구절 때문에 프랑스인 장 칼뱅(†1564년)은 하느님은 모든 사람들이 천국이나 지옥(이중 예정론(tweet 2.36 참조)으로 가도록 예정하셨다고 믿게 되었습니다. 그의 주장에 의하면, 하느님은 천국에 갈 소수의 사람과 지옥으로 갈 많은 사람(저주받은 무리)을 미리 결정해 놓으셨습니다. 가톨릭교회는 분명히 이 주장을 거부합니다. 칼뱅의 생각은 모든 사람의 구원이라는 하느님의 원의(1티모 2,3-4 참조)를 직접적으로 부정합니다. 하느님은 아무도 지옥에 가도록 예정하지 않으십니다. 자유 의사로 하느님께 반항하고(죽을죄를 짓고) 끝까지 그것을 고집함으로써 지옥에 가게 되는 것입니다(CCC 1037항 참조; tweet 4.13 참조). 예수님은 모든 사람을 위해서 천국에 자리를 마련해 놓으셨습니다(요한 14,2-3 참조).

"각 사람이 하느님과 맺은 관계의 진상이 결정적으로 밝혀질 것"(CCC 1039항)입니다. 최후의 심판은 또 하나의 심판이 아닙니다. 우리는 단 한 번 심판을 받습니다. 그러나 예수님이 말씀하신 대로, 최후의 심판에서 "숨겨진 것은 드러나기 마련이고 감추어진 것은 알려지기 마련입니다."(루카 12,2) 그러므로 하느님의 나라와 그 안에 있는 우리의 자리가 완성될 때, 우리가 지상 생활 동안에 행한 선한 일이나 소홀히 한 모든 것이 드러날 것입니다. 하느님이 예수님의 말씀과 행동을 통해 먼저 유다인에게 그리고 온 세상에 약속하셨던 앞으로 올 하느님의 나라는 신비에 싸여 있지만 그것은 너무나 좋을 것입니다. 예수님이 다시 오실 때까지, 우리는 "복된 희망이 이루어지기를, 우리의 위대하신 하느님이시며 구원자이신 예수 그리스도의 영광이 나타나기를"(티토 2,13) 기다립니다.

> **T** 죽은 후에 하느님은 우리가 해 온 선택을 직면하게 하십니다. 하느님의 사랑과 자비를 거부한 사람은 지옥으로 갈 것이며, 하느님을 받아들인 사람은 천국으로 갈 것입니다.

더 읽어 보기
개별 심판: CCC 1021-1022, 1051-1052항; CCCC 208항; YOUCAT 157항. 예정설은 없다: CCCC 1037항; CCCC 213항; YOUCAT 161항.
최후의 심판: CCC 1038-1041, 1058-1059항; CCCC 214-215항; YOUCAT 163항.

1.45 영원한 삶은 어떤 것일까요?

'생명이 넘치는 곳', '영원한 곳'(요한 10,10 참조). 이것이 성경이 우리에게 제시하는 천국의 이미지입니다. 영원한 삶은 여러분이 예수님을 믿기로 결심하고 세례를 받을 때 지상에서 시작합니다. 예수님은 "영원한 생명이란 홀로 참하느님이신 아버지를 알고 아버지께서 보내신 예수 그리스도를 아는 것"(요한 17,3)이라고 말씀하셨습니다. 천국에서만 우리는 하느님과 우리 자신을 완전히 알 수 있고 하느님이 우리에게 의도하셨던 모든 것이 이루어질 수 있습니다. 우리가 천국에 갈 때, 그야말로 예수님이 우리를 위하여 마련하신 '아버지의 집'으로 돌아가는 것입니다(요한 14,2-3 참조).

천사들이 솜털 같은 구름 위에?

천국이 어떤 곳인지 그려 보는 것은 매우 어렵습니다. 아마도 솜털 같은 구름 위에서 즐겁게 뛰어놀고 있는 귀여운 꼬마 천사들의 그림이나 그와 비슷한 이미지들을 본 적이 있을 것입니다. 구약 성경의 예언자들은 천국에 관해 말할 때 생명, 빛, 평화, 혼인 잔치, 아버지의 집, 천상의 예루살렘, 낙원과 같은 다채로운 이미지를 사용했습니다. 그러나 우리는 여전히 천국이 실제로 어떻게 생겼는지 모릅니다. "어떠한 눈도 본 적이 없고 어떠한 귀도 들은 적이 없으며 사람의 마음에도 떠오른 적이 없는 것들을 하느님께서는 당신의 사랑하는 이들을 위하여 마련해 두셨습니다."(1코린 2,9)

지복직관

천국에서 우리는 하느님과 영원히 함께 살 것이며, "그분을 있는 그대로 뵙게 될 것이기 때문"(1요한 3,2)에 우리는 하느님처럼 될 것이며 하느님과 "얼굴과 얼굴을 마주 볼"(1코린 13,12) 것입니다. 이것이 바로 우리가 '지복직관'이라고 하는 것입니다. 걱정하지 마세요. 그것은 결코 여러분들을 지루하게 만들지 않을 것입니다! 그러므로 지상에서 사는 동안 하느님을 열망하는 것은 바람직하며, 그 열망은 천국에서 완전히 이루어질 것입니다(CCC 1024항 참조). 천국은 하느님, 마리아(하늘의 여왕), 천사들, 그리고 거기에 있는 그 밖의 모든 이들과 공동체를 이루는 것입니다. 우리는 천국에서 혼자가 아닐 것입니다. 우리는 하느님의 사랑과 자비를 받아들이며 죽은 모든 이와 기쁜 재회를 고대할 수 있습니다. 예수님은 천국에서 '작은 이'라고 불릴 사람들과 '큰 사람'이라고 불릴 사람들에 대해 말씀하셨습니다(마태 5,19 참조). 어떤 사람들을 위해서는 특별한 자리가 마련되어 있습니다(마르 10,40 참조). 그렇지만 거기에서 우리는 모두 똑같이 행복할 것입니다.

| 더 알기

림보란 무엇인가요?

림보는 자기탓 없이 세례를 받지 않고 죽은 사람들은 어떻게 되는가라는 질문에 대한 이론적인 대답입니다. 한편으로는 예수님이 내려가신 "저승"(사도신경; 1베드 3,18-19)이라는 지하 세계가 있습니다. 그곳은 예수님이 부활하시기 전에 죽었던 사람들의 영혼이 예수님이 오셔서 그들에게 천국으로 가는 길을 열어 주셨을 때까지 남아 있었던 장소입니다(고성소limbus patrorum). 십자가에서 돌아가신 후에, 예수님은 사흘째 되는 날까지 지하 세계에 계셨습니다. 예수님이 되살아나셨을 때, 예수님은 의로웠던 그들을 천국에 데리고 가셨습니다.

세례를 받기 전에 죽은 어린이들은 어떻게 되는가에 관한 문제도 있습니다. 예수님이 세례는 구원을 위해 반드시 필요한 것이라고 말씀하셨습니다(요한 3,5 참조). 이 말씀 때문에 어떤 신학자들은 세례받지 않고 죽은 어린이들이 특별하고 분리된 장소(어린이들의 자연 복락소limbus puerorum)에 있을 것으로 추측하게 되었습니다. 그리고 그들은 거기서 영원히 행복하겠지만 하느님을 마주볼 수는 없으리라고 추정했습니다. 그렇지만 이 이론은 《가톨릭 교회 교리서》 안에는 없습니다. 《가톨릭 교회 교리서》에는 세례를 받지 않고 죽는 어린이들의 경우 교회는 그들을 하느님의 자비에 맡길 수밖에 없다고 합니다(CCC 1261항 참조). 물론 모든 사람들이 구원되기 바라시는 예수님께서 세례받지 않고 죽은 어린이들을 배제하리라 생각할 수 없습니다. 하지만 동시에 이것은 세례의 중요성을 강조합니다.

천국행 티켓?

사람들은 흔히 선하게 삶으로써 천국으로 가는 길을 얻을 수 있다고 말합니다. 그러나 그 말은 그다지 옳은 표현이 아닙니다. 우리는 절대로 천국에 들어갈 권리를 '획득'할 수 없습니다. 천국은 우리에게 오직 선물로서 주어지는 것입니다. 우리는 '예수 그리스도 안에서 이루어진 속량을 통하여' 하느님의 선물인 은총으로 '의롭게' 될 것입니다(로마 3,24 참조). 어떤 사람이 사도들에게 와서 구원을 받기 위해서 어떻게 해야 하는지 물어보았을 때, 그는 "주 예수님을 믿으시오. 그러면 그대와 그대의 집안이 구원을 받을 것이오."(사도 16,31)라는 말을 들었습니다. 하느님이 우리에게 요구하시는 것은 단 한 가지, 즉 예수님을 믿고 그분을 따르는 것입니다. 예수님은 "나를 통하지 않고서는 아무도 아버지께 갈 수 없다."(요한 14,6)라고 말씀하셨습니다. 사람들은 예수님을 따를 것을 선택할 때, 세례를 받습니다. 하지만 세례성사가 자동적으로 '천국행 티켓'이 되지는 않습니다. 예수님을 선택한 것이 우리가 하는 행위에서 드러나야 합니다(tweet 4.8 참조). 세례는 아주 중요한 시작이며, 그것은 모든 이를 위한 것입니다(tweet 3.36 참조). 그러나 자신의 잘못 없이 세례를 받지 못하고 죽은 사람들에 대해 절망할 필요는 없습니다(tweet 2.14 참조). 하느님의 연민은 너무도 크시기에 이 사람들도 천국에 갈 수 있습니다. 하지만 어떻게 이것이 가능한지는 오직 하느님만이 아십니다.

> 영원한 삶은 성인들과 천사들과 더불어 기쁘고 평화롭고 행복하게 하느님과 영원히 사는 것을 뜻합니다.

더 읽어 보기
천국: CCC 325-327, 1023-1026, 1053항; CCCC 59, 209항; YOUCAT 52, 158항.

 ## 1.46 지옥은 어떤 곳인가요?

지옥은 의식적이고 결정적으로 하느님을 사랑하지 않기로 결심한 사람들이 가는 곳입니다. 우리는 지옥이 어떤 모습을 하고 있는지 모릅니다. 그러나 우리는 지옥이 하느님의 사랑과 영원히 단절되는 곳이라는 것을 분명히 압니다. 그것은 정말로 끔찍한 일입니다. 우리는 생명과 사랑과 행복을 위해서 창조되었는데(CCC 1057항 참조) 그것들은 오직 하느님 안에서만 발견될 수 있기 때문입니다. 성경에서 지옥은 천상의 예루살렘에서 쫓겨난 상태를 나타냅니다. 비유에 나오는 어리석은 처녀들에게 문은 닫혔습니다(마태 25,10 참조). 그들은 하느님의 도착을 위해 준비하지 않았기 때문입니다. 또한 자기의 재능을 낭비한 종도 거부됩니다. "저 쓸모없는 종은 바깥 어둠 속으로 내던져 버려라."(마태 25,30) 심판의 날에 주님은 사람들을 의인과 불의한 이로 가를 것입니다. 그리고 주님은 불의한 이들에게 "나에게서 떠나 악마와 그 부하들을 위하여 준비된 영원한 불 속으로 들어가라."(마태 25,41) 하고 말씀하실 것입니다.

고통스러운 불

예수님은 지옥을 '꺼지지 않는 불'(마태 5,22.29. 13,42.50 참조; 마르 9,43-48 참조)이라 말씀하십니다. 그러나 이 불은 우리가 알고 있는 그런 불과는 다릅니다. 최후의 심판 후에는 모든 영혼에게 육신이 주어질 것입니다(tweet 1.50 참조). 따라서 지옥에 있는 이는 육체적인 고통도 겪을 것입니다. 하지만 가장 극심한 지옥의 고통은 하느님과 더 이상 접촉할 수 없다는 것을 깨닫는 것입니다. 지옥에 있는 모든 사람들은 자기 자신만을 신경 쓰기 때문에 그곳은 지독하게 외로운 곳입니다. 이 이상으로 천국과 대비되는 곳은 있을 수 없습니다! 그래서 예수님은 악마의 유혹을 조심하라고 이르시며 "영혼도 육신도 지옥에서 멸망시킬 수 있는 분을 두

> **| 더 알기**
> **누가 지옥에 있을까요?**
>
> 교회는 한 번도 누가 지옥에 있는지를 말한 적이 없으며, 누가 천국에 있는지에 대해서만 말했습니다(tweet 4.15 참조). 그래서 우리는 누가 지옥에 있는지 모릅니다만 지옥이 존재한다는 것은 확실하게 알고 있습니다. 성경은 지옥의 존재를 분명히 밝히고 사람들이 그곳에 이를 수 있다고 경고합니다. 또한 성령은 영원히 저주받고 지옥에 있어야 하는 악마(타락한 천사)에 대해서도 말합니다(마태 25,41 참조). 그뿐만 아니라 파우스티나 성녀(†1938년)와 같은 거룩한 사람들은 지옥의 환시를 보았습니다.

려워하여라."(마태 10,28) 하고 경고하셨습니다.

회개와 자유

지옥은 우리에게 삶을 무심하게 살지 말라고 가르쳐 줍니다. "하느님은 우롱당하실 분이 아니십니다. 사람은 자기가 뿌린 것을 거두는 법입니다."(갈라 6,7) 예수님은 우리에게 하느님께 돌아설 것을 끊임없이 촉구하시며 "회개하고 복음을 믿어라."(마르 1,15) 하고 말씀하셨습니다. 우리는 계속해서 죄를 짓기 때문에 끊임없이 다시 회개해야 합니다. 자신의 죄를 뉘우치지 않고 용서 청하기를 거부한다면, 하느님으로부터 등을 돌리는 것입니다. 우리가 그런 태도를 고집한다면 하느님은 우리의 자유를 존중하실 것입니다. 당신의 무한한 정의 때문에 하느님은 우리의 자유를 존중하십니다. 그 결과 마침내 우리는 하느님의 사랑으로부터 영원히 떨어져 지옥에 있게 될 것입니다. 그러나 동시에, 하느님은 무한히 선하신 분이심을 기억해야 합니다. 성경의 여기저기에서 하느님은 우리에게 두려워하지 말라고 말씀하십니다(창세 15,1 참조; 마태 10,28 참조). 하느님은 우리를 너무나 사랑하신 나머지 인간이 되시고 우리를 위해 돌아가시기까지 하셨습니다(요한 3,16 참조). 하느님은 모든 사람이 구원받기를(1티모 2,4 참조) 열렬히 바라십니다. 그러나 하느님의 제안을 받아들이는 것은 우리에게 달려 있습니다!

은총의 상태에서?

다행스럽게도 생의 마지막 순간에 무슨 일이 생기는지는 아무도 정확하게 모릅니다. 아무도 그것을 볼 수 없지만, 우리가 숨을 거둘 때까지 죄를 뉘우치고 하느님의 사랑이 우리에게 흘러들어오도록 할 기회가 있습니다. 그 기회를 받아들일 때 우리는 '은총의 상태에서', 즉 하느님과의 친교 상태에서 죽습니다(tweet 4.12 참조). 십자가 위에서 예수님은 오른쪽에 달린 선한 도둑에게 이렇게 말씀하십니다. "내가 진실로 너에게 말한다. 너는 오늘 나와 함께 낙원에 있을 것이다."(루카 23,43) 그러나 하느님을 끝까지 부정한다면 '대죄의 상태'에서 죽을 것입니다(CCC 1033항 참조). 이 말은 그 사람은 자기가 무엇을 하는지를 잘 알면서 고의로 하느님의 명령을 거스르기로 하고 용서를 청하기를 거부했다는 뜻입니다. 그 사람은 하느님과 더 이상 친교를 나누지 않는 최종적인 선택을 했습니다. 그것은 바로 생명을 거스르는 선택입니다. 그러므로 대죄는 결국 지옥의 영원한 죽음으로 이끕니다.

> 지옥은 하느님의 사랑에서 영원히 분리된 것이며, 교만과 이기심으로 인한 고통과 불행에 갇힌 곳입니다.

더 읽어 보기

대죄: CCC 1033, 1854-1861, 1874항; CCCC 212, 394-395항; YOUCAT 161, 316-317항.
지옥의 존재: CCC 1036-1037항; CCCC 213항; YOUCAT 162항. 지옥: CCC 1033-1035, 1056-1057항; CCCC 212항; YOUCAT 161항.

1.47 연옥을 두려워해야 하나요?

연옥은 하느님의 무한하신 연민과 자비로 존재하는 곳입니다. 따라서 연옥을 두려워할 필요는 없습니다. 하느님은 모든 사람이 구원받기를 바라십니다(1티모 2,4 참조). 그러나 하느님은 또한 무한히 공의로우십니다. 죄의 결과에서 완전히 자유로운 사람은 누구든지 죽으면 곧바로 천국에 갈 수 있습니다. 하지만 그런 사람은 거의 없습니다.

완전히 씻어져야 합니다

우리가 죽어서 천국을 향하는 길에 이미 용서받은 죄의 결과에 계속 짓눌리고 있다면 우리는 정화를 위해 연옥에 갑니다. 하느님과 불완전함은 자석의 양극처럼 서로에게 반대되기 때문에 정화가 반드시 필요합니다. 이 둘은 공존할 수 없습니다. 그러므로 하느님 앞에 가기 전에 죄의 결과로부터 깨끗해져야 합니다. 죄의 결과는 완전히 씻어져야 합니다. 이 지상에서 그리스도인의 삶의 목적은 예수님을 통해서, 예수님과 함께, 그리고 예수님 안에서 완전한 사랑을 향하여 성장하는 것입니다. 그것은 시간이 걸립니다. 때로는 그 성장 과정이 완료되기 전에 우리는 죽습니다. 그러나 영원한 천국과 비교할 때 연옥에서 시간을 조금 더 보내는 것은 아무것도 아니지 않을까요?(tweet 1.45 참조)

연옥에서 보내는 시간

연옥을 천국의 대기실이라는 준비 단계로 이해하는 것이 가장 적절할 것입니다. 연옥은 자기 자신과 자기가 살아온 삶의 여정을 마주 보아야 하는 거울과도 같습니다. 여러분은 하느님의 집 문턱을 넘기 전에 준비되고 정화됩니다. 연옥은 지옥에 가기에는 너무나 선하지만 천국에 가기에는 충분하지 않은 사람들을 위한 곳이라고 어느 사제가 말했습니다. 연옥에서 보내는 시간은 우리의 시간과는 비교할 수 없습니다. 왜냐하면 연옥은 어느 정도 영원에 속하기 때문입니다. 영원에는 우리가 살고 있는 세상처럼 헤아릴 수 있는 몇 시간, 혹은 몇 해가 없습니다. 하지만 연옥에서 보내는 '시간'은 여러 방법을 통해 짧아질 수 있습니다. 그리스도인들은 늘 죽은 이들의 영혼이 속히 천국에 합당하게 준비되도록 그들을 위해서 기도해 왔습니다. 우리는 그들을 위해 미사를 봉헌함으로써 이를 행하기도 합니다(CCC 1032항 참조). 또 보속 행위를 통해서(tweet 1.37 참조), 단식을 통해서(tweet 3.19 참조), 대사를 얻거나(tweet 2.35 참조), 가난한 사람들에게 자선을 베풂을 통해서(tweet 3.50 참조) 우리는 죽은 이들을 도울 수 있습니다.

예수님 사랑의 연민 어린 불

어떤 사람들은 살면서 지독한 고통을 경험합니다. 그러나 이런 것을 '지상의 지옥'이라고 불러서는 안 됩니다. 오히려 '지상의 연옥'이라고 불러야 하지요. 우리가 이 세상에서 겪는 고통은 사후에 우리를 정화하고 천국을 준비시키는데 도움이 될 수 있습니다. 예수님은 "마음이 가난한 사람들"(마태 5,3), "슬퍼하는 사람들"(마태 5,4), "의로움에 주리고 목마른 사람들"(마태 5,6), 그리고 "의로움 때문에 박해를 받는 사람들! 하늘나라가 그들의 것이다."(마태 5,10)라고 말씀하셨습니다(tweet 1.37 참조). 연옥은 정화하는 불입니다. 그러나 그것은 실제 불과 비교할 수 없습니다. 그것은 예수님 사랑의 연민 어린 불과 같습니다(루카 12,49 참조). 베드로가 예수님을 세 번 부인한 후에, 예수님이 그를 바라보시자, 베드로는 "밖으로 나가 슬피 울었습니다."(루카 22,62) 연옥은 그러한 경험입니다. 사랑하지 못한 것에 대한 뜨거운 수치심과 고통스러운 후회와 같은 것입니다(YOUCAT 159항 참조). 이렇게 정화시키는 고통을 경험한 후에야 우리는 두려움 없이, 아무것도 숨길 필요 없이 예수님 사랑의 눈길에 응답할 수 있습니다. 그래야 우리는 천국에서 영원히 행복할 수 있을 것입니다.

| 더 알기

연옥이 성경에 나오나요?

연옥이란 단어가 성경에 나오지는 않습니다. 하지만 여러 구절에서 연옥의 존재를 추정할 수 있습니다. 성경에는 "그들이 죄에서 벗어나게 하려는 것이었습니다."(2마카 12,45)라는 죽은 이들을 위한 속죄에 관한 구절이 있습니다. 이 사람들이 만약 지옥에 있다면 기도는 그들에게 도움이 될 수 없었을 것이며, 만약 천국에 있다면 기도는 필요 없었을 것입니다. 그러므로 틀림없이 연옥이 존재합니다! 이것은 신약 성경에서 더 분명해집니다. 바오로 사도는 영혼의 구원을 언급하며 "불 속"(1코린 3,15)을 말하고 베드로 사도는 "불로 받는 단련"(1베드 1,7)을 말합니다. 예수님은 죄를 뉘우쳤다면 "어떠한 죄를 짓든, 하느님을 모독하는 어떠한 말을 하든 다 용서받을 것이다."라고 말씀하셨습니다. 그러시고는 "성령을 거슬러 말하는 자는 현세에서도 내세에서도 용서받지 못할 것이다."(마태 12,31-32; CCC 1864항 참조)라고 덧붙이셨습니다. 우리는 예수님의 말씀에서 어떤 죄는 사후에, 즉 우리가 연옥이라고 하는 상태에서 용서받을 수 있다고 이해할 수 있습니다.

 두려워하지 마세요. 하느님은 여러분이 천국에 있기를 원하십니다. 우리에게 남아 있는 불완전함은 하느님과 함께하는 영원한 삶을 위해 연옥에서 정화됩니다.

더 읽어 보기
연옥에 대하여: CCC 1030-1032, 1054항; CCCC 210항; YOUCAT 159항.
연옥에 있는 이들을 도움: CCC 1032, 1055, 1414항; CCCC 211, 281항; YOUCAT 159-160항.

1.48 천국에서 제 애완동물을 만날 수 있나요?

하느님은 인간을 동물의 관리자로 지정하셨습니다(창세 2,19-20 참조). 그래서 교회는 아시시의 프란치스코 성인이 그렇게 하셨듯이 동물들을 돌보아야 한다고 가르칩니다. 그러나 "동물을 사랑할 수는 있으나, 그렇다고 인간에게 쏟아야 할 애정을 동물에게 쏟아서는 안 될 것이다."(CCC 2418항)라고 제한하고 있습니다.

인간과 동물

인간과 동물 사이에는 근본적인 차이가 있습니다(tweet 1.3 참조). 비록 어떤 동물은 발달된 지능이 있음을 보여 주지만, 그들은 사람들처럼 사유를 하거나 이성적으로 논증을 할 수 없습니다. 그들은 자유 의지가 없으며 행동에 책임이 없습니다. 동물은 본능을 따르지만 사람은 이성을 따릅니다(적어도 사람이라면 그래야 하겠지요.).

불멸이라는 차이점

분명히 동물은 사람과는 상당히 다릅니다. 성경은 동물을 종種의 이름으로 언급하는 반면에, 하느님은 인간 한 사람 한 사람을 각자의 이름으로 부르십니다. 하느님은 인간 한 사람 한 사람을 개인적인 관계로 부르십니다. "내가 너를 지명하여 불렀으니 너는 나의 것이다."(이사 43,1; tweet 1.2 참조). 하느님은 우리가 잉태되는 순간에 손수 우리에게 불멸의 영혼을 만들어 주셨습니다(tweet 1.3, 4.26 참조). 하느님이 이처럼 우리에게 정신과 의지를 주셨기 때문에 우리는 하느님을 알고 사랑할 수 있는 것입니다. 동물은 그들의 존재 자체로 하느님께 영광을 드립니다. 그들은 본능에 따라 생각 없이 행동함으로써 하느님을 섬깁니다. 이렇게 하느님이 우리에게 정신과 의지를 주셨으므로 우리는 동물 수준을 넘어서야 합니다. 하느님은 또한 당신을 섬기는 것 이상을 우리에게 요구하십니다. 우리가 당신의 친구가 되기를 요구하시는 것입니다(요한 15,14-15 참조). 지상에서 가장 중요한 우리의 임무는 천국에서 영원히 하느님과 함께할 수 있도록 하느님을 알고 하느님을 사랑하는 방법을 깨닫는 것입니다(tweet 1.46 참조).

삶의 목적

인간과 달리 동물은 이 세상의 삶을 넘어서는 목적이 없습니다. 동물은 하느님께 불멸의 영혼을 받지 않았습니다. 우리는 천국에서 천사들과 성인들과 함께 하느님의 현존 안에서 완전한 행복을 누릴 것입니다. 상상하기 어려울지 모르지만 우리는 우리의 모든 갈망을 채워 주실 하느님 외에는 아무것도 필요치 않을 것입니다. 그래서 천국에서 애완동물을 그리워하지 않을 것입니다. 만약 애완동물이 죽어서 슬픔에 빠진 사람에게 어떻게 위로해야 할지 모른다면 다음 이야기를 떠올려 보세요. 한번은 어떤 신자가 자신이 그토록 아꼈던 고양이가 천국에 가지 못했을 거라는 이야기를 들었다고 본당 신부에게 말했습니다. 나이 많은 본당 신부는 먼저 하느님은 사랑으로 천국을 완전하게 행복한 곳으로 만드셨다고 대답했습니다. 그러고 나서 "그러니 만약 자매님이 완전하게 행복하기 위해서 당신의 고양이가 필요하다면 천국에서 고양이를 볼 수 있을 것입니다."라고 말했습니다.

| 더 알기

환생은 무엇입니까?

환생이란 죽은 후에도 영혼이 다른 육체에서 계속 살 수 있다는 견해입니다. 그것은 다른 인간의 육체일 수도 있고 동물의 몸일 수도 있습니다. 대개는 인간으로 환생할 가능성이 가장 높은데, 이때 '더 높은' 인간과 '더 낮은' 인간으로 구분합니다. 그러나 교회는 이렇게 가르치지 않습니다. 환생의 교리는 교회의 확신에 위배됩니다. 교회는 사람에게 하나의 영혼과 하나의 육신이 있으며, 이 둘은 결합되어 하나의 전체를 형성한다고 가르칩니다(CCC 365항 참조; tweet 1.3 참조). 육신과 영혼은 함께 유일한 한 사람을 이룹니다. 성경에 의하면 우리는 단 한 번 죽습니다(히브 9,27 참조). 죽을 때 육신과 영혼은 일시적으로 서로 분리됩니다. 하지만 영혼은 죽지 않습니다. 육신은 묻히겠지만 영혼은 천국으로 갈 것입니다. 그러므로 마지막 날 부활할 때까지 영혼은 육신이 없는 상태로 존재합니다(tweet 1.49-1.50 참조).

동물을 죽이는 것이 허용되나요?

하느님은 당신의 모상대로 창조하신 인간을 부당하게 죽이는 살인을 금하셨습니다(창세 9,5 참조; 탈출 20,13 참조; tweet 3.43 참조). 물론 동물도 모든 피조물처럼 창조주의 흔적을 약간은 지니고 있지만 하느님은 양식을 마련하기 위해서나(창세 9,3 참조; 사도 11,7 참조) 하느님께 제물을 바치기 위해서 동물을 죽일 수 있다고 말씀하셨습니다(레위 1,2 참조). 하지만 우리는 동물을 적절히 돌보아야 하고, 그들에게 불필요한 고통을 주어서는 안 됩니다(tweet 4.48 참조).

 인간과는 달리 동물은 불멸의 영혼이 없습니다. 죽음은 그들에게 최종적인 것입니다.

더 읽어 보기
피조물에서 동물의 위치: CCC 2416-2418, 2456-2457항; CCCC 507항; YOUCAT 437항.
영혼: CCC 362-368, 382항; CCC 69-70항; YOUCAT 62-63항. 환생: CCC 1013항.

 ## 1.49 종말은 언제인가요?

예수님이 승천하셨을 때, 새로운 시대, 즉 우리의 시대가 시작되었습니다. 지금은 교회가 예수님의 메시지를 온 세상에 전파하고 선포할 때입니다(tweet 2.11 참조). 우리는 미사 때 "주님께서 오실 때까지 이 빵을 먹고 이 잔을 마실 적마다 주님의 죽음을 전하는 것입니다."(1코린 11,26)라는 바오로 사도의 말을 읊조립니다.

예수님은 이 세상에 다시 오시겠다고 약속하셨습니다. 그래서 우리는 언제인지는 모르지만 희망을 안고 예수님의 다시 오심을 기다립니다. 예수님이 다시 오실 때 죽은 이들의 육신이 다시 살아날 것이고(tweet 1.50 참조) 하느님의 나라가 완성될 것입니다. 해마다 우리는 예수님의 오심을 기다리는 4주간의 대림 시기를 지냅니다(tweet 3.28 참조). 이 시기에는 예수님의 탄생을 경축하는 예수 성탄 대축일을 고대할 뿐만 아니라 예수님이 마지막 때에 영광에 휩싸여 다시 오실 것을 기다립니다.

주님, 언제인가요?

예수님이 언제 다시 오실지는 아무도 모릅니다. 예수님은 "그때와 시기는 아버지께서 당신의 권한으로 정하셨으니 너희가 알 바 아니다."(사도 1,7)라고 말씀하셨습니다. 그때는 오늘일 수도 있고 내일일 수도 있고 아니면 천년 후일 수도 있습니다. 처음부터 그리스도인들은 예수님의 다시 오심이 실현되리라는 것을 염두에 두고 살도록 가르침을 받았습니다. 예수님이 오늘 오시든 내일 오시든 우리가 살아가는 방식에는 어떠한 차이도 없어야 합니다. 동시에, 하느님의 시간은 우리의 시간과 같지 않기 때문에 다시 오심을 안달해서도 안 됩니다. 어쨌든 예수님은 "하늘과 땅은 사라질지라도 …… 그러나 그 날과 그 시간은 아무도 모른다. 하늘의 천사들도 아들도 모르고 아버지만 아신다."(마르 13,31-32) 하고 말씀하셨습니다. 이 분명한 말씀에도 불구하고 신흥 종파에서는 계속해서 마지막 때가 언제 올 것인지 자기들이 예측할 수 있다고 주장합니다. 하지만 그들은 한 번도 맞춘 적이 없습니다. 아무튼 주님의 재림은 우리가 이룰 수 있는 것이 아닙니다. 하느님이 창조하신 세상이 끝나는 그 시간은 오직 하느님만이 아십니다.

종말의 예언

종말이 언제인가라는, 질문은 수 세기 동안 사람들을 동요하게 했습니다. 종말을 언급한 성경 구절은 무엇을 기대해야 할지에 대해서 일반적으로 알려 주기는 하지만 이를 상징적인 표현으로 이해해야 합니다. 예를 들어, 예수님은 마지막 날에 "민족과 민족이 맞서 일어나고 나라와 나라가 맞서 일어나며, 큰 지진이 발생하고 곳곳에 기근과 전염병이 생길 것이다. 그리고 하늘에서는 무서운 일들과 큰 표징들이 일어날 것이다."(루카 21,10-11)라고 말씀하셨습니다. 그리고 바오로 사도는 마지막 날에 도덕적 타락이 있을 것이라고 말했습니다. "사람들은 자신과 돈만 사랑하고 허풍을 떨고 오만하며, …… 선을 미워하고 배신하며, 무모하고 교만하며, 하느님보다 쾌락을 더 사랑하면서, 겉으로는 신심이 있는 체하여도 신심의 힘은 부정할 것입니다."(2티모 3,2-5)

깨어 있어라!

이러한 성경 구절을 곰곰이 생각해 보면, 우리는 이미 종말을 살고 있는 것 같습니다! 그러나 재난, 전쟁, 믿음을 잃는 것은 언제나 있었습니다! 우리가 이 성경 구절을 글자 그대로 그때가 언제이리라는 것에 대한 특별하고 암호 같은 암시로 해석하지 않는 것이 중요합니다. 이 성경 구절은 우리가 준비를 하도록 촉구하려는 것입니다. 우리는 항상 예수님을 만날 수 있도록 준비를 해야 합니다! 그리스도인으로서 우리는 예수님의 다시 오심과 창조의 완성을 기대합니다. "오십시오, 주 예수님!"(묵시 22,20)이라는 기도는 아무리 자주 해도 지나치지 않습니다. 예수님은 이에 대해 "그렇다, 내가 곧 간다."(묵시 22,20) 하고 말씀하셨습니다. 그러면서도 또한 "그때가 언제 올지 모르기 때문에"(마르 13,33) 예수님은 우리에게 깨어 있으라고 촉구하십니다.

| 더 알기

예수님은 왜 그렇게 지체하시나요?

예수님이 더 기다리시면 기다리실수록 죄인들이 뉘우치고 하느님의 자비를 받아들일 기회가 많아집니다. 아마 그것이 예수님께서 아직 우리에게 재림하시지 않는 이유일 것입니다. 그분이 언제 오시는지는 우리가 알 수 없지만 예수님이 반드시 오신다는 것은 알고 있습니다. 이에 대해 베드로 사도는 "주님께서는 하루가 천 년 같고 천 년이 하루 같습니다. 어떤 이들은 미루신다고 생각하지만 주님께서는 약속을 미루지 않으십니다. 오히려 여러분을 위하여 참고 기다리시는 것입니다. 아무도 멸망하지 않고 모두 회개하기를 바라시기 때문입니다."(2베드 3,8-9)라고 했습니다. 그리고 바오로 사도는 "여러분이 서로 지니고 있는 사랑과 다른 모든 사람을 향한 사랑도, 여러분에 대한 우리의 사랑처럼 주님께서 더욱 자라게 하시고 충만하게 하시며, 여러분의 마음에 힘을 북돋아 주시어, 우리 주 예수님께서 당신의 모든 성도들과 함께 재림하실 때, 여러분이 하느님 우리 아버지 앞에서 흠 없이 거룩한 사람으로 나설 수 있게 되기를 빕니다."(1테살 3,12-13)라고 했습니다.

 마지막 날에 죽은 이들이 살아나고 예수님이 다시 오실 것입니다. 언제 이 일이 일어날지는 아무도 모릅니다. 그러니 준비하며 하느님을 따르십시오!

더 읽어 보기
그리스도의 부활: CCC 651-655, 658항; CCCC 131항; YOUCAT 108항.

1.50 부활은 얼마나 중요한가요?

예수님은 죽은 이들 가운데서 되살아나시어 우리를 지배했던 죽음의 권능을 물리치셨습니다(tweet 1.36 참조). 예수님이 부활하셨기에, 하느님 자비의 선물을 받아들이기만 하면 우리는 영원히 하느님과 천국에서 살게 될 것입니다. 그 반대도 사실입니다. 예수님의 부활이 없었더라면 우리는 천국에 들 수 없었을 것입니다. 바오로 사도는 이렇게 설명했습니다. "그리스도께서 되살아나지 않으셨다면, 우리의 복음 선포도 헛되고 여러분의 믿음도 헛됩니다."(1코린 15,14) 이처럼 예수님의 부활은 우리 신앙의 핵심이며 토대입니다.

죄와 죽음

하느님의 원초적 계획에는 죽음이 없었습니다. 죽음이 세상에 들어온 것은 '타락'의 결과였습니다(tweet 1.4 참조). 그래서 바오로 사도는 죽음을 "죄가 주는 품삯"(로마 6,23)이라고 불렀습니다. 예수님의 부활 이전에는 죽은 이들의 영혼은 저승으로(tweet 1.45 참조) 갔는데, 그곳에서 그들은 하느님과 천국으로부터 멀리 떨어져 있었습니다. 그런데 예수님이 이것을 바꾸셨습니다. "아담 안에서 모든 사람이 죽는 것과 같이 그리스도 안에서 모든 사람이 살아날 것입니다."(1코린 15,22) 예수님께서 돌아가셨을 때 예수님은 의로운 삶을 살았던 사람들의 영혼을 해방시키고 그들을 천국으로 데려가기 위해 저승으로 내려가셨습니다(tweet 1.45 참조).

우리의 부활에 대한 약속

죽은 이들의 부활에 대한 약속은 이미 구약 성경에 나타납니다. 이사야 예언자는 이렇게 썼습니다. "당신의 죽은 이들이 살아나리라. 그들의 주검이 일어서리라. 먼지 속 주민들아, 깨어나 환호하여라!"(이사 26,19) 그리고 에제키엘 예언자는 이렇게 말합니다. "주 하느님이 뼈들에게 이렇게 말한다. 나 이제 너희에게 숨을 불어넣어 너희가 살아나게 하겠다."(에제 37,5) 예수님의 부활은 우리 자신의 부활에 대한 약속의 근거가 되고, 구약과 신약의 약속을 실현하는 것입니다. 예수님은 당신이 "부활이요 생명이다."(요한 11,25)라고 하셨습니다. 초대 교회 때부터 교회는 "우리 선조들에게 하신 약속을, 하느님은 예수님을 다시 살리시어 그들의 후손인 우리에게 실현시켜 주셨습니다."(사도 13,32-33)라고 전했습니다.

예수님이 오실 때까지는 불완전합니다

죽자마자 영혼은 육신으로부터 분리됩니다. 육신은 부패하지만 불멸의 영혼은 하느님께 갑니다(CCC 997항 참조). 하지만 육신과 영혼은 하나이기 때문에 부활의 순간까지 우리는 여전히 불완전한 상태에 있습니다. 마지막 때 예수님이 재림하신 후에야 우리의 육신은 되살아날 것입니다. 그렇지만 그때는 우리의 육신은 영광스러운 몸이 될 것입니다. "죽은 이들이 썩지 않는 몸으로 되살아나고 우리는 변화할 것입니다. 이 죽는 몸은 썩지 않는 것을 입고 이 죽는 몸은 죽지 않는 것을 입어야 합니다."(1코린 15,52-53) 이 새롭고 영광스러운 육신은 영혼과 다시 결합합니다. 이 육신은 온갖 한계와 불완전함에서 해방될 것입니다. "의로운 이들이나 불의한 자들"(사도 24,15) 모두가 되살아날 것입니다. "무덤 속에 있는 모든 사람이 그의 목소리를 듣는 때가 온다. 그들이 무덤에서 나와, 선을 행한 이들은 부활하여 생명을 얻고 악을 저지른 자들은 부활하여 심판을 받을 것이다."(요한 5,28-29) 고의적으로 끝까지 하느님께 불순종하는 선택을 한 사람들을 제외하고는, 부활한 후에 우리는 하느님과 천국에서 영원히 행복할 것입니다.

| 더 알기

성인의 통공

성인의 통공은 살아 있거나 죽은 신자들을 모두 포함합니다. 유일한 예수님의 교회는 세 가지 상태로 이루어져 있습니다.

- 가시적 교회는 지상의 교회를 뜻합니다. 이 교회는 지상의 모든 신자들로 구성되며, '투쟁 교회'를 형성합니다(tweet 2.11 참조).
- 연옥의 교회는 천국에 들기 위해 준비되는 영혼들로 구성되며, '정화 교회'를 형성합니다(tweet 1.47 참조).
- 천상의 교회는 이미 하느님의 어좌 둘레로 모인 천사와 성인으로 구성되며, '승리 교회'를 형성합니다. 지상에서 우리는 천국의 성인들을 공경하고 그들에게 우리를 위해 전구해 달라고 청합니다(tweet 1.45 참조).

미사 때 천국과 연옥과 지상에 있는 영혼들은 예수님의 유일한 희생을 통하여 매우 특별한 방식으로 연결됩니다. 그러므로 교회는 예수 그리스도의 유일한 몸입니다(에페 1,22-23 참조; tweet 2.1, 4.15 참조).

 예수님의 부활은 우리 신앙의 토대입니다. 예수님은 죽음에서 부활하셨기 때문에 우리도 부활하여 영원히 하느님과 함께 살 수 있습니다.

더 읽어 보기
그리스도의 부활: CCC 651-655, 658항; CCCC 131항; YOUCAT 108항. 죽은 이들의 부활: CCC 997-1017항; CCCC 205항; YOUCAT 153-154항. 성인의 통공: CCC 946-959항; CCCC 194항; YOUCAT 146항.

제2부

교회의 기원과
미래에 관한 트윗

 ## 2.1 교회란 무엇인가요? 누가 교회 안에 있나요?

교회는 세례를 받은 사람들의 공동체입니다. 이들은 예수님을 믿고 삶에서 그분을 따르고자 하는 이들이지요. 하지만 교회는 단순히 인간의 제도가 아니랍니다. 교회는 초자연적 사회입니다. 하느님은 교회를 통해 믿는 이들 모두가 당신과 공동체를 이루기를 원하십니다. 또한 그들이 그리스도 안에서 형제자매로서 공동체가 되기를 원하시지요. 예수님은 모든 사람이 자신을 통해 하느님 아버지를 향하도록 하시고자 친히 교회를 세우셨습니다(tweet 1.45 참조). 그래서 교회는 누구에게나 반드시 필요합니다(tweet 2.14, 4.12 참조).

그리스도의 몸

바오로 사도는 교회를 '그리스도의 몸'이라고 자주 언급합니다. 이는 곧 예수님은 머리이시고 우리는 그분 몸의 지체라는 것입니다(1코린 12,12-13 참조; tweet 2,12 참조). 우리는 교회의 모든 지체를 필요로 합니다. 그 지체가 강하든 약하든 간에 말이죠. 성경에서는 더 약해 보이는 지체들이 더 요긴하다고 말합니다(1코린 12,22 참조). 믿는 이 모두는 똑같이 소중하며, 각 사람마다 고유한 과제를 지니고 있습니다(1코린 12,29 참조).

모두가 거룩하게 되어야

성경에서는 믿는 이 모두가 지닌 가장 중요한 과제에 대해 이렇게 언급합니다. "하느님의 뜻은 바로 여러분이 거룩한 사람이 되는 것입니다."(1테살 4,3) 믿는 이라면 모두 그리스도인으로 살기 위해서, 성화되어 예수님처럼 되기 위해서, 다른 이를 사랑으로 대하기 위해서 최선을 다해야 할 책임이 있습니다(교회 헌장) 40항 참조). 현재 전 세계에는 가톨릭 신자가 10억 명이 넘습니다. 전 세계 인구의 6분의 1가량이지요. 그러니 우리가 모두 참그리스도인으로 살고자 노력한다면, 세상은 확실히 좀 더 나아질 것입니다!

평신도 운동이란 무엇인가요?

평신도 운동은 사회적으로 가톨릭 정신을 함양하기 위해 교회 아래로부터 일어나는 조직적 활동과 그 모임을 아우르는 명칭입니다. 이 모임들은 최근 몇십 년 동안 교회 안에 설립되어 급속도로 성장하고 있습니다. 모임의 회원들은 주기적으로 기도하고, 성사에 참여하며 함께 만나고, 심지어는 공동체를 이루어 함께 살기도 합니다. 보통 이런 모임에 연관된 일부 성직자들도 있고 그렇지 않을 경우에 이 모임들은 주로 평신도로 구성됩니다. 물론 독신도 있고 가정이 있는 이들도 있지요.

우리가 함께 교회를 이룹니다

신자, '하느님 백성'(100%) 세례성사를 받은 모든 사람은 교회의 지체로서 예수님을 따르도록 부르심을 받습니다. 모든 신자는 똑같이 소중합니다. 하지만 성소와 봉사의 형태는 다릅니다(tweet 4.4 참조).					
평신도 (99.89%)		수도자 (±0.08%)		부제, 사제, 주교 (±0.03%)	
기혼 또는 미혼 || 수녀 평수사	수사 신부	부제	사제	주교
복사나 독서자 등 전례 봉사자 교리 교사나 사목 활동가 선교사 청년 단체 지도자 평신도 운동의 회원 제의방 담당자 – 성직자 및 수도자를 제외한 신자 재정 담당, 관리인, 가정주부 등 || 도미니코 회원 프란치스코 회원 베네딕도 회원 등 각 수도회 회원 – 장상, 교사, 선교사 등	도미니코 회원 프란치스코 회원 예수회원 등 각 수도회 회원 중 성품성사를 받은 이 – 아빠스, 교사, 사목자 선교사 등	본당의 부제 – 결혼한 남자도 가능 (유럽의 경우 종신 부제가 있음)	본당 신부 교구장 주교 추기경 특수 사목 신부 학장, 원장 각 성의 장관 각종 대리	
2012년 현재 평신도 1,213,591,000명 교리 교사 3,125,235명 평신도 선교사 381,722명 평신도 운동의 회원 25,297명 || 수녀 713,206명 수사 55,085명	수사 신부 135,072명	부제 40,914명	사제 278,346명	주교 5,132명
성소 공동체에서 그리스도인으로서 살기 일하고 가정을 돌보면서 복음을 선포하기		성소 특별한 방식으로 자신을 하느님께 바치며 예수님의 가난과 정결과 순명에 참여하기		성소 성사를 통해 사람들을 하느님께 데려오기 복음을 선포하고 가르침으로써 교회를 이끌기	

평신도 운동은 프랑스의 쉐망 네프Chemin Neuf 공동체와 임마누엘 Emmanuel 공동체, 이탈리아의 포콜라레Focolare와 코무니오네 에 리베라치오네Communione e Liberatione, 스페인의 네오까떼꾸메나도 길Neo-catecumenado, 그리고 브라질의 샬롬Shalom 공동체 등이 유명합니다. 이러한 공동체들은 그 운동이 시작한 나라에 머물지 않고 확장되어 전 세계 복음화에 투신하고 있답니다(tweet 2.49, 4.49 참조).

 예수님은 당신을 믿고 따르는 사람들의 공동체로 교회를 세우셨습니다. 우리는 교회를 통해 하느님께 다가갈 수 있습니다.

더 읽어 보기
예수님이 세우신 교회: CCC 763-766, 778항; CCCC 149항; YOUCAT 123항.

2.2 교회는 누가 어떻게 통치하나요?

교회는 교황이 통치합니다. 교황은 베드로 사도의 후계자인데, 예수님은 그에게 교회를 다스리도록 맡기셨지요(tweet 2.17 참조). 베드로가 다른 사도들과 함께 일한 것처럼, 교황은 계속해서 사도들의 후계자인 주교들과 함께 일합니다(부록 3 참조). 신앙과 교회 통치에 관한 매우 중대한 결정을 해야 한다면 세계적인 모임인 공의회에서 교황과 주교들이 함께 내립니다(tweet 2.22 참조).

공의회는 드물게 열리기 때문에 교황은 자문을 받기 위해 전 세계 추기경들로 구성된 작은 상설 평의회들을 두고 있습니다. 그리고 때로는 추기경을 모두 소집해 공식 회합도 합니다. 이를 '추기경 회의'라고 부릅니다. 또한 각 지역 교회의 주교들은 5년마다 자기 나라의 사정을 이야기하러 교황청을 방문합니다. 이를 '앗 리미나 Ad Limina' 즉 사도좌 정기 방문이라고 하지요.

교구의 주교

전 세계의 교회는 각 교구로 나눠집니다. 그리고 각 교구는 교황이 임명한 주교가 이끕니다. 크고 중요한 교구는 대교구라고 하며 대주교가 이를 이끕니다. 교구가 큰 경우에는 교구장 주교를 보좌하도록 보좌 주교를 임명하기도 합니다. 주교는 교구 행정을 위해 총대리나 주교 대리의 보좌를 받습니다. 이들은 교회의 다른 관리들과 함께 교구의 통치 기구인 교구청 또는 사무처를 구성합니다. 몇 개 교구가 모여 관구장을 수반으로 하는 관구 교회를 이룹니다(tweet 2.21 참조). 관구 교회의 주교들은 협의하기 위해 때때로 주교회의에 모입니다. 전 세계에 교구는 3,000개가 넘고, 주교는 5,000명이 넘습니다.

주교좌성당과 본당

교구에서 중심이 되는 성당은 주교좌성당으로 그곳에는 주교의 자리, 즉 주교좌(라틴어, cathedra)가 있습니다. 주교는 주교좌성당 의전 사제단을 지명합니다(tweet 2.8 참조).

각 교구는 본당으로 나눕니다. 주교는 본당의 책임자로 본당 사제(때로 주임 신부라고도 부름)를 임명합니다. 본당에 있는 다른 사제들은 보좌 신부들입니다. 교구가 크면, 주교는 교구를 여러 지구로 나눌 수 있습니다. 여러 본당을 하나로 묶은 지구는 지구장이 이끕니다.

사제와 부제

전 세계에는 40만 명이 넘는 사제와 10억 명이 넘는 가톨릭 신자가 있습니다. 이들은 저마다 교구에 속해 있습니다 (tweet 2.1 참조).

교구 사제들을 대표하는 사제들은 사제 평의회를 통해 교구 운영에 관해 정기적으로 주교에게 조언합니다.

종신 부제는 가난한 이들이나 특별히 사목적 배려가 필요한 이들, 예컨대 병자나 유아 세례를 준비하는 부부를 각별히 돌보는 남성 봉사자입니다. 또한 미사에서도 역할을 담당합니다.

적합한 은사와 교육을 받은 모든 가톨릭 신자는 본당 교리 교사, 사목 활동가, 사무원 등으로 일할 수 있습니다. 이렇게 많은 사람이 자발적으로 교회 공동체에서 자신의 역할을 수행합니다.

대륙별 주교들의 회합

같은 지역의 주교들은 주교회의에 함께 모입니다. 주교회의는 한 지역이나 국가의 주교들이 그 시대에 맞는 사목 방법을 찾아 모든 사람들에게 선익을 주고, 사목 임무를 공동으로 수행하기 위하여 모이는 회의를 말합니다.

예를 들어 우리나라의 주교들은 한국천주교주교회의에 모이지요. 마찬가지로 같은 대륙의 주교들도 함께 모입니다. 아시아에는 아시아주교회의연합회FABC가 있고, 유럽에는 유럽주교회의연합회CCEE가 있으며, 라틴 아메리카에는 라틴아메리카주교회의연합회CELAM가 있습니다. 이웃한 나라들의 주교들은 이 기구들을 통해 교회를 이끌어 나가는 데 적절한 지식과 체험을 나눕니다.

| 더 알기

교구에서 맡는 업무

주교
· 교구장 주교
· 총대리
· 교구장 대리
· 보좌 주교

사제
· 총대리
· 의전 사제단, 지구장
· 본당 사제(주임 신부)
· 보좌 신부

부제
· 본당 관리자
· 교리 교사

남녀 평신도
· 복사
· 독서자
· 비정규 성체 분배자
· 교리 교사
· 그 밖의 자발적 봉사 형태

> 교회는 교황과 주교가 다스립니다. 이들에게는 저마다 자기 교구가 있으며, 교구에는 본당 사제들이 이끄는 본당들이 있습니다.

더 읽어 보기
교회 교계 제도: CCC 874–879, 935항; CCCC 179–181항; YOUCAT 140항.
주교들의 임무: CCC 883–896, 938–939항; CCCC 183–187항; YOUCAT 142, 144항.

2.3 사도좌란 무엇인가요?

사도좌는 로마 주교인, 교황의 의자입니다. 교황은 베드로 사도의 후계자이기에 사도좌라고 부릅니다. 이 의자를 또한 성좌라고도 합니다. 이는 왕이 왕좌에서 자기 백성을 다스리고 돕고 판결하는 것과 비슷합니다.

책임자

보통 사도좌라고 말할 때, 기본적으로 의자만을 의미하지는 않습니다. 사도좌는 교회를 위한 행정의 중심입니다. 그래서 우리말로는 교황청이라는 표현을 더 많이 사용합니다. 만일 교황이 선종하거나 베네딕토 16세 교황처럼 사임하면 그 자리는 공석Sede vacante이 됩니다. 그때 사도좌는 모든 추기경이 함께하는 하나의 기구로서 새 교황을 선출할 때까지 교회를 다스립니다. 이 경우에는 시급한 문제들만 다룹니다. 그 밖의 일에 대한 처리는 새 교황이 나올 때까지 기다려야 하지요(tweet 2.4 참조).

사도좌의 문장은 열쇠 두 개가 교차한 형태입니다. 그 열쇠들은 예수님이 베드로에게 주신 열쇠를 상기시키지요(tweet 2.17 참조). 열쇠 위에는 삼중관(티아라tiara)이나 교황의 특별한 주교관(미트라mitra)이 있답니다.

바티칸인가, 사도좌인가?

국제 협약에 따라, 사도좌는 다른 나라들과 외교 관계를 맺을 수 있는 법률 주체입니다. 하지만 사도좌 그 자체는 국가가 아닙니다. 그래서 사도좌의 지위는 아주 독특합니다. 물론 바티칸 시국은 하나의 국가입니다. 이 국가는 사도좌가 대표하지요(tweet 2.6 참조). 그래서 바티칸이 뭔가를 결정했거나 뭔가를 원하지 않는다는 말을 들었다면 그 말은 거의 언제나 사도좌가 뭔가를 결정했다거나 반대했다는 뜻입니다.

바티칸 시국보다 사도좌가 교황의 국제적 외교 관계의 주체인 것은 역사적인 사실과 관련이 있습니다. 1870년에서 1929년 사이에는 교황의 영토인 교황령이 점령당했기에 교황에게는 공식적으로 영토가 없었습니다. 하지만 그 기간에도 사도좌는 많은 나라와 외교 관계를 계속 유지했습니다(tweet 2.44, 2.45 참조). 1929년 라테란 협정은 사도좌가 독립 국가인 바티칸 시국을 지닌다는 사실을 명기했습니다 (tweet 2.6 참조).

중재자인 교황

왜 국가들이 교회와 외교 관계를 맺으려 할까요? 그것은 사도좌가 어떤 기관보다 더 좋은 정보를 갖고 있기 때문입니다. 사도좌에게는 세계 도처에 있는 지역 교회와 선교사들을 통해 많은 정보가 들어옵니다.

또한 전 세계의 많은 국가들이 인권에 대한 사도좌의 입장

을 높이 평가하기 때문이기도 합니다. 그리고 사도좌가 정부나 정당에 대해 중립적 입장을 취하기 때문에 위기 상황이거나 전쟁 중인 나라 사이에서 평화 협상을 이끄는 데 큰 도움이 되기도 합니다. 교회는 이렇게 그리스도교의 과업을 이행할 수 있습니다. 이런 상황에서 교회는 정치적 문제들을 넘어설 수 있습니다.

| 더 알기

왜 교황 외교인가요?

교회가 교회와 생각을 달리하는 많은 나라와 외교 네트워크를 유지하려고 그토록 많은 에너지를 쏟는지 의아할 수 있습니다. 하지만 교회는 이 네트워크를 통해서 사회에 분명한 목소리를 냅니다. 우리 사회는 궁핍한 이들에게 별 관심을 갖지 않는 경우가 많습니다. 또한 항상 관심을 기울여야 하는 종교 자유, 군축, 생명권, 모두를 위한 식량과 피난처 같은 주제에도 관심을 갖지 않는 경우가 많지요. 이에 대해 교회가 보여 준 한 가지 좋은 예는 베네딕토 16세 교황이 발표한 회칙 〈진리 안의 사랑 Caritas in Veritate〉입니다. 이 회칙에서 베네딕토 16세 교황은 세계화, 시장경제, 대체 에너지원 같은 현대의 쟁점들에 관해 이야기했습니다. 교황은 사람들에게 탐욕을 줄이고, 더 많이 나누며, 경제와 환경에 관한 결정을 할 때 양심의 지도를 받으라고 촉구했습니다. 그는 또한 군축, 평화, 모든 사람을 위한 식량 자원 확보에 대해서도 이야기했습니다. 〈진리 안의 사랑〉은 많은 사람들의 관심을 받았습니다. 부분적으로는 교황이 유엔의 개혁을 요청했기 때문이기도 합니다. 물론 교황이 새로운 이야기를 한 것은 아닙니다. 베네딕토 16세 교황은 가톨릭 사회 교리에 따라 그 문헌을 썼습니다. 가톨릭 사회 교리는 복음의 실제 적용입니다(tweet 4.45 참조).

 사도좌, 곧 교황청은 교회의 중심 행정 기구입니다. 교황청을 통해 교황은 주교들과 또 각국의 수반들과 접촉하지요.

더 읽어 보기
베드로의 후계자인 교황: CCC 880–882, 936–937항; CCCC 182항; YOUCAT 141항.

2.4 교황은 어떻게 될 수 있나요?

교황이 선종하면, 교회는 갑자기 무척 분주해집니다. 교황의 시신은 평상시 미사를 드릴 때처럼 제의를 입은 채 성 베드로 대성당 제단 앞에 놓입니다. 요한 바오로 2세 교황이 선종한 후에, 수백만 명이 교황을 위해 기도하며 그분과 작별 인사를 하기 위해 밤낮으로 줄을 서서 몇 시간씩 기다렸습니다(tweet 2.50 참조). 교황은 보통 성 베드로 대성당 지하 묘지에 묻힙니다.

교황의 공석

물론 교황의 장례도 엄수되어야 하지만 교회는 교황직을 계승하기 위해 필요한 준비 또한 해야 합니다. 교황의 자리가 비어 있기 때문입니다. 사도좌가 비게 되면 전 세계의 추기경들이 로마로 옵니다(tweet 2.2 참조). 그리고 9일 동안 매일 돌아가신 교황을 위한 미사를 봉헌합니다. 그런 다음에 콘클라베가 열립니다. 콘클라베는 교황을 선출하는 회의를 말합니다. 80세가 되지 않은 모든 추기경이 모여 새 교황을 선출하게 되는 것이지요. 그리고 이분들 가운데 한 분이 선출됩니다.

오프라인

콘클라베 기간에, 추기경들은 바티칸 시국 안에 있는 한 숙소에서 지내면서 시스티나 경당에서 오전과 오후에 공식적으로 만납니다. 콘클라베가 지속되는 동안, 추기경들은 외부의 어느 누구와도 접촉할 수 없습니다. 콘클라베 중에는 신문, 인터넷, TV를 보지 못하는 것은 물론 휴대 전화도 지닐 수 없습니다.

'콘클라베conclave'라는 단어는 '열쇠를 가지고'라는 의미의 라틴어 '쿰 클라베cum clave'에서 유래했습니다. 새 교황을 선출할 때까지 추기경들을 가두어 놓기 때문입니다. 그러는 동안에 바깥세상에서는 그 결과를 기다리며 추측합니다. 물론 교황 물망에 오르는 후보자들이 있지요. 그런데 "교황이 될 줄 알고 콘클라베를 임한 추기경은 교황이 되지 못한다."라는 바티칸 격언이 있답니다. 물론 그 반대 경우도 생기지요. 2013년에 호르헤 마리오 베르골료 추기경은 교황이 되기에 나이가 너무 많다는 의견이 지배적이었습니다. 그 직전인 2005년 콘클라베에서는 인기가 있었던 추기경이었지만요. 하지만 그는 프란치스코 교황이 되었습니다.

투표

매번 투표하기 전에, 추기경들은 "나는 교황으로 ……를 뽑습니다."라고 적힌 용지를 받습니다. 추기경들은 한 사람씩 앞으로 나와 접은 투표지를 파테나patena라고 하는 귀금속으로 된 평판에 놓습니다. 그런 후에는 투표지는 황금으로

된 잔에 담깁니다. 3분의 2 이상의 다수결로 후보자가 선출될 때까지 투표는 매번 계속됩니다. 만일 어떤 추기경이 선출되면, 그는 먼저 교황직을 수락할 것인지에 대해 답변할 것을 요청받습니다. (이때 "아니요."라고 말할 수 있습니다.) 그가 "예."라고 대답하면, 교황으로 어떤 이름을 선택할 것인지 요청받습니다. 교황명을 정한 뒤 흰색 수단을 입고 나면, 추기경들은 한 사람씩 새 교황에게 경의를 표시합니다. 그다음에 성 베드로 대성당의 발코니 문이 세상을 향해 열리고, 전통적인 인사말이 선포됩니다. "교황님이 나셨습니다(라틴어, 하베무스 파팜Habemus Papam)!"

망치는 어디에 쓰이나요?

교황이 선종하면, 교황궁무처장은 선종한 교황의 인장 반지를 은으로 만든 망치로 쳐서 폐기합니다. 가짜 문서들이 '어부의 반지'로 부정하게 인증되는 것을 예방하기 위해서지요. 예전에는 이 망치가 교황이 죽었는지 아닌지를 확인하는 데 사용되기도 했답니다. 선종한 교황의 세례명을 부르면서 이 망치로 이마를 세 번 가볍게 두드렸던 것이지요. 이렇게 세 번째 두드렸을 때에도 반응을 보이지 않으면 교황이 선종했다고 선언했습니다.

| 더 알기

흰 연기는 어디에서 나오나요?

콘클라베를 위해, 시스티나 경당에는 지붕 위로 올라가는 굴뚝을 단 큰 난로가 설치됩니다. 그러니 보통 때는 이를 찾을 수 없지요. 여러 해 동안 관광객들은 성 베드로 광장에서 그 유명한 굴뚝을 찾아보려 했지만 안타깝게도 이는 헛수고였습니다.

콘클라베가 열리면 매일 오전과 오후 두 차례씩 투표를 합니다. 그리고 투표가 끝나면 용지들이 불에 태워집니다. 교황이 선출되지 않았을 때는 검은색 연기가 나옵니다. 그래서 성 베드로 광장에 있는 사람들은 성령께 콘클라베를 인도해 주시도록 계속 청원해야 한다는 것을 알게 되지요. 흰 연기는 교황이 선출되었다는 것을 가리킵니다.

하지만 흰 연기나 검은 연기를 내는 일이 생각만큼 늘 쉽지는 않습니다. 2005년 콘클라베 때에는, 난로가 잘못되었는지 시스티나 경당 전체가 연기로 가득 찼다고 합니다. 하지만 밖에서는 아무것도 보이지 않았지요. 뭔가 잘못됐다고 해서 놀랄 일은 아니었습니다. 그때 치른 콘클라베는 무려 27년 만에 있었던 콘클라베였으니까요!

> 시스티나 경당의 콘클라베에서 추기경들에 의해 교황이 선출됩니다. "교황님이 나셨습니다(하베무스 파팜)!"라는 선포와 함께 교황은 사람들에게 모습을 드러냅니다.

더 읽어 보기
교계 제도의 구조: CCC 874-879, 935항; CCCC 179-181항; YOUCAT 140항.

2.5 교황청이란 무엇인가요?

형식상 교황은 교회의 절대 군주입니다. 그렇지만 물론 교황이 교회를 혼자 통치하지는 않지요. 교황은 로마 교황청에 설치된 여러 부서로부터 교회를 통치하는 데 도움을 받습니다.

국무원

교황청의 수반은 국무원장입니다. 그가 하는 일은 국무총리와 비슷합니다. 국무원은 대내적 일과 대외적 일을 동시에 관할합니다. 국무원은 교황의 공식 집무실이 있는 건물에 있습니다. 제1부는 국무부로 일반 업무를 담당하며 세계 전역의 교회와 접촉을 유지합니다. 제2부는 국가들과의 관계를 담당하는 외무부로, 사도좌의 국제 외교 관계에 초점을 둡니다. 이 두 부서는 세계적인 네트워크를 갖추고 대사관들과 끊임없이 접촉합니다(tweet 2.8 참조).

성<small>省</small>과 평의회

교황청에는 여러 성과 평의회가 있습니다. 이 성과 평의회들은 각각 교회의 다른 분야에 대한 책임을 맡고 있습니다. 신앙교리성은 신앙과 관련된 질문들에 대해 대답하는 데에 도움을 줍니다. 주교성, 성직자성(사제와 부제), 봉헌생활회와 사도생활단성(수도자)은 교회 안에서 성직자 · 수도자의 특수한 성소에 관계되는 현안들을 다룹니다.

평신도, 젊은이와 가정, 이주민, 그리스도인 일치 등에 대해 각각 책임을 맡고 있는 부서들도 마찬가지입니다. 인류복음화성은 전 세계 모든 선교 지역 및 선교사들과 접촉합니다. 이 모든 부서들은 각각 특정한 행정이나 정책 분야에 초점을 두고 있습니다. 예를 들면, 어떤 부서는 교황을 대신해 세계 청년 대회WYD를 조직하는 책임을 맡고 있습니다. 세계 청년 대회를 조직하는 일은 부분적으로는 대회를 유치하는 나라에서 책임지지만, 세계 청년 대회의 관리 감독은 교황청 소관입니다. 사회 홍보에 대한 책임을 맡은 부서는 교황이 우리 시대에 복음을 선포하기 위해 활용할 수 있는 모든 매체를 사용하도록 돕습니다. 예컨대 교황의 트위터를 들 수 있습니다(tweet 4.49 참조).

법원

가톨릭 세계의 최고 재판관인 교황은 몸소 재판을 하기도 하고, 사도좌의 통상 법원들이나 자기가 위임한 재판관들을 통하여 재판을 하기도 합니다. 교회는 전통적으로 외부 법정에 관련된 법원뿐 아니라 내부 법정에 관련된 법원도 갖고 있습니다.

교구들도 나름의 교회 법정을 두고 있지만 일부 소송건은 중심 법정인 공소원에 제출됩니다. 하지만 공소원의 결정

| 더 알기

교황청 부서

국무원

성
- 신앙교리성
- 동방교회성
- 경신성사성
- 시성성
- 주교성
- 인류복음화성
- 성직자성
- 봉헌생활회와 사도생활단성(약칭 수도회성)
- 가톨릭교육성

법원
- 내사원
- 대심원
- 공소원

평의회
- 평신도평의회
- 그리스도인일치촉진평의회
- 가정평의회
- 정의평화평의회
- 사회복지평의회
- 이주사목평의회
- 보건사목평의회
- 교회법해석평의회
- 종교간대화평의회
- 문화평의회
- 새복음화촉진평의회

사무처
- 교황궁무처
- 사도좌 재무원
- 성좌재무심의처

에 불복하면 최상급 법정인 대심원에 상소할 수 있습니다. 내사원은 교황을 대신하여 대단히 심각한 죄에 대해 하느님의 이름으로 용서하며, 특별한 경우에는 대사를 베푸는 곳입니다(tweet 2.35 참조).

덧붙이자면 교황청에는 성좌재무심의처와 같이 영향력이 큰 여러 기구들이 있습니다. 이 기구들은 사도좌와 바티칸 시국의 경제 및 경영에 대한 모든 일을 처리하고 있습니다. 이 모든 기구의 목표는 교회가 복음을 선포하고 하느님을 향해 나아가고 있는 신자들을 돕는 핵심 과업에 집중하도록 돕는 것입니다.

T 로마 교황청은 교황이 교회를 이끌도록 돕는 성과 평의회 등 부서들의 조직입니다.

더 읽어 보기

교회의 구성: CCC 874–879, 935항; CCCC 179–181항; YOUCAT 140항.

2.6 바티칸은 진짜 국가인가요?

바티칸 시국은 12만 2,417평에 지나지 않는 세계에서 가장 작은 국가입니다. 축구장 20개 정도의 크기에 인구는 1,000여 명인데 그 가운데는 사제나 주교가 많습니다. 사도좌의 추기경과 외교관 같은 일부 사람들은 바티칸 여권을 갖고 있습니다.

정원과 정치

바티칸 시국의 절반 이상은 바티칸 정원이 차지합니다. 바티칸 정원이 생긴 것은 중세 시대지만, 르네상스 시대와 바로크 시대에 다시 만들었습니다. 바티칸 시국을 차지하는 또 다른 큰 부분은 성 베드로 대성전과 성 베드로 광장입니다. 그다음으로 교황의 공식 거처, 국무원, 비밀문서고, 바티칸 도서관, 바티칸 박물관과 여러 관청이 있습니다. 바티칸의 정치 조직은 아주 독특합니다. 교황은 절대 군주로 바티칸 시국의 원수입니다. 그리고 교황을 대신하는 바티칸 시국 정부는 추기경이 이끌고 있습니다. 국무원은 바티칸 시국의 외교 관계에 대한 책임을 집니다. 이는 사도좌의 외교 관계와 정확히 일치합니다(tweet 2.3 참조). 바티칸 시국의 우편번호는 SCV-00120입니다. 이는 바티칸 시국Stato della Città del Vaticano을 나타냅니다. 교황청이 소유한 차량들의 공식 번호판 또한 SCV로 시작하지요. 하지만 다른 번호판은 CV로 시작합니다.

자족

바티칸 시국은 자체 은행인 IOR을 두고 있습니다. IOR은 통상적 의미의 은행은 아닙니다. 교회 지체들 간에 금융 거래를 할 수 있도록 해 주는 역할을 하는 곳이니까요. 이 은행의 현금자동인출기ATM에는 카드를 집어넣으라는 요청이 라틴어로 표기돼 있습니다(Inserito scidulam quaeso.). 라틴어는 바티칸 시국의 공식 언어이기는 하지만, 바티칸의 직원들 대다수는 이탈리아 출신입니다. 그래서 이탈리아어를 접하는 경우가 훨씬 더 많습니다. 바티칸에는 교황 모습이 새겨져 있는 자체 유로화 주화가 있습니다. 이 주화를 유럽에서는 보기가 어렵습니다. 소량만 주조되기 때문이지요. 그래서 이 유로화 주화는 수집가들에게 아주 인기가 많습니다. 바티칸 우체국은 아주 아름다운 우표들을 판매합니다. 스위스 우체국과의 협력 관계를 통해, 바티칸 우편 서비스는 바티칸에서 부친 편지들이 제때에 이상 없이 도착하게 해 줍니다.

헌병대는 바티칸 시국의 경찰입니다. 이들은 공공질서를 보호하고, 교통을 규제하며 바티칸 영내에서 일어난 범죄를 수사하는 책임을 집니다. 바티칸 시국에는 감옥도 있습니다. 하지만 이탈리아와 협정을 통해 장기간 복역을 해야 하는 사람들은 이탈리아의 교도소로 보냅니다! 한편 소방대는 화재를 진압할 준비가 돼 있고요, 바티칸 구내에서 발

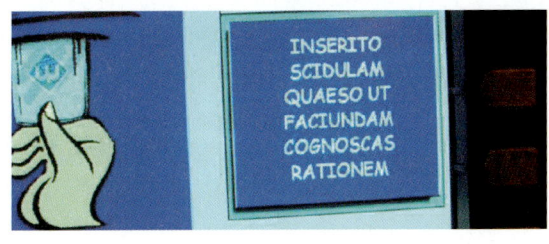

생한 환자들을 위한 구급차 서비스도 있습니다. 끝으로, 식료 잡화점과 백화점, 약국, 대형 차고, 헬리콥터 이착륙장, 기차역도 있습니다.

교황청 미디어

라디오를 발명한 이탈리아 사람 굴리엘모 마르코니는 비오 11세 교황을 위해 라디오 방송국을 세웠습니다. 현재, 바티칸 라디오 방송은 전 세계 대부분의 나라에서 들을 수 있습니다. 텔레비전 방송(CTV)과 신문(로세르바토레 로마노 L'Osservatore Romano)도 있습니다. 그리고 바티칸 홈페이지(www.vatican.va)를 비롯해 여타 공식 사이트가 있습니다. 이러한 미디어들은 실제로는 바티칸 시국에 속한 것이 아니라 사도좌에 속합니다(tweet 2.3 참조).

| 더 알기

스위스 근위대

스위스 근위대는 교황을 보호하는 군대로 1506년부터 이 일을 해 왔습니다. 신입 근위대원은, 필요하다면 목숨을 바쳐서라도 교황을 보호할 것을 맹세합니다. 근위대원이 되려면 스위스 출신의 가톨릭 신자로서 19~30세 사이의 남성이어야 합니다. 따라서 스위스에서 태어나지 않았다면 근위대에 들어갈 기회가 많지 않다고 봐야겠죠! 푸른색과 주황색으로 이뤄진 유명한 근위대 제복 외에 진청색에 흰색 칼라를 한 훨씬 단순한 일상복도 있습니다. 교황 옆에서 걸어 다니는 검은색 정장의 남자들도 보통은 스위스 근위대원이랍니다. 스위스 근위대는 전부 합쳐서 100명 정도의 근위대원과 5명의 장교가 있습니다.

> 바티칸 시국은 1,000여 명의 인구와 라디오 및 텔레비전 방송, 군대와 경찰, 헬리콥터 이착륙장, 은행 등을 갖춘 진짜 국가랍니다.

더 읽어 보기

교회의 사회 교리: CCC 2418-2423항; CCCC 509항; YOUCAT 438항.

2.7 교회가 그렇게 부유한 것은 비그리스도교적인 것 아닌가요?

어떤 사람들은 교회가 자기 재산을 팔아서 가난한 사람들에게 돈을 줘야 한다고 말합니다. 그 자체로는 아름다운 생각입니다. 하지만 교회의 부를 돈의 관점에서만 볼 수 있나요? 교회가 가진 가장 큰 보화는 신앙이랍니다. 예수님이 바라시는 것은 모든 사람이 당신을 믿는 것입니다(tweet 1.44 참조). 교회는 이를 위해 할 수 있는 일을 합니다. 그 과정에서 활용할 수 있는 모든 수단을 사용하지요.

교회의 재산 가운데는 팔 수 없는 것이 많습니다

바티칸 시국에는 유명한 예술품이 많습니다. 성 베드로 대성전, 시스티나 경당, 미켈란젤로의 피에타, 라파엘로의 프레스코화뿐만 아니라 바티칸 박물관에도 수많은 작품들이 있습니다. 너무 많아서 언급할 수가 없을 정도이지요! 또한 바티칸 도서관은 진귀한 고대 필사본들을 많이 보존하고 있습니다. 이 필사본들은 대단히 값진 역사적 정보들을 담고 있지요. 이런 것들은 가장 중요한 서양 문화유산 가운데 하나랍니다. 파리 루브르 박물관이나 런던 국립 박물관과 마찬가지로, 우리 모두와 후손들이 이용할 수 있도록 이 유산들을 보존하는 것이 바티칸의 일입니다. 이 모든 보화는 그 가치를 측정할 수 없을 정도로 매우 귀중합니다. 그러므로 이를 돈을 받고 판다는 것은 생각할 수가 없지요.

교황이 성 베드로 대성전이나 바티칸 박물관을 매각하리라고는 상상도 할 수 없습니다. 교황은 우리와 미래 세대를 위해 이 보고를 잘 지키고 있습니다. 이는 세계 도처에 있는 교회 재산을 감독하는 주교들도 마찬가지입니다. 또한 교회 재산의 대부분은 현재 교회 건물, 학교, 병원 등으로 사용되고 있지요. 이러한 재산은 수익이 거의 없을 뿐만 아니라 오히려 이 재산들을 유지하는 데 해마다 돈이 많이 들지요.

두 가지 예산

바티칸이 지나치게 부유하다는 말을 많이들 합니다. 바티칸 시국의 연간 예산은 3억 유로(한화로 약 3,900억 원)나 되니까요. 하지만 하버드 대학교의 연간 예산은 그보다 10여 배나 많습니다. 바티칸 시국의 예산은 2,000명 정도 되는 직원들의 급료와 아름다운 건축물을 비롯해 여타 보배 같은 미술품들의 유지 복원에 사용됩니다. 바티칸 시국의 수익은 주로 우표와 주화 판매, 바티칸 박물관 입장료 등을 통한 것입니다. 또한 연간 일정액의 투자 수익과 부동산 수익도 있지요.

사도좌는 바티칸 시국과 예산을 따로 사용합니다. 하지만 교황청 직원들에게 줘야 하는 인건비와 외교 네트워크를 유지하는 데 드는 비용에 비해 수입이 적습니다. 그래서 바티칸 시국의 그다지 많지 않은 수입 가운데 일부가 사도좌 예산의 손실분을 메우는 데 사용됩니다.

교황의 수입

교구들과 개별 신자들은 베드로 헌금을 통해 교황을 재정적으로 지원합니다. 베드로 헌금은 초대 그리스도인의 관습을 바탕으로 하지요. 베네딕토 16세 교황은 이렇게 말했습니다. "베드로 헌금은 보편 교회의 선익을 위해 로마 주교가 벌이는 사업에 모든 신자가 참여하는 가장 전형적인 표현입니다. 그 헌금은 실제적인 가치가 있을 뿐 아니라 교황과의 친교와 궁핍한 형제들에 대한 관심의 한 표징으로서 대단히 상징적인 행위입니다."(2006년 2월 25일)

| 더 알기

교황은 어떤 사업을 하나요?

교황은 가난한 사람들을 위해 교황 자선소라고 하는 별도의 자선소를 두고 있습니다. 게다가 마더 데레사 성녀(†1997년)가 창설한 사랑의 선교 수녀회 수녀들이 바티칸 시국 경계를 이루는 담벼락의 문을 매일 열고는 굶주린 노숙자들과 궁핍한 이들에게 음식을 내어 주지요.

교황청의 '자비를 위한 부서'는 '사회복지평의회'입니다. 이 부서는 '한마음(코르 우눔Cor Unum)'이라는 이름으로 불리기도 하지요. 이 부서는 재난이 닥친 곳에 경제적인 원조를 제공합니다. 신자들이 보내온 헌금 덕분에 교황은 큰 곤경을 겪고 있는 사람들을 도울 수가 있답니다. 또한 도움과 그리스도교적 자선이 필요하다는 것을 사람들이 깨달을 수 있도록 노력합니다.

오로지 교황만이 그와 같은 구제금을 기부하는 것은 아니지만 세계의 자선 기관 가운데에는 가톨릭 기관들이 많습니다. 이는 우연한 것이 아닙니다. 예수님은 우리에게 이웃의 선익을 위해 투신하라고 요청하시기 때문입니다(루카 10,29-37 참조).

사도좌와 바티칸 시국의 예산은 다른 많은 나라의 예산에 비해 적습니다. 교회는 전 세계 곳곳에서 자선에 많은 돈을 사용합니다.

더 읽어 보기
교회의 사회 교리: CCC 2418-2423항; CCCC 509항; YOUCAT 438항.

 ## 2.8 교황 대사는 누구인가요?

전세계 각국에서 교황을 대표하는 최고위 인물이 교황 대사입니다. 실제로, 교황 대사는 교회의 중앙 행정 조직인 사도좌를 대표합니다(tweet 2.3 참조). 교황 대사Nuncio는 글자 그대로는 '소식 전달자(使者, 메신저)'를 의미합니다. 교황 대사는 사도들의 후계자인 교황을 대표하기에, 교황 대사인 것이지요. 교황 대사는 보통 대주교입니다. 그리고 교황 대사가 일을 하는 공관을 교황 대사관이라고 합니다.

교회의 일

교황 대사의 첫 번째 책무는 지역 교회와 로마에 있는 교황청 부서들(성과 평의회, tweet 2.5 참조)과 연락을 유지하는 것입니다. 교황 대사는 지역 교회에서 벌어지는 일을 로마에 알리고 로마의 메시지를 지역 주교들에게 전달합니다. 교황 대사의 중요한 일 가운데 하나는 대사 임무를 수행하는 그 나라의 새 주교를 임명하는 문제에 대해 교황에게 자문하는 것(더 알기 참조)입니다. 교황 대사는 그 지역에 살며 그 지역 교회 안팎의 많은 사람과 접촉하기에 그 지역의 상황을 잘 압니다.

세상의 일

교황 대사의 두 번째 책무는 파견된 나라에 주재하는 교황청 대사 역할을 해야 한다는 것입니다. 그는 교황과 주재국의 수반이 좋은 관계를 유지하도록 뒷바라지합니다. 현재 사도좌는 전 세계 180여 개국과 공식 외교 관계를 맺고 있습니다.

가끔씩 교황 대사는 그 나라 정부의 요청으로 교회의 발표나 결정에 대해 설명하거나 논평하는 일을 하기도 합니다. 거꾸로 교회가 교황청에 주재하는 외국 대사에게 같은 요청을 하기도 합니다. 교황청 주재 대사들은 보통 로마에 거주합니다.

이 밖에도 교황 대사는 아니지만 교황청에는 유엔UN, 세계보건기구WHO, 아랍연맹AL 같은 중요한 국제기구에서 교황을 대표하는 외교관들이 있습니다.

교황 대사가 되려면 어떻게 해야 하나요?

로마에는 교황청립 외교관 학교가 있습니다. 이곳이 교회 외교관 훈련소입니다. 이들은 대부분 재속 사제로서 교회법과 국제 외교를 공부하도록 소속 교구장 주교들이 로마로 파견한 사람들입니다. 여기서 여러 해 동안 공부를 마친 뒤 세계 곳곳에 있는 교황 대사관에 부관으로 발령받습니다. 이렇게 여러 나라에서 근무하고 나면, 마침내 교황 대사로 임명되지요.

재속 사제와 수도회 사제의 차이

특정한 교구의 사제들을 재속 사제 혹은 교구 사제라고 합니다. 그들은 세상 안에 살기 때문입니다. 그들의 장상은 주교입니다. 교구 사제들은 사제 서품식 때, 혼인하지 않고 자기 주교에게 순명하겠다고 약속합니다. 교구 사제 대부분은 자신이 사제품을 받은 교구에서 일하며 여생을 바칩니다. 교구 사제들은 보통 본당에서 일을 합니다.

수도회에 속한 사제를 수도 사제 또는 규율 사제라고 합니다. 이는 그들이 소속 수도회의 규율을 따르기 때문입니다. 그들은 독신과 장상에게 대한 순명을 약속하며, 청빈도 서원합니다. 즉 재산을 소유하지 않으며 모든 가진 것을 소속 수도회의 다른 회원들과 나누겠다고 약속하는 것이지요. 수도 사제들은 보통 다른 사제 또는 수사와 함께 공동체에서 삽니다. 수도 사제의 이름 뒤에는 그들이 속한 수도회 약칭이 붙습니다. O.S.B.(베네딕토회), O.F.M.(프란치스코회, 작은 형제회), S.J.(예수회), S.D.B.(살레시오회)처럼 말이지요(tweet 2.9 참조).

| 더 알기

주교는 어떻게 되나요?

교황 대사의 중요한 업무 중 하나는 자신이 발령받은 나라에 새 주교를 임명할 때 교황에게 자문하는 것입니다. 이런 까닭에 교황 대사는 후보가 될 수 있는 모든 사람에 대해 잘 알아야 합니다. 새 주교를 임명해야 한다면, 교황은 교황 대사에게 세 명의 후보 명단을 제출하도록 합니다. 이를 '테르나terna'라고 부르지요. 여기서 주된 기준은 후보자 개인의 신앙과 성덕입니다. 하지만 후보자의 인간적 자질 또한 중요합니다. 교황 대사는 먼저 그 나라의 주교들에게 세 명의 후보 명단을 적은 테르나를 작성하도록 요청합니다. 주교좌성당의 의전 사제단(tweet 2.2 참조)이 그 명단을 제출할 권리를 지닌 경우도 있습니다. 이렇게 제출된 명단을 토대로 교황 대사는 자신의 테르나를 작성해 교황청 주교성에 보냅니다(tweet 2.5 참조). 주교성은 그 가운데에서 어떤 후보가 가장 나은지 교황에게 자문합니다. 물론 교황이 더 나은 후보를 직접 알고 있다면, 언제든지 자유로이 변경할 수 있습니다.

 교황 대사는 세계 각국에서 교황과 지역 교회 사이를 연결하는 인물입니다. 그는 또한 그 나라에 주재하는 교황청의 대사이기도 합니다.

더 읽어 보기
주교품, 사제품, 부제품: CCC 1554–1580, 1593–1600항; CCCC 325–334항; YOUCAT 251–256, 258항.

2.9 수도자는 어떤 사람들인가요?

수도자는 전적으로 하느님을 위해 살기로 선택한 사람들입니다. 수도자는 돌볼 배우자도, 자녀도 없습니다. 그들은 오로지 하느님께 축성되었으며, 그분께 봉헌된 사람들입니다. 그래서 이들의 삶을 '축성 생활'이나 '봉헌 생활'이라고 말하지요.

대부분 수도자들은 세 가지를 서원합니다. 곧 청빈과 정결과 순명의 세 가지 복음적 권고를 서원하지요. 그들은 청빈 서원으로, 아무 재산도 소유하지 않으며 가진 모든 것을 나눌 것을 약속합니다. 또한 정결 서원으로, 결혼하지 않으며 정결하게 살 것을 약속합니다. 그리고 순명 서원으로, 공동체의 생활 규칙을 따르며 장상의 요청대로 행할 것을 약속합니다. 수도자들은 자신을 오로지 하느님께 봉헌하고, 서원한 바를 실천함으로써 교회 성성聖性의 표지가 되고, 종말에 완성될 교회의 모습을 현세의 사람들에게 미리 보여 주며 또한 증거합니다.

장엄 서원 수도회와 단순 서원 수도회

우리말로는 똑같이 '수도회'라고 표현하지만 수도회는 엄밀히 구별하자면 어떤 서원을 하느냐에 따라 장엄 서원 수도회와 단순 서원 수도회로 나뉩니다(tweet 2.5 참조). 이처럼 각 수도회와 수도 단체의 특성은 서원의 형태, 기도 방식, 구체적인 활동에 따라 다릅니다. 수도회마다 회칙이나 생활 규범도 각각 다릅니다. 하지만 이 규범은 예수님을 어떻게 함께 따라야 하는지를 회원들에게 말해 줍니다.

수도자를 평신도와 성직자의 중간 부분으로 이해해서는 안 됩니다. 이들은 특수한 부르심을 받고, 교회 사명의 특정 분야에 이바지하는 신분입니다. 예를 들면 한국순교복자수도회를 비롯한 여러 수도회에서는 병원을 설립해서 환자를 돌보는 일을 합니다. 또한 학교를 운영하거나 노인들을 돌보는 수도회들도 있습니다. 하지만 선진국에서는 주로 정부가 교육과 보건을 담당하기 때문에 우리 시대에 가장 필요한 것, 특히 복음 전파에 초점을 맞추는 새로운 운동들이 교회에 생겨나고 있습니다(tweet 2.49, 4.49 참조).

수도자는 수동적으로 생활하나요?

여성 수도자를 수녀라고 하고 남성 수도자를 수사라고 부릅니다. 수사 가운데에는 사제품을 받은 신부가 있기도 합니다. 수도자는 대부분 수도원에서 생활하며, 관상 생활, 곧 기도에 전념하는 생활을 합니다. 그들은 하루에 일곱 번씩 경당에 모여 공동 기도를 바치며 물론 개인적으로도 기도합니다. 기도하는 사이사이에 일을 하는데, 정원을 가꾸고, 책을 편집하며, 옷을 만드는 등 여러 가지 일을 합니다. 이와 같은 생활양식을 수동적이라고 할 수는 없습니다. 예를 들면 유럽과 북아메리카의 베네딕도회 수사와 수녀는

| 더 알기

큰 수도회들

베네딕도회(O.S.B.)

이들은 설립자인 베네딕토 성인(†547년)과 스콜라스티카 성녀처럼 《성 베네딕토 규칙서》에 따라 사는 남녀 수도자들입니다. 이들의 모토는 '기도하고 일하라(라틴어, 오라 엣 라보라Ora et labora).'입니다. 이들은 '손톱 밑에 때가 낀 지성인들'(tweet 2.25 참조)이라고 불리기도 합니다. 이는 그들이 필사하거나 저술한 학술서 때문이지요.

프란치스코회(O.F.M.)

이 수도회는 아시시의 프란치스코 성인(†1226년)이 설립했습니다. 프란치스코 성인은 가난하게 됨으로써, 복음을 설교함으로써, 또 궁핍한 이들을 섬김으로써 예수님을 따르기를 원했습니다(tweet 2.29 참조). 클라라 성녀는 프란치스코 성인의 정신으로 살고 싶어 하는 여성들을 위해 수녀회를 세웠습니다.

예수회(S.J.)

로욜라의 이냐시오 성인(†1556년)이 세운 수도회로 이 예수회의 회원들은 학자, 교육자, 선교사입니다. 이냐시오 성인의 《영신수련》은 사람들이 하느님의 뜻을 찾는 데 도움을 주는 것으로 유명합니다. 《영신수련》은 아마 여러분에게도 도움이 될 것입니다(tweet 2.40, 3.8 참조).

살레시오회(S.D.B.)

살레시오회 회원들은 요한 보스코 성인(†1888년)을 따르는 수도자들입니다. 요한 보스코 성인은 주로 젊은이들과 어린이들과 함께했습니다. 성인의 가장 큰 바람은 이들 모두가 예수님을 알게 되는 것이었습니다. 성인은 이들에게 자주 미사에 참례하고 고해성사를 보라고 권고했습니다(tweet 2.43 참조).

농장을 운영하거나 가축을 키웁니다. 벨기에와 네덜란드의 트라피스트 수도자들은 맥주를 잘 만들기로 유명하답니다(더 알기 참조).

활동

활동 사도직 소임을 받은 수녀들은 사도들처럼 수도원 바깥세상에서 하느님을 섬기는 일을 합니다. 그들은 매일 공동 기도에 참여하는 것 외에도, 학교, 병원, 호스피스 시설, 사무실에서 일합니다. 최근에 설립된 사도직 수녀회의 좋은 보기는 사랑의 선교 수녀회입니다. 인도의 '가난한 이들 가운데 가장 가난한 이들'에게 봉사하기 위해 마더 데레사 성녀가 시작한 수도회지요. 사랑의 선교 수녀회 수녀들은 세계 전역으로 퍼져 나가, 가장 방치된 곳에 있는 병자, 임종을 앞둔 사람, 궁핍한 사람들을 돌봅니다. 수녀들은 이러한 사람에게서 '숨어서 고통을 겪으시는 예수님'을 봅니다.

> 모든 것을 하느님께 드리고 규범에 따라 사는 많은 형태의 수도회들이 있습니다. 그들은 복음을 선포하기 위해 함께 기도하고, 함께 살며, 함께 일합니다.

더 읽어 보기
봉헌(축성) 생활: CCC 873, 914-933, 934, 944-945항; CCCC 178, 192-193항; YOUCAT 138, 145항.

2.10 수도자와 성직자의 복장은 무엇을 의미하나요? 누가 누구인가요?

빨간색 띠, 검은색 수단, 진홍색 주케토, 흰색 예복(장백의, 중백의, 소백의). 교회 성직자들의 전례복은 볼 게 많답니다. 교회 조직은 위계가 있습니다. 이를 교계 제도라고 합니다. 다양한 성직 계급으로 구분되지요. 이러한 계급은 독특하기도 하고, 때로는 화려하기까지 한 복장으로 구별 가능합니다.

교황

교황은 언제나 흰색 수단을 입습니다. 예전에는 교황으로 선출되고 나서도 추기경이 입는 빨간 옷을 그대로 입었습니다. 이 전통은 1566년 비오 5세 교황(†1572년)이 도미니코 회원들의 흰옷을 입는 습관을 그대로 유지하기로 결정하면서 깨졌습니다. 비오 5세 교황은 도미니코회 출신입니다. 그때 이후로, 교황은 흰옷을 입습니다. 하지만 자세히 살펴보면 교황의 망토는 아직도 붉은색임을 볼 수 있습니다. 교황을 부를 때는 '성하(Holy Father, 거룩하신 아버지)'라고 한답니다(부록 2 참조).

추기경

추기경은 교황에게 가장 가까운 협력자입니다. 어떤 의미에서 추기경은 교황의 관료라고도 말할 수 있습니다. 때때로 교황은 자문을 구하기 위해 추기경들을 소집해 회의를 합니다(추기경 회의). 또한 교황만이 추기경을 임명할 수 있지요. 일반적으로 교황은 주교들 가운데서 추기경을 선택합니다. 하지만 반드시 주교여야 하는 것은 아닙니다. 추기경들은 빨간색 혹은 진홍색의 수단을 입습니다. 이는 교회에 대한 헌신의 표시지요. 추기경들은 원칙적으로, 교회를 위해 기꺼이 피를 흘리고 목숨까지 내놓기 때문입니다. 추기경은 '전하Your Eminence'라고 부른답니다(부록 2 참조).

주교와 몬시뇰

주교는 평상시에 테두리가 자주색인 검은색 수단을 입고 자주색 띠를 두릅니다(사진 참조). 그리고 가슴에는 십자가를 착용하지요. 전례 때 주교의 수단은 자주색입니다. 주케토라고 하는 주교의 자주색 모자는 때로는 솔리데오(solideo, '하느님만을 위해'라는 뜻의 라틴어에서 옴)라고도 합니다. 오로지 하느님을 위해서만 모자를 벗기 때문입니다. 주교는 '각하Your Excellency'라고 부릅니다(부록 2 참조).

몬시뇰은 교황이 교회에 많이 봉사한 일반 사제를 높이 평가해서 임명합니다. 교회에서 어떤 역할을 하는지에 따라 몬시뇰은 수단에 붉은색이나 자주색으로 장식할 수 있습니다. 몬시뇰은 주교가 아니며 그래서 가슴에 십자가를 착용하지 않으며 주케토를 쓰지도 않습니다.

사제와 부제

사제와 부제의 복장은 수수합니다. 일반적으로 검은 수단을 입지요. 그리고 일상생활에서 추기경, 주교, 사제와 부제들은 일반적으로 수단이나 검은색 정장에 성직자임을 뜻하는 로만 칼라를 착용합니다. 남녀 수도회들의 복장은 각 수도회마다 특색이 있어서 여기서 다 언급하기가 어렵습니다(더 알기 참조).

성직자의 복장과 수도복은 외적인 것과 관계가 있습니다. 그것은 성직자가 맡은 일과 교회 안에서의 소명을 볼 수 있게 해 줍니다. 하지만 이 복장들은 또한 예수님에 대한 헌신과 예수님과 그분의 백성을 다양한 방식으로 섬기고자 하는 원의를 보여 줍니다.

| 더 알기

수도자들을 어떻게 알아보나요?

거의 모든 수도 공동체들은 고유하고 독특한 수도복이 있습니다. 수도복으로 수도회를 구별할 수 있지요. 베네딕도회 회원들은 검은색, 작은형제회 회원들은 갈색, 도미니코회 회원들은 흰색 수도복을 입습니다. 또한 사랑의 선교 수녀회 회원들은 가장자리에 푸른색 줄무늬가 있는 흰색 사리(인도의 전통 복장)를 입습니다. 한국순교복자수도회의 수녀들은 끝 테두리가 빨간색으로 된 머릿수건을 씁니다. 이는 순교자들이 흘린 피를 상징합니다.

 교황은 흰색, 추기경은 진홍색, 주교는 자주색, 사제와 부제는 검은색 복장을 입습니다. 수도자들은 저마다 수도회 특징을 살린 수도복을 입습니다.

더 읽어 보기
주교, 사제, 부제: CCC 1554, 1593항; CCCC 325항; YOUCAT 251항.

2.11 교회의 기원은 무엇인가요? 교회는 어떻게 시작했나요?

교회라는 말을 들으면 우선 첨탑과 종과 십자가가 있는 큰 건물이 먼저 떠오를지 모릅니다. 서양에는 이런 건물이 대단히 많습니다. 하지만 교회는 단 하나입니다. 교회는 예수님을 믿으며 그분을 따르고자 하는 모든 사람의 공동체입니다(더 알기 참조; tweet 2.1 참조).

교회의 기원

하느님은 장차 모든 사람이 당신과 함께 천국에서 살기를 원하십니다(tweet 1.45 참조). 이를 위한 준비로, 하느님은 모든 사람이 함께 교회에 모이기를 원하십니다. 초기 그리스도인은 세상이 교회를 위해 창조되었다고 믿었습니다(CCC 760항 참조). 예수님은 친히 교회를 세우셨습니다. 그분은 첫 사도들을 부르셨고 당신 메시지를 사람들에게 어떻게 선포해야 하는지를 가르치셨습니다. 그리하여 그분께 속하며, 늘 새롭게 성장하는 공동체(교회)가 시작됐습니다. 예수님은 교회를 통해 어떻게 살고 기도해야 하는지 여전히 가르치고 계십니다(마태 6,5-6 참조).

교회

처음에는 사도들이, 나중에는 그들의 뒤를 이은 교황과 주교들이 사도들의 후계자로서 하나의 교회를 이끌었습니다. 그러나 시간이 흐르면서 그리스도인 공동체들이 자치를 하고자 하거나 새로운 교회를 형성하고자 하여 가톨릭 교회로부터 떨어져 나갔습니다(tweet 2.12 참조). 이런 풍파 속에서도 교회는 굳건했습니다. 교회만큼 오랫동안 존속해 온 조직은 거의 없습니다. 많은 내부 분열과 외부의 공격에도 불구하고 2,000년 넘게 교회가 여전히 존속한다는 것은 교회가 단순히 인간적인 조직이 아니라 하느님이 세우시고 보호하신다는 일종의 증거로 볼 수 있습니다.

구원 역사

시간의 흐름 속에서 하느님과 인류가 맺은 관계를 구원 역사라고 부릅니다(tweet 1.27 참조). 이것은 우리를 위해 하느님이 세우신 계획의 역사입니다(도표 참조). 하느님은 항상 계셨습니다(A). 창조 때에(B), 하느님은 사람과 관계를 맺고자 하시면서 당신을 사람에게 계시하기 시작하셨습니다. 그다음에 하느님은 아브라함과 그의 후손들과 맺은 계약을 통해서 당신이 선택하신 백성을 형성하셨습니다(C). 하지만 이들은 하느님께 불충하곤 했습니다(tweet 1.23, 1.24 참조). 여러 세기에 걸쳐 하느님은 예언자들을 보내시어 당신 백성이 당신께 돌아오도록 인도하게 하시고 또 구세주의 오심을 선포하게 하셨습니다. 마침내, 하느님은 인류를 구원하시기 위해 사람이 되시어 세상에 오셨습니다. 이 역사적 사건이 바로 예수님의 강생입니다(D). 이는 새로운 시

하느님	창조	형성	강생	구속(부활)	종말
↓	↓	↓	↓	↓	↓
A 항상 계신 하느님	B 계시의 시작	C 당신 백성을 형성하시다	D 하느님이 세상에 오심 (예수님에 의한 계시)	E 구원의 도구인 교회	F 예수님이 다시 오시고 하느님 나라가 완성되다

| 더 알기

교회인가요 성당인가요?

'교회'라는 말은 주님의 공동체를 뜻하며, '성당'은 교회 건물, 즉 주님의 집을 뜻하는 말입니다(tweet 3.20 참조). 교회를 뜻하는 영어 단어인 'Church'는 그리스어 '키리아콘'에서 유래합니다. 이 단어를 글자 그대로 풀어 보면 '주님의'라는 뜻입니다. 신약 성경에서 예수님의 공동체는 보통 그리스어로 '에클레시아'라고 불렸습니다. 이 그리스어 단어는 글자 그대로는 '모임'을 뜻합니다. 이 단어는 프랑스어 '에글리즈église'라는 말에 아직도 그 흔적이 남아 있습니다. 하느님은 교회를 통해 당신 백성을 불러 모으십니다(CCC 751항 참조).

교회 건물을 이야기할 때는 '성당' 또는 '교회 건물'로 표기합니다. 그리고 믿는 이들의 공동체나 교회 전체를 이야기할 때는 '교회'로 표기합니다.

작을 나타냅니다. 예수님은 당신 생명을 희생하심으로써(tweet 2.26 참조), 구속을 이루시고(E), 하느님과 인간 사이에 새롭고 영원한 계약을 체결하셨습니다. 예수님은 모든 이가 당신을 통해 아버지께 올 수 있도록 교회를 세우셨습니다. 하느님과 인류의 결합의 절정은 종말(F)에 이루어질 것입니다. 그때에 예수님은 다시 오실 것이고(tweet 1.49, 1.50 참조), 하느님의 나라는 완성될 것입니다.

> 예수님은 온 세상을 당신께 모으시고 또 당신을 통해 아버지께 모으시고자 교회를 세우셨습니다. 교회는 사실 창조 때부터 예표되어 있었습니다.

더 읽어 보기
교회의 의미: CCC 751–752항; CCCC 147항; YOUCAT 121항. 하느님이 교회를 원하신다: CCC 760항; CCCC 149항; YOUCAT 122항.

2.12 하나인 교회, 그런데 그리스도인은 왜 갈라졌나요?

그리스도인이 분열한 까닭은 인간의 완고함과 죄 때문입니다. 즉, 복음 내용이 일치하지 않았기 때문이 아니라 사랑이 결여되었기 때문입니다. 이처럼 그리스도인들이 분열했다는 점은 하느님 나라가 완성되려면 아직 멀었다는 것을 알려 줍니다!

계획에 없었던 일

예수님과 교회는 서로 분리될 수가 없습니다. 예수님과 교회는 서로 분리할 수 없는 한 몸을 이룹니다. 삼위일체의 하느님이 한 분이신 것처럼(tweet 1.33 참조), 교회 또한 예수님 안에서 하나입니다(갈라 3,28 참조). 교회의 구성원들은 함께 그리스도의 몸을 이룹니다. 여기에서 예수님은 머리이십니다(콜로 1,18 참조; tweet 2.1 참조). 그래서 우리는 모두 '한 분이신 주님, 하나의 믿음, 하나의 세례, 우리 모두의 아버지이시며, 만물 위에, 만물을 통하여, 만물 안에 계시는 한 분이신 하느님'(에페 4,4-6 참조) 안에 결합되어 있습니다. 예수님은 모든 그리스도인이 하느님 안에서 하나가 되기를 기도하십니다(요한 17,20-23 참조).

불화

그러므로 그리스도인이 이렇게 갈라진 것을 바라보는 것은 대단히 고통스러운 일입니다. 온 교회가 분쟁으로 해를 입었지요. 이제는 예수님의 이름을 따르는 교회와 공동체가 따로따로 모입니다. 이는 하느님의 뜻이 아닙니다. 그리고 그러한 분열이 전쟁의 빌미가 되어서는 더더욱 안 됩니다. 예수님의 사랑과 그분이 원하신 일치를 위해서라도 교회는 용서를 청하고 화해를 추구해야 합니다. 우리는 그리스도인의 일치를 위해 언제나 노력해야 합니다.

이런 맥락에서, 프란치스코 교황은 우리에게 이렇게 요청합니다. "차이 속에서 모두 일치하십시오. 오로지 언제나 일치하십시오. 이것이 예수님의 길입니다. 일치는 갈등보다 우월합니다. 일치는 분열의 유혹, 우리 사이의 갈등의 유혹, 이기심의 유혹, 험담의 유혹 등으로부터 우리를 자유롭게 해 주시기를 우리가 주님께 청해야 하는 은총입니다. 다른 사람들을 험담해서는 결코 안 됩니다. 결코! 교회에 끼치는 그 많은 해악은 그리스도인들의 분열과 편견에서 옵니다. 우리는 가톨릭 신자로서 함께 기도해야 하며 다른 그리스도인들과도 함께 기도해야 합니다. 일치의 선물을 주시기를, 우리가 서로 일치하도록 해 주시기를 주님께 기도해야 합니다."(2013년 6월 19일 일반 알현)

그리스도인의 일치

우리는 성령의 도우심에 따라 그리스도인의 일치ecumenism를 추구합니다. 그러나 그릇된 일치를 위해 서로 반대되는 교리들을 섞는 것이 일치의 목적은 아닙니다.

그리스도인의 분열은 때로 인간적인 잘못의 결과이기는 하지만, 오해의 결과이기도 합니다. 이 두 가지를 다 극복하려면 노력이 필요합니다. 우리는 일치를 강요할 수도 없으며, 강요한다고 해서 일치가 이루어지지도 않습니다. 그럼에도 일치를 바라는 것은 좋은 일입니다(요한 17,21 참조). 하나인 그리스도 교회는 남아 있으며, 예수님은 언젠가는 당신의 양 떼 전체를 한데 모으실 것입니다. 우리가 온전히 하나의 교회가 되지 않는 한, 우리는 모든 성사에 다 함께 할 수 없습니다(tweet 3.49 참조). 하지만 그리스도 교회가 하나 되도록 늘 기도하며 끊임없이 노력해야 합니다.

⋯⋯⋯⋯⋯⋯⋯⋯⋯⋯⋯⋯⋯⋯⋯⋯⋯⋯⋯⋯⋯⋯

사도신경에 따르면, 교회는 하나이고 거룩하고 보편되며 사도로부터 이어 옵니다.

교회가 하나인 까닭은 예수님이 교회를 세우셨기 때문입니다. 그리스도인은 수많은 재능과 다양한 생활 방식을 지니고 있습니다. 이는 교회를 풍요롭게 합니다. 그러나 교회의 일치는 항상 출발점입니다. 그래서 바오로 사도는 이렇게 말했습니다. "우리가 한 몸 안에 많은 지체를 가지고 있지만 그 지체가 모두 같은 기능을 하고 있지 않듯이, 우리도 수가 많지만 그리스도 안에 한 몸을 이루면서 서로서로 지체가 됩니다."(로마 12,4-5; tweet 2.1 참조)

교회가 거룩한 것은 하느님이 거룩하시기 때문입니다. 다행히도, 교회의 거룩함은 신자들의 성덕에 달려 있지 않습니다. 우리는 죄인이기 때문입니다. 믿는 이 모두를 더한 것보다 교회가 더 큽니다. 예수님이 교회의 창설자이시고 머리이시기 때문입니다. 교회가 거룩한 것은 인간의 노력을 통해서가 아니라 그리스도의 공로를 통해서입니다. 그 공로를 그분은 당신 은총을 통해 우리와 나누십니다(tweet 2.14, 4.12 참조).

교회가 보편적인 까닭은 가톨릭교회가 그 자체로 완전하기 때문입니다. 예수님이 교회를 세우셨기에, 교회는 모든 시대에, 모든 나라에서 모든 사람을 위해 설립된 것입니다. 예수님은 모든 사람을 하느님께 데려오시고자 교회를 세우셨습니다. 교회 없이 그 일은 가능하지 않을 것입니다(tweet 2.14 참조).

교회가 사도로부터 이어 오는 것은 교회가 사도들 위에 세워졌기 때문입니다. 예수님은 몸소 사도들 한 사람 한 사람을 부르시어 세상 끝까지 당신의 증인이 되도록 하셨습니다(루카 6,13-16 참조; 마르 3,16-19 참조). 사도들은 죽기 전에 이 과업을 다른 사람들에게 맡겼고, 그들은 주교라는 칭호를 받았습니다(tweet 2.15 참조). 이는 교황의 직무 또한 베드로 사도의 일을 수행해 온 후계자들의 오랜 전통으로부터 옵니다. 베드로 사도는 교회를 위한 특별한 책임을 예수님께 받았습니다(tweet 2.15 참조; 부록 3 참조).

> **T** 예수님은 하나인 교회를 원하십니다. 하지만 죄 많은 우리가 분열을 일으켰습니다. 이런 까닭에 우리는 일치를 위해 기도하고 일해야 합니다. 하지만 하느님만이 일치를 주실 수 있습니다.

더 읽어 보기

그리스도인의 분열과 일치: CCC 817-822항; CCCC 163-164항; YOUCAT 130-131항. 교회는 하나다: CCC 811-822, 866, 870항; CCCC 161-164항; YOUCAT 129-131항. 교회는 거룩하다: CCC 823-829, 867항; CCCC 165항; YOUCAT 132항. 교회는 보편되다: CCC 830-838, 868항; CCCC 166-168항; YOUCAT 133-134항. 교회는 사도로부터 이어 온다: CCC 857-865, 869항; CCCC 174-176항; YOUCAT 137항.

2.13 교회가 진리를 말한다는 것을 어떻게 확신할 수 있나요?

진리를 발견하거나 그것을 확실히 안다는 것이 얼마나 어려운지 우리는 이미 경험으로 알고 있습니다. 게다가 때로는 반대 견해가 아주 논리적으로 들릴 수도 있지요.

바오로 사도는 그리스도인들에게 "순종하지 않고 쓸데없는 말을 하며 남을 속이는"(티토 1,10) 이들을 피하고, "진리를 저버리는 인간들의 계명"(티토 1,14)에 정신이 팔리지 않도록 하라고 경고합니다. 우리 시대에는 또한 진리를 보지 못할 위험도 있습니다. 사람들이 서로 모순되는 것들을 말할 때 특히 그러하지요. 정말로 많은 사람이 수없이 많은 의견들을 밝히니까요! 하지만 거기에 진리가 하나라도 있나요?(tweet 1.8 참조)

진리의 요새

예수님이 교회를 세우신 것은 우리가 당신을 알고 당신과 관계를 맺도록 하시기 위해서였습니다. 예수님은 교회를 무척 강조하셨습니다. 성경에서는 교회를 "살아 계신 하느님의 교회로서, 진리의 기둥이며 기초"(1티모 3,15)라고 합니다. 그분은 교회의 지도권을 베드로 사도와(마태 16,18-19 참조) 다른 사도들 그리고 그들의 후계자에게 맡기셨습니다(부록 3 참조). 그들은 예수님이 말씀하시고 행하신 모든 것을 보호하고 전할 책임이 있습니다. 교회가 이를 오류 없이 행할 수 있도록, 예수님은 당신의 성령인 "진리의 영"(요한 14,17)을 교회에 약속하셨습니다(tweet 1,31 참조). 교회를 거스르는 이는 누구나 예수님을 거스르는 것입니다. 예수님은 교회와 하나이십니다(에페 5,23 참조). 바오로 6세 교황은 예수님이 당신 교회에 주신 당신에 관한 진리를 보여 줄 때만 우리가 그들의 종교적 자유를 참으로 존중하게 될 것이라고 말했습니다(《현대의 복음 선교》 80항 참조).

확실히 믿을 수 있는

교회는 예수님이 교회를 세우신 그 순간부터 더욱 성장해 왔습니다. 작은 도토리가 튼튼한 상수리나무가 되듯이 수세기 동안 교회는 오늘날 우리가 보는 가톨릭교회로 점차 성장했습니다.

성령

어떤 사람들은 교리의 핵심이 계속 바뀐다고 주장하지만 교회는 교리의 핵심을 결코 바꾸지 않았습니다. 시간이 흐르면서 교회는 신앙의 다양한 요소들을 더 잘 이해하게 되었습니다. 이는 확실히 성령의 항구한 도움 덕분입니다. 성령은 교회를 진리로 인도해 주십니다(요한 16,13 참조). 성령을 통하여 예수님은 당신 교회를 끊임없이 인도하십니다. 이 때문에 교회는 무너질 수 없습니다(CCC 869항 참조).

| 더 알기

행실이 나쁜 사제가 있는데 어떻게 교회를 믿을 수 있나요?

사제나 주교가 죄를 저지르거나 이를 숨겼다면 이 사실에 모두가 매우 분개할 것입니다. 우리는 사제와 주교가 거룩한 삶을 영위하고 진실을 말하기를 기대하기 때문입니다. 하지만 사제직이라는 큰 선물을 받았음에도 불구하고(tweet 3.41 참조), 사제와 주교 또한 다른 여느 사람과 마찬가지로 중대한 죄를 범할 수 있는 약한 사람들입니다. 사람은 선하게 창조되었지만, 악으로 기우는 경향이 있습니다(tweet 1.4 참조). 어느 시대에나 그리스도를 따르는 이들 가운데에 심지어는 성직자 가운데도 썩은 사과들이 있었음을 교회 역사는 보여 줍니다. 시작은 유다의 끔찍한 배반이었습니다(마태 26,14-16 참조). 하지만 베드로 사도 또한 잘못을 저질렀습니다. 그는 그리스도를 부인하기까지 했지요! 베드로 사도의 후계자들도 마찬가지입니다. 죄 없는 사람은 아무도 없습니다(1요한 1,8-10 참조). 분명한 것은 사람에게 죄를 지었든지 하느님께 죄를 지었든지 상관없이 죄를 지으면 벌을 받아야 한다는 것입니다(tweet 4.42 참조). 아우구스티노 성인은 이렇게 말했습니다. "하느님은 나쁜 목자들을 불러 당신의 양들에 대해 그리고 그 양들의 죽음에 대해 셈을 치르게 하실 것입니다."《설교집》46,20) 예수님이 교회에 나쁜 사과가 생기도록 허락하시는 이유에 대해 의아해할 수도 있습니다. 예수님은 가능한 한 많은 사람이 죄로부터 돌아서서 당신의 사랑을 받아들이기를 원하십니다. 나쁜 사과들을 놔두시는 것은 그들 또한 구원이 필요하기 때문입니다. 바오로 사도는 교회 지도자들에게 이렇게 권고했습니다. "여러분 자신과 모든 양 떼를 잘 보살피십시오. 성령께서 여러분을 양 떼의 감독으로 세우시어, 하느님의 교회 곧 하느님께서 당신 아드님의 피로 얻으신 교회를 돌보게 하셨습니다."(사도 20,28)

교회에 속한 개인은 죄를 지을 수 있지만, 교회 자체는 죄가 없습니다. 이는 예수님이 죄가 없으시기 때문이며, 교회는 그분의 몸이기 때문입니다(콜로 1,18 참조; tweet 2.1 참조). 그러니 설령 사제들이나 또는 다른 가톨릭 신자들이 중죄를 짓는다 하더라도, 우리는 교회를 믿을 수 있습니다. 교회는 예수님의 말씀을 오류 없이 선포합니다. 성령이 이를 보증해 주십니다(tweet 1.32 참조). 그래서 우리는 나쁜 사제들에 관한 아우구스티노 성인의 말을 가슴에 새길 수 있습니다. "그들이 여러분에게 말하는 것은 다 실행하고 지키십시오. 그러나 그들의 행실은 따라 하지 마십시오."《설교집》46,21; 마태 23,3 참조) 아무리 나쁜 사제일지라도, 온전히 유효한 성사를 준다는 것을 예수님은 명백히 하십니다(tweet 3.35 참조). 예수님은 베드로 사도의 인간적 약함에도 불구하고 그를 선택하시어 교회를 이끌게 하셨습니다. 예수님은 베드로 사도에게 이렇게 말씀하셨습니다. "나는 너의 믿음이 꺼지지 않도록 너를 위하여 기도하였다. 그러니 네가 돌아오거든 네 형제들의 힘을 북돋아 주어라."(루카 22,32) 우리도 교황과 주교들과 사제들이 그들의 책무를 정직하게 믿음을 가지고, 사랑으로 용기 있게 계속 이행하도록 기도하라는 요청을 받고 있습니다.

 사제나 주교가 죄가 있다 해도, 교회는 신앙에 관한 진리를 가르친다는 것을 성령께서 보증해 주십니다.

더 읽어 보기

그리스도는 오늘 교회를 다스리신다: CCC 869항; CCCC 173항; YOUCAT 137항. 교회의 거룩함: CCC 829항; CCCC 165항; YOUCAT 132항.

2.14 교회 없이도 좋은 그리스도인이 될 수 있나요?

교회 없이 우리는 혼자서 좋은 그리스도인이 될 수 없습니다. 또한 우리가 잘 살기 위해서는 하느님의 도움이 필요합니다. 그리고 하느님은 교회를 통해 이 도움을 주십니다. 가톨릭교회는 천국행 고속도로와 같다고 할 수 있습니다. 성사와 교회의 가르침을 통해서 신자들은 하느님 안에 있는 합당한 목적에 이르는 길을 더 쉽게 찾을 수 있습니다.

하지만 이것이 자동적으로 이루어지는 것은 아닙니다. 올바르게 살기 위해서는 끊임없이 주의를 기울여야 합니다. 고속도로에서 큰 사고가 생길 수 있다는 것을 항상 명심하세요! 하지만 사고가 생길 수 있다고 교회의 구성원이 되지 않으면 한층 더 위험합니다. 가톨릭 신자가 아닌 이들은 깊은 산길을 가는 것과 마찬가지입니다. 그 길을 가다 보면 쉽게 길을 잃곤 합니다.

교회 없이는 안 돼

예수님과 교회는 서로 분리될 수 없습니다. 예수님이 교회를 세우신 것은 교회를 통해 "하느님의 매우 다양한 지혜가 알려지게"(에페 3,10) 하기 위해서였습니다. 교회는 예수님을 대표하기에, 교회를 박해하는 사람은 누구나 예수님을 박해하는 것입니다(사도 9,4-5. 26,14-15 참조). 예수님은 제자들에게 당신을 박해하는 사람들은 제자들도 박해할 것이라고 말씀하셨습니다(요한 15,18-21 참조). 3세기에, 치프리아노 성인은 교회를 어머니로 삼지 않는 사람은 누구도 하느님을 아버지로 삼을 수 없다고 말했습니다(〈가톨릭 교회의 일치〉 6). 그는 교회와 관계를 맺지 않으면 아무도 구원받을 수 없다고까지 말했습니다! 그리고 바오로 사도 또한 예수님이 아니고서는 아무도 구원받을 수 없다고 말했습니다(사도 4,12 참조). 교회를 거부하는 사람은 누구나 예수님을 거부하는 것이기에 그래서 구원받을 수 없습니다(루카 10,16 참조).

하지만 이 말이 가톨릭 신자가 아닌 사람이라면 누구나 길을 잃은 사람들이고 그래서 미래에 하느님과 함께할 수 없다는 것을 의미하지는 않습니다(더 알기 참조). 그렇지만 교회가 얼마나 중요한지는 잘 보여 줍니다! 예수님이 모든 사람을 당신께 데려오도록 교회를 세우셨다는 것을 깨닫는다면, 실제로 이는 아주 논리적입니다(tweet 2.1 참조).

예수님과 교회의 긴밀한 관계

예수님과 교회의 관계는 너무나 끈끈해서 바오로 사도는 이를 남편과 아내의 관계로 비유했습니다(에페 5,25 참조). 예수님과 긴밀한 관계를 원한다면 또한 교회와 하나 되어야 합니다. 실제로, 예수님이 교회를 사랑하시듯이 교회를 사랑해야 합니다! 예수님은 우리가 당신과 연결돼 있고 또 서로 연결돼 있기를, 포도나무의 가지들처럼 붙어 있기를 원하십니다. 이렇게 붙어 있지 않으면 그 가지들은 살 수가 없습니다(요한 15,5 참조). 베네딕토 16세 교황은 교회가 "예수 그리스도와 함께하는, 그리고 우리 서로를 위한 생명의 공동체"(2011년 9월 22일)라고 말했습니다.

교회를 따르기

정말로 누군가를 사랑하면, 우리는 그 사람을 위해 많은 것을 기꺼이 내놓습니다. 자기 자신만을 위해 사는 삶을 멈추고 사랑하는 사람을 위해서 살기 시작합니다. 예수님을 참으로 사랑한다면 이와 마찬가지일 것입니다.

그리스도인이 된다는 것은 하나의 역설입니다. 우리는 자신을 버림으로써 자신을 찾으니까요. 교회가 가르치는 바를 따라 삶으로써 예수님을 따르는 것도 이와 같습니다. 그 일이 때로는 아주 힘들겠지만, 자아를 발견하는 가장 좋은 방법인 것입니다. 예수님은 당신의 뒤를 따르려면 자기를 버리고, 자기 십자가를 지라고 우리를 초대하십니다(마태 16,24 참조). 그분은 또한 가족과 재산 같은 좋은 것들까지도 당신을 위해 포기하는 사람은 누구나 "백 배로 받을 것"(마태 19,29)이라고 약속하십니다. 바오로 사도는 이렇게 말했습니다. "나는 여러분을 위하여 고난을 겪으며 기뻐합니다. …… 그분의 몸인 교회를 위하여."(콜로 1,24)

| 더 알기

가톨릭 신자가 아니어도 천국에 갈 수 있나요?

예수님이 교회를 세우신 것은 우리가 착한 삶을 살고 천국에 갈 수 있도록 하기 위해서입니다. 교회는 성사를 통해 우리에게 그분의 힘을 전해 줍니다(tweet 3.35 참조). 교회는 그분의 말씀을 올바르게 해석해 줍니다(tweet 1.20 참조). 교회는 우리가 어려운 선택을 해야 할 때 도움을 줍니다(tweet 4.6 참조). 또한 교회 공동체는 우리가 힘들 때 지원해 줍니다. 예수님은 누구에게나 없어서는 안 될 교회에 도움을 주고자 하십니다. 그러므로 그리스도인이라는 것이, 그리스도인이 되는 것이 중요하다고 알리는 일은 우리의 의무입니다(tweet 3.50 참조).

"하느님께서는 모든 사람이 구원을 받고 진리를 깨닫게 되기를 원하십니다."(1티모 2,4) 우리는 이 목표를 달성하기 위해 우리 몫을 하려고 노력하지만 예수님이나 교회를 (아직) 알지 못하는 사람들을 판단하지는 않습니다. 모든 사람은 존중받을 자격이 있습니다. 그들이 하느님의 모상으로 창조됐기 때문입니다(창세 1,26 참조). 예수님을 알지 못하는 이들과, 예수님을 알지 못하는 이들의 미래는 하느님의 손에 있습니다. 그리고 하느님은 그들을 사랑하십니다.

예수님은 교회를 세우셨습니다. 교회는 우리가 하늘에 있는 최종 목적지에 도달하는 데 필요한 모든 것을 갖춘 곳입니다. 교회는 하느님께 가는 신뢰할 만한 길입니다.

더 읽어 보기
교회의 거룩함: CCC 829항; CCCC 165항; YOUCAT 132항. 구원의 성사인 교회: CCC 774–776, 780항; CCCC 152항; YOUCAT 123항.
다른 종교: CCC 846–848항; CCCC 171항; YOUCAT 136항. 교회와 타종교들: CCC 836–845항; CCCC 168–170항; YOUCAT 134–136항.

2.15 사도들은 누구인가요? 그들의 후계자는 누구인가요?

사도라는 단어는 '파견되는 사람'을 의미합니다. 예수님은 공생활을 시작하실 때에 열두 명의 제자들을 뽑아 당신 곁에서 따르도록 하셨습니다(마르 1,16-19 참조; tweet 2.11 참조). 예수님은 그들을 가르치신 후에 파견하시어 당신 대신에 병을 고치고 마귀를 쫓아내며 복음을 선포하게 하셨습니다(마태 10,5-7 참조). 이들은 3년 동안 예수님과 함께 살았습니다. 그래서 예수님이 말씀하시고 행동하신 것을 증언할 수 있었습니다. 부활 후, 예수님은 그들에게 사람들을 가르치고 성사를 집전하라고 말씀하셨습니다. 그리고 베드로를 그들의 으뜸으로 삼으셨지요(마태 16,18-19 참조; tweet 2.17 참조).

열둘

구약에서 하느님은 이스라엘의 열두 지파를 당신 백성으로 삼으셨습니다(tweet 1.23 참조). 신약에서 예수님은 당신 교회를 열두 사도로 시작하셨습니다(CCC 765항 참조; 더 알기 참조). 시몬 베드로와 그의 동생 안드레아는 어부였습니다. 요한과 야고보 형제도 어부였습니다(마태 4,18-21 참조). 이 야고보와 또 다른 사도 야고보를 구별하기 위해 요한의 형인 야고보를 '큰' 야고보라고 부릅니다(tweet 1.30 참조). 마태오는 사도가 되기 전에 세리(세관원)였습니다(마태 10,3 참조). 의심 많은 토마스는 주님의 상처에 자신의 손가락을 넣어 보기 전에는 예수님이 부활하셨다는 것을 믿으려 하지 않았습니다(요한 20,24-25 참조). 그 밖의 사도들은 필립보, 바르톨로메오, 열혈당원 시몬, 작은 야고보와 유다 타대오였습니다(루카 6,14-16 참조). 배반자 유다 이스카리옷은 예수님이 승천하신 후에 마티아로 대체되었습니다(사도 1,26 참조). 바오로 사도는 예수님이 지상 생활을 하실 때 한 번도 그분을 만나 뵌 적이 없습니다. 그러나 바오로 사도는 부활하신 그리스도와 신비스러운 만남을 통하여 사도가 되었습니다(사도 9,1-22 참조).

후계자들

사도들은 예수님에게서 받은 자신들의 직무를 그들의 후계자인 주교들에게 넘겨주었고, 그들도 마찬가지로 그렇게 했습니다. 이 사도 계승은 세대를 거치면서 우리 시대에까지 이어져 내려왔습니다(CCCC 176항 참조). 프란치스코 교황은 "우리는 끊어지지 않는 증언의 고리를 통하여 예수님의 얼굴을 뵙게 됩니다."(《신앙의 빛》 38항)라고 말했습니다. 그리스도교 세계가 성장해 왔고 또 계속 성장하기에, 사도들의 일을 계속하는 데 필요한 주교들의 숫자는 지속적으로 늘어나고 있습니다.

임무

주교들의 임무는 여전히 사도들의 임무와 같습니다. 교회를 이끌고(통치), 성사 안에 예수님이 현존하시도록 하며(성화), 하느님의 말씀을 설교하는 것입니다(교도). 사도들의 후계자인 주교들은 예수님과 또 그분의 교회와 특별한 방식으로 연관되어 있습니다. 이 신비를 표현하기 위해, 107년쯤에 안티오키아의 이냐시오 성인은 이렇게 썼습니다. "주교가 있는 곳에 공동체가 함께 모이게 하십시오. 예수 그리스도께서 계시는 곳에 가톨릭교회가 있기 때문입니다."(〈스미르나인들에게 보낸 서간〉 8)

사도와 제자

영어에서는 열두 제자와 마티아, 그리고 바오로만을 첫글자를 대문자를 사용하여 사도 Apostle라고 표기합니다(갈라 1,1 참조). 신약 성경은 다른 예수님의 제자와 사도 또한 언급합니다. 예를 들어 바오로 사도는 자신의 편지에서 안드로니코스와 유니아를 "뛰어난 사도"(로마 16,7)라고 부릅니다.

| 더 알기

사도들에 대해 알아보기

(축일순)

- 필립보 : 검과 긴 창 · 5월 3일
- 작은 야고보 : 곤봉과 가죽을 두드리는 방망이 · 5월 3일
- 마티아 : 도끼 · 5월 14일
- 베드로 : 열쇠(마태 16,18-19 참조)나 수탉(마르 14,30 참조) · 6월 29일
- 바오로 : 칼(에페 6,17 참조) · 6월 29일
- 토마스 : 칼과 곱자 · 7월 3일
- 큰 야고보 : 큰 조개 껍데기 · 7월 25일
- 바르톨로메오 : 단검 · 8월 24일
- 마태오 : 돈주머니(마태 9,9 참조) · 9월 21일
- 시몬 : 톱 · 10월 28일
- 유다 : 몽둥이 · 10월 28일
- 안드레아 : 안드레아의 십자가와 칼 · 11월 30일
- 요한 : 성작 · 12월 27일

> 예수님은 열두 사도를 선택하시어 교회를 이끌고, 성사를 집전하고, 복음을 전파하도록 하셨습니다. 그들의 후계자가 주교들입니다.

더 읽어 보기
열두 사도의 선택: CCC 551-553, 567, 765, 858-860항; CCCC 109, 175항; YOUCAT 92, 137항.
사도 계승: CCC 861-862, 1087항; CCCC 176, 222항; YOUCAT 137항.

2.16 예수님은 여성을 차별하셨나요?

사도들의 명단을 살펴보면(tweet 2.15 참조), 예수님이 여성들을 남성들보다 낮게 평가하신 것이 아닌가 하는 생각이 들 때가 있습니다. 그러나 복음서를 자세히 살펴보면, 예수님이 여성들을 높이 평가하시고 존중하셨음을 알 수 있습니다. 여성들은 예수님의 삶과 사명에서 중요한 역할을 했습니다. 무엇보다 먼저, 예수님은 다른 인간과 마찬가지로 여인에게서 태어나셨습니다. 예수님의 어머니 마리아가 예수님의 사명에서 그토록 중요한 역할을 하였기에, 교회는 마리아가 천상 성인들 가운데서 가장 높은 위치를 차지한다고 믿습니다(tweet 1.38 참조).

예수님의 어머니 외에, 예수님의 제자인 여인도 많았습니다. 마리아 막달레나 성녀가 바로 대표적입니다. 그녀는 다른 여인들과 더불어 예수님과 함께 다니면서 예수님의 일을 재정적으로 지원했습니다(루카 8,1-3 참조). 마리아 막달레나 성녀는 예수님이 십자가에서 돌아가셨을 때 예수님과 함께 남아 있던 몇 안 되는 제자들 가운데 한 사람이었습니다.

마르타와 마리아

예수님의 가까운 친구들 가운데에는 마르타와 마리아 자매가 있습니다(루카 10,38-42 참조). 예수님이 이들의 집을 방문하셨을 때, 마리아는 예수님의 말씀을 경청했고, 마르타는 식사를 준비했습니다. 마리아가 자신을 거들지 않는다고 마르타가 불평하자, 예수님은 당신과 함께 시간을 보내는 것이 다른 어떤 일을 하는 것보다 더 중요하다고 말씀하셨습니다. 이 이야기에 나오는 마르타와 마리아 자매는 교회가 오래전부터 공경해 온 성녀들입니다.

동등한 가치를 지녔으나

프라 안젤리코 성인이 그린 중세 프레스코화(그림 참조)에서는 겟세마니 동산에서 예수님이 고뇌에 싸여 계시는 동안에 기도하는 여인들과 잠자는 사도들의 모습이 대비되고 있습니다(루카 22,43 참조).

예수님과 그분의 교회는 여성들을 차별하지 않았습니다. 오히려 예수님은 여인들에게, 죄 많은 여인에게까지도, 개방적으로, 존중하며, 받아들이는 태도로, 온화하게 다가가셨습니다. 교회는 세상의 많은 곳에서 여성에 대한 대우를 개선시켰습니다. 아시아와 아프리카와 중동의 여러 지역에 비해 서구 사회에서 여성들이 더 많은 권리를 갖게 된 이유는 바로 그리스도교 때문입니다. 여성들은 신앙을 전수하는 데에서 언제나 중요한 역할을 해 왔습니다. 예를 들어 티모테오 성인은 자기 어머니와 할머니에게서 신앙을 물려받았습니다(2티모 1,5 참조). 그래서 교회는 헤아릴 수 없이 많은 성녀들을 공경합니다.

에게 한정하셨다고 말합니다. 하지만 예수님은 이미 당시의 지배적인 관습들을 많이 거스르셨습니다. 또한 부활하신 예수님은 맨 먼저 마리아 막달레나에게 나타나셔서 당신이 죽은 이들 가운데서 살아났음을 사도들에게 알리라고 분부하셨습니다(마르 16,7 참조; 마태 28,7 참조; 요한 20,11-18 참조). 예수님은 그리하여 여자들의 증언을 남자의 증언보다 낮게 평가하던 사회에서 마리아 막달레나를 '사도들의 사도'로 만드셨습니다(tweet 2.15 참조). 하지만 예수님이 남자들만 사도로 선택하셨기 때문에, 그들의 후계자인 주교들을 비롯해 사제와 부제들도 오직 남자뿐입니다(tweet 3.41 참조). 그럼에도 불구하고 성경에 나오는 창조와 구원에 관한 말씀을 잘 살펴보면 하느님의 눈에는 남자와 여자가 똑같이 소중하다는 것을 알 수 있습니다. 동시에, 남자와 여자가 정확하게 똑같지는 않다는 것도 분명합니다(tweet 3.41 참조). 남성은 부성을 지니도록 돼 있고, 여성은 모성을 지니도록 돼 있습니다. 그리고 예수님은 이러한 상호보완적 소명에 부합하게 남자와 여자 모두에게 당신을 따르라고 부르십니다.

미사 전례에 성녀의 이름이 나오기도 합니다. 첫째, 성모 마리아입니다(tweet 1.38 참조). 다음으로 펠리치타, 페르페투아, 아가타, 루치아인데, 이들은 모두 초세기 교회에서 신앙을 위해 목숨을 바쳤습니다(감사기도 제1양식 참조). 후대에는 이루 말로 다 할 수 없이 많은 여성이 이웃을 돌보는 데 애썼고, 병원과 학교 등에서 헌신했습니다. 여성 가운데는 위대한 학자들도 있었는데, 대학에서 수학을 가르친 최초의 여교수인 마리아 아녜시(†1799년) 같은 이들입니다. 또 기도와 교회를 위한 봉사를 통해 자신의 삶을 예수님께 바친 많은 수녀들도 있습니다(tweet 2.9 참조).

똑같지는 않은

그런데 왜 예수님은 남자들만을 사도로 선택하셨을까요? 어떤 이들은 예수님이 당시 관습 때문에 사제직을 남자들

> 예수님은 여성들을 높이 평가하셨습니다. 여성과 남성은 하느님의 눈에 평등합니다. 하느님은 남성과 여성에게 서로 다르지만 상호보완적인 소명을 주셨습니다.

더 읽어 보기
남녀의 평등한 가치: CCC 2334-2335, 2393항; CCCC 487항; YOUCAT 401항.

2.17 교황은 베드로 사도의 후계자인가요?

열두 사도 가운데에는 예수님이 특별한 임무를 준 사람이 한 명 있습니다. 바로 베드로 사도입니다. 어부인 시몬 베드로는 결혼을 했으며 장모 댁에서 살고 있었지요(마태 8,14 참조). 예수님은 그 집에 때마다 들르는 손님이셨습니다. 예수님은 시몬 베드로와 그의 동기인(형제) 안드레아에게 당신을 따르라고 부르셨습니다(마태 4,19 참조). 복음서에는 베드로에 관해, 특히 예수님과 함께하는 그의 신앙 여정에 관해 다른 사도들보다 더 자세하게 설명합니다. 베드로는 다른 모든 사도들을 합한 것보다 더 많이 언급됩니다. 그리고 그는 언제나 처음에 언급됩니다(마태 10,2 참조; 루카 6,14 참조). 분명히 복음서를 쓴 복음사가들은 베드로 사도를 사도들 가운데 으뜸으로 본 것입니다(마르 16,7 참조).

바위

예수님은 시몬에게 베드로라는 이름을 지어 주셨습니다. 그리스어인 '페트라'는 '바위'를 의미합니다. 아람어로 이 단어는 '케파'입니다. 예수님은 베드로라는 이름을 지어 주며, 그에게 바위처럼 교회의 든든한 토대가 되라고 명하신 것입니다. 예수님은 그에게 이렇게 말씀하셨습니다. "너는 베드로이다. 내가 이 반석 위에 내 교회를 세울 터인즉, 저승의 세력도 그것을 이기지 못할 것이다. 또 나는 너에게 하늘 나라의 열쇠를 주겠다. 그러니 네가 무엇이든지 땅에서 매면 하늘에서도 매일 것이고, 네가 무엇이든지 땅에서 풀면 하늘에서도 풀릴 것이다."(마태 16,18-19)

로마

예수님은 부활하신 후에 베드로에게 "내 어린 양들을 돌보아라.", "내 양들을 돌보아라.", "내 양들을 돌보아라." 하고 세 번 말씀하셨습니다(요한 21,15-17 참조). 목자가 자기 양들을 돌보듯이 베드로가 교회를 이끌어야 한다고 예수님이 아주 분명하게 표현하신 것입니다. 이렇게 세 번 명하시기 전에 예수님은 베드로에게 당신을 사랑하는지를 물으셨습니다. 이에 베드로는 예수님을 사랑한다고 대답했습니다. 그러므로 주님의 양 떼에 대한 베드로의 사랑은 베드로의 주님에 대한 사랑에서 비롯되며 베드로의 지도력의 참된 기초가 되었습니다. 목자로서 베드로는 주님의 양 떼인, 교회를 지키게 됩니다. 이를 위해 베드로는 예수님에게서 주님의 고유한 권한을 받았습니다. '하늘 나라의 열쇠'가 이를 나타냅니다.

베드로는 로마 교회의 지도자였습니다. 그는 로마에서 64년쯤에 순교합니다. 로마 주교인 교황이 맡은 특별한 역할은 사도들 가운데서 베드로가 맡은 특별한 역할에 기인합니다. 이미 107년에 안티오키아의 이냐시오 성인은 로마의 주교는 교회가 세워진 다른 도시의 주교들보다 우위에 있다고 말했습니다. '로마 가톨릭'이라는 이름은 로마와 보편 교회의 관계를 표상합니다. 전 세계의 모든 가톨릭 주교들은 베드로 사도의 후계자이자 로마의 주교인 교황과 결속되어 있는 것입니다.

후계자들

초기 그리스도교 저술에는 베드로의 후계자들 명단이 있습니다. 이들은 로마 주교의 자리를 계승한 이들입니다(부록 3 참조). 180년쯤에 이레네오 성인은 로마 교회에는 교회가 설립된 이래로 베드로부터 이어지는 전통이 있다고 썼습니다(《이단 반박》III.3). 또한 그는 각 지역 교회가 로마 교회와 연결되어 있는 것이 중요하다고 강조했습니다. 그리고 로마 교회가 신앙의 올바른 해석에 대한 척도가 되어야 한다고도 말했습니다. 1세기 후반의 클레멘스 1세 교황이 권위 있게 코린토 교회의 문제에 개입했다는 사실은 다른 지역 교회에 대한 로마 주교의 특별함을 보여 주는 좋은 예입니다. 교황과 코린토의 그리스도인들은 모두 베드로의 후계자가 지니는 특별한 역할을 명백하게 의식했습니다. 예수님은 친히 베드로를 교회의 으뜸으로 세우시며, 교회가 세상 끝까지 존속할 것이라고 약속해 주셨습니다(tweet 2.11 참조). 베드로의 고유한 역할은 베드로가 죽은 후에도 사라지지 않았습니다. 오히려 교황의 직무를 통해 오늘에까지 계속 이어져 내려왔습니다. 교황pope이라는 명칭은 후대의 것이지만, 그 직무는 예수님이 베드로를 선택하신 때로 거슬러 올라갑니다.

| 더 알기

베드로와 그리스도인

초기 교회의 사도들은 종종 "베드로와 그 동료들"(루카 9,32)이라고 언급되었습니다. 베드로 사도와 바오로 사도는 때때로 의견이 맞지 않았지만, 바오로 사도는 늘 베드로 사도를 교회의 바위라고 말했습니다(갈라 1,18. 2,7-8 참조; 1코린 1,12 참조). 교회에 문제가 있을 때는 언제나 베드로 사도가 해결책을 찾으면서 거기에 있었습니다. 여기에서 인간적인 약함에도 불구하고, 베드로 사도가 초기 교회에서 지도력을 어떻게 보였는지 알 수 있습니다. 예수님은 베드로를 으뜸으로 정했고, 다른 그리스도인들은 그의 이런 역할을 받아들였으며 그에게 복종했습니다.

 예수님은 베드로 사도를 사도들과 교회 전체의 으뜸으로 정하셨습니다. 베드로 사도의 역할은 그의 후계자인 교황에게로 이어졌습니다.

더 읽어 보기
교회의 조직: CCC 874–879, 935항; CCCC 179–181항; YOUCAT 140항.
베드로의 후계자인 교황: CCC 880–882, 936–937항; CCCC 182항; YOUCAT 141항.

2.18 오순절 이후에 어떻게 됐나요?

예수님은 승천하시기 전에 사도들에게 아버지가 약속하신 분을 기다리라고 분부하셨습니다(사도 1,4 참조). 그 약속은 교회의 조력자이자 위로자이신 성령이 오시리라는 것이었습니다. 이 성령이 예수님이 승천하신 후 열흘 만에 사도들에게 내려왔습니다. 오순절이었던 이날, 교회는 지상에서 자신의 일을 결정적으로 시작하게 되었습니다.

그리스도인이냐 유다인이냐?

성령의 도움으로 사도들은 할 수 있는 곳이라면 어디에서든 예수님의 메시지를 전했습니다. 그들은 로마 제국 전역과 그 너머에까지 교회를 세웠습니다. 요한은 에페소로 갔습니다. 베드로와 바오로는 얼마 후에 로마에 이르렀고, 그곳에서 베드로는 지역 교회와 보편 교회의 지도자가 되었습니다. 처음부터 로마 교회는 지역 교회 사이에서 특별한 자리를 차지했습니다(tweet 2.17 참조).

초기 그리스도인은 예수님을 하느님이 예언자들을 통해 이스라엘 백성에게 약속하신 구세주 메시아라고 믿은 유다인들이었습니다(tweet 1.27 참조). 그들은 계속해서 회당과 개인 집에서 모였고(tweet 3.20 참조), 유다인들의 많은 관습들을 계속 지켰습니다. 사도들도 처음에는 동족인 유다인들에게만 복음을 전했습니다. 하지만 곧 베드로는 하느님이 주신 환시를 보고 이해하게 되었습니다. 로마의 백부장 코르넬리우스를 방문했을 때였습니다. 그는 유다인이 아니었지만 예수님에 대한 믿음의 중요함을 알았고 세례를 받았습니다. 이 사건은 베드로와 다른 사도들에게 예수님이 모든 이의 구세주이시며, 복음이 온 세상에 전파되어야 한다는 것을 알려 줍니다(사도 10-11 참조).

고유한 정체성 확립

50년경, 사도들은 여러 차례 큰 회의를 열었습니다(사도 15,6 참조). 그 가운데, 예루살렘 공의회라고도 부르는 첫 회의에서, 베드로 사도는 중요한 역할을 합니다(tweet 2.22 참조). 그 회의에서는 유다인이 아닌 이방인들도 할례를 받아야만 하는가에 대해 논의했습니다. 할례는 유다인의 의무였기 때문입니다. 하지만 베드로는 이방인이 할례를 받아야 한다는 주장에 동의하지 않았습니다. 그는 율법이 아니라 예수님을 통한 은총만이 모든 사람을 구원한다고 말했습니다(사도 15,7-12 참조). 유다인이든 이방인이든 가리지 않고 말이지요. 사도들은 결국 베드로의 의견에 따랐습니다. 그들은 이방인들이 교회에 들어오기 전에 할례를 받을 필요가 없다고 결정했습니다. 이방인들은 하느님의 법을 따르고 우상 숭배에 해당하는 행위를 피하면 됐습니다. 유다인이 아닌 사람들에게 그리스도교가 널리 퍼지며, 그리스도

예수님   500   1000   1500   2000

교에서 유다교적 특성은 좀 더 완화되었습니다. 이런 과정에서 교회의 고유한 정체성과 기도 양식이 점점 더 발전되었습니다.

전파

로마 제국은 길을 잘 닦았습니다. 이 길은 여행을 쉽게 다니도록 해 주었습니다. 그래서 복음의 메시지가 빨리 퍼져 나갔습니다. 여기에 더하여 그리스도교가 발생한 후 두 세기 동안 로마는 평화로웠습니다(로마의 평화Pax Romana). 로마 제국 전역에는 평온함이 유지되었습니다. 또 로마 제국 어디에서나 그리스어(나중에는 라틴어)를 사용할 수 있었던 것도 도움이 됐습니다. 이런 까닭에 그리스도의 메시지는 모든 지역에 퍼졌습니다. 이 메시지는 특히 가난한 이와 노예, 일용 노동자에게 호소력이 있었습니다. 하지만 상류층 사람들에게도 점차 퍼져 나갔습니다. 초기 그리스도인 대부분은 도시에서 살았습니다. 그리고 그런 도시에는 지역 교회가 형성됐습니다.

| 더 알기

베드로 사도와 바오로 사도의 죽음

베드로 사도와 바오로 사도는 네로 황제가 그리스도인을 박해하던 64년쯤에 로마에서 순교했습니다(tweet 2.19 참조). 바오로는 로마 시민이었기에, 재판을 받을 권리와 십자가형이 아니라 참수형으로 잔혹하지 않게 처형될 권리가 있었습니다. 전설에 따르면, 참수된 바오로 사도의 머리는 땅에 세 번 튀었고, 그 세 곳에서 샘이 솟았다고 합니다. 바오로 사도의 순교 자리를 나타내는 곳이 로마의 '세 분수 성당'입니다. 바오로 사도가 묻힌 곳에는 나중에 '성 바오로 대성전'이 세워졌습니다. 원래 이 교회는 도시 밖에 있었지요.

베드로 사도는 로마 시민이 아니었기에 십자가형을 받았습니다. 전설에 따르면, 베드로는 십자가에 거꾸로 매달아 줄 것을 요청했다고 합니다. 자신이 예수님과 똑같은 방식으로 죽을 자격이 없다고 생각한 것입니다. 그의 무덤이 있던 곳으로 여겨지는 자리에는 나중에 성 베드로 대성전이 세워졌는데, 그의 무덤 바로 위에 제대가 들어섰습니다. 1940~1950년 사이에 이뤄진 고고학적 발굴 결과 베드로 사도가 실제로 그 자리에 묻혔을 가능성이 대단히 높은 것으로 나타났습니다.

> 오순절 이후, 사도들은 어디에서나 누구에게나 복음을 전파하기 시작했습니다. 특히 도시 지역에서 교회가 생겨났습니다.

2.19 그리스도인은 왜 로마인에게 박해를 받았나요?

그리스도교가 퍼져 나가던 때 로마는 비교적 평화로 웠습니다. 그러나 초기 그리스도인들의 삶이 늘 편하지만은 않았습니다. 로마의 역사가 타키투스에 따르면, 64년에 네로 황제는 그리스도인들이 불을 질러 로마의 많은 부분이 파괴되었다고 비난했습니다. 그가 이렇게 한 것은 황제 자신이 불을 놓았다는 소문에 맞서기 위해서였습니다. 이때 베드로 사도와 바오로 사도를 포함해서 많은 그리스도인들이 박해로 순교했습니다(tweet 2.18 참조).

평화의 끝

180년경 로마 제국의 안정기는 막바지에 이르렀습니다. 악하고 힘없는 황제가 계속 잇따랐고, 그리스도인의 삶은 대단히 힘들었습니다. 그리스도인들이 박해를 받은 것은 로마의 신들과 황제를 신으로 숭배하기를 거부했기 때문입니다. 이 당시 이러한 숭배는 시민의 의무였습니다. 그래서 250년경까지, 그리스도인들은 주로 지방 행정관들과 법정에 의해, 때로는 황제의 특별 명령에 의해 범죄자로 박해를 받았습니다.

제국의 박해

데키우스 황제(249~251년) 치세에, 그리스도인들에 대한 박해는 더욱 심해졌습니다. 몇 년 동안 통치가 효과적으로 이루어지지 않자 데키우스 황제는 황제의 권한을 확대하고자 했습니다. 그래서 황제를 비롯한 로마의 신들을 숭배하라고 명령을 내렸고, 수만 명의 그리스도인이 이 명령을 거부했다는 이유로 죽임을 당했습니다. 데키우스 황제의 후계자인 발레리아누스 황제(253~260년)는 그리스도교 신자가 되는 것은 범죄이며 그래서 교회 지도자들을 처형해야 한다는 명령을 내렸습니다.

그 후 조금 잠잠한 시기가 있은 뒤, 교회를 파괴하고 싶어 하는 디오클레티아누스 황제(284~305년)의 치세가 이어졌습니다. 303년경 그는 그리스도교 신자들을 억압하는 여러 칙령들을 내렸습니다. 이때 가장 격렬한 박해가 시작되었습니다. 교회는 폐쇄되었고, 그리스도교 서적은 압수당했습니다. 주교들은 고발되었고, 집회는 금지되었습니다. 디오클레티아누스 황제는 제국 방위 부담을 줄이기 위해 로마 제국을 둘(동과 서)로 분할하여 두 명의 정제가 각각 부제를 1명씩 두어 나누어 통치하도록 하였습니다. 이 사두 정치 체제는 얼마 가지 않아 제국의 분열과 전쟁을 촉발시켰습니다.

변화

디오클레티아누스 황제의 뒤를 이었던 갈레리우스 황제 (305~311년)도 처음에는 그리스도인들을 강하게 억압했습

예수님　　　　500　　　　1000　　　　1500　　　　2000

니다. 그러나 박해가 거의 효과를 거두지 못한다는 것을 깨닫고는 죽기 직전 다른 전략을 택했습니다. 311년 4월 30일, 그는 관용령을 발표합니다. 그는 그리스도인들에게 자신과 제국을 위해 기도해 달라고 요청하기까지 했습니다.

이러한 박해에도 불구하고, 교회는 계속 성장했습니다. 하느님이 교회를 인도하시고 성령의 도움으로 교회를 보호하시기에 교회는 파괴될 수가 없었습니다(tweet 2.13 참조).

순교자와 영웅

1세기에 그리스도인이 되려면 용기와 인내가 많이 필요했습니다. 그들은 체포되고 처형되는 것을 피하기 위해 비밀리에 신앙을 실천해야 했습니다. 신앙을 부인하지 않아 희생된 순교자들은 교회의 영웅 또는 성인이 되었습니다(tweet 4.15-4.17 참조). 순교자를 뜻하는 영어 'martyr'는 그리스어로 '증인'을 의미합니다. 순교자들은 하느님과 함께하는 영원한 삶이 현세의 삶보다 더 중요하다고 증언했습니다. 놀랍게도 그들의 인내와 표양은 다른 사람들을 고무시켜 그리스도인이 오히려 늘어나는 결과로 나타났습니다. 그래서 그리스도인 저술가 테르툴리아누스(†225년)는 이렇게 말했습니다. "너희가 우리를 벨 때마다 우리는 더 배가 된다. 순교자들의 피는 교회의 씨앗이다."(〈호교론〉 50,13) 순교자는 사람들을 위해 기꺼이 당신 목숨을 희생하신 예수님의 길을 따랐습니다. 초기 교회에서, 순교는 그리스도인의 영성 생활에 중요한 요소였습니다.

| 더 알기

현대의 순교자들

지금 우리가 사는 시대에도 그리스도인들은 신앙 때문에 박해를 받습니다. 2011년에 아프가니스탄의 사이드 무사는 이슬람에서 그리스도교로 개종했다는 이유로 6개월 동안 카불에 갇혔습니다. 이슬람 법에 따르면 이 개종은 사형감이었습니다(tweet 2.26 참조). 무사는 국제 공동체의 호소로 결국 풀려났습니다.

2014년에 네덜란드의 예수회원인 프란스 반 데 루그트 신부는 시리아에서 무참하게 살해되었습니다. 그는 시리아에서 종교를 가리지 않고 장애를 가진 사람들을 위해 봉사해 왔습니다. 프란치스코 교황이 언급했듯이, 그는 "늘 누구에게나 너그럽게 그리고 사랑으로 선을 실천했습니다."(2014년 4월 9일 일반 알현)

> 처음에 로마 황제들은 그리스도인이 늘어나는 것을 위협으로 느꼈으며 자신들을 신으로 숭배하지 않는다는 이유로 그리스도인을 박해했습니다.

2.20 콘스탄티누스 황제는 어떤 변화를 가져왔나요?

스탄티누스 황제(306~337년)는 312년 10월 28일에 적들을 물리치고 서로마 제국의 패권을 장악했습니다. 결전에 앞서 콘스탄티누스 황제는 꿈에 십자가를 보았는데 그 십자가에는 "이 표시로 너는 승리할 것이다in hoc signo vinces."라는 글이 새겨 있었습니다. 자신이 거둔 승리가 그리스도 덕분이었다고 믿은 콘스탄티누스 황제는 그리스도교에 대해 호감을 가지게 되었습니다. 하지만 그는 임종을 앞두고서야 세례를 받았습니다.

박해의 끝

313년 2월, 콘스탄티누스 황제는 밀라노 칙령으로 그리스도인들에 대한 박해를 중지했습니다. 그리스도인은 더는 범죄자 취급을 받지 않게 되었고, 빼앗겼던 재산을 돌려받게 됐습니다. 콘스탄티누스 황제의 통치로 그리스도교는 법적으로 인정받았을 뿐 아니라 제국 전역에서 안정과 평화를 누리게 되었습니다(tweet 2.19 참조).

마침내 그리스도인들은 거리낌 없이 신앙을 실천할 수 있었고, 로마 제국 정부에도 가담할 수 있었습니다. 그리스도인들의 수가 급속히 늘면서, 전례 거행을 위해 밝고 큰 건물이 필요하게 됐습니다. 로마의 성 요한 라테라노 대성전과 예루살렘의 주님 무덤 성당 같은 대성전이 이 시기에 지어졌지요(더 알기 참조).

콘스탄티노폴리스

동로마 제국을 장악한 후, 콘스탄티누스 황제는 수도를 비잔티움으로 옮기고는 자신의 이름을 따서 그 도시 이름을 콘스탄티노폴리스로 지었습니다. 이곳이 오늘날 터키의 이스탄불입니다. 콘스탄티누스 황제의 계승자들은 대부분이 그리스도인이었습니다. 배교자 율리아누스 황제(361~363년)만이 그리스도교 신앙을 이교 신앙으로 되돌리고자 했지만 이는 성공하지 못했지요.

380년, 테오도시우스 황제(379~395년)는 칙령으로 니케아 공의회가 정한 신경의 진리를 확인합니다. 니케아 공의회는 325년에 열린 대규모 교회 회의였습니다(tweet 2.23 참조). 테오도시우스 황제의 선언으로, 가톨릭 신앙은 국교가 됐습니다. 밀라노의 주교였던 암브로시오 성인(†397년)은 테오도시우스 황제에게 큰 영향을 미쳤습니다.

동방과 서방

외부의 침입과 내부의 갈등으로 로마 제국은 통일을 유지할 수 없었습니다. 그래서 로마 제국은 다시 동과 서로 갈라졌습니다. 시간이 흐르면서 로마 제국의 동방과 서방 사이에 차이가 커졌고, 이는 교회의 일치를 약화시켰습니다. 로마 제국의 동방은 총대주교좌를 중심으로 한 몇 개의 중요한 교회 지역으로 이루어져 있었습니다. 알렉산드리아,

안티오키아, 예루살렘 총대주교좌가 그것들이었습니다. 나중에 콘스탄티노폴리스도 총대주교좌가 됐습니다(tweet 2.21 참조).

로마 주교인 교황은 서방의 총대주교였습니다. 서로마 제국이 무너지기 시작했을 때도, 로마가 여러 차례 침략을 받았을 때도, 교황은 교회를 이끌었고 문명을 보호했습니다. 예를 들면 대大레오 1세 교황은 452년에 훈족의 아틸라 왕을 설득해 로마를 약탈하지 못하게 막았습니다.

| 더 알기

헬레나 성녀와 예수님의 십자가

헬레나 성녀는 콘스탄티누스 황제의 어머니였습니다. 그녀는 아들에 의해 황후로 임명되었기에 그리스도교 유적들을 찾기 위한 기금을 쉽게 마련할 수 있었습니다. 로마의 역사가 에우세비우스에 따르면, 326년경 헬레나 성녀가 이스라엘로 성지 순례를 갔는데, 거기에서 성녀는 주님 탄생 성당을 지었고 올리브 산에도 성당을 지었습니다.

전설에 따르면, 헬레나 성녀는 예수님이 십자가형을 받으신 곳에 묻혀 있던 십자가 세 개를 찾았습니다. 그녀는 죽음이 임박한 한 여인에게 이 세 십자가를 차례로 갖다 댔는데, 세 번째 십자가가 닿자 그 여인이 바로 치유됐습니다. 이 기적으로 헬레나 성녀는 그리스도가 매달리셨던 진짜 십자가를 확인했지요. 성녀의 아들인 콘스탄티누스 황제는 예루살렘의 그 장소에 주님 무덤 성당을 짓도록 명령했습니다. 헬레나 성녀는 그 십자가의 일부와 예수님 수난과 관련한 다른 유물들을 로마로 가지고 왔습니다.

> 313년에 콘스탄티누스는 그리스도인들을 법적으로 인정하면서 보호했습니다. 이때부터 교회는 급속하게 성장해 영향력을 행사하게 됐습니다.

2.21 초기 교회의 조직은 어떠했나요?

초기 교회는 사도들이 여러 도시에 세운 그리스도인 공동체로 시작했습니다. 이 그리스도인 공동체 간에는 많은 접촉이 있었지요. 이 교회들은 위계적으로 조직됐고, 각 교회는 한 사도의 지도력 아래 있었습니다. 이러한 사도들을 계승한 이들이 지역 주교들입니다. 주교라는 명칭은 그리스어 '에피스코포스(필리 1,1 참조; 사도 1,20 참조; 1티모 3,1-2 참조, 성경에는 '감독'으로 번역 — 역자 주)'에서 유래했지요. 주교를 돕는 이들을 '프레스비테로이'라고 불렀는데, 신부(프리스트priest)라는 말은 여기에서 유래했습니다(1베드 5,1-2 참조; 사도 15,2 참조, 성경에는 '원로'라고 번역 — 역자 주). 그리고 '디아코노이'라고 하는 부제들도 있었습니다. 이들의 주된 과업은 가난한 이들을 돌보는 것이었습니다(필리 1,1 참조; 1티모 3,8-12 참조, 성경에는 '봉사자'라고 번역 — 역자 주). 안티오키아의 이냐시오 성인은 107년쯤에 주교, 신부, 부제 등 삼중 직무에 대한 글을 썼습니다(tweet 3.41 참조).

일의 구분

이때는 주교, 신부, 부제의 역할이 명확하게 나눠지지 않았지만 오늘날 교회 구조의 핵심이 이때부터 있었다는 것은 분명합니다. 주교는 애초부터 그들의 책무를 기도와 안수를 통해 후계자에게 넘겨주었습니다(tweet 2.13, 3.41 참조).

오늘날 우리가 알고 있는 교회 조직이 점차 발전했습니다. 초기 교회에는 이미 언급한 이 세 직분 말고도 다른 역할이 많았습니다. 바오로 사도는 이에 대해서 다음과 같이 언급합니다. "하느님께서 교회 안에 세우신 이들은, 첫째가 사도들이고 둘째가 예언자들이며 셋째가 교사들입니다. 그 다음은 기적을 일으키는 사람들, 그 다음은 병을 고치는 은사, 도와주는 은사, 지도하는 은사, 여러 가지 신령한 언어를 말하는 은사를 받은 사람들입니다."(1코린 12,28) 오늘날에도 우리는 모두 교회에서 특별한 역할을 합니다(tweet 3.42 참조). 이 모든 임무를 공동체의 지도자인 주교와 그들에게 속한 신부의 지시에 따라 또 그들과 상의해서 수행하게 됩니다.

시노드

교회가 조직화되면서, 교회 지도자들의 모임인 시노드가 지역의 문제를 논의하는 새로운 형태가 되었습니다. 이런 식으로 한 교구나 관구의 교회들은 주교에 의해 소집돼 현안을 논의하고 제기된 질문들을 처리할 수 있었습니다. 첫 시노드는 170년경에 열렸습니다. 교회가 시노드를 열어 문제를 처리하는 까닭은 예수님이 당신 이름으로 모인 곳에 당신도 함께하겠다고 하셨기 때문입니다(마태 18,20 참조).

교회 관구

교회가 하나라는 체험은 지역 시노드를 통해 늘어 갔습니다. 로마 제국이 속주들로 이루어졌듯이, 교회도 교회 영역별로 조직화되었습니다. 이를 관구라고 합니다. 하나의 관구는 보통 몇 개의 교구가 모인 형태로 각 교구에는 주교가 있습니다(tweet 2.2 참조).

3세기 말에 이르러, 관구에 속한 큰 도시나 대도시metropolis(관구장metropolitan이란 칭호가 여기서 비롯했다.)의 주교에게 지도적인 역할이 부여되었습니다. 또한 여러 관구들이 함께 그룹을 이루어 총대주교의 지도를 받았습니다(tweet 2.20 참조). 5개 총대주교좌는 로마, 알렉산드리아, 안티오키아, 예루살렘, 그리고 콘스탄티노폴리스였습니다. 뒤의 네 총대주교좌, 특히 콘스탄티노폴리스는 로마를 희생시켜 가면서 그들의 영향력과 힘을 키우고자 했습니다.

> 초기 교회는 사도들이 이끌었으며, 나중에는 주교들이 이 역할을 계승하게 되었습니다. 교회 공동체 안에서는 누구나 각자의 역할이 있었습니다.

2.22 공의회란 무엇인가요?

공의회는 주교들과 교황(또는 교황 대리)의 회의 또는 연속 회의를 뜻하는 말입니다. 공의회는 종종 신학자와 전문가의 도움을 받기도 합니다. 사도들은 예루살렘에서 첫 번째 연속 회의를 했습니다(사도 15,6 참조; tweet 2.18 참조). 거기에서 사도들은 성경에서는 쉽게 찾아볼 수 없는, 신앙에 관련된 질문에 대답해 줘야 했습니다. 이후 공의회를 통한 응답들은 교회 성전聖傳의 일부가 됐습니다(tweet 1.11 참조). 공의회는 이단에 대응하기 위해 소집되기도 했습니다. 이단이란 하느님에 대한 진리를 부인하거나 왜곡하는 것을 말합니다. 이단은 신앙에 대한 그릇된 이해의 결과이며, 신자들을 잘못된 길로 인도하기 때문에 대단히 심각한 문제를 일으키지요. 그래서 이단을 그릇된 교설이라고도 한답니다.

영지주의 Gnosticism

영지주의는 초기 그리스도교 이단 가운데 하나입니다. 영지주의자들은 자기들이 지식으로 구원을 받았으며, 다른 사람들보다 자신들이 더 높은 형태의 지식을 지녔다고 주장했습니다. 그리고 이 지식은 오직 일부 회원만이 얻을 수 있다고도 했습니다. 이것은 모든 사람에게 복음을 전해야 한다는 예수님의 목적과는 완전히 상반되는 주장입니다. 특히 영지주의자들은 사도들에게 부여된 가르치는 권한을 부인하면서 자기네 입맛에 맞는 그리스도교 신앙 내용들만 채택했습니다. 바오로 사도(1티모 6,20-21 참조)와 유스티노(✝165년경) 순교자를 비롯한 초기의 많은 그리스도인 저술가들은 이 이단에 대해 아주 강하게 대응했습니다.

아리우스주의 Arianism

4세기 이집트 알렉산드리아의 신부인 아리우스는 예수님과 성령이 하느님에 의해 창조됐으며 그래서 예수님과 성령이 하느님과 같거나 동등하지 않다고 주장했습니다. 아리우스주의로 알려진 이 이단은 중대한 오류를 내포합니다. 예를 들어, 예수님이 하느님이 아니시라면 그분의 강생이나 구속救贖도 없는 것입니다. 다르게 말하면 예수님이 우리를 구원하실 수 없었다는 것입니다! 아리우스주의는 플라톤에서 유래된 그리스 철학의 한 갈래인 플라톤주의의 영향을 많이 받았습니다. 그래서 교회의 신부들과 주교뿐만 아니라 교육받은 식자들 사이에서 급격히 퍼져 나갔습니다. 이것은 전체 교회 안에서 엄청난 불화를 일으켰으며, 이 문제를 해결하기 위해 공의회가 소집되었습니다.

보편 공의회

지역 시노드(tweet 2.21 참조)로는 전체 교회를 위한 이야기를 할 수가 없었습니다. 그래서 로마 황제는 325년 니케아

예수님　　　　　500　　　　　　1000　　　　　　1500　　　　　　2000

에서 보편 공의회를 소집했습니다. 이를 ('지역regional'과 반대되는) '보편ecumenical'이라고 부른 까닭은 전체 교회의 대표들이 모였기 때문입니다.

교황 사절들과 300명이 넘는 주교와 로마 황제가 아리우스의 주장에 대해 논의하기 위해 모였습니다. 교황과 주교가 함께 내린 결론은 예수님이 바로 하느님이시라는 것이었습니다. 예수님은 창조되지 않으셨으며, 삼위 중 두 번째 위격으로서 언제나 계셔 온 분이었습니다. 이러한 하느님의 아드님이 강생하시어, 살을 취하고 사람이 되셨습니다. 그래서 예수님은 또한 온전한 인간이었습니다. 예수님은 하느님이자 동시에 사람이심을 니케아 공의회는 분명히 한 것입니다(tweet 1.29 참조). 공의회 교부들은 우리가 바치는 신경의 대부분을 작성했습니다. 이 신경은 그다음 공의회인 381년 콘스탄티노폴리스 공의회 때 완성됐습니다(tweet 2.23 참조).

| 더 알기
서방 이단

초기 공의회들은 동방에서 열렸습니다. 니케아는 오늘날 터키에 있지요. 초기 공의회가 열린 다른 장소로는 콘스탄티노폴리스, 에페소, 칼케돈이 있습니다(tweet 2.23 참조). 여기에는 주로 동방 주교들이 참석했습니다. 교황의 비준으로, 이 공의회들의 결과가 전체 교회에 적용됐습니다. 서방의 신학적 문제는 펠라기우스의 가르침에 관련됩니다. 이 수도자는 하느님의 은총과는 상관없이 순전히 인간의 노력에 따라 천국에 갈 수 있다고 생각했습니다. 인간의 능력을 강조한 것이지요. 펠라기우스에 따르면, 사람들이 생각해 온 것만큼 하느님의 은총은 우리에게 필수적이지 않습니다. 아우구스티노 성인은 이 교설에 맞서 격렬하게 싸웠지요.

529년에 열린 서방의 '오랑주 공의회'는 인간이 자기 자신의 노력만으로는 천국에 갈 수 없다고 밝혔습니다. 동시에 이 공의회는 오직 소수의 사람만이 천국에 가도록 정해져 있다는 사상(예정설)도 배격했습니다. 또한 지옥행이 예정돼 있다는 사상 또한 단죄를 받았습니다. 16세기에 칼뱅은 이 가운데 예정설을 다시 주장했습니다(tweet 1.44 참조).

 공의회는 전체 교회를 위해 신앙과 윤리에 관한 질문에 대답하기 위해 소집되는 교황과 주교들의 회의입니다.

2.23 주요 공의회와 그 내용은 무엇인가요?

신앙의 중요한 문제들을 논의해야 할 때, 황제나 교황은 세계적인 교회 회의, 곧 보편 공의회를 소집합니다.

공의회가 열리는 동안, 교황과 공의회에 참석한 주교들은 어떠한 새로운 교리도 새로 지어내지 않았습니다. 결국 신앙은 변치 않으니까요! 대신에 그리스도교가 초기부터 이미 믿어 온 신앙을 명확히 했습니다. 보통은 그때까지 아무도 그것을 공식적으로 선언하는 것이 적합하다고 생각지 못했던 것들이었습니다. 아니면 공식적으로 선언할 이유가 없었던 것이기도 했습니다. 레렝스의 빈첸시오 성인(†445년경)은 교회의 가르침이 이렇게 발전하는 것에 대해서 다음과 같이 말했습니다. 교회 가르침의 발전은 "신앙의 변경이 아니라 참신앙의 발전이어야 한다. 발전은 각 사물이 그대로 확대되는 것을 의미하지만, 변경은 한 사물이 이것에서 다른 것으로 바뀌는 것을 의미한다."《교훈집 commonitorio》 I,23)

초기 공의회

공의회는 신앙과 관련한 의문이나 논쟁이 생겼을 때 소집됩니다. 소집된 주교들과 신학자들은 전체 신앙이라는 테두리 안에서 자신들 앞에 놓인 질문에 답변하려고 노력했습니다. 그러려면 그리스도인으로서 우리가 정확히 무엇을 믿는지가 명백하게 규정되어야 했습니다. 예를 들면 하느님이 셋이며 또한 하나라는 것이 실제로 무엇을 의미하는가?(tweet 1.33 참조) 성부와 성자와 성령은 똑같은가? 하는 질문에 대한 답이 필요했지요.

이런 질문들에서 하느님에 대한 지식이 차근차근 자랐고, 하느님 계시에 대한 올바른 이해가 확장됐습니다. 그 계시는 성경과 성전 모두를 통해 우리에게 옵니다(tweet 1.11 참조). 신앙에 관한 많은 진리는 초기 보편 공의회에서 확립됐습니다. 예를 들면 초기에 열린 두 공의회(니케아 공의회와 콘스탄티노폴리스 공의회)에서 우리가 오늘날까지도 바치는 신앙 고백인 신경이 확립됐습니다.

후속 공의회

트리엔트 공의회는 아주 중요합니다. 이 공의회는 종교개혁으로 제기된 질문에 답을 한 공의회이기 때문입니다(tweet 2.41 참조). 가장 최근에 있던 보편 공의회는 1962년부터 1965년까지 열린 제2차 바티칸 공의회입니다(tweet 2.48 참조). 제2차 바티칸 공의회의 결정들은 아직도 교회의 일상생활과 전례에 큰 영향을 미칩니다. 제2차 바티칸 공의회는 교회에서 평신도의 역할, 사회 및 다른 종교들과의 대화, 그리고 복음 전파에 대한 관심을 새롭게 했습니다.

초기 여덟 차례 열린 보편 공의회

	연도	공의회	중요 결정	반박
1	325	제1차 니케아	그리스도는 온전히 하느님이며 '성부와 한 본체'이시다(동일 본질).	그리스도의 신성을 거부한 아리우스주의에 대한 반박
2	381	제1차 콘스탄티노폴리스	예수님은 온전히 인간이시며 온전히 하느님이시다. 성령은 온전히 하느님이시다.	예수님은 온전한 인간이 아니라고 한 아폴리나리우스에 대한 반박. 또한 성령은 하느님이 아니라고 한 성령피조설파에 대한 반박
3	431	에페소	예수님은 인간이시며 하느님이시다. 그러므로 마리아는 하느님의 어머니(테오토코스)시다.	그리스도에게는 인간적이고 신적인 두 개의 다른 위격이 있으며, 마리아는 오직 인간적 위격의 어머니일 따름이라고 주장한 네스토리우스에 대한 반박
4	451	칼케돈	그리스도는 하느님이시지만 또한 인간이시다. 그리스도는 두 본성(신성과 인성)을 지닌 한 위격이시다.	그리스도는 오직 신적 위격일 뿐이라고 주장한 에우티케스에 대한 반박
5	553	제2차 콘스탄티노폴리스	그리스도는 참으로 하나의 위격이시다.	네스토리우스의 추종자들에 대한 반박
6	680~681	제3차 콘스탄티노폴리스	그리스도는 온전히 하느님이며 온전히 인간이셔서, 신적 의지와 인간적 의지를 모두 다 지니신다.	예수님은 오로지 신적 의지만을 지니시고 그래서 온전히 인간이 아니라는 그리스도 단의설에 대한 반박
7	787	제2차 니케아	예수님은 또한 인간이기도 하시기에 그분을 그림으로 묘사할 수 있다. 우리는 성상을 공경할 수 있다. 그러나 숭배해서는 안 된다(tweet 3.9, 3.22 참조).	성상을 반대하는 성상 파괴 운동에 대한 반박
8	869~870	제4차 콘스탄티노폴리스	인간은 저마다 하나의 영혼과 하나의 육신을 지닌다. 콘스탄티노폴리스가 총대주교좌로 인정되었으며 이를 통해 포시오에 의해 야기된 교회 분열이 종식되었다.	교황의 특별한 권위를 거부한 포시오에 대한 반박 (tweet 2.30 참조)

초기 8차례의 공의회는 신앙에 대한 공격에 대응해 그리스도교 신앙의 핵심을 제시했습니다. 이에 대해 더 많은 물음이 제기되면, 후속 공의회들이 열려 답변했습니다.

 ## 2.24 교부란 무엇인가요?

그리스도교 초기의 교부들은 신앙의 위대한 스승들이었습니다. 그들은 거룩함과 지혜가 뛰어났습니다. 그들은 예수님이 사도들에게 전해 주신 메시지를 모든 시대의 그리스도인이 더욱 잘 이해하도록 도와주었습니다. 그래서 그들의 저술은 여전히 우리에게 매우 귀중합니다.

로마의 성 베드로 대성전에 있는 베르니니의 조각품, '성 베드로좌'는 이 베드로좌를 네 명의 교부들이 받치고 있는 모습으로 표현하는데, 이는 교회가 이 위대한 스승에게 진 빚을 보여 줍니다. 그 네 명의 교부들은 동방의 아타나시오 성인과 요한 크리소스토모 성인, 서방의 암브로시오 성인과 아우구스티노 성인입니다(사진 참조).

사도 교부

사도 교부는 사도들 이후 시대를 산 위대한 그리스도교 스승입니다. 이들은 한 명이나 여러 명의 사도들에게서 가르침을 받았거나 아니면 적어도 같은 시대에 살았습니다. 그들 가운데에는 클레멘스 1세 교황이 있습니다. 그는 베드로 사도에게 서품을 받았습니다. 96년경 그는 코린토의 그리스도인들에게 글을 써서 지도자들에게 순종하라고 권고했습니다. 그리고 100년경에 안티오키아의 이냐시오 성인은 일련의 편지를 썼는데, 이 편지들은 교회가 처음부터 교회 자신에 대해서, 성사와 주교의 역할에 대해서 항상 같은 것을 가르쳐 왔음을 보여 줍니다. 세 번째 사도 교부는 요한 사도의 제자였던 폴리카르포 성인입니다. 사도 교부들에 이어 동방에서는 그리스 교부들이, 서방에서는 라틴 교부들이 있었습니다. 그 교부들 가운데 한 사람이 바로 이레네오 성인이었습니다. 그는 2세기에 리옹의 주교로서 신앙의 왜곡에 반박하는 통렬한 작품인 《이단 반박》을 썼습니다.

예수님　　　　　　500　　　　　　　1000　　　　　　1500　　　　　　2000

그리스 교부들

아타나시오 성인(295~373년) 알렉산드리아의 주교	· 아리우스 이단(tweet 2.22 참조)을 반대함 · 첫 보편 공의회인 니케아 공의회에서 핵심 역할을 함
나지안조의 그레고리오 성인(329~389년) 콘스탄티노폴리스의 총대주교	· (터키 카파도키아 출신인) 세 카파도키아 교부들 가운데 한 사람 · 삼위일체의 본질에 대해서 연구함
대大바실리오 성인(330~379년) 카이사리아의 주교	· 니사의 그레고리오 성인과 형제이며 세 카파도키아 교부들 가운데 한 사람 · 삼위일체에 대해 연구하고 영향력 있는 수도회 규칙을 씀(tweet 2.25 참조)
요한 크리소스토모 성인(345~407년) 콘스탄티노폴리스 총대주교	· 교회의 낭비에 대해 지적하고 가난한 이들을 옹호함 · 설교를 너무 잘해서 크리소스토모('황금 입'을 의미)라는 별명을 얻음

라틴 교부들

알렉산드리아의 암브로시오 성인(339~397년) 밀라노의 주교	· 신앙 문제로 테오도시우스 황제에 맞섬 · 아우구스티노 성인에게 세례를 주었을 때 〈떼 데움(하느님께 바치는 찬가)〉을 지었다고 함
예로니모 성인(347~420년) 사제	· 성경을 라틴어로 번역함(불가타 성경). 이 성경은 수정을 거쳐 지금도 사용되고 있음
히포의 아우구스티노 성인(354~430년) 히포의 주교	· 신학, 윤리, 그리스도인의 일상생활에 대해 많은 것을 가르침 · 《고백록》에서 자신의 회심과 소명에 관한 이야기를 서술함. 회심 과정에서 어머니인 모니카 성녀가 중요한 역할을 함
대大그레고리오 성인(540~604년) 교황	· 영국에 첫 선교사들을 파견함 · 그레고리오 성가는 그의 이름을 딸음

 그리스도교 초기의 교부들은 그리스도와 교회의 신앙에 관해 깊게 생각하고 가르친 거룩한 스승들이었습니다.

2.25 수도 생활은 어떻게 시작됐나요?

교회가 시작했을 때부터 예수님을 가까이 따르고 싶어 한 사람들이 있었습니다. 혼인하거나 재혼하는 대신에, 그들은 기도하고 단순하게 살며 교회와 가난한 이들을 지원함으로써 자신을 하느님께 온전히 바쳤습니다. 그들의 자발적인 증거의 삶은 예수님에 대한 그들의 온전한 헌신을 보여 주었습니다(tweet 2.19 참조).

오직 주님과 함께

그리스도교 초기의 박해가 끝나면서, 그리스도인들은 예수님을 위해 순교자가 되지 않으면서도 예수님을 완벽하게 따르는 삶을 살기 위해 궁리했습니다. 그래서 자신을 하느님께 완전히 내어 드리는 다른 길들이 생겨났습니다. 3세기에, 하느님께만 집중하고자 외딴 사막으로 물러나서 살았던 사람들이 있었습니다. 이러한 사람들을 은수자라고 하는데 초기의 유명한 은수자로 안토니오 성인(†356년)이 있습니다. 그는 예수님이 부자 청년에게 "네가 완전한 사람이 되려거든, 가서 너의 재산을 팔아 가난한 이들에게 주어라. 그러면 네가 하늘에서 보물을 차지하게 될 것이다. 그리고 와서 나를 따라라."(마태 19,21)라고 하신 말씀에 응답했습니다. 안토니오 성인은 예수님과 홀로 있고자 이집트 사막으로 떠났습니다.

공동체

325년에, 이집트 사람인 파코미오 성인은 다른 은수자들과 함께 공동체를 이루어 살기 시작했습니다. 그들은 공동체의 장상에게 복종하고 복음에 헌신할 것을 약속했습니다. 곧 다른 공동체들도 세워졌습니다. 그 가운데는 동방 수도 생활의 아버지인 대大바실리오 성인(†379년)이 세운 공동체도 있었습니다. 4세기에 히포의 주교였던 아우구스티노 성인은 자기 교구의 신부들과 함께 공동체 생활을 이끌었습니다. 그의 출발점은 초기 그리스도인들의 삶이었습니다. 초기 그리스도인들은 "한마음 한뜻이 되어, 아무도 자기 소유를 자기 것이라 하지 않고 모든 것을 공동으로 소유"(사도 4,32)하였습니다.

가난한 이들을 돌봄

그리스도인이 아닌 사람들도 자기 가족을 돌봤을 테고, 부자들도 때로는 매우 너그러웠겠지만 고대 세계에는 많은 경우 조직적인 자선이 없었습니다. 이것이 그리스도교의 태동과 함께 바뀌었습니다. 그리스도인들은 다음과 같은 성경 말씀을 따랐습니다. "누구든지 세상 재물을 가지고 있으면서도 자기 형제가 궁핍한 것을 보고 그에게 마음을 닫아 버리면, 하느님 사랑이 어떻게 그 사람 안에 머무를 수 있겠습니까?"(1요한 3,17)

예수님　　　　500　　　　　　1000　　　　　　1500　　　　　　2000

초기 교회는 일부 남성들을 부제로 뽑았고, 그들은 가난한 이들을 돌보는 데에 전념했습니다(사도 6,2-3 참조). 수도자인 대大바실리오 성인은 4세기에 최초로 자선소를 세웠습니다.

서유럽의 수도원들은 자선뿐만 아니라 문화의 중심지가 되었습니다. 그곳의 수도자들은 의약, 기술, 건축, 예술, 농업 그리고 목축업에 숙달된 사람들이었습니다. 동시에 그들은 도서관과 필사실로 지적 문화를 촉진했습니다. 거기에서 수도자들은 책을 필사하며 공부했습니다. 이것이 그리스도교 학교의 기원입니다. 나중에 대학들은 도시의 수도원을 중심으로 생겨났습니다.

| 더 알기
규칙을 따르는 삶

수도 규칙은 수도자들이 동료 수도자들과 공동체를 이루어 함께 살도록 도와주는 가르침과 합의 사항을 모은 것입니다. 파코미오 성인, 대大바실리오 성인, 아우구스티노 성인의 규칙서들에 감화를 받은 6세기의 베네딕토 성인은 자기 공동체를 위한 규칙서를 썼습니다. 순명과 가난과 정결은 이 규칙서에서 중요한 자리를 차지합니다. 이것을 합친 것이 세 가지 복음적 권고입니다. 이 복음적 권고들은 수도 서원의 핵심을 이룹니다. 베네딕토 성인은 자신의 규칙서와 자신이 세운 수도원으로 인해 서방 수도 생활의 아버지라고 불립니다.

베네딕토 성인의 규칙서는 성 베네딕도 수도회뿐 아니라 다른 수도회에도 큰 영향을 미쳤습니다. 그의 규칙서는 남녀 수도자들이 하느님께 더 가깝게 다가가고 성장하도록 도와줍니다. 베네딕토 성인을 따르는 베네딕도 회원들은 같은 장소에서 함께 살겠다는 것(정주定住)과 공동체 생활의 어려움 때문에 수도 생활을 그만두지 않겠다는 서원을 합니다.

> 하느님께 자신을 온전히 바치기 위해 세상과 떨어져 살았던 사람들로 인해 수도 생활이 시작됐습니다.

2.26 이슬람의 기원은 무엇인가요?

이슬람Islam이란 단어는 '복종'을 의미합니다. 무슬림(이슬람교도)은 글자 그대로 알라Alla('하느님'을 뜻하는 아랍어)께 복종하는 사람입니다. 7세기에 메카 출신의 아랍인 무함마드는 천사 가브리엘이 전해 준 하느님의 계시를 자신이 받아썼다고 주장했습니다(코란 55.4,10,11). 무함마드가 죽은 후 그 계시들은 코란에 취합되었습니다(tweet 1.14 참조). 무슬림에게 무함마드는 가장 위대한 예언자입니다. 무슬림은 아브라함, 모세, 예수도 다른 예언자로 공경하지요. 코란에서는 유다교와 그리스도교 그리고 이교도의 영향을 확인할 수 있습니다. 이슬람에는 경전인 코란 이외에도, 무함마드와 그의 추종자들이 코란을 해설한 '하디스hadith'가 있습니다. 이슬람의 법이라고도 하는 '샤리아Sharia'는 코란과 하디스를 하나로 편찬한 것입니다.

호전적 신앙

일부 아랍인들은 무함마드에게 감명을 받고는 기꺼이 그를 따랐습니다. 하지만 그에게 적대감을 가진 사람들 때문에 무함마드는 622년에 메디나로 달아나야 했습니다. 그곳에 있으면서 무함마드는 자기의 종교를 받아들이기를 거부한 사람들과 자신에게 불충한 사람들에게 지하드(성전聖戰, jihad)를 벌이도록 명했습니다(코란 61.10-12 참조). 그와 그의 추종자들은 폭력으로 이교도 공동체, 유다인 공동체 그리고 그리스도인 공동체를 쳐부쉈고, 630년에 승리하여 메카에 입성했습니다. 무함마드는 632년 죽기 전에 아라비아를 모두 정복했습니다.

예수님과 무함마드 사이에는 중요한 차이점이 있습니다. 예수님은 자신이 하느님의 아들이라고 하셨고(tweet 1.28 참조), 자신의 메시지를 전쟁 없이 전파하셨으며, 인류를 구원하기 위해 죽임을 당하셨습니다. 그분은 심지어 원수들을 위해 기도하시기도 했습니다(루카 23,34 참조; tweet 4.43 참조). 무함마드는 자신이 하느님이 정하신 예언자라고 하며 폭력으로 메시지를 전파하고(코란 8.60 참조), 원수들을 죽여야 한다고(코란 8.12,15,17 참조) 했습니다. 그는 예수님이 하느님이시라는 것과 십자가에서 돌아가셨다는 것 그리고 다시 살아나셨다는 것을 부인했습니다(tweet 1.26 참조).

이슬람의 성장

무함마드가 죽은 후, 무슬림 지도자들은 군대를 이끌고 그리스도교 동방 지역의 많은 부분을 제압했습니다. 그들은 또한 서방을, 처음에는 스페인을 그다음에는 프랑스를 침략했습니다. 732년 샤를 마르텔은 푸아티에에서 큰 전투를 벌여 그들을 격퇴시켰습니다. 10세기에 이르러, 이슬람은 서아시아와 북아프리카, 스페인 대부분과 시칠리아까지 영토를 확장했습니다. 이 지역에서는 이슬람법이 적용됐습니다. 터키인 무슬림들은 1453년 콘스탄티노폴리스를 함락시키고 도시 이름을 이스탄불로 바꾸고는 오스만 제국의 수도로 삼았습니다. 오스만 제국은 전성기에 유럽 남동부를 대부분 장악했고, 1653년에야 오스만 제국은 빈에서 결정적인 패배를 당했습니다. 오스만 제국은 제1차 세계 대전 후에 해체되었지요. 그래서 유럽 대다수 무슬림 지역들은 다시 그리스도인들이 다스리게 됐지만, 중근동 지역에서 그리스도교는 거의 찾아보기 힘들게 되었습니다.

지하드

지하드는 무슬림에게 의무입니다. 코란은 이슬람 신도가 아닌 이들을 알라께 복종시키기 위해 폭력을 사용할 수 있다고 전합니다(코란 8.59, 66.9 참조). 무슬림들은 그리스도인들을 '책의 백성' 곧 성경의 백성이라고 불렀습니다. 무슬림들은 성경의 어떤 대목은 존중하며 또 예수님을 예언자라고 부르기에, 그리스도인을 늘 강제로 개종시킨 것은 아닙니다. 그러나 이슬람법에 의하면 그리스도인은 2등 시민입니다. 그리스도인은 추가로 세금을 더 내야 하고, 신앙을 실천하는 데에 따르는 제약을 견뎌야 합니다(코란 9.29 참조). 우리 시대에는 지하드를 옹호하는 무슬림이 있는가 하면, 자기들과 다른 종교를 믿어도 평화롭게 살고자 하는 무슬림도 있습니다. 그리스도인으로서 우리는 신앙에 관계없이 어떤 사람과도 평화롭게 살기 위해 할 수 있는 모든 것을 다해야 합니다. 최근의 모든 교황들은 곳곳의 정치 지도자들에게 모든 사람이 종교의 자유를 누릴 수 있도록 보장해 줄 것을 요청했습니다. 동시에 교황은 평화로운 복음 선교를 통해 그리스도 신앙을 전파해야 할 중요성을 강조합니다. 예수님이 교회에 명령하신 것처럼 말입니다(마르 16,15 참조; tweet 4.50 참조).

| 더 알기

이슬람에서 꼭 지켜야 하는 다섯 가지 실천 사항

이슬람에 따르면, 모든 사람은 종말에 알라의 심판을 받는다고 합니다. 의롭게 산 사람은 낙원에 갈 것이고 물리적이고 영적인 즐거움을 주는 그곳에서 그들은 침상에 누워 호화로운 식사를 하면서 젊고 아름다운 시종의 섬김을 받을 것입니다. 반면에 사악한 이들은 지옥에 갈 것입니다. 이슬람에는 다섯 가지 꼭 지켜야 할 실천 사항이 있습니다. 이는 '기둥'이라고도 불립니다. 신앙을 고백하기(샤하다shahadah), 하루에 다섯 번 기도하기(살라트salat), 자선을 행하기(자카트zakat), 라마단 기간에 단식하기(사움sawm), 그리고 메카로 순례하기(하지Hajj)입니다. 금요일에 모스크에서 기도하는 것도 의무입니다. 여기에 이맘(이슬람 지도자)의 광범위한 설교가 따릅니다. 이맘의 말은 아주 중요하게 여겨지지요.

7세기에 무함마드는 예수님이 주님이고 구세주임을 부인하며 한 분이신 하느님을 고백하는 종교를 전파했습니다.

2.27 북유럽 지역은 어떻게 가톨릭을 믿게 되었나요?

서로마 제국이 붕괴되면서, 그리스도교는 로마가 한 번도 정복하지 않았던 지역으로도 퍼져 나갔습니다. 5세기 초에 파트리치오 성인(tweet 1.33 참조)은 잉글랜드에서 아일랜드로 복음을 전파했습니다. 아일랜드는 그가 노예로 지낸 곳이었는데, 이곳에 신앙이 뿌리를 내려 번창했고, 많은 수도원이 생겨났습니다. 그 뒤 아일랜드 수도자들은 신앙을 스코틀랜드와 유럽 본토에 선포하기 위해 떠났습니다. 그들은 하느님과의 관계에 대한 개인적 체험과 하느님이 고해성사(tweet 3.38 참조)를 통해 용서해 주심을 많이 강조했습니다.

프랑크인과 프리지아인

6세기 후반, 대★그레고리오 교황은 교회 구조를 과감히 개혁했습니다. 교회는 복음을 세상에 전하는 사명에 대해 더욱 초점을 맞추기 시작했습니다. 596년에 교황은 캔터베리의 아우구스티노 성인에게 잉글랜드의 앵글로-색슨족에게 설교할 임무를 주었습니다. 교황은 또 다른 선교사들을 북유럽으로 보냈습니다. 635년쯤에 아만시오 성인(†675년)이 남부 프랑크 사람들과 북부 저지대의 프리지아 사람들에게 복음을 선포하기 위해 마스트리히트에서 파견됐습니다. 하지만 로마 제국에 포함되지 않았던 유럽 지역에 가톨릭이 전파된 것은 아일랜드와 잉글랜드 선교사들의 활동 덕분이었습니다.

빌리브로르도 성인

아일랜드에서 열두 명의 선교사와 함께 출발한 빌리브로르도 성인이 690년에 저지대(북해 연안에 있는 오늘날의 벨기에, 네덜란드, 룩셈부르크 지역 ― 역자 주)에 있는 프리슬란트 서부 해안에 상륙했습니다. 그는 복음 선교 여정 중에 프랑크왕과 가깝게 지냈습니다. 빌리브로르도 성인이 프리슬란트에 도착한 지 5년 후 세르지오 1세 교황은 그를 주교로 서품했는데, 그의 주교좌(tweet 2.2 참조)는 오늘날 네덜란드의 위트레흐트였습니다. 그의 주된 거처는 룩셈부르크의 에히터나흐였는데, 그는 그곳에 수도원을 세웠습니다. 그런 뒤 그는 덴마크로 건너가 그곳에서 노르웨이까지 신앙을 전파했습니다. 빌리브로르도 성인은 739년에 에히터나흐에서 선종했습니다. 그곳에서는 매년 행렬을 하며 그를 공경하고 기념합니다. 그는 네덜란드 교회의 수호성인이며 축일은 11월 7일입니다.

보니파시오 성인

잉글랜드의 베네딕도회 수도자 보니파시오 성인은 716년에 북해를 건너 게르만 민족에게 복음을 전합니다. 732년 그는 독일 마인츠의 대주교로 임명되었으며, 거기에서 복

음을 전하다가 다른 선교사들을 지원하기 위해 여러 번 여행을 떠나기도 합니다. 그는 프리지아 북부 사람들에게도 복음을 전하러 갔습니다. 보니파시오 성인은 754년 도쿰에서 이교도들에게 살해됐습니다. 전승에 따르면, 그는 첫 번째 칼을 피하고자 머리 위로 무거운 성경을 들어 올렸다고 합니다. 네덜란드 도쿰에는 큰 칼자국이 난 커다란 성경이 아직도 있습니다. 독일 교회의 수호자인 보니파시오 성인의 축일은 6월 5일입니다.

> 8세기에 빌리브로르도 성인과 보니파시오 성인과 같은 잉글랜드와 아일랜드 출신의 선교사들이 북유럽에 신앙을 전했습니다.

2.28 중세에 왕과 교황의 관계는 어떠했나요?

그리스도교는 점차 유럽 전역으로 퍼져 나갔습니다. 종종 부족장이나 왕의 개종은 중요한 역할을 했습니다. 프랑크족의 클로비스 왕이 500년쯤에 세례를 받았을 때, 동로마 제국과 서로마 제국의 황제는 모두 가톨릭 신자였습니다. 마자르족(헝가리인)의 개종은 그들의 왕 스테파노 성인(†1038년)이 세례를 받음으로써 시작됐습니다. 그리고 보헤미아에서 그리스도인들이 융성한 것은 국왕인 벤체슬라오 성인(†935년) 덕분입니다.

프랑크인의 왕들

중세 초기에 프랑크인의 역할은 점점 더 중요해졌습니다. 754년에 스테파노 2세 교황은 피핀을 프랑크 왕국의 왕으로 책봉했습니다. 2년 후 로마가 롬바르디아족에게 포위당했을 때, 피핀은 교황을 구하러 갔습니다. 더불어 피핀은 교황이 로마와 이탈리아 북부의 많은 지역을 직접 통치할 수 있도록 교황에게 영토도 마련해 주었습니다. 이것이 바로 교황령의 시작입니다. 이 교황령은 1870년까지 존속했습니다(tweet 2.44-2.45 참조).

800년 성탄절에, 피핀의 아들 샤를마뉴가 레오 3세 교황에 의해 성 베드로 대성전에서 신성로마 제국의 황제에 올랐습니다(그림 참조). 이 제국은 서유럽의 대부분을 지배했습니다. 그래서 이제 서방은 동방, 곧 콘스탄티노폴리스와 대등한 지도자를 갖게 되었지요(tweet 2.20 참조). 샤를마뉴는 열렬한 그리스도교 신자였습니다. 그는 많은 개혁을 이행하며 교회와 사회를 도왔습니다. 그리스도교 혼인을 게르만족에게 도입한 것도 그 하나입니다.

귀족과 가신들

샤를마뉴가 죽은 후, 얼마 되지 않아 그의 제국은 붕괴됐습니다. 귀족이 모든 권력을 장악하는 사회 구조가 생겨났지요. 군주는 신하(가신)들에게 봉사와 충성의 대가로 그들을 보호해 주어야 했습니다. 이러한 형태로 된 작은 왕국들이 생겼습니다.

귀족들은 자신들의 영지 내의 교회를 통제하기를 원했습니다. 예를 들면 신부를 임명하는 권리를 갖고자 한 것이지요. 교황은 자신을 지지하는 강한 후원자가 없었기에 권력을 지닌 가문들의 입김에 영향을 받아야 했습니다. 이러한 경향은 당시 교황들이 그다지 결단성 있는 자세를 보이지 않았기에 더욱 심했지요. 이때는 신자와 성직자와 수도자들의 윤리적 쇠퇴기였습니다. 참으로 '암흑기'였습니다.

독일 왕들

962년 교황은 독일의 오토 1세 국왕을 황제로 대관했습니다. 그래서 신성로마 제국의 지도력이 독일인의 손에 넘어

갔습니다. 당시 주교들은 귀족 칭호와 함께 관할 영토를 받았고, 일부 성직자들은 훨씬 더 세속적인 행태를 띠었습니다. 교황은 황제에게 관을 씌워 주었고, 황제는 교황 선거가 공정하게 치러지도록 보증했습니다. 하지만 이러한 협력은 긴장으로 이어졌습니다. 황제와 교황 모두 최종 결정권이 자기에게 있다고 주장했기 때문입니다. 교회에서는 또한 온갖 형태의 권력 남용이 있었습니다. 개혁이 절실했던 시기였습니다. 이 개혁은 1073년에 그레고리오 7세 교황이 선출되며 시작됩니다(더 알기 참조).

| 더 알기

그레고리오 개혁

그레고리오 7세 교황(†1085년)은 첫째로, 독신 서약(tweet 2.25 참조)을 지키지 않는 성직자들을 정리하라고 명했습니다. 둘째, 그는 또한 성직을 비롯한 다른 거룩한 것들을 돈을 받고 매매하는 것(성직 매매)에 대해 강하게 반대했습니다. 셋째, 그는 세속 통치자들이 성직자를 임명하는 것을 막고자 했습니다. 황제와 귀족들이 주교와 신부의 임명에 점점 더 큰 발언권을 행사했기 때문입니다. 그레고리오 7세 교황은 성직 임명에 있어 올바른 질서를 회복하고 싶었던 것이지요.

그는 교회를 개혁했고 주교 임명에서 교황의 자주권을 회복했습니다. 하지만 이는 하인리히 4세 황제(†1106년)와의 싸움으로 이어졌습니다. 주교들은 봉토도 다스렸기 때문입니다. 그래서 그레고리오 7세 교황은 교황이 그리스도인들에 대해 영적인 권한과 세속적인 권한을 함께 갖는다고 공적으로 선언했습니다(《교황 교서Dictatus papae》).

> 일부 초기 그리스도교 왕들은 성인이었습니다. 초기에 왕이 그리스도교 신자가 되는 일은 다른 사람들의 개종에 큰 영향을 미쳤습니다. 하지만 중세에는 황제와 교황이 주도권을 놓고 자주 다투었습니다.

2.29 중세에 일어난 영적 쇄신은 무엇인가요?

중세에 가톨릭 신앙은 부침을 겪었습니다. 한창일 때는 그리스도의 생애에 대한 관심이 높았습니다. 이때 사람들은 예수님에 관해 더 배우고 싶어 했으며, 예수님과 더 가까이 닮고 싶어 했지요. 이 시기에 수도회가 많이 설립되었답니다. 평신도들도 예수님이 그들의 삶에서 어떤 의미를 지니는지, 예수님을 올바로 따르는 길은 무엇인지 고민했습니다.

수도원과 수도자들

10세기에, 베네딕도회의 클뤼니 대수도원이 설립됐습니다. 이 대수도원은 교황 직할 수도원으로 신앙, 문화, 예술을 쇄신하는 중심지가 됐습니다. 많은 수도원이 클뤼니 수도원에 동참했습니다. 한창때는 1,200곳이 넘는 수도원이 클뤼니 수도원에 속해 있었습니다.

12세기에는 새로운 수도회들이 많이 설립되었습니다. 이 수도회들은 그리스도교 세계에 큰 영향을 미쳤습니다. 시토회 수사들은 베네딕도회가 원래 가지고 있던 단순함으로 돌아가고자 했습니다. 그들은 클뤼니 수도원의 웅장함과 화려함에 반발했지요. 클레르보의 베르나르도 성인(†1153년)과 같은 지도자들의 영향 아래 시토회 수사들은 많은 시간을 기도하고 농지에서 고된 노동을 하는 데 바쳤습니다. 그들의 방식은 '기도하고 일하라Ora et labora'라는 베네딕도회의 원래 모토를 반영하는 것이었습니다.

13세기에는 탁발 수도자들이 나타났습니다. 프란치스코 회원들과 도미니코 회원들은 돌아다니면서 복음을 듣고 싶어 하는 사람이면 누구에게나 말씀을 전했습니다(tweet 2.9 참조). 그리고 아무것도 소유하지 않고 사람들이 갖다 주는 것만으로 살았습니다. 그래서 처음에는 수도원도 없었으며, 자기들을 수도자가 아닌 '형제friars'('형제'를 뜻하는 라틴어에서 나옴)라고 불렀습니다.

이해를 추구하는 신앙

13세기에는 신앙 공부에 대한 열기가 다시 타올랐습니다. 이러한 열기에는 도미니코 회원들과 프란치스코 회원들이 큰 역할을 했습니다. 이들은 주어진 주제에서 논제를 꺼내 조리 있게 변론하고 반론하는 이성적 논쟁을 통해 신앙에 대한 지식을 심화하는 것이 신학이라고 생각했습니다. 중세에 개발된 이러한 진리 탐구 방법을 스콜라 철학이라고 부릅니다. 토마스 아퀴나스 성인(†1274년) 같은 대사상가들은 교회 교부(tweet 2.24 참조)들의 저술들과 고대 그리스 철학자들, 특히 아리스토텔레스의 저술들을 공부했습니다. 오늘날에도 토마스 아퀴나스 성인의 저작은 모든 가톨릭 신학생과 신학자들이 공부하고 있습니다. 이런 지성적인 환경에서 최초의 대학들이 세워졌습니다. 1215년에 인노첸시오 3세 교황(✝1216년)은 파리 대학을 첫 교회 대학으로 인정했습니다. 오래지 않아 옥스퍼드 대학, 볼로냐 대학, 살라망카 대학이 생겨났습니다. 1450년에 이르렀을 때, 유럽에는 50개가 넘는 대학이 있었습니다.

새로운 신심

14세기에 현재 베네룩스 3국(벨기에 · 네덜란드 · 룩셈부르크) 지역에서는 '데보티오 모데르나Devotio moderna(새로운 신심 운동)'라는 영적 운동이 생겨났습니다. 데벤터르의 헤이르트 흐로테(✝1384년)는 '공동생활 형제회'라는 공동체를 세웠습니다. 이 공동체의 회원은 수도 서원을 하지 않은 평신도였습니다. 그들은 세상에서 물러나지 않고 오히려 일상 업무를 하면서 기도하고 단순하게 그리스도인 삶을 살았습니다. 이 운동에 가담한 수도원도 있었습니다. 이 새로운 신심은 주로 현재 네덜란드와 독일 지역에서 확산되어 네덜란드 철학자 에라스무스(✝1536년), 화가 히에로니무스 보스(✝1516년)를 비롯한 여러 사람에게 영향을 미쳤습니다. 토마스 아 켐피스의 《준주성범》은 이 전통에서 나온 책으로, 이 책은 지금도 전 세계에서 많이 읽히고 있습니다.

| 더 알기

중세 미술

중세의 거의 모든 예술 작품은 본질적으로 종교적이었습니다. 또한 웅대한 주교좌성당과 여러 성당이 도시에 세워졌지요. 이 성당을 짓는 건축 양식은 로마네스크의 둥근 아치 양식에서 뾰족한 고딕 양식으로 대체되었습니다. 건축가들은 건물 안에 빛이 더 많이 들어오도록 시도했습니다. 이 시대의 스테인드글라스, 조각품, 그림들은 신앙의 신비를 잘 설명해 줍니다. 그것들의 아름다움은 초자연적인 것을 반영하지요.

중세에는 그리스도를 따르려는 새로운 수도회들이 많이 설립됐습니다. 또한 지식과 이해의 교류를 증진하기 위해 가톨릭 대학들이 설립됐습니다.

2.30 정교회는 어떻게 생겨났나요?

서로마 제국이 붕괴되기 시작하면서, 서로마 제국과 동로마 제국의 차이는 갈수록 심해졌습니다. 처음에 그러한 차이가 나타나기 시작한 까닭은 언어가 달랐기 때문입니다. 동방에서는 그리스어가 주로 사용됐고, 서방에서는 라틴어가 주로 사용됐습니다. 그런 까닭에 상호 이해가 이전처럼 쉽지는 않았지요.

콘스탄티노폴리스 vs 로마

콘스탄티누스 황제가 콘스탄티노폴리스를 수도로 삼은 이후, 로마의 중요성은 줄어들었습니다. 제국이 다시 둘로 갈라지면서, 서방과 로마는 여러 부족들에게 침략을 받았습니다. 하지만 이 모든 소용돌이 속에서도, 로마는 '영원한 도시'이자 교회의 영적 중심으로 남았습니다. 451년에 이르러, 콘스탄티노폴리스의 총대주교는 로마의 총대주교가 아니라 자기가 교회에서 수위권을 지녀야 한다고 주장했습니다. 이어지는 몇 세기 동안, 동방과 서방 간의 긴장은 계속 커졌으며, 대부분이 정치적인 것이었습니다. 게다가 9세기에, 콘스탄티노폴리스의 포시오 총대주교는 성령이 성부에게서 발하시느냐 아니면 성부와 성자에게서 발하시느냐 하는 문제를 두고 논쟁을 벌이면서 교황의 반대편에 섰습니다(tweet 1.31 참조).

정교회

1054년에 교회의 동방과 서방 사이에 결정적인 분열이 생겼습니다. 콘스탄티노폴리스 케룰라리우스 총대주교와 교황 사절 훔베르트 추기경 사이의 감정이 격해져, 두 사람은 서로 상대방을 파문했습니다. 교황 사절이 어느 정도까지 교황을 대신해서 발언할 수 있었는지는 분명하지 않지만 그로 인한 해악으로 결국 그리스도교는 그때부터 로마 가톨릭교회와 동방 정교회로 갈라졌습니다.

정교회들은 여전히 교황의 최고 권위를 받아들이지 않습니다. 하지만 최근에 가톨릭과 정교회는 대화와 화해의 다양한 노력을 통해 서로 가까워졌습니다(tweet 2.12 참조). 동방 교회와 서방 교회의 미래와 화해를 위한 기도는 여전히 아주 중요합니다.

동방 가톨릭

1596년 브레스트 공의회 이후로, 일부 정교회가 가톨릭교회와 다시 공동체를 이루게 되었습니다. 이 교회들이 동방 가톨릭입니다. 이들은 교황을 인정하면서도 동방의 전례를 계속 거행하며 교황이 승인한 고유한 교회법전을 갖고 있습니다(tweet 4.11 참조). 그래서 로마 가톨릭과 동방 가톨릭은 하나의 교회를 이룹니다.

예수님　500　1000　1500　2000

| 더 알기
교회인가요 가톨릭인가요?

넓게 말하자면, 가톨릭과 정교회는 신앙에 관해서 일치합니다. 가톨릭과 정교회 둘 다 삼위일체이신 하느님, 예수님을 통한 구원(tweet 1.27, 1.33 참조), 그리고 성사에서 그리스도의 현존(tweet 3.35 참조)을 믿습니다. 정교회(와 동방 가톨릭)의 전례는 가톨릭 전례와 다릅니다. 그들의 교회 건물의 외양과 디자인이 다르듯이 말이죠. 세례 때, 정교회 신자의 아기들은 바로 견진을 받고 성체를 영합니다(tweet 3.49 참조). 개신교와 달리, 정교회는 우리 가톨릭과 마찬가지로 일곱 성사를 거행합니다. 그리고 그 성사들은 가톨릭의 관점에서도 유효합니다. 예수님은 정교회의 성찬례에 당신의 몸과 피로 참으로 현존하십니다(tweet 3.48 참조). 만일 가톨릭 사제를 찾을 수 없다면, 정교회 사제에게 가서 성사를 달라고 청할 수 있습니다(tweet 3.49 참조).

정교회는 가톨릭교회와 다르게 조직돼 있습니다. 가톨릭교회와 마찬가지로, 정교회의 주교와 신부는 서품됨으로써 사도들에게로까지 거슬러 올라가는 직무를 받습니다. 그 직무가 대를 이어 내려온 것이지요(tweet 2.15 참조). 총대주교와 주교는 지역 교회 또는 국가 교회를 이끕니다. 물론 때때로 한 총대주교가 그러한 역할을 수행하고자 시도하기는 합니다만 교황과 같은 중심 지도자는 없습니다. 10억 명이 넘는 신자를 둔 가톨릭교회(tweet 2.1 참조)에 이어, 정교회는 세계에서 두 번째로 큰 그리스도교 신자 집단이랍니다. 신자 수는 약 3억 명입니다.

 1054년에 가톨릭교회와 동방 정교회 사이에 분열이 생겼습니다. 둘 다 같은 것을 믿었지만 통치 형태가 서로 달랐습니다.

2.31 폭력을 사용하는 십자군이 왜 있었나요?

3세기부터 그리스도인들에게는 예수님이 사셨던 성지(팔레스티나)를 순례하고자 하는 열망이 있었습니다. 성경에 나오는 거룩한 장소에서 예수님의 발자취를 따라 걷는 것은 특별한 체험이니까요. 그런데 7세기에 이슬람이 생겨나(tweet 2.26 참조) 중동 지역을 장악했습니다. 이로 인해 성지 순례는 더욱 어려워졌지만 순례의 전통은 계속 이어졌습니다.

지하드

10세기까지 성지 순례를 가는 사람들의 숫자는 계속 늘었습니다. 아랍의 파티마 왕조 때에는 이러한 그리스도인이 환영을 받았지요. 부분적으로는 순례자들과 함께 유용한 거래가 이루어질 수 있었기 때문입니다. 하지만 비교적 평화로웠던 이 시기는 11세기에 투르크인이 부상하면서 끝나고 말았습니다(tweet 2.26 참조). 이 무슬림들은 지하드를 설파했으며, '신앙이 없는' 그리스도인에게 칼로써 이슬람의 가르침을 전파하고자 했습니다. 이들의 목표는 전 세계를 이슬람으로 개종시키는 것이었습니다. 투르크인들은 성지에 있는 그리스도인을 억압했고, 순례는 아주 위험한 일이 되었습니다. 그리스도인들은 잔혹한 고문을 당했고 개종을 거부하면 살해됐습니다.

십자군

무슬림의 잔혹함에 대한 소식이 유럽에 전해졌습니다. 이 소식은 성지의 그리스도인들을 수호하기 위해 뭔가를 해야 한다는 신념과 성지 순례가 가능하도록 해야 한다는 신념으로 이어졌습니다. 수많은 그리스도인이 자원해서 무슬림들과 싸웠습니다. 성지를 장악하기 위해서였지요. 특히 십자군 원정 초기에 이러한 결단은 온전히 신앙의 문제, 하느님과 이웃을 위한 자비의 행위였습니다. 1095년에 우르바노 2세 교황은 비잔틴 황제의 도움 요청에 응답해 제1차 십자군에게 강복을 주었습니다. 십자군이 되는 것은 부분적으로는 순례를 이행하는 것이었습니다. 하느님께 가는 길에 있는 사람들을 도와주었기 때문입니다. 또 부분적으로는 군사 징집이었습니다. 3년 후 무슬림들은 패배했고 예루살렘은 십자군이 정복했습니다. 이후 수많은 십자군 운동이 200년 동안 이어졌습니다.

폭력

그렇지만 그리스도인들이 같은 사람에게 어떻게 무기를 들 수 있었을까요? 글쎄요, 출발은 그리스도교적 이상이었답니다. 즉 그리스도교를 반대하는 침입자들로부터 그리스도인들을 보호하고 예수님이 걸으셨던 거룩한 땅을 탈환하는 것이었지요. 하지만 이 이상이 때로는 잔혹한 대량

학살과 기습 공격으로 이어졌습니다. 일부 십자군들은 부당하게도 십자가를 착용했는데 이는 결코 정당화될 수 없습니다. 요한 바오로 2세 교황은 한 이슬람 사원을 방문했을 때에 무슬림과 그리스도인 양편 모두에서 때로는 하느님의 이름으로 저지른 악행과 관련해, 이렇게 말했습니다. "무슬림과 그리스도인이 서로 공격했던 그 모든 시간에 대해, 우리는 전능하신 분께 용서를 청하고 또 서로를 용서해야 합니다."(2001년 5월 6일) 무장한 십자군이 끝난 것은 무슬림 지역에서 프란치스코 회원과 같은 탁발 수도회 수도자들이 평화롭게 복음을 설교하기 시작한 때와 일치한다는 것을 알아 두는 것이 좋습니다.

| 더 알기

성전 기사 수도회

제1차 십자군 운동(1095~1101년)이 끝나고 9명의 프랑스 귀족이 성전 기사 수도회를 세웠습니다. 그들은 성지를 해방함으로써 교회에 봉사하고 싶었습니다. 전장에 용감하게 뛰어든 잘 훈련된 기사들 덕에, 기사단은 아주 성공을 거두었습니다. 붉은 십자가가 그려진 하얀 제복을 입은 기사들을 많은 신자들이 후원했습니다. 그래서 이 기사 수도회는 곧 큰 부를 쌓게 됐습니다. 그들은 교황 직속이었지요. '미남왕'이라고 불렸던 필리프 4세 국왕(†1314년)은 기사 수도회로부터 거액의 돈을 빌렸습니다. 그리고 기사 수도회가 많은 권력을 지니고 있었으며 국가에 대해 독립성을 유지하고 있었기에 필리프 4세 국왕은 이들이 이단이며, 교회에 복종하지 않는다고 무고했습니다. 1307년 10월 13일 금요일에 프랑스 전역에서 이 기사들을 체포하고 고문했습니다. 그때부터 13일의 금요일을 불행과 연관 짓게 되었습니다. 1312년에 교황은 이 기사 수도회를 정식으로 해산시켰습니다.

 십자군은 무슬림들의 압제에 맞서 성지의 그리스도인들을 보호하기 위한 것이었습니다만, 십자군들이 잘못된 수단을 사용하는 경우가 많았습니다.

2.32 스페인 종교 재판소란 무엇이었나요?

초기 그리스도교에서 이단이 사라진 후, 중세에 그릇된 가르침의 새로운 형태들이 나타났습니다. 남부 프랑스의 카타리파 회원들은 일종의 영지주의(tweet 2.22 참조)를 설파하면서 구약 성경을 본질적으로 배격했습니다. 영국의 학자 존 위클리프(†1384년)와 프라하 출신의 사제 얀 후스(†1415년)는 개신교(tweet 2.36 참조)의 전조가 되는 메시지를 퍼뜨렸습니다. 12세기에 왕들은 이단 및 신앙의 오류에 대한 조치를 점점 더 강화했습니다. 여러 지역에서 법정이 생겨났고, 이단들을 기소했습니다. 결국 13세기에 그레고리오 9세 교황(†1241년)은 도미니코회 수사들에게 이단 심문관(믿음에 대한 판사)으로서 신앙을 옹호하고 이단과 싸우라고 명했습니다.

검사성성

16세기 초에 바오로 3세 교황은 6명의 추기경으로 이뤄진 한 위원회를 설립했습니다. 위원회의 일은 신앙의 문제들을 감독하는 것이었습니다. 이 위원회가 검사성성으로 알려지게 됐습니다. 20세기에 이를 이어 받은 것이 신앙교리성입니다. 신앙교리성은 신앙의 진리를 수호하고 교회 안에서 이를 심각하게 침해하는 것에 대해 징계 조처를 취하는 역할을 맡고 있습니다(tweet 2.5 참조).

스페인 종교 재판소

스페인 종교 재판소는 전혀 다른 기구였습니다. 이 종교 재판소는 스페인 왕이 1480년에 자기 영토에서 순수한 가톨릭 신앙을 보장하기 위해 세웠습니다. 이 기구의 목적은 유다교나 이슬람을 비밀리에 실천하는 거짓 그리스도교 개종자들을 밝혀내는 것이었습니다. 이 종교 재판소는 이단으로 무고를 받았던 이들의 명예를 회복시켜 주기도 했습니다. 처음에 이러한 스페인 왕의 행동은 식스토 4세 교황의 지지를 얻었습니다. 하지만 식스토 4세 교황은 2년 후에 이렇게 항의했습니다. "이 종교 재판소가 신앙과 영혼의 구원에 대한 열정으로 움직이는 것이 아니라 부에 대한 탐욕으로 움직이고 있다."(1482년 4월 18일) 하지만 왕은 정의롭게 운영하라는 교황의 요청에 귀 기울이지 않았습니다. 그래서 스페인 종교 재판소는 계속됐지요.

필리페 2세 국왕 때, 종교 재판소의 활동은 유럽 북부로 확대됐습니다. 이단, 미신, 이중 결혼, 마법, 남색, 신성 모독 등으로 고발된 사람들은 종교 재판을 받았습니다. 1560년부터 1700년 사이에 5만여 건의 소송이 있었습니다. 그리고 그중 대단히 많은 소송에서 종교 재판소에 관여한 이들은 교회의 이름으로 사람들에게 끔찍한 범죄를 저질렀습니다. 반유다주의Anti-Semitism, 마녀로 여겨지는 이들에 대한 화형, 고문 행위 등은 종교 재판소가 교회 역사의 암흑의 장이 되도록 만들었습니다.

가해자들은 자신들의 행동이 구약 성경에 입각해 정당화된다고 하는 일부 신학자의 그릇된 생각을 따랐을 수도 있습니다. 하지만 그리스도인은 기본적으로 사랑의 소명을 받았습니다. 그런데 종교 재판소가 행한 많은 행위는 사랑과는 무관했습니다.

거룩하지 않은 교회?

종교 재판소는 사람들이 교회를 비판할 때 흔히 첫 번째로 언급됩니다. 하지만 예수님이 세우신 교회는 교회를 위해 일하는 사람들과 구별돼야 합니다(tweet 2.13 참조). 교회는 죄인들로 구성되었습니다. 그들 가운데 어떤 이들은 끔찍한 행위를 저지르기도 했습니다. 2000년 대희년에 요한 바오로 2세 교황은 이 모든 죄에 대해 분명하게 용서를 청했습니다(2000년 3월 13일).

| 더 알기

좀 더 정확히 알아야

종교 재판소가 저지른 오류는 결코 용납될 수 없는 것입니다. 하지만 사실을 제대로 아는 것이 좋습니다. 종교 재판소가 수백만 명을 죽였다고들 말하지만 현대 학자들은 희생자는 수백 혹은 수천 명이었다는 게 현실적인 숫자라고 언급합니다.

그리고 종교 재판소의 법정들은 잔혹하고 부당하다고만 알려졌지만 그 당시 세속 법정들은 더 한층 나빴습니다. 그래서 사람들 대부분은 교회 법정에서 재판을 받으려고 했습니다. 또한 개신교에도 종교 재판소가 있었습니다. 여기에서는 '가톨릭을 믿는 이단들'을 고문하고 살해했지요. 그 당시에는 그리스도의 이름으로 끔찍한 일들이 대단히 많이 저질러졌습니다.

 스페인 왕은 신앙을 순수하게 유지하기 위해 종교 재판소를 세웠습니다. 하지만 이 종교 재판소는 부패하였고 교회의 이름으로 끔찍한 행위들을 저질렀습니다.

2.33 르네상스가 시작할 때에 교회에는 무슨 일이 있었나요?

중세의 많은 교황은 엄밀하게 성인은 아니었습니다. 예를 들어 보니파시오 8세 교황(†1303년)은 신자들을 이끄는 목자라기보다는 법학자에 더 가까웠습니다. 그는 교황 권력과 관련해 프랑스의 필리프 4세 국왕과 충돌했고, 1303년에 프랑스 국왕의 사절에게 (뺨을 맞는 모욕을 당한 후) 포로로 끌려갔습니다.

아비뇽에서 바닥을 치고

1309년에 보니파시오 8세 교황에 이어 클레멘스 5세가 교황이 되었습니다. 프랑스인이었던 그는 교황좌를 프랑스 아비뇽으로 옮겼습니다. 6명의 그의 후계자(부록 3 참조)는 모두 프랑스인으로서 아비뇽에서 살았습니다. 그리고 프랑스 왕의 영향력 아래에 들었지요. 그러나 1377년 이탈리아 출신인 시에나의 가타리나 성녀의 개입으로, 그레고리오 11세 교황은 로마로 돌아왔습니다. 하지만 그것으로 교회의 어려움이 끝난 것은 아니었습니다. 우르바노 6세 교황이 그레고리오 11세 교황의 후계자로 선출된 다음 몇 개월이 지나, 프랑스 추기경들은 독자적인 그들의 교황을 선출했는데, 그는 '대립 교황antipope'이었습니다. 그는 또다시 아비뇽에 거처를 잡았습니다. 이것이 로마 가톨릭교회 안에서 벌어진 대이교大離教(분열)의 시작입니다. 서로 경쟁하는 교황들은 자기가 합법적인 교황이라고 주장하면서 상대방을 파문했습니다. 이로 인해 누가 진짜 교황인지를 놓고 그리스도인들 사이에 큰 혼란이 생겼습니다. 교황이라고 주장하는 사람이 셋일 때도 있었으니까요! 이런 상황은 1417년에 와서야 콘스탄츠 공의회로 해결됐습니다. 이 공의회에서 모든 파당들이 마르티노 5세 교황을 유일한 진짜 교황으로 인정했기 때문입니다.

쇄신은 여전히 전무하고

이런 사건들을 거친 후, 교회에는 참된 쇄신이 필요했습니다. 또한 예수 그리스도를 온전히 따르는 데 관심을 쏟을 필요가 있었습니다. 하지만 그런 개혁이 일어날 때까지 시간이 더 필요했습니다. 15세기에 교황들은 유럽 예술과 유럽 지성의 수호자였습니다. 그런데 교황이 점점 더 부유해지면서 세속적으로 변했습니다. 친척에게 일자리나 관직을 주고(네포티즘) 성스러운 것들을 파는(성직 매매, 시모니즘) 일들이 자주 벌어진 때가 이 시기였습니다.

르네상스

르네상스는 고대 로마와 그리스의 지혜에 대한 관심이 다시 일어난 시기였습니다. 신대륙의 발견과 함께 르네상스는 과학, 예술, 그리고 교회 생활에 대해 새롭게 접근했습니다. 이 시기에 오늘날에도 걸작으로 여겨지는 많은 그림

| 더 알기

개혁을 추구한 하드리아노 6세 교황

1522년에 네덜란드 위트레흐트 출신의 아드리안 플로렌츠가 추기경들에 의해 하드리아노 6세 교황으로 선출됩니다. 하지만 추기경들 대다수는 곧 그 선택을 후회합니다. 그는 당시 로마 교황청의 많은 관리들과는 대조적으로, 아주 검소한 삶을 살았기 때문입니다. 이는 즉시 큰 긴장으로 이어졌는데, 교황이 성직자들의 직무 남용을 방지하는 데에 열성이었기 때문입니다.

또한 프랑스의 프랑수아 1세 국왕 때문에도 긴장이 발생했습니다. 교회에 또 다른 분열의 위협이 있었던 것입니다. 아비뇽의 대립 교황들에 대한 기억이 채 가시지도 않았을 때였기에 하드리아노 6세 교황은 교회의 분열로 이어질 수 있는 불협화음을 어떤 대가를 치르고서라도 피하고 싶었습니다. 하드리아노 6세 교황 치세 때 교회를 가장 크게 위협한 것은 바로 종교 개혁이었습니다. 불과 몇 년 사이에 루터에게는 많은 추종자들이 생겼습니다. 특히 독일 제후들 사이에서 그러했지요(tweet 2.36 참조). 게다가 1523년, 교황에 즉위한 지 겨우 1년 2주 만에 하드리아노 6세 교황이 선종했습니다. 그는 로마에 있는 산타 마리아 델 아니마 성당에 묻혔습니다. 이후에 이탈리아 사람이 아닌 교황이 교황좌에 앉게 된 것은 1978년 요한 바오로 2세 교황이 선출되었을 때입니다(tweet 2.50 참조).

과 조각품과 건축물이 나왔습니다. 그런데 한 가지 큰 문제가 있었습니다. 그것은 고대의 예술에 대한 새로운 관심과 함께 현세 사물이 더욱 중요하게 여겨지기 시작한 것입니다. 이때부터 하느님이 아니라 사람이 무대의 중심을 차지했습니다.

> 르네상스는 하느님이 아니라 인간 중심의 사고를 가져왔습니다. 중세 때와 마찬가지로 때때로 교회 지도자들은 약하거나 악한 경우도 있었습니다.

2.34 교회는 왜 아메리카 원주민들에게 잔인했나요?

콜럼버스 같은 탐험가들이 신대륙을 발견하자, 유럽인들은 세계가 자신들이 상상했던 것보다 훨씬 크다는 것을 깨달았습니다. 15세기 후반과 16세기 초반에 신앙을 전파하려고 북아메리카와 남아메리카, 아시아, 아프리카, 그리고 오세아니아를 향해 많은 선교사가 떠났습니다.

그들이 지닌 이상은 유럽인이 지닌 가장 멋진 보물인 예수 그리스도에 대한 신앙이 모든 사람들, 특히 그분에 관해 들어 보지 못한 사람들에게 선포돼야 한다는 것이었습니다. 이는 또한 예수님이 사도들에게 주신 명령이기도 합니다(마태 28,19-20 참조; tweet 2.18 참조). 하지만 불행하게도, 정치적이고 경제적 요인도 자주 작용했습니다. 그래서 많은 곳에서 원주민들이 학대받고 착취당했습니다.

참으로 세속적인 거래

콜럼버스가 1492년 아메리카를 발견한 후에, 교황은 신대륙 식민지에 대한 권리의 대부분을 스페인과 포르투갈에 나눠 주었습니다. 정복자들은 새롭게 발견한 지역에서 신앙을 전파할 권한을 위임받았습니다. 하지만 그들 대부분은 마을을 약탈하고 금과 은과 다른 재화를 찾는 데 더 관심이 있었습니다. 스페인과 포르투갈의 국왕들은 남북 아메리카의 많은 지역을 손에 넣었습니다. 그 지역 주민들은 폭력에 짓눌리고 강제로 노예가 됐습니다. 아메리카 원주민들이 너무나 야만적으로 취급받았기에 1537년에 바오로 3세 교황은 원주민들도 인간이며 인간으로서 존엄성을 지닌다는 것을 선언해야 했습니다.

국왕의 개입

스페인과 포르투갈의 왕들은 새로운 선교 지역에 있는 교회에 큰 영향력을 행사했습니다. 그들은 어떤 선교회를 파견해야 할지를 결정했고, 교구를 세웠으며, 주교를 추천했습니다. 이리하여 교회의 관심사는 왕들의 관심사에 예속됐습니다. 원주민들을 정복하고 억압하는 데 교회가 그릇된 수단으로 이용당한 것이지요. 또한 유럽인은 자신들도 모르게 또 다른 악을 아메리카 대륙에 전파했습니다. 유럽의 특정 질병에 저항력을 갖추지 못했던 많은 원주민들이 그런 질병으로 죽었습니다. 바티칸 성 베드로 대성전에 있는 그레고리오 13세 교황(†1585년)의 묘에는 신대륙 발견에 관한 논의가 묘사돼 있습니다(사진 참조).

선교사들

교회가 믿음을 전하기 위해 직접 선교사를 파견한 것은 나중의 일입니다. 16세기 초에, 프란치스코회, 예수회, 도미니코회를 비롯해 그 밖의 수도회가 해외에 신앙을 선포하

고 학교와 병원 등을 세우는 일을 시작했습니다. 예를 들면, 파라과이에서 예수회 회원들은 원주민을 위해 그리스도인 공동체를 세웠습니다. 하지만 그 공동체는 노예 거래 상들에게 잔인하게 공격을 받았지요. 많은 원주민들이 자발적으로 신앙을 받아들였습니다. 그들 중 어떤 이는 나중에 성인으로 인정받았습니다. 북아메리카의 인디언 최초로 성인이 된 카테리 테카크위타 성녀(†1680년) 같은 이들이지요. 1568년에 비오 5세 교황은 나중에 인류복음화성(tweet 2.5 참조)이 되는 기구인 포교성성을 설립했습니다. 이 기구는 선교사의 활동을 보다 직접적으로 관리했습니다. 그리스도교 신앙을 전파하고 원주민들이 인간 존엄성을 지녔다는 사실을 가르치는 일이 포교성성의 중요한 임무였습니다. 스페인과 포르투갈은 교황이 '자기들'의 해외 선교 지역에 간섭하는 것을 달갑지 않게 여겼습니다. 이로 인해 종종 충돌이 빚어졌지요.

> 스페인과 포르투갈은 신앙을 전파하기보다 부를 우선적으로 추구하면서, 사람들을 돌보지 않았습니다. 교황은 원주민들에 대한 학대를 단죄하곤 했습니다.

 ## 2.35 대사는 무엇인가요?
교회는 대사부를 팔 수 있나요?

르네상스 시대에 대사의 오용이 생겼습니다. 예수님은 친히 사도들에게 당신의 이름으로 죄를 용서하라고 분부하셨습니다(요한 20,22-23 참조). 하지만 죄를 용서받는다 해도 그 죄의 결과는 여전히 남아 있습니다. 예를 들어 여러분이 화가 나서 숙모님이 아끼던 도자기를 던져서 깨 버렸다고 칩시다. 숙모님이 여러분을 용서해 주신다 해도 그 도자기는 깨진 채 그대로 남아 있습니다! 게다가 여러분의 그 나쁜 성격도 마찬가지이지요!(tweet 4.13 참조) 신부님은 고해성사에서(tweet 3.38 참조) 여러분이 죄로 저지른 손해를 없애게끔 여러분에게 보속으로 무언가를 줍니다. 이 성사에서 신부님은 하느님의 이름으로 여러분의 죄를 사하면서 무상으로 여러분을 용서합니다. 대체로 기도나 선행으로 이루어지는 보속은 잘못을 극복하도록 도와주기 위한 것입니다. 그리고 여러분에게 여전히 남아 있는 불완전함은 죽어서 연옥에서 정화될 수 있습니다(tweet 1.47 참조). 모두에게 희망이 있다는 것이지요. 다만 대죄 안에 머무는 사람은 구원될 수 없습니다(tweet 1.46 참조).

대사를 얻으십시오!

연옥에서 치러야 할 정화를 전부나 일부를 감면하는 것은 대사를 통해 이루어질 수 있습니다. 보통, 그와 같은 대사는 교황만이 베풀 수 있습니다. 예를 들어 대사를 얻으려면, 정해진 기도를 바치고, 자선 행위나 순례를 해야 합니다. 대사의 원리는 하느님의 자비입니다. 하느님은 모든 사람이 가능한 빨리 천국에 들기를 원하십니다. 이러한 출발점은 분명히 대단히 좋은 것이지요.

남용

하지만 중세 후기에 하느님의 자비의 남용이 이루어졌습니다. 예를 들면 교회에 돈을 바친 사람에게 대사가 주어진다는 등, 부적절한 이유로 대사가 약속된 것입니다. 레오 10세 교황(†1521년)은 로마 성 베드로 대성전의 건축에 재정적으로 기여하는 이들에게 대사를 약속했습니다. 예를 들면 독일의 도미니코회 수사인 요한 테첼은 큰돈을 받고 대사부를 팔았습니다. 그는 이 대사부를 산 사람에게 다음과 같은 약속을 했습니다. "모든 성인의 권위로, 또 그대를

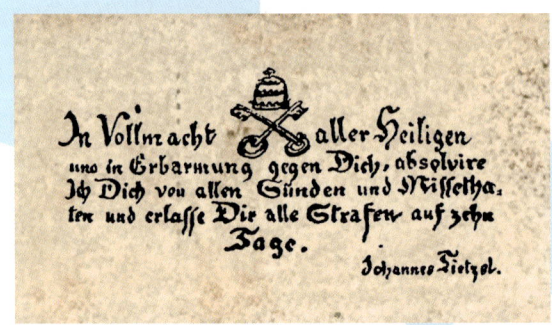

향한 동정에서, 모든 죄와 과오에서 그대를 사면하며, 10일 동안의 모든 벌을 감면합니다."(왼쪽 그림 참조) 성스러운 것의 매매(성직 매매)는 교회가 엄격히 금하고 있으며, 아주 큰 죄로 여깁니다. 대사 자체는 문제가 되지 않습니다. 하지만 돈에 탐이 난 교회 지도자들이 예수님에게서 받은 그 과제를 옳지 못한 방식으로 처리한 것이 문제였지요. 이에 대해 항의가 쏟아진 것도 이해할 만합니다.

에라스무스

에라스무스(†1536년)(위쪽 그림 참조)는 가톨릭 사제이자 주요 르네상스 사상가 가운데 한 명입니다. 그는 《바보 예찬》(1509년)이라는 책을 통해 대사부 판매를 비롯해 교회의 여타 남용들을 비판했습니다. 그래서 그는 종교 개혁의 선구자로 여겨집니다. 에라스무스는 인간의 사고하는 능력과 미를 창조하는 능력을 높이 평가했던 인문주의자였지요. 그의 말에 따르면, 사람은 자기 삶에 의미를 부여할 수 있 습니다. 그는 특히 고대 그리스인과 로마인에게 관심이 많았습니다. 그는 여행을 많이 했고, 다른 인문주의자들과 폭넓게 편지를 주고받았습니다. 마르틴 루터는 처음에는 대사를 비롯한 다른 남용에 대해 비판하면서 인문주의자의 원칙을 따랐습니다(tweet 2.36 참조). 하지만 그는 곧 에라스무스가 자기 신앙이 확고하지 못한 회의적인 신학자라고 불평했습니다. 에라스무스는 때때로 교회 당국과 마찰을 빚기는 했지만 언제나 자신이 사제라는 사실을 잊지 않았습니다. 게다가 그는 개혁가라기보다는 학자였지요. 그는 대사부 판매를 비롯해 교회에서 이루어지는 그 밖의 남용들에 대해 날카롭게 비판했지만, 인간의 자유와 사상을 제한하고자 했던 루터의 생각도 비판했습니다.

> 대사는 천국행 티켓이 아닙니다. 대사부의 판매는 심각한 남용이며 죄였습니다.

 ## 2.36 종교 개혁을 촉발시킨 사상은 무엇이었나요?

1517년에, 독일 수도자이자 신부이며 학자인 마르틴 루터는 자신의 《95개 논제》에서 교회에서 일어난 많은 남용들을 자세히 나열하고 규탄했습니다. 그가 이 논제를 작성한 직접적인 원인은 대사부의 판매(tweet 2.35 참조)와 성직 매매, 로마에서 그가 목격한 성직자 타락상이었습니다. 그러한 면에서 루터의 분개는 충분한 근거가 있었습니다.

사기와 미신?

문제는 루터가 실제로 이루어진 남용에만 반대한 것이 아니라 우리 신앙의 참된 부분도 착오이자 미신이라고 거부한 데 있습니다. 그는 대부분의 성사들, 마리아의 특별한 역할, 성인의 통공, 교황의 권위, 그리고 사제직을 배격했습니다. 루터는 또한 사도 계승(tweet 2.15 참조)과 교회에 의한 신앙 해석(tweet 2.13 참조)도 거부했습니다. 그는 '오로지 성경sola scriptura'만을 신뢰했습니다. 일부 성직자들의 나쁜 행위 때문에, 그는 교회와 성사들을 멀리했습니다. 하지만 사제는 비록 자신이 죄가 크다 하더라도 성사로 하느님의 은총을 전해 준다는 것을(tweet 3.35 참조) 루터는 잊었던 것입니다. 성사를 폐지해야 하는 것이 아니라 성사를 남용하는 사제들을 바로잡아야 하는 것입니다.

은총만으로, 신앙만으로

루터에 따르면, 우리는 '하느님의 은총만으로sola gratia' 또 '믿음만으로sola fide' 구원될 수 있습니다. 하지만 가톨릭교회는 우리의 신앙이 반드시 선행으로 이어져야 한다고 가르쳐 왔습니다. 야고보 성인은 이렇게 말했습니다. "여러분도 보다시피, 사람은 믿음으로만 의롭게 되는 것이 아니라 실천으로 의롭게 됩니다."(야고 2,24; tweet 4.8 참조) 《95개 논제》를 발표한 후 몇 년 동안 루터는 가톨릭 신앙에서 더욱 멀어졌으며, 훨씬 과격하게 교황과 교회를 조롱하였습니다. 이러한 극단적 견해 때문에 루터는 스스로 교회 공동체를 떠났으며, 이는 1521년 그에 대한 공식적인 파문으로 확정되었습니다.

정치와 종교 개혁

루터의 사상이 급속하게 전파된 주된 요인은 교황과 황제 및 지역 군주들 간에 정치적인 긴장이 높아졌기 때문입니다. 그리고 인쇄술의 발명으로 그의 저술들이 쉽게 배포될 수 있었기 때문입니다. 종교 개혁은 세속의 지도자들이 교황의 권위로부터 벗어나는 기회가 됐습니다. 불행하게도, 이렇게 교황의 세속적 권위에서 벗어나고자 한 이들을 교황의 영적 역할도 거부했습니다. 이를 의식한 사람도 있지만 의식을 하지 못한 채 교회를 떠난 사람도 많습니다. 루

터의 사상이 급속하게 전파된 까닭 가운데는 도덕적인 이유도 있었습니다. 많은 성직자와 수도자들이 자신의 소명에 대한 본래의 열정을 상실했던 것입니다. 그들은 자신의 삶을 예수 그리스도께 봉헌한 사실을 뒷전에 두었습니다. 이런 처지에 있던 많은 이에게 루터가 독신제(tweet 2.25 참조)와 수도 생활을 폐지했다는 소식은 해방이었습니다. 하지만 주님께 한 원래의 서원을 이런 식으로 포기함으로써 그들이 정말 평화를 찾았는지는 의문입니다.

| 더 알기

장 칼뱅

프랑스인인 장 칼뱅(†1564년)은 마르틴 루터와 비슷한 생각을 가졌습니다. 하지만 그는 이에 한 걸음 더 나아가 전능하신 하느님이 누가 천국에 가고 누가 지옥에 갈 것인지를 사전에 정해 놓으셨다고 한 것입니다. 이는 모든 사람의 미래가 미리 결정(예정)되었다는 신학입니다. 칼뱅의 이중 예정설은 성경과 아우구스티노 성인(tweet 2.22 참조)의 저작에 나오는 특정 대목에 대한 자신의 해석을 토대로 한 것입니다. 칼뱅에 따르면, 인간은 죄가 많기에 힘든 노동을 하며 엄격하고 검소한 삶을 살아야 합니다.

이 예정설은 "모든 사람이 구원을 받고 진리를 깨닫게 되기를"(1티모 2,4) 원하시는 하느님의 선과 자비와는 완전히 대조됩니다. 하느님은 우리가 당신 사랑을 받아들이기를 바라시며 우리에게 자유 의지를 주셨다고 교회는 늘 가르쳐 왔습니다. 그래서 우리는 하느님의 은총에 "예." 하고 말씀드려야 하며, 그렇게 함으로써 우리 자신의 구원에 협력해야 합니다(tweet 1.38 참조).

 루터가 교회에서 이루어진 특정한 남용을 규탄한 것은 옳았습니다. 하지만 그는 개혁을 추구하는 가운데 중요한 진리를 부인했고 이 때문에 분열이 일어났습니다.

2.37 개신교와 가톨릭의 차이는 무엇인가요?

종교 개혁은 항의 운동이었습니다(tweet 2.36 참조). 하지만 항의하는 이들이 서로 늘 일치한 것은 아니었습니다. 가톨릭교회는 하나이지만, 개신교 공동체는 많고 또 서로 다릅니다. 예를 들면 루터와 칼뱅은 각자 추종자 집단이 있었으며 이들은 후에 신앙의 문제들에 관해 합의할 수 없었을 때 더 갈라지기도 했습니다. 교회를 하나로 일치시키는 교황의 역할이 이들 공동체에서는 실종되었습니다.

루터교와 칼뱅주의

루터교는 주로 독일과 스칸디나비아에서 확산됐습니다. 나중에 이 나라 사람들이 아메리카로 이주하면서 그 신앙을 갖고 갔습니다. 1999년에 루터교 세계 연맹과 가톨릭교회는 공동 선언에 서명했습니다. 이 선언에서는 서로를 일치시키는 것에 특별히 주목했습니다. 물론 주요한 차이가 있다는 것도 다시 한 번 분명해졌습니다. 칼뱅 교회는 하나가 아닙니다. 칼뱅의 추종자들은 개혁교회, 장로교회, 침례교회 등 서로 다른 그리스도교 공동체로 갈라져서 주로 유럽과 북아메리카 전역으로 퍼져 있습니다.

개신교 신자인가요? 가톨릭 신자인가요?

신앙생활을 하는 가톨릭 신자와 마찬가지로 헌신적인 개신교 신자도 예수 그리스도를 삶의 중심에 모시고 싶어 합니다. 이는 우리가 공유해야 하는 대단히 중요한 점입니다. 하지만 개신교와 가톨릭 사이에는 분명히 이해되어야 하는 본질적인 차이도 있습니다(더 알기 참조).

일치

우리는 이 차이에 대해서 알아야 합니다. 하지만 그래도 우리가 함께 기도할 수 있다는 것도 알아야 합니다. 우리는 모두 예수님이 인류를 구원하시기 위해 나셨다고 믿습니다. 그리고 많은 개신교 공동체는 우리와 같은 신경을 바칩니다(tweet 1.31, 1.33 참조). 예수님은 하나의 교회를 바라셨기 때문에, 우리는 그리스도인의 일치ecumenism를 위해 일할 의무가 있습니다. 기도는 가장 중요한 부분입니다. 인간이 초래한 분열은 성령의 도우심으로만 해결될 수 있습니다.

더 알기

개신교 신자 대부분은 다음 사항을 믿습니다.	가톨릭 신자들은 다음 사항을 믿습니다.
그리스도의 강생 이후 하느님의 계시는 오직 성경을 통해서만 전달된다고 믿습니다.	계시가 성경과 성전을 통해서 전달된다는 것을 믿습니다(tweet 1.11 참조).
인간은 예수님에 의해(은총과 믿음을 통해) 구원받으며, 선행은 여기에 아무런 영향을 미치지 못한다고 믿습니다.	인간은 예수님에 의해서 구원되었지만 은총에 힘입어 선행을 실천함으로써 구원에 협력할 수 있다고 믿습니다(tweet 4.8 참조).
각 교회는 자치적이라고 믿습니다(때로는 다른 교회와 협의를 합니다.).	본당들은 가톨릭교회에 온전히 속하며 주교와 교황의 권위하에 있다고 믿습니다(tweet 2.2 참조).
교역자(목사)는 주로 그 지역 공동체(고용인)에 책임을 져야 합니다.	사제는 주교(고용인)에게 책임을 져야 합니다(tweet 2.2 참조).
세례와 (때로는 주님 만찬이라고 부르는) 성찬식 등 두 성사만 있다고 믿습니다. 하지만 그들의 성찬식은 진정한 성체례가 아닙니다(그래서 우리는 개신교 신자들과 함께 영성체할 수 없습니다, tweet 3.48 참조).	일곱 성사가 있습니다(tweet 3.35 참조). 성찬례에서 빵과 포도주는 그리스도의 참된 몸과 피로 변한다고 믿습니다(대다수 개신교 신자들은 이를 믿지 않습니다, tweet 3.48 참조).
일부 개신교 신자들은 십자고상을 허용하지 않습니다. 예수님은 단 한 번의 희생으로 모든 것을 이루셨기 때문에 그들의 십자가는 예수님이 달려 있지 않은 빈 십자가입니다.	십자가에 달리신 예수님 몸을 보여 주는 십자고상이 널리 사용됩니다. (단 한 번으로 모든 것을 이루신) 예수님의 희생은 여전히 작용하고 있으며, 우리는 성찬례에서 이 희생에 참여한다고 믿습니다.
대략적으로 말하자면 개신교 신자들은 그리스도교 신심에서 마리아가 차지하는 특별한 위치, 성인의 통공, 성상, 연옥, 몇몇 성사들, 그리고 교황의 유일무이한 권위를 받아들이지 않습니다.	가톨릭교회는 그리스도 신앙 진리의 충만함을 선포합니다(tweet 2.13-14 참조).

> 개신교는 가톨릭 신앙의 일부 측면들, 특히 교황을 일치의 표징으로 여기는 것과 성사를 은총의 원천으로 여기는 것을 거부합니다.

2.38 종교 개혁의 결과는 무엇이었나요?

독일의 통치자들과 지방 제후들은 루터의 사상에서 교황과 그의 영향력에 저항하는 좋은 기회를 발견했습니다. 그들은 예를 들어 교황의 주교 임명권을 제약하면서 교황에게 저항했습니다. 다른 곳에서도 종교 개혁은 부수적으로 정치적 의도를 지녔습니다(tweet 2.36 참조).

베네룩스 3국 지역

베네룩스 3국 지역이 바로 그런 경우였습니다. 이곳은 종교 개혁을 지지하는 이들을 박해하는 스페인의 필리페 2세 국왕이 장악하고 있었습니다. 이 때문에 이 지역에서 가톨릭과 칼뱅파의 관계는 점점 더 위태로워졌습니다. 곧이어 필리페 2세 국왕의 법과 과세에 반대하는 합법적인 투쟁이 교회에 대한 부당한 배척으로 변했습니다. 1566년에 성난 군중은 성당에 들이닥쳐 성상과 성화를 파괴했습니다. 필리페 2세 국왕은 알바 공작을 보내 질서를 바로잡게 했습니다. 알바는 '칼뱅주의자'들을 이단으로 규정하고 무자비하게 짓밟았습니다. 1568년에 오랑주의 기욤은 그의 야만적 정책과 추가 세금에 반발해 반란을 주도했습니다. 이렇게 해서 80년 전쟁이 시작되었습니다. 곧 네덜란드는 남부와 북부로 갈라졌습니다. 북부는 칼뱅주의가 승리하면서 일곱 개의 연합 네덜란드 공화국이 지배했습니다. 그러나 남부는 가톨릭으로 머물면서 필리페 2세 국왕과 그 후계자들이 통치했습니다.

스칸디나비아 지역

스칸디나비아 지역에서도 종교 개혁을 둘러싼 사건들은 정치적이고 경제적인 배경에서 일어났습니다. 16세기에 이곳의 군주들은 루터교를 수용하여 하나의 국가 교회로 만들었습니다. 주교는 물러났고 신부는 설득을 당했으며, 수도원은 폐쇄됐습니다. 특이한 것은 여기서 억압받던 가톨릭 신자들은 당시 다소 유화적인 네덜란드로 피신했다는 것입니다. 여러 세기 동안 스칸디나비아의 많은 지역에서는 루터교만이 법으로 허용됐습니다. 노르웨이에서는 1956년이 되어서야 예수회원의 거주가 허용되었습니다.

선교 지역

지역 주교의 정상적인 교회 통치가 불가능했기에, 교황은 유럽의 여러 나라를 선교 지역으로 선언했습니다. 그 결과로 어떤 지역은 교황청 포교성성(현재는 인류복음화성, tweet 2.34 참조) 직속이 됐습니다. 포교성성은 예를 들면 네덜란드(1581년)와 스웨덴(1783년)에 대목구장을 임명했습니다. 이런 상황은 19세기에 들어와서까지 지속됐습니다(tweet 2.44 참조).

베네룩스 3국 지역의 순교자들과 숨겨진 교회

일부 가톨릭 신자들은 종교 개혁을 받아들이기를 단호히 거부했습니다. 하지만 영국에서와 마찬가지로(tweet 2.39 참조), 베네룩스 3국 지역의 상황은 매우 암울했습니다. 칼뱅주의자들은 스페인의 필리페 2세 국왕이 통치하는 네덜란드의 많은 도시를 점령했습니다. 그러고는 가톨릭 신자들, 특히 성직자들을 잔인하게 고문하고 죽였습니다. 1572년에 고르쿰을 점령한 칼뱅주의자들은 가톨릭 성직자들을 체포했습니다. 신부들은 교황에 대한 충성 포기와 성체 모독을 거부했습니다. 개신교 신자들은 신부들을 고문하고 헛간에서 교살했습니다. 그들의 시신은 훼손되고 모욕당했고 후에 그 헛간에 매장되었습니다. 고르쿰의 순교자 19위는 1867년에 교황에 의해 시성됐습니다(tweet 4.17 참조).

북부의 연합 네덜란드 공화국에서는 모든 가톨릭 성당이 칼뱅주의자들에 의해 징발됐습니다. 가톨릭의 예배는 1581년에 공식적으로 금지됐고 가톨릭 신자들은 칼뱅주의를 받아들여야 했습니다. 하지만 많은 가톨릭 신자들은 계속해서 믿음을 고수했고 그래서 비밀 성당을 만들었습니다. 그곳에서 그들은 미사를 비밀리에 거행했고 다른 성사들도 배령할 수 있었습니다. 정부는 처음에는 이런 비밀 성당들을 맹비난했습니다만, 후대에 와서는 벌금을 물리는 등 비공식적으로 허용하고 관용했습니다. 여하튼 그 성당들은 외관상으로는 알아볼 수가 없었습니다. 개신교 신자들을 피하고자, 성가와 오르간 소리가 길에서 들려서는 안 되었습니다. 가톨릭 신자들은 처음에는 큰 집에서 모였습니다만, 나중에는 밖에서 보기에는 허름하지만 내부를 아름답게 장식한 성당에서 모였습니다. 이런 성당들은 오늘날에도 일부가 그대로 남아 있답니다.

교회와 국가는 1796년에야 정식으로 분리됐습니다. 하지만 가톨릭 신자들이 실제로 신앙의 자유를 체험하는 데에는 시간이 더 많이 필요했습니다. 행렬과 같이 가톨릭적인 신앙을 대중 앞에서 표현하는 행사들은 공화국에서 엄격히 금지됐습니다. 이러한 사회적 규제는 오래 지속되었습니다. 예를 들면 1983년에야 가톨릭의 행렬을 금지하는 조항이 헌법에서 삭제됐습니다. 최악의 박해는 끝났지만, 가톨릭 신자들은 여전히 열등하게 취급받았고 공공연하게 차별을 당했습니다. 오랫동안 가톨릭 신자들은 어떤 공직도 얻을 수가 없었습니다.

> 정치와 신앙에 관한 투쟁은 개신교의 확산과 긴밀히 연결되어 있었고 가톨릭 신자들의 순교와 압제를 가져왔습니다.

2.39 성공회란 무엇인가요?

16세기 초, 영국의 헨리 8세 국왕(†1547년, 아래 그림 참조)은 교황의 권위를 더 이상 받아들이고 싶지 않았습니다. 그래서 자신이 영국 교회의 수장이라고 선포했습니다. 이렇게 해서 성공회 혹은 영국 국교회가 시작됐습니다. 지금까지도 성공회의 수장은 국왕입니다.

처음에, 영국의 헨리 8세 국왕은 루터의 사상에 맞서 가톨릭교회를 열렬히 옹호했습니다(tweet 2.36 참조). 레오 10세 교황은 그에게 '신앙의 옹호자 defensor fidei'라는 칭호를 주기도 하였지요. 하지만 그는 나중에 교회에 대한 태도를 바꾸었습니다.

평생의 유대

헨리 8세 국왕은 형 아서의 아내이자 과부인 아라곤의 캐서린과 결혼하기 위해 교황의 허락(관면)을 받았습니다. 아서와 결혼한 캐서린은 헨리 8세 국왕의 형수였기에 관면을 받지 않으면 교회법에 따라 결혼이 허용되지 않았습니다(tweet 4.11 참조). 헨리 8세 국왕은 자기를 계승할 아들을 얻고 싶었지만, 캐서린과 헨리 8세 국왕 사이에는 장성할 때까지 살아남은 아들이 없었습니다. 그래서 헨리 8세 국왕은 클레멘스 7세 교황에게 형수였던 캐서린과의 혼인을 무효로 선언해 자신이 다시 결혼할 수 있도록 해 달라고 요청했지요. 예수님 말씀에 따르면, 혼인은 평생의 유대이기에 국왕은 혼인 무효화를 통해서만 교회에서 다시 혼인할 수 있었습니다(tweet 3.43 참조). 하지만 헨리 8세 국왕과 캐서린은 교황의 관면을 통해 이미 혼인을 한 사이였기에 교황은 이 요청을 거절할 수밖에 없었습니다.

자신이 재판관이 되어

헨리 8세 국왕은 교황의 거절을 교황 권위를 배격하는 구실로 삼았습니다. 1534년에, 그는 '수장령'을 발표, 자신이 영국 교회의 최고 지도자라고 선포했습니다. 이제 그는 자신에게 재혼을 허용할 수 있게 된 것입니다. 그는 아들 후

예수님　　　　500　　　　　1000　　　　　1500　　　　　2000

계자를 얻기 위해 무려 6번이나 혼인했습니다. 그리고 교황에게 충성한 영국의 가톨릭 신자들은 모진 대우를 받아야만 했습니다. 대법관 토마스 모어 성인(†1535년, 위 그림 참조)도 그 경우였습니다. 그는 헨리 8세 국왕이 교황과 단절하는 것에 대해 조용히 반대했습니다. 또한 헨리 8세 국왕을 교회의 수장으로 인정하지 않으려 했습니다. 이 때문에 토마스 모어 성인은 반역죄로 처형되었습니다. 요한 피셔 주교를 비롯해 교황에게 충성한 다른 이들도 같은 운명을 겪었습니다.

피의 메리 1세와 엘리자베스 1세

시간이 흐르면서 성공회는 더욱 개신교와 같은 모습을 더했습니다. 하지만 헨리 8세 국왕의 딸인 메리 1세 여왕(1553~1558년)의 짧은 치세 동안에는 영국이 교황과 친교를 맺고 다시 가톨릭이 됐습니다. 메리 여왕은 아버지가 로마와 단절하는 것에 대해, 또 아버지의 후계자이자 이복동생인 에드워드 6세 국왕(†1553년) 치하에 설립된 개신교 제도에 대해 늘 반대했습니다. 메리 여왕은 나중에 '피의 메리'로 알려지게 됐는데, 로마에 충성을 맹세하지 않은 이들을 혹독하게 박해했기 때문입니다. 그래서 메리의 후계자이자 이복 자매인 엘리자베스 1세 여왕은 수장령을 재확인하고, 다시 로마와 단절했습니다. 성공회는 이제 결정적으로 개신교가 됐지요. 엘리자베스 1세 여왕은 가톨릭 신자들을 강력히 반대했습니다. 여왕의 치세 때 가톨릭 신자는 반역자로 몰렸고 잔혹하게 박해를 당하고 살해됐습니다. 그래서 영국인을 위한 가톨릭 신학교가 로마와 프랑스와 스페인에 설립된 것입니다. 해외에서 양성된 젊은 영국 신부들은 그리스도와 교회에 대한 충성 때문에 순교자가 되어 죽으리라는 것을 예상하면서도 고국으로 돌아가 신부로 살았습니다. 이들 중 일부는 나중에 시성됐습니다(tweet 4.17 참조).

> 1534년에 영국의 헨리 8세 국왕은 교황을 배격하고 자신을 영국 교회의 수장이라고 칭했습니다. 충실한 가톨릭 신자들은 이를 반대했습니다.

2.40 반종교 개혁이란 무엇인가요?

루터가 일부 성직자의 수치스러운 처신을 지적한 것은 절대적으로 옳았습니다(tweet 2.36 참조). 확실히 교회의 개혁이 필요했습니다. 그래서 가톨릭 개혁 또는 반종교 개혁이라고 불리는 일이 일어났습니다. 이 기간에 교회는 신앙의 본질에 대해 다시 한 번 집중하게 되었습니다. 부분적으로는 개신교의 가르침에 대한 대응에서였지요.

왕들의 저항

처음부터, 루터를 비롯한 다른 개혁가들은 스페인의 카를 5세 황제(†1558년)를 큰 적수로 여겼습니다. 카를 5세 황제는 자신이 할 수 있는 곳마다 루터교와 칼뱅주의에 맞섰기 때문입니다. 그러나 스페인의 지배자인 페르디난도와 이사벨라는 교회 개혁에 전념하였습니다. 이러한 변화로 귀족 가문 출신이 주교가 되는 관행에서 벗어나 성덕과 지식이 뛰어난 이들이 주교가 되기 시작했습니다. 이는 지성적인 생활과 신학 연구에 많은 자극을 주었습니다. 또한 종교 개혁에 대한 반응으로, 오래된 수도회가 개혁됐고, 새 수도회가 설립됐습니다. 트리엔트 공의회(tweet 2.41 참조)의 교회 조직 개혁은 신자의 양성, 특히 사제의 양성과 예수님과의 인격적 관계에 주의를 집중했습니다. 성모 신심도 되살아났습니다.

로욜라의 이냐시오 성인

스페인의 군인이었던 로욜라의 이냐시오 성인(†1556년)은 전쟁에서 다친 후 깊은 회심을 체험했습니다. 그 뒤 그는 가장 험난한 곳에 기꺼이 복음을 전하는 수도회인 예수회를 창설했습니다. 예수회는 기도와 훈육과 교육에 초점을 둠으로써 영향력 있는 기구로 급속히 성장했습니다. 프란치스코 하비에르 성인(†1552년)과 같은 예수회원들은 멀리 아시아와 아메리카 땅에서 선교사로 활동했습니다. 다른 예수회원들은 유럽의 개신교 지역으로 가서 가톨릭 신자들을 양 우리로 다시 데려왔습니다. 많은 예수회원이 예수님과 교회에 대한 충성 때문에 순교했습니다. 예수회원들은 종종 왕들의 고해 신부와 조언자로 임명됐습니다. 예수회원들은 또 대학에서 교수직을 맡기도 했지요. 현재 예수회는 단일 남성 수도회 가운데 가장 큰 수도회랍니다.

교회 개혁에 기여한 성인들

교회 개혁에 기여한 다른 성인들이 있습니다. 아빌라의 데레사 성녀와 십자가의 요한 성인은 스페인의 가르멜 수도회를 개혁했습니다. 그들은 가르멜회 수사들과 수녀들로 하여금 수도회의 원래 생활 규칙에 따라 살아가도록 하고자 했습니다. 그동안 많은 공동체에서 벌어진 규율 준수의 완화로 수도자들의 신앙이 손상되었기 때문입니다. 제네

바 주교인 프란치스코 살레시오 성인(†1622년)은 칼뱅주의자들에게 가톨릭교회의 진리를 납득시키고자 했습니다. 로마에서는 필립보 네리 성인(†1595년)이 함께 기도하는 교구 사제들의 모임인 오라토리오회를 설립했습니다. 그는 가난한 이와 병자와 어린이를 도운 거룩한 사제였습니다. 그는 밝은 성격과 유머 감각으로 많은 사람에게 큰 감명을 주었습니다. 이렇게 반종교 개혁을 이룬 성인들은 그리스도가 사람들 삶의 중심에 계셔야 한다는 근본적인 이해를 지니고 있었습니다.

| 더 알기

바로크 양식

르네상스는 종종 그리스도교가 중심이 아니었던 고대로 돌아가는 모습을 보였습니다. 이에 반해 바로크 건축은 대단히 가톨릭적이었습니다(사진 참조). 반종교 개혁 시대부터 성당들은 크고 넓어서 전례에서 이루어지는 신비를 잘 볼 수 있도록 건축되었습니다. 그리고 성상을 통해 하느님의 위대하심을 기리고자 했기에 바로크 미술과 건축 양식은 웅장합니다. 이는 또한 개신교의 성상 파괴 iconoclasm(tweet 2.33 참조)에 대한 반작용이기도 했습니다. 많은 예수회 성당이 이런 바로크 양식으로 지어졌습니다. 이런 성당 건축은 음향에도 특히 주의를 기울여 신앙의 진리를 설명하는 사제의 설교를 모두가 분명하게 들을 수 있도록 했습니다.

반종교 개혁에서 교회는 내부로부터 개혁됐으며 신앙, 그리고 예수님과의 인격적 관계에 더 큰 관심을 두었습니다.

2.41 트리엔트 공의회란 무엇이었나요?

트리엔트 공의회는 반종교 개혁(tweet 2.40)에서 중요한 역할을 했습니다. 이 공의회는 카를 5세 황제의 요청에 따라 1545년에 바오로 3세 교황이 소집한 주교들의 회의였습니다. 이전 공의회들처럼, 교황과 황제의 관계는 다시 정치·외교적 긴장의 이유가 됐고 공의회는 이를 누그러뜨리는 계기가 되었습니다(더 알기 참조).

규칙과 감독

트리엔트 공의회는 종교 개혁에서 제기된 문제인 교회 안의 남용에 대해서 다루었습니다(tweet 2.36 참조). 주교와 신부는 본분을 지키라는 요청을 받았습니다. 이들은 자기에게 맡겨진 백성을 더욱 잘 돌보도록 자기 교구나 본당에서 거주해야 했습니다. 공의회는 성직자의 재정 수입원을 제한했고, 대사부의 판매를 처벌했습니다(tweet 2.35 참조). 이런 규칙들을 강화하기 위해 단속과 감독이 이루어졌습니다. 사제 양성은 신학교에서 이루어져야만 했는데 거기서 젊은이들은 뛰어난 영적·지적 교육을 받을 수 있었습니다. 평신도도 어른 아이 할 것 없이 사제로부터 신앙 교육을 받아야 했습니다. 이러한 개혁을 충실하게 실행한 모범적인 주교가 가롤로 보로메오 성인(†1584년)입니다. 밀라노 대주교로서 가롤로 성인은 자기 교구의 목자 역할에 헌신했습니다. 그는 사제 양성에 힘을 쏟았고, 이를 위해 새로운 신학교들을 설립했습니다. 또한 성인은 교회를 활성화하기 위해 영향력 있는 지침을 마련했습니다.

성사와 말씀 선포

트리엔트 공의회는 신앙의 핵심, 성사와 교회 조직을 새롭게 강조했습니다. 공의회는 하느님이 성경과 사도들의 성전, 이 두 가지 모두를 통해 당신 자신을 계시하신다고 가르쳤습니다(tweet 1.11 참조). 개신교 종교 개혁가에 대응해, 트리엔트 공의회는 인간의 구속을 원하시는 예수님의 신적 은총에 인간이 협력할 수 있고 협력해야 한다고 확인했습니다(tweet 4.8 참조). 공의회는 또한 교회의 일곱 성사를 분명하게 확인하고 설명했습니다(tweet 3.35 참조). 성체 안 예수님의 실제 현존, 곧 예수님의 몸과 피와 영혼과 천주성의 현존을 재확인했습니다(tweet 3.48 참조). 트리엔트 공의회의 주된 메시지는 교회가 예수님의 복음을 모든 사람에게 선포하고(마르 13,10 참조) 그리스도가 신자들 가운데에 현존하시도록 해야 한다는 것이었습니다. 결국, 트리엔트 공의회는 아주 긍정적이고 중요한 영향을 교회에 미쳤습니다.

교리서와 전례서

트리엔트 공의회 이후에, 비오 5세 교황은 신앙을 설명하는 책, 곧 《로마 교리서》를 공포했습니다. 종교 개혁에 아주 큰 역할을 했던 인쇄술의 발명은 이 교리서의 내용이 그리스도교 세계와 그 너머로 급속히 확산될 수 있도록 했습니다. 비오 5세는 또한 전체 교회에서 사용할 전례서들을 승인했습니다. 이러한 전례서들 가운데에는 미사 경문을 갖춘 〈로마 미사 경본〉과 사제들이 바쳐야 하는 매일 기도를 담은 〈로마 성무일도〉도 있었습니다. 이 책들은 큰 변화 없이 1969년까지 온 교회에서 사용됐습니다.

| 더 알기

우여곡절 많고 오래 걸린 공의회

트리엔트 공의회에 참가한 사람들은 인내심이 많았다고 할 수 있습니다. 트리엔트 공의회가 끝날 때까지 18년이나 걸렸으니까요. 트리엔트 공의회는 원래 바오로 3세 교황이 1545년 12월 13일에 독일 제국의 도시 트리엔트(현재 이탈리아 트렌토)에서 소집한 공의회입니다. 1547년에 교황과 황제 간의 긴장은 더욱 커지고, 트리엔트에 전염병인 발진티푸스가 발생했습니다. 그래서 이 공의회는 볼로냐에서 계속되었지요. 하지만 황제와 관계가 불편했기에 교황은 그해 말에 공의회를 중단시켰습니다.

1551년에 율리오 3세 교황은 트리엔트에서 공의회를 다시 소집해 이전에 마무리되지 않은 문제들을 계속 논의하도록 했습니다. 하지만 1년 후 카를 5세 황제가 전쟁에서 패배하면서 공의회는 다시 중단됐습니다. 1562년 비오 4세 교황은 공의회를 재개하였고, 1563년 12월 4일에 공식적으로 폐회했습니다. 이렇게 어려웠던 과정에도 불구하고, 공의회의 결정들로 교회에 좋은 변화와 조정이 많이 이루어졌습니다.

교회는 트리엔트 공의회를 통해 종교 개혁에 대해 답변하고자 했습니다. 공의회는 신앙의 이해를 심화시켰고, 교회 관행들을 개혁했습니다.

2.42 계몽주의 시대에 교회는 무슨 역할을 했나요?

17세기에 과학이 발전하면서, 세상은 덜 신비롭게 여겨졌습니다. 그리고 인간은 자신을 한낱 피조물이 아니라 창조자라고도 여기게 되었습니다. 이로 인해 새로운 질문이 제기되었습니다. 가톨릭 교리의 몇몇 요소가 개신교인들에 의해 의문에 부쳐졌을(tweet 2.36 참조) 뿐만 아니라 이를 계기로 하느님에 대한 신앙 자체가 공격을 받게 되었습니다. 그것이 계몽주의 시기였습니다. 계몽주의는 다른 모든 것보다 자기 스스로 생각할 수 있는 인간의 능력을 높이 평가했습니다. 계몽주의는 과학적으로 증명할 수 없거나 합리적으로 여길 수 없는 것에 대한 믿음에 비판적이었습니다. 그 결과 계몽주의자들은 교회 전반에 대해서, 특히 교황에 대해서 적대감을 보였습니다.

합리주의

데카르트(†1650년)를 비롯한 다른 사상가들이 주창한 합리주의는 인간 이성을 신의 차원에 두었습니다. 그래서 데카르트는 "나는 생각한다. 그러므로 나는 존재한다 Cogito ergo sum." 하고 말했습니다. 달리 말해서, 실재는 인간의 사유에 의해 확실하게 되는 것이지, 그 반대는 아니라는 것입니다. 합리주의는 과학적으로나 수학적으로 논증될 수 없는 그 어떠한 것도 배격했습니다. 그리하여 하느님의 계시와 그리스도교는 진리의 원천으로 인정될 수 없었습니다. 게다가, 네덜란드 철학자 스피노자(†1677년)의 사상과 같은 것들은 이신론으로 이어졌습니다. 이신론은 하느님을 알 수 없고 도달할 수 없는 분으로 여깁니다. 이 세상에 대한 하느님의 개입이 의심스러워 보이기에, 하느님이 설령 존재한다 하더라도 멀리에 계시는 분으로 여기는 것입니다. 루소(†1778년)의 자연주의적 합리주의는 사회 조직에 대한 혁명 사상으로 이어졌습니다. 교회 지도자뿐 아니라 국왕도 권위의 표상이라는 이유로 문제시되었습니다. 볼테르(†1778년)는 교회를 공격하고 조롱했을 뿐 아니라 파괴하고 싶어 했습니다. 이런 사상 때문에 프랑스 혁명이 일어나자 혁명에 참여한 사람들은 군주제를 무너뜨리면서 수도원을 약탈하고 수도자와 성직자를 살해했습니다.

정치

계몽주의의 상대주의적 사상과 함께 개인 및 개인의 권리가 점점 더 관심의 초점이 되었습니다. 정치 지도자들은 종교로부터의 독립, 특히 교황과 가톨릭교회 주교들로부터의 독립을 천명했고, 세속 정부를 세웠습니다. 교황을 열렬히 옹호하던 예수회원들은 유럽의 여러 나라에서 추방당했습니다. 예수회는 1773년 클레멘스 14세 교황에 의해 해산되었다가 41년 후에 비오 7세 교황에 의해 다시 설립됐습니다. 온갖 시도에도 불구하고 계몽주의는 교회를 파괴하는 데 실패했습니다.

관용을 향해?

계몽주의 시대에 이르러, 비록 다른 전쟁들은 이어졌지만 종교 개혁에 뒤이은 종교 전쟁은 대부분 끝났습니다. 유럽의 일부 정부는 다양한 단계의 종교적 관용을 허용했습니다. 예를 들면 네덜란드와 독일이 그랬습니다. 다른 곳에서는 개신교 신자들이나 계몽주의 지도자가 가톨릭 신자들을 계속 박해했거나, 이와 반대로 가톨릭 신자들이 개신교 신자들을 박해했습니다. 또한 개신교 신자들은 서로를 박해하기도 했습니다. 이런 환경에서, 많은 개신교 신자들과 가톨릭 신자들은 북아메리카로 달아났습니다. 거기에서 그들은 더 관용적인 사회를 발견할 것이라고 희망했습니다. 그 결과 미국이 세워졌는데, 미국의 수립은 부분적으로는 계몽주의의 결과이기도 했습니다.

> **| 더 알기**
>
> **갈리아주의와 얀센주의**
>
> 프랑스 갈리아 지방의 이름을 딴 갈리아주의는 17세기에 일어난 움직임으로서 본래 교황이 행사하던 각국의 가톨릭교회에 대한 권한을 국가의 시민 당국에 부여하려 시도하는 움직임이었습니다. 프랑스 신학교는 정부의 강압에 의해 할 수 없이 이런 국가주의적 사상을 가르쳤습니다. 이 때문에 갈리아주의는 프랑스 성직자들 사이에 폭넓게 퍼졌으며, 전체 교회에 오랫동안 영향을 미쳤습니다.
>
> 얀센주의는 네덜란드인 얀센(†1638년)의 사상에 바탕을 둔 일종의 가톨릭적인 칼뱅주의입니다. 하느님이 인간의 운명을 미리 정하셨다는 얀센의 신념은 구원에서 인간의 자유 의지의 역할을 최소화하거나 부인하기에(tweet 2.36 참조), 교회는 얀센주의를 이단으로 배격했습니다.

 계몽주의가 대두되면서 신앙과 이성이 충돌했습니다. 세속의 지도자들은 교황을 반대하면서 교황의 영향력을 제한하고자 했습니다.

2.43 프랑스 혁명의 결과는 어떠했나요?

1789년에 일어난 프랑스 혁명은 성직자들을 격렬히 반대했습니다. 루소와 볼테르 같은 계몽주의 사상가들의 사상은 교회에 대한 극단적 공격을 부추겼습니다(tweet 2.42 참조). 이 때문에 교회 재산은 몰수당했고 수도 생활은 금지됐습니다. 수도원들은 파괴됐고 성직자와 수도자는 추방되거나 살해됐습니다. 이들은 교황을 배제하는 새로운 종교 조직에 충성을 서약하도록 강요당했습니다.

당시 많은 성직자들이 교황에게 변함없이 충성을 다했는데, 이는 새로운 박해로 이어졌습니다. 수천 명의 가톨릭 신자가 처형됐습니다. 혁명가들은 프랑스가 하느님과 교회의 권위를 포함해 위계적 권위가 없는 국가가 되기를 원했습니다. 그래서 그리스도교의 온갖 흔적을 말살하고자 한 것입니다. 그들은 심지어 그리스도 탄생이 아닌 1792년의 새로운 프랑스 공화국 탄생으로 시작하는 새로운 달력을 도입했습니다. 파리의 주교좌 노트르담 대성당은 '이성의 사원'으로 이름이 바뀌었습니다.

나폴레옹과 교황령

프랑스 혁명에 이어 나폴레옹이 프랑스를 장악했습니다. 나폴레옹은 유럽의 이웃 국가들과 전쟁을 벌였으며, 로마와 교황령도 정복했습니다. 늙고 병든 비오 6세 교황은 1799년 포로로 프랑스에 끌려갔으며 얼마 되지 않아 그곳에서 죽었습니다. 그의 후임자인 비오 7세 교황은 매우 활동적이었으며 1801년 나폴레옹과 협정을 맺었습니다. 이 협정은 프랑스 교회가 부활하기 시작했음을 알렸습니다. 곧 새 주교들이 임명되었습니다. 그러나 특히 수도원과 관련하여, 교회 스스로의 재건을 막는 법률이 그대로 남아 있었습니다. 비오 7세 교황 역시 영국과 전쟁을 치르는 나폴레옹을 지지하기를 거부했기 때문에 프랑스에 감금되고 말았습니다. 6년 후, 교황은 동맹군들에 의해 풀려났습니다. 교황이 로마로 돌아온 지 얼마 되지 않아, 나폴레옹은 1815년 워털루 전투에서 패배했습니다. 그해에 열린 빈 의회는 유럽의 지도를 나폴레옹 시대 이전으로 복원하고자 했습니다. 그리하여 교황령은 다시 사도좌의 통제하에 들어오게 됐습니다(tweet 2.3 참조).

자유주의와 실증주의

교회에 대한 정치적 공격에 이어 또 다른 이데올로기의 위협이 따랐습니다. 18세기 계몽주의의 결과(tweet 2.42 참조), 자유주의가 유럽에서 점점 중요시됐습니다. 개인의 자유에 초점을 맞추고 종교를 순전히 사적인 문제로 보는 자유주의는 교회와 국가의 분리를 추구합니다. 신앙은 더 이상 사회를 구성하는 원리가 아니었습니다. 그리고 과학이 신뢰할 수 있는 유일한 지식의 원천으로 비치게 됐습니다. 실증주의 철학은 초자연적인 것을 철저히 배격하면서 모든 것을 물질적인 것으로, 또 측량 가능한 것으로 여겼습니다. 이런 식으로 그리스도교 신앙은 자연과학과 사회과학에 밀려났습니다.

번영하는 교회

이런 맥락을 고려할 때, 19세기에 그리스도교가 사실상 다시 꽃피웠다는 것은 참으로 주목할 만합니다. 1833년에 프랑스의 프로스퍼 게랑제 신부는 솔렘 대수도원에서 베네딕도회의 수도원 전통을 회복시켰습니다. 오늘날까지 이 수도원은 그레고리오 성가의 재발견과 전례 연구로 명성을 날리고 있습니다.

거의 같은 시기에 이탈리아 신부인 요한 보스코 성인은 가난한 청소년들과 비행 청소년에게 복음을 전하며 그들을 교육했습니다. 요한 보스코 성인이 세운 수도회인 살레시오회와 다른 많은 선교 수도회들이 이 시기에 설립됐습니다. 이 선교 수도회들은 전 세계로 퍼져 나가 복음을 전하고 가난한 이들을 교육하며 병자들을 보살폈습니다. 프랑스 혁명가들의 사상도, 자유주의도 그리스도교를 소멸시킬 수 없었던 것입니다.

| 더 알기

자유주의와 교회

1830년쯤에 철학자이자 신부인 펠리시테 로베르 드 라므네는 자유주의와 교회를 화해시키려고 했습니다. 하지만 그레고리오 16세 교황은 그의 방식을 승인하지 않고 교회와 국가의 전적인 분리에 반대한다고 공개적으로 표명했습니다. 교황은 또 모든 종교가 영원한 구원에 이르게 할 것이라는 생각을 배격했습니다. 그는 이것이 종교를 무차별적으로 대하는 태도로 이어지리라고 경고한 것입니다.

또한 이 시기는 이탈리아 통일 운동의 시기였습니다. 곧 교황령을 위협해 1870년 이탈리아 국가 설립으로 이어진 정치적 통합의 시기였던 것이지요. 이것이 교황이 완고하게 반응하도록 영향을 주었음이 분명합니다.

> 프랑스 혁명은 교회에 대한 억압으로 이어졌습니다. 교황과 주교들은 방어적 입장을 취했습니다. 그러나 이 시기가 지난 후 수도 생활은 곧 다시 꽃을 피웠습니다.

2.44 제1차 바티칸 공의회란 무엇인가요?

1869년부터 1870년 사이에 교황과 주교들은 제1차 바티칸 공의회에 참석하기 위해 모였습니다. 프랑스 혁명 시기와 그 직후에 교회가 억압받던 기억이 아직도 생생할 때였습니다(tweet 2.43 참조). 또한 여전히 반교회적 정책이 계속되었습니다(더 알기 참조).

자유주의와 하느님의 계시를 부정하는 합리주의 철학이 신자들에 대한 박해로 이어진 이래로, 이 이데올로기들은 확실하고 분명한 답을 교회에 요구했습니다. 공의회가 초점을 둔 것은 이러한 발전이 가져올 위험에 대한 것이었지 사회와 어떻게 대화할지에 관한 것이 아니었습니다. 사회와 대화하려는 움직임은 제2차 바티칸 공의회가 열릴 때까지 기다려야 했습니다(tweet 2.48 참조).

신앙과 이성

과학이 신앙의 적수로 여겨졌기 때문에, 제1차 바티칸 공의회는 신앙과 이성과의 적절한 관계를 정식화하고자 했습니다. 과학자들은 종종 맹목적으로 신앙을 버립니다. 그리스도인이 믿는 모든 것이 다 측량될 수 있는 것이 아니기 때문입니다. 이러한 입장을 실증주의라고 부릅니다(tweet 2.43 참조). 반면에 이성이 신앙과 전혀 상관이 없다고 주장하는 그리스도인도 있었습니다. 이러한 입장은 신앙주의라고 부릅니다. 두 입장 모두가 옳지 않았습니다. 공의회는 문헌 〈하느님의 아들Dei Filius〉에서 예수님의 메시지를 올바로 이해하는 데 신앙과 이성이 둘 다 필요하다고 설명했습니다(tweet 1.5 참조).

무류성

교회의 교도권에 대한 의문이 제기되었기 때문에, 공의회는 교회의 권한을 확인했습니다. 예수님은 그리스도인 사이에서 신앙에 대한 갈등이 일어날 경우 베드로 사도가 최종 결정권을 갖도록 명하셨습니다(tweet 2.17 참조).

이 권한은 베드로 사도의 후계자인 교황들에게로 확대됩니다. 공의회는 교황의 무류성 교리를 명백히 함으로써 이 사실을 확인했습니다. 교황의 무류성이란 성령께서 교회를 인도하시기에 교황의 공식적 가르침은 오류가 없다는 것입니다(tweet 2.13 참조). 그러나 교황이 말하는 모든 것이 다 오류가 없다는 것은 아닙니다. 교황이 모든 그리스도인의 목자요 교사로서 신앙과 도덕에 관한 특별한 가르침을 베드로 성인의 사도좌에서 선언할 때에, 그 가르침은 오류가 없다는 것입니다. 이런 일은 아주 드물게 일어납니다. 베네딕토 16세 교황은 이렇게 말했습니다. "교황은 신탁을 받아 전하는 사람이 아닙니다."(2005년 7월 29일) 실제로, 1870년 이후 무류성이 행사된 경우는 딱 한 번 있었습니다. 1950년 비오 12세 교황이 마리아의 승천 교리를 선언했을 때였습니다(tweet 1.40 참조). 마리아의 승천은 신학자들과 신자들이 이미 오랜 세월 동안 믿어 왔습니다.

주교 임명

19세기에 교황이 더욱 강력해진 또 다른 방법이 있습니다. 교황은 점차적으로 왕의 참견 없이 주교들을 직접 임명할 수 있었습니다. 교황의 독자적 주교 임명은 영국(1850년), 네덜란드(1853년), 보스니아(1881년) 같은 나라들에서 가톨릭의 교계 제도가 재설정된 이후에 특히 중요했습니다. 점점 더 많은 새 주교들이 로마에서 공부했기에 교황과의 유대가 훨씬 더 강화됐습니다. 1844년 벨기에 신학원이 로마에 설립된 후에, 다른 많은 나라도 그들의 신학원을 로마에 열었습니다.

| 더 알기

교황 주아브병

교황 주아브병Papal Zouaves은 19세기 후반에 교황령을 지켰던 군대였습니다. 그들은 결혼하지 않은 가톨릭 신자 자원병들이었습니다. 군인들의 3분의 1 정도는 네덜란드인이었고 그 밖에 프랑스인, 벨기에인, 이탈리아인, 그리고 미국인들도 일부 있었습니다.

이들의 기본적인 임무는 이탈리아의 비토리오 에마누엘레 2세 국왕(†1878년)과 주세페 가리발디 장군(†1882년)의 공격에 맞서 교황령을 수호하는 것이었습니다. 이 임무를 수행하는 데에 종종 프랑스 군대의 지원을 받았습니다. 교황 주아브병은 프랑스 군대의 주아브 부대에서 착안한 것입니다. 주아브 부대는 원래 알제리아 베르베르족으로 이루어졌지요. 프랑스가 프로이센과 전쟁을 치르면서 자국 병사들이 필요해지자, 이탈리아인들은 이 기회를 포착해 교황 주아브병을 물리쳤습니다. 1870년 9월 20일에 로마는 점령당했고, 다음 날 주아브병은 해산됐습니다.

> 제1차 바티칸 공의회는 신앙과 이성의 적절한 관계 그리고 교황 권위를 정식화함으로써 이데올로기적 변화에 대응했습니다.

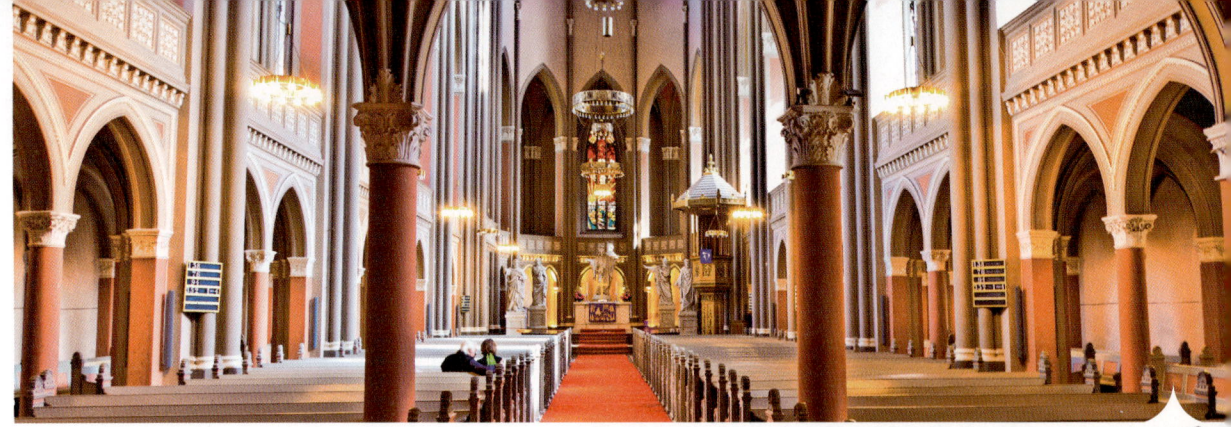

2.45 교회는 19세기의 사회 변화에 대해 어떻게 대응했나요?

1870년 교황령은 이탈리아 왕국에 합병됐습니다. 이는 교황령과 교황의 현세 권력의 종언을 의미했습니다. 교황은 바티칸으로 물러나 마치 포로처럼 지냈습니다. 그런데 교황의 세속 권력이 줄어들수록, 그의 윤리적 영향력은 실제로 커졌다는 사실은 특이한 일이었습니다. 제1차 바티칸 공의회는 중단되었고 공의회의 일부 과제는 미완성인 채로 남아 있었음에도 불구하고 다시 재개되지 않았습니다. 이 공의회는 제2차 바티칸 공의회가 시작되기 전인 1960년에 형식적으로만 폐회되었습니다. 이후 레오 13세 교황은 〈새로운 사태〉를 통해 가톨릭 사회 교리를 발표하기 시작했습니다. 이는 신앙과 노동자 권리를 옹호하는 회칙이었습니다.

신학과 과학

제1차 바티칸 공의회(tweet 2.44 참조) 이후에 신앙을 비판하는 새로운 이데올로기들이 많이 나타났습니다. 이러한 이데올로기의 공격에도, 교회는 그 시기에 꽃을 피웠습니다. 새로운 수도회들이 생겨났고 존 헨리 뉴먼 복자(†1890년)와 같은 사상가들은 비판에 맞서서 신앙의 진리를 옹호했습니다(그림 참조).
신앙이 많은 이가 여기는 것처럼 그렇게 비이성적인 것이 아님을 알리기 위해 새로운 방식과 논거를 찾아내는 것이 필요하게 되었습니다. 그러면서 사제들의 지적인 양성에 특별한 관심을 두게 됐습니다. 레오 13세 교황의 회칙 〈영원하신 아버지〉는 모든 신학교에서 의무적으로 토마스 아퀴나스 성인(tweet 2.29)의 저작을 공부하도록 규정했습니다. 레오 13세 교황은 또한 과학적 연구를 권장했습니다.

사회주의와 공산주의

19세기의 산업 혁명으로 새로운 사회 문제와 긴장이 발생했습니다. 특히 공장 근로자들은 비참할 정도로 열악한 환경에서 일을 하며 어렵게 사는 경우가 많았습니다. 마르크

스는 노동자들에게 자본가인 공장의 소유주들을 타도하라고 촉구했습니다. 그는 또 노동자들에게 종교에 맞서라고 촉구했습니다. 그는 종교를 '인민의 아편'이라고 불렀습니다. 종교가 사람들을 수동적으로 만든다고 봤기 때문입니다. 마르크스주의는 사회주의와 공산주의의 토대를 놓았고, 이는 소련, 중국, 쿠바, 북한, 베트남 등에서 나타난 새로운 형태의 압제적 정치 체제로 이어졌습니다.

교회의 반응

교회는 산업 혁명이 야기한 문제들에 대해 다른 답을 갖고 있었습니다. 빈첸시오회는 1833년부터 가난한 이들에게 원조와 영적 지도를 제공하기 위해 활동했습니다.

1891년에, 레오 13세 교황은 첫 사회 회칙인 〈새로운 사태〉를 발표했습니다. 이 회칙은 공장 노동자와 자본가에게 사회를 개선하기 위해 함께 일하라고 촉구했습니다. 국가가 방관적인 자세를 취해야 한다는 자유주의의 주장과 달리 교황은 국가가 중요한 역할을 지닌다는 사실을 지적했습니다. 회칙은 노동자들에게 가톨릭 노동 조합을 시작하라고 권고했습니다. 이 회칙이 가톨릭 사회 교리(tweet 4.45 참조)의 시초였습니다. 가톨릭 사회 교리는 20세기에 더 발전했습니다. 이렇게 하여 교황의 윤리적 권위는 성장했습니다.

| 더 알기

해방과 건축

1850년 영국에서 그리고 1853년 네덜란드에서 가톨릭 교계 제도가 재설정된 데 이어(tweet 2.44 참조) 가톨릭 해방 운동이 뒤따랐습니다. 비록 개신교 신자들과 가톨릭 신자들 사이의 불평등은 오랫동안 그대로 남아 있게 되지만, 가톨릭 신자들이 새 성당들을 짓고 기관들을 설립하면서 사회 내에서 가톨릭교회를 보는 것이 쉬워졌습니다. 이 새로운 성당들은 대부분 신고딕 양식으로 건립됐습니다. 신고딕 양식은 중세기의 장엄한 건축에서 영감을 받았습니다. 프랑스 건축가인 외젠 비올레르뒤크(✝1879년)는 고딕 양식의 원리와 현대적 재료들을 조합해 새로운 양식을 만들어 냈습니다. 그는 흔히 현대 건축의 첫 번째 이론가로 불립니다. 영국에서는 오거스터스 퓨진(✝1852년)이 고딕 리바이벌 건축 양식의 발전에 중요한 역할을 했습니다.

> 19세기에 교황의 세속적 권력은 축소되었지만 윤리적 영향력은 더 커졌습니다. 교황은 신앙과 노동자의 권리를 옹호했습니다.

2.46 20세기 초, 교회의 상황은 어떠했나요?

20세기의 여명에서, 신앙과 성경과 전례에 대한 학문적 연구가 크게 신장됐습니다. 하지만 지나침도 있었지요. 그래서 비오 10세 교황(†1914년)은 과학을 신앙의 궁극적 척도로 삼으려는 근대주의를 단죄했습니다. 한편 세계 곳곳에 신앙을 전파하는 선교사들의 수가 크게 늘어나면서 수도 성소도 엄청나게 늘었습니다. 수백 명의 신부와 수녀와 수사들이 유럽을 떠나 아프리카, 아시아, 아메리카에 복음을 전했습니다.

교황의 활동

1954년에 시성된 비오 10세 교황(그림 참조)은 사제의 성덕을 증진하고자 했습니다. 그는 또한 어린이가 첫영성체를 받을 수 있는 나이를 낮추었습니다. 그는 신자들에게 더 자주 영성체를 하고(tweet 3.49 참조) 사회 안에서 가톨릭 신자로서 활동해 달라고 권고했습니다. 베네딕토 15세 교황(†1922년)은 제1차 세계 대전의 교전국들을 화해시키고자 했고, 전쟁 희생자들을 위한 원조를 조직화했습니다. 비오 11세 교황(†1939년)은 사회 정의와 복음화를 증진했습니다. 정치·외교적 차원으로 활발히 활동하면서 교황은 전체주의 체제의 부상과 또 다른 세계 전쟁을 막으려고 했습니다.

가톨릭 액션

19세기에, 가톨릭 평신도들은 여러 나라에서 가톨릭 액션 Catholic Action을 시작했습니다. 그들의 목표는 교회의 사회 교리(tweet 4.45)에 입각해 사회에 가톨릭의 영향력을 행사하는 것이었습니다. 이로부터 노동조합, 정당, 신문, 라디오 방송국, 학교 등등의 가톨릭 기관들이 폭넓게 생겨났습니다.

| 더 알기

로마의 미국인들

1950년대, 교황청립 북아메리카 신학원PNAC이 로마에 건립됐습니다. 이 신학원은 250명가량의 신학생들과 사제들을 수용하는데, 이들은 이 신학원에서 부분적으로 양성을 받으면서 로마의 교황청립 대학에서 공부합니다.
로마에 있는 각 나라 신학원들 간의 축구 경기에서 교황청립 북아메리카 신학원이 늘 두려운 경쟁 상대가 되는데 그 이유가 그 신학원의 운동 시설이 뛰어나기 때문이라고 할 수 있을까요?(tweet 2.44 참조)

예수님　　　　500　　　　　1000　　　　　1500　　　　　2000

20세기와 21세기의 교황들은 누구인가요?

재위 기간	교황명	실명
1878~1903년	레오 13세	조아키노 페치
1903~1914년	비오 10세 성인	주세페 사르토
1914~1922년	베네딕토 15세	자코모 델라 키에사
1922~1939년	비오 11세	아킬레 라티
1939~1958년	비오 12세	에우제니오 파첼리
1958~1963년	요한 23세 성인	안젤로 론칼리
1963~1978년	바오로 6세 복자	조반니 몬티니
1978~1978년	요한 바오로 1세	알비노 루치아니
1978~2005년	요한 바오로 2세 성인	카롤 보이티와
2005~2013년	베네딕토 16세	요제프 라칭거
2013년~	프란치스코	호르헤 마리오 베르골료

박해

프랑스(1905년)와 포르투갈(1910년)에서는 정부가 사회를 세속화시키면서 교회 재산을 몰수했습니다. 그리고 가톨릭 신자들은 박해를 받기까지 했습니다. 1917년 러시아 혁명 이후, 공산주의자들은 소비에트 연방(소련)에 무신론을 강요했고 많은 정교회와 가톨릭 신자들을 살해했습니다. 1920년대와 1930년대에는 스페인과 멕시코에서 공산주의자들이 국가를 전복하고자 하면서 가톨릭 신자들을 살해했습니다. 이탈리아에서는, 1929년 라테라노 협약에도 불구하고, 파시스트 정부가 교회에 제약을 가했습니다. 라테라노 협약에서 교황은 로마를 이탈리아의 수도로 인정하였고 교회의 영토를 바티칸 시국에 제한하는 데에 동의하였습니다. 독일에서는 가톨릭교회에 대한 국가의 반대가 다년간 지속되다가 1933년에 교회의 권리를 보호하는 협정이 체결됐습니다. 하지만 국가 사회주의자들(나치당원들)의 부상으로 그 권리들은 곧 무용지물이 되고 말았습니다.

> 성덕과 성사, 적극적인 그리스도인 등이 20세기 교회의 초점이었습니다. 많은 나라에서 가톨릭 신자들은 박해를 받았습니다.

2.47 교회는 왜 나치에 반대하지 않았나요?

비오 11세 교황은 1931년에 회칙 〈우리는 부족한 게 없다Non Abbiamo Bisogno〉에서 이탈리아의 파시즘을 단죄했습니다. 그리고 1937년에는 회칙 〈깊은 근심으로Mit Brennender Sorge〉에서 독일의 국가 사회주의와 그들의 인종차별적 이데올로기에 대한 반대 입장을 분명히 했습니다. 이것은 나치즘에 강력히 반대하는 최초의 공식 성명이었습니다. 당시에 어떤 정부도 나치즘을 그렇게 분명하게 규탄한 적이 없었습니다. 같은 해에 교황은 회칙 〈하느님이신 구세주Divini Redemptoris〉에서 마르크스주의와 공산주의를 단죄했습니다.

전쟁과 침략

1939년, 비오 12세가 교황으로 선출됐습니다. 제2차 세계대전이 시작되기 일주일 전에, 그는 "정의의 길은 건전한 이성의 힘에 있지 군대의 힘에 있지 않습니다."라고 말하며 평화를 필사적으로 촉구했습니다(1939년 8월 24일). 그의 첫 회칙 〈교황직Summi Pontificatus〉은 1939년 나치의 폴란드 침입을 단죄했습니다. 교황은 인종 차별주의, 반유다주의, 전체주의의 위험을 지적하였고 무력 충돌의 참상을 서술하였으며, 모든 그리스도인에게 전쟁의 희생자들에 대한 지원에 나서라고 촉구했습니다. 사도좌(tweet 2.3 참조)는 전쟁에 대해 중립을 유지했지만 1942년 예수 성탄 대축일 연설에서는 "때로는 단지 국적이나 배경 때문에 무죄하게 죽음에 처해지거나 착취당하는 많은 사람들"에 대한 심각한 우려를 표명했습니다(1942년 12월 24일). 그 후에 교황은 또 전쟁의 다른 많은 참상들도 단죄했습니다.

외교

이면에서는, 사도좌의 외교적 네트워크가 동맹국들과 함께 잘 이루어졌습니다. 기록 문서들에 따르면 교회는 유대인들을 포함해 나치에게 박해를 받은 사람을 많이 도와주었습니다. 나치가 교회를 자기들의 적으로 여긴 상당한 이유가 있었습니다. 포로와 피난민을 위해 바티칸 정보기관은 실종된 수백만 명이 어떻게 되었는지에 관한 정보를 제공했습니다. 유대인들을 비롯해 나치나 혹은 파시즘의 박해 피해자들 수천 명은 로마와 다른 곳에 있는 종교 기관에서 피신처를 찾았습니다(더 알기 참조). 교황이 직접적인 대결 대신에 외교 경로를 통해서 나치에 항의하는 법을 선택한 이유 가운데 하나는 바로 이들의 안전에 대한 염려 때문이었습니다.

비판과 칭송

전쟁 후, 비오 12세 교황은 많은 사람들에게 칭송을 받았습니다. 이스라엘은 교황에게 최고 영예를 부여했습니다. 그런데 1960년대에서야 교회에 대한 호된 비판이 제기되었다는 사실은 주목할 만합니다. 비오 12세 교황이 유대인들의 고통에 둔감했고, 심지어는 유대인 대학살에 침묵함으로써 공모자가 됐다는 것입니다. 제2차 세계 대전 중에, 그리고 전후에 이러한 혐의를 살포하고 홍보한 것은 소련 선전국이었습니다. 하지만 전쟁 중과 전쟁 후에 교회에 전달된 깊은 감사의 수많은 표현들은 아주 다른 이야기를 전합니다. 예를 들어 유대인 부모에게서 태어난 알베르트 아인슈타인은 1940년 〈타임〉지에 이렇게 말했습니다. "오직 교회만이 히틀러의 진실을 감추려는 캠페인에 정면으로 맞섰습니다."(12월 23일자 38쪽) 다른 많은 저명한 유대인들도 전쟁 후에 교황을 칭송했습니다. 세계 유대인 회의는 교황에게 "전쟁 중에 유럽 전역의 유대인을 대표하여 가톨릭교회의 노력에 최대한의 감사를" 표시했습니다(〈로세르바토레 로마노〉 1945년 9월 23일자 1면).

| 더 알기
교회가 달리 행동했어야 할까요?

나치가 지배하던 때를 되돌아보면, 그때 다른 정책을 취하는 것이 나았을지는 알기 어렵습니다. 네덜란드에서는 주교들이(교황의 지시를 받아) 나치에 대한 저항을 공공연하게 촉구했습니다. 이는 독일의 가혹한 반격으로 이어져 티토 브란드스마 복자(tweet 3.50 참조)와 에디트 슈타인(십자가의 데레사 베네딕타 성녀)과 같은 유대인 개종자들이 죽임을 당했습니다. 만일 교회가 목소리를 더 많이 냈더라면, 틀림없이 더 호된 보복과 유럽 전역의 종교 건물에 대한 습격으로 이어져 그곳에 숨어 있던 사람들에게 끔찍한 결과를 낳았을 것입니다. 미국과 영국은 교황에게 나치즘을 단죄하지 말라고 압력을 가했습니다. 유대계 독일 변호사이자 뉘른베르크 법정의 공무원이던 로베르트 켐프너는 1964년에 이렇게 썼습니다. "교회가 히틀러 정부에 맞서 취했음직한 그 어떤 선전적 입장도 자살 행위가 됐을 뿐 아니라 훨씬 더 많은 수의 유대인들과 신부들에 대한 처형을 앞당겼을 것이다."

비오 12세 교황은 흔히 생각하는 것보다 유대인들을 돕는 데 훨씬 더 많은 일을 했습니다. 전쟁 후 몇 년 동안 교황은 그 노력에 대해 크게 칭송받았습니다.

2.48 제2차 바티칸 공의회는 무엇이었나요?

1958년 교황에 선출된 직후 요한 23세 교황은 제2차 바티칸 공의회의 소집을 선언했습니다. 1962년 공의회 개막 연설에서 교황은 아조르나멘토aggiornamento를 요구했습니다. 아조르나멘토는 '시대에 적응하기'를 뜻하는 이탈리아어입니다. 교황은 교회가 복음을 전하는 방식을 현 시대에 맞게 새롭게 하고 싶었습니다. 다른 교회와 교회 공동체의 대표들도 참관인으로 참석해 달라는 초청을 받았습니다.

2,500명의 주교

공의회는 1962년부터 1965년 사이에 4회기에 걸쳐 개최됐습니다. 이 공의회는 성 베드로 대성전에서 열렸습니다. 성 베드로 대성전에서는 2,500명이 넘는 주교가 당시 교회에 대해 논의했습니다. 그들은 라틴어로 대화해야 했습니다. 각 회기 사이에는 다음 회기에 논의할 제안들을 작업하는 위원회가 활동했습니다. 후일 요한 바오로 2세 교황과 베네딕토 16세 교황도 다른 이들과 함께 공의회의 논의에 참여했습니다.

준비와 결과

제2차 바티칸 공의회는 20세기 교회의 새로운 발전에 의해 준비됐습니다. 그 발전은 처음에는 교회가 이끈 것이었습니다. 주로 프랑스의 새로운 신학nouvelle théologie은 초대 그리스도교 교부들이 가르친 것에 토대를 두었습니다. 전례 운동은 전례의 여러 측면과 특히 성찬례를 개혁하기 원했던 학자들에 의해 이루어졌습니다. 공의회는 이 성찬례를 그리스도교 생활의 '원천이며 정점'이라고 선언했지요. 공의회의 주요 목적은 예수님의 불변하는 메시지를 현대 세계에 선포하는 것이었습니다. 공의회의 네 가지 주요 문헌(헌장)은 전례 헌장(《거룩한 공의회》), 교회 헌장(《인류의 빛》), 계시 헌장(《하느님의 말씀》), 그리고 사목 헌장(《기쁨과 희망》)입니다. 공의회는 또한 일치 교령도 마련했는데, 이는 가톨릭과 다른 그리스도인 사이의 대화를 촉진했습니다.

또 다른 미사?

공의회가 끝나고 1969년에, 바오로 6세 교황은 새로운 《로마 미사 경본》을 승인했습니다. 이 미사 경본은 트리엔트 공의회(tweet 2.41 참조) 후 1570년에 승인되고 1962년에 마지막으로 개정된 미사 경본을 대체했습니다. '고귀한 단순성'을 추구하면서 전례는 크게 단순화됐습니다. 이전에는 미사 때에 사용되는 언어가 항상 라틴어였지만, 이제는 각 지역의 언어를 사용할 수 있고, 사제는 백성을 마주 보며 미사를 거행할 수 있게 됐습니다(tweet 3.23 참조). 2007년에 베

| 더 알기

공의회의 여파

공의회의 개혁들은 세계적으로 교회에 큰 영향을 미쳤습니다. 어떤 곳에서는 공의회의 개혁이 혁신으로까지 이어졌고, 그리스도 안의 구원에 대한 기쁜 소식은 드러나지 않는 곳에까지 미쳤습니다(tweet 2.49 참조). 한 본보기가 빈곤과 극단적 사회 불평등에 대한 응답으로 라틴 아메리카에서 인기를 얻은 해방 신학입니다. 정의와 싸우는 것은 좋습니다. 그런데 일부 해방 신학은 폭력 혁명을 통해 구원을 약속했던 마르크스주의의 한 형태가 됐습니다. 교황청 신앙교리성은 복음에 대한 이런 해석을 단죄했습니다. 세속적 구원의 또 다른 형태는 '소비 문화'입니다. 소비 문화에서는 인간은 자신의 행복의 바탕을 오로지 물질적인 것에만 둡니다. 그래서 이것은 극단적 개인주의로 이어집니다. 여기에서 하느님에 대한 신앙, 가족, 사회의 가장 약한 구성원들은 별 가치가 없거나 아무런 가치를 지니지 못합니다. 그와 같은 문화는 우리를 인간 생명과 폭력에 점점 더 무감각하게 합니다. 이에 대해, 교회는 하느님의 모상으로 창조되고 그리스도와 그분의 교회를 통해 하느님과 영원한 우정을 누리도록 불린 인간의 존엄성을 계속해서 설파합니다(tweet 4.26 참조).

네딕토 16세 교황은 서한을 발표해 이전의 미사 양식과 새로운 미사 양식 두 가지를 다 사용할 수 있다고 밝혔습니다. 결코 변하지 않는 것은 미사의 본질, 곧 성체 안에 예수님의 현존입니다(tweet 3.48 참조).

제2차 바티칸 공의회는 사회와 대화를 시작하기를 원했고 우리 세상이 몹시 필요로 하는, 예수님에 대한 믿음의 핵심에 주목했습니다.

2.49 제2차 바티칸 공의회 이후에 무슨 일이 일어났나요?

전반적으로, 제2차 바티칸 공의회가 이룩한 변화들은 (tweet 2.48 참조) 잘 받아들여졌습니다. 그리고 사람들은 그것을 실천하기 위한 최선의 길을 찾았습니다. 하지만 일부 경우에는 과도하기도 했습니다. 특히 서구 사회에서는 전례와 성당 건물에 관한 많은 실험이 이루어졌습니다. 어떤 곳에서는 새로운 성상 파괴가 기승을 부렸습니다. 사람들은 성당 벽을 새하얗게 도배하고 성당 벽을 향해 설치되었던 중앙 제대를 없애 버렸으며 성화와 성상과 스테인드글라스를 치워 버렸습니다. 이것은 '고귀한 단순성'(tweet 2.48 참조)을 그릇된 방식으로 이행하는 것이었습니다.

흥미로운 것은 20세기 말에 이르러, 새로운 운동이 제2차 바티칸 공의회 직후 벌어진 성상 파괴의 흔적을 지우고자 했다는 것입니다. 이 운동은 신자들이 하느님께 드리고 싶어 하는 영광의 표시인 성당 건물의 본래적이고 아름다운 내부를 복원하고자 했습니다.

교회를 떠난 사람들

이러한 새로운 변화를 받아들이지 못한 많은 신부들이 교회를 떠났고 많은 수사와 수녀도 그들의 공동체를 떠났습니다. 예수님께 헌신하고자 했던 열정, 마음과 육신과 영혼의 불이 꺼져 버린 것일까요? 그것이 교회에 항의하는 행위였을까요? 교회 생활이 너무 세속적인 것들에 초점을 두었고 주님과의 영적 삶에는 충분히 집중하지 못했을까요? 현대화하도록 내몰린 수도 공동체들이 자신들의 설립 비전과 열정을 잃어버린 것일까요? 이에 대해서는 답변보다는 질문할 것들이 더 많습니다. 하지만 분명한 것은 많은 사람들이 성소를 포기한 것과 사회 안에서 교회의 역할 및 지위가 하락한 것이 동시에 일어났다는 점입니다.

새로운 영

그러는 동안에, 새로운 운동이 일어났고 여러 단체와 공동체가 하느님께 삶을 바치고 싶어 하는 가톨릭 신자들 사이에서 생겨났습니다(tweet 2.1 참조). 교회를 쇄신하려는 새로운 수도회도 생겨났습니다. 성직자와 평신도가 함께한 모임도 있었습니다.

한 가지 흥미로운 예는 프랑스의 쉐망 뇌프 공동체입니다. 이 공동체는 다른 여러 운동의 요소들을 포함하고 있습니다. 쉐망 뇌프 공동체는 1973년 프랑스 리옹에서 예수회원 로랑 파브르가 설립했습니다. 쉐망 뇌프의 한 가지 중요한 특징은 가족과 봉헌된 독신자들이 함께 한 공동체에서 산다는 것입니다. 신부들은 이 공동체와 밀접히 연결돼 있습니다. 쉐망 뇌프의 두 번째 특징은 예수회의 설립자 이냐시오 성인의 영성에, 그리고 예수님과의 인격적 관계(tweet 3.8

참조)에 초점을 맞춘다는 것입니다. 셋째로, 그들은 지역 사회를 위한 활동과 교회 일치를 위한 기도에 초점을 두고 있다는 점입니다. 그들은 교회 일치를 지향합니다. 끝으로 쉐망 뇌프는 성령 쇄신 운동에서 영감을 얻었습니다. 성령 쇄신 운동은 신약 성경에 기술돼 있는 것처럼 성령의 은사를 구하는 운동입니다.

친구이신 예수님

새로운 가톨릭 운동이 열광적으로 전 세계에 퍼져 나갔습니다. 이 운동들은 서로 다른 카리스마를 가지고 있지만 적어도 한 가지 중요한 것을 공통으로 지니고 있습니다. 그것은 예수님과의 인격적 관계를 영성의 중심에 두고 있다는 것입니다. 이것은 모든 이의 목표여야 합니다. 이것이 그리스도인 삶의 핵심이고 또한 새로운 복음화(tweet 4.50 참조)의 핵심이기 때문입니다.

| 더 알기

동유럽의 가톨릭 신자들

제2차 바티칸 공의회는 교회 여러 부분의 외적인 쇄신으로 이어졌지만, 동유럽에서 성령의 움직임은 잘 드러나지 않았습니다. 공산주의자들의 지배 아래 있었던 나라들은 철의 장막으로 다른 유럽과 분리됐습니다. 공산주의자들은 교회와 신앙의 영향력을 줄이고자 했습니다. 이런 나라의 가톨릭 신자들에게 가장 중요한 과업은 자유를 다시 얻기 위해 공산주의와 싸우는 일이었습니다. 신자들의 수는 급격히 떨어졌지만, 남은 신자들은 신앙이 굳세어졌습니다. 이러한 상황은 그리스도인이 여러 세기를 거치면서 견디어야 했던 다른 박해들을 상기시켜 줍니다(tweet 2.19, 2.38, 2.43 참조).

헝가리에서는 요제프 민첸티 추기경(†1975년)이 공산주의 체제와 그 체제의 종교 자유 억압을 반대하다가 여러 해 동안 투옥되는 고난을 겪었습니다. 폴란드의 스테판 비신스키 추기경(†1981년)도 이와 비슷한 역할을 했습니다. 요한 바오로 2세 교황의 외교 활동은 고국 폴란드에서 공산주의가 마침내 종말을 고하는 데 아주 중요했습니다. 폴란드에서의 공산주의 몰락은 동유럽 전역에서 공산주의 몰락을 촉발시켰습니다.

> 제2차 바티칸 공의회 후에, 교회는 신앙의 변치 않는 핵심인 예수님과의 우정에 초점을 맞추면서 사회와 신앙 간의 새로운 균형을 추구했습니다.

2.50 요한 바오로 2세 교황은 어떤 분이었나요?

1978년 폴란드 출신의 카롤 보이티와 추기경이 하드리아노 6세 교황(†1523년) 이후 처음으로 비이탈리아인 교황으로 선출됐습니다. 요한 바오로 2세 교황은 자신의 첫 공식 연설에서 모든 사람에게 예수님을 자기 삶에 받아들이라고 촉구했습니다. "두려워하지 마십시오. 그리스도께 문을 활짝 여십시오!"(1978년 10월 22일) 그의 가르침의 핵심은 하느님의 모상으로 창조된 인간의 존엄성이었습니다. 이 하느님의 모상이 죄로 인해 상처를 입었고, 그리스도에 의해 회복됐습니다.

공산주의

요한 바오로 2세 교황은 진리와 모든 이의 자유를 위해 헌신하면서, 많은 일을 이루었습니다. 그는 폴란드를 직접 방문하고, 교회가 끊임없이 외교적으로 노력하도록 지도하여 마침내 1989년에 동유럽 공산주의가 몰락하는 데 크게 기여했습니다. 그 지역은 제2차 세계 대전이 끝나고 소련이 철의 장막을 치면서 공산주의 국가가 된 곳이었습니다. 그때는 서구 민주주의와 동구 공산주의(tweet 2.48 참조) 간의 냉전 시기였습니다. 하지만 공산주의에 대항하는 교회의 평화적인 투쟁이 어디서나 환영받았던 것은 아닙니다. 1981년 5월 13일 교황은 자신에 대한 암살 기도를 가까스로 모면하기도 했습니다.

새로운 복음화

요한 바오로 2세 교황 때, 교회의 윤리적 영향력은 나날이 커졌습니다. 그는 세계 곳곳을 폭넓게 다니면서 곳곳의 가톨릭 신자에게 현대의 도전들에 응답하라고 촉구했습니다. 교황은 세계적 차원에서 새로운 복음화를 시작했고, 복음을 전파하기 위해 현대의 커뮤니케이션 수단을 사용했습니다(tweet 4.49 참조).

용서

2000년 대희년에 실제로 2,500만 명이라는 기록적인 숫자의 순례자들이 로마에 왔습니다. 이 대희년에, 교황은 십자군 전쟁과 스페인 종교 재판(이단 심문)이 있었던 시기 등(tweet 2.31~2.32 참조) 역사를 거쳐 오면서 교회의 구성원들이 범한 많은 잘못에 대해 용서를 청했습니다. 같은 해에 교황이 연로하다는 사실도 분명해졌습니다. 파킨슨병 때문에 교황은 걷고 말하는 데에 지속적인 어려움을 겪었습니다. 그럼에도 교황은 자신의 일을 계속하면서 인간 존엄성은 나이나 질병에 의해 감소되지 않는다는 것을 보여 주었습니다. 그때에도 그는 모든 일을 성모님께 계속 의지했습니다. 요한 바오로 2세 교황은 2005년 4월 2일에 선종했

| 더 알기

세계 청년 대회

요한 바오로 2세 교황의 초대로 전 세계의 가톨릭 청년들이 1984년 4월 로마에 모였습니다. 만남, 활동, 기도로 신앙의 대축제를 거행하기 위해서였습니다. 1985년 주님 수난 성지 주일에 두 번째 청년들과의 만남을 가진 후에, 요한 바오로 2세 교황은 새로운 연례 행사를 열겠다고 선언했습니다(1985년 12월 20일). 그것이 바로 세계 청년 대회 WYD였습니다. 그리고 몇 년에 한 번씩 교황과 함께하는 세계 청년 대회가 조직되었습니다.

요한 바오로 2세 교황처럼 그렇게 많은 사람을 모을 수 있었던 교황은 아무도 없었습니다. 1995년 마닐라에서 열린 세계 청년 대회에서 교황은 500만 명이 넘는 인파가 참석한 가운데 미사를 거행했습니다. 이때 교황은 청년들에게 이렇게 말했습니다. "여러분은 세계의 미래이고 교회의 희망입니다! 여러분은 나의 희망입니다!"(1978년 10월 22일)

고, 이때 성 베드로 광장이 내려다보이는 창문 아래에는 수천 명의 사람들이 모였습니다. 그에 대한 애정을 표시하고, 그와 작별 인사를 하고, 또 그를 위해 기도하기 위해 400만 명의 순례객이 로마에 왔습니다. 2011년에 수백만 명이 참석한 가운데 베네딕토 16세 교황은 그를 시복했습니다. 그리고 2014년 4월 27일 프란치스코 교황이 집전한 그의 시성식에는 그때보다 더 많은 군중이 모였습니다.

> 요한 바오로 2세 교황은 복음의 진리와 모든 이의 자유를 위해 자신을 바쳤습니다. 그는 특별히 젊은이들에게 예수님을 따르라고 요청했습니다.

제3부

여러분과 하느님에 관한 트윗, 기도와 성사

3.1 왜 기도해야 하나요? 그리고 어떻게 기도해야 하나요?

하느님이 현재와 미래를 다 알고 계신다면(tweet 1.1, 2.11 참조) 우리는 왜 기도해야 하나요? 어쨌든 하느님은 우리에게 무엇이 필요한지 이미 알고 계시지 않나요? 왜 꼭 하느님께 말씀드려야만 하나요? 글쎄요, 이러한 질문들에 대해 우선 분명한 답 한 가지는, 하느님께 말씀을 드리는 것이 우리에게 도움이 된다는 것입니다.

하느님은 우리와 가장 친한 친구가 되고 싶어 하십니다(요한 15,15 참조). 우리는 무엇이든지 다 하느님과 의논할 수 있습니다. 우리가 깨닫지 못할지라도 하느님은 언제나 우리와 함께 계시니까요! 이를 더 잘 의식하기 위해 아침과 저녁으로 기도하는 것은 좋은 생각입니다. 그렇게 기도한다면 우리는 날마다 하느님과 함께할 수 있습니다. 자주 기도할 때 우리는 하느님께 귀 기울이는 법을 배우고, 자신이 혼자가 아니라는 사실을 깨닫게 됩니다. 또한 기도함으로써 자신이 해야 할 바를 하는 데 필요한 힘을 얻을 수 있습니다.

간단히 말해, 기도는 우리에게 대단히 좋습니다! 예수님은 자주 제자들에게 기도하라고 말씀하셨으며(루카 22,46 참조), 우리에게도 그렇게 하라고 격려하십니다. 제자들이 예수님께 어떻게 기도해야 할지 여쭈었을 때, 예수님은 그들에게 '주님의 기도'를 가르쳐 주셨습니다(마태 6,9-13 참조; tweet 3.11 참조). 또한 하느님과 함께 계시려고 자주 외딴곳으로 가시어 기도하심으로써(마르 1,35 참조) 몸소 제자들에게 본보기를 보여 주셨습니다. 초대 그리스도인들은 혼자, 또는 여럿이 함께 모여서 끊임없이 기도했습니다(사도 1,14 참조). 기도는 하느님과 함께하고 그분을 섬기는 길입니다(루카 2,36-37 참조).

하느님의 선물을 이해하기

어느 날 길을 걷느라 지치신 예수님은 우물가에 앉아 계시다가 한 여인에게 마실 물을 달라고 하셨습니다. 그 여인이 거절하자 예수님은 "네가 하느님의 선물을 알고 또 '나에게 마실 물을 좀 다오.' 하고 너에게 말하는 이가 누구인지 알았더라면, 오히려 네가 그에게 청하고 그는 너에게 생수를 주었을 것이다."(요한 4,10)라고 말씀하셨습니다. 하느님은 당신 생명의 은총을 나누어 주시려고 우리에게 기도하라고 이르십니다(tweet 4.12 참조). 하느님이 우리에게 무엇을 주고자 하시는지 진정으로 깨닫는다면, 우리는 끊임없이 기도할 것입니다.

기도에서 특별한 점은 상호 작용이라는 점입니다. 우리가 하느님을 향해 나아가려 하면, 하느님이 우리에게 다가오십니다. 우리가 우리 자신을 그분께 내어 드리면, 하느님은 당신 자신을 우리에게 내어 주십니다! 우리는 이를 성사를 통해 깨달을 수 있는데, 이 성사를 통해 하느님은 우리에게

| 더 알기

성경 인용구는 어떻게 찾나요?

성경 인용구는 세 가지 요소(책 이름, 장, 절)로 구성됩니다. 따라서 '마태 1,1-3'을 예로 들면, 먼저 성경의 책 이름(마태오 복음서)을 적고, 그다음에는 장(1장), 그리고 그다음엔 구절(1-3절)을 적으면 됩니다. 성경의 책 이름은 종종 약어(마태)로 표기하기도 합니다. 성경 약어 목록을 보려면 부록 1을 참조하세요.

매우 단순할 수도 있습니다. 하지만 정직하고 진실된 기도를 하는 한 우리는 하느님과 관계가 더 깊어지도록 애쓰는 것입니다. 하느님께 말씀드리는 것은 쉬울지도 모릅니다. 그렇지만 하느님의 말씀을 들으려면 어떻게 해야 할까요?(tweet 3.2 참조) 어떻게 하면 기도하는 내내 마음이 산만해지지 않게 할 수 있을까요?(tweet 3.5 참조) 여러분은 혼자서 기도하나요? 아니면 다른 사람과 함께 기도하나요?(tweet 3.3 참조) 앞으로 이 장에서는 이러한 질문에 대한 모든 것을 다룰 것입니다. 우선은 첫걸음을 내딛는 것이 가장 중요합니다. 그러니 매일 기도하며 하느님과 함께 시간을 보내겠다고 결심해 보세요. 하느님은 우리를 기다리고 계십니다!

구체적인 방식으로 가까이 다가오십니다(tweet 3.35 참조).

우리도 기도할 수 있습니다!

시간과 노력을 조금만 기울이면, 우리 역시 기도를 배울 수 있습니다(tweet 3.3 참조). 기도하는 것은 곧 하느님과의 관계에 자신을 쏟는 것입니다. 기도를 통해 우리는 하느님의 사랑을 받고 또 되돌려드립니다. 하느님은 우리의 기도를 도와주고자 하십니다. 그래서 예수님이 우물가에 있는 여인에게 "내가 주는 물을 마시는 사람은 영원히 목마르지 않을 것이다. 내가 주는 물은 그 사람 안에서 물이 솟는 샘이 되어 영원한 생명을 누리게 할 것이다."(요한 4,14)라고 말씀하신 것입니다. 성령은 우리의 기도가 가슴속에서 저절로 우러나오도록 도와주실 것입니다. 사랑을 하는 사람은 말을 하든 하지 않든, 연인에게 속마음을 털어놓을 수 있습니다. 하느님은 우리가 당신께 그렇게 속마음을 털어놓기를 바라십니다. 기도가 바로 그런 것이니까요.

하느님과 함께하는 소중한 시간

어떻게 기도하는가보다 훨씬 더 중요한 것이 있습니다. 바로 하느님을 위해 시간을 내는 것입니다. 우리의 기도가

> **t** 하느님은 우리가 기도하기를 원하십니다. 그분은 우리를 기다리십니다! 하느님과 맺는 관계는 우리에게 참되고 지속적인 기쁨을 가져다줍니다. 우리는 하느님께 무엇이든 청하고 말씀드릴 수 있습니다.

더 읽어 보기
기도에 대하여: CCC 2558-2565항; CCCC 534항; YOUCAT 469항.

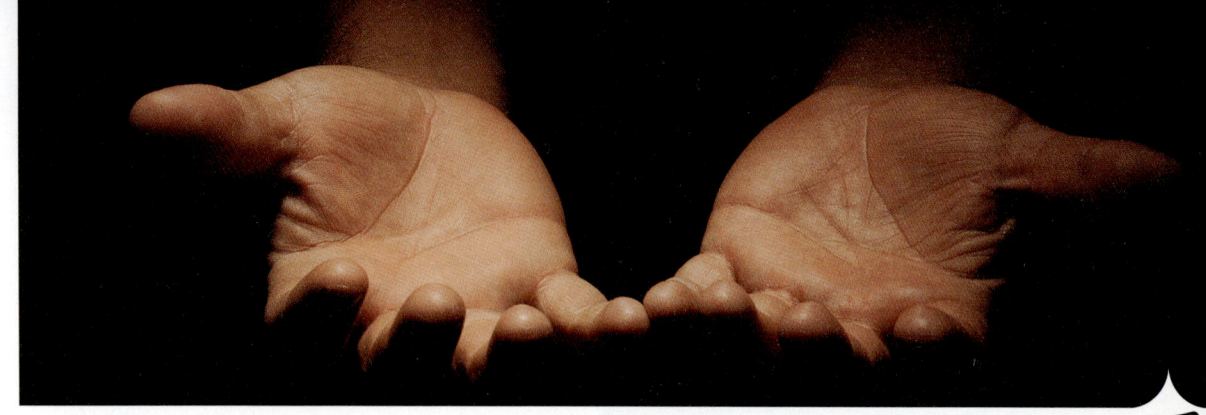

3.2 기도는 하느님께 말씀드리는 것과 같은 건가요?

기도는 하느님'께' 말씀드리는 것일 뿐만 아니라 하느님'과' 함께 이야기하는 것이기도 합니다. 그렇기에 하느님께 귀를 기울이는 것 역시 중요합니다. 기도는 하느님과 함께하는 것이며, 하느님과 함께 시간을 보내는 것입니다. 우리는 의식주를 비롯하여 삶을 위해 많은 것이 필요하다고 느낍니다. 그러나 하느님은 아무것도 필요하지 않으십니다. 하느님은 그 자체로 완전하십니다. 하지만 하느님은 우리를 사랑하시고 우리가 그분 없이는 살 수 없다는 것을 아시기에, 우리가 그분을 사랑하기를 간절히 바라십니다.

하느님과 함께하는 것

우리가 누군가를 사랑하면, 그 사람과 되도록 오랫동안 함께 있고 싶어집니다. 이는 하느님과 맺는 관계에서도 마찬가지입니다. 하느님은 우리를 사랑하시기에, 우리와 함께하시기를 바라십니다. 그리고 만약 하느님을 조금이라도 사랑한다면, 우리는 그분과 함께 있고 싶을 것입니다. 비록 어떻게 해야 하는지는 정확히 알지 못하더라도 말입니다. 하느님과 함께 있고 싶은 열망과 하느님을 알고 싶은 열망, 거기에서 기도는 시작됩니다. 하느님과 함께 있고 싶은 열망은 하느님이 우리 안에 불어넣어 주셨습니다. 왜냐하면 하느님 역시 우리를 열망하시기 때문입니다.

마음 놓고 무엇이든 청하세요

"아무것도 걱정하지 마십시오. 어떠한 경우에든 감사하는 마음으로 기도하고 간구하며 여러분의 소원을 하느님께 아뢰십시오."(필리 4,6) 바오로 사도의 이 말씀대로 우리는 무엇이든 하느님께 청할 수 있습니다. 예수님도 우리에게 끊임없이 기도하라고 이르셨습니다(루카 18,1-8 참조). 기도는 정말로 중요합니다.

성경에는 기도하는 사람의 본보기가 많이 나옵니다. 예수님이 예리코에 이르셨을 때 한 눈먼 이가 예수님께 부르짖지 않았더라면, 그는 결코 눈을 뜨지 못했을 것입니다(루카 18,35-43 참조). 만약 한 어머니가 예수님께 간절히 도움을 청하지 않았더라면, 그녀의 딸은 낫지 못했을 것입니다(마르 7,25-30 참조). 예수님은 우리 한 사람 한 사람에게 "청하여라, 너희에게 주실 것이다. 찾아라, 너희가 얻을 것이다. 문을 두드려라, 너희에게 열릴 것이다."(마태 7,7)라고 말씀

소화 데레사 성녀의 기도

제게 있어서 기도는 하나의 열정이며, 하늘을 한번 우러러보는 것, 기쁨을 맛보거나 시련을 당할 때에도 감사와 사랑을 부르짖는 것입니다.

《성녀 소화 데레사 자서전》

하십니다. 하지만 이것이 전부는 아닙니다. 우리가 누군가를 사랑할 때, 필요한 것만 그에게 청하지 않습니다.
만약 우리에게 필요한 것을 청하는 것만으로 충분하다고 생각한다면, 이는 몇 가지 요구 사항을 메모에 써서 냉장고에 붙이기만 해도 결혼 생활을 하는 데 충분하다고 생각하는 것과 같습니다. 서로 사랑하는 관계가 되려면 서로 얼굴을 마주 보아야 하고, 진정한 소통을 나누어야 합니다. 그리고 무엇보다도 서로 사랑하는 마음을 지녀야 합니다. 따라서 자신이 원하는 것을 청하는 것은 기도의 전부가 아닙니다. 기도는 또한 하느님이 원하시는 것에 응답하는 것이기도 합니다. 사랑은 일방적으로 이루어지는 관계가 아니라 상호관계입니다. 기도 역시 마찬가지입니다.

| 더 알기

로욜라의 이냐시오 성인의 기도

받아 주소서, 주님.
저의 모든 자유와 저의 기억과 지성,
저의 모든 의지와 제가 가진 모든 것을 받아 주소서.
당신이 이것들을 제게 주셨습니다.
주님, 이 모두를 돌려 드립니다.
모두가 당신 것이오니 당신 뜻대로 처리하소서.
제게는 당신의 사랑과 은총을 주소서.
이것으로 저는 족하옵니다.

침묵 중에 듣기

기도는 하느님께 우리가 원하는 것을 청하는 것 그 이상입니다. 기도는 또한 하느님이 우리에게 무엇을 원하시는지 듣는 것이기도 합니다. 하느님께 기도할 때 말만 해서는 안 됩니다. 하느님은 우리에게 신비로운 방식으로 말씀하시기에 때때로 이를 듣는 게 어렵습니다. 하지만 하느님이 말씀하고 계시다는 것은 확실합니다! 하느님은 사려 깊으셔서 우리가 모든 것에 자유롭도록 맡겨 두십니다. 우리는 하느님께 주의를 기울이지 않고 그분을 크게 개의치 않으면서 살아갈 수도 있습니다. 반면 하느님 말씀을 귀담아들으려고 애쓰며 살아갈 수도 있습니다. 엘리야 예언자는 하느님을 기다리라는 말씀을 듣고 그날 밤을 동굴에서 지냈습니다. 그날 밤 크고 강한 바람이 지나가는 소리가 들렸고, 지진이 일어났으며, 이어서 불이 나고 번개가 쳤습니다. 그러나 그 모든 요란함 속에 하느님은 계시지 않았습니다. 그러고 난 뒤 엘리야는 "조용하고 부드러운 소리"(1열왕 19,12)를 들을 수 있었습니다. 이처럼 하느님 현존의 표시는 요란하지 않고 부드러운 산들바람처럼 감지하기 어렵습니다.

침묵 중에, 고요함 속에서 당신은 하느님의 소리를 들을 수 있습니다. 선택은 당신에게 달려 있습니다. 하느님께 귀 기울이고 싶지 않다면 하느님의 소리를 무시하고 못 들은 체하면 됩니다. 하느님께 귀 기울이고 싶다면 분주하고 시끌벅적한 일상 가운데서(tweet 3.7 참조) 조용한 시간을 내어 하느님이 당신에게 무슨 말씀을 하시는지 최선을 다해 들어 보세요!

기도는 말하는 것이기도 하지만 듣는 것이기도 합니다. 기도는 하느님과 더 가까워지기 위해 애쓰는 것입니다. 하느님은 우리를 사랑하시고 우리의 사랑을 갈망하십니다.

더 읽어 보기
하느님께 드리는 질문: CCC 2629-2633, 2648항; CCCC 553항; YOUCAT 486항.

 3.3 어떻게 하면 기도를 잘할 수 있나요?

누구나 기도를 할 수 있습니다. 혼자서도 기도할 수 있고 다른 사람들과 함께 기도할 수도 있습니다. 사실 우리 모두에게는 예수님이 그러셨듯이 두 가지가 다 필요합니다. 예수님은 다른 유다인들과 함께 기도하고 성경을 봉독하려고 매주 유다인 회당에 빠짐없이 가셨습니다(루카 4,16 참조). 그뿐만 아니라 홀로 기도하시려고 자주 외딴곳으로 혼자 물러가셨습니다(루카 5,16 참조). 기도 방법에는 여러 가지가 있습니다(더 알기 참조). 성경(tweet 3.8 참조)이나 묵주(tweet 3.12 참조)를 가지고 기도할 수 있고, '주님의 기도'(tweet 3.11 참조)를 바칠 수도 있습니다. 그 밖에도 다양한 방법이 있습니다. 그저 생각나는 대로 기도를 바칠 수도 있습니다. 기도할 때 무슨 말을 할지 걱정하지 마세요. 하느님은 말하는 방식 때문에 불쾌해하시는 분이 아니십니다. 그분은 우리와 함께 있는 것만으로도 매우 행복해하십니다. 중요한 것은 하느님이 우리의 말을 들으시고 우리를 사랑하신다는 것을 믿으며, 어린이와 같은 단순함으로 하느님께 나아가는 것입니다(마태 6,5-8. 7,11 참조).

기도는 얼마나 자주 그리고 언제 해야 하나요?

혼자 기도하기 위해 매일 시간을 내는 것은 참으로 좋은 생각입니다. 그렇게 해서 하느님과 인격적인 관계를 맺을 수 있으며, 하느님이 함께 계신다는 것을 늘 깨닫지는 못할지라도 날마다 하느님과 함께할 수 있습니다. 기도는 하느님이 우리에게 올바른 길을 가르쳐 주실 수 있는 기회를 드리는 것입니다(tweet 3.4 참조). 기도는 밤이든 낮이든 아무 때나 바칠 수 있습니다. 그런데 많은 사람들이 이른 아침에 기도하려고 계획을 세웁니다. 이는 현명한 일입니다. 왜냐하면 분주하게 하루를 보내다 보면 기도하는 것을 깜빡 잊어버릴 수 있기 때문입니다. 게다가 이른 아침에 바치는 기도는 하루 전체가 아침기도와 이어지도록 도와줍니다. 부록 4에는 기도 방법에 대한 조언이 있습니다.

하루 일과가 끝난 후에 기도하며 하느님이 우리에게 주신

다양한 형태의 기도

- **흠숭**: 하느님의 위대함을 인식하며 하느님을 찬미하는 것. '하느님은 흠숭을 받으셔야 마땅합니다!'
- **탄원**: 우리 자신을 위해서나 다른 사람들을 위해 하느님께 청하는 것. '우리는 하느님이 필요한 존재입니다!'
- **용서**: 우리가 잘못한 일에 대해 하느님께 용서를 청하는 것. '우리는 정말 용서받아야 합니다!'
- **감사**: 하느님이 베풀어 주신 모든 것에 감사드리는 것. '감사해야 할 일은 너무나도 많습니다!'

좋은 것들에 대해 되돌아보는 것도 좋은 습관입니다. 이렇게 기도하면 처음 생각한 것보다 하느님이 좋은 것을 많이 주셨음을 깨달을 수 있습니다. 또한 하루를 돌이켜 보면서 자신이 행한 잘못을 깨닫게 되고 그것에 대해 용서를 청할 수 있습니다. 그리고 하루 동안 만난 사람들과 그 다음 날의 계획을 위해서도 기도할 수 있게 됩니다. 기도하며 하루를 되돌아보는 방법에 대해서는 부록 5에 잘 설명되어 있습니다.

기도는 어디서 바치는 것이 좋나요?

길을 걸으며, 지하철 안에서, 점심 시간 등 어디에서나 기도할 수 있습니다. 그러나 하느님과 개인적으로 함께하기 위한 조용한 공간을 마련하는 것도 좋습니다. 예수님은 "너는 기도할 때 골방에 들어가 문을 닫은 다음, 숨어 계신 네 아버지께 기도하여라. 그러면 숨은 일도 보시는 네 아버지께서 너에게 갚아 주실 것이다."(마태 6,6)라고 말씀하셨습니다. 방 한쪽에 십자고상, 성경, 성화, 초 등으로 꾸며 놓으면 기도를 위한 자리를 마련할 수 있을 것입니다. 늘 열려 있는 성당이나 성체 조배실도 기도하기 좋은 곳입니다. 물론 편안하게 느끼고 쉽게 방해를 받지 않는 곳이라면 어디든지 좋습니다.

기도는 얼마 동안 해야 하나요?

"주님, 이 일을 해결하도록 도와주소서."라고 하느님께 청할 때처럼, 아주 짧게 기도할 수도 있습니다. 그러나 하느님과 가까워지려면 좀 더 노력이 필요합니다. 하루에 5분에서 30분 정도를 하느님께 내어 드리세요. 처음에 얼마 동안 기도할 것인지 결정하고 나서는 그 계획을 반드시 지키는 것이 중요합니다(tweet 3.8 참조). 기도에서 가장 중요한 부분은 기도를 위한 시간을 내는 것입니다. 시간은 단 한 번밖에 사용할 수 없기에 매우 소중합니다. 기도하기 위해

| 더 알기

다양한 기도 방법

- 염경 기도: 혼자 또는 다른 사람들과 함께 현재 사용되는 기도문으로 하는 기도(tweet 3.10 참조).
- 묵상 기도: 하느님과의 대화로 하느님이 우리에게 드러내시는 것에 대해 곰곰이 생각하는 것(tweet 3.7–3.8 참조).
- 관상 기도: 침묵 속에서 사랑의 눈길로 하느님을 바라보며 단순히 하느님과 함께 머무는 것(tweet 3.7 참조).
- 전례: 교회의 공적인 기도(tweet 3.24 참조).

시간을 바치는 것은 하느님께 진정한 선물을 드리는 것이며, 하느님과 가까워지기 위해 시간을 쏟는 것입니다.

> 기도하는 방법은 여러 가지입니다. 그러나 무엇보다 중요한 것은 기도하는 시간을 마련하는 것입니다. 어떻게 기도하는가보다 어떻게 하느님과 함께 시간을 보내는가가 더 중요합니다.

더 읽어 보기

기도의 방법: CCC 2626–2649항; CCCC 550–556항; YOUCAT 483–489항. 기도의 형태: CCC 2699, 2721항; CCCC 568항; YOUCAT 500항.
어디서나 기도할 수 있습니다: CCC 2691, 2696항; CCCC 566항; YOUCAT 498항.

3.4 올바른 결정을 내리는 데 기도가 도움이 되나요?

예수님은 중요한 결정을 내리시기 전에 항상 기도하셨습니다. 예를 들어, 열두 제자를 뽑으시기 전에 밤을 새우며 기도하셨습니다(루카 6,12-13 참조). 다른 모든 일과 마찬가지로 기도에서도 예수님은 우리의 본보기이십니다. 하느님이 우리에게 무엇을 원하시는지 알아내려면, 하느님이 우리에게 어떻게 말씀하시는지 알아차리는 법을 배울 필요가 있습니다. 비록 그렇게 보이지 않을지라도, 하느님은 정말로 기도 중에 우리에게 말씀하십니다. 깊고 심오한 방법으로 정말 그렇게 하십니다. 예수님은 우리의 마음속 깊은 곳에서 말씀하십니다. 그렇게 해서 예수님은 우리가 올바른 결정을 내리도록 도와주십니다.

귀 기울이는 법 배우기

하느님께 귀 기울이는 법을 배우려면 우리 마음 깊은 곳의 갈망에 귀 기울이는 법을 배워야 합니다. 하느님이 무엇을 바라시는지는 우리가 지닌 가장 강력한 갈망에서 발견할 수 있기 때문입니다. 문제는 우리는 너무 많은 갈망을 동시에 지니고 있다는 것입니다. 물론 우리가 원하는 모든 것이 우리에게 똑같이 중요하지는 않습니다. 어느 더운 날 아이스크림이 몹시 먹고 싶을 수도 있지만, 몸무게를 줄이고 싶다는 갈망도 있기 때문에 아이스크림을 먹지 않기로 결정할 수도 있습니다. 삶에서 모든 것이 그와 같습니다. 모든 선택은 또 다른 무엇을 포기하게 합니다(tweet 4.3 참조). 예를 들면, 우리는 자녀를 갖고 싶은 갈망도 있지만, 또한 결혼하는 것보다 사제나 수도자가 되고자 하는 갈망도 지니고 있다는 것을 깨닫게 됩니다(tweet 4.21 참조).

식별

자기 자신을 속이기는 너무나 쉽습니다. 우리는 종종 우리에게 가장 큰 성취를 줄 수 있는 갈망보다는 바로 눈앞에 보이는 욕구를 선택합니다. 그러나 '하느님의 뜻'이 발견될 수 있는 곳은 전자입니다. 그래서 우리가 가지고 있는 여러 가지 욕구를 구별하는 법을 배우는 것은 대단히 중요합니다. 이를 위해 우리에게 필요한 것은 식별입니다. 이는 어떤 갈망이 성령으로부터 오고 어떤 갈망이 성령으로부터 온 것이 아닌지를 분별할 수 있는 능력을 말합니다. 무엇이 나에게 가장 좋은 것일까요? 나는 어떻게 진정한 나 자신이 될 수 있을까요? 오직 '하느님의 뜻'에 귀를 기울이고 응답할 때라야 우리는 진정으로 행복해질 수 있습니다(tweet 4.6 참조). 성경 구절로 기도하는 것(tweet 3.8 참조; 부록 4 참조)은 하느님의 소리를 듣고 자기 자신의 생각에만 집중하지 않게 하는 데에 도움이 됩니다.

기도는 식별을 도와줍니다

우리 혼자서는 자신의 성소와 하느님의 특정한 말씀을 식별할 수 없습니다. 자신의 갈망 가운데 가장 강한 갈망을 분별하려면 하느님의 도움이 필요합니다. 그렇기에 기도하는 방법을 배워 하느님과 관계를 맺는 것은 정말로 중요합니다(tweet 3.3, 3.8 참조). 또한 사제나 신뢰할 수 있는 사람과 자신의 생각을 나누는 것도 좋습니다. 영적 지도자는 보다 넓은 관점에서 우리가 그 길을 따라 걸을 수 있도록 안내하고 도움을 줍니다(tweet 4.6 참조). 분주하고 시끌벅적한 일상의 삶이나 일시적인 열정에 휩쓸리는 것은 너무도 쉽습니다.

자신이 무엇을 하도록 부르심을 받았는지 깨닫는 순간, 우리는 참된 의미의 만족을 경험할 것입니다. 설사 어떤 것들이 여전히 불분명하거나 당신이 한 선택이 모험적이며 어려운 일을 의미한다 할지라도, 당신은 마음속 깊이 자신이 올바른 것을 하고 있다는 느낌이 들 것입니다. 그 내적인 평화가 바로 하느님이 우리 한 사람 한 사람에게 바라시는 것입니다. 예수님은 그분의 부활 이후 겁에 질려 있던 제자들에게 하신 말씀을 우리에게도 하십니다. "평화가 너희와 함께!"(요한 20,19)

| 더 알기

계속 분심이 들어요!

사람은 누구나 하느님께 완전히 마음을 향하기가 어려울 수 있다는 점을 이해합니다. 끊임없이 온갖 생각들이 떠오르고 분심이 들기 때문입니다. 우리는 하느님께 기도드리려고 마련한 그 시간을, 진정으로 하느님께 드리고 싶은 마음으로 기도를 시작하지만 생각은 사방으로 흩어져 산만해집니다.

이는 그리 걱정할 일이 아닙니다. 오히려 그와는 정반대지요. 걱정하기 시작하면 하느님께 마음을 모으기가 더욱 어려워질 것입니다. 기도 중에 분심이 드는 것을 깨달았을 때는 그저 하느님께 다시 마음을 향하면 됩니다. 하느님만이 중요합니다. 우리의 온갖 생각과 갈망은 이 순간과는 전혀 무관합니다.

기도 중에 우리는 하느님과 함께 있습니다. 이보다 더 좋은 것이 어디 있겠습니까? 기도하다가 갑자기 해야 할 일이 떠오르더라도 하느님도 그것을 아신다고 믿고 안심하세요. 만약 그것이 중요하다면 기도가 끝나고 나서 다시 생각날 것입니다. 그러니 이런 분심이 들 때는, 다시 하느님을 생각하고 계속 기도하세요.

> **T** 우리의 가장 강렬한 갈망은 하느님으로부터 옵니다. 하느님은 우리가 결정을 내릴 때 도와주고 싶어 하십니다. 하느님이 안내해 주시기를 간청하면, 하느님은 반드시 그렇게 해 주십니다.

더 읽어 보기
예수님의 기도: CCC 2600-2605, 2620항; CCCC 542항; YOUCAT 475항.

3.5 기도는 왜 어렵고 지루하게 느껴질까요?

무엇이든 새로운 것을 배우는 일은 처음에는 어렵기 마련입니다. 그러나 요령을 익히게 되면 쉬워집니다. 기도도 이와 다르지 않습니다. 인내심을 갖고 끈기 있게 하다 보면, 매일 열정적이고 확신에 차서 기도하는 자신의 모습을 발견하게 될 것입니다. 우리는 하느님이 우리를 사랑하신다는 것과 하느님의 도움으로 자신감을 가지고 세상으로 나아갈 수 있다는 것을 체험하게 될 것입니다. 우리는 오직 하느님으로부터 나오는 크나큰 기도의 힘을 알게 될 것입니다.

기도가 익숙해지고 나서도 기도가 다시 어려워질 때가 있습니다. 그럴 때에는 기도가 메마르고 지루하게 느껴지기도 합니다(더 알기 참조). 또한 무척 외로움을 느낄지도 모릅니다. 하지만 이는 정상적입니다. 모든 신자들이 한두 번은 이런 경험을 합니다.

한 가지 분명한 것은 우리에게 인내심이 필요하다는 것입니다(tweet 3.6 참조). 하느님의 적은 우리가 기도를 그만두게 하려고 할 것입니다(tweet 3.11 참조). 그러나 하느님의 현존을 느끼지 못할지라도, 하느님은 언제나 거기에 계시다고 확신해도 됩니다. 그렇기에 기도를 통해 끊임없이 하느님께 시간을 쏟는 것은 중요합니다. 기도의 체험이 그다지 없는 것처럼 느껴질 때조차도 말입니다. 우리는 자신이 하는 기도의 결과를 결정지을 수 없지만 하느님과 함께하는 시간을 결정할 수는 있습니다.

자전거 타는 법 배우기

사람들은 종종 일이 순조롭게 잘되고 있을 때 기도하기가 더 어렵다는 것을 알게 됩니다. 하지만 그리 걱정할 필요가 없습니다. 하느님은 삶의 시작부터 끝까지 우리의 인생 여정에 함께하십니다. 하느님은 무슨 일이 있어도 우리가 견디어 나가도록 가르치고 싶어 하십니다. 그래서 우리는 기도할 때 언제나 아름답고 영감을 주는 체험만을 하지는 않습니다. 한 아버지가 자기의 아이에게 자전거 타는 법을 가르치는 모습을 생각해 보세요. 처음에, 아이가 자전거 페달을 밟을 때 아버지는 아이의 어깨를 붙잡습니다. 한참 지나서 아버지는 아이에게서 손을 떼지만, 아이가 떨어질 위험이 있을 때 아이를 붙잡으려고 자전거를 따라서 계속 달립니다. 마침내 아버지는 달리기를 멈추고, 아이는 아버지가 자기 옆에 없다는 것을 알아채기 전까지 행복하게 페달을 밟습니다. 아버지가 옆에 없음을 알게 되면 아이는 겁에 질려 어찌할 바를 모르다가 자전거에서 떨어지고 맙니다. 우리의 기도 생활에서도 이와 비슷한 일이 일어납니다. 하느님이 나와 함께 계시며 나를 돕고 계시다는 것을 더 이상 느끼지 못할 때, 우리는 믿음을 잃도록 유혹을 받습니다.

하느님은 당신의 방식대로 우리를 도와주십니다

두려워 마세요. 하느님은 언제나 우리를 돕고 계십니다. 하느님은 종종 우리가 예측하지 못하는 방식으로 우리를 도우십니다. 예수님이 베드로와 몇몇 제자들을 배를 타고 호수로 가도록 보내셨을 때, 제자들은 파도에 목숨을 잃는 줄 알고 두려워했습니다. 호수 한가운데서 자신들에게 다가오는 유령을 보았다고 생각했을 때 그들은 더더욱 겁에 질렸습니다. 그러나 곧 예수님임이 밝혀졌습니다. 예수님이 "용기를 내어라. 나다. 두려워하지 마라."(마태 14,27) 하고 말씀하셨습니다. 그것이 기도 때문에 어려워할 때 예수님이 해 주시는 말씀입니다. "두려워 마라. 끈기 있게 계속해라! 혼자가 아니다. 하느님을 신뢰하라!" 하고 말입니다. 호수에서 예수님은 베드로에게 배에서 나와 물 위를 걸어오라고 손짓하셨습니다(마태 14,29 참조). 처음에 베드로는 그렇게 할 수 있었습니다. 예수님이 요청하시는 것을 하면 하느님의 도우심으로, 불가능한 것도 이룰 수 있습니다. 그러나 주위를 둘러보며 바람과 파도를 본 베드로는 그만 겁에 질렸습니다. 그러자 그는 물에 빠져들기 시작했습니다. 베드로가 소리 높여 구해 달라고 외치자 예수님은 손을 뻗어 베드로를 붙잡으셨습니다(마태 14,31 참조). 분명히 하느님도 우리가 곤경에 처해 있을 때 기도로 도움을 요청하면 도와주실 것입니다.

하느님의 도우심 깨닫기

때때로 우리는 하느님이 어떻게 우리를 도우시는지 알지 못합니다. 가끔 우리는 어려움에 처했을 때 하느님이 계셨다는 것을 나중에서야 뒤늦게 깨닫습니다. 기도가 끝난 다음에 되돌아보면 뭔가 좋은 일이 일어났었다는 것을 알아차릴지도 모릅니다. 우리는 이런 것을 만족을 통해 경험할지도 모릅니다(tweet 3.4 참조). 주님이 부활하셨다는 것을 믿지 못한 두 제자도 그런 경험을 했습니다. 그들은 길에서

| 더 알기

기도의 어려움에 관한 어떤 젊은이의 나눔

"기도가 메마르게 느껴지면, 십자가에 매달리신 예수님이 계시는 곳에 내가 있다고 상상합니다. 나는 예수님 발치에 앉아 있습니다. 예수님은 나를 위해 거기에 매달려 계십니다! 또 가끔은 폭우 속에서 문 앞에 서 계시는 예수님을 그려 봅니다. 언제나 나는 문을 열고 예수님이 들어오시는 것을 상상합니다. 매번 분심이 들지만, 나는 예수님께 다시 생각을 집중시킵니다(tweet 3.4 참조). 내가 기도할 때, 그 기도는 예수님에 관한 것이지 나에 관한 것이 아닙니다."

그분을 만났을 때 그분이 주님이시라는 것을 알지 못했습니다. 그리고 나중에서야 그분이 예수님이었다는 것을 깨달았습니다(루카 24,32 참조). 그 만남에서 그들은 평화를 느꼈습니다. 깊은 내적 고요함의 느낌은 종종 우리가 올바른 길을 선택했음을 확인하는 것입니다(tweet 3.4 참조).

> 기도뿐만 아니라 우리가 하는 모든 것을 열심히 하려고 애써야 합니다. 우리가 간청하고 최선을 다하면 하느님이 우리를 도와주실 것입니다. 우리가 알아채지 못할지도 모르지만 하느님은 거기에 계십니다!

더 읽어 보기

기도의 싸움: CCC 2725-2733, 2753-2756항; CCCC 572-574항; YOUCAT 505, 508항.

 3.6 기도할 때 왜 아무런 응답이 없을까요?

때로 하느님은 침묵하시는 듯합니다. 기도는 마치 벽 돌담을 향해 말하고 있는 것처럼 느껴질 때가 있습니다. 이런 느낌에 '하느님이 내 말을 듣지 못하시면 어쩌지?' '하느님이 계시지 않는다면 어떡하지?' 하는 등의 온갖 의혹을 야기할 수 있습니다. 그와 같은 질문을 하는 것은 정상입니다. 우리는 영적 지도자에게 그런 의문에 대해 이야기할 수 있습니다(tweet 3.4, 4.6 참조). 기도할 때 하느님께 이러한 질문을 드려도 좋습니다. 또한 하느님의 고유한 의사소통 방식이 있다는 것을 아는 것도 중요합니다. 하느님이 언제 말씀을 하시고 그 말씀을 어떻게 하시는지는 우리가 아니라 하느님이 결정하십니다. 아무리 우리가 결정권을 쥐는 사람이 되고 싶어도 말입니다.

끈기와 믿음

기도 중에 아무 일도 없는 듯이 느껴질지라도 인내심을 가지고 믿음을 지키는 것이 중요합니다. 가장 위대한 성인들조차도 하느님이 부재하시는 것처럼 느낀 시기가 있었습니다. 그들은 그와 같은 시기의 기도를 메마르거나 지루하다고 묘사했습니다. 하느님은 너무나 멀리 계신 듯했고, 그들의 생각은 이리저리 사방으로 흩어졌습니다. 그래도 그들은 끝까지 하느님을 사랑했고 계속 기도했습니다. 하느님이 거기에 계시다는 것을, 그리고 진정으로 하느님을 필요로 할 때 다시 그분을 체험할 수 있으리라는 것을 알고 있었기 때문입니다(더 알기 참조). 우리가 하느님의 현존을 느끼지 못할 때조차도 하느님은 늘 그곳에 계십니다. 믿음을 갖기란 언제나 쉬운 것이 아닙니다. 우리가 수련을 아주 잘 받았고 매일같이 기도한다 할지라도 기도 생활에서 메마른 시기가 오면 견디기가 어렵습니다. 그러나 우리는 버릇없는 어린이같이 되어서는 안 됩니다. 이러한 시기는 우리가 원하는 것을 언제나 얻지는 못한다는 것을 말해 줍니다. 중요한 것은 기도할 때 느낌이 좋은 것이 아니라 하느님께 충실한 것입니다. 하느님은 우리에게 언제나 신실하십니다.

내가 청했던 것은 그게 아닌데!

때로 하느님은 우리의 기도에 응답하지 않는 것 같습니다. 음악 소리를 낮추어 달라는 부탁을 거절하는 이웃을 사라지게 해 달라고 청했는데 그 청은 들어주지 않으십니다. 물론 그 이유는 알 수 있습니다. 그러나 친척의 병이 빨리 낫기를 청할 때 하느님은 왜 들어주지 않을까요? 이는 좋은 질문이지만 대답이 단순하지는 않습니다. 하느님은 기적을 행하실 수 있습니다(tweet 4.18 참조). 즉 정상적인 자연 현상을 초월하실 수 있습니다(그래서 기적을 '초'자연적이라고 합니다). 하느님은 우리가 기적을 청할 만큼의 믿음을 당신께 두기를 바라십니다. 프란치스코 교황은 "청하십시오.", "문을 두드리십시오." 그리고 우리를 위한 하느님의 사랑을 신뢰하며 하느님을 "괴롭히십시오."라고까지 하며, 예수님의 말씀을 일깨워 주었습니다. 우리의 기도는 "절실하면서도 당당해야" 한다고 교황은 말했습니다(2013년 12월 6일 강론 참조). 하느님은 우리가 기도하기를 바라시고 우리의 기도를 다 들어주신다고 하는데, 그분은 왜 우리가 청하는 것을 모두 다 들어주시지 않으실까요? 야고보 성인은 이에 대해 이렇게 말했습니다. "여러분은 청하여도 얻지 못합니다. 여러분의 욕정을 채우는 데에 쓰려고 청하기 때문입니다."(야고 4,3) 다시 말해서 때때로 하느님은 우리가 청하는 것을 주시지 않습니다. 왜냐하면 우리가 그릇되게 기도하거나 그릇된 것을 위해서 기도하기 때문입니다. 우리 자신의 명분을 위해서 하느님을 이용할 수는 없습니다. 우리의 지향이 선할 때일지라도, 우리는 하느님이 알고 계시는 최선이 어떤 것인지 알지 못합니다.

올바른 태도

기도는 하느님을 완전히 신뢰하는 데서 시작합니다. 우리는 "제 뜻이 아니라 아버지의 뜻이 이루어지게 하십시오."(루카 22,42) 하고 기도하신 예수님처럼 기도해야 합니다. 기도는 단지 자기를 위해 원하는 것을 청하는 일이 아닙니다. 무엇보다도 기도는 하느님의 '뜻'을 구하고 무엇이 최선인지 알고 계시는 하느님을 신뢰하며, 하느님과 관계를 맺어 가는 것입니다. 우리가 하느님을 사랑한다면, 어떻게 하느님의 '뜻'에 어긋나는 것을 청할 수 있을까요? 요한 사도는 이에 대해 "우리가 그분에 대하여 가지는 확신은 이것입니다. 우리가 무엇이든지 그분의 뜻에 따라 청하면 그분께서 우리의 청을 들어 주신다는 것입니다."(1요한 5,14)라고 했습니다.

| 더 알기

영혼의 어두운 밤

십자가의 요한 성인(†1591년)은 기도 중에 체험한 것을 책으로 남겼습니다. 성인은 이 세상에서의 행복을 추구하지 않고 오직 하느님과 함께하기만을 추구했습니다. 그래서 그는 그의 영혼이 하느님과 하나가 되기 위해 떠나야 했던 여정을 기록했지요. 그것은 쉬운 여정이 아니었습니다. 그는 실로 하느님을 만나기 전에 많은 어려움에 맞닥뜨렸습니다. 그래서 요한 성인은 이를 '영혼의 어두운 밤'이라고 했습니다.

성인은 오직 인내심을 가지고 계속 하느님을 신뢰함으로써 마침내 목표에 도달했습니다. 마더 데레사 성녀와 그 밖의 성인들도 비슷한 것을 경험했습니다(tweet 4.12 참조). 그럼에도 불구하고 그들은 자신들의 삶에서 하느님의 사랑이 가장 중요하다는 것을 마음속 깊이 깨달으며 끝까지 하느님께 충실했습니다.

> 때때로 하느님이 우리에게 응답하지 않으며, 우리 가까이에 계시지 않는 것처럼 느껴지기도 합니다. 하지만 우리가 인내심을 가지고 계속 기도하며 하느님을 신뢰한다면 하느님은 우리를 실망시키지 않으실 것입니다.

더 읽어 보기
기도에 응답이 없을 때: CCC 2735–2737항; CCCC 575항; YOUCAT 507항.

3.7 기도를 하기 위해 어떻게 시간을 내나요?
일상생활에서 하느님은 어디에 계신가요?

우리에게는 많은 일이 일어납니다. 중요한 일을 이것 저것 하다 보면 온통 바빠집니다. 그러한 일들 때문에 앉아서 "그래요 하느님, 다음 10분은 전부 당신을 위한 시간으로 보낼게요."라고 말할 기회를 찾기가 어려울지도 모릅니다. 기도에서 가장 중요한 것은 하느님을 위해서 시간을 내는 것입니다. 그것은 희생일 수 있습니다. 왜냐하면 기도하며 보내는 시간 동안에는 그 밖의 다른 일을 할 수 없기 때문입니다.

시간이 없다고요?

하지만 다른 관점에서 보면 기도하기 위해 시간 내기가 어렵다는 말은 아주 이상합니다. 하루에 10분은 매일 24시간 중 고작 1,440분의 1입니다(그것은 1%도 되지 않습니다!). 하루에 얼마나 인터넷을 하며 보내는지 생각해 보세요. 우리는 삶에서 무엇이 정말 중요한지 결정해야 합니다. 평화와 평온함을 중요하게 여기나요? 친구나 시험 아니면 경력을 중요하게 여기나요? 나의 삶에서 하느님을 어디에 두고 싶은가요? 우선순위를 생각해 보는 것이 중요합니다. 일상사가 아무리 중요할지라도, 전적으로 하느님께 봉헌하는 짧은 시간을 갖는 것이 시간을 가장 잘 보내는 것입니다. 그렇게 할수록 우리는 하느님이 무엇이든 하실 수 있다고 믿을 수 있습니다.

우리가 하느님을 위해 시간을 내어 기도하며 열심히 일하면, 하느님은 우리를 도와주실 것입니다. 그러므로 기도는 우리의 일에도 도움이 됩니다! 그래서 마더 데레사 성녀는 수녀들에게 할 일이 더 많은 날일수록 평상시보다 더 많이 기도를 해야 한다고 말했습니다. 해야 할 일이 많을수록 우리에게도 하느님의 도움과 은총이 더 많이 필요합니다(tweet 4.12 참조).

묵상과 관상

그리스도인이 기도하는 목적은 하느님과 함께 있는 것입니다. 그것은 하느님에 대한 믿음이 있든 없든 상관없이 수행할 수 있는 불교 명상이나 힌두교 요가의 다양한 목표와는 아주 다릅니다. 그리스도인으로서 우리는 하느님과 인격적인 관계를 맺기 위해 기도 중에 하느님을 향합니다. 이렇게 하는 데 도움이 되도록 성경 구절, 성화, 또는 교부·성인들의 글을 묵상할 수 있습니다(tweet 2.24 참조). 우리를 향한 하느님의 사랑과 하느님을 향한 우리의 사랑에 오롯이 마음을 모을 때 묵상은 관상으로 이어질 수 있습니다(tweet 3.3 참조).

이해하기

기도를 통해, 우리는 예수님과 인격적으로 더욱 가까워집

| 더 알기

나의 체험이 하느님으로부터 오는 것인지 어떻게 알 수 있나요?

기도를 하다 보면 기도는 나 자신을 속이는 것이 아닌가 하는 생각이 들 수도 있습니다. '내가 혼잣말을 하고 있는 것은 아닐까? 하느님이 해 주신 응답처럼 느껴지는 것이 정말로 하느님이 해 주신 것일까? 만약 그것이 나 자신이 지어낸 것이면 어떡하지? 만약 그 응답이 악령에게서 온 것이라면 어떡하지?' 이러한 수많은 의문이 일어나기도 합니다. 그러한 의문은 중요합니다. 그러나 "두려워하지 마라."(요한 6,20)라는 예수님의 말씀을 늘 기억해야 합니다. 하느님으로부터 오는 모든 것은 우리에게 깊은 평화를 느끼게 해 줍니다(tweet 3.4 참조). 그리고 다음의 몇 가지를 통해 우리의 체험이 하느님에게서 온 것인지 밝힐 수 있습니다.

- 하느님이 우리에게 하시는 모든 말씀은 언제나 예수님이 하신 말씀과 일치합니다. 하느님에게는 모순이 없기 때문입니다.
- 성령은 교회가 하느님에 관한 진리를 전하도록 도우십니다(tweet 2.13 참조). 그러므로 하느님이 우리에게 말씀하시는 것은 교회의 가르침과 일치합니다.
- 기도하는 동안에 무엇인가 우리를 괴롭히는 것이 있다면, 그것에 관해 영적 지도자와 이야기해 보세요. 그것을 식별할 수 있도록 도와줄 것입니다.
- 상식을 이용하세요. 우리의 양심에 귀 기울임으로써 균형을 찾을 수 있을 것입니다(tweet 4.6 참조).

니다. 기도할 때 우리는 예수님이 우리를 하느님과 화해시키기 위해 무엇을 하셨는지 그리고 바로 지금 우리 삶에서 무엇을 하시고 계신지를 더 잘 이해하게 됩니다(tweet 1.27 참조).

하느님과 우리 자신을 보다 깊게 이해하려면 기도를 위한 시간을 내야 합니다. 그 나머지는 하느님이 하실 것입니다. 하느님은 우리가 기도하는 것까지도 도와주실 것입니다. "성령께서도 나약한 우리를 도와주십니다. 우리는 올바른 방식으로 기도할 줄 모르지만, 성령께서 몸소 말로다 할 수 없이 탄식하시며 우리를 대신하여 간구해 주십니다."(로마 8,26)

우선순위를 정하세요! 분주한 삶인가요? 아니면 하느님인가요? 하느님을 첫 번째로 두세요. 그러면 그 밖의 모든 것은 제자리를 잡을 것입니다.

더 읽어 보기

매일 하는 기도: CCC 2659-2660항; YOUCAT 494항. 묵상: CCC 2705-2708, 2723항; CCCC 570항; YOUCAT 502, 504항.

 ## 3.8 성경 구절로 어떻게 기도하나요?

하느님은 우리에게 성경을 통해서 말씀하고 싶어 하십니다. 성경은 단지 과거에 하느님이 하신 말씀이나 일에 관한 옛날이야기를 모아 놓은 전집이 아니라, 지금 말씀하시는 '하느님의 말씀'입니다(tweet 1.10 참조). 성경의 모든 구절은 우리에게 말을 건넵니다. 그래서 성경을 자주 읽고, 기도에 성경을 사용하는 것은 정말로 중요합니다. 이런 종류의 독서는 학문적 연구와는 다릅니다. 성경을 읽는 것은 성경 구절의 일부를 조용히 숙고하는 것을 수반합니다. 하느님은 그때 우리가 필요한 것을 이해하도록 도와주실 것입니다. 이런 방식의 기도를 '거룩한 독서' 또는 렉시오 디비나lectio divina라고 합니다. 렉시오 디비나란 라틴어로 하느님과 함께하는 독서를 의미합니다.

성경 구절 선택하기

기도를 하기 위해 성경 구절을 어떻게 선택하는지 궁금할 것입니다. 교회가 미사를 위해 선택한 매일의 독서로 시작하는 것이 좋습니다. 이러한 성경 구절은 교회가 매일 기념하는 것에 맞추어져 있습니다(tweet 3.47 참조). 그 성경 구절은 독서집, 본당 주보, 홈페이지에서 찾아볼 수 있습니다. 또한 성경 전체에서 매일 몇 줄을 선택해 읽을 수도 있습니다. 어쨌든 자신이 좋아하는 성경 구절만 선택하지 않는 것이 좋고, 다른 성경 구절이 가진 풍요로움을 탐색해 보는 것도 좋습니다. 마태오·마르코·루카·요한 네 복음서 중에 하나를 선택하는 것도 좋을 것 같습니다(tweet 1.17, 1.18 참조). 몇 줄을 읽고 그 구절에 대해 생각해 보고, 그러고 나서 기도하세요. 이렇게 하면 우리는 매일 예수님을 점점 더 알게 될 것입니다.

마음속에 그려 보기

예수님을 더 알기 위해 복음에 나오는 상황을 그려 보는 것도 도움이 됩니다. 예를 들어 예수님이 설교하시려고 작은 배 위에 서 계시고 제자들은 호숫가에서 그 말씀을 듣는 일화가 나오는 성경 구절(루카 5,3 참조)을 읽고 그 장면을 상상해 보는 것입니다. 눈을 감고 예수님이 서 계신 배를 보세요. 그리고 호숫가에 있는 사람들을 보며 그들 가운데 있는 당신의 모습도 그려 보세요. 그리고 바람을 느껴 보고 호수의 냄새도 맡아 보세요. 예수님께 가까이 다가가려고 자신이 배 안으로 들어가는 모습도 상상해 보세요. 그런 다음에 마치 예수님이 직접 나에게 말씀하시는 것처럼 예수님의 말씀을 들어 보세요.

예수님과의 대화

성경 구절을 천천히 읽다 보면 아마도 나의 마음에 깊이 와 닿는 한 단어나 문장이 있을 것입니다. 어쩌면 그것은 온갖 의문을 일으키기도 하고, 어쩌면 화가 나게 할지도 모르고, 아니면 그 구절이 정말 마음에 와 닿아 "바로 이거야!" 할지도 모릅니다. 만약 한 구절에 마음이 끌리면 거기서 멈추세요. 그 낱말을 천천히 반복하며 그 구절을 주의 깊게 곰곰이 생각해 볼 수도 있을 것입니다. 그러고는 이 구절을 통해 하느님이 내게 무슨 말씀을 하시고 싶으신지, 왜 이 구절에 내 눈에 들어왔는지, 왜 이 구절이 내 마음에 와 닿았는지, 이 구절이 나에게 무엇을 요구하는지 자신에게 물어보세요. 생각이 떠오르는 대로 두세요. 그다음에 마치 예수님과 대화를 하는 것처럼 내 마음속에 있는 무슨 말이든지 예수님께 전부 말씀드리세요.

부록 4에 성경 구절로 기도하는 방법에 대한 설명이 있습니다(더 알기 참조). 기도할 때는 선택한 성경 구절을 다 마치지 않아도 됩니다. 그보다는 하느님을 위해 따로 떼어 둔 시간을 온전히 채우는 것이 더 중요합니다. 만약 10분 동안 기도하기로 정했다면, 10분 동안 기도하세요. 그렇지 않으면 하느님이 나에게 말씀하실 기회도 드리지 않고 자리를 뜨는 것일지도 모릅니다! 당신이 영감을 받지 못했을지라도, 기도가 메마르고 지루할지라도, 그저 시간이 다 끝날 때까지 하느님께 주의를 기울이세요(tweet 3.3 참조).

기도가 끝나면, 잠시 자신의 기도를 되돌아보는 시간을 가지는 것이 좋습니다. '성경의 어떤 구절이 나에게 다가왔나? 무언가를 느낀 것은 언제였나? 요컨대 하느님이 어떻게 나에게 감동을 주셨나?' 이러한 질문은 하느님이 기도 중에 얼마나 많은 것을 나에게 주셨는지를 깨닫는 데 도움이 됩니다.

| 더 알기

성경으로 기도하는 방법

로욜라의 이냐시오 성인(tweet 4.5 참조)은 성경으로 기도하는 방법을 직접 만들었습니다(부록 4 참조). 그는 먼저 성경 구절을 선택하고, 사전에 얼마 동안 기도할지를 정하라고 조언합니다.

성경 구절은 복음서로 시작하는 것이 가장 좋습니다. 일화를 읽고 나서 예수님이 무슨 말씀을 하시는지 귀 기울이고, 무엇을 하시는지 지켜보면서 그 장면을 상상해 보세요. 예수님의 행동과 말씀이 당신의 마음을 깊이 움직일 수 있도록 예수님께 맡기고, 그런 다음 그 순간에 당신 마음에 떠오르는 모든 것을 예수님께 말씀드리세요.

이냐시오 성인은 기도 중에 일어나는 일을 기록하라고 권합니다. 이는 하느님을 향한 당신의 여정에 하느님이 어떻게 함께하시는지를 나중에 읽어 보게 하기 위한 것입니다.

> 시간을 내고, 성경 구절을 읽고, 그 구절이 당신에게 말하도록 하세요. 그러고는 예수님께 무엇이든 마음에 떠오르는 대로 말씀드리세요.

더 읽어 보기
성경으로 기도하기: CCC 1177, 2652-2653항; CCCC 558항; YOUCAT 491항.

3.9 성부, 성자, 성령 중 어느 분에게 기도하나요? 마리아와 성인들에게도 기도하나요?

예수님은 우리 자신을 위해서뿐만 아니라 다른 사람들을 위해서도 필요한 것은 무엇이든지 하느님께 청하라고 격려하십니다(tweet 3.2 참조). 우리가 누군가를 위해서 기도하면 우리는 하느님의 중개자 역할을 하는 것입니다. 이를 '전구轉求'라고 합니다. 병자들, 모든 희생자들, 그리고 우리의 기도를 필요로 하는 다른 사람들을 위해서 기도하는 것은 중요합니다. 특히 우리는 죽은 이들이 빨리 천국에 갈 수 있도록 기도합니다(tweet 1.45 참조).

다른 사람들보다 특별히 어떤 사람을 위해 기도를 더 많이 해 주는 것은 불공평해 보일지도 모릅니다. 하지만 감사하게도, 천국과 이 세상에는 모든 이들을 위해 기도하는 사람들이 있습니다. 이렇게 함으로써 자신을 위해 기도해 줄 사랑하는 사람이 없는 사람들에게도 전구자가 생깁니다. 그러니 여러분은 이런 사실을 기도가 필요한 모든 사람들을 위해 기도하라는 초대로 받아들이기를 바랍니다.

세 분 중 어느 분에게 기도하나요?

우리는 성부, 성자, 성령인 성삼위의 세 위격 중 어떤 분에게든 기도할 수 있습니다(tweet 1.33 참조). 그분들은 세 위격 중 어떤 위격에게 기도를 드려도 한 분이신 하느님께 기도를 드리는 것과 같습니다. 동시에 세 위격은 서로 구별되는 인격을 가지고 계시며, 성경에 묘사된 대로 서로를 향한 사랑과 우리를 향한 사랑이 가득하십니다. 예수님은 성자이신 하느님이시며, 우리를 성부이신 하느님께 이끄십니다. 예수님의 제자들이 어떻게 기도하는지 예수님께 여쭈었을 때, 그분은 '주님의 기도'를 가르쳐 주셨습니다(tweet 3.11 참조). 그리고 하느님은 우리에게 필요한 것을 마련해 주시고 우리의 죄를 용서해 주시므로, 우리의 흠숭과 순명을 당연히 받으셔야 한다고 밝히셨습니다. 눈먼 이들과 병자들이 예수님께 치유해 달라고 청했을 때와 같이 우리도 예수님께 직접 기도드려도 됩니다(tweet 3.2 참조). 지혜, 강인함, 그리고 다른 은총을 얻기 위해 성령께 의탁할 수 있다고 예수님은 말씀하셨는데(tweet 1.32, 더 알기 참조), 성령은 성부와 성자로부터 나시고 교회를 이끄시며 지키시는 분입니다.

우리 주 예수 그리스도를 통하여

전례 안에서, 우리는 성부이신 하느님께 예수님의 이름으

영광송

영광이 성부와 성자와 성령께
처음과 같이 이제와 항상 영원히.
아멘.

로 기도를 드립니다. 그렇게 함으로써 우리는 성부께 끊임없이 기도하시는 예수님과 함께하는 것입니다. 예수님은 우리가 그분의 이름으로(요한 15,16 참조) 청하는 모든 것을 하느님이 주실 것이라고 말씀하셨습니다. 예수님을 통해 우리는 성부께로 나아갈 수 있습니다(에페 2,18 참조). 그래서 우리는 흔히 "우리 주 예수 그리스도를 통하여"라는 말로 기도를 끝냅니다. 성령은 성부와 성자 간의 사랑이기 때문에, 때때로 우리는 "성부와 성령과 함께 세세에 영원히 살아 계시며 다스리시는 천주 성자 우리 주 예수 그리스도를 통하여"라고 기도를 끝맺기도 합니다.

마리아와 성인들

마리아와 그 밖의 다른 성인들과 천사들은 천국에서 끊임없이 기도하고 있습니다. 그래서 우리는 그들에게 우리를 위해 기도해 달라고 청합니다(tweet 4.15 참조). 어디서부터 시작할지 모른다면 수호성인에게 나를 위해 기도해 달라고 청할 수 있습니다(tweet 4.16 참조). 성경에서 우리는 다른 사람을 위해 예수님께 어떤 것을 청하러 가는 사람들을 종종 봅니다(tweet 3.2 참조). 예수님은 그들의 전구를 들어주셨습니다. 마찬가지로 예수님은 우리의 기도와 성인들의 기도를 들어주실 것입니다. 우리는 성인들에게 흠숭이 아닌 공경을 드립니다. 즉 그들에게 사랑과 존경을 보여 드릴 수 있습니다. 우리는 우리의 기도에 응답하실 권능을 가지신 하느님만을 흠숭합니다. 그러므로 우리는 성인들에게 기도하는 것이 아니라 성인들과 함께 하느님께 기도하는 것입니다. 물론 우리는 언제나 직접 하느님께 기도할 수 있습니다. 그러나 하느님은 천국과 이 세상에 있는 교회의 구성원들이 서로를 돌보도록 요청하시기에, 서로를 위해 기도하는 것은 하느님이 요청하시는 것을 행하는 한 가지 방법입니다.

| 더 알기

성령께 어떻게 기도할 수 있나요?

일을 시작하며 바치는 기도

○ 오소서, 성령님.
저희 마음을 성령으로 가득 채우시어
저희 안에 사랑의 불이 타오르게 하소서.

● 주님의 성령을 보내소서. 저희가 새로워지리이다.
또한 온 누리가 새롭게 되리이다.

✢ 기도합시다.
하느님, 성령의 빛으로 저희 마음을 이끄시어
바르게 생각하고
언제나 성령의 위로를 받아 누리게 하소서.
우리 주 그리스도를 통하여 비나이다.

◎ 아멘.

> 성부, 성자, 성령은 한 분이신 하느님이시므로 성부, 성자, 성령께 기도할 수 있습니다. 또한 마리아와 성인들과 천사들에게 우리를 위해 그리고 우리와 함께 기도해 달라고 청할 수도 있습니다.

더 읽어 보기
성부, 성자, 성령께 드리는 기도: CCC 2664–2672, 2680–2681항; CCCC 560–561항; YOUCAT 495–496항.
주님의 기도: CCC 2759–2865항; CCCC 578–598항; YOUCAT 511–527항. 성모송: CCC 971항; CCCC 198항; YOUCAT 149항.

 ## 3.10 왜 똑같은 기도를 계속해서 반복하나요?

보통 우리의 기도는 개인적입니다. 다시 말해서 우리 자신의 말로 기도를 합니다(tweet 3.8 참조). 또 다른 기도 방법으로 십자 성호(tweet 3.15 참조), 성모송(tweet 1.39 참조) 그리고 영광송(tweet 3.9 참조)과 같이 현재 사용되는 기도문으로 하는 기도가 있습니다. 이와 같이 정형화된 기도를 염경 기도라고도 합니다. '주님의 기도'는 예수님이 그분 제자들에게 가르쳐 주신 염경 기도의 하나입니다(tweet 3.11 참조).

염경 기도는 다른 사람들과 함께할 수도 있고 혼자 할 수도 있습니다. 하지만 그런 기도가 개인 기도를 대신할 수는 없습니다. 우리는 마음에서 우러나오는 자신의 말로도 하느님께 말씀드려야 합니다. 물론 개인 기도를 시작하고 끝맺음을 할 때 염경 기도를 바쳐도 좋습니다.

지루하다고요?

어쩌면 염경 기도를 반복하는 것은 지루한 기도 방법같이 들릴지도 모릅니다. 만약 아무런 생각 없이 말을 읊조리는 것이 전부라면 염경 기도는 정말 지루합니다. 그렇지만 기도는 단순히 말만을 읊조리는 것이 아닙니다! 기도는 생각과 마음을 다해 바쳐야 합니다. 이따금 우리 영혼의 깊은 곳에서 우러나오는 말을 하느님께 말씀드리고 싶어도 표현하기 어려울 때가 있습니다. 언제나 적합한 말을 찾을 수는 없습니다. 그럴 때 염경 기도가 도움이 됩니다. 반복은 기도에 힘을 줍니다. 우리는 마음으로 이 기도를 이해할 수 있고 이 기도를 하는 동안 우리의 영혼은 예수님과 함께 쉴 수 있기 때문입니다. 호세마리아 에스크리바 성인(†1975년)은 염경 기도를 "믿음으로 빛나는 일상의 틀 안에 있는 귀중한 보석"(《하느님의 친구들》 248)이라고 했습니다.

삼종 기도 angelus

삼종 기도를 규칙적으로 하는 것은 좋은 습관입니다(더 알기 참조). 아마도 아침 6시, 12시 정오, 그리고 저녁 6시에 매일 세 번 종을 울리는 성당이 근처에 있을지도 모릅니다. 이것은 삼종 기도를 하도록 알리는 것입니다. 이 기도를

| 더 알기

삼종 기도

주님의 천사가 마리아께 아뢰니
성령으로 잉태하셨나이다.

(성모송)(tweet 1.39 참조)

"주님의 종이오니
그대로 제게 이루어지소서!"

(성모송)

이에 말씀이 사람이 되시어
저희 가운데 계시나이다.

(성모송)

천주의 성모님, 저희를 위하여 빌어주시어
그리스도께서 약속하신 영원한 생명을 얻게 하소서.

✝ 기도합시다.
하느님, 천사의 아룀으로
성자께서 사람이 되심을 알았으니
성자의 수난과 십자가로
부활의 영광에 이르는 은총을
저희에게 내려주소서.
우리 주 그리스도를 통하여 비나이다.
아멘.

예수 기도

예수 기도는 동방 교회에서 온 전통적인 기도의 형태입니다(tweet 2.30 참조). 이 기도는 조용히 기도하면서 계속해서 예수님의 이름을 반복하는 기도입니다. 이는 소리 내지 않고 하거나, 소리 내어 할 수도 있으며, 노래로도 할 수도 있습니다. 이 기도의 목적은 예수님과 함께 시간을 보내는 것입니다.

이 기도의 완전한 기도문은 "하느님의 아드님 주 예수 그리스도님, 이 죄인에게 자비를 베푸소서."(CCC 435항)입니다. 이 기도는 복음서에 나오는 세리와 눈먼 거지의 간청을 토대로 한 것입니다(루카 18,13.38 참조). 예수님께 드리는 우리의 기도에서 우리는 마치 거지와 같습니다. 우리는 그분께 드리는 것이 거의 없으면서 많은 것을 청합니다.

통해 우리는 하느님의 아드님이신 예수님이 우리를 구원하시기 위해 사람이 되셨음을 기억합니다(tweet 1.26 참조). 이 기도는 '주님의 천사'를 뜻하는 라틴어 안젤루스 도미니 Angelus Domini의 첫 낱말을 따서 이름 붙여졌습니다.

> **T** 염경 기도는 진심으로 기도하도록 도와주고, 무슨 말을 해야 할지 모를 때 어떻게 말해야 할지 알려 주며, 반복을 통해 힘을 줍니다.

더 읽어 보기
염경 기도: CCC 2700–2704, 2722항; CCCC 569항; YOUCAT 501항.

3.11 '주님의 기도'는 어떤 기도인가요?

제자들은 예수님이 기도하시는 것을 보고 "저희에게도 기도하는 것을 가르쳐 주십시오."(루카 11,1)라고 말했습니다. 예수님은 그들의 청을 들어주시면서 그들에게 '주님의 기도'를 가르쳐 주셨습니다. 우리는 이 기도를 되풀이해 바칠 수 있습니다. 예수님이 친히 사용하신 말보다 더 좋은 기도가 어디 있을까요?

아버지, 아버지의 나라

하느님을 "우리 아버지"라고 부름으로써 우리는 하느님이 우리를 지어내셨으며 우리는 하느님의 자녀라는 것을 표현합니다(tweet 1.2 참조). "아버지의 이름이 거룩히 빛나시며"라고 할 때 우리는 하느님의 거룩하심을 받아들입니다. "아버지의 나라가 오시며"는 하느님이 이 세상을 다스리시기를 간절히 바란다는 뜻인데, 우리는 이미 어느 정도 하느님의 나라를 볼 수 있고 체험할 수 있습니다.

하느님은 인간에게 자유를 주셨기에, 하느님의 다스림은 바르고 선한 일을 하고자 힘쓰는 사람들을 통해서만 세상에서 이루어집니다. 우리는 세상 끝 날에 예수님의 재림을 바라며 기도합니다(tweet 1.49 참조). 그때가 되어서야 비로소 하느님의 나라가 완성될 것이기 때문입니다.

아버지의 뜻, 양식, 그리고 용서

"아버지의 뜻"이라고 말할 때 우리는 우리의 뜻이 하느님의 뜻에 일치하기를 하느님께 청합니다. 이것이야말로 우리의 삶에서 진정으로 중요합니다. 사실 하느님의 뜻을 행하는 것은 우리가 행복해질 수 있는 유일한 길입니다(tweet 4.1 참조). 마리아는 하느님의 뜻을 알지 못한 채 "예."라고 응답함으로써 우리에게 훌륭한 모범이 되었습니다(tweet 1.38 참

주님의 기도

하늘에 계신 우리 아버지,
아버지의 이름이 거룩히 빛나시며
아버지의 나라가 오시며
아버지의 뜻이 하늘에서와 같이
땅에서도 이루어지소서!
오늘 저희에게 일용할 양식을 주시고
저희에게 잘못한 이를 저희가 용서하오니
저희 죄를 용서하시고
저희를 유혹에 빠지지 않게 하시고
악에서 구하소서.
아멘. (마태 6,9-13 참조)

조). "일용할 양식"이라고 기도할 때 우리는 살아가는 데 필요한 양식을 구하는 것입니다. 그 양식에는 흔히 영적 양식이라고도 부르는 하느님의 말씀(성경)과 성찬(더 알기 참조) 도 포함됩니다.

"저희에게 잘못한 이를 저희가 용서하오니"라고 하듯이 예수님은 우리가 지은 죄에 대해 용서를 청하라고 우리에게 이르시며 예수님은 우리의 분수를 아주 잘 알도록 하셨습니다. 우리의 잘못을 용서받는 것은 우리가 다른 사람들을 용서하는 데 달려 있습니다. 우리는 거듭 다른 사람을 용서해야 합니다. 용서는 죄책감과 응징의 순환에서 벗어나는 유일한 길이기 때문입니다(tweet 4.14 참조). 우리 자신에게 늘 하느님의 용서가 필요하기 때문에 우리는 다른 사람들의 잘못에 대해 용서를 아끼지 않아야 합니다. 고해성사를 통해 우리는 진정으로 용서를 청합니다(tweet 3.38 참조).

유혹과 악

일이 잘 풀리지 않을 때 우리는 쉽게 의심에 빠집니다. 하느님은 정말로 나를 사랑하실까? 하느님은 계시기나 한 것일까? 이 모든 것이 무슨 의미가 있을까? 같은 질문을 스스로에게 하게 됩니다. 하느님의 적, 즉 악마는 의심을 불러일으킵니다. 의심은 악마가 우리를 유혹할 기회를 주기 때문입니다(tweet 1.4 참조). "우리를 유혹에 빠지지 않게 하시고"라고 할 때, 우리는 올바른 것을 하도록 하느님께 도움을 청하는 것입니다. 강인해지기 위해 우리는 예수님 가까이에 머물러야 합니다. 예수님이라면 어떻게 하실 것인지 우리 자신에게 묻기 위해서입니다(tweet 4.8 참조). 예수님조차도 유혹을 받으셨을 때 끝까지 하느님 아버지께 충실하셨습니다. 우리는 우리가 감당해 내지 못할 유혹은 결코 받지 않을 것이며, 우리가 어려움에 처했을 때 하느님이 우리 곁에 계심을 확신할 수 있습니다(1코린 10,13 참조).

악은 세상 어디에나 존재합니다(tweet 1.35 참조). 매일 우리는 자연재해, 끔찍한 사고, 무시무시한 범죄와 전쟁에 관한 뉴스를 듣습니다. 우리가 "악에서 구하소서."라고 기도할 때 우리는 이 모든 것을 하느님 앞에 가져다 놓습니다. 예수님은 악보다 더 강하십니다. 예수님은 당신 자신의 죽음과 부활로 악을 이기셨습니다(tweet 1.26 참조). 우리가 예수님을 따른다면 악을 두려워할 필요 없이 하느님을 신뢰할 것입니다. 하느님은 어떠한 상황에서도 선을 가져오실 수 있는 분입니다. 그리고 우리는 예수님이 다시 오시어 악에 대한 예수님의 승리가 완성될 그날을 고대할 수 있습니다(tweet 1.35 참조).

| 더 알기

일용할 양식에 대한 아우구스티노 성인의 설교

"성체는 우리의 일용할 양식입니다. 하느님이 주시는 이 양식의 고유한 효험은 일치를 이루게 하는 힘입니다. 성체는 우리를 주님의 몸에 결합시켜서, 우리를 우리가 받아 모시는 당신 몸, 그 몸의 지체가 되게 합니다. …… 그런데 여러분이 날마다 교회에서 듣는 독서도 일용할 양식이며, 여러분이 듣고 노래하는 찬미가도 일용할 양식입니다."(《설교집》 57,7)

> 예수님은 우리에게 '주님의 기도'를 주셨습니다. 이 기도는 하느님을 찬미하며 우리가 필요한 것을 청하고, 용서를 청하고 약속하며, 보호를 간청하는 기도입니다.

더 읽어 보기
주님의 기도: CCC 2759–2865항; CCCC 578–598항; YOUCAT 511–527항.

3.12 묵주 기도는 어떻게 하나요?

날마다 전 세계에서 수많은 사람들이 묵주 기도를 합니다. 이 기도의 힘은 단순성에 있습니다. 묵주는 어디든지 가지고 다닐 수 있습니다. 사실 우리에게 필요한 것은 손가락뿐입니다. 마리아는 예수님을 너무나 잘 알고 계시며 천국에서 예수님과 아주 가까이 계시기에 우리는 마리아에게 우리를 위해 기도해 달라고 간청합니다(tweet 1.39 참조).

묵주가 무엇인가요?

보통 묵주는 각 단에 10개의 구슬이 꿰어진 다섯 단으로 이루어져 있습니다. 우리는 각 묵주 알마다 기도를 합니다. 그렇지만 이는 아무런 생각 없이 기도문을 읊조리는 것이 아닙니다(tweet 3.10 참조). 성모송을 반복하면서(tweet 1.39 참조), 우리는 예수님과 마리아의 삶에 있었던 여러 사건들을 묵상합니다. 이 사건들을 '신비'라고 합니다. 예수님이 우리를 구원하신 방법에 관해 아무리 배워도 여전히 많은 것들이 우리에게는 신비입니다(tweet 1.26 참조). 우리는 예수님이 우리를 위해 무엇을 하시는지를 기도 중에 묵상함으로써 예수님의 구원이라는 위대한 선물을 더 잘 이해하게 됩니다.

어떻게 기도하나요?

시작할 때 묵주의 십자가를 잡고 성호경을 하고 나서(tweet 3.15 참조) 사도신경을 바칩니다(tweet 1.31 참조). 첫 번째 묵주 알에서 주님의 기도(tweet 3.11 참조)를 바칩니다. 그다음 세 개의 묵주 알에서는 성모송을 각각 한 번씩 바칩니다. 그러고 나서 영광송(tweet 3.9 참조)을 바칩니다.

이 다음에 1개의 묵주 알과 10개의 묵주 알로 이루어진 제1단을 시작하는데 이는 주님의 기도와 성모송, 영광송으로 구성됩니다. 우선 제1단을 바치며 묵상할 예수님 삶의 신비 중 하나를 선택해, 이를 말합니다(더 알기 참조). 한 알의 묵주 알에서는 주님의 기도를 하고, 그다음에 10개의 묵주 알에서는 한 알마다 성모송을 한 번씩 바칩니다. 그러고 나서는 영광송으로 끝맺습니다. 이렇게 해서 이제 또 다른 한 알의 묵주 알에 이르게 됩니다. 여기서 다음 단이 시작되며, 다시 앞에서 한 것을 반복합니다. 5단의 묵주 기도를 다 바치면 신비 하나를 마무리하는 것입니다. 마지막 영광송을 바친 후에 다음의 성모찬송을 바칩니다. "모후이시며 사랑이 넘친 어머니, 우리의 생명, 기쁨, 희망이시여, 당신 우러러 하와의 그 자손들이 눈물을 흘리며 부르짖나이다. 슬픔의 골짜기에서. 우리들의 보호자 성모님, 불쌍한 저희를 인자로운 눈으로 굽어보소서. 귀양살이 끝날 때에 당신의 아들 우리 주 예수님 뵙게 하소서. 너그러우시고, 자애로우시며 오! 아름다우신 동정 마리아님. 천주의 성모님, 저희를 위하여 빌어 주시어 그리스도께서 약속하신 영원한 생명을 얻게 하소서." 함께 기도할 때는 대개 다음과 같이 마침 기도를 바칩니다.

| 더 알기

묵주 기도의 신비

환희의 신비(월요일, 토요일)
1단 마리아께서 예수님을 잉태하심을 묵상합시다(루카 1,30-33 참조).
2단 마리아께서 엘리사벳을 찾아보심을 묵상합시다(루카 1,40-43 참조).
3단 마리아께서 예수님을 낳으심을 묵상합시다(루카 2,4-7 참조).
4단 마리아께서 예수님을 성전에 바치심을 묵상합시다(루카 2,22-24 참조).
5단 마리아께서 잃으셨던 예수님을 성전에서 찾으심을 묵상합시다(루카 2,48-51 참조).

빛의 신비(목요일)
1단 예수님께서 세례받으심을 묵상합시다(마르 1,9-11 참조).
2단 예수님께서 카나에서 첫 기적을 행하심을 묵상합시다(요한 2,1-11 참조).
3단 예수님께서 하느님 나라를 선포하심을 묵상합시다(마르 1,14-15 참조).
4단 예수님께서 거룩하게 변모하심을 묵상합시다(마르 9,2-9 참조).
5단 예수님께서 성체성사를 세우심을 묵상합시다(루카 22,14-20 참조).

고통의 신비(화요일, 금요일)
1단 예수님께서 우리를 위하여 피땀 흘리심을 묵상합시다(마태 26,38-39 참조).
2단 예수님께서 우리를 위하여 매 맞으심을 묵상합시다(마태 27,26 참조).
3단 예수님께서 우리를 위하여 가시관 쓰심을 묵상합시다(마태 27,29 참조).
4단 예수님께서 우리를 위하여 십자가 지심을 묵상합시다(요한 19,17 참조).
5단 예수님께서 우리를 위하여 십자가에 못 박혀 돌아가심을 묵상합시다(요한 19,28-30 참조).

영광의 신비(수요일, 일요일)
1단 예수님께서 부활하심을 묵상합시다(마르 16,6-8 참조).
2단 예수님께서 승천하심을 묵상합시다(사도 1,10-11 참조).
3단 예수님께서 성령을 보내심을 묵상합시다(사도 2,1-4 참조).
4단 예수님께서 마리아를 하늘에 불러올리심을 묵상합시다(1코린 15,54-55 참조).
5단 예수님께서 마리아께 천상 모후의 관을 씌우심을 묵상합시다(루카 1,51-54 참조).

"기도합시다. 하느님, 외아드님이 삶과 죽음과 부활로써 저희에게 영원한 구원을 마련해 주셨나이다. 복되신 동정 마리아와 함께 이 신비를 묵상하며 묵주 기도를 바치오니 저희가 그 가르침을 따라 영원한 생명을 얻게 하소서. 우리 주 그리스도를 통하여 비나이다. 아멘."

다. 옛날에는 묵주 기도의 신비가 세 개(환희·고통·영광의 신비)였습니다. 당시에는 이 세 신비를 하루에 모두 바치는 전통이 있었지요. 그것은 (시간 전례 때 드리는 시편 150편을 대신하여) 성모송 150번을 드리는 것에 해당합니다. 일반적으로는 신비 중에 하나를 선택해 매일 묵주 기도를 바칩니다.

마리아에게 드리는 장미 꽃다발

장미는 마리아의 상징입니다. 그리고 묵주 기도는 마리아께 기도를 간청할 수 있는, 끊임없이 이어지는 기도입니다. 마치 장미 꽃잎처럼 말입니다. 묵주 기도는 매일 할 수 있기에 간혹 이 기도를 시간 전례(tweet 3.13 참조)에 견주기도 합니다.

 묵주 기도를 하면서 예수님과 마리아의 삶을 묵상하고 그분들과 함께 시간을 보낼 수 있습니다.

더 읽어 보기
묵주 기도: CCC 2678항; CCCC 563항; YOUCAT 481항.

3.13 시간 전례는 무엇인가요?

시간 전례 또는 성무일도는 하루 중에 특별히 정해진 시간에 바치는 일련의 기도를 말합니다. 그런 방법으로 하루 전체를 하느님께 봉헌할 수 있습니다. 그래서 이를 시간 전례라고 하는 것입니다. 이 기도는 주로 시편으로 구성되어 있습니다.

성경에 있는 150편의 시편은 하느님께 감사, 탄원, 질문, 간청과 찬미, 흠숭을 드리는 기도와 노래입니다. 이러한 시편 구절은 이스라엘 백성의 역사에 관해 우리에게 많은 것을 전해 줍니다(tweet 1.24 참조). 그뿐만 아니라 오늘날의 우리에 관해서도 많은 것을 말해 줍니다. 시편은 시적인 언어를 사용하여 보편적인 감정과 경험을 묘사합니다. 시편은 우리가 하느님께 드릴 말을 찾아내지 못할 때 적합한 말을 제공해 줍니다.

기원

유다인은 하느님께 감사드리고 보호를 간청하기 위해 일출과 일몰 때 시편으로 기도하고 노래하는 오랜 습관이 있었습니다. 그리스도인들은 이러한 전통을 받아들이며 신약 성경에서 가져온 약간의 기도와 노래를 덧붙였습니다. 시간 전례는 아침기도Lauds와 저녁기도Vespers를 중심으로, 소시경들인 삼시경(오전 9시)과 육시경(정오)과 구시경(오후 3시), 성경 봉독을 중심으로 하는 새벽에 드리는 독서기도, 그리고 하루 일과를 마치면서 드리는 끝기도로 짜여 있습니다. 이 중 아침기도는 하루의 시작을 하느님께 봉헌하는 의미가 강하며, 저녁기도는 하루 동안 우리에게 베풀어 주신 하느님의 은혜에 감사드리는 성격이 강합니다. 시간 전례는 수도 생활(tweet 2.25 참조)의 중요한 한 부분입니다. 성직자와 수도자는 수 세기 동안 이 기도를 끊임없이 바치고 있습니다.

구조

시간 전례의 각 '시간'은 정해진 기도 구조를 가지고 있습니다. 이는 찬미가, 시편기도, 성경소구 독서와 약간의 기도로 이루어집니다. 아침기도에서는 즈카르야가 아들 요한 세례자의 탄생 후에 하느님께 드린 감사의 기도(즈카르야의 노래(루카 1,67-79))를 읊거나 노래합니다. 저녁기도에는 마리아가 친척 엘리사벳의 인사를 받은 후에 하느님께 드리는 찬미(성모의 노래(더 알기 참조))가 포함되어 있습니다. 끝기도는 시메온이 예루살렘 성전에서 아기 예수님을 보고 한 말(시므온의 노래(루카 2,29-32 참조; 더 알기 참조))을 포함합니다.

모든 사람을 위하여

시간 전례는 그날을 하느님께 바치는 좋은 방법입니다. 사

| 더 알기

성모의 노래

내 영혼이 주님을 찬송하며
나를 구하신 하느님께 내 마음 기뻐 뛰노나니
당신 종의 비천함을 돌보셨음이로다.
이제로부터 과연 만세가 나를 복되다 일컬으리니,
능하신 분이 큰일을 내게 하셨음이요
그 이름은 "거룩하신 분"이시로다.
그 인자하심은 세세 대대로
당신을 두리는 이들에게 미치시리라.
당신 팔의 큰 힘을 떨쳐 보이시어
마음이 교만한 자들을 흩으셨도다.
권세 있는 자를 자리에서 내치시고
미천한 이를 끌어올리셨도다.
주리는 이를 은혜로 채워 주시고
부요한 자를 빈손으로 보내셨도다.
자비하심을 아니 잊으시어
당신 종 이스라엘을 도우셨으니
이미 아브라함과 그 후손을 위하여
영원히 우리 조상들에게 언약하신 바로다.

시간	시간 전례 구성
새벽	독서기도
6:00	아침기도
9:00	삼시경
정오	육시경
15:00	구시경
18:00	저녁기도
21:00	끝기도

시므온의 노래

주여 말씀하신 대로
이제는 주의 종을 평안히 떠나가게 하소서.
만민 앞에 마련하신 주의 구원을
이미 내 눈으로 보았나이다.
이교 백성들에게는 계시의 빛이시요
주의 백성 이스라엘에게는
영광이 되시는 구원을 보았나이다.

제, 부제, 그리고 수도자들은 시간 전례를 매일 하고 있으며, 많은 평신도들도 하고 있습니다. 시간 전례는 공동체의 기도에 적합하지만, 특히 사제나 부제는 혼자서도 할 수 있습니다. 시간 전례를 위한 기도서는 한 손에 들 수 있는 《성무일도》와 《소성무일도》로 출판되어 있습니다. 더욱이 태블릿과 스마트폰으로도 볼 수 있어서 누구든지 훨씬 손쉽게 시간 전례 기도를 바치며 그날을 하느님께 봉헌할 수 있습니다.

 시간 전례는 정해진 시간에 시편 기도를 통해 하느님을 하루의 삶 속으로 모시고 옵니다. 성직자, 수도자들은 시간 전례를 바치며, 우리도 시간 전례를 바칠 수 있습니다.

더 읽어 보기
시간 전례: CCC 1174–1178, 1196항; CCCC 243항; YOUCAT 188항. 주기적인 기도: CCC 2697–2698, 2720항; CCCC 567항; YOUCAT 499항.

3.14 성체 조배를 할 때 어떻게 시간을 보낼 수 있을까요?

성체성사에서 예수님은 그분 자신의 몸과 피가 되어 빵의 형상(성체) 안에 실제로 현존하십니다(더 알기 참조). 어떤 때는 아름답게 장식한 성광에 성체가 안치되기도 합니다. 이것이 성체 현시입니다. 성광 안에서 예수님은 모든 이에게 분명히 그분을 보여 주시어 흠숭을 받으십니다. 또한 성체를 받아 모시는 것은 이 세상에서 하느님께 가장 가까워질 수 있는 방법입니다.

흠숭

성광 안에 현시된 그리스도의 '몸' 앞에서 무릎을 꿇거나, 앉거나, 또는 다른 방법으로 우리는 예수님께 흠숭을 드릴 수 있습니다. 이렇게 기도할 때 주님은 우리에게 매우 가까이 계십니다. 주님은 실체적으로 우리와 함께 현존하십니다. 우리는 예수님을 바라보며 무엇이든 예수님께 말씀드릴 수 있습니다. 자기의 모든 근심 걱정과 문제를 예수님의 손에 맡겨 드릴 수 있습니다. 그저 조용히 예수님 곁에 머물기만 하면 됩니다. 그 외에 아무것도 중요하지 않습니다. 그것이 바로 침묵하며 성체를 공경하는 것입니다. 요한 마리아 비안네 성인(†1859년)은 프랑스 아르스의 본당 사제였는데, 성당 안에서 몇 시간 동안 감실(더 알기 참조; tweet 3.21 참조)만 바라보던 한 농부에 대한 이야기를 들려주었습니다. 비안네 성인이 그에게 무엇을 하고 있느냐고 물었을 때, 농부는 "저는 예수님과 함께 여기 있습니다. 예수님은 저를 바라보고 계시고, 저는 예수님을 바라보고 있습니다." 라고 대답했습니다. 그 농부는 우리에게 성체 공경의 핵심을 알려 주었습니다. 그저 그분을 바라보고 함께 있음으로써 우리는 예수님을 향한 우리의 사랑을 보여 드릴 수 있는 것입니다. 이것은 매우 인격적이며 친밀한 예수님과의 만남입니다. 예수님과의 만남에는 말이 필요하지 않습니다.

지루하다고요?

성당 안에서 아무것도 하지 않고 그저 무릎을 꿇거나 앉아 있는 것이 지루해 보일지도 모릅니다. 그러나 성체 조배의 핵심은 바로 그것입니다. 아무것도 하지 않으면서 그저 거기에 있는 것입니다. 예수님과 이렇게 함께 있음으로써 우리는 예수님께 완전히 의존해야 하는 존재임을 깨닫게 됩니다. 우리의 모든 활동은 하느님으로부터 나오지 않으면 열매를 맺지 못합니다. 침묵 중에 흠숭하며 하느님께 시간을 봉헌함으로써 우리는 하느님이 우리에게 말씀하실 기회를 드립니다. 여기서 우리는 그분의 현존 안에 머무릅니다! 이것은 우리가 개인 기도를 하기에 아주 좋은 때입니다(tweet 3.8 참조). 우리는 조용히 묵주 기도나 시간 전례(tweet 3.12, 3.13 참조)를 바칠 수도 있고 기도서나 성경으로 기도할 수도 있습니다. 하지만 전혀 아무것도 하지 않고 그

| 더 알기

성체란 무엇인가요?

일곱 성사 중에서(tweet 3.35 참조) 오직 하나의 성사를 복된 성사, 곧 성체성사라고 합니다. 모든 성사에서 하느님은 당신의 생명인 은총을 우리에게 주십니다(tweet 4.12 참조). 그러나 성체성사에서는 하느님이 실제로 성사 자체이십니다.

우리는 빵(성체)을 보지만 그것은 그리스도의 '몸'입니다(tweet 3.48 참조). 그러므로 하느님이 앞에 계실 때 보일 공경을 성체에도 바치는 것입니다. 성찬례를 거행한 다음에 그리스도의 몸은 감실(tweet 3.21 참조) 안에 보존됩니다. 지속적이며 살아 계시는 예수님의 현존의 표시로 초나 등이 밤낮으로 거기에 켜져 있습니다. 이것을 성체등이라 합니다. 이곳을 지날 때마다, 우리는 감실을 향해 깊은 절을 하면서 거기에 현존하시는 예수님을 공경합니다.

저 예수님과 함께 있기만 할 수도 있습니다. 이것이 진정한 성체 공경입니다.

성체 현시

때때로 성체는 장엄하게 현시됩니다. 성체 현시는 사제나 부제가 분향, 성가, 그리고 공동 기도로 시작하고 끝맺습니다. 이렇게 신자 공동체는 함께 성체 안에 실체적으로 현존하시는 예수님을 흠숭합니다. 성목요일(tweet 3.30 참조)과 그리스도의 성체 성혈 대축일(tweet 3.27 참조)과 같은 특별한 날에는 성체 행렬을 하기도 합니다. 성체 행렬에서는 사제 또는 주교가 성체를 모시고 신자들은 그 뒤를 따르며 성당의 마당이나 도시의 거리를 행진합니다. 그야말로 모두가 예수님과 함께 걷는 것입니다(tweet 3.17 참조). 요한 바오로 2세 교황은 "교회와 세상은 성체 공경을 매우 필요로 하고 있습니다. 예수님은 이 사랑의 성사 안에서 우리를 기다리고 계십니다. 충만한 믿음으로 조배와 관상을 하며 그분을 만나는 일에 아낌없이 시간을 바칩시다. 그리고 세상이 저지른 크나큰 잘못들과 죄들을 우리의 흠숭으로 계속 갚을 수 있게 합시다."(《주님의 만찬》 3항)라고 말했습니다.

> 우리는 성체 안에 계신 예수님과 조용히 함께함으로써 예수님을 흠숭합니다. 예수님이 우리를 바라보시고 우리는 예수님을 바라봅니다. 우리는 예수님께 모든 것을 말씀드릴 수 있습니다.

더 읽어 보기

성체 공경: CCC 1378-1381, 1418항; CCCC 286항; YOUCAT 218항.

3.15 성수는 어떻게 만드나요? 축복은 어떤 작용을 하나요?

예수님은 우리에게 그분의 은총을 주시려고 직접 일곱 성사를 제정하셨습니다(tweet 3.35, 4.12 참조). 게다가 교회는 준성사를 제정하였는데, 그것은 특별한 행위나 표징이 결합된 기도로 이루어져 있습니다.

성호경

성호경은 준성사의 좋은 예입니다. 우리는 "성부와 성자와 성령의 이름으로."라고 말하면서 십자 성호를 우리 몸에 긋습니다.

재의 수요일에 하는 재를 머리에 얹는 예식도 주님 수난 성지 주일에 받는 성지聖枝와 같이 준성사입니다(tweet 3.29 참조). 흔히 가톨릭 신자의 집에는 십자가 위에 못 박히신 예수님을 표현하는 십자고상이 있습니다(tweet 2.37 참조). 그 십자고상을 볼 때마다 우리는 예수님이 우리를 위해 이루신 크나큰 희생을 기억합니다(tweet 1.26 참조). 보통 주님 수난 성지 주일에 받은 성지를 십자고상 뒤에 둡니다. 그것은 예루살렘 입성으로 시작된 예수님의 고통을 상기하기 위함입니다(tweet 3.30 참조). 예루살렘의 군중들과 마찬가지로 우리는 어떤 때는 예수님을 찬미하고 또 어떤 때는 예수님을 거부합니다.

성수

성수도 하나의 준성사입니다. 주교나 사제, 또는 부제가 물을 축성합니다. 세례수는 사람들에게 세례를 주기 위해 사용되는 성수입니다. 성당에 들어갈 때, 우리는 성수로 십자가를 긋는데 그것은 우리의 세례를 상기하는 것입니다. 바로 그러한 목적에서 모든 성당의 입구에 성수대가 놓여 있습니다. 우리도 성수기에 성수를 담아 침실 앞에 두고 매일 성호경을 바칠 수 있습니다. 사제에게 물 한 병을 가져가면 사제는 우리를 위해서 그 물을 축복해 줄 것입니다. 부활 성야는 물을 축복하기에 아주 적합한 때입니다(tweet 3.32 참조). 어떤 주일에는 특히 부활 시기에는 우리가 받은 세례를 상기시키기 위해 우리에게 성수를 뿌립니다. 성수는 종종 사람이나 성물을 축복할 때도 사용합니다.

강복(축복)

강복도 준성사입니다. 강복은 어떤 마술 같은 것이 아닙니다. 그것은 사람이나 물건에 하느님의 은혜를 비는 행위입니다(더 알기 참조).

- 사람들은 다양한 상황에서 강복을 받을 수 있습니다. 이를테면 임신 중이나 수술 전 또는 시험을 앞두거나 약혼을 위해 강복을 받습니다.

- 묵주 또는 수호성인 메달과 같은 성물에도 축복을 받을 수 있습니다. 이런 물건들이 축복을 받으면 그 물건은 하느님께 봉헌된 것입니다. 즉 그 물건들은 하느님께 공경과 영광을 드리기 위해 따로 떼어 둔 것입니다. 그러므로 축복받은 물건을 다른 목적으로 사용해서는 안 됩니다. 그래서 축복받은 물건은 바르게 사용할 사람에게 줄 수는 있지만 매매해서는 안 됩니다.
- 동물, 집, 자동차도 축복을 받을 수 있습니다. 하지만 주의하세요. 축복을 받았다 해도 여전히 자동차 사고는 날 수 있습니다. 하느님이 우리를 위해 운전대를 조종해 주시리란 생각에 고속도로에서 과속하다가 운전대에서 손을 뗀다면 이는 훌륭한 신앙의 표시가 아니라 주제 넘는 행동입니다. 우리는 책임을 완수하고 하느님께 협조해야 합니다(tweet 4.8 참조).

우리는 종종 축복을 받기 위해 사제에게 갑니다. 그러나 부모도 자기의 자녀를 축복할 수 있다는 것을 알고 있나요? 자녀가 잠자리에 들기 전에, 학교에 갈 때, 또는 여행을 떠날 때 자녀의 이마에 십자가를 그으며 자녀를 축복하는 것은 좋은 관습입니다.

| 더 알기

강복

주교, 사제, 부제에게 강복을 받을 때, 성직자가 먼저 "주님께서 여러분과 함께."라고 말하면 우리는 "또한 사제와 함께." 하고 응답합니다. 그리고 성직자가 "전능하신 천주 성부와 성자와 성령께서는 여기 모인 모든 이에게 강복하소서."라고 할 때 우리는 자신의 몸에 십자 성호를 긋고, 마지막으로 "아멘."이라고 답합니다.

> 사제의 축복은 물 또는 다른 물건들을 거룩하게 합니다. 이것을 (성사가 아니라) 준성사라고 합니다.

더 읽어 보기
준성사: CCC 1667–1672, 1677–1678항; CCCC 351항; YOUCAT 272항. 축복 · 강복: CCC 2626–2627항; CCCC 551항; YOUCAT 484항.

3.16 성해는 무엇인가요?

성인의 거룩한 유해(聖骸)는 성인들을 상기시키는 유물입니다(tweet 4.15 참조). 대부분의 성해는 성인의 신체 한 부분이나 옷 조각입니다(더 알기 참조). 이것이 이상해 보일지도 모르지만 사랑하는 이가 죽고 나서 그들의 장신구, 머리카락, 심지어 재까지도 간직하는 사람들을 생각해 보면 그리 이상하지 않습니다. 성해를 가까이하는 것은 우리의 신앙에 도움이 됩니다. 성인들처럼 우리 역시 하느님의 친구로 살기 위해 노력하기 때문입니다.

옛날의 습관

초대 그리스도인들은 이미 성해를 사용하고 있었습니다. 하느님은 바오로 사도의 몸이 닿았던 물건들을 통해 큰 기적을 행하셨습니다. 그의 몸에서 손수건이나 앞치마를 가져가 병자들에게 대었더니 병이 사라지고 악령이 그들에게서 떠났습니다(사도 19,11-12 참조). 신앙 때문에 처음으로 죽은 사람들, 즉 순교자들의 유해는 대단히 공경을 받았습니다. 예수님과 마찬가지로 순교자들은 이 세상에서 자신들의 삶을 하느님 사랑을 위해 기꺼이 포기했습니다. 그들은 예수님의 고통을 완전히 함께 나눈 사람들이었기에 강력한 중개자였습니다. 초대 그리스도인들은 유해 곁에 머물기 위해 종종 순교자의 무덤에 모여 미사를 드렸습니다. 예수님은 영원한 생명(tweet 1.26 참조)에 이르는 길을 보여

주시며 우리를 위해 그분 자신의 생명을 기꺼이 희생하셨으며, 순교자들은 이 희생에 함께했습니다. 특히 미사가 거행되는 동안에 우리는 순교자가 함께한 예수님의 희생에 결합되는 것입니다(tweet 3.48 참조). 그래서 미사를 위한 제대에 순교자의 성해를 보관하는 것이 전통이 되었습니다. 로마 외곽의 지하 묘지에 있는 순교자들의 무덤 앞에서 미사를 거행하는 것은 감동적인 경험입니다.

성해는 진짜인가요?

신앙적으로 성해는 중요합니다. 그래서 성해에는 그것이 진짜임을 인증하는 증명서가 필요합니다. 이를 증명하기 위해 최대한 낱낱이 조사해야 합니다. 그러나 성해 가운데는 아주 오래된 것도 많습니다. 그래서 과학자들이 언제나 그 진위를 입증하기는 어렵습니다. 하지만 그렇다고 해서 그 성해가 쓸모없게 되지는 않습니다. 설령 기원이 불확실하다 할지라도 충실한 그리스도인들이 성해 곁에서 수 세기 동안 기도했다면 그것은 적어도 기도의 초점이며 동시에 우리를 예수님 또는 성인과 만나게 해 줄 수 있습니다.

접촉의 힘

오직 하느님만이 경배와 흠숭을 받으실 수 있습니다(tweet 4.15 참조). 4세기에 예로니모 성인은 "우리는 하느님을 더욱

잘 흠숭하기 위해서 순교자의 성해를 공경합니다. 그들은 하느님의 순교자들입니다."(《리파리우스에게》1)라고 했습니다. 성해를 만지거나 입맞춤을 하며 성해를 공경하는 것은 성인과 일종의 신체적인 접촉을 하는 것입니다. 사랑하는 고인의 사진을 만진다면 그것은 사진을 생각하는 것이 아니라 사랑하는 사람을 생각하는 것입니다. 성해를 공경하는 것도 이와 같습니다. 우리는 성인들을 생각하며 우리를 위해 기도해 달라고 그들에게 청합니다(tweet 3.9 참조). 어쨌든 성인들은 천국에서 하느님과 함께 있으니까요! 또한 우리는 성해를 모시고 행렬을 할 수 있습니다(tweet 3.17 참조). 성인들의 성해는 우리를 예수님께 더 가까이 이끌어 줄 수 있지만 은총은 언제나 바로 예수님에게서 옵니다.

예수님의 십자가 나무라는 성해 앞에서 무릎을 꿇을 때 우리는 나무 조각을 향해서가 아니라 십자가를 통해서 우리를 구원하신 예수님을 향해서 무릎을 꿇는 것입니다. 이것은 예수님께 응당한 공경을 드리기 위한 행위입니다. 성경에서 우리는 사람들이 예수님께 더 가까이 가기 위해 최선의 노력을 다하는 모습을 보기도 합니다. 열두 해나 하혈을 한 여인은 예수님의 옷에 살짝 손을 대었습니다. 그렇게만 해도 자신의 병이 나을 것 같다고 생각했는데, 과연 병이 나았습니다!(마르 5,28 참조) 그녀가 병이 나은 것은 천 조각 때문이 아니라 예수님께 둔 믿음 덕분이었습니다. 그 믿음에 예수님의 힘이 그녀한테 기적을 일으켰던 것입니다.

| 더 알기

성해의 종류

성해는 종류나 등급이 다양합니다.
- 제1급 성해는 예수님의 삶과 직접적으로 관련된 유해나 물건(십자가, 구유 등) 또는 성인 유해의 일부분(뼈, 머리카락 등)입니다.
- 제2급 성해는 성인들이 소유했던 옷이나 물건들의 조각입니다.
- 제3급 성해는 제1급 또는 제2급 성 유물을 접촉했던 물건들입니다.

십자가, 가시관, 예수님의 손과 발에 박힌 못, 수의(이를테면 토리노의 성의) 등과 같은 예수님의 고통과 죽음과 관련된 그 물건들은 제1급 성해의 좋은 예입니다. 그다음에는 수많은 성인들의 성해가 있습니다. 로마에 있는 성 베드로 성당 지하에는 베드로 사도의 유골이 있습니다. 그리고 느베르라는 프랑스 마을에는 루르드에서 성모님의 발현을 목격한 베르나데트 수비루 성녀의 몸이 아직 썩지 않은 채 있습니다. 그 성녀는 돌아가실 때와 마찬가지로 여전히 아름답습니다(tweet 1.36 참조). 교회법에서는 거룩한 유해를 매매할 수 없도록 규정하고 있습니다(교회법 제1190조).

> 성해는 우리가 성인들에 대해 생각하고 우리의 성인들을 상기시키는 유형의 유물입니다.

더 읽어 보기
성해: CCC 1674항; CCCC 353항; YOUCAT 275항.

3.17 왜 성지 순례와 행렬을 하나요? 피정이란 무엇인가요?

예수님은 그분을 따르고 그분과 함께하도록 첫 제자들을 부르셨던 것처럼 우리 역시 부르십니다(마르 1,17 참조). 순례자는 순례를 하는 사람으로서 두 개의 여정을 떠납니다. 한편으로 그 사람은 성지를 향해 길을 갑니다. 그리고 그 여정 중에 하느님과의 관계가 성장하고 자신을 더 잘 알게 되기를 바라지요. 다른 한편으로는 모든 신자들과 마찬가지로 그 사람은 이 세상에서의 순례의 최종 목적지인 천국으로 가는 여정 중에 있습니다.

목적지

- 매우 특별한 순례의 목적지 중 한 곳은 이스라엘 성지聖地입니다(tweet 2.31 참조). 거기서 우리는 예수님이 사셨고, 가르치셨으며, 기도하셨고, 고통을 받으셨을 뿐만 아니라 돌아가시고 죽은 이들 가운데서 부활하신 바로 그 장소에서 기도할 수 있습니다. 이런 곳에서 복음서는 생생하게 살아 움직입니다!
- 프랑스의 루르드, 영국의 월싱엄, 그리고 폴란드의 쳉스트호바(더 알기 참조)와 같이 성모님과 관련된 곳으로 순례할 수도 있습니다. 한국에서는 수원교구 남양 성모성지와 청주교구 감곡 매괴 성모성당이 성모 순례지로 지정된 유서 깊은 신앙의 못자리입니다. 이외에도 서울대교구에는 삼각지와 새남터, 용산, 불광동 성당 등 22곳이 성모 순례지로 지정돼 있고, 청주교구는 진천 성당과 내덕동 주교좌성당 등 8곳, 그리고 수원교구와 대구대교구는 각각 1곳이 성모 순례지로 지정돼 있습니다. 이런 곳에서는 특별히 성모님의 전구를 청하는 기도를 할 수 있습니다(tweet 3.9 참조).
- 잘 알려진 성인들과 관련 있는 성지도 순례자들이 많이 찾는 곳입니다. 스페인의 산티아고 데 콤포스텔라는 야고보 사도의 유해가 묻혀 있다고 믿는 곳으로 순례자들에게 인기 있는 순례지입니다. 매년 전 세계에서 수많은 사람들이 며칠 또는 몇 주나 몇 달을 걸어서 거기에 도착합니다.

행렬

행렬은 하나의 작은 순례입니다. 사람들은 성당 안이나 바깥에서 기도를 하거나 성가를 부르며 엄숙하게 걷습니다. 종종 도시나 마을의 거리를 지나며 행렬을 하기도 합니다. 그러한 행렬에 성직자와 다른 신앙인들과 함께할 때 우리가 순례자라는 사실을 되새기게 됩니다. 우리는 모두 하느님의 백성으로서 함께 천국을 향해 가고 있는 것입니다.

- 그리스도의 성체 성혈 대축일에, 교황은 성체를 모시고 주교와 사제와 수많은 평신도와 함께 로마를 지나며 행렬을 합니다. 전 세계의 많은 본당에서 이와 같은 행렬을

합니다(tweet 3.27 참조).

- 주님 수난 성지 주일에는 미사가 제대에서 시작되지 않고 성당 바깥의 다른 장소에서 시작될 수 있습니다. 이날은 성지를 손에 들고 성가를 부르고 기도하며 예수님이 영광스럽게 예루살렘에 입성하신 것을 기념합니다(tweet 3.29 참조).
- 마리아와 그 밖의 다른 성인들을 공경하기 위해서도 여러 곳에서 행렬을 합니다. 성인의 성상을 잘 꾸며진 가마에 싣고 이동하며 특별한 의상을 차려입은 사람들이 성가를 부르며 함께합니다. 종종 특별한 단체가 그 행렬의 준비를 위한 책임을 맡기도 합니다.

기도 장소

이따금 일상생활에서 물러나 피정을 하는 것은 좋은 생각입니다. 피정은 인생에서 무엇이 정말로 중요한지를 깊이 생각해 보기 위해 며칠 동안 그야말로 세상으로부터 물러나는 것을 의미합니다. 수도원은 그곳에 사는 수도자들의 기도에 참여할 수 있기 때문에 피정을 하기에 이상적인 곳입니다. 이러한 기도 장소에서 침묵하며 머문다면 우리가 하느님께 다시 마음을 모으는 데 도움이 됩니다. 그보다 중요한 것이 무엇이 있겠습니까?

| 더 알기

빈 액자

폴란드 쳉스트호바에 있는 검은 성모님 성화는 성모님을 그린 성화 가운데 유명합니다. 1966년 폴란드 건국 1,000주년을 기념하며, 신자들은 이 검은 성모님의 성화를 복제해 모시고 전국을 행렬하기를 원했습니다. 그러나 그 당시에 폴란드는 공산 체제하에 있었습니다. 공산당은 폴란드 국민들이 이러한 기념행사를 하는 것을 원치 않았기에 행렬을 막기 위해 그 성화를 압수했습니다.

그럼에도 불구하고 빈 액자만을 가지고 행렬은 계획대로 정확하게 시작되었습니다! 어디를 가든 사람들은 성모님을 공경하고 하느님께 경배 드리기 위해 이 빈 액자를 향해 몰려왔습니다. 이것은 성화나 장소 그 자체가 아니라 그것이 상징하는 것이 가장 중요함을 증명합니다. 하느님은 성인들을 통해 우리에게 당신을 드러내시는 여러 가지 방법을 보여 주셨던 것입니다.

> 순례와 행렬은 우리에게 인생은 하느님과 다른 사람들과 함께 천국을 향해 가는 여정이라는 것을 일깨워 줍니다. 우리는 기도를 하기 위해 일상생활에서 물러나 피정을 합니다.

더 읽어 보기
행렬: CCC 1674-1676항; CCCC 353항; YOUCAT 276항.

3.18 악마를 몰아내기 위한 구마는 진짜인가요?

이따금 우리는 악마나 더러운 영에 들린 사람들에 대한 무시무시한 이야기를 듣습니다. 영화 제작자들은 특별히 이런 주제에 관심이 많은 것 같습니다. 그들이 제작한 영화에서는 사제가 악마를 내쫓을 때 흔히 특수 효과를 볼 수 있고 마귀 들린 사람이 이상하고 드라마틱한 몸짓을 하는 것도 볼 수 있습니다. 하지만 이는 영화에서만 자주 있는 일이며, 실제는 매우 다릅니다. 악마는 하느님께 반항했던 천사들입니다(tweet 1.42 참조). 그들의 우두머리는 악령입니다. 성경에는 예수님이 더러운 영 또는 악마를 몰아내시는 일화가 여러 번 나옵니다(루카 4,33-35 참조). 예수님은 그분의 제자들에게도 같은 권한을 주셨습니다(마르 6,7 참조). 어떤 때는 제자들이 더러운 영을 쫓아내지 못해 예수님이 직접 하셔야 했습니다. 그때 예수님은 "그러한 것은 기도가 아니면 다른 어떤 방법으로도 나가게 할 수 없다."(마르 9,29)라고 말씀하셨습니다.

죄인이 되거나 마귀에 들리는 것

모든 사람은 죄를 지은 적 있고 죄에 대해 잘 압니다(tweet 1.4, 4.13 참조). 마귀 들리는 것은 그것과는 별개입니다. 악령은 나쁜 것을 좋아 보이도록 만들며 우리가 죄를 짓도록 유혹합니다. 그러나 그것은 악령이 우리를 손아귀에 넣었다는 뜻은 아닙니다. 유혹을 받을 때, 우리는 자유롭게 죄를 짓기로 선택할 수 있고, 강한 의지로 죄를 짓지 않기로 결정할 수 있습니다. 설령 죄를 짓는다 할지라도 우리는 자유롭게 다시 하느님을 향해 돌아설 수 있습니다. 반면에 악마에게 사로잡힌 사람은 자신의 의지를 잃어버려 더 이상 자신을 통제하지 못합니다.

구마 사제

진짜로 마귀에 들리는 일은 드물게 일어납니다. 마귀 들린 것과 관련한 증상에 대해서는 종종 의학적으로, 또는 심리학적으로 설명을 하기도 합니다. 그렇게 설명할 수 없을 때에만 본당 신부는 그 사람을 구마 사제에게 보냅니다. 구마 사제는 악령을 몰아내도록 주교의 임명을 받은 사제입니다. 구마 사제는 예수님으로부터 구마를 할 권한을 부여받

은 열두 사도의 전통 안에서 구마를 행하도록 훈련을 받았습니다(마태 10,1 참조). 구마는 악령을 몰아내고 마귀의 속박에서 벗어나 그들에게 자유를 회복시켜 주기 위한 특별한 기도입니다.

구마 사제는 이 기도를 시작하기 전에 의사와 정신의학자와 함께 그 사람이 정말로 마귀에 들린 것인지를 확인하기 위해 광범위한 조사를 합니다. 구마는 준성사입니다(tweet 3.15 참조). 사제나 부제는 세례를 주며 교회를 대신해 세례를 받는 사람이 "마귀의 세력으로부터 보호되고 마귀의 지배력에서 벗어나도록"(CCC 1673항) 간단한 형식의 구마를 행합니다. 그러나 그것은 악마를 쫓아내는 그런 종류의 구마와는 아주 다릅니다. 이상한 언어나 이상한 목소리로 말하거나, 알 수 없는 이유로 물건이 움직인다든지, 역겨운 냄새를 풍기는 것은 사람의 행동을 악령이 지배하고 있다는 표시입니다.

| 더 알기

성 미카엘 대천사께 드리는 기도

성 미카엘 대천사님! 싸움 중에 있는 저희를 보호하소서. 사탄의 악의와 간계에 대한 저희의 보호자가 되소서.

오, 하느님 겸손되이 당신께 청하오니, 그를 감금하소서. 그리고 천상 군대의 영도자시여 영혼을 멸망시키기 위하여 세상을 떠돌아다니는 사탄과 모든 악령들을 지옥으로 쫓아 버리소서. 아멘.

악에 대항하는 방어

악에 대항하는 최선의 방책은 하느님께 순명하며 기도하는 것입니다. 하느님은 악보다 훨씬 더 강하십니다. 그러므로 악령을 두려워할 이유가 없습니다. 우리가 유혹이나 어떤 두려움을 느낄 때 가장 좋은 것은 예수님의 이름을 부르며 기도하는 것입니다. 묵주, 십자고상, 또는 성수와 같이 축복받은 물건들은 우리가 믿음을 가지고 기도하는 데 도움을 줍니다. 이 모든 것은 하느님이 우리와 함께하시며 우리를 지켜주시도록 기회를 드리는 방법입니다. 또 미카엘 대천사에게도 기도할 수 있습니다. 미카엘 대천사는 악령을 물리치고 하느님께 반란을 일으켰던 다른 악마들과 함께 악령을 천국에서 쫓아냈습니다(더 알기 참조; tweet 1.42 참조). 그리고 무엇보다도 중요한 것은 하느님 곁에 머무르며 하느님을 완전히 신뢰하는 것입니다!

마귀 들리는 것은 드물지만 실제로 있는 일입니다. 의학적으로나 정신적으로 어떠한 설명을 할 수 없을 때, 구마 사제는 기도를 통해 악마를 몰아냅니다.

더 읽어 보기
구마: CCC 1673항; CCCC 352항; YOUCAT 273항.

3.19 이슬람교도와 유대인은 돼지고기를 먹지 않는데 가톨릭 신자들은요?

구약 성경에 돼지는 부정하므로 먹지 말아야 한다고 쓰여 있습니다(레위 11,7 참조). 예수님은 이 율법을 따르셨는데, 후에 이슬람교에서 이 율법을 채택했습니다(tweet 2.26 참조). 그러나 이슬람교도나 유대인들과는 달리 가톨릭 신자들은 돼지고기를 먹어도 됩니다. 예수님이 "너희도 그토록 깨닫지 못하느냐? 밖에서 사람 안으로 들어가는 것은 무엇이든 그를 더럽힐 수 없다는 것을 알아듣지 못하느냐? 그것이 마음속으로 들어가지 않고 배 속으로 들어갔다가 뒷간으로 나가기 때문이다."(마르 7,18-19)라고 말씀하시며 모든 음식은 깨끗하다고 밝히셨기 때문입니다. 원칙적으로 가톨릭 신자는 온당한 범위 내에서 무엇이든 먹을 수 있지만, 다른 종교를 믿는 사람들에게 모욕을 주지 않도록 주의해야 합니다(로마 14,15 참조).

금요일에는 생선

그러나 가톨릭 신자들은 예수님을 공경하고 자신의 죄를 보속하기 위해 음식을 절제함으로써 희생을 하는 날이 있습니다. 예수님이 금요일에 십자가 위에서 돌아가셨기 때문에, 우리는 전통적으로 매주 금요일에 금육을 합니다. 지역 주교회의에서 이를 요구하지 않는 곳일지라도 이것은 좋은 실천입니다(tweet 2.2 참조). 한국에서는 가톨릭 신자로서 14세 이상이면 적어도 재의 수요일, 사순 시기의 금요일과 성금요일에는 금육을 지키도록 합니다. 생선을 무척 좋아한다고 할지라도, 예수님 때문에 금요일마다 고기를 먹지 않기로 하는 것은 예수님과 더욱 의식적으로 함께 사는 데 도움이 됩니다.

또한 21세에서 61세 이하의 모든 가톨릭 신자들은 재의 수요일과 성금요일에 단식을 해야 할 의무가 있습니다(tweet 3.29 참조). 즉, 음식의 양과 질을 의식적으로 조절해야 하는 것입니다.

음식보다 더 중요한 것

예수님이 광야에서 40일간 단식하신 후에 사탄이 돌을 빵이 되게 하도록 예수님을 유혹하자, 예수님은 "사람은 빵만으로 살지 않고 하느님의 입에서 나오는 모든 말씀으로 산다."(마태 4,4)라고 하셨습니다. 그러므로 먹고 마시는 것이 모든 것 중에서 가장 근본적인 것 같아 보일 수 있지만 그보다 더 중요한 것이 있다는 것을 예수님은 가르쳐 주셨습니다. 하느님과 함께 그리고 하느님을 위해 의식적으로 단식, 즉 덜 먹고 덜 마시는 것은 좋은 것입니다. 이러한 이유로 교회는 예수님을 본받아 단식을 위한 시기로서 예수 부활 대축일 전 40일간 사순 시기(tweet 3.29 참조)를 지냅니다.

계속해서 단식을?

단식의 목적은 체중을 줄이거나 건강을 향상시키는 데(즐거운 부수적인 효과이긴 하지만) 있지 않습니다. 단식의 가장 주된 목적은 하느님과 더 가까워지는 것입니다. 그래서 예수님은 다른 사람들이 알아채지 못하게 단식하라고 이르셨습니다(마태 6,16-18 참조). 단식하면서 절약한 돈은 어려움에 처한 사람들을 돕는 데 쓸 수 있습니다. 그러므로 단식과 자선, 그 밖의 다른 사순 시기의 실천은 비슷한 것입니다. 음식을 단식하는 것뿐만 아니라 우리는 다른 즐거움도 줄일 수 있습니다(더 알기 참조). 이를 테면, 낭비하지 않으려고 애씀으로써 환경을 파괴하지 않고 지낼 수 있습니다. 그런 식으로 환경에 지나친 부담을 주지 않고 세상의 다른 곳에 사는 다른 사람들을 위해 자원을 좀 더 남겨 둘 수 있습니다(tweet 4.48 참조). 그래서 단식은 단지 사순 시기만을 위한 것이 아닙니다. 우리는 하느님께 초점을 맞추고, 점점 자유로워지며, 자기 자신 외에 다른 사람들을 돌보기 위해 일 년 내내 작은 희생을 할 수 있습니다(tweet 1.37 참조). 중요한 것은 우리 자신을 해치는 것이 아니라 좀 더 의식적이고 자기 절제력이 있는 삶을 사는 것입니다. 이는 우리 자신에게 한계를 지운다기보다는 오히려 너무 제한된 삶의 양식에서 자신을 해방시키기 위한 것입니다. 많은 사람들이 직장을 갖고, 최신형 자동차를 몰고, 멋진 옷을 입고, 맛있는 음식을 먹는 것을 삶에서 가장 중요한 가치로 여기는 것 같습니다. 그러나 우리는 그리스도인으로서 이 모든 것이 덧없다는 것을 알기에 우리의 삶을 다른 시각으로 봅니다. 즉 영원이라는 시각에서 보는 것입니다. 무엇이 영원히 지속하는지 자문해 보면 어디에 우선 순위를 두어야 하는지 분명히 이해가 됩니다. 하느님과 다른 사람들을 향한 우리의 사랑은 이 세상에서 시작되고, 천국에서 영원히 지속될 것입니다. 그것은 우리에게 기쁨을 줄 것입니다. 이를 염두에 두고 우리 가톨릭 신자들은 음식과 즐거움을 줄이며 진정한 경축을 해야 하는 것입니다. 사실상, 다른 사람들은 몰라도 우리에게는 경축해야 할 대의大義가 있습니다. 그것은 바로 우리를 향한 하느님의 크신 사랑입니다!

| 더 알기

그 밖에 어떤 방법으로 단식을 할 수 있나요?

음식을 단식하는 방법이 아니더라도 자기 부정을 실천하는 방법은 여러 가지가 있습니다. 기도를 위해 더 많이 짬을 내거나 기도가 필요한 사람들에게 특별히 관심을 기울일 수도 있습니다. TV를 보거나 인터넷 서핑을 하는 대신에 성경을 읽거나 우리를 하느님께 더 가까이 이끌 수 있는 책을 읽을 수도 있습니다(tweet 1.10 참조). 또한 선택을 할 때마다 하느님을 의식해 보는 방법도 있습니다. 예를 들어 음악을 듣기 전에 그 음악이 무슨 내용인지, 이 음악이 나를 하느님과 더 가까워지게 해 줄 것인지 등의 질문을 해 보는 것입니다. 그리고 필수품이 부족한 사람들을 위해 기도하고 자선하는 한편 사치를 삼갈 수도 있습니다.

> 단식을 하고 금요일마다 금육을 함으로써 우리는 예수님의 희생에 일체가 되며 우리 삶에 하느님을 위한 자리를 만듭니다.

더 읽어 보기
금식재와 금육재: CCC 2043항; CCCC 432항; YOUCAT 345항.

3.20 성당은 왜 하느님의 집이라고 하나요?

예수님은 종종 예루살렘 성전에 가셨습니다. 열두 살 소년이었던 예수님은 이미 성전을 그분의 아버지 하느님의 집이라고 생각하셨습니다(루카 2,49 참조). 여러 해가 지나 성인이 되셨을 때 예수님은 사람들이 성전에서 장사하는 사람들을 보시고 몹시 화가 나 그들을 내쫓으셨습니다. 예수님은 하느님의 집은 "기도의 집"이지 "강도들의 소굴"(마르 11,17)도 세속적인 일을 위한 장소도 아니라고 하셨습니다.

또한 성당은 공동체의 기도와 성체성사 안에 현존하시는 예수님 때문에 특별한 곳입니다만 밀떡과 포도주와 사제만 있으면 우리는 어디서나 미사를 거행할 수 있습니다. 그렇지만 성당은 신자 공동체의 공적 모임과 기도를 위해 특별히 마련된 공간입니다. 그래서 기도를 위한 아주 특별한 장소이며 하느님이 여기서 우리를 기다리십니다. 이런 이유에서 교회 건물은 하느님과 우리의 관계에서 중요합니다.

성당이 필요 없다고요?

그리스도인으로서 우리는 예루살렘 성전이 필요하지 않습니다(tweet 1.16 참조). 예수님이 계시기에, 우리가 하느님을 만날 수 있는 곳은 지구상에 단 한 곳(예루살렘 성전)만 있는 것이 아닙니다. 예수님은 어디에나 계시는 우리의 '성전'이십니다(요한 2,21 참조). 또한 우리 자신도 성령이 머무르시는 성전입니다(1코린 6,19 참조). 예수님을 따르기를 원하며 세례를 받은 모든 사람은 교회를 이룹니다(tweet 2.1 참조). 그래서 베드로 사도는 "여러분도 살아 있는 돌로서 영적 집을 짓는 데에 쓰이도록 하십시오."(1베드 2,5)라고 했습니다. 우리가 집에, 차 안에, 산 위에, 어디에 있든지 거기에 하느님이 계십니다(시편 139,8-10 참조). 따라서 우리에게 따로 기도할 성당이 필요한 것은 아닙니다.

따로 마련해 둔 곳

초대 그리스도인들은 종종 함께 기도하러 모였습니다. 만약 사도가 그들을 방문하면, 그들은 성찬례도 거행할 수 있었습니다. 그때는 아직 교회 건물이 하나도 없었기에 사람들의 집과 방에서 그렇게 했습니다(사도 2,46 참조). 곧 기도를 위한 그런 방을 따로 마련해 두고 그 방을 다른 용도로는 사용하지 않는 풍습이 생겼습니다. 거기에서 거행되는 것은 너무나 거룩했기에 그 방도 거룩하게 되었습니다. 이와 같이 초대 교회 건물은 방이었고 하느님께 기도하고 성사를 받기 위해 따로 마련해 두었던 집의 일부였습니다. 일상생활에서 우리는 종종 특별한 용도로 쓰기 위해 떼어 놓는 것들이 있습니다. 격식을 갖춘 행사에서 입을 가장 좋은 옷이나 저녁 식사 파티에 내놓을 가장 좋은 수저 세트

등과 같은 것 말입니다. 마찬가지로 종교적인 용도로도 어떤 것들을 떼어 놓습니다. 묵주가 축복을 받으면 그것은 더 이상 구슬 한 줄이 아니라 거룩한 것, 즉 하느님께 예배드리는 데 봉헌되는 것입니다(tweet 3.12, 3.15 참조). 성당도 역시 사용하기 전에 축성을 합니다. 성당은 다른 건물들과 마찬가지로 돌, 철, 유리로 지어지는 건물이므로 하느님과 하느님의 백성들의 만남을 위한 장소가 되기 위해 따로 구분해 놓아야 합니다.

봉사와 친교 활동

대대로 사람들은 자신들의 성당을 가장 좋고 아름다운 건물로 만들어 하느님을 공경했습니다(더 알기 참조). 그러므로 그러한 장소를 경건한 마음으로 대하는 것이 합당합니다. 성당에 들어가면, 우리는 예수님이 실체적으로 현존하시는 제대를 향해 깊은 절을 합니다(tweet 3.21 참조). 만약 성당 안에서 말을 할 필요가 있을 때는 기도에 필요한 침묵을 지키기 위해 속삭이듯 말해야 합니다(tweet 3.44 참조). 본당에서는 무료로 음식을 나누거나 커피를 함께 마시는 등 봉사와 친교 활동을 합니다. 또는 본당 야외 축제와 같은 행사를 준비하기도 하지요. 한 구역 내에 사는, 한 본당의 신자들은 성당 인근에 사는 하나의 공동체로서 함께 하느님께 예배드립니다(tweet 2.2 참조). 그러므로 교회 건물은 우리를 하느님과 더 가까워지게 해 줄 뿐만 아니라 우리 서로가 더 가까워지도록 해 줍니다.

| 더 알기

하느님의 집을 지을 때

교회는 하느님의 집으로, 하느님을 만날 수 있는 곳입니다. 그러므로 수 세기 동안 교회 건물의 설계에 많은 주의를 기울인 것은 놀라운 일이 아닙니다. 기능상으로 교회 건물은 많은 것들을 요구하지는 않지만, 기도 때 공동체 전체를 수용할 수 있을 만큼 커야 합니다. 그리고 건물의 아름다움에 많은 주의를 기울입니다. 반면에 병원을 건축한다면, 아름다움은 덜 중요시하고 훨씬 더 많은 실용적인 부분을 충족시켜야 합니다. 그러니까 기능과 형태는 관계가 있는 것입니다. 교회 건물의 기능은 하느님께 예배를 드리는 것이기 때문에 가능한 한 아름다운 건물을 만드는 것이 이치에 맞습니다. 교회 건물의 디자인과 장식은 시대에 따라 변화되었습니다(tweet 3.23 참조). 시대마다 다른 건축 양식과 예술 양식이 있었습니다. 그러나 모든 시대에 사람들은 교회를 자신들 시대의 양식 중에 가장 좋고 가장 아름다운 본보기로 만들려고 노력했습니다. 가장 좋고 가장 아름다운 건물만이 하느님의 집으로 따로 둘 만합니다.

> 우리는 어디서나 하느님께 기도드릴 수 있지만, 하느님은 기도를 위해 공동체가 따로 마련한 장소인 성당과 소성당과 같은 곳에 특별히 현존하십니다.

더 읽어 보기
하느님의 집: CCC 1179–1181, 1186, 1197–1199항; CCCC 244–245항; YOUCAT 190항.

 **3.21 성당 안에서 중요한 곳은 어디인가요?**

성당 안에는 정말로 중요한 역할을 하는 곳이 여럿 있습니다.

제대

사제는 중앙에 제대가 놓여 있는 제단에서 성찬례를 거행합니다. 제대는 그저 식탁이 아닙니다. 그것은 성금요일에 예수님이 십자가 위에서 봉헌하신 그분 생명의 희생에 우리가 명확하게 연결되는 자리입니다(tweet 1.28, 3.31 참조). 제대는 대개 바닥에 붙어 있으며 교회가 세워진 살아 있는 돌이신 예수님을 상징합니다(1베드 2,4 참조). 그러므로 제대를 지나갈 때는 언제나 제대 앞에서 절을 합니다. 예수님이 모든 영광을 받으시도록 제대는 가능한 한, 미사가 진행되는 동안에도 비어 있어야 합니다. 그래서 꽃이나 그 밖의 다른 장식을 제대 위에 두지 않아야 하지요. 제대는 오직 한 가지 목적, 즉 성찬례를 위해 보존되어 있어야 합니다(tweet 3.44 참조). 어떤 오래된 성당에서는 건물 양측 벽에 여러 개의 제대가 있는 것을 볼 수 있습니다. 이 제대들은 여러 명의 사제들이 매일 따로 미사를 거행하던 시대에서 유래한 것입니다. 사제가 같은 제대에서 함께 미사를 거행할 때 그것을 공동 집전이라고 합니다. 예수님의 희생에 대한 존경심에서 사제는 미사 시작과 끝에 제대에 입맞춤을 합니다. 사제는 또한 예수님께 경의를 표하기 위해 여러 번 분향을 하기도 합니다.

감실

어두운 성당 안으로 들어가면 밤낮으로 켜져 있는 빨간 성체등에 즉시 눈길이 갈 것입니다. 이것은 성체 안에 실체적으로 현존하시는(tweet 3.14, 3.48 참조) 예수님께 경의를 표하는 것입니다. 미사가 거행된 다음에 남은 축성된 제병은 아름다운 상자인 감실에 보존됩니다. 그래서 우리는 감실 앞을 지나갈 때 깊은 절을 합니다.

독서대

미사 때, 하느님의 말씀인 성경이 독서대에서 봉독됩니다. 몇몇 오래된 성당에서는 설교대에서 성경이 봉독됩니다(더 알기 참조). 독서대에는 말씀 전례 때 선포하는 성경 말씀만 따로 모아 놓은 책(독서집)이 놓여 있습니다. 때로는 미사 때 선포되는 복음서만 따로 모은 책에서 발췌된 독서를 담고 있는 별도의 책을 사용하기도 합니다. '말씀'이신 예수님께 경의를 표하기 위해 독서집은 아름답게 장식이 되어 있기도 합니다. 하느님의 말씀 안에 계신 예수님의 현존과 제대 위에 계신 예수님의 현존은 우리에게 아주 특별합니다. 제대는 예수님을 위해 따로 마련된 곳이고, 독서 봉독, 강론, 신자들의 기도를 하는 독서대도 역시 그렇습니다. 이런 이유로 독서대를 '말씀'의 식탁이라고도 합니다. 제대 위에 초를 두는 것처럼 독서대 양측에 복사가 초를 들고 있으며, 제대에 분향하는 것처럼 독서가 봉독되기 전에 분향을 하기도 합니다.

의자

미사 때 주교나 사제는 미사 집전자입니다. 그는 우리와 함께 그리고 우리를 위해, 기도가 하느님께 향하도록 이끌며, 예수님의 이름으로 그리고 예수님을 대신해 행동합니다. 이러한 임무 때문에 그를 위한 특별한 자리를 따로 마련해 둡니다. 전례의 특정한 부분이 진행되는 동안에 그는 주례석에 앉습니다. 만약 제대 뒤 중앙에 감실이 없다면, 그곳이 주례석을 두기에 가장 적합한 자리입니다. 그렇지 않다면 의자는 대개 (회중 쪽에서 볼 때) 제대의 오른편에 둡니다. 신자들이 적극적으로 전례에 참여할 수 있도록 신자석도 중요합니다. 신자들도 사제와 다른 성직자와 같이 하느님의 백성입니다(〈교회 헌장〉 13항 참조). 이것은 미사 집전자와 신자를 분향할 때 상징적으로 표현됩니다.

그리스도는 사제 안에 그리고 모든 신자 안에 현존하십니다(1코린 6,19 참조). 전례가 진행되는 동안 예수님은 다양한 방법으로 현존하십니다. 제대 위의 그분의 몸과 피 안에, 독서대에서 선포되는 말씀 안에, 그리고 성체를 모신 우리 안에 예수님은 현존하십니다.

| 더 알기

설교대

오래된 성당에는 종종 설교대가 보입니다. 그것은 성당 안에 있는 주변보다 높은 단상입니다. 마이크가 없는 시절에 사제는 큰 소리로 말을 해야 했습니다. 그의 말을 모두가 확실히 들을 수 있도록 하기 위해 설교대에 올라갔습니다. 설교대 위의 지붕은 그의 목소리가 아래의 회중에게 울려 퍼지게 하는 데 도움이 되었습니다. 흔히 그것은 사제가 하느님의 말씀을 선포할 때 영감을 받는 성령의 형상을 하고 있습니다.

> 제대, 감실, 독서대 그리고 주교나 사제의 자리는 그리스도 현존의 표시입니다.

더 읽어 보기
전례 장소: CCC 1182-1186항; CCCC 246항; YOUCAT 191항.

3.22 세례소는 무엇인가요? 그리고 성당 안에는 왜 조각상이 있나요?

성당에서는 그저 주위를 둘러보기만 해도 신앙에 관해 많은 것을 배울 수 있습니다. 모든 물건이 우리와 하느님의 관계에 관해 말해 줍니다. 성당이 비어 있을 때 안으로 들어가면 평화롭게 기도할 수 있습니다. 성당은 단지 사용되지 않는 공간이 아니라 하느님의 집입니다. 예수님이 여기에 현존하시고 계시는 곳입니다(tweet 3.20, 3.21 참조).

세례소

세례소는 그리스도 안에서 새 삶을 시작하는 곳입니다 (tweet 3.36 참조). 여기에 바로 세례수가 있습니다. 세례소에는 세례대가 마련되어 있기도 합니다. 세례대는 물과 세례에 대한 성경과 관련된 내용으로 장식되어 있습니다. 세례소를 위한 전통적인 장소는 (회중이 볼 때) 성당의 왼편 뒤쪽입니다. 교회 건물을 동쪽을 향해 지었을 때, 이 장소는 차갑고 어두운 건물의 북쪽이었을 것입니다. 세례소에서 제대까지의 이동은 세례받는 사람이 따라가는 여정을 상징합니다. 그 사람은 하느님이 계시지 않는 어두운 삶을 떠나 하느님과 함께 빛 속으로 들어가는 것입니다. 마찬가지로, 부활초는 예수님의 부활로 가능하게 된 새 삶을 상징합니다(tweet 1.50 참조). 우리는 부활 성야를 시작하면서 장엄하게 이 초에 점화합니다(tweet 3.32 참조). 이 초는 부활 시기 동안 제대 근처에 세워 두었다가 그 나머지 한 해 동안 세례소에 둡니다. 세례 때마다 부활초는 그리스도 안에서 세례를 받는 사람의 새 삶의 표시로서 점화하며, 부활초에서 그 사람의 세례초에 불을 붙입니다.

성화와 성상

성화, 성상, 그리고 그 밖의 다른 형상은 우상이 아닙니다. 여러분 집에 있는 사진처럼 성상이나 성화는 예수님과 성인들을 기억하는 한 방법입니다. 우리는 형상이 아니라 하느님만을 숭배합니다. 성인의 성상이나 성화 앞에서 무릎을 꿇을 때 우리는 그것이 묘사하는 그 형상이나 성인을 숭배하는 것이 아닙니다. 오히려 우리가 친구와 친척에게 우리를 위해 기도해 달라고 부탁하는 것과 같이, 우리와 함께 우리를 위해 하느님께 기도해 달라고 부탁하는 것입니다(tweet 3.9 참조). 기도하러 성상이나 성화 앞에 갈 때 흔히 초 값을 조금 지불할 수도 있습니다. 초를 사서 켜고, 성상이나 성화 앞에 그 초를 놓아 우리의 기도에 시간과 돈을 조금 희생하여 보태는 것입니다. 초가 계속해서 타는 것은 우리가 바쁜 삶으로 돌아갈 때 우리를 위해 전구해 주시는 성인이 우리의 지향을 위해 끊임없이 기도해 주고 있다는 표시입니다. 우리는 이를 통해 위안을 얻을 수 있습니다 (tweet 4.15 참조).

| 더 알기

십자가의 길

제1처 예수님께서 사형 선고 받으심을 묵상합시다(루카 23,24 참조).

제2처 예수님께서 십자가 지심을 묵상합시다(요한 19,17 참조).

제3처 예수님께서 기력이 떨어져 넘어지심을 묵상합시다.

제4처 예수님께서 성모님을 만나심을 묵상합시다(요한 19,25 참조).

제5처 시몬이 예수님을 도와 십자가 짐을 묵상합시다(마태 27,32 참조).

제6처 베로니카, 수건으로 예수님의 얼굴을 닦아 드림을 묵상합시다.

제7처 기력이 다하신 예수님께서 두 번째 넘어지심을 묵상합시다.

제8처 예수님께서 예루살렘 부인들을 위로하심을 묵상합시다(루카 23,27-31 참조).

제9처 예수님께서 세 번째 넘어지심을 묵상합시다.

제10처 예수님께서 옷 벗김 당하심을 묵상합시다(요한 19,23 참조).

제11처 예수님께서 십자가에 못 박히심을 묵상합시다(마르 15,24 참조).

제12처 예수님께서 십자가 위에서 돌아가심을 묵상합시다(마르 15,37 참조).

제13처 제자들이 예수님 시신을 십자가에서 내림을 묵상합시다(루카 23,53 참조).

제14처 예수님께서 무덤에 묻히심을 묵상합시다(마태 27,60 참조).

십자가의 길

거의 모든 성당에는 십자가의 길 14처가 벽에 걸려 있습니다. 그 형상은 예수님의 수난과 죽음을 묘사합니다(더 알기 참조). 가끔 예수님의 부활까지 넣어 15처가 되기도 합니다. 예수님이 사형 선고를 받으시고 무덤에 묻히시기까지 각 처를 지나면서 기도하고 우리를 위한 예수님의 위대한 사랑에 대해 묵상할 수 있습니다. 이때 우리는 생각과 기도를 통해 예수님의 고통과 죽음을 함께 경험할 수 있습니다. 각 처에서 다음과 같이 짧은 기도를 할 수도 있습니다. "주님께서는 십자가로 온 세상을 구원하셨나이다. 예수 그리스도님, 경배하며 찬송하나이다."

> 세례소는 세례를 받고 그리스도인이 되는 곳입니다. 성상과 성화는 성인들이 우리와 함께 그리고 우리를 위해 기도해 달라고 성인들에게 청할 수 있게 도와줍니다.

더 읽어 보기

형상: CCC 2129–2132, 2141항; CCCC 446항; YOUCAT 358항.

3.23 교회 건축 양식은 어떻게 변화해 왔나요?

교회 건물은 그리스도인들이 개인이나 공동체로서 하느님께 예배드리기 위한 장소입니다(tweet 3.24 참조). 초대 그리스도인들은 성경을 봉독하기 위해 회당, 즉 유다인들의 기도의 집으로 갔습니다(tweet 1.16 참조). 그런 다음에 그들은 개인의 집에서 성찬례를 거행했습니다(사도 2,46 참조). 얼마 지나지 않아 성경 봉독과 성찬례 거행을 위해 그런 집을 따로 마련해 놓았습니다(tweet 3.20 참조). 그래서 그리스도인들은 더 이상 회당에 가지 않게 되었습니다.

건축 양식

현재 발견된 가장 오래된 가정 교회는 현재의 시리아 지역에서 발견된 것으로 235년경에 지어진 것입니다. 4세기경에 맨 처음으로 건축된 큰 성당들(로마 바실리카)은 콘스탄티누스 황제가 지었습니다. 그중에 로마의 성 요한 라테라노 대성당은 아름다운 성당의 본보기입니다(tweet 2.20 참조). 6세기에는 비잔틴 양식의 하기야 소피아(거룩한 지혜) 대성당이 콘스탄티노폴리스에 건축되었습니다. 8세기경에는 둥근 아치가 있는 로마네스크 양식이 나타났는데, 로마와 비잔틴 건축 양식을 토대로 한 것이라고 말할 수 있습니다. 유명한 고딕 양식의 대성당은 13세기경부터 지어졌으며 대부분 스테인드글라스로 만들어진 크고 많은 유리창을 넣어서 내부에 빛이 많이 들어오게 했습니다(tweet 2.29 참조). 고딕 양식의 높은 탑과 끝이 뾰족한 아치는 천국을 향해 우뚝 솟아 있습니다. 프랑스의 샤르트르 대성당과 노트르담 대성당, 영국의 솔즈베리 대성당은 고딕 양식의 훌륭한 예입니다. 고전 시대에서 영감을 얻은 르네상스 건축 양식에 이어 화려한 장식으로 잘 알려진 바로크 양식이 뒤따랐습니다. 로마의 예수 성당은 바로크 양식의 한 예입니다(tweet 2.40 참조).

제삼천년기를 향하여

19세기에는 초기에 성행했던 건축 양식이 되돌아왔습니다. 르네상스 건축 양식은 신고전주의 양식의 성당이 생겨나게 했습니다(tweet 2.42 참조). 고딕 리바이벌 양식은 가톨릭 주교의 임명이 다시 허락된 영국과 네덜란드나 가톨릭 이민자가 급속히 증가한 미국과 같이 새로운 교회가 많이 필요했던 지역에서 특히 인기가 있었습니다(tweet 2.44, 2.45 참조). 영국인 오거스터스 퓨진(†1852년)과 같은 건축가들은 이 시기의 교회에 아주 많은 영향을 주었습니다. 19세기에 미국의 로마네스크 리바이벌 양식은 또 하나의 인기 있는 양식이었습니다. 현대에는 다양한 형태와 양식을 사용해 각양각색의 교회를 건축합니다. 폴란드의 크라쿠프에 있는 하느님 자비의 성당은 큰 규모에도 불구하고 신성한 느낌을 주는 것으로 유명합니다. 하지만 몇몇 현대식 성당들은 신자들의 호응을 그다지 받지 못하기도 합니다.

성당 안의 장소

성당 안에서 가장 중요한 곳은 제단입니다(tweet 3.21 참조). 이곳은 종종 난간으로 구분이 되어 있으며 신자들이 영성체를 하기 위해 무릎을 꿇기도 합니다. 성당의 가장 큰 부분인 신랑身廊은 신자들이 모이는 장소입니다. 그 명칭은 '배'라는 의미의 라틴어 나비스navis에서 온 것입니다. 교회는 노아와 그의 가족을 대홍수로부터 구한 방주와도 같기 때문입니다(1베드 3,20 참조; tweet 1.22 참조). 교회에 입교할 때 세례소에서 제대를 향해 가는 이동은 세례를 받는 사람의 행로를 상징합니다. 그는 하느님이 계시지 않는 어두운 삶을 떠나서 하느님과 함께 빛으로 나아갑니다(tweet 3.22 참조). 고해소는 대개 성당의 뒤쪽이나 양측 벽을 따라서 위치해 있습니다. 어떤 성당에는 특별한 고해소가 있습니다. 세례소(tweet 3.22 참조)와 마찬가지로 고해소의 위치는 상징적입니다. 죄인으로서 성당의 뒤편에 있는 장소에서 고해성사(tweet 3.39 참조)를 받고 난 다음, 가톨릭 신자로서 하느님을 만날 준비가 되어 제대를 향해 다가가는 것을 상징합니다.

| 더 알기

동쪽을 향해 기도하기

초대 그리스도인들은 동쪽을 향해 기도했습니다. 예수님이 그 방향에서 오실 것이라고 성경에 쓰여 있기 때문입니다(에제 43,2 참조; 마태 24,27 참조; tweet 1.50 참조). 오래전에 지은 많은 성당에는 주 제대가 동쪽을 향하고 있습니다(라틴어, 아드 오리엔템ad orientem). 이 설계는 사제가 미사를 봉헌할 때 주님의 오심을 마주하도록 해 줍니다. 그리고 신자들도 사제와 같은 방향을 보고 기도했습니다. 그러나 제2차 바티칸 공의회(tweet 2.48 참조) 때부터는 사제가 신자들을 마주 보며 미사를 거행하게 되었습니다. 그러나 동쪽을 향해서 미사를 거행하는 것은 여전히 전례의 본질을 우리에게 상기시키는 한 방법이 됩니다. 전례의 본질은 본래 사제와 회중 간의 대화가 아니라 하느님과 당신 백성 간의 대화인 것입니다.

 비록 교회 건축 양식은 시대에 따라 바뀌었지만 교회의 기본적인 형태는 여전히 똑같이 남아 있습니다.

더 읽어 보기
가정 교회: CCC 1179–1181, 1186, 1197–1199항; CCCC 244–245항; YOUCAT 190항.

3.24 전례는 무엇인가요?

우리는 의사소통을 하기 위해 말뿐 아니라 몸도 사용합니다. 누군가를 만나면 우리는 단지 말로만 인사하지 않고 손을 내밉니다. 누군가 의기소침할 때 우리는 격려의 말을 해 주며 그 사람의 등을 다독여 주거나 안아 줄 것입니다. 우리의 신체 언어는 우리가 의미하는 것을 많이 표현해 줍니다. 이러한 우리의 본성을 아시기에(tweet 1.2 참조), 하느님은 우리에게 온몸을 사용하는 예배 방법을 알려 주셨습니다. 전례 동안에 우리가 하는 몸짓은 하느님께 말씀드리기 위해 사용하는 신체 언어입니다. 전례는 교회의 공적인 기도를 의미합니다. 이 공적인 기도를 통해 우리는 다른 신자들과 함께 하느님과 접촉하게 됩니다. 예를 들면 일곱 성사(tweet 3.35 참조), 장례, 성체 조배(tweet 3.14 참조), 시간 전례(tweet 3.13 참조)가 있습니다.

공적 기도

전례liturgy라는 말은 '공적인 일'이라는 그리스어에서 온 것입니다. 교회의 전례는 누구나 보고 경험할 수 있습니다. 전례 의식과 전례에서 사용되는 말은 성경과 성전(tweet 1.11 참조)에 근거합니다. 전례 중에 성가를 부르고, 음악을 듣고, 향기를 맡고, 무릎을 꿇고 하면서 우리는 모든 감각을 사용합니다. 그래서 전례는 교회가 하느님께 예배드리는 것을 드러내고 표현하는 "상징, 찬가, 행위 전부입니다."

라고 프랑스 신학자인 돔 게랑줴는 말했습니다. 전례에서 우리는 믿음을 표현하고 하느님의 은총을 받습니다(tweet 4.12 참조).

통상문

로마 가톨릭교회의 전례는 기본적으로 어디서나 똑같다는 것을 알고 있을 것입니다. 예를 들면, 아프리카나 중국에서 미사에 참례한다 해도, 언어를 모르면서도 여전히 무엇이 진행되고 있는지 이해할 수 있습니다. 어디서든지 똑같은 전례서를 사용하기 때문입니다(더 알기 참조). 언어만 다를 뿐이지 모든 몸짓과 행위는 똑같습니다. 전 세계에 걸친 이 동일성을 통해 우리는 모두 같은 교회에 속해 있다는 것

을 아주 명백히 알 수 있습니다. 말하자면, 모든 사람이 같은 대본을 따름으로써, 우리 자신보다 더 큰 어떤 것이 전례에 있다는 것을 보여 줍니다. 어떤 일이 일어나게 하는 것은 사제도 아니고 회중도 아닙니다. 그 일을 하시는 분은 바로 하느님이십니다. 전례는 우리 것이 아닙니다. 그러므로 우리에게 맞추기 위해 전례의 행위나 말을 바꾸어서는 안 됩니다.

행위

전례는 행위로 구성되어 있습니다. 행위에는 그리스도의 구원 신비를 제의祭儀로 표현하는 행위와 삶에서 그리스도의 사랑 계명을 실천하는 행위가 있습니다(tweet 3.50 참조). 하느님을 섬기는 것(전례)과 이웃을 섬기는 것(자선)은 단단히 연결되어 있습니다. 우리는 주일 단 한 시간 동안만 그리스도인인 것이 아니라 하루 24시간, 한 주 7일 내내 그리스도인입니다! 가끔 노숙인들이 이 사실을 알고 종종 성당 문 밖에 서 있거나 미사 후에 다과를 나누는 곳에 오기도 합니다.

| 더 알기

전례에 사용하는 불과 물은 어떤 의미인가요?

전례에는 의미가 있는 온갖 종류의 상징들이 있습니다. 예수님은 자신이 "세상의 빛"(요한 8,12)이라고 말씀하셨습니다. 전례에서 타고 있는 초는 예수님이 우리 삶의 빛이라는 표시입니다. 향이 탈 때 향기로운 연기가 피어올라 성당 안을 감미로운 향기로 가득 채웁니다. 연기는 하느님께 올라가는 우리 기도의 표시이며, 타고 있는 석탄 조각은 성별된 삶을 하느님께 봉헌하는 것을 나타내고, 기분 좋은 향기는 하느님과 함께하는 감미로운 삶을 나타냅니다.

부활 성야에 부활하신 예수님을 상징하는 부활초에 장엄하게 불을 붙입니다(tweet 3.32 참조). 그리고 이 초로 교회에 입교하려는 사람들의 세례를 위한 세례수를 축성합니다(tweet 3.36 참조). 또한 우리는 성당에 들어갈 때는 언제나 십자 성호를 그으며 성수로 자신을 축복합니다(tweet 3.15 참조). 이러한 몸짓을 통해 우리 자신의 세례를 상기하는 것입니다.

 전례는 교회의 의식에 따라하는 공적인 기도입니다. 전례를 통해 우리는 하느님에 대한 우리의 신앙을 표현하고 이웃 안에 계시는 하느님을 만납니다.

더 읽어 보기
전례: CCC 1077-1112항; CCCC 221-223항; YOUCAT 167, 170-171항.

3.25 전례에서 하는 동작과 전례에 사용되는 색깔은 무엇을 의미하나요?

전례에서 여러 가지 자세를 취하는데, 그것은 모두 우리가 말하고 싶은 것을 표현합니다(tweet 3.24 참조).

서 있고, 절하고, 앉고

- 서 있는 것은 부활의 상징적인 표시로 초대 그리스도인들 때부터 기도를 위한 자세였습니다. 그러므로 전례에서 가장 중요한 기도를 하는 부분에서 우리는 서 있습니다. 복음이 선포될 때는 복음서에 대한 경의를 표하며 서 있습니다.

- 절하는 것은 경외심을 표현하는 또 하나의 방법입니다. 예수님(성모님 또는 어떤 성인)의 이름을 말할 때 약간 고개를 숙이며 절합니다. 성체를 받아 모시기 전에 큰 절을 합니다. 사제와 봉사자들은 제대 앞을 지날 때마다 그 앞에서 절을 합니다. 성당에 들어갔을 때에도 제대를 보고 절을 합니다(tweet 3.20 참조).

- 앉아 있는 것은 평화를 나타내는 자세입니다. 우리는 앉아서 조용히 주의 깊게 독서를 듣습니다. 어떤 자세로든 기도할 수 있듯이 앉아 있는 동안에 기도할 수 있습니다.

- 무릎을 꿇는 것은 기도하고 하느님께 예배를 드리기 위한 전형적인 자세입니다. 베들레헴에서 아기 예수님을 경배했던 세 명의 동방 박사들처럼(마태 2,11 참조), 우리도 예수님 앞에서 스스로를 낮추어야 합니다. 미사에서 중요한 순간에, 성체 안에 현존하시는 예수님 앞에서 무릎을 꿇습니다.

- 엎드리는 것은 하느님께 완전히 자신을 내어 드린다는 표시입니다. 성금요일에 사제는 제대 앞에서 바닥에 부복합니다(tweet 3.31 참조). 그리고 성품성사(tweet 3.41 참조)에서도 신자들이 수품 후보자들을 위해 성인 호칭 기도를 바치는 동안 그들은 바닥에 부복합니다.

손동작

손으로도 많은 것을 표현할 수 있습니다. 기도할 때 두 손을 모으는 것은 두 손으로 아무것도 하지 않고 완전히 하느님께 정성을 다해 집중한다는 의미를 나타냅니다. 초대 그리스도인들은 기꺼이 하느님의 은총을 받을 준비가 되어 있고, 하느님 앞에 빈손으로 와 있다는 표시로 종종 두 팔을 넓게 벌리고 서서 기도했습니다(tweet 4.12 참조). 이것은 사제가 공동체를 대신해 기도할 때의 자세입니다. 사제가 사람이나 물건 위로 손을 뻗을 때, 그것은 사제가 하느님의 축복을 간청하면서 성령을 청하는 표시입니다(tweet 1.31 참조).

몸동작

기도의 시작과 끝에 십자 성호를 긋습니다. 이것은 성삼위

(tweet 1.33 참조)가 우리와 함께하시며 우리를 도와주시도록 청하는 것입니다. 복음이 봉독될 때 엄지손가락으로 이마와 입술과 가슴 위에 십자가를 긋습니다. 하느님의 말씀을 이해하고, 하느님의 말씀을 전하며, 그 말씀을 우리 가슴속에 간직하도록 무언으로 청하는 것입니다. 전례적인 입맞춤은 공경의 표시입니다. 제대는 바로 예수님을 상징하기에 사제는 제대에 입맞춤합니다. 같은 이유로 사제는 복음을 봉독한 후에 그 위에 입맞춤합니다. 특정한 때에는 성인들을 공경하기 위해 성인들의 성해에 입맞춤하기도 합니다. 성금요일에는 십자고상 위의 주 예수님의 발에 입맞춤합니다(tweet 3.31 참조).

| 더 알기

전례의 색깔은 무엇을 의미하나요?

교회의 다양한 축일과 기념일에는 성직자 제의와 전례 장소에 따라 그에 맞는 색깔이 사용됩니다. 이 전례의 색깔은 그 시기에 우리가 모이는 이유와 관련되어 있습니다(tweet 3.26 참조).

- 흰색은 빛, 순결, 영광의 색입니다. 그것은 하느님과 관련된 축일(예수 성탄 대축일, 예수 부활 대축일)에 사용됩니다. 그리고 성모님과 관련된 축일과 순교자가 아닌 성인의 축일에도 사용됩니다. 때로는 흰색 대신 승리와 기쁨을 나타내는 황금색이나 은색이 사용되기도 합니다.
- 붉은색은 성령의 불(성령 강림 대축일), 피(성금요일), 하느님의 사랑을 나타냅니다. 그리스도에 대한 신앙으로 죽음을 선택한 순교자의 축일에도 붉은색이 사용됩니다.
- 보라색은 대림 시기와 사순 시기의 보속과 준비의 색상입니다(tweet 3.28-3.29 참조). 보라색은 장례 미사와 위령의 날에 사용되기도 합니다.
- 장미색은 기쁨과 기다림을 상징하는데 대림 제3주일과 사순 제4주일에 사용됩니다.
- 검은색 제의는 애도를 위한 것으로 장례 미사와 위령의 날에 입을 수 있습니다(tweet 3.27 참조).
- 녹색은 주님 안에서의 삶과 성장을 뜻하는 색으로 연중 시기에 행해지는 전례에 사용합니다(tweet 3.27 참조).

 서 있는 것은 그리스도인들의 기도 자세입니다. 절하고 무릎을 꿇는 것은 공경을 나타냅니다. 조용히 앉아 있는 것과 양손을 모으는 것도 기도의 표시입니다.

더 읽어 보기
표징과 상징: CCC 1145-1152, 1189항; CCCC 236-237항; YOUCAT 181항. 자세: YOUCAT 486항.

3.26 교회는 교회만의 달력이 있나요?

교회에는 교회의 달력인 전례력이 있습니다. 전례력은 새해인 1월 1일이 아니라, 예수님의 탄생을 기념하는 예수 성탄 대축일 4주 전 일요일(11월 하순이나 12월 초순)에 시작됩니다. 이 대축일은 무척 중요하기 때문에 4주(대림 시기) 동안 이를 준비합니다(tweet 3.28 참조). 또 예수님의 부활을 기념하는 예수 부활 대축일은 대림 시기보다 긴 40일(사순 시기) 전부터 준비합니다(tweet 3.29 참조). 이렇듯 교회에는 전례력이 있어 우리는 예수님의 삶에서 가장 중요한 때를 기념할 수 있습니다. 또한 마리아와 그 밖의 성인들의 축일 역시 기억할 수 있습니다.

축일과 일요일

모든 축일이 다 똑같이 중요한 것은 아닙니다. 대축일이 가장 중요하고, 다음은 축일이고, 그다음이 기념일입니다. 어느 날, 우리는 한 성인의 기념일을 기념하고 그다음 날 동정 마리아의 축일을 거행할지도 모릅니다.

일요일인 주일은 그 주간의 가장 중요한 날입니다. 예수님이 일요일에 죽음으로부터 부활하셨기 때문입니다. 전례적으로 일요일은 토요일 저녁부터 시작됩니다. 그 관습은 전날 해가 지면 그다음 날이 시작되는 유다인에게서 온 것입니다. 주일은 물론이고 몇몇 대축일에는 그날을 기념하기 위해서 미사에 참례해야 할 의무가 있습니다(tweet 4.10 참조). 하지만 여러분이 미사 참례의 의무 때문에 성당에 가는 것이 아니라 미사의 성찬 전례 때 예수님을 만나기 위해서 성당에 가기를 바랍니다(tweet 3.44 참조).

과거, 현재, 그리고 미래

전례주년 동안에 우리는 예수님을 통하여 과거, 현재, 미래와 연결이 됩니다. 구원의 역사, 특히 예수님의 삶과 죽음과 부활(tweet 1.27 참조)을 되돌아보면 우리는 많은 것을 배울 수 있습니다. 지금이야말로 하느님이 내미신 손을 잡기 위해서 그리고 예수님의 제자가 되기 위해서 하느님께 "예."라고 말해야 할 때입니다(tweet 4.50 참조). 그리스도인으로서 우리는 세상의 종말이 아닌 하느님과 영원히 함께할 새 세상이 시작되기를 고대합니다(tweet 1.50 참조).

전례주년

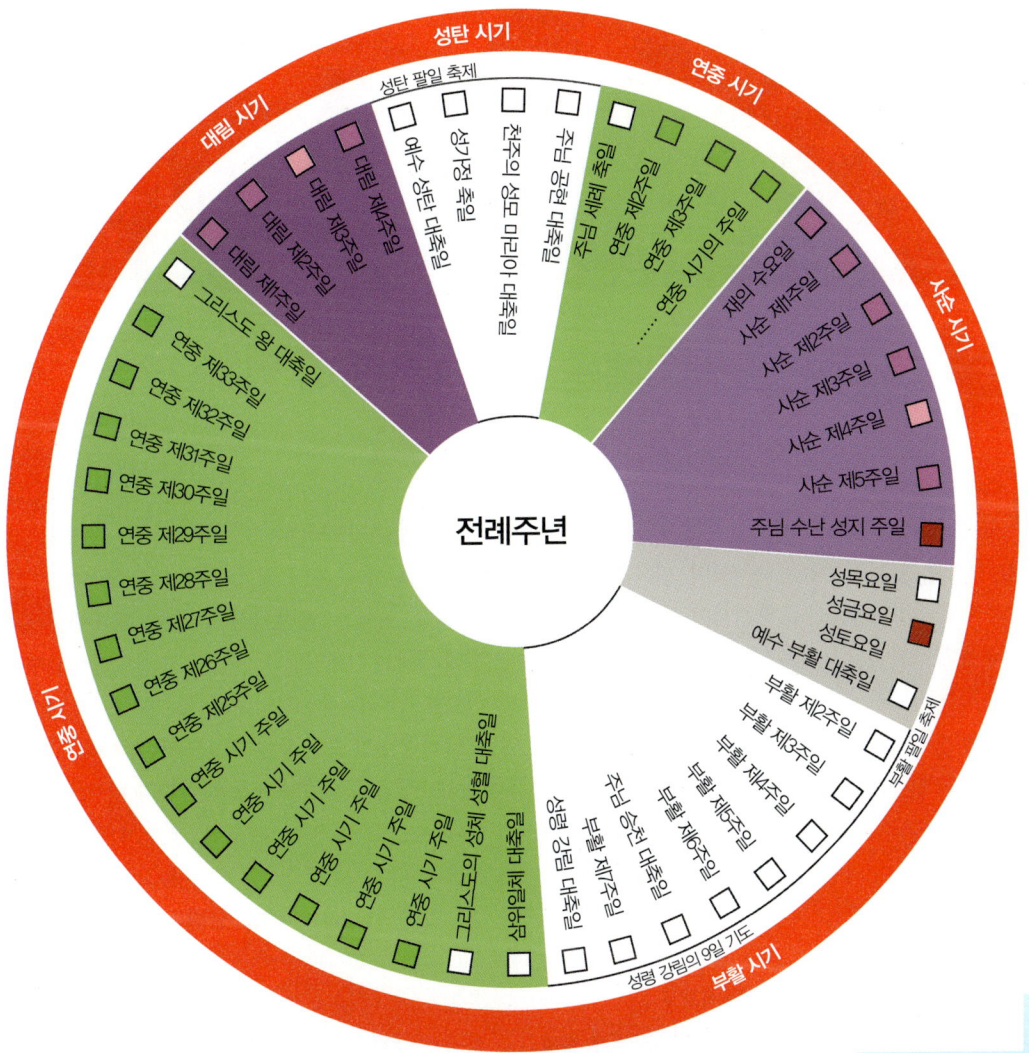

전례력은 예수 성탄 대축일 4주 전인 대림 제1주일에 시작됩니다. 전례력에는 중요한 대축일, 축일, 기념일이 들어 있습니다.

더 읽어 보기
전례주년: CCC 1168-1171, 1194항; CCCC 242항; YOUCAT 186항. 전례 시기: CCC 1163-1167, 1193항; CCCC 241항; YOUCAT 187항.

3.27 연중 시기에는 어떤 축일들이 있나요?

전례주년에는 대림 시기, 성탄 시기, 사순 시기, 부활 시기(tweet 3.26 참조) 외에 연중 시기가 있습니다. 연중 시기의 전례 색깔(제의 색)은 녹색이며, 미사의 독서는 예수님과 제자들의 일상적인 삶에 관하여 전해 줍니다. 이러한 구절을 통해서 우리는 예수님께서 우리가 어떻게 살아야 하는지를 가르치시기 위하여 무슨 일을 하시고 무슨 말씀을 하셨는지 이해하고 듣게 됩니다. 예수 성탄 대축일, 예수 부활 대축일, 성령 강림 대축일에 기념하는 큰 사건들은 우리가 매일 예수님과 함께 걷는 법을 익히게 될 때만이 참된 효과가 있는 것입니다.

세례와 빛

주님 세례 축일은 성탄 시기에서 연중 시기로 옮아감을 나타냅니다. 예수님이 요르단 강에서 요한 세례자에게 세례를 받으시던 바로 그때 하늘에서 "이는 내가 사랑하는 아들, 내 마음에 드는 아들이다."(마태 3,17)라는 소리가 들려왔습니다. 하느님은 세례를 받는 사람들 모두에게도 그렇게 말씀하십니다. 연중 시기 동안에 우리는 일상의 삶에서 하느님의 자녀로서 더 나은 삶을 살아가도록 요청받습니다. 연중 시기는 대림 시기와 성탄 시기에 기념하여 거행한 것을 우리가 살아 내는 때입니다. 첫 연중 시기에 이어서 사순 시기와 부활 시기가 따릅니다. 그리고 성령 강림 대축일 다음 날인 월요일부터 연중 시기가 다시 시작됩니다. 전례주년 동안 성모님(tweet 1.38 참조)과 주요 성인들(tweet 4.15 참조), 대천사(tweet 1.41 참조)의 중요한 축일이 많이 있습니다(tweet 1.38 참조). 달리 명시하지 않는 한 이런 축일을 위한 전례 색깔은 흰색입니다. 예를 들면 예수님의 탄생 40일 후인 2월 2일에는 유다인의 관습대로 성전에서 예수님을 하느님께 봉헌한 주님 봉헌 축일을 기념합니다. 그때 시메온은 예수님을 구세주와 모든 사람들의 빛으로 알아보았습니다(루카 2,25-32 참조; tweet 3.13 참조). 이날 한 해 동안 쓸 초를 축복하고 촛불 행렬을 합니다. 그래서 옛날에는 이 축일을 성촉절聖燭節이라고도 불렀습니다.

성체와 성심

성령 강림 대축일(tweet 3.34 참조) 다음 주일에 교회는 삼위일체 대축일(tweet 1.33)을 기념합니다. 그다음 일요일에는 그리스도의 성체 성혈 대축일을 기념합니다. 이날은 성체 성사라는 커다란 선물(tweet 3.14 참조)을 기념합니다. 이날에는 행렬이 있는데 그 행렬은 성체, 즉 예수님의 몸을 모든 사람이 볼 수 있도록 현시합니다. 이날 우리는 예수님과 함께 거리를 걷습니다(tweet 3.17 참조). 그리스도의 성체 성혈 대축일 다음 금요일에는 예수 성심 대축일이 있습니다. 우리는 이 대축일에 예수님의 거룩한 마음을 공경하며,

그 마음을 본받고자 합니다. 한국 천주교회는 요한 바오로 2세 교황의 권고에 따라 1995년부터 해마다 이날을 '사제 성화의 날'로 지내고 있습니다.

모든 성인 대축일과 위령의 날

성인들은 각자 고유한 축일이 있습니다. 예를 들면, 10월 4일에 교회는 아시시의 프란치스코 성인의 축일을 지냅니다. 성인은 그리스도에 관한 기쁜 소식을 널리 전했습니다. 심지어 새들에게까지 알렸습니다! 그리하여 이날에 어떤 곳에서는 애완동물을 축복하기도 합니다. 11월 1일은 모든 성인 대축일로 교회는 천상의 모든 성인과 전례력에 축일이 들어 있지 않은 많은 성인들을 기념합니다. 천국에서 하느님과 함께 있을 성인들에게 우리를 위해 기도해 달라고 청하는 것입니다. 11월 2일은 위령의 날로 돌아가신 분들을 위해서 기도합니다. 이날의 전례 색깔은 보라색(혹은 검정색)입니다. 연중 시기 마지막 주일에 교회는 그리스도 왕 대축일을 지냅니다. 하느님은 세상의 임금이시며 우주를 법으로만 다스리시는 것이 아니라 특별히 사랑으로 다스리십니다. 하느님은 우리를 당신의 충실한 종, 당신의 벗이라고까지 하십니다. 하느님은 이 세상에서도 천국에서도 다스리십니다. 하느님은 흠숭을 받으심이 마땅하시기에 우리는 대영광송(더 알기 참조)을 부르며 하느님을 찬미하고 또 찬미합니다.

| 더 알기

대영광송

하늘 높은 데서는 하느님께 영광
땅에서는 주님께서 사랑하시는 사람들에게 평화.
주 하느님, 하늘의 임금님
전능하신 아버지 하느님
주님을 기리나이다, 찬미하나이다.
주님을 흠숭하나이다, 찬양하나이다.
주님 영광 크시오니 감사하나이다.
외아들 주 예수 그리스도님
주 하느님, 성부의 아드님
하느님의 어린양
세상의 죄를 없애시는 주님, 저희에게 자비를 베푸소서.
세상의 죄를 없애시는 주님, 저희의 기도를 들어주소서.
성부 오른편에 앉아 계신 주님, 저희에게 자비를 베푸소서.
홀로 거룩하시고, 홀로 주님이시며,
홀로 높으신 예수 그리스도님
성령과 함께 아버지 하느님의 영광 안에 계시나이다.
아멘.

> 예수님, 천사들, 성모님과 그 밖의 다른 성인들을 기념하는 축일이 많이 있습니다. 이런 축일은 우리의 삶을 통해서 하느님께 영광을 드리도록 도와줍니다.

더 읽어 보기
전례주년: CCC 1168-1171, 1194항; CCCC 242항; YOUCAT 186항. 성인 축일: CCC 1172-1173, 1195항; CCCC 242항.

3.28 예수 성탄 대축일이 가장 중요한 대축일인가요?

전례주년은 대림 시기로 시작합니다. 대림 시기는 준비와 기도, 희망과 기대의 4주간으로 구성됩니다. 독서는 구약 성경의 메시아에 대한 하느님의 약속(tweet 1.26 참조)에 집중되어 있으며, 그 약속은 마침내 예수님의 탄생으로 이루어졌습니다. 대림 시기의 전례 색깔은 보라색입니다(tweet 3.25 참조). 대림 제3주일('가우데테Gaudete' 주일)에는 가까이 다가온 구속을 느끼며 장미색이나 은색을 사용하기도 합니다(tweet 3.25 참조). 대림 시기에는 대영광송(tweet 3.27 참조)을 부르지 않고, 성탄 전야가 되어서야 부릅니다. 이 시기 동안에 우리는 구세주 예수 그리스도의 탄생을 기다리며 또한 예수님이 다시 오심을 기다리기 때문입니다(tweet 1.50 참조).

예수 성탄 대축일

예수님의 탄생 때 하느님의 천사는 "오늘 너희를 위하여 다윗 고을에서 구원자가 태어나셨으니, 주 그리스도이시다."(루카 2,11)라고 알렸습니다. 예수 부활 대축일과 성령 강림 대축일 다음으로 예수 성탄 대축일은 전례력에서 가장 큰 대축일입니다. 로마 미사 경본에는 각각 특정한 독서와 기도가 있는 전야 미사, 밤 미사, 새벽 미사 그리고 낮 미사의 서로 다른 네 가지 예수 성탄 대축일 미사가 있습니다. 실제는 밤 미사와 낮 미사를 가장 많이 봉헌합니다. 성탄 때는 하느님께 영광을 드리기 위해 대림 시기 동안에 하지 않았던 대영광송을 다시 기쁘게 노래합니다(루카 2,14 참조; tweet 3.27 참조). 우리가 니케아 콘스탄티노폴리스 신경을 바칠 때 "성령으로 인하여 동정 마리아에게서 육신을 취하시어 사람이 되셨음을 믿나이다."(tweet 1.31, 1.33 참조)라는 부분에서 고개를 깊이 숙이는 것도 이날을 기념하는 마음과 다르지 않습니다. 바로 이날이 이 구절이 나타내는 예수님의 강생을 축하하는 날입니다.

성탄 팔일 축제

예수님의 강생의 기쁨이 진정으로 우리 안에 깊숙이 스며들도록 하기 위해서 성탄 팔일 축제를 지냅니다. 이는 12월 25일(예수 성탄 대축일)부터 1월 1일까지(성모 마리아 대축일)입니다. 예수 성탄 대축일 다음 날은 그리스도를 위하여 죽은 첫 순교자인 스테파노 성인을 기념합니다(사도 7,54-60 참조). 12월 27일에는 요한 복음사가를 기념하며 12월 28일에는 강생하신 말씀을 위해 목숨을 빼앗긴 죄 없는 아기 순교자들을 기념합니다(죄 없는 아기 순교자들 축일). 이들은 헤로데의 명으로 죽임을 당한 베들레헴의 두 살 이하의 사내아이들입니다(마태 2,16 참조). 예수 성탄 대축일 다음 주일에는 예수, 마리아, 요셉의 성가정을 기념합니다. 그리고 새로운 한 해가 천주의 성모 마리아 대축일(1월 1일)로 시

| 더 알기

대림환과 성탄 구유

예수 성탄 대축일 몇 주 전에 신자들은 집과 성당에 네 자루의 초와 함께 대림환을 꾸며 놓습니다. 대림환의 푸른 잎은 예수님이 오시면 우리가 받으리라 기대하는 영원한 삶을 나타냅니다. 대림환의 초는 대림 시기의 주일마다 하나씩 켭니다. 점점 늘어나는 촛불은 그리스도가 우리 삶에 오시기를 더 간절히 바란다는 것을 나타냅니다.

성탄 구유는 아시시의 프란치스코 성인(†1226년)이 처음으로 만들었습니다. 성지聖地로 순례를 하는 동안에 프란치스코 성인은 일반적으로 예수님의 탄생 장소라고 믿는 베들레헴에 있는 동굴을 방문했습니다. 그리고는 예수 성탄 대축일에 이 동굴이 있는 외양간을 본따 구유로 만들었습니다. 이것은 아시시 사람들에게 깊은 감동을 주어 예수 성탄을 기념하도록 하기 위한 것이었습니다. 그 이후로 줄곧 그리스도인들은 성탄 구유를 집과 성당에 꾸며 놓고 있습니다.

것입니다(마태 2,11 참조). 어떤 나라에서는 이날 콩이나 장신구를 속에 넣은 주님 공현 케이크 또는 왕 케이크를 만듭니다. 자기가 먹는 케이크 조각에서 그것을 발견하는 사람은 그날의 임금이 됩니다. 또한 주님 공현 대축일에는 축복을 받은 집의 문에 'C+M+B'와 함께 그해를 나타내는 숫자를 쓰는 풍습이 있습니다. 이것은 세 현인의 이름이라고 전해지는 가스파르(라틴어, Caspar), 멜키오르(라틴어, Melchior), 발타사르(라틴어, Balthasar)의 머리글자를 표기한 것일 뿐만 아니라 '주님, 이 집을 축복하소서.'라는 뜻의 라틴어 "Christus Mansioneum Benedicat"의 머리글자를 표시한 것이기도 합니다.

작됩니다.

주님 공현 대축일

1월 6일(또는 1월 2일과 8일 사이의 주일)은 동방 박사 세 사람에게 예수님이 어떻게 메시아로서 드러나셨는지를 기리는 주님 공현 대축일입니다. 이 동방 박사들은 별을 보고 이스라엘에 위대한 임금이 탄생할 것이라 예측하고, 별을 따라서 베들레헴에 있는 아기 예수님을 찾아와 예수님 앞에 무릎을 꿇고 경배하였습니다. 그들의 선물은 예수님이 누구이신지에 관해 많은 것을 말해 줍니다. 황금은 임금을 위한, 유향은 사제를 위한, 몰약은 시신의 방부 처리를 위한

예수 부활 대축일과 성령 강림 대축일 다음으로, 예수 성탄 대축일은 가톨릭교회에서 가장 중요한 축일입니다.

더 읽어 보기
성탄의 신비: 525-526, 563항; CCCC 103항.

3.29 사순 시기에는 왜 단식을 하나요?

예수 부활 대축일 40일 전(사순 시기)은 회개의 때입니다. 우리는 하느님의 용서와 은총이 필요한 죄인이라는 것을 알고 있기 때문에(tweet 4.12 참조) 우리가 해를 끼친 것을 보속하기 위해서 우리의 죄를 고백하고(tweet 3.39 참조), 단식하고(tweet 3.19 참조), 기도하고 자선 행위를 합니다(tweet 3.50 참조). 또한 우리는 40일 동안 광야에서 단식을 하셨던 예수님을 본받아(마태 4,1-2 참조; 더 알기 참조) 재의 수요일과 성금요일에 의무적으로 단식을 합니다. 이는 21세 이상 61세 이하의 모든 신자들이 각국 주교회의의 규정에 따라 지켜야 하는 사항입니다. 다만 신체가 허약하여 단식을 할 수 없는 경우에는 제외됩니다.

대림 시기와 마찬가지로 사순 시기 동안의 전례 분위기는 가라앉아 있습니다. 그래서 축제 분위기의 알렐루야와 대영광송은 부르지 않고(tweet 3.27 참조), 꽃으로 장식하지 않으며, 음악도 활기가 적습니다. 이 시기의 전례 색깔은 보라색입니다. 사순 시기의 중반인 사순 제4주일(레타레Laetare 주일)에는, 장미색이 사용될 수 있습니다(tweet 3.25 참조). 또한 고대의 관습에 따라 사순 시기의 제5주일(예전에는 주님 고난 주일이라고 했습니다.)에는, 회개와 슬픔의 표시로 성당 안의 성화나 성상들을 종종 가려 놓기도 합니다.

재의 수요일

사순 시기는 재의 수요일에 시작됩니다. 어떤 가톨릭 지역에서는 그전에 미리 파티를 하기도 합니다. 카니발(라틴어 카르네 발레carne vale가 어원인 이 단어는 '고기여, 안녕'이라는 정도로 풀이할 수 있습니다.)이나 마디 그라Mardi Gras('기름진 화요일'이라는 의미의 프랑스어) 축제 동안 실컷 먹고 마시는 파티를 합니다. 재의 수요일 전례에서 사용되는 축성된 재는 지난해 주님 수난 성지 주일에 축복한 나뭇가지를 불에 태워서 만듭니다(tweet 3.15 참조). 신자들의 이마에 재로 십자가를 그으며 "사람아, 흙에서 왔으니, 흙으로 다시 돌아갈 것을 생각하여라."(창세 3,19 참조) 또는 "회개하고 복음을 믿어라."(마르 1,15)라고 말합니다. 간단히 말해서 이러한 표현은 '인생은 짧다. 그러니 잘 살아라.'라는 의미입니다.

준비

재의 수요일에 우리는 더 많이 기도하고, 단식하고, 다른 사람을 위한 선행을 하며 사순 시기의 참회에 참여하기로 굳게 결심합니다(마태 6,2-18 참조). 이 모든 참회 행위를 통해서 우리는 우리 죄를 뉘우치고 예수 부활 대축일을 준비하기를 간절히 바랍니다. 바로 이 시기가 고해성사(tweet 3.38 참조)를 받기에 아주 좋은 때입니다. 사순 시기는 예수 부활 대축일에 세례를 받을 예비 신자들이 마지막으로 준비하는 기간입니다. 그래서 사순 시기 동안에는 그들을 위해서 특별히 기도하며, 본당에서는 복음서와 기도서를 나누어 주기도 합니다.

주님 수난 성지 주일

주님 수난 성지 주일 미사는 성대한 환영을 받으시는 예수님의 예루살렘 입성에 관한 복음으로 시작합니다. 그다음엔 마치 예루살렘 사람들처럼 우리는 성지를 들고 '호산나'를 노래하며 행렬을 하면서 예수님과 함께 걷습니다(마태 21,8-9 참조).

행렬이 끝난 후에는 분위기가 바뀌며, 최후의 만찬으로 시작해서 십자가 위에서의 죽음으로 끝나는 예수님의 수난 복음을 듣습니다. 예수님께서 빌라도 앞에서 재판을 받으시는 동안에, 예수님이 예루살렘에 입성하실 때 예수님을 환호했던 군중은 예수님께 등을 돌리고 "십자가에 못 박으시오!"(마태 27,22)라고 외치며 예수님의 사형을 요구했습니다. 예수님은 채찍질을 당하시고, 조롱을 당하시며, 당신이 못 박히실 십자가를 지셔야 했고, 십자가에 못 박히셨습니다(tweet 1.28 참조). 예수님의 고통 때문에 이날의 전례 색깔은 붉은색입니다. 신자들은 성지를 집에 가지고 가서 십자고상 뒤나 그 밖의 다른 성화나 성상 뒤에 놓습니다(tweet 3.15 참조).

주님 수난 성지 주일 미사가 끝나면 어떤 나라에서는 어린이들이 노인과 병자를 방문합니다. 어린이들은 종려나무 가지로 십자가를 만들고, 달콤한 과자류와 빵으로 수탉 모양을 만들어 그들에게 줍니다.

| 더 알기

단식과 금욕

사순 시기에 우리는 단식과 금욕의 고행을 합니다(tweet 3.19 참조). 재의 수요일과 성금요일에는 평상시보다 적게 먹음으로써 단식을 합니다. 또 이날들과 그 밖의 사순 시기의 다른 금요일에는 금육을 합니다. 나아가 하느님은 다른 어떤 것보다 중요하다는 표시로 컴퓨터 게임이나, 달콤한 과자류와 같이 우리가 좋아하는 것, 또는 SNS에 시간을 소모하는 것을 포기하며 사순 시기를 지킵니다. 이렇게 함으로써 우리의 삶에서 생기는 마음과 시간의 여유는 우리가 더 기도하고 다른 사람들에게 더 관대해질 수 있도록 할 것입니다.

 예수님이 광야에서 단식을 하셨으므로 우리도 사순 시기에 단식을 합니다. 또한 예수님과 더 가까워지기 위해서 우리가 하고 싶은 다른 일들을 잠시 제쳐 두기도 합니다.

더 읽어 보기
사순 시기: CCC 538–540, 566항; CCCC 106항; YOUCAT 88항. 주님 수난 성지 주일: CCC 560항.

3.30 성삼일은 무엇인가요?

사순 시기의 마지막 주인 성주간은 주님 수난 성지 주일로 시작되고 성토요일에 끝납니다. 이 주간은 예수님이 우리의 구원을 위해 고통을 받으시고 돌아가셨음을 기억하며 거룩하게 지냅니다(tweet 1.28 참조).

파스카 삼일은 성삼일이라고도 하는데, 성목요일 저녁에 시작해서 예수 부활 대축일 저녁기도로 끝이 납니다. 이 시기 동안 가톨릭교회는 최후의 만찬부터 예수님의 수난과 죽음, 부활에 이르는 인류 구원의 신비를 기념합니다. 성토요일 밤에 시작하며 죽음으로부터 그리스도의 부활을 기념하는 부활 성야가 성삼일의 절정을 이룹니다. 이 기간 동안에 우리는 그리스도교 신앙의 본질을 기념하는 것입니다.

성유 축성 미사

성목요일에 교회는 예수님이 성체성사와 성품성사를 세우신 것을 기념합니다. 성목요일 오전에(또는 성주간 전에) 교구 사제들은 주교와 함께 사제 서약을 갱신합니다. 그런 다음 1년 동안 성사 예식에 쓸 성유를 축성하는 미사를 함께 바칩니다(더 알기 참조).

성체성사

성목요일 저녁에는 예수님께서 교회에 주신 위대한 세 가지의 선물, 즉 성체성사(tweet 3.44 참조), 사제 성소(tweet 3.41 참조), 죽음을 이기는 하느님의 사랑(tweet 1.26 참조)을 기념하는 축제를 거행합니다. 이 기념의 표시로 전례 색깔은 흰색입니다.

이날 미사는 공관 복음에 나오는 대로 예수님이 최후의 만찬 때 성체성사를 세우심을 기념합니다. 요한 복음사가는 그의 복음서에 예수님이 빵과 포도주를 당신의 몸과 피로 변화시키셨던 이 중대한 순간에 관하여 아무것도 언급하지 않았습니다. 이는 주목할 만한 일입니다. 그러나 요한 복음사가는 그날 밤 예수님이 하셨던 다른 일들에 대해 기록했습니다. 예수님이 사도들의 발을 친히 씻어 주셨을 때, 예수님은 비천한 종의 일을 하셨던 것입니다(요한 13,2-17 참조). 그리고는 제자들을 당신의 친구라고 부르시며 그들에게도 똑같이 하라고 명하셨습니다. 성체성사를 세우신 예수님은 이렇게 이웃을 사랑하고 섬기는 것임을 보여 주셨습니다(tweet 3.50 참조). 성목요일 전례 때 사제는 신자 열두 사람의 발을 씻어 줍니다. 이 발씻김 예식을 통해 우리는 예수님의 사랑을 다시금 깨닫게 됩니다. 그리고 예수님을 본받게 됩니다(요한 13,15 참조). 예수님이 여러분의 발을 씻어 주신다면 어떤 기분이 들까요? 아주 이상한 기분이 들어 받아들이기 어려울지도 모릅니다. 여러분만 그런 것이 아닙니다. 베드로 사도 역시 그리스도의 사랑을 받아들이기 어려워했습니다(요한 13,6-10 참조).

예수님의 기도

전례가 끝날 무렵에, 성체가 들어 있는 성합을 제대 위에 올려놓고 분향을 합니다. 감실을 비워 두고 문을 열어 놓은 채(tweet 3.21 참조), 사제는 성체를 모시고 수난 감실로 갑니다. 부활 성야 미사 때까지 성체는 이곳에 머무르게 됩니다. 예수님은 "이렇게 너희는 나와 함께 한 시간도 깨어 있을 수 없더란 말이냐? 유혹에 빠지지 않도록 깨어 기도하여라. 마음은 간절하나 몸이 따르지 못한다."(마태 26,40-41)라고 하시며 당신의 사도들에게 깨어 함께 기도하자고 부르셨고 우리 역시 그렇게 하자고 부르십니다. 그래서 우리는 다음 날 주님 수난 예식이 시작될 때까지 성체 조배를 계속합니다.

| 더 알기

성유

성유 축성 미사에서 주교는 순수한 올리브유를 담은 세 개의 용기를 축성합니다. 이 기름은 한 해 동안 성사를 집행하기 위해 사용됩니다. 각 본당에 조금씩 나누어 준 기름은 성당의 특별한 장소에 보관됩니다.

- 예비 신자 성유는 세례를 받기 위해 준비하는 사람들에게 성유를 도유하기 위해 사용됩니다. 집전자는 도유를 하며 그리스도의 힘이 예비 신자들을 악에서 지켜주시도록 기도합니다(tweet 3.36 참조).
- 병자 성유는 병자성사에서 사용됩니다. 집전자는 도유를 하며 병자들이 그리스도와 하나가 되어 고통을 견디는 데 필요한 영적 힘을 얻고 치유되도록 기도합니다(tweet 3.40 참조).
- 축성 성유는 올리브유에 발삼을 섞어 축성한 성유입니다. 주교는 예수님이 교회에 주시는 성령을 나타내기 위해 축성하며 숨을 불어넣습니다. 축성 성유는 세례성사, 견진성사, 그리고 성품성사에서 사용됩니다(tweet 3.36, 3.37, 3.41 참조).

> 예수님은 고통을 받으셨고 돌아가셨다가 삼일(성삼일) 만에 다시 살아나셨습니다. 성목요일에는 성체성사와 성품성사를 세우심을 기념합니다.

더 읽어 보기
최후의 만찬: CCC 610–611, 621항; CCCC 120항; YOUCAT 99항.

3.31 성금요일에 꼭 성당에 가야 하나요?

금요일 오후 3시에, 예수님은 십자가에 못 박혀 매달리셨고 "아버지, '제 영을 아버지 손에 맡깁니다.'"(루카 23,44-46)라고 부르짖으셨습니다. 예수님은 우리에게 당신의 생명을 내어 주신 채 숨을 거두신 것입니다. 그때부터 오후 3시를 지고한 '자비의 시간', 사랑의 시간으로 여기기 시작했습니다. 바로 그래서 성금요일을 영어로 'Good Friday'라고 부릅니다(tweet 1.26 참조).

장엄 전례

성금요일에는 예수님에 대한 우리 신앙의 본질적인 부분을 기념합니다. 예수님이 우리를 위해 고통을 받고 돌아가시지 않으셨다면, 예수 부활 대축일 날 예수님은 부활하지 않으셨을 것입니다(tweet 3.33 참조). 이날은 예수님 수난의 절정이기에 우리는 시간을 내서 성당에 가야 하는 것입니다. 이는 예수님과 우리의 관계에서 매우 중요합니다. 만약 성금요일에 일을 해야 하거나 학교에 가야 한다면, 점심 시간이나 쉬는 시간을 이용해서 십자가의 길을 바칠 수 있을 것입니다. 물론 성금요일 전례에 참례하는 것이 훨씬 더 중요하지만 말입니다.

표면적으로만 보면 성금요일 전례는 무척 길고 슬프게만 보일 것입니다. 그러나 예수님이 십자가 위에서 우리에게 베풀어 주신 그 사랑을 이해한다면 이날의 전례가 특별히 아름답고 감동적일 것입니다. 성금요일에 성당에 들어갈 때, 성수대가 비어 있고 성상들은 천으로 덮여 있습니다. 촛불도 없고, 성가도 없습니다. 제대는 비어 있고 제대포가 벗겨져 있으며 아무런 장식이 없습니다. 열려 있는 텅 빈 감실은 예수님이 돌아가셨음을 확인시켜 줍니다.

수난과 보편 지향 기도

성금요일 전례는 붉은색 제의를 입은 사제가 복사들과 함께 침묵 가운데 제대 앞으로 나아오면서 시작됩니다. 사제는 제대 앞에서 얼굴을 바닥에 대고 완전히 부복합니다(tweet 3.25 참조). 다른 사람들 역시 모두 무릎을 꿇습니다. 제1독서(이사 52,13-53,12)와 제2독서(히브 4,14-16. 5,7-9)가 봉독된 다음에 요한 복음서(요한 18,1-19,42)에서 예수님의 수난과 죽음의 이야기가 봉독됩니다. 예수님이 숨을 거두셨다는 구절에서, 모두 무릎을 꿇습니다. 다음에는 교회를 위하여, 교황을 위하여, 성직자들과 모든 신자들을 위하여, 예비 신자들을 위하여, 그리스도교 신자들의 일치를 위하여, 유다인들을 위하여, 그리스도를 안 믿는 이들을 위하여, 위정자들을 위하여, 그리고 고통받는 이들을 위하여 장엄한 보편 지향 기도가 이어집니다.

십자가 경배와 영성체

그러고는 십자가 경배가 뒤따릅니다. 집전자는 보로 가린 십자가를 들고 촛불을 켜 든 복사와 함께 제대 앞으로 나옵니다. 집전자가 제대 앞에 서서 십자가의 머리 부분을 벗겨 높여 쳐들고 "보라, 십자 나무, 여기 세상 구원이 달렸네."라고 노래합니다. 그러면 신자들은 모두 "모두 와서 경배하세."라고 화답합니다. 이 노래가 끝나면 모두 무릎을 꿇거나 머리를 숙여 잠시 경배합니다. 그다음에 집전자는 십자가의 오른쪽 팔을 벗겨 높이 쳐들고 "보라, 십자 나무, 여기 세상 구원이 달렸네."를 노래합니다. 그다음은 앞과 같습니다. 세 번째는 십자가를 전부 벗겨 앞과 같은 행동을 반복합니다. 그 후 십자가를 적당한 위치에 놓으면 사제와 신자들이 차례로 나와 십자가에 절을 하거나 입을 맞추면서 경배합니다. 이 예식을 통해 예수님이 모두에게 각자 자신의 십자가를 지고 당신을 따르라고 부탁하시는 것을 깨닫기를 바랍니다(마르 8,34 참조). 십자가 위에서의 예수님의 희생과 미사에서의 예수님의 희생은 같습니다(tweet 1.26 참조). 그렇기 때문에, 예수님의 죽음을 기억하는 이날까지도, 우리가 성목요일 날 수난 감실에 모셔 둔 성체(tweet 3.30 참조)를 영할 수 있는 것입니다. 이날 마지막 기도가 끝난 후에 모든 사람들은 조용히 떠납니다.

| 더 알기

성토요일

성금요일 다음 날이 성토요일입니다. 우리는 종종 잊게 되지만 성토요일은 그저 예수 부활 대축일 전날이 아닙니다. 이날은 무엇보다도 참으로 돌아가신 예수님과 함께하는 날입니다. 예수님의 죽음으로 예수님은 죽음을 이기셨고 악마, 즉 "죽음의 권능을 쥐고 있는 자"(CCC 635항)를 파멸시키셨습니다. 예수님은 그리스도인들뿐만 아니라 그리스도보다 먼저 살았던 사람들을 위해서도(요한 5,25 참조; tweet 1.45 참조) '죽음의 심연으로' 내려가셨습니다. 예수님은 하느님과 화해를 갈망하는 모든 시대와 모든 장소의 모든 사람을 구원하셨습니다(CCC 634항 참조). 성토요일에 우리는 그리스도의 수난과 죽음을 되돌아봅니다. 이날은 미사가 없고 부활 성야 미사를 거행하기 전까지 제대는 계속 비어 있습니다. 사순 시기의 단식도 부활 성야까지 계속합니다(tweet 3.29 참조). 1951년까지 부활 성야 미사는 성토요일 아침에 거행되었고 단식은 교회 종이 울리는 정오에 끝났습니다. 우리는 이제 초대 그리스도인들이 한 것처럼 일몰 후에 부활 성야 미사를 거행합니다(tweet 3.32 참조).

> **T** 성금요일에 예수님은 우리를 위하여 돌아가셨습니다. 이날 시간을 내어 성당에 가야 할 다른 이유가 필요하나요?

더 읽어 보기
파스카의 희생 제사: CCC 613-617, 622-623항; CCCC 122항; YOUCAT 101항. 우리의 십자가를 지기: CCC 618항; CCCC 123항; YOUCAT 102항.
예수님은 우리를 위하여 천국의 문을 여신다: CCC 634-635항; CCCC 125항.

3.32 부활 성야에는 무엇을 하나요?

그리스도인들에게는 예수님이 죽음에서 되살아나신 날 밤에 모이는 오랜 전통이 있습니다. 그리스도인들은 기도하고 찬미하고 성경을 봉독하며 이날 밤을 보냅니다. 예수님이 해 뜨기 전에 부활하셨기 때문에 성찬 전례는 새벽에 거행되었습니다. 여인들이 예수님의 무덤으로 달려가서 "그분께서는 여기에 계시지 않는다. 말씀하신 대로 그분께서는 되살아나셨다."(마태 28,6)라는 말을 들었을 때는 아직도 어두웠습니다. 부활 성야는 전례력에서 가장 중요한 축일입니다. 우리는 예수님의 부활을 통해서만 예수님이 말씀하시고 행하셨던 모든 것을 이해할 수 있습니다(tweet 1.50 참조). 예수님의 부활을 통해서, 예수님은 우리에게도 영원한 생명을 약속하셨습니다.

빛의 예식

캄캄한 밤에 모여 부활 성야를 시작합니다. 성당 바깥이나 안쪽 적절한 자리에 화로를 준비합니다. 사제는 예식에 대해 간략한 설명을 한 다음 불을 축복합니다. 이 불은 우리의 빛이신 예수님을 상징하는 부활초를 점화하는 데 사용됩니다(더 알기 참조). 부제나 사제는 불이 꺼져 있는 캄캄한 성당 안을 초를 들고 지나가며 "그리스도 우리의 빛."이라고 세 번 노래합니다. 그때마다 신자들은 "하느님, 감사합니다."라고 화답합니다. 그리고 나면 부활초의 불꽃에서 신자들은 각자 자기의 작은 초에 불을 옮깁니다. 이때 제대초에는 불을 붙이지 않습니다. 하지만 신자들의 촛불로 어둡던 성당이 빛으로 가득 찹니다.

말씀 전례

부활 성야에는 인류의 구원을 위한 하느님의 계획이 시간이 흐르는 동안 어떻게 펼쳐졌는지를 보여 주는 구약 성경 구절 7개를 봉독합니다(tweet 1.27 참조). 이날 봉독하는 독서는 창조 이야기(창세 1,1-2,2 참조; tweet 1.3 참조), 아브라함의 희생 제물(창세 22,1-18 참조; tweet 1.23 참조), 이집트의 종살이로부터의 탈출(탈출 14,15-31 참조; tweet 1.24 참조)이 포함되어 있습니다. 또한 새 예루살렘(이사 54,5-14 참조; tweet 1.45 참조), 모든 이의 구원(이사 55,1-11 참조; tweet 1.26 참조), 지혜의 근원(바룩 3,9-15. 3,32-4,4 참조), 하느님께서 우리에게 주시고 싶어 하시는 새 마음과 새 영혼(에제 36,26-28 참조)에 관한 예언서입니다. 각 독서를 읽은 뒤에는 화답송(시편과 기도)이 뒤따릅니다.

그리고 나서 대영광송을 부릅니다(tweet 3.27 참조). 알렐루야와 마찬가지로 대영광송 역시 사순 시기가 시작되면서 부르지 않았습니다. 대영광송과 함께 제대초를 켜고 성당의 종이 울립니다. 부활 성야는 한 해의 가장 기쁜 축일입니다. 이날 밤에 예수님이 실로 죽음으로부터 부활하셨기 때문입니다! 그러고는 예수님이 되살아나시어 다시는 돌아가시지 않을 것이라는 (로마 6,3-11 참조) 바오로 사도의 서간을 봉독합니다. 그다음 성대한 알렐루야와 복음 봉독이 이어집니다.

세례와 성찬

예수 부활 대축일은 그리스도인이 되기에 가장 좋은 시기입니다(tweet 3.35 참조). 세례를 받을 사람들이 사제와 함께 세례소에 가서 섭니다. 성인 호칭 기도로 우리는 성인 한 사람 한 사람에게 세례를 받을 사람들과 우리 모두를 위해서 기도해 달라고 청합니다. 이어서 사제가 세례수를 축복하는 기도를 바칩니다. 사제는 한 번 또는 세 번 부활초를 물에 담갔다 들어 올리면서 "주님, 성자를 통하여 이 물에 성령의 힘을 충만히 부어 주시어"라고 하고 부활초를 물에 담근 채로 "세례로 그리스도와 함께 죽어 묻힌 모든 이가 그리스도와 함께 새 생명으로 부활하게 하소서."라고 합니다. 신자들은 "아멘."이라고 화답한 후에 부활초를 물에서 꺼낼 때 "샘들아, 주님을 찬미하고 영원히 주님을 기리며 높이 받들어 모셔라."라고 합니다. 세례를 받을 사람들은 마귀를 끊어 버린다는 서약을 한 뒤 세례를 받습니다(tweet 3.36-3.37 참조). 세례 예식이 끝나면 모든 신자가 촛불을 켜 손에 들고 세례 서약을 갱신합니다. 그러고 나서 사제는 새로 축복한 세례수를 신자들에게 뿌립니다. 이날 신경은 생략하고 바로 보편 지향 기도로 넘어갑니다. 그날 밤 하느님은 예수님께 새 생명을 가져다주셨고 우리 역시 부활할 것임을 약속하셨습니다. 말하자면 세례를 통하여 우리는 죽고 그리스도와 함께 부활하며 그리스도와 함께 새로운 삶을 시작하는 것입니다(tweet 3.36 참조). 그리고 부활 성야는 기쁘고 장엄한 성찬 전례로 완성됩니다.

| 더 알기

부활초의 축복

부활초는 그리스도를 상징합니다. 그것은 사제가 부활초에 십자가를 긋고 그리스어 알파벳의 첫 글자 A(알파)와 마지막 글자 Ω(오메가)를 쓰고 그해의 연도를 쓸 때 분명해집니다. 사제는 이 작업을 하며 다음과 같이 말합니다. "(십자의 종선을 새기며) 그리스도께서는 어제도 오늘도(십자의 횡선을 새기며) 시작이요 마침이요(A를 새기며) 알파요(Ω를 새기며) 오메가이시며(올해의 첫 숫자를 새기며) 시대도(둘째 숫자를 새기며) 세기도 주님의 것이오니(셋째 숫자를 새기며) 영광과 권능이(마지막 숫자를 새기며) 영원토록 주님께 있나이다. 아멘." 또한 사제는 십자가 위의 예수님의 오상을 상기시키는 다섯 개의 향 덩이를 집습니다. 그것들은 하느님께 완전히 봉헌하신 예수님의 생명의 희생을 상징합니다(tweet 1.26 참조). 이 향 덩이를 초에 그려진 십자가에 꽂으며 사제는 "주 그리스도님, 거룩하시고 영광스러우신 상처로 저희를 지켜 주시고 보살펴 주소서. 아멘."이라고 말합니다. 부활초가 점화되면 사제는 "영광스러이 부활하신 그리스도의 빛은 저희 마음과 세상의 어둠을 몰아내소서."라고 합니다.

 부활 성야는 초, 하느님의 구원 계획에 관한 독서, 세례와 성찬 전례로 예수님의 부활을 기념합니다.

더 읽어 보기
세례수: CCC 1217항. 파스카 신비: CCC 1085항; CCCC 222항; YOUCAT 171항.
부활: CCC 639-647, 656-657항; CCCC 127-128항; YOUCAT 105-106항.

3.33 예수 부활 대축일이 얼마나 중요한가요? '우르비 엣 오르비'는 무엇인가요?

예수 부활 대축일은 전례력에서 가장 중요한 축일입니다. 바로 이날 우리 신앙의 핵심을 기념하는 것입니다. 예수님이 주일에 부활하셨기 때문에 매주 주일은 예수 부활 대축일과 같다고 할 수 있습니다. 그러므로 매 주일, 예수님의 부활을 기억하고 기념해야 합니다. 바오로 사도는 다음과 같이 말했습니다. "그리스도께서 되살아나지 않으셨다면, 여러분의 믿음은 덧없고 여러분 자신은 아직도 여러분이 지은 죄 안에 있을 것입니다."(1코린 15,17) 예수님이 부활하셨습니다. 기쁜 부활 시기는 50일 동안 계속되고, 이때 전례의 색깔은 흰색입니다.

예수 부활 대축일

예수 부활 대축일 아침 미사는 예수님의 부활을 기쁘고 생동감 넘치게 기념하려는 것입니다. 우리 자신의 세례를 되새기며 부활 성야에 축복한 성수를 우리에게 뿌립니다(tweet 3.32 참조). 세례를 통해서 우리의 죄는 용서받고 우리는 하느님의 자녀가 됩니다(tweet 3.36 참조). 예수 부활 대축일 아침에(예수 성탄 대축일 아침과 같이) 교황은 로마와 온 세상을 축복(우르비 엣 오르비 Urbi et orbi)하기 위해서 로마의 성 베드로 대성당의 발코니에 나옵니다(더 알기 참조).

부활절 양고기

교회는 부활을 기념하기 위해서 팔일 축제를 지냅니다. 이 8일간의 전례 중에는 알렐루야와 복음 전에 우리의 파스카 희생 양이신 예수님을 공경하여 축제적인 부속가를 노래하거나 낭송합니다(더 알기 참조). 라틴어 파스카 Pascha는 '과월절'을 뜻하는데 이집트로부터 탈출한 것을 기념하는 유다인의 축제입니다(tweet 1.24 참조). 유다인을 구하기 위해서 희생된 양처럼 예수님은 우리를 죽음에서 구하시기 위해 희생된 양이십니다(tweet 1.26 참조).

하지만 예수 부활 대축일은 유다인의 과월절을 넘어서는 의미를 지닙니다. 예수 부활 대축일은 완전히 새로운 것입니다. 예수님의 죽음은 우리를 파라오의 노예 상태에서 구해 내는 것이 아닌, 우리를 죄의 노예 상태에서 벗어나게 하는 것입니다. 우리를 이집트로부터 이끌어 내시어 약속의 땅으로 데려가시는 대신에 예수님의 부활은 우리를 하느님과 함께하는 영원한 생명으로 이끄십니다.

하느님의 자비 주일

부활 팔일 축제는 예수 부활 대축일 다음 일요일에 끝납니다. 요한 바오로 2세 교황은 이날을 하느님의 자비에 봉헌하였습니다. 당신의 외아들을 우리에게 내주신 하느님의 자비와 사랑은 예수 부활 대축일에 완전히 뚜렷해졌습니다(요한 3,16 참조). 폴란드의 파우스티나 코발스카 성녀 († 1938년)는 모든 사람이 어떻게 하느님의 자비에 의존할 수 있는지 믿음과 기도를 통해서 예수님에게서 직접 배웠습니다. 진정한 믿음이 되기 위해서는 믿음에 언제나 자선 행위가 수반되어야 합니다(tweet 4.7 참조).

예수 부활 대축일 부속가

(파스카 희생 제물에게 찬미를 드려라)

파스카	희생제물	우리모두	찬미하세.
그리스도	죄인들을	아버지께	화해시켜
무죄하신	어린양이	양떼들을	구하셨네.
죽음생명	싸움에서	참혹하게	돌아가신
불사불멸	용사께서	다시살아	다스리네.
마리아,	말하여라,	무엇을	보았는지.
살아나신	주님무덤	부활하신	주님영광
목격자	천사들과	수의염포	난보았네.
그리스도	나의희망	죽음에서	부활했네.
너희보다	먼저앞서	갈릴래아	가시리라.
그리스도	부활하심	저희굳게	믿사오니,
승리하신	임금님,	자비를	베푸소서.

| 더 알기

교황 강복 '우르비 엣 오르비 Urbi et Orbi'

Sancti Apostoli Petrus et Paulus······ + 거룩한 사도인 베드로와 바오로여, 당신들께 맡겨진 권한과 권위를 신뢰하오니 주님 곁에서 저희를 위하여 빌어 주소서. ◎ 아멘.

Precibus et meritis beatae Mariae······ + 평생 동정이신 복되신 마리아와 대천사 미카엘, 세례자 요한, 거룩한 사도 베드로와 바오로 그리고 모든 성인의 기도와 공로를 통하여 전능하신 하느님께서는 이들을 불쌍히 여기시어 죄를 용서하시고, 예수 그리스도를 통하여 주실 영원한 생명으로 이끌어 주소서. ◎ 아멘.

Indulgentiam, absolutionem et······ + 전능하시고 자비로우신 주님께서는 이들의 모든 죄를 사하시고 용서해 주시며, 참되고도 결실 풍부한 참회와 새로운 삶을 살기 위해 항상 기꺼이 준비되어 있는 마음, 성령의 은총과 위로와 함께 선을 행하며 끝까지 견뎌낼 수 있는 인내심을 허락해 주소서. ◎ 아멘.

Et benediction Dei omnipotentis······ + 전능하신 천주, 성부와 성자와 성령께서는 여기 모인 모든 이에게 강복하소서. ◎ 아멘.

> 예수님의 죽음과 부활은 우리 신앙과 구원의 핵심입니다. 예수 부활 대축일에 교황은 로마와 전 세계를 축복합니다.

더 읽어 보기
세례수: CCC 1217항, 파스카 신비: CCC 1085항, CCCC 222항; YOUCAT 171항, 부활: 639-647, 656-657항, CCCC 127-128항; YOUCAT 105-106항.

3.34 주님 승천 대축일과 성령 강림 대축일은 언제 기념하나요?

부활하신 후에, 예수님은 40일 동안 당신의 제자들에게 나타나셔서 하느님의 나라에 관해 말씀해 주셨습니다(사도 1,3 참조). 예수 부활 대축일에 세례를 받은 사람들과 모든 가톨릭 신자들을 위하여 교회는 이 40일간 우리가 그리스도 안에서의 새 삶을 계속 되새겨 볼 수 있도록 이끕니다.

주님 승천 대축일

예수 부활 대축일로부터 40일째 되는 날, 우리는 예수님이 하늘로 승천하심을 기념합니다. 그날 예수님은 당신의 제자들을 도시 밖의 어느 장소로 데리고 가셨습니다. 그들을 강복하시며 그들을 떠나 하늘로 올라가셨습니다(루카 24,51 참조). 이후 예수님은 누구에게나, 어디에서나, 언제나 당신을 드러내실 수 있었습니다. 교회는 성령 강림 대축일 9일 전인 목요일에 주님 승천 대축일을 기념합니다. 때로는 주님 승천 대축일은 그다음 일요일로 옮겨서 지내기도 합니다. 이 시기 동안 전례 색깔은 흰색입니다.

9일 기도

예수님이 하늘로 올라가신 후에 제자들은 예루살렘으로 돌아와서 예수님이 약속하셨던 협조자, 즉 성령(요한 16,7 참조; 사도 1,8 참조)께서 오시기를 기도하며 기다렸습니다(사도 1,14 참조). 주님 승천 대축일부터 성령 강림 대축일은 준비하고 기도해야 하는 중요한 때입니다.

세례성사와 견진성사를 통해서 우리는 이미 성령을 받았기 때문에, 더욱더 큰 성령의 선물을 받기 위하여 기도합니다. 이 9일간의 기도를 성령 강림의 9일 기도라고 부릅니다. 그런데 꼭 이 시기가 아니어도 우리는 언제든지 9일 기도를 바칠 수 있습니다. 대개 특별한 청원이 있을 때 9일 동안 기도합니다. 중요한 일(시험, 수술 등)을 9일 앞두고 기도를 시작하면 되는 것입니다.

성령 강림 대축일

성령 강림 대축일은 예수님의 부활로부터 50일째 되는 날인 오순절 날에 성령께서 사도들과 동정 마리아에게 내려오심을 기념합니다. 사도들은 성령으로 충만하여 모든 이를 위한 하느님의 사랑에 관하여 더 이상 잠자코 있을 수가 없었습니다(사도 2,4 참조). 사도들은 예수님에 관한 기쁜 소식을 전해야 했습니다. 그들의 말을 들은 후에 사람들은 세례를 청했고, 사도들은 모든 사람을 교회 공동체에 받아 주었습니다. 그들은 사도들의 가르침을 받고 친교를 이루며 빵을 떼어 나누고 기도하는 일에 전념하였습니다(사도 2,42 참조).

오늘날에도 성령은 여전히 교회를 도와주십니다. 신자들

이 그리스도를 믿고 그리스도의 이름으로 선을 실천하도록 도와주시는 것입니다(tweet 1.32, 4.8 참조). 성령은 우리가 예수님에 관한 기쁜 소식을 전하고 지상에서 하느님의 뜻을 실천하도록 우리를 도와주십니다(tweet 4.50 참조). 성령 강림 대축일은 예수 부활 대축일 다음으로 그해 가장 중요한 축일입니다. 전례 색깔은 불과 사랑의 색, 그리고 성령의 권능을 나타내는 색인 붉은색입니다(tweet 3.25 참조). 이 날 복음 환호송인 알렐루야를 하기 전에 성령 송가를 노래합니다(더 알기 참조). 부활 팔일 축제(tweet 3.33 참조) 기간과 마찬가지로, 미사 끝에는 "미사가 끝났으니 가서 복음을 전합시다. 알렐루야, 알렐루야."를 다시 한 번 듣습니다. 부활 시기는 성령 강림 대축일로 막을 내립니다. 그 후부터는 전례 중 부활초를 켜지 않습니다.

| 더 알기

성령 송가 (오소서 성령이여)

오소서 성령님 주님의빛 그빛살을 하늘에서 내리소서.
가난한이 아버지 오소서 은총주님 오소서 마음의빛.
가장좋은 위로자 영혼의 기쁜손님 저희생기 돋우소서.
일할때에 휴식을 무더위에 시원함을 슬플때에 위로를.
영원하신 행복의빛 저희마음 깊은곳을 가득하게 채우소서.
주님도움 없으시면 저희삶의 그모든것 해로운것 뿐이리라.
허물들은 씻어주고 메마른땅 물주시고 병든것을 고치소서.
굳은마음 풀어주고 차디찬맘 데우시고 빗나간길 바루소서.
성령님을 굳게믿고 의지하는 이들에게 성령칠은 베푸소서.
덕행공로 쌓게하고 구원의문 활짝열어 영원복락 주옵소서.

> **T** 예수님은 부활하시고 40일 후에 하늘로 올라가셨고, 9일 후 사도들은 성령 강림 날에 성령을 받았습니다.

더 읽어 보기
승천: CCC 659-662항; CCCC 132항; YOUCAT 109항. 성령 강림: CCC 731-732, 2623항; CCCC 144항; YOUCAT 118항.

3.35 성사는 무엇인가요?

하느님은 당신의 도움 없이는 우리가 당신께 다가갈 수 없음을 알고 계십니다. 그런 까닭에 예수님은 성사를 제정하셨습니다. 성사를 통해서 우리는 하느님이 우리와 함께하시고 당신의 은총을 주신다는 것을 알 수 있습니다. 하느님이 당신의 생명을 우리와 나누시는 것입니다(tweet 4.12 참조). 성사는 우리가 하느님께 가까이 다가갈 수 있는 일종의 출입구입니다.

겉과 안

어떤 면에서 모든 성사는 겉과 안이 있습니다. 겉은 우리가 집전자가 성사를 행하는 것을 보고 듣는 것입니다. 성사의 안은 성사가 집행될 때 하느님이 주시는 은총입니다. 안은 보이지 않지만 분명 거기에 있습니다. 그래서 성사를 보이지 않는 실재實在의 보이는 표징이라고 말합니다. 예를 들면, 세례성사 때 사람의 이마에 물을 붓는 것은 눈에 보이는 표징이지만, 그로 인해서 그 사람이 하느님의 자녀가 되는 것은 보이지 않는 실재입니다(tweet 3.36 참조).

여러 가지의 성사?

우리 교회에는 일곱 성사가 있는데, 이는 입문, 치유, 일치로 나눌 수 있습니다(더 알기 참조).
- 입문 성사인 세례성사, 견진성사, 성체성사는 여러분을 하느님의 생명 안으로 들어오게 합니다. 이 세 가지의 성사는 그리스도 안에서 사는 삶의 토대가 됩니다.
- 치유 성사는 우리가 하느님과의 관계에서 허덕이고 있거나 기운이 더 필요할 때 도움이 됩니다. 고해성사를 통해 하느님은 친히 우리의 죄를 용서해 주십니다. 하느님은 병자성사로 병자를 치유하시거나 병자가 자신의 고통을 견뎌 낼 수 있도록 기운을 주십니다.
- 일치 성사는 남녀가 그리스도 안에서 서로에게 헌신하는 혼인성사와 복음의 전파와 성사의 집행으로 예수님의 직무를 이어 가기 위해서 자신을 온전히 하느님께 봉헌하는 성품성사가 있습니다.

세례성사, 견진성사, 성품성사와 같은 일부 성사는 단 한 번만 받을 수 있습니다. 단 혼인성사는 배우자가 사망한 경우에만 다시 받을 수 있습니다. 그 외에 성체성사, 고해성사, 병자성사는 하느님의 은총이 필요하면 언제든지 거듭 받을 수 있습니다.

교회

예수님은 사도들과 그들의 후계자인 주교에게 성사의 집행을 맡기셨으며, 사제와 부제는 주교를 보좌합니다(tweet 2.15 참조). 이렇듯 교회는 신자들이 반드시 하느님의 은총을 받을 수 있도록 도와줄 책임을 부여받았습니다. 다행스럽게도 예수님은 우리가 인간적인 나약함으로 고통받도록 두지 않으셨습니다. 하느님은 우리가 당신의 은총을 받는 것을 무척 중요하게 생각하십니다. 그리하여 정확한 말, 물질, 의사를 가지고 행하면 성사가 효력이 있음을 하느님께서 몸소 보증하셨습니다. 성사의 은총은 성사를 주는 사제의 덕이나 거룩함에 달려 있지 않습니다(tweet 2.13 참조). 성사의 유효성은 성사를 받는 당사자가 성사를 잘 받아들이는지에 달려 있습니다.

일곱 성사

모든 가톨릭 신자	세례성사	태어난다 우리는 교회의 구성원으로서 예수님과 함께 새 삶을 시작하고 죄에서 해방됩니다.	입문
	견진성사	성장한다 성령은 특별한 방법으로 우리를 교회에 결속시키고 성숙한 그리스도인이 되게 합니다.	
	성체성사	우리를 먹인다 예수님은 몸과 피, 즉 당신의 생명을 우리에게 양식으로 주십니다.	
	고해성사	용서받는다 하느님은 우리가 용서를 청하는 죄를 용서해 주십니다.	치유
	병자성사	치유받는다 질병이나 심지어 죽음에 직면할 때 하느님으로부터 힘, 희망, 위로를 받습니다.	
개별 성소	혼인성사	가정을 꾸린다 한 쌍의 남녀가 하느님 앞에서 친밀한 사랑의 일치를 이루고 자녀들을 하느님의 선물로 받아들입니다.	일치
	성품성사	우리에게 지도자를 준다 하느님은 친히 당신의 이름으로 성사를 집행하라고 부르신 이들을 우리에게 주십니다.	

> 일곱 성사는 우리가 하느님의 생명 안으로 들어가는 문입니다. 하느님은 성사의 집행을 교회에 맡기셨습니다.

더 읽어 보기
성사: CCC 1210-1212, 1275, 1420-1421, 1533-1535항; CCCC 251, 259, 321항; YOUCAT 193, 224, 248항.

3.36 세례는 어떤 효과가 있나요?

예수님은 이 세상 모든 사람을 가르치고 그들에게 세례를 주어 예수님의 제자로 만드는 과업을 교회에 맡기셨습니다(마태 28,19-20 참조). 세례는 매우 중요합니다. 예수님은 "누구든지 물과 성령으로 태어나지 않으면, 하느님 나라에 들어갈 수 없다."(요한 3,5)라고 말씀하셨습니다. 세례는 하느님과 새롭고 인격적인 관계를 맺는 시작이자 그리스도 안에서, 그분이 가르쳐 주신 대로 새로운 삶을 시작하는 것입니다. 세례성사를 집전하는 사제는 세례를 청하는 사람이 악의 유혹을 극복하도록 돕기 위해서 그에게 성유를 바릅니다(tweet 3.30 참조). 세례 후에는 성령을 통하여 그는 임금으로서, 예언자로서, 사제로서 예수님의 직무를 함께 나누어 한다는 표시로 그에게 축성 성유를 바릅니다(tweet 3.30 참조). 세례초는 예수님처럼 그 역시 세상의 빛이 된다는 것을 보여 주는 것입니다(마태 5,14 참조).

하느님의 자녀

세례를 통해서 우리는 하느님의 자녀가 됩니다. 그때부터 우리는 하느님의 교회, 즉 그리스도인이라는 대가족의 일원이 됩니다(tweet 2.1 참조). 세례성사를 통해 아담의 죄로 인해 초래된 원죄(CCC 405항 참조; tweet 1.4 참조)가 사라집니다. 또한 세례는 각자가 자유의지로 저지른 죄를 씻어 내고 용서해 줍니다. 세례와 동시에 그리스도와 함께 새로운 삶을 시작하는 것입니다. 우리는 그리스도 안에서 새 생명으로 부활하기 위하여 옛 삶의 방식을 버립니다(로마 6,3-6 참조). 그 이후 성령은 우리가 훌륭한 그리스도인으로서 살 수 있도록 도와주십니다(1코린 12,13 참조). 세례 후에 저지르는 죄는 고해성사를 통해서 용서받을 수 있습니다(tweet 3.38 참조).

세례를 미룬다면?

만약 세례 때 죄를 용서받을 수 있다면 죽기 바로 직전에 세례를 받는 건 어떨까요? 그러면 오랫동안 죄를 지었다 해도 세례를 받은 후에 곧바로 천국으로 직행할 수 있을 텐데 말이지요. 이 견해에 한 가지 문제점은 사람이 언제 죽을지 아무도 모른다는 것입니다. 또 다른 문제점은 하느님은 우리가 죄를 뉘우치지 않는 한 우리를 용서해 주시지 않는다는 것입니다. 의도적으로 오랫동안 죄를 짓는 사람이 어떻게 진실로 죄를 뉘우칠 수 있을까요? 타산적으로 살아가거나 사리사욕을 품는 사람은 좋은 관계, 특히 하느님과의 관계를 맺을 수 없습니다.

만약 의도적으로 그리고 아무런 타당한 이유 없이 세례를 미룬다면, 하느님을 진정으로 사랑하는 것이 아닙니다. 세례를 받기 위해서 완벽한 사람이 될 필요는 없습니다. 가장 중요한 것은 하느님과의 친교를 갈망하는 것입니다.

| 더 알기

세례성사

반복 여부	불가능	물질	물
집전자	주교, 사제, 부제 (응급 상황에서는 누구든지 세례를 줄 수 있음)	행위	세 번 세례수를 붓거나, 세 번 세례수에 머리를 잠갔다가 일으킴
효과	하느님의 자녀가 되고 교회의 일원이 됨 원죄가 씻어지고 죄를 용서받으며 성령을 받음	말	"나는 성부와 성자와 성령의 이름으로 (이름을 부르며)에게 세례를 줍니다."

너무 늦지 않았나요?

하느님과 화해하기에 너무 늦은 때는 전혀 없습니다. 자기가 지은 죄를 뉘우쳤다면 죽기 직전이라도 세례를 받을 수 있습니다. 만약 그 사람이 세례를 받기 전에 죽는다면, 이것은 때로는 실제의 성사와 같은 결과를 낳는 화세火洗(열망 세례)로 간주될 수 있습니다. 교회는 예수님에 대한 믿음 때문에 죽임을 당했지만 세례를 받지 못한 사람은 예수님을 죽이려고 했던 헤로데에게 죽임을 당한 어린이들(마태 2,16 참조)과 마찬가지로 혈세血洗를 받는다고 믿습니다.

유아 세례보다는 어른이 돼서 세례를 받는 게 더 좋지 않나요?

예수님을 따르기로 결정한 초대 그리스도인들은 어른들이었습니다. 그들에게 자녀가 있었다면 그 자녀들 역시 세례를 받고 그리스도 안에서 다시 태어났을 것입니다. 좋은 부모는 자녀를 사랑하고 그들에게 필요한 모든 것을 해 줍니다. 세례를 통한 하느님과의 관계는 구원을 위해서 중요하기 때문에 가톨릭 신자들은 자기 자녀들에게 그 선물을 주고 싶어 합니다.

세례를 받은 후에, 자녀들 역시 신앙 안에서 교육을 받았기 때문에 그들은 가톨릭교회 안에서 예수님을 따르기로 스스로 선택할 수 있게 됩니다. 부모가 자녀에게 줄 수 있는 가장 큰 선물은 하느님과의 인격적인 관계입니다.

> 세례를 통해서 우리는 하느님의 자녀가 되고 교회의 일원이 됩니다. 원죄와 본죄는 모두 씻어집니다.

더 읽어 보기
세례: CCC 1213-1284항; CCCC 252-264항; YOUCAT 194-202항. 세례의 필요성: CCC 1257-1261, 1281, 1283항; CCCC 261-262; YOUCAT 199항.

3.37 견진성사로 성령께서 우리에게 두 번째로 내려오시나요?

예수님은 세례를 받으실 때 성령을 받으셨습니다(마태 3,16 참조). 성령은 예수님이 광야에서 악마의 유혹에 저항할 힘을 주셨습니다(마태 4,1-11 참조). 예수님은 당신이 승천하신 다음에 제자들도 성령을 받게 될 것이라고 약속하셨습니다(요한 15,26 참조). 이 일은 제자들이 예수님에 관한 기쁜 소식을 온 세상에 전파할 용기와 힘을 받은 성령 강림 날에 일어났습니다(사도 2,1-4 참조; tweet 3.34 참조). 이미 세례를 받은 사람들도 다시 성령을 받을 수 있도록 베드로와 요한 사도가 안수했을 때처럼, 견진성사는 세례성사를 완성합니다(사도 8,15-17 참조). 이후 교회는 부활 성야 때 새로 개종하는 사람들에게 세례와 견진을 주기 시작했습니다.

새로운 시작

견진을 받기 전에, 유아 세례를 받은 사람은 세례 때 자기의 부모와 대부모가 자기를 대신해서 한 서약을 갱신합니다. 성인이 되어 입교한 사람은 세례 후 얼마 지나지 않아 견진을 받습니다. 세례를 받을 때 하느님의 자녀로 새로 태어났다는 표시로 새로운 이름이 주어집니다. 나중에 견진을 받을 때 성인으로서 그리스도를 따르기로 한 자기의 결정을 나타내기 위해서 또 다른 이름을 추가할 수도 있습니다. 이 이름은 대개 자기가 공경하는 성인의 이름입니다(tweet 4.16 참조). 세례성사 대부모의 임무는 세례를 받은 아이의 부모가 자녀를 그리스도인으로 양육하도록 돕는 것입니다. 견진성사 대부모는 견진을 받는 사람이 그리스도의 성숙한 제자가 되도록 돕습니다.

힘을 줌

세례를 통해 그리스도인으로 다시 태어났을 때, 우리는 성령을 받았습니다. 견진성사(라틴어, 콘피르마레Confirmare)는 우리 안에 강림하신 성령의 현존을 견고하게 또는 강화합니다(라틴어로 피르마레firmare는 '단단하게 하다.'라는 뜻입니다.). 이 성사를 통해서, 우리는 성령의 특별한 힘과 도움을 받고 더욱 완전히 교회에 결합됩니다(CCC 1285항 참조). 견진성사는 보이지 않고 지워지지 않는 표시를 사람의 몸에 남깁니다. 이 성령의 인호 또는 표지는 이제 우리가 완전히 그리스도에게 속해 있다는 것을 나타내 줍니다.

신앙을 전파

입문 성사인 세례성사와 성체성사(tweet 3.35 참조)와 함께 견진성사는 우리가 신앙을 증거하고 필요하다면 옹호하는 성숙한 그리스도인이 되게 합니다. 그렇게 함으로써 우리는 예수님이 모든 그리스도인에게 요구하시는 '세상의 소금'과 '세상의 빛'이 되는 것입니다(마태 5,13-14 참조). 성령

| 더 알기

견진성사

반복 여부	불가능	물질	축성 성유
집전자	주교(주교에게 권한을 받는 사제)	행위	(전체에게) 안수를 한 뒤 (견진 대상자의) 이마에 축성 성유를 도유하며 안수
효과	세례받은 사람을 교회에 더욱 밀접하게 결합하고 성령의 은총을 견고하게 함	말	"(이름을 부르며) 성령 특은의 인호를 받으시오."

과 함께 우리는 성인들이 하셨던 것처럼 하느님을 위해 큰일을 할 수 있고 인간의 나약함을 넘어설 수 있습니다. 이때 성령의 은총이 큰 도움이 됩니다(tweet 1.32 참조).

....

갑옷

바오로 사도는 우리의 힘을 하느님 안에서 찾고 악에 대항하도록, 하느님의 갑옷을 입고서 우리 자신을 무장하도록 권고하였습니다. 이때 하느님의 갑옷은 견진성사의 은총을 묘사한 것으로 이해할 수 있습니다. "그리하여 진리로 허리에 띠를 두르고 의로움의 갑옷을 입고 굳건히 서십시오. 발에는 평화의 복음을 위한 준비의 신을 신으십시오. 무엇보다도 믿음의 방패를 잡으십시오. 여러분은 악한 자가 쏘는 불화살을 그 방패로 막아서 끌 수 있을 것입니다. 그리고 구원의 투구를 받아 쓰고 성령의 칼을 받아 쥐십시오. 성령의 칼은 하느님의 말씀입니다. 여러분은 늘 성령 안에서 온갖 기도와 간구를 올려 간청하십시오. 그렇게 할 수 있도록 인내를 다하고 모든 성도들을 위하여 간구하며 깨어 있으십시오."(에페 6,14-18) 우리는 견진성사라는 아주 특별한 방법으로 성령의 은총을 받고 하느님이 우리에게 바라시는 것은 무엇이든 성령의 도움으로 할 수 있습니다. 바오로 사도의 말은 말 그대로 우리가 전쟁터에 가야 한다는 뜻이 아니라, 그리스도의 진정한 제자는 적대와 역경에 마주치게 될 것이라는 뜻입니다. 그리스도인들은 유혹과 악에 맞서 싸울 각오가 되어 있고, 하느님의 뜻을 행하기 위해 기꺼이 자신을 봉헌해야 합니다(tweet 4.43 참조). 무엇이 선이고 악인지를 식별하기 위해서 우리에게는 성령의 은총이 필요합니다(tweet 1.32 참조). 이러한 이유로 견진성사는 매우 중요한 것입니다.

> 견진성사는 세례 때 받은 성령의 은총을 견고하게 합니다. 견진성사를 받은 가톨릭 신자는 교회와 더 가까워지고 하느님의 사랑을 증거할 수 있습니다.

더 읽어 보기
견진성사: CCC 1285–1321항; CCCC 265–270항; YOUCAT 203–207항.

 ## 3.38 왜 바로 하느님께 고백하지 않고 사제에게 고백하나요?

하느님은 우리가 죄를 지었다고 벌을 내리는 분이 아니십니다. 하느님은 우리가 충만한 삶을 살 수 있도록 죄를 뉘우치고 다시는 죄를 짓지 않겠다고 다짐하기를 바라십니다. 예수님은 죄인으로 알려진 사람들을 따뜻하게 맞이하셨습니다. 예수님은 그들을 용서해 주시며 그들에게 변화된 삶을 살라고 말씀하셨습니다. "너는 죄를 용서받았다."(마르 2,5), "가거라. 그리고 이제부터 다시는 죄짓지 마라."(요한 8,11) 예수님이 바라시는 것은 세상의 죄를 없애시는 것밖에 없습니다(tweet 4.14 참조). 그런 이유로 예수님은 고해성사를 제정하신 것입니다.

사제를 통해서

예수님은 당신의 사도들에게 하느님을 대신하여 죄를 용서할 수 있는 권한을 주셨습니다(요한 20,21-23 참조). 세상 마지막 날까지 이 용서의 직분이 지속될 수 있도록 이 권한은 열두 사도로부터 그들의 후계자인 주교와 사제에게 전해졌습니다. 만약 우리가 자신의 죄를 용서받기 위해 혼자서 기도를 한다면 정말 용서를 받았는지 아닌지에 대해 의혹을 갖기 쉬울 것입니다. 그러나 우리의 죄를 사제에게 고백하고 사제가 "주님께서 죄를 용서해 주셨습니다."라고 하는 말을 듣고 난 후에는, 이를 확신하게 되고 죄를 용서받은 기쁨에 가득 찰 것입니다.

진심 어린 고백

누구나 죄를 짓습니다(tweet 4.13 참조). 모두 하느님의 용서가 필요합니다. 그러므로 고해성사는 교회의 엄청난 선물입니다. 사제가 여러분의 죄를 용서해 주는 순간에(사면), 여러분은 정말로 하느님의 용서를 받는 것입니다. 그렇지만 자동적으로 용서가 되는 것이 아닙니다. 세 가지의 조건이 있습니다. 솔직하게 자기의 죄를 사제에게 말하고(고백), 자기가 행한 것에 대해 진실로 뉘우치고 다시는 이러한 죄를 저지르지 않겠다고 굳게 다짐하며(통회), 사제가 주는 보속을 해야 합니다(속죄).

통회

베드로 사도는 그리스도를 세 번이나 부인한 것을 깨달았을 때 슬피 울었습니다(루카 22,62 참조). 그는 자기가 중한 죄를 범했음을 알고 자기가 한 일을 통회했습니다. 우리도 자신이 잘못한 일을 통회할 수 있습니다. 교회는 완전한 통회와 불완전한 통회를 구별합니다. '완전한 통회'는 자기를 사랑하시는 하느님의 마음을 상하게 했음을 알기 때문에 자기가 잘못한 일에 대해 뉘우치며, 나아가 앞으로는 이러한 죄를 피하기로 작정하는 것을 말합니다. '불완전한 통회'는 벌에 대한 두려움 때문에 자기가 행한 것에 대해 뉘우치는 것입니다. 어떤 이유로 뉘우치건 간에, 하느님은 우리를

| 더 알기

고해성사

반복 가능	가능	물질	
집전자	주교, 사제	행위	집전자는 고백자 머리 위로 손을 펴 듦
효과	하느님과의 화해, 진실하게 후회하며 고백하는 모든 죄의 용서, 대죄로 인해 잃었던 은총의 상태를 회복	말	"성부와 성자와 성령의 이름으로 이 교우의 죄를 사하나이다."

용서해 주기를 바라십니다. 불완전한 통회로도 죄를 용서받을 수 있지만, 완전한 통회가 더 낫습니다. 우리가 예수님과의 관계를 진지하게 생각하고 있다면, 우리는 무엇보다도 예수님 마음을 상하게 했기에 뉘우쳐야 하는 것입니다! 우리가 통회하고 고백하러 갈 때마다, 하느님은 기꺼이 우리를 용서해 주십니다. 하느님은 우리가 고해성사를 몇 번이나 받았는지 헤아리지 않으십니다. 하느님은 기꺼이 몇 번이고 우리를 용서하십니다(마태 18,22 참조).

식, 자선 행위와 같은 실천으로 상처를 치유할 수 있습니다. 죽은 후에도 여전히 보속이 필요한 영혼은 연옥에 갑니다(tweet 1.47 참조).

보속

고해성사를 통해서 하느님은 우리의 죄를 용서해 주시고 우리와 당신의 관계를 회복시켜 주십니다. 그러나 우리의 죄가 끼친 영향은 남아 있습니다. 만약 (우연이라도) 꽃병을 떨어뜨리면, 우리는 미안하다고 사과할 것입니다. 그리고 다른 꽃병을 사 주거나 그 값을 치를 것입니다(tweet 2.35 참조). 마찬가지로 우리도 하느님께 우리 죄를 뉘우친다고 말씀드릴 뿐만 아니라 우리 죄가 끼친 해를 갚으려고 해야 합니다. 그렇게 할 수 있도록 사제는 고해성사 중에 보속을 줍니다. 우리는 이웃에게 행한 어떤 해든지 갚도록 노력해야 하고, 또한 자기 자신이나 하느님과의 관계에 입힌 해도 바로잡아야 합니다. 우리 혼자서는 이것을 할 수 없지만, 하느님의 은총과 기도, 단

> 하느님은 우리가 통회하며 솔직히 고백하면 죄를 용서받는다는 것을 알기를 바랍니다. 그런 까닭에 하느님은 사제들에게 당신의 이름으로 용서하라고 명하셨습니다.

더 읽어 보기

고해성사: CCC 1422-1498항; CCCC 296-312항; YOUCAT 224-239항.

3.39 고백을 제대로 하려면 어떻게 해야 하나요?

누구나 하느님의 용서가 필요합니다. 요한 복음사가는 "만일 우리가 죄 없다고 말한다면, 우리는 자신을 속이는 것이고 우리 안에 진리가 없는 것입니다. 우리가 우리 죄를 고백하면, 그분은 성실하시고 의로우신 분이시므로 우리의 죄를 용서하시고 우리를 모든 불의에서 깨끗하게 해 주십니다."(1요한 1,8-9)라고 했습니다. 사소한 죄(소죄)는 미사 중에 참회 예절을 통해서 용서받을 수 있습니다(tweet 3.46 참조). 하지만 여러분의 모든 잘못을 고해성사를 통해 고백하면 하느님과의 관계에서 아주 좋은 것입니다(tweet 3.38 참조). 좀 더 중한 죄(대죄)에 대해서는(tweet 2.35, 4.13 참조) 고해성사를 통해 고백해야 합니다.

고해성사는 자주 할수록 좋습니다

우리의 잘못에 대해 고해성사를 하는 것은 예수님과 우리의 관계에 큰 도움이 됩니다. 매달 정기적으로 고해성사를 하는 가톨릭 신자들이 많이 있습니다. 또 어떤 사람들은 그보다 더 자주 합니다. 이렇듯 정기적으로 고해성사를 하면 성령의 도움으로 우리의 죄를 더 쉽게 인식하고 우리의 나약함을 좀 더 빨리 극복하는 데 도움이 됩니다.

송유관

우리와 하느님과의 관계를 일종의 송유관으로 비유해 볼 수 있습니다. 우리가 죄를 지을 때마다 하느님과 우리 사이의 송유관 안으로 오물이 들어갑니다. 따라서 하느님과의 대화가 갈수록 더 어려워집니다. 고해성사를 통해서 송유관이 깨끗해지고 우리는 다시 하느님의 은총을 더 잘 받을 수 있게 됩니다.

고해의 비밀 보장

대부분 본당에는 고해성사를 위한 정해진 시간이 있습니다. 또 이외의 시간에도 어떤 사제에게든 고해성사를 청할 수 있습니다. 물론 예수님과 우리의 관계가 성장하도록 도와줄 수 있는 한 분의 정해진 고해 사제가 있으면 이상적일 것입니다. 하지만 하느님의 용서는 고백을 듣는 사제보다 훨씬 중요합니다. 자신의 이상에 꼭 맞는 사제를 찾을 때까지 기다리지 마세요. 사제는 고해성사 때 들은 모든 것에 대해 철저하게 비밀을 지킬 의무가 있습니다. 이 고해의 비밀 보장은 의사와 변호사들의 비밀 보장보다 더 절대적입니다. 사제에게는 예외가 없기 때문입니다. 사제가 고해성사에서 들은 정보를 알려 주지 않아 설령 자신의 목숨을 대가로 치러야 할지라도, 사제는 우리가 고백한 것을 밝힐 수 없습니다. 그러므로 우리는 완전히 솔직하고 열린 마음으로 고해성사를 할 수 있습니다. 사제는 우리의 죄보다는 오히려 하느님을 대신해서 우리에게 줄 수 있는 용서에 관

| 더 알기

통회 기도와 고백 기도

통회 기도
하느님, 제가 죄를 지어 참으로 사랑받으셔야 할 주님의 마음을 아프게 하였사오니 악을 저지르고 선을 소홀히 한 모든 잘못을 진심으로 뉘우치나이다. 또한 주님의 은총으로 속죄하고 다시는 죄를 짓지 않으며 죄지을 기회를 피하기로 굳게 다짐하오니 우리 구세주 예수 그리스도의 수난 공로를 보시고 저에게 자비를 베풀어 주소서. 아멘.

고백 기도
전능하신 하느님과 형제들에게 고백하오니 생각과 말과 행위로 죄를 많이 지었으며 자주 의무를 소홀히 하였나이다. (가슴을 치며) 제 탓이요 (가슴을 치며) 제 탓이요 (가슴을 치며) 저의 큰 탓이옵니다. 그러므로 간절히 바라오니 평생 동정이신 성모 마리아와 모든 천사와 성인과 형제들은 저를 위하여 하느님께 빌어 주소서. 전능하신 하느님, 저희에게 자비를 베푸시어 죄를 용서하시고 영원한 생명으로 이끌어 주소서. 아멘.

찰을 합니다. 자신의 죄를 알아내면 죄를 짓지 않기로 굳게 결심하고 통회 기도와 고백 기도(더 알기 참조)를 바칩니다.

(십자성호를 그으며)
- 성부와 성자와 성령의 이름으로. 아멘.
✚ 하느님의 자비와 은총을 굳게 믿으며
    그동안 지은 죄를 뉘우치고 사실대로 고백하십시오.
- 아멘.
- 고해한 지 (몇 일, 몇 주일, 몇 달) 됩니다.

(알아낸 죄를 낱낱이 고백한다. 죄를 고백한 다음)
- 이 밖에 알아내지 못한 죄도 모두 용서하여 주십시오.

(사제는 고백자에게 훈계하고 보속을 준다(tweet 3.38 참조). 필요하다면 고백자에게 통회 기도를 바치게 할 수 있다(더 알기 참조).

(사제는 고백자 머리 위에 두 손이나 오른손을 펴 들고 사죄경을 외운다.)

✚ 인자하신 천주 성부께서 당신 성자의 죽음과 부활로
    세상을 당신과 화해시켜 주시고
    죄를 사하시기 위하여 성령을 보내 주셨으니
    교회의 직무 수행으로
    몸소 이 교우에게 용서와 평화를 주소서.
    나도 성부와 ✚ 성자와 성령의 이름으로
    이 교우의 죄를 사하나이다.
- 아멘.
✚ 주님을 찬미합시다.
- 주님의 자비는 영원합니다.
✚ 주님께서 죄를 용서해 주셨습니다. 평안히 가십시오.
- 감사합니다.

심이 있습니다! 사제는 그 자신도 하느님의 용서가 필요하다는 것을 알고 있습니다. 오직 하느님만이 완전하십니다.

어떻게 고해성사를 보나요?

자신의 죄를 알아내도록 하느님의 도움을 청하며 고해성사를 준비합니다. 자신이 지은 잘못과 마땅히 해야 할 일을 하지 못한 것에 대해서 살펴봅니다. 십계명의 각 조항에 하나씩 비추어 보며 양심 성

 고해성사를 잘하기 위해서는 자신의 죄를 깨닫고 사제에게 솔직하게 고백해야 합니다. 하느님은 사제의 사죄경을 통해서 여러분의 죄를 용서하십니다.

더 읽어 보기
고해성사: CCC 1422–1498항; CCCC 296–312항; YOUCAT 224–239항.

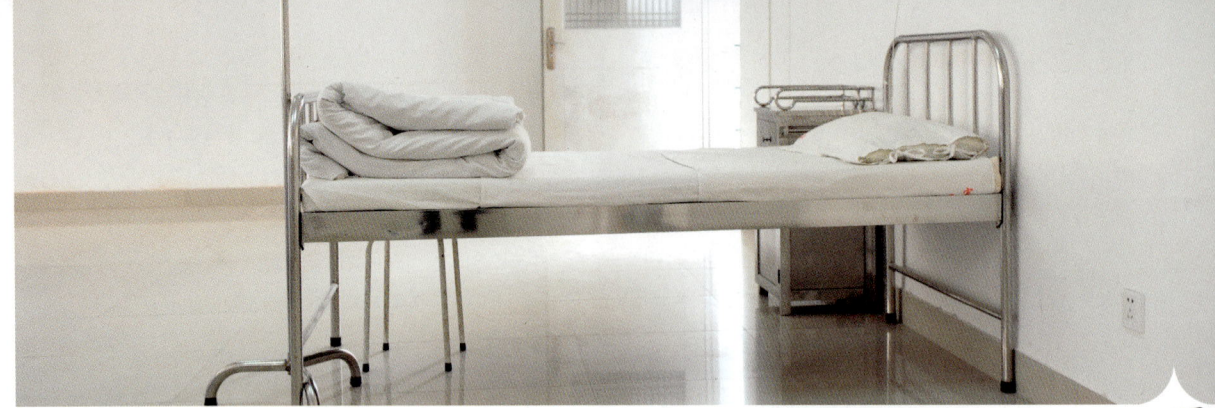

3.40 병자성사는 종부성사와 같은 것인가요?

예수님은 병자들을 방문하시고 그들을 치유해 주셨습니다(루카 4,38-40 참조). 예수님의 제자들도 같은 일을 하도록 사명을 받았습니다(마르 16,17-18 참조). 초대 그리스도인들은 누군가 아플 때 '그를 위하여 기도하고, 주님의 이름으로 그에게 기름을 바르기 위해서'(야고 5,14-15 참조) 교회 원로를 불렀습니다(tweet 3.41 참조).

희망 아니면 절망?

병이 들거나 심한 부상을 입었을 때, 사람들은 육체적·정신적 고통은 물론 무기력함과 한계를 경험합니다. 그들의 삶이 바뀌고 그들은 다른 사람들의 도움에 의존할 수밖에 없습니다. 이 모든 것이 받아들이고 견디기 어렵기 때문에, 병자나 부상을 당한 사람은 쉽사리 슬퍼하고 두려워하거나 희망을 잃게 됩니다. 믿음이 있는 사람조차도 자기 연민에 빠지기 쉽고 하느님께 화를 내거나 절망하게 됩니다. 그러나 이러한 질병이나 부상은 하느님과 일치하는 삶의 진정한 목적을 드러내기 때문에 사람을 하느님과 더 가까워지도록 이끌어 줄 수도 있습니다. 질병이나 부상으로 인해 겪는 어려움을 도와주기 위해서 교회는 병자성사를 제공합니다. 병자성사는 중병에 걸렸거나, 부상을 당했거나, 장애를 가진 모든 사람들, 생명이 위독한 사람들, 노쇠하여 죽을 위험에 놓였거나 중요한 수술을 앞둔 사람들을 위한 것입니다.

힘, 평화, 용기

병자성사를 통해서 하느님은 우리에게 고통을 견디어 낼 힘과 평화와 용기를 주십니다. 병자성사는 또한 하느님이 허락하신다면 육체적으로도 치유되도록 도와줍니다. 그것이 아니라면 병자성사는 믿는 이들이 죽음을 준비하거나 현재 겪고 있는 질병이나 장애에 잘 대처할 수 있도록 도와줍니다. 가능하다면 병자는 미리 고해성사를 받는 것이 좋습니다(tweet 3.38 참조). 만약 그것이 가능하지 않다면 병자성사를 통해서 자기의 죄를 용서받습니다.

공동체

바오로 사도는 "우리 가운데에는 자신을 위하여 사는 사람도 없고 자신을 위하여 죽는 사람도 없습니다. 우리는 살아도 주님을 위하여 살고 죽어도 주님을 위하여 죽습니다. 그러므로 우리는 살든지 죽든지 주님의 것입니다."(로마 14,7-8)라고 말했습니다. 고통은 전적으로 부정적인 것처럼 보이지만, 우리를 하느님과 하나가 되게 하고 예수님을 더 닮게 하는 것으로 볼 수도 있습니다(tweet 1.37 참조). 믿음을 가진다는 것은 여러분 혼자서 믿는 것이 아닙니다. 그러하기에 아픈 이들은 홀로 견디지 말아야 합니다. 병자를 방문

| 더 알기

병자성사

반복 가능 여부	가능	물질	병자 성유
집전자	주교, 사제	행위	병자 성유를 이마와 양손에 도유
효과	영적 힘을 받음, 그리스도의 고통에 결합, 죄의 용서, 영혼의 치유와 육신의 치유	말	"주님, 주님의 자비로우신 사랑과 기름 바르는 이 거룩한 예식으로 성령의 은총을 (아무)를 도와주소서." 아멘. "또한 (아무)를 죄에서 해방시키고 구원해 주시며 자비로이 그 병고도 가볍게 해 주소서." 아멘.

하고 그들을 위해 기도하는 것은 자비를 실제로 실천하는 일입니다(tweet 4.7 참조). 가족, 친구 그리고 돌보는 사람들이 있는 가운데서 병자성사를 받는 것은 아픈 이에게 큰 위안을 줄 수 있습니다. 그 자리에 있는 사람들은 모든 그리스도인, 즉 교회의 대표로서 행동하는 것이며, 그들은 병자를 위해 기도합니다.

을 부인하는 것이기 때문입니다. 게다가 사제를 모시고 오는 데 시간이 너무나 많이 걸린다면 사제가 도착했을 때 그 사람은 의식이 없어서 영성체를 못할 수도 있습니다. 병사성사는 여러 번 받을 수 있기 때문에 굳이 미루지 마세요.

마지막 성사?

죽음을 앞둔 사람에게 베푸는 병자성사를 예전에는 종부성사라고도 불렀습니다.

만약 죽기 전에 마지막 성사를 받을 수 있는 사람이라면 임종 전에 영성체를 할 수 있습니다(tweet 3.44-3.50 참조). 이 마지막 영성체를 노자 성체viaticum('여행을 위한 양식'이라는 뜻의 라틴어에서 온 말)라고도 합니다. 왜냐하면 예수님의 몸은 죽음을 앞둔 사람에게 하느님을 향한 여정의 마지막 걸음을 내딛는 힘을 주기 때문입니다.

병자성사를 죽음이 임박할 때까지 미루는 사람들이 있습니다. 그러지 않기를 권합니다. 이는 병중에 하느님이 주고 싶어 하시는 힘과 치유를 부인하는 것이며 어쩌면 죽음을 준비하기 위해 필요한 은총

> 사제를 부르는 데 너무 길게 시간을 끌지 마세요. 병자성사는 병자와 임종하는 사람을 위한 것입니다. 병자성사는 힘을 주며 때로는 육체적으로 치유하기도 합니다.

더 읽어 보기
병자성사: CCC 1499-1532항; CCCC 313-320항; YOUCAT 240-247항.

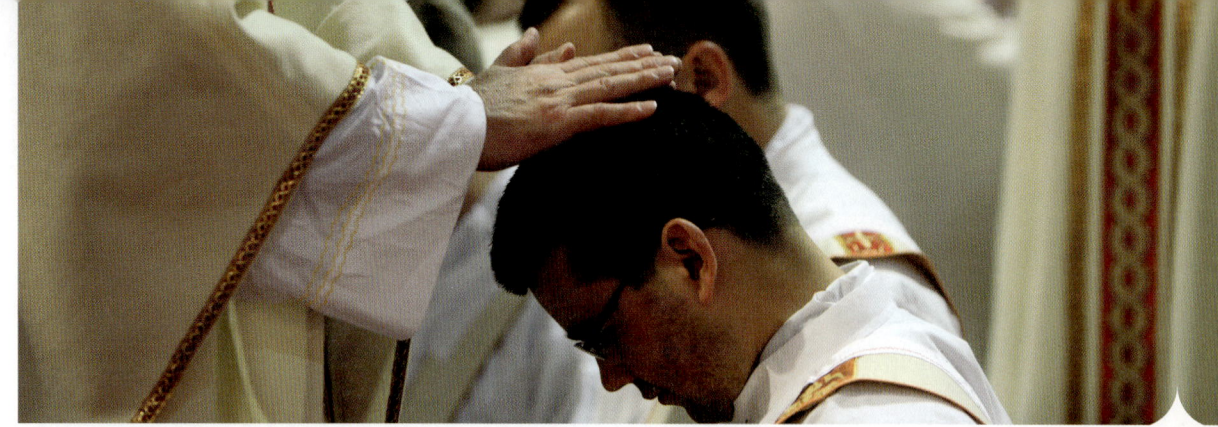

3.41 왜 여성이나 결혼한 남성은 사제가 될 수 없나요?

사도들은 그들의 임무를 그들의 후계자인 주교와 사제들에게 전해 주었습니다. 바오로 사도는 티토에게 각 도시에서 사제(원로)를 임명하도록 지시하였습니다(티토 1,5 참조).

세 가지의 성품성사

세 가지 품위의 성품성사가 있습니다(tweet 2.21 참조).

- 첫 번째는 부제직입니다. 부제는 사제를 도와 주교를 보좌합니다. 그들은 세례성사와 혼인성사를 집전하고 사제의 성찬례를 돕습니다. 사제 서품을 받지 않은 종신 부제는 결혼할 수 있습니다. 사제 서품 청원자는 서품을 받기 전에 적어도 반년 동안은 부제의 직무를 맡습니다.
- 두 번째는 사제직입니다. 사제는 하느님의 성사를 집전하고, 신앙을 설명하고, 주교가 교회를 다스리고 관리하는 것을 돕습니다.
- 세 번째는 주교직입니다. 주교는 열두 사도의 후계자로서 완성된 성품성사를 받습니다(CCC 1557항 참조). 주교들은 자기에게 맡겨진 교구를 관할하고(마태 18,18 참조; tweet 2.2 참조), 성사를 집전하고(마태 28,19 참조), 신앙을 가르칩니다(마태 28,20 참조).

사도들이 그런 것처럼 각 성품성사는 주교가 서품 청원자의 머리에 안수하며 그를 위해 기도합니다(1티모 4,14 참조). 사제와 주교는 축성 성유로 도유됩니다(tweet 3.30 참조).

결혼한 사제가 있다고요?

베드로 사도는 장모가 있기에 기혼자였습니다(루카 4,38 참조). 그러므로 사제가 결혼하는 것은 불가능한 일이 아닙니다. 동방 가톨릭 사제들(tweet 2.30 참조)은 결혼할 수 있지만 주교의 경우 결혼하지 않습니다. 가톨릭교회에서는 사제와 주교는 원칙적으로 결혼하지 않습니다. 그들은 독신으로서 스스로를 완전히 하느님께 봉헌할 것을 서약합니다(tweet 4.21 참조). 그래서 그들은 파견되는 곳으로 자유롭게 갈 수 있고 하느님께 오롯이 자신을 바칠 수 있습니다.

여성의 역할에 대한 프란치스코 교황의 말씀

"교회는 …… 여성들이 사회에 꼭 필요한 기여를 하고 있음을 인식합니다. …… 그러나 아직도 여성이 교회 안에서 더욱 적극적인 역할을 할 수 있는 기회를 넓혀야 합니다. 교회와 사회 구조 안에서 중요한 결정이 내려지는 여러 다양한 상황에서 …… 교회에서 역할은 '다른 사람에 대한 우월 의식을 조장하지' 않습니다. 실제로 여성이신 마리아께서는 주교들보다 더 존귀하신 분이십니다."《복음의 기쁨》 103-104항)

| 더 알기

성품성사

반복 여부	불가능		물질	축성 성유
집전자	주교		행동	안수와 기도
효과	영구적인 변화와 그리스도의 이름으로 행동하고 말할 영적 권한		말	(사제 서품시) "성부에게서 성령과 능력의 기름을 받으신 주 예수 그리스도께서 그대를 지켜 주시어 그대가 교우들을 거룩하게 하고 하느님께 제사를 봉헌할 수 있게 하실 것입니다."

여성 사제가 있어요?

어떤 사람들은 예수님이 당시 사회 규범에 얽매여서 여성 사도를 선택하지 않았다고 말합니다. 그러나 예수님은 당시 관습을 많이 거스른 분이십니다. 그분은 의도적으로 남성만을 사도로 선택하셨습니다. 그 대신 예수님의 여성 제자들은 다른 중요한 역할을 부여받았습니다(tweet 2.16 참조). 남녀는 동등하지만 같지는 않습니다. 이것은 아버지와 어머니에게서 볼 수 있습니다. 두 분은 똑같이 중요하지만 서로 다릅니다(tweet 2.1 참조). 바오로 사도는 자신을 그리스도 안에서의 "아버지"(1코린 4,15)라고 했습니다. 사제는 하느님의 이름으로 행동하는 영적 아버지입니다. 그가 미사를 봉헌할 때, 그는 교회의 신랑인 예수님을 대신하여 행하는 것입니다. 프란치스코 교황은 "성찬례에서 자신을 봉헌하시는 신랑이신 그리스도의 표징으로 사제직을 남성에게만 유보하는 것은 토론의 여지가 없는 문제입니다."(《복음의 기쁨》 104항)라고 말했습니다.

 예수님은 당신의 이름으로 그리고 당신을 대신하여 행할 남성을 사도로 선택하셨습니다. 사제는 전적으로 예수님과 교회를 위해서 바쳐진 사람입니다.

더 읽어 보기
성품성사: CCC 1536–1600항; CCCC 322–336항; YOUCAT 249–259항. 남성만의 성품: CCC 1577항; CCCC 333항; YOUCAT 256–257항.

 3.42 모든 신자들의 보편 사제직이란 무엇인가요?

성경에서 예수님은 "대사제"라고 불리셨습니다(히브 5,5-10 참조). 세례를 받는 그리스도인은 누구나 모든 이의 구원을 위해 그리스도의 사제직에 참여합니다. 이것이 하느님 백성의 보편 사제직입니다. 그리스도인들은 모두 하느님 백성이며 다 함께 교회를 이룹니다(tweet 2.1 참조).

예수님에 관한 기쁜 소식을 전하고, 선행을 하면서 예수님을 세상에 드러내는 것은 모든 그리스도인들의 소명입니다(tweet 4.50 참조). 베드로 사도가 신자들에게 "여러분은 '선택된 겨레고 임금의 사제단이며 거룩한 민족이고 그분의 소유가 된 백성입니다. 그러므로 여러분은' 여러분을 어둠에서 불러내어 당신의 놀라운 빛 속으로 이끌어 주신 분의 위업을 '선포하게 되었습니다.'"(1베드 2,9)라고 했을 때 의미한 것이 바로 그 말입니다.

여러 가지의 소명

우리 교회는 대다수가 보편 사제직에 참여하는 평신도로 이루어져 있습니다(tweet 2.1 참조). 가톨릭 신자들은 성직자를 제외하고는 모두 다 평신도입니다. 자신이 맡은 임무가 무엇이든 간에 평신도는 모두 예수님 부활의 기쁜 소식을 알리도록 부르심을 받았습니다. 평신도 개개인은 개인적인 소명(tweet 4.4 참조)이 있습니다. 그들은 일반적으로 혼인을 하고 가족 내에서 사제직을 수행하도록 소명을 받았습니다. 부모가 자녀들을 신앙의 길로 이끌어 주고, 성당에 데려가고, 그들이 잠자리에 들거나 학교에 가기 전에 축복 기도를 할 때 그 소명은 뚜렷이 드러납니다(tweet 3.15, 4.7 참조). 어떤 신자는 독신 생활로 자신을 하느님께 봉헌하도록 소명을 받습니다(tweet 4.21 참조). 이는 수도회의 수사나 수녀가 되는 소명이기도 하고, 하느님 사랑에 봉사하기 위해 독신으로 사는 소명이기도 합니다. 기혼이거나 미혼인 사람 모두가 예수님을 세상에 널리 전할 소명이 있습니다. 외국에서 신앙을 전하는 선교사뿐만 아니라 자기 고객을 돌보는 빵집 주인도, 예비 신자에게 교리를 가르치는 교리 교사도, 리더십의 실례를 보여 주는 사업가도(더 알기 참조), 또는 복사를 하거나 봉성체를 하는 본당의 신자들도 예수님을 세상에 널리 전할 수 있습니다.

직무 사제직

단지 열두 명의 제자만이 사도로 선택된 것과 같이 한정된 수의 그리스도인들만이 우리 교회의 주교와 사제로서 직무 사제직으로 소명을 받았습니다(tweet 3.41 참조). 바오로 사도는 하느님이 베푸신 "그리스도 예수님의 종이 되어, 하느님의 복음을 전하는 사제직을 수행하기 위한"(로마 15,15-16) 은총으로 대담하게 하느님에 대하여 말할 수 있었습니다. 직무 사제직 덕분에 예수님은 신자들의 삶 속에서 성사를 통하여 현존하실 수 있습니다(tweet 3.35 참조). 이렇게 하여 예수님은 계속해서 세상을 구원하시는 것입니다. 그러므로 사제가 있다는 것은 우리 교회에 근본적인 것입니다. 예수님의 제자들은 사도들을 위한 협조자들을 보내 주시도록 기도하라는 말씀을 들었습니다(마태 9,37-38 참조). 그래서 예수님은 사제 성소를 위해 모든 신자가 자주 기도하도록 부탁하셨습니다.

모두 자기의 역할이 있습니다

직무 사제직은 보편 교회에 있어 근본적인 것입니다. 또한 봉사를 위한 다양한 역할들이었습니다. 모든 신자들은 이제 거대한 조직, 즉 교회를 꾸려야 할 임무가 주어졌습니다. 이에 각자 기여해야 합니다.

그러므로 여러분이 무슨 일을 맡았느냐가 아니라 사랑으로 그 일을 하는 것이 중요합니다. 교회 안에서 서로 다른 역할이 필요하며, 모두가 보편 사도직에 참여해야 할 것입니다. 모두가 예수님의 기쁜 소식을 실천하고 선포할 책임이 있습니다.

| 더 알기

그리스도인의 리더십

그리스도인 리더는 다른 누구보다도 가장 낮은 자가 되어야 합니다. 예수님은 최후의 만찬에서 사도들의 발을 씻어 주시며 가장 좋은 본보기를 보여 주셨습니다(tweet 3.30 참조). 그러시고는 "너희도 서로 발을 씻어 주어야 한다."(요한 13,14)라고 이르셨습니다. 야고보와 요한이 예수님께 권력을 달라고 청했을 때, 예수님은 "너희 가운데에서 첫째가 되려는 이는 모든 이의 종이 되어야 한다."(마르 10,44)라고 말씀하셨습니다. 이처럼 어떤 지위에 있든 간에 그리스도인이라면 예수님의 겸손한 본보기를 따라야 합니다. 이것은 특히 예수님의 이름으로 행동하도록 권한을 주는 성품성사를 받고 교회를 이끄는 주교와 사제에게 있어서 더욱 중요합니다. 프란치스코 교황은 그들에게 "야망이나 개인적인 목표에서 자유로워지는 것은 중요합니다. …… 출세 제일주의는 나병의 한 형태입니다."라고 말했습니다(2013년 6월 6일).

> 모든 신자는 각자의(개별적인) 소명을 통해서 예수님을 세상에 드러내도록 부르심을 받았습니다.

더 읽어 보기

보편 사도직: CCC 1546–1547, 1592항; CCCC 336항.

3.43 혼인은 그리스도인에게 왜 그렇게 중요한가요?

혼인은 천지 창조 때부터 있었습니다. 성경에는 태초에 "남자는 아버지와 어머니를 떠나 아내와 결합하여, 둘이 한 몸이 된다."(창세 2,24)라고 했습니다. 둘 다 세례를 받은 남녀가 만나 혼인을 합니다. 이때 중요한 특징은 예수님이 그들의 관계에서 특별한 위치를 차지하신다는 것입니다. 그들의 혼인은 성사입니다(CCC 1601항 참조). 혼인을 통한 남자와 여자의 결합을 교회는 그리스도와 교회의 사랑스러운 유대에 비교합니다. "남편 여러분, 그리스도께서 교회를 사랑하시고 교회를 위하여 당신 자신을 바치신 것처럼, 아내를 사랑하십시오."(에페 5,25)

혼인성사의 세 가지 필수적인 요소

혼인성사의 필수적인 요소 또는 특징 세 가지는 단일성, 불가 해소성, 그리고 자녀 출산입니다(CCC 1664항 참조). 혼인은 한 남자와 한 여자 사이의 유대이며, 그들은 서로 충실할 것을 약속하며 단 두 사람만의 결합으로 부르심을 받습니다. 일단 혼인을 하면 배우자 중의 하나가 사망하기 전까지는 혼인을 해소할 수 없습니다. 예수님이 말씀하신 대로 하느님께서 주신 것을 사람이 갈라놓아서는 안 되는 것입니다(마르 10,9 참조; tweet 4.19 참조). 그리스도인의 혼인은 자녀를 기꺼이 받아들이지만(tweet 4.19, 4.20 참조), 한쪽이나 양쪽 배우자 모두가 불가항력적인 이유로 불임인 경우에는, 자녀가 반드시 필요한 것은 아닙니다(tweet 4.32 참조).

작은 교회인 가정

신부와 신랑은 서로에게 혼인성사를 집전합니다. 그들은 하느님과 사제 앞에서 서로 친밀하고 지속적인 관계를 시작합니다. 사제는 교회를 대표하여 이 부부를 축복합니다. 예수님은 당신의 공생활을 카나의 혼인 잔치에서 시작하심으로써 혼인 생활의 중요성을 보여 주셨습니다. 가정에서 어린이들은 그들의 신앙에 대하여 처음으로 배우고 실천합니다. 그러므로 가정은 작은 교회인 것입니다. 요한 바오로 2세 교황은 가정을 "사랑의 첫 학교"라고 했습니다. 왜냐하면 어린이들은 모든 것 중에 가장 중요한 기술, 즉 다른 사람을 위해서 자신을 헌신하는 법을 가정에서 배우기 때문입니다. 가족은 "은총과 기도의 공동체, 그리고 인간적인 덕행과 그리스도 사랑의 학교"(CCC 1666항; tweet 4.19 참조)입니다.

평생?

결혼은 평생 동안 지속되어야 합니다. 그렇다면 배우자에 대한 여러분의 사랑이 죽을 때까지 지속되리라는 것을 어떻게 확신할 수 있나요? 첫째, 하느님은 사랑의 기원이시기 때문에 하느님이 여러분을 도우실 것임을 믿을 수 있습

| 더 알기

혼인성사

반복 가능	배우자의 사망 또는 혼인 무효 선포 후에만 가능	물질	
집전자	신부와 신랑(교회의 대표의 입회하에), 사제	행위	배우자의 동의 자신을 서로에게 선물로 주고 서로를 받아들임
효과	그리스도가 교회와 하나이듯이 배우자와의 일치, 세례를 받는 배우자들 사이의 성사적 유대	말	"나 (아무)는 당신을 아내로 맞아들여 즐거울 때나 괴로울 때나, 성할 때나 아플 때나 일생 신의를 지키며 당신을 사랑하고 존경할 것을 약속합니다." "나 (아무)는 당신을 남편으로 맞아들여 즐거울 때나 괴로울 때나, 성할 때나 아플 때나 일생 신의를 지키며 당신을 사랑하고 존경할 것을 약속합니다."

니다(tweet 4.3 참조). 둘째, 다른 사람을 사랑한다는 것은 선택이지, 단지 감정이 아닙니다. 감정만으로 혼인을 지속할 수는 없습니다. 오히려 무슨 일이 있어도 서로의 사랑에 대한 헌신은 사랑이 지속되게 할 뿐만 아니라 수년에 걸쳐서 사랑이 성장하게 합니다.

혼종 혼인

서로의 다름으로 더욱 풍요로워진 아주 행복한 혼종 혼인 사례도 많습니다. 그런데도 다른 종교를 가진 사람이나 무신론자와의 혼인은 여러분에게 어려운 선택이기도 합니다. 여러분 자신이 누구인지, 자신이 깊이 믿는 것이 무엇인지를 거슬러 행동하도록 유혹을 받는 상황에 놓이기도 하기 때문입니다.

혼종 혼인을 하고 처음에는 종교에 대해서 각자 자기 방식대로 살도록 허용하는 것이 쉬워 보일 수 있습니다. 그러나 위험한 점은 어떤 시점이 되면 배우자가 하느님에 대한 사랑과 자기의 남편이나 아내에 대한 사랑 사이에서 선택해야 함을 느끼게 된다는 것입니다. 그것은 잔인한 선택입니다! 이러한 위험은 자녀가 태어나면 더욱 확실해집니다. 어떤 신앙이나 전통에서 자녀를 양육할 것인가 하는 문제에 부딪히기 때문입니다. 혼인할 때 가톨릭 신자들은 자녀를 가톨릭 신앙 안에서 양육하기로 약속합니다. 아빠와 엄마가 극히 중요한 신앙에 대해 동의하지 않는다는 것을 어떻게 설명할 수 있을까요? 어떻게 그들의 자녀들이 하느님과의 개인적인 관계를 시작하도록 가르칠 수 있을까요? 이것은 혼종 혼인 생활을 시작할 때 사전에 진지하게 생각해 보아야 할 질문입니다. 그리고 그런 결정은 언제나 기도에 바탕을 두어야 합니다.

> **t** 본질적으로 그리스도인의 혼인은 단일하고 해소할 수 없으며 자녀들을 기꺼이 받아들이는 것입니다. 또한 그리스도인의 혼인은 세례를 받은 사람들 간의 성사입니다.

더 읽어 보기

혼인: CCC 1601–1666항; CCCC 337–350항; YOUCAT 260–271항.

 ## 3.44 미사는 왜 지루한가요?

성체성사는 일곱 성사 중에 가장 중요합니다. 예수님이 당신 자신의 몸과 피로 존재하시며 먹을 것과 마실 것으로 당신을 우리에게 주셨기 때문입니다. 미사의 성찬 전례 때(더 알기 참조) 예수님은 실제로 존재하시지만 오직 예수님의 존재를 믿고자 하는 사람만이 예수님이 계심을 알 수 있습니다. 그러므로 미사 때 사제는 성체를 "신앙의 신비"라고 하는 것입니다(1티모 3,9 참조; tweet 3.48 참조).

지루하다고요?

미사가 지루하다고 불평하는 사람들이 있습니다. 그러나 예수님은 친히 "내 살을 먹고 내 피를 마시는 사람은 영원한 생명을 얻고, 나도 마지막 날에 그를 다시 살릴 것이다. 내 살은 참된 양식이고 내 피는 참된 음료다. 내 살을 먹고 내 피를 마시는 사람은 내 안에 머무르고, 나도 그 사람 안에 머무른다."(요한 6,54-56)라고 하시며 성체가 없이는 우리 안에 생명이 없다고 말씀하셨습니다.

예수님이 성찬 전례를 통해 여러분에게 오신다는 것을 믿는다면, 미사에 대해 다르게 생각이 될 것입니다. 보다 적극적으로, 경건하게 미사에 참여해 보세요.

예수님을 만날 준비

예수님은 감실 안에 실제로 존재하십니다. 그래서 감실 곁에 늘 등을 켜 두는 것입니다(tweet 3.21 참조). 우리는 성당에서 자리에 앉기 전에 감실을 향해 예수님께 인사드릴 수 있습니다. 성당 안에서는 조용히 있어야 합니다. 이것은 하느님께 경의를 표하는 행동이자 조용히 기도하고 싶어 하는 사람들을 위한 일이기도 합니다.

전례가 시작되기 전에 예수님을 만날 준비를 하기 위한 시간을 잠시 내보세요. 물론 여러 가지 바쁜 일이 많을 것입니다. 하지만 그보다 훨씬 더 중요한 일은 성찬 전례에서 예수님을 만나는 일입니다. 물론 성당 밖에서는 일상생활

성체성사와 미사

성체라는 말은 거룩한 성사를 의미하는 그리스어에서 온 말로 '감사'라는 뜻입니다. 사실상 성체성사는 모든 성사 중에 가장 거룩한 성사입니다. 이 성사에 대한 다른 이름은 미사입니다. 왜냐하면 라틴어 전례는 "이테, 미사 에스트Ite, missa est"로 신자들을 파견하며 끝나기 때문입니다(tweet 3.50 참조).

| 더 알기

성체성사

반복 가능	가능	물질	제병, 포도주, 약간의 물(그리고 성경)
집전자	주교, 사제	행위	제병과 성작을 각각 듬
효과	십자가 위에서 희생되시고 영적 양식으로 우리에게 주시는 예수님의 몸과 피, 영혼과 천주성이 실제로 현존	말	"너희는 모두 이것을 받아먹어라. 이는 너희를 위하여 내어 줄 내 몸이다." "너희는 모두 이것을 받아 마셔라. 이는 새롭고 영원한 계약을 맺는 내 피의 잔이니 죄를 사하여 주려고 너희와 모든 이를 위하여 흘릴 피다. 너희는 나를 기억하여 이를 행하여라."

을 하면 됩니다. 대신 미사 중에는 우리의 슬픔, 두려움, 필요뿐만 아니라 감사, 찬미 그리고 사랑을 드리며 자신의 전부를 하느님께 바칠 수 있습니다. 우리는 예수님께 모든 것을 말씀드릴 수 있습니다(tweet 3.1 참조).

적극적인 미사 참례

듣고, 응답하고, 기도하고, 노래하고, 일어나는 일을 되새기면서 적극적으로 미사에 참례하도록 합니다. 의식적으로 이렇게 미사에 참례하면 미사가 덜 지루해질 것입니다. 또한 이해하지 못하는 부분이 있다면, 서슴지 말고 (미사 후에) 질문을 하세요. 성체를 모시는 일이 무엇보다도 가장 중요합니다. 영성체는 우리의 삶에서 우리가 할 수 있는 가장 중요한 행위입니다. 우리의 주님이시며 하느님이신 예수님을 받아 모시는 것이기 때문입니다! 영성체 후에 우리가 받은 은총에 대해 하느님께 감사드릴 수 있도록 잠시 조용히 기도해 보세요. 미사가 끝나면 예수님을 다른 사람들과 나눌 때가 온 것입니다(tweet 3.50 참조).

 미사에서 예수님은 여러분에게 매우 가까이 다가오십니다. 만약 여러분이 진심으로 미사에 참례한다면 미사가 지루할 수 있을까요?

더 읽어 보기

성체성사: CCC 1322–1419항; CCCC 271–294항; YOUCAT 208–223항. 미사의 구조: CCC 1345–1355, 1408항; CCCC 277항; YOUCAT 213–215항.

3.45 미사는 어떻게 구성되어 있나요?

미사에서 우리는 그리스도인으로서 예수님의 말씀과 성체 안에서 예수님을 만나기 위해 함께 모입니다(tweet 3.44 참조). 전례는 네 가지의 주요 부분으로 구성되어 있습니다.

시작 예식

사제는 십자 성호로 미사를 시작하면서 바오로 사도의 말, "사랑을 베푸시는 하느님 아버지와 은총을 내리시는 우리 주 예수 그리스도와 일치를 이루시는 성령께서 여러분과 함께."(2코린 13,13 참조)나 이와 비슷한 말로 교우들과 인사합니다. 그리고 우리 죄를 고백하며 참회합니다. 그런 다음 자비송("주님, 저희를 불쌍히 여기소서.")을 노래로 하거나 외웁니다(tweet 3.46 참조).
주일에는 아주 오래된 찬가인 대영광송을 불러 하느님께 영광과 찬미를 바칩니다(tweet 3.27 참조). 그러고 나서 사제는 그날의 시작 기도인 본기도로 미사의 첫 부분을 끝냅니다.

말씀 전례

그다음에는 구약 성경이나 신약 성경 몇 개의 독서가 이어집니다(tweet 3.47 참조). 제1독서 다음에 시편을 읊거나 화답송을 합니다. 주일과 주요 축일에는 제2독서가 뒤따릅니다. 어느 경우에나 복음은 그다음에 옵니다. 복음서가 우리에게 얼마나 중요한지를 보여 주기 위해서 일어서서 알렐루야를 노래합니다. 이어 부제나 사제가 복음을 봉독합니다. 그러고는 부제나 사제는 강론을 하며 성경 구절을 설명합니다. 주일과 대축일에는 신경으로 모두 함께 소리 내어 신앙 고백을 합니다(tweet 1.31, 1.33 참조). 그다음에 보편 지향 기도를 하느님께 바칩니다(더 알기 참조).

성찬 전례

사제는 참례하는 모든 교우들을 대신하여 빵과 포도주를 제대로 가져와서 하느님께 봉헌합니다. 신자들은 헌금으로 상징된 자신의 삶을 봉헌함으로써 이 희생 제사에 참

보편 지향 기도

보편 지향 기도는 사제가 신자들을 기도로 안내하면서 시작되어 일련의 청원이 이어집니다. 이 기도는 ① 교회, ② 위정자와 세상 구원, ③ 도움이 필요한 이들, ④ 지역 공동체를 위해 바칩니다. 사제는 모든 지향을 하느님께 바치면서 보편 지향 기도를 마무리합니다.

여합니다. 사제가 예물 기도와 본질적으로 감사의 기도인 감사송을 한 다음에, 우리는 "거룩하시도다!"(라틴어, 상투스 sanctus)를 노래합니다. 신자들의 이름으로 사제는 감사 기도를 바칩니다. 사제는 먼저 빵을, 그리고 나서 포도주를 들고 예수님이 최후의 만찬에서 하셨던 말씀을 그대로 합니다. 사제가 성찬 축성문을 읊는 순간에 빵과 포도주는 예수님의 몸과 피로 변화됩니다(tweet 3.48 참조). 신자들은 성찬 기도 끝에 "아멘."으로 응답하며 그들이 이 예식에 참여했음을 노래합니다(tweet 3.50 참조).

주님의 기도 다음에, 사제나 부제는 모두 적절한 평화의 인사를 옆 사람들과 나누도록 권합니다. "하느님의 어린양"을 노래하거나 읊는 동안에 성체가 나누어집니다. 사제는 우리 가운데 빵과 포도주의 모습으로 오신 하느님의 어린양을 높이 들어 올리고, 모두 "주님, 제 안에 주님을 모시기에 합당치 않사오나 한 말씀만 하소서. 제가 나으리이다."라고 기도합니다. 영성체 시간에 가톨릭 신자가 아니거나 영성체를 하지 못하는 사람들은 자기 자리에 남습니다(tweet 3.49 참조). 때로는 그들은 양손을 자신의 가슴 위에 교차하여 올리고 축복을 받기 위해 앞으로 나오기도 합니다.

마침 예식

영성체 후의 기도를 한 다음에 사제는 미사에 참례한 모두에게 강복을 주고, 하느님의 말씀을 선포하며 살아가도록 우리를 세상으로 파견합니다(tweet 3.50 참조).

| 더 알기

미사가 없을 때의 영성체 예식(공소 예절)

주일 미사에 사제가 없을 경우, 이웃 성당에 가서 미사를 드려야 합니다. 그러나 그럴 수 없는 상황일 때에도 공동체가 말씀의 전례를 거행하고 기도를 한 후에 (이전 미사에서 축성된)(tweet 3.48 참조) 성체를 모십니다. 이 예식은 미사가 아니며, 성체성사에 대한 더 큰 열망을 일으키고, 성체성사 거행을 더 잘 준비시키기 위한 것입니다.

> 예수님은 당신의 말씀인 성경을 통해서 우리에게 말씀하시고 성체 안에서 당신을 내어 주십니다. 그러면 우리는 예수님을 세상에 모시고 나가도록 파견됩니다.

더 읽어 보기
미사의 구조: CCC 1345–1355, 1408항; CCCC 277항; YOUCAT 213–215항.

3.46 왜 희망이 아닌 죄를 강조하나요?

모든 미사가 시작될 때 참회 예식이 있습니다(더 알기 참조). 우리는 하느님과 미사에 참례하는 모든 사람에게 마음을 열고 우리가 죄를 지었음을 고백합니다. 그 다음에 자비송을 바치며 우리는 성경 속에 나오는 사람처럼 우리 주 그리스도께 자비를 베풀어 주십사고 청합니다(루카 18,38 참조). 어떤 주일, 특히 부활 시기에는 참회 예식과 자비송 대신에 성수를 뿌립니다(tweet 3.32, 3.33 참조). 이것은 세례 때 우리가 받은 죄의 용서를 생각나게 합니다.

예수님은 용서하시는 분

어떤 사람들은 교회가 사람들이 잘한 일보다는 잘못한 일만을 너무 강조한다고 합니다. 우리의 죄에 초점을 맞추지 말고 희망을 가지고 천국을 바라봐도 괜찮을까요?(tweet 1.45, 1.46 참조) 물론이지요! 예수님은 생명을, 넘치는 생명을 주시기 위하여 오셨습니다(요한 10,10 참조). 하지만 우리는 모두 스스로가 기대에 미치지 못하는 사람이라는 사실을 알고 있습니다(tweet 4.13 참조). 다행스럽게도 예수님은 기꺼이 우리를 용서해 주시고 더 잘 할 수 있도록 힘을 주십니다(tweet 4.14 참조). 예수님은 몇 번이고 우리가 새로 시작할 수 있는 기회를 주십니다. 성찬례에는 우리 그리스도교 신앙의 모든 요소가 포함되어 있습니다. 예수님이 십자가 위에서 돌아가신 것은 바로 우리의 죄 때문입니다. 모든 미사에서 우리는 예수님이 돌아가셨던 그때와 연결됩니다(tweet 3.31 참조). 당신의 죽음과 부활로 예수님은 우리 한 사람 한 사람에게 죄의 용서와 하느님 안에서의 새 생명을 얻어 주셨습니다(tweet 1.26 참조). 예수님은 우리가 죄를 극복하도록 우리의 죄를 감추지 않고 드러내기를 원하십니다. 우리는 그분께 용서받기를 구하기만 하면 됩니다(tweet 3.38 참조).

참회 예식

사제: 전능하신 하느님과

신자들: 형제들에게 고백하오니, 생각과 말과 행위로 죄를 많이 지었으며, 자주 의무를 소홀히 하였나이다. (가슴을 치며) 제 탓이요, 제 탓이요, 저의 큰 탓이옵니다. 그러므로 간절히 바라오니, 평생 동정이신 성모 마리아와 모든 천사와 성인과 형제들은 저를 위하여 하느님께 빌어 주소서.

사제: 전능하신 하느님, 저희에게 자비를 베푸시어 죄를 용서하시고 영원한 생명으로 이끌어 주소서.

모두: 아멘.

가장 중요한 성사

성찬례는 가장 중요한 성사입니다(더 알기 참조). 성찬례는 "그리스도교 생활 전체의 원천이며 정점"(CCC 1324항)입니다. 성찬례가 원천인 것은, 우리는 성찬례에서 훌륭한 그리스도인으로서 살 수 있도록 예수님의 현존과 힘을 받기 때문입니다. 성찬례가 정점인 것은, 예수님이 실제로 현존하시고 우리가 하느님께로 더 가까이 다가갈 수 있는 곳은 세상에서 성찬례 외에는 아무 데도 없기 때문입니다(tweet 3.48 참조). 성찬례에서 예수님은 우리에게 당신의 생명을 주십니다.

장애물 제거하기

성찬례에서 예수님과 만나기 위한 준비로, 예수님과 우리 사이에 놓인 장애물을 제거하는 것이 좋습니다. 이 장애물은 우리의 죄로 인한 것이며 우리가 용서를 청하면 제거됩니다(tweet 3.39 참조).

교회는 우리가 미사 중에 참회 예식을 통해서 예수님과의 만남을 준비하도록 도와줍니다(더 알기 참조). 그렇기는 하지만, 참회 예식을 통해서는 소죄만 용서받을 수 있다는 것을 기억해야 합니다(tweet 4.13 참조). 대죄는 영성체를 하기 전에 고해성사에서 용서를 청할 수 있습니다.

| 더 알기

교회법에서의 성찬례

"지성한 성찬(성체)은 이 안에 주 그리스도께서 친히 계시고 봉헌되며 배령되는 지존한 성사이고 이로써 교회는 끊임없이 생활하고 성장한다. 주님의 죽음과 부활의 기념이고 그 안에 십자가의 제헌이 세세에 영속되는 성찬 제헌은 그리스도교적 경배와 생활 전체의 극치이고 원천이며, 이로써 하느님 백성의 일치가 표시되고 실현되며 그리스도의 몸의 건설이 성취된다. 다른 성사들과 교회의 모든 사도직 사업 활동은 지성한 성찬(성체)에 응집되고 이를 지향한다."(교회법 제897조)

> 우리의 죄는 실제이며, 우리가 희망을 거는 하느님의 용서도 실제입니다. 용서가 없다면 우리는 우리의 신앙에서 앞으로 나아갈 수 없습니다.

더 읽어 보기

그리스도인 삶의 정점인 성찬례: CCC 1324항; CCCC 274항; YOUCAT 208항. 은총의 상태로 영성체: CCC 1389항; CCCC 291항; YOUCAT 220항.

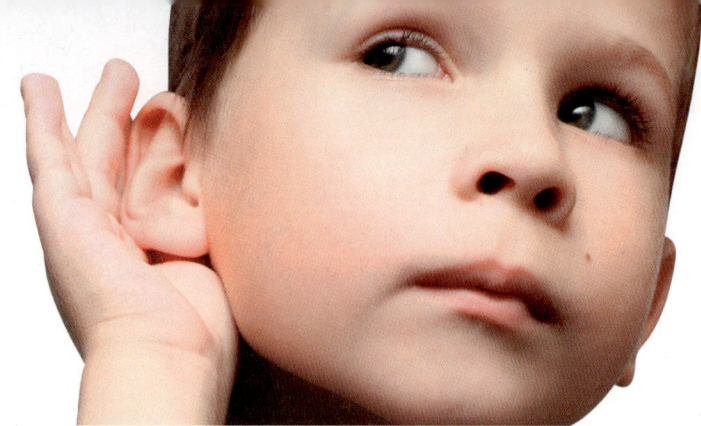

3.47 누가 독서를 선택하나요? 강론하는 동안에 자도 되나요?

미사 중에, 복음서와 그 밖의 다른 성경에서 선택된 독서가 선포됩니다. 성경은 하느님의 말씀을 담고 있으며 대개는 설명이 필요 없습니다. 그러나 성경 말씀이 시적으로 쓰였거나 특정한 역사적인 배경 안에서 쓰였기 때문에 때때로 이해하기 쉽지 않습니다. 그뿐 아니라 하느님은 언제나 우리가 생각하는 하느님 개념보다 위대하시기 때문에 우리는 결코 하느님을 완전하게 이해할 수 없습니다(tweet 1.9 참조).

그럼에도 하느님의 말씀에는 오늘날 우리에게 중요한 말씀이 많이 담겨 있습니다. 그리고 성경을 잘 이해하게 해 주는 방법도 많습니다(tweet 1.10 참조).

독서

평일 미사에는 두 번, 주일과 대축일 미사에는 세 번의 성경 봉독이 있습니다. 이 성경 본문들은 대개는 서로 연관성이 있어 쉽게 이해할 수 있습니다(더 알기 참조). 제1독서와 제2독서는 구약이나 신약 성경에서 가져옵니다. 제2독서는 흔히 바오로 사도의 서간문에서 가져옵니다. 두 개의 독서 사이에 있는 시편은 독서에 대한 화답송입니다. 미사 때마다 알렐루야를 한 다음에 네 개의 복음서 중에 하나의 복음서 본문이 봉독됩니다(tweet 3.45 참조).

주기

교회는 독서 목록을 작성해서 미사에서 성경을 봉독하도록 하기에 일년 동안 매일 미사에 참례하는 신자들은 가능한 한 다양한 성경 본문을 들을 수 있습니다. 성경은 모두 하느님의 말씀이기에 성경을 전부 읽는다는 것은 가치 있는 일입니다.

주일 복음 독서는 3년 주기로 정해져 있습니다. 가해에는 특히 마태오 복음서의 본문을 봉독하고, 나해와 다해는 각각 마르코와 루카 복음서의 본문을 봉독합니다. 성삼일과 부활 시기 동안 그리고 예수 성탄 대축일 아침에는 요한 복음서가 널리 봉독됩니다. 평일 미사의 경우에는 홀수 해와 짝수 해를 위한 2년 주기의 독서가 정해져 있습니다.

강론의 중요성

사제는 강론을 통해 우리가 들은 하느님의 말씀을 설명해 줍니다. 종종 우리의 일상생활과 관련짓기도 합니다. 강론은 우리가 성경 말씀을 더 잘 이해하는 데 도움이 될 것입니다. 하지만 여러분 본당의 사제는 아마도 바오로 사도만큼 장황하게 설교하지는 않을 것입니다. 한번은 바오로 사도가 너무나 길게 이야기하는 바람에 한 소년이 잠에 빠져 창문에서 밑으로 떨어지고 말았습니다. 그러나 바오로 사도는 그 소년을 다시 살린 후에 여전히 설교를 계속했습니다(사도 20,7-12 참조).

어떤 사람들은 강론이 싫어서 성당에 가기 싫다고 합니다. 그것은 집에 있고 싶어서 핑계를 대는 것입니다. 강론은 미사의 단지 한 부분에 지나지 않습니다. 어느 날은 강론이 다른 때보다 우리에게 강하게 와 닿을지도 모릅니다. 우리가 미사에 참례해야 하느님의 말씀 안에서 그리고 영성체로 예수님을 받아 모실 수 있고, 우리 신앙의 여정에서 우리에게 도움이 될 수 있는 은총을 얻을 것입니다.

| 더 알기

성경은 설명이 필요 없습니다

예를 들어 매년 9월 14일에 거행하는 성 십자가 현양 축일의 독서들은 서로 연관성이 있어서 쉽게 이해하도록 해 주는 성경 구절로 되어 있습니다. 이날 제1독서는 불평을 하던 이스라엘 백성이 어떻게 광야에서 독사에게 물렸는지 이야기합니다. 이 백성을 치유하시기 위해서 하느님은 모세에게 구리 뱀을 달아 놓으라고 하셨습니다. 뱀에게 물린 사람은 누구든지 그 구리 뱀을 바라보면 살아났습니다(민수 21,4-9 참조). 만약 이 축일을 주일에 거행하게 되는 경우는 제2독서도 있는데, 거기에서 바오로 사도는 하느님은 우리를 구원하시기 위하여 예수님을 드높이 올리셨다고 말합니다(필리 2,6-11 참조).

그리고 복음서에서는 "모세가 광야에서 뱀을 올린 것처럼, 사람의 아들도 들어 올려져야 한다. 믿는 사람은 누구나 사람의 아들 안에서 영원한 생명을 얻게 하려는 것이다."(요한 3,14-15)라고 예수님이 당신 자신에 관하여 하시는 말씀을 듣습니다. 예수님은 우리에 대한 사랑 때문에 십자가 위로 들어 올려지셨습니다.

예수님은 우리 앞에 구리 뱀처럼 달리셨습니다. 그러나 구리 뱀을 바라보았고 살아났던 사람들 역시 언젠가는 죽어야 했습니다. 하지만 믿음으로 예수님을 바라보는 우리는 결국 예수님과 함께 영원히 살 것입니다(tweet 1.26 참조).

> 미사의 독서는 교회가 신중하게 선택했습니다. 강론은 하느님의 말씀을 우리에게 설명해 주며, 그래서 강론이 중요한 것입니다.

더 읽어 보기
독서와 강론: CCC 1346-1349, 1408항; CCCC 277항; YOUCAT 213-214항.

3.48 성체 안에 예수님이 정말로 현존하시나요? 성체 축성은 무엇인가요?

최후의 만찬에서 예수님은 빵을 들고 감사를 드리신 다음 제자들에게 "이는 너희를 위하여 내어 주는 내 몸이다. 너희는 나를 기억하여 이를 행하여라."(루카 22,19) 라고 말씀하셨습니다. 또 예수님은 포도주 잔을 드시고 "모두 이 잔을 마셔라. 이는 죄를 용서해 주려고 많은 사람을 위하여 흘리는 내 계약의 피다."(마태 26,27-28)라고 말씀하셨습니다. 예수님은 이 말씀과 행위로 성찬례를 제정하셨습니다. 이는 미사 때마다 반복되는 성찬 축성문입니다.

이는 내 몸이다

제자들은 예수님이 위임하신 것을 말 그대로 이행했습니다. 사도나 그들의 후계자들 가운데 누구든지 초대 그리스도인들을 방문할 때마다, 예수님이 최후의 만찬에서 하신 것을 행하여 그들과 함께 성찬례를 거행했습니다(1코린 11,23-25 참조). 예수님은 "이는 나의 몸을 상징하는 것이다." 라고 하신 것이 아니라 "이는 …… 내 몸이다."(루카 22,19)라고 말씀하셨습니다. 그 이전에 예수님은 "내 살은 참된 양식이고 내 피는 참된 음료다. 내 살을 먹고 내 피를 마시는 사람은 내 안에 머무르고, 나도 그 사람 안에 머무른다."(요한 6,55-56)라고 말씀하셨습니다. 예수님은 사도들에게 당신 자신을 양식으로 주셨고 성찬례를 계속해서 거행하도록 그들에게 위임하셨습니다. 모든 미사를 통해, 우리는 예수님이 십자가로 이루신 희생과 아주 특별하게 연결됩니다. 우리를 대신하여 사제가 하느님께 희생 제물로 바치는 단순한 봉헌 예물인 빵과 포도주는(tweet 3.45 참조) 우리와 함께 그리고 우리를 위해서 당신을 바치시는 예수님의 위대한 희생 제물로 변화됩니다.

비록 우리는 빵을 보고 맛보지만 축성된 성체는 실제로 예수님이십니다. 빵의 본질과 실체가 예수님으로 변화되었습니다. 이 변화를 실체 변화라고 하며, 변화가 일어나는 그 순간을 성체 축성이라고 합니다. 하지만 대부분의 개신교 신자들은 이것을 믿지 않습니다(tweet 3.49 참조).

왜 성체만?

축성이 되는 순간부터 예수 그리스도의 영혼과 천주성과 하나 된 몸과 피로 예수님은 온전히 존재하십니다(CCC 1374 항 참조). 예수님은 포도주처럼 보이는 음료에 온전히 존재하십니다. 예수님은 또한 빵처럼 보이는 축성된 성체 안에 온전히 존재하십니다(더 알기 참조). 그러므로 성체만 모셔도 충분합니다. 마찬가지로, 포도주만을 나눠도 충분합니다. 예수님은 극히 작은 빵 조각과 극소량의 포도주 방울 속에 존재하시기 때문에 우리는 축성된 빵과 포도주에 지극히 정성을 기울여야 합니다. 물론 양형 영성체를 할 수 있지만, 예수님을 온전히 모시기 위해 반드시 그렇게 해야 할 필요는 없습니다.

신앙의 신비

성체 축성 직전에, 사제는 빵과 포도주 위로 팔을 뻗고 성령을 부르며 축성 기원을 합니다(에피클레시스epiclesis). 주의 깊게 귀를 기울여 보세요. 성체 축성 후, 성찬 감사기도를 하는 동안에 사제가 어떻게 성령께 다시 청원하는지 들을 수 있을 것입니다. 이번에는 전체 공동체를 거룩하게 하기 위해 성령을 부르는 기도입니다(두 번째 에피클레시스). 결국 이것이 바로 예수님이 성체 안에 현존하시는 목적입니다. 즉 우리를 하느님과 하나 되도록 하기 위한 것입니다. 평범한 빵과 포도주가 어떻게 예수님의 몸과 피가 되는지 우리는 설명할 수 없습니다. 그것은 오직 하느님만이 성령을 통해서 하실 수 있는 초자연적인 것입니다(tweet 4.18 참조). 그러므로 성체 축성 직후에 사제는 "신앙의 신비여!"라고 말합니다. 그러면 우리는 바오로 사도의 말로 "주님께서 오실 때까지 주님의 죽음을 전하며 부활을 선포하나이다."(1코린 11,26 참조)라고 응답합니다.

| 더 알기

빵과 포도주

성체는 대단히 거룩한 것이기 때문에 제병은 특별히 밀가루만으로 굽습니다. 전례를 위해 사용되는 제병에는 이스트를 넣지 않습니다. 이는 유다인이 누룩이 든 빵을 먹는 것이 금지된 과월절 동안에 최후의 만찬이 있었다는 복음서 이야기에 따른 것입니다. 미사가 끝난 후에 축성된 성체는 뚜껑이 달린 아름다운 황금색 그릇인 성합에 담아 감실에 보관됩니다(tweet 3.21 참조). 성찬례에 사용하는 포도주는 포도즙으로 만들어진 순수한 생포도주여야 합니다. 포도주는 공기에 노출되면 빨리 상하기 때문에 성작에 담았던 예수님의 성혈聖血은 미사 중에 다 마십니다. 예수님의 몸과 피가 얼마나 중요한지 보여 주기 위해서, 성반과 성작은 흔히 아름답게 장식되어 있습니다.

 성찬 축성문을 통해서 빵과 포도주는 그리스도의 몸과 피로 변화되고, 그리스도는 실제로 존재하시게 됩니다.

더 읽어 보기
성체 안에 현존하시는 그리스도: CCC 1362-1367, 1373-1377, 1413항; CCCC 280, 282-283항; YOUCAT 216항.

3.49 누구든지 영성체를 할 수 있나요?

교회에서 영성체라는 말은 예수님과 일치한다는 뜻입니다. 미사에서 영성체를 할 때 예수님은 그야말로 우리 안에 계시고 우리는 아주 특별한 방법으로 예수님과 하나가 됩니다. 예수님과의 그런 결합 때문에 우리는 또한 영성체를 하는 다른 사람들과도 결합됩니다. 모든 사람이 성찬례에 함께하도록 초대받습니다. 예수님은 모든 사람이 구원받을 수 있도록 당신의 생명을 희생하셨습니다. 그러니 합당하게 준비되지 않고 마음이 준비되지 않으면 영성체를 해서는 안 됩니다.

첫영성체

가톨릭 신자가 처음으로 영성체를 하는 것은 큰 행사입니다. 왜냐하면 이 세상에서는 영성체 때보다 예수님과 더 가까이 있을 수 없기 때문입니다. 어른은 대개 세례성사를 받은 후에 바로 첫영성체를 합니다. 하지만 유아 세례를 받은 사람은 이성 판단을 할 수 있는 연령까지 기다려야 하는데 대개는 8세 이상의 나이입니다. 세례성사를 받고 바로 첫영성체를 하지 않은 사람은 세례성사 후에 저지른 죄를 없애기 위해서 고해성사를 받아야 합니다. 또한 그 사람은 성체가 무엇인지, 성체를 모시면 무슨 일이 일어나는지, 다시 말해 성체를 통해 그리스도와의 일치뿐만이 아니라 전체 가톨릭교회와 일치한다는 것을 이해하도록 가톨릭 신앙 교육을 받아야 합니다. 이 첫영성체 다음에 가톨릭 신자는 계속해서 영성체를 할 수 있습니다. 만약 죄를 저지르면 다시 영성체하러 나오기 전에 그 죄를 사제에게 고백해야 합니다. 예수님을 모시기 전에 예수님과 화해하기 위해서입니다(더 알기 참조).

개신교 신자

개신교 신자들은(tweet 2.37 참조) 그들의 성찬 예식이 단지 예수님이 최후의 만찬에서 하신 것을 상징한다고 믿습니다. 그들은 미사 중에 빵과 포도주의 성분이 정말로 예수님으로 변화되지 않는다고 생각합니다(tweet 3.48 참조). 바오로 사도는 예수님이 성체 안에 정말로 존재하심을 믿는 것이 중요하다는 것을 강조했습니다(1코린 11,27-29 참조). 가톨릭 신자와 개신교 신자는 이 중요한 점에 대해 서로 다르기 때문에, 가톨릭교회는 가톨릭 신자들이 개신교 성찬 예식에 참여하지 않도록 그리고 개신교 신자가 가톨릭 미사에서 영성체를 하지 않도록 요청합니다.

정교회

동방 정교회 그리스도인들(tweet 2.30 참조)은 빵과 포도주의 형태로 예수님이 성체 안에 진정으로 현존하심을 믿습니다. 그들의 사제들은 합법적으로 성직자로 서품(사도 계

| 더 알기

어떻게 하면 영성체를 합당하게 할 수 있나요?

우리 가운데에 예수님을 모시기에 합당한 사람은 아무도 없습니다. 영성체 바로 직전에 "주님, 제 안에 주님을 모시기에 합당치 않사오나 한 말씀만 하소서 제가 곧 나으리이다."(마태 8,8 참조)라고 기도할 때 이를 인정하는 것입니다. 사실은 하느님과 친교를 맺기에 합당한 사람이 되기 위해서 우리는 예수님이 필요합니다. 그것은 예수님이 성사를 통해서 우리에게 해 주시는 것입니다. 성체성사와 그 밖의 다른 성사의 위대한 은총은 우리가 하느님과의 친교 안에서, 즉 은총의 상태에서 살아갈 때만 완전히 효과적일 수 있습니다.(tweet 4.12 참조). 우리는 고해성사에서 우리의 모든 대죄를 용서받고 난 후에만 영성체를 해야 합니다(tweet 3.38 참조). 소죄는 미사의 시작 부분에서 참회 예식을 통해서 용서받습니다(tweet 3.36 참조). 자기들의 죄를 고백할 수 없거나 고백하기를 거부하는 사람은 영성체를 할 수 없습니다. 그들은 예수님과 교회와 일치하여 살고 있지 않기 때문입니다. 바오로 사도는 부당하게 영성체를 하지 말라고 경고했습니다. "부당하게 주님의 빵을 먹거나 그분의 잔을 마시는 자는 주님의 몸과 피에 죄를 짓게 됩니다. 그러니 각 사람은 자신을 돌이켜보고 나서 이 빵을 먹고 이 잔을 마셔야 합니다."(1코린 11,27-29) 그러므로 우리는 영성체를 진지하게 대해야 합니다. 이런 마음의 표현으로 교회는 영성체를 하기 적어도 한 시간 전에는 물과 약을 제외하고는 음식물을 먹지 말라고 합니다. 미사의 경험을 적극적으로 서로 나누는 것(tweet 3.44 참조)은 영성체를 위해 대단히 좋은 준비입니다. 이미 영성체한 사람이 같은 날 재차 영성체하는 것은 자신이 미사에 참여할 때만 가능합니다.

승 방법으로)을 받았기 때문에 그들의 모든 성사는 유효합니다. 그러므로 정교회 그리스도인들은 영성체를 할 수 있으며, 그들이 정교회 사제에게 갈 수 없는 경우에는 우리와 함께 다른 성사를 받을 수 있습니다. 반대로 가톨릭 신자들도 비슷한 경우에는 당연히 정교회 사제에게 갈 수 있습니다. 정교회는 성찬례를 우리와 마찬가지로 일치의 성사로 봅니다. 그렇다고 정교회에서 가톨릭 신자가 영성체하는 것을 허락하는지는 판단하기 어렵습니다.

> **t** 그리스도인들이 갈라져 있는 한은 가톨릭 신자만 미사에서 영성체를 할 수 있으며, 그들은 은총의 상태에 있어야 합니다.

더 읽어 보기
성체성사를 위한 준비: CCC 1385-1389, 1415항; CCCC 291항; YOUCAT 220항. 성체 모시기: CCC 1398-1401항; CCCC 293항; YOUCAT 222항.

3.50 미사가 끝날 때 우리는 왜 파견되나요?

미사가 끝나면서 부제나 사제는 "미사가 끝났으니 가서 복음을 전합시다."라고 말합니다. 라틴어로 그 말은 "이테, 미사 에스트Ite, missa est."이며 여기에서 미사라는 말이 비롯되었습니다(tweet 3.44 참조). 이 마지막 한 문장은 그리스도인으로서 우리의 전 생애를 어떻게 살아야 하는지를 말해 줍니다.

가서 복음을 선포하여라

우리는 미사 중에 예수님의 말씀 안에서 그리고 예수님의 몸과 피 안에서 예수님을 만난 후에(tweet 3.45-3.49 참조), 예수님과 함께 세상으로 파견됩니다. 예수님은 같은 식으로 "너희는 온 세상에 가서 모든 피조물에게 복음을 선포하여라."(마르 16,15)라고 말씀하시며 당신의 제자들을 파견하셨습니다.

일상생활에서 우리는 예수님의 말씀을 삶으로 실천해야 하고, 우리가 만나는 모든 사람에게 예수님이 되어 주어야 합니다. 또한 다른 모든 일보다 맨 먼저 그리스도를 섬기는 일을 우선시하고자 해야 합니다. 그런 다음 우리는 주변 사람들의 필요에 따라 우리 자신을 열고 우리가 가진 것을 그들과 나누며 그리스도를 섬깁니다. 다른 사람들에게 하는 이런 봉사를 그리스도교적 사랑이라고 합니다(tweet 4.7 참조).

언제나 그리스도인

예수님의 몸과 피를 모시는 일을 통해 우리는 변화해야 합니다. 즉 우리는 보다 그리스도를 닮은 사람으로 변화해야 한다는 말입니다. 우리는 주일날 한 시간만 그리스도인이 아니라 일주일에 7일, 하루 24시간 동안 그리스도인입니다. 우리가 그리스도를 우리 삶으로 모시고 올 때, 우리는 예수님을 우리 집, 이웃, 교실, 그리고 일터로 모시고 오는 것입니다. 그리스도인들 자신의 삶에서 자비롭고 삶에 변화를 가져오는 하느님의 사랑을 경험해야 합니다. 그리스도인들은 다른 사람들에게, 특별히 가난하고, 슬프고, 굶주리고, 병들거나 억압받는 사람들에게 도움의 손길을 뻗을 때 희망의 표징이 됩니다. 하느님의 사랑이라는 진실은 나 자신만을 위한 것이 아니라 모든 사람을 위한 것임을 증언하기 위하여 자신의 전 존재를 예수님께 맡겨 드리는 것은 그리스도인 한 사람 한 사람의 소명입니다(tweet 4.4 참조). 오늘날까지 그리스도인들은 이 부르심에 충실하기 위하여 위험을 무릅썼습니다(더 알기 참조).

아멘

성찬 감사 기도는 "아멘."(묵시 22,21 참조)으로 끝납니다. 사제가 하느님께 이끄는 기도를 모든 신자가 함께합니다. '아멘'의 히브리어 어원은 '확고한' 또는 '확실한'을 의미합니

| 더 알기

불의에 저항하기

네덜란드 가르멜회의 사제 티토 브란드스마(†1942년)는 네이메헌 대학의 교수였습니다. 제2차 세계 대전이 일어나기 몇 년 전, 그는 나치에 대항하기 위해서, 다른 사람 안에 계신 그리스도를 기도와 도움으로 공경하는 사람의 "숨은 영웅적 행위"에 관하여 이야기했습니다. "묻지 마십시오. 뒤를 돌아보지 마십시오. 판단하지 마십시오. 그저 도우십시오."

독일이 네덜란드를 점령하자, 네덜란드 주교들은 나치를 비난했고 가톨릭 신자들이 나치와 제휴한 기관의 일원이 되는 것을 금지했습니다. 1942년에 가톨릭 저널리스트의 고문으로서 티토 브란드스마 신부는 가톨릭 출판물이 통제를 받아서는 안 된다고 주장했습니다. 주교들의 지지를 받아서 티토 브란드스마 신부는 그 편지를 직접 나누어 주었고 받는 사람들에게 그것을 설명했습니다. 점령군의 감시를 받으니 위험하다는 경고에도 불구하고 그는 나치에 대한 이 저항이 얼마나 중요한지를 알았기 때문에 계속 분투했습니다. 그는 1월 19일에 체포되어 네덜란드 스케브닝겐에 있는 감옥으로 보내졌습니다. 그해 6월에 티토 브란드스마 신부는 다하우 강제 수용소로 끌려갔습니다. 거기에서도 그는 사제로서의 자신의 성소에 충실하여, 그의 동료 수감자들에게 특별한 영향을 미쳤습니다. 많은 수감자들이 그의 말과 행동으로 위안을 받았습니다. 티토 브란드스마 신부는 1942년 7월 26일, 신앙을 위해 순교하였습니다. 이후 그는 복자품에 올랐습니다.

다. 이 환호는 그리스어로 '그럴 것입니다.' 또는 '참으로'라는 뜻입니다. 그래서 기도 끝에 우리는 '하느님의 영광을 위하여, 예, 그럴 것입니다.'(2코린 1,20 참조; CCC 1065항 참조)라는 의미로 "아멘."이라고 말합니다. 좋은 예로 신경 끝의 "아멘."은 신경 첫머리의 "저는 믿나이다."라는 두 마디를 되풀이하고 확인하는 것입니다(CCC 1064항 참조).

우리가 진실로 하느님의 말씀, 약속, 그리고 계명을 믿기에 우리는 그 모든 것이 참되다고 확신하고 싶어 합니다. 그러므로 우리의 전 생애는 하느님의 사랑과 성실함에 대한 응답으로 "아멘."이 되어야 합니다. 성찬례 후에 우리는 그리스도의 평화가 필요한 사람들에게 도움을 주기 위해서 그리고 복음을 선포하기 위해서 가서 그리스도의 평화를 나눕니다.

> "가서 그리스도의 평화를 나눕시다."는 우리는 예수님을 따르고 예수님을 세상에 전해야 한다는 뜻입니다. 우리는 다른 사람들을 위해서 그리스도가 되어야 합니다.

더 읽어 보기
아멘: CCC 1061-1065항; CCCC 217항; YOUCAT 165항. 복음화: CCC 425-429항; CCCC 80항.

제4부

그리스도인의 생활에 관한 트윗, 신앙과 윤리에 대해

🐦 4.1 왜 우리는 여기 세상에 있나요?

신앙에 관한 오래된 책에서는 "나는 왜 태어났습니까?"라는 물음에 다음과 같이 대답합니다. "이 세상에서는 하느님을 알고 사랑하고 섬기기 위해서입니다. 또 내세에서는 하느님과 함께 영원히 행복하기 위해서입니다."(《볼티모어 교리서》)

우리는 하느님이 우리의 창조주이심을 알아보도록 요청받습니다(tweet 1.2 참조). 우리의 창조주이신 하느님은 우리 아버지이십니다. 상상하기 힘들지 모르지만 그분은 모든 인간을 사랑하십니다(요한 3,16 참조). 하느님은 또한 여러분을 사랑하십니다(tweet 4.2 참조). 우리는 마땅히 그분께 사랑과 존경을 드려야 합니다. 하느님을 섬기는 데 우리는 종처럼 하느님께 굴종하지 않습니다. 오히려 우리의 주님이요 아버지이신 하느님께 순명할 것을 사랑으로 선택하지요. 그렇게 하려면 하느님이 우리에게 무엇을 요청하시는지 알아야 합니다(tweet 4.3 참조).

우리의 최종 목적

우리의 최종 목적은 천국에서 영원히 하느님과 행복하게 사는 것입니다(tweet 1.45 참조). 때로는 이를 믿기 힘들지만 우리는 여기 이 세상에서 이미 행복할 수도 있습니다. 예수님이 이렇게 말씀하셨기 때문입니다. "보라, 하느님의 나라는 너희 가운데에 있다."(루카 17,21)

하느님은 사람들이 서로 사랑하고, 서로 돌보고, 함께 기도하는 곳이면 어디에나 계십니다. 죄 그리고 죄의 결과인 고통과 죽음으로 인해 이 세상에서 사는 삶은 완전함과는 거리가 멉니다(tweet 1.34 참조). 하지만 의식적으로 하느님과 함께 살고 또 다른 이들을 돌본다면 이 세상에서도 여전히 의미 있고 행복하게 살 수 있습니다. 이렇게 살아감으로써 우리는 천국을 향해 나아가고 그곳에서 우리는 영원히 행복을 누릴 것입니다.

오직 하느님만을 신뢰해야 합니다

행복해지려면 우리는 하느님을 신뢰하고 확신하는 법을 배워야 합니다. 하느님만이 우리를 완전히 행복하게 해 주실 수 있기 때문입니다. 우리는 모두 사랑, 건강, 성공, 안락함 등을 바랍니다. 이러한 것은 좋은 것입니다. 하지만 이런 것에 대한 갈망이 너무 강할 수 있습니다. 그래서 때로는 그것들을 얻기 위해 하느님의 계명을 위반하고 싶은 유혹을 받습니다. 그러다가 이러한 것을 우상으로 만들어 하느님 대신 섬기고 숭배합니다.

어떻게 하면 올바로 살 수 있나요?

성경은 우리 마음에 쓰여 있는 몇 가지 기본 규칙에 관해 말해 줍니다(로마 2,15 참조). 이러한 규칙들은 자연법을 이루지요. 자연법은 다른 시대와 다른 장소에서 산 사람들이 모두 보기에 인간 본성에 맞으며 우리가 올바르게 살도록 도와준다고 생각하는 법입니다. 그리고 양심은 어떤 행동이 자연법에 부합하고 어떤 행동이 부합하지 않는지를 우리에게 말해 주는 내면의 소리입니다(로마 9,1 참조; 더 알기 참조).

우리는 언제나 자기 양심에 귀를 기울여야 합니다. 또한 진리를 신실하게 찾아 양심이 올바른 목소리를 내도록 도와야 합니다. 때로 우리는 어떤 행동을 아주 강하게 원한다는 이유만으로 그 행동이 선하다고 여깁니다. 하지만 하느님은 우리가 자신을 속이지 않도록 십계명을 주셨습니다(tweet 4.9 참조). 하느님은 또한 우리가 옳고 그름을 구별할 수 있도록 예수님을 보내시고 교회를 주셨습니다(tweet 1.20 참조).

더 알기

여러분은 무엇이 옳고 무엇이 그른지를 스스로 결정할 수 있나요?

바르게 사는 사람들은 자기 양심에 귀를 기울입니다. 하지만 그렇다고 해서 그들 자신이 옳고 그름을 결정한다는 것을 의미하지는 않습니다. 우리는 어떤 것에 대해 옳다거나 그르다고 생각할 수 있습니다. 하지만 우리가 잘못 판단할 수도 있는 것이죠! 바오로 사도는 오직 하느님만이 모든 것을 아신다고 하며 이렇게 말했습니다. "나는 잘못한 것이 없음을 압니다. 그렇다고 내가 무죄 선고를 받았다는 말은 아닙니다. 나를 심판하시는 분은 주님이십니다."(1코린 4,4) 옳고 그름의 판단은 하느님이 세상을 창조하신 그 방식에 따른 것입니다.

어떤 사람들은 객관적인 진리란 없다고 말합니다. 그렇다면 내가 석탄은 노랗다고 말해도 맞고, 여러분이 석탄은 노랗다고 말해도 맞을 것입니다. 하지만 석탄이 검다는 객관적인 진리는 그대로 있습니다. 내 의견은 그 사실을 조금도 바꾸지 못합니다(tweet 1.8 참조). 따라서 어느 누가 뭐라고 생각하든지 간에 객관적으로 잘못된 행동이 있습니다. 살인을 예를 들어 봅시다. 죄가 없는 사람을 의도적으로 살인하는 행위는 언제나 잘못된 것입니다. 죄가 있는 사람이라고 해도 정당방위가 아닌 한 살인하는 것은 잘못된 것입니다(tweet 4.42, 4.43 참조).

> **T** 우리는 하느님을 알고 사랑하고 섬기기 위해서 여기에 있습니다. 이는 지금 우리를 가능한 한 행복하게 해 줄 것이고 천국에서는 영원토록 완전히 행복하게 해 줄 것입니다.

더 읽어 보기
창조의 근거: CCC 358항; CCCC 67항; YOUCAT 59항. 자연법: CCC 1954–1960, 1978–1979항; CCCC 416–417항; YOUCAT 333항.

4.2 왜 사는 걸까요?

이 세상에 사는 사람은 누구나 이 질문에 대한 답을 찾아야 합니다. 아마 아직 그 답을 찾지 못한 분도 있을 것입니다. 아니면 아직 이 질문을 던져 보지 않은 분도 있을 것입니다. 사실, 왜 사는지에 대한 답은 아주 간단합니다. 행복하기 위한 것이죠! 하지만 이는 말하기는 쉬워도 실제로 이루어지기는 어렵습니다. 우리는 하느님이 우리 모두를 위한 계획을 지니고 계시다는 것을 확신할 수 있습니다(더 알기 참조). 우리가 아주 행복해지는 것이 그분의 뜻입니다(tweet 4.1 참조).

하느님은 여러분이 행복하기를 원하십니다

성경에서 하느님은 우리에게 이렇게 말씀하십니다. "얘야, 나는 너를 완전히 이해하고 안단다. 네가 언제 앉을지 언제 일어설지 안단다. 네 모든 생각을 알고, 네가 하는 일을 모두 다 알고 있단다."(시편 139,1-3 참조) "나는 너를 내 모습으로 지었단다."(창세 1,27 참조) "나는 네 어미 배 속에서 너를 지었단다."(시편 139,13 참조) "네 머리카락 개수도 낱낱이 헤아린단다."(마태 10,30 참조) "나는 네 인생의 여정을 알고 있고, 내 길을 따르면 너는 복을 받게 될 거란다."(시편 139,16; 야고 1,25 참조) "너는 내 아이이고 나는 너를 사랑하는 아버지란다."(1요한 3,1-2 참조) "나는 늘 너를 사랑했고, 내 사랑은 늘 너와 함께 있을 거란다."(이사 31,3 참조)

때때로 어떤 사람은 "내 소명을 발견했어."라고 말합니다. 이는 자기 재능에 맞고 자기가 받은 교육에 적합한 직업을 찾았다는 의미입니다. 이처럼 우리 행복은 능력에 맞는 일을 하는 것과 관련이 있습니다. 또한 어떤 일을 잘할 때, 우리는 그 일을 사랑한다고 말하기도 합니다. 이처럼 우리 행복은 사랑과 관계가 있습니다. 우리는 사랑하는 일을 하는 데서뿐만 아니라 사랑하는 사람을 위해 일하는 데서 가장 큰 행복을 느낍니다. 어느 날 예수님이 베드로에게 "너는 나를 사랑하느냐?" 하고 세 번 물으셨습니다. 이 질문에 베드로는 이렇게 대답했지요. "제가 주님을 사랑하는 줄을 주님께서 아십니다."(요한 21,15-17 참조) 그와 같은 방식으로, 하느님은 우리에게 당신을 사랑하느냐고 물으십니다. 우리는 아마 프란치스코 교황과 함께 골똘히 생각할 것입니다. "저는 제 자신에게 이렇게 묻습니다. '나는 그리스도를 위해 무엇을 했나? 나는 그리스도를 위해 무엇을 하고 있나? 나는 그리스도를 위해 무엇을 해야 하나?'"(2013년 8월 19일 예수회 스파다로 신부와의 인터뷰)

자신을 사랑하기

하지만 다른 사람이 우리를 사랑하는지 실제로 믿기 어렵다면 하느님을 어떻게 사랑할 수 있겠습니까? 혹은 우리가 우리 자신을 사랑할 수 없을 때 하느님을 어떻게 사랑할 수 있겠습니까? 이러한 질문은 참으로 좋은 질문입니다. 이 질문에 우리는 모두 답변을 찾아야 합니다. 우선 하느님이 우리를 있는 그대로 사랑하신다는 것은 확신해도 좋습니다. 사람들은 우리가 한 일이나 가진 것에 따라 우리를 평가하는 경우가 많습니다. 하지만 하느님이 우리를 사랑하시도록 뭔가를 할 필요는 없습니다. 하느님은 정말로 우리를 있는 그대로 사랑하시기 때문입니다. 완벽하지 못한 외모와 각기 다른 개성을 지녔어도, 재능과 함께 단점을 지녔어도 하느님은 우리를 사랑하십니다. 하느님은 우리가 우리 자신에 대해 아는 것보다 우리를 더욱 잘 아시며, 우리가 어떠한지를 아십니다. 그분은 우리를 지어 내셨으니까요!(창세 1,27 참조; tweet 1.2 참조)

하느님과 함께할 때에만

여러분은 이런 생각이 들 수도 있습니다. "하느님은 나를 있는 그대로 사랑하시지만 그렇다고 내가 아무것도 하지 않고 가만히 있을 순 없지!" 그 말이 맞습니다. 바로 이런 까닭에 자신을 사랑하고 난 다음 단계는 우리의 길을 찾기 위해 '하느님과 함께 걷는 것'이랍니다. 이 일은 어려울 수 있습니다. 일반적으로는 날마다 많은 일을 처리하면서 동시에 그 길을 찾아야 하기 때문입니다(tweet 4.6 참조). 하지만 우리를 참으로 행복하게 해 주는 것을 발견하는 일은 노력해 볼 만합니다. 우리 인생 전체를 더 좋게 변화시킬 테니까요.

인생을 어떻게 살아야 하는지에 대한 답을 찾으려면 먼저 하느님과 맺은 관계에 공을 들여야 합니다. 그 답은 오직 하느님과 함께할 때에만 찾을 수 있습니다. 기도하고(tweet 3.1 참조), 자기 자신과 자신의 신앙에 대해 더 많이 배우며, 다른 이들을 돌볼 때(tweet 4.7 참조), 우리는 하느님께 귀를 더욱 기울일 수 있게 됩니다.

| 더 알기

하느님이 이미 나를 위한 계획을 갖고 계시다면, 내가 어떻게 자유로울 수 있나요?

하느님이 우리를 창조하신 것은 우리를 사랑하시기 때문입니다. 하느님은 우리가 당신 뜻에 따르며, 당신의 사랑에 자유로이 응답할 수 있게 되기를 바라십니다. 우리가 태어나기 전부터, 하느님은 이미 우리를 위한 계획을 갖고 계셨습니다. 그러나 우리는 참으로 자유를 누립니다. 우리는 하느님이 우리를 위해 마련하신 그 계획을 거부하고 우리 나름대로 나아갈 수 있습니다. 하지만 반드시 알아야 할 것은 하느님 없이는 행복할 수 없다는 사실입니다.

하느님은 우리를 사랑하시며 우리가 행복하기를 원하신다는 것을 신뢰하십시오. 그러고는 그 사랑을 다른 이들과 나누십시오. 나머지는 따라오게 될 것입니다.

더 읽어 보기
행복에 대한 갈망: CCC 1718–1719, 1725항; CCCC 361항 ; YOUCAT 281항.
자유롭게 하느님을 선택하기: CCC 1730–1733, 1743–1744항; CCCC 363항; YOUCAT 286항.

4.3 하느님이 제게 요청하시는 것은 무엇인가요?

이런 생각을 해 본 적 있습니까? '무엇을 해야 하지?' 또는 더 구체적으로 '하느님은 내게 무엇을 바라실까? 하느님의 뜻은 무엇일까?' 이런 생각을 해 본다는 것은 우리가 소명을 찾기 위해 노력한다는 의미입니다(더 알기 참조). 우리가 소명을 찾고 이행한다면, 하느님의 뜻을 행하고 있는 것이지요. 좋은 일은 이것이 진짜로 행복하게 되는 최상의 길이자 유일한 길이라는 것입니다.

예수님은 여전히 부르시고 계신가요?

예수님은 당신을 따르라고 사람들을 초대하셨습니다. 그렇게 한 사람들은 그분의 제자가 되었습니다. 예수님은 남자든 여자든, 젊은이든 늙은이든, 가난한 이든 부유한 이든, 건강한 이든 아픈 이든 상관하지 않고 부르셨습니다. 어떤 이들에게는 당신의 제자가 되라고 요청하셨고, 그 밖의 사람들에게는 교회에 봉사하는 다른 사명들을 맡기셨습니다(tweet 2.15, 2.16 참조). 예수님은 그들 모두를 빠짐 없이 사랑하셨습니다. 마치 여러분을 사랑하시듯 말이지요. 예수님은 당신을 따르라고 여전히 사람들을 부르십니다. 우리는 예수님의 첫 제자들과 같은 방식으로 예수님을 보거나 그분 말씀을 듣거나 할 수는 없습니다. 하지만 우리는 성경이나 교회에서 하느님의 말씀을 듣고, 성사를 받으며, 우리 삶을 다른 신자들과 나눔으로써 우리 자신 안에서 그분을 만날 수 있습니다. 예수님이 바라시는 것이 무엇인지 듣는 일은 첫 제자들이 그랬던 것처럼 그분 곁에 있고, 그분을 따르는 데서 시작됩니다.

누구에게나 각각의 소명이 있습니다

어떤 사람들은 하느님의 부르심을 바로 알아보기도 합니다. 그들은 어린 시절부터 자기 삶을 위한 하느님의 계획을 압니다. 하지만 다른 이들에게는 그 부르심을 발견하기가 어려울 수 있습니다(tweet 4.6 참조). 부르심을 발견하려고 노력하는 동안에 가장 중요한 것은 자기 마음을 따르는 것입니다. 놀라운 일이지만 우리의 소명은 우리 자신 안에 깊숙이 감추어져 있습니다. 우리는 그곳에서 자신의 가장 깊은 갈망을 찾을 수 있습니다. 하느님은 자신에게 진실하라고, 자신을 위해 정말로 올바른 삶을 살라고 우리에게 요청하십니다. 이렇게 할 때 우리는 내적 평화를 발견할 것입니다(tweet 3.4 참조). 자기 마음을 따른다는 것은 피상적인 느낌에 이끌린다는 것을 의미하지 않습니다. 이런 것은 결코 자기를 완전하게 채워 줄 수 없고 자기에게 온전한 행복을 가져다줄 수 없습니다. 자기 마음을 따른다는 것은 자신의 깊숙한 갈망에 의해 인도됨을 의미합니다. 이 갈망은 하느님이 여러분 안에 심어 놓으신 것입니다. 선택은 다른 뭔가를 포기하는 일입니다. 한 가지 일을 하려고 선택하면 다른 하나는 할 수 없습니다. 우리는 동시에 모든 것을 다 할 수 없습니다. 부르심에 따르기 위해서는 뭔가를 포기해야 합니다. 하지만 보상으로 만족과 성취감과 마음의 평화와 같은 많은 것을 얻을 것입니다. 포기해야 하는 것이 무엇이든지 간에 다른 사람에게는 그다지 중요해 보이지 않을 것입니다.

내 소명은 무엇인가요?

하느님을 섬기는 길은 많습니다. 바오로 사도는 이렇게 말했습니다. "은사는 여러 가지지만 성령은 같은 성령이십니다. 직분은 여러 가지지만 주님은 같은 주님이십니다. 활동은 여러 가지지만 모든 사람 안에서 모든 활동을 일으키시는 분은 같은 하느님이십니다. 하느님께서는 각 사람에게 공동선을 위하여 성령을 드러내 보여 주십니다."(1코린 12,4-7) 다양한 은사 가운데 두 가지 기본적인 그리스도인의 소명이 있습니다. 하나는 혼인 성소이며, 다른 하나는 주님을 위한 동정 생활입니다. 이 두 성소 가운데 하나는 우리에게 잘 들어맞습니다.

어떠한 부르심이든 그 부르심은 근본적인 선택을 요구합니다. 곧 하느님의 뜻을 찾고 행하라는 것입니다. 자신의 소명을 파악하기 위해서 먼저 하느님을 삶의 중심에 두십시오. 그리고 여러분 자신을 하느님께 바치십시오. 그 다음으로 여러분에게 다가온 부르심이 혼인을 해서 가정을 꾸리는 것인지(tweet 4.19 참조) 아니면 예수님처럼 교회에 봉사하기 위해 혼인하지 않은 채 지내는 것인지(tweet 4.21 참조)를 식별해야 합니다.

| 더 알기

소명에 관해 알아야 할 것은 무엇인가요?

- 소명은 여러분 자신이 착안한 것이 아니라 하느님에게서 오는 부르심입니다.
- 부르심은 어느 때든지 여러분의 삶에 들어올 수 있습니다. 서서히 올 수도 있고, 갑작스럽게 올 수도 있습니다.
- 우리의 기본적인 소명은 주님 안에서 혼인을 하거나 아니면 주님을 위해 독신으로 지내는 것입니다.
- 우리는 자유로이 '예.' 또는 '아니요.'라고 할 수 있습니다. '예.'라고 말하는 것은 쉽지 않을 테지만 언제나 여러분에게 큰 행복을 줄 것입니다.
- 성급해하지 마세요. 하느님은 참된 부르심을 발견하는 데 시간이 필요하다는 것을 아십니다.
- 성경과 교회 역사는 하느님께 '예.'라고 하는 사람은 누구나 큰일을 할 수 있다는 것을 보여 줍니다(tweet 4.5 참조).
- 우리는 예수님과 맺은 관계가 성장할 때만 자신의 소명을 발견할 수 있습니다. 우리가 해야 할 일은 우리 여정을 그분과 함께하는 것입니다. 따라서 기도가 중요합니다(tweet 3.1 참조).
- 혼자서 모든 것을 찾을 필요는 없습니다. 영적 지도자와 정기적으로 대화를 나눠 보세요(tweet 3.4, 4.6 참조).

 하느님은 우리를 위해 당신이 원하시는 것을 우리에게 하도록 요청하십니다. 누구나 자신에게 고유한 소명이 있습니다. 그 소명을 선택할 때에 참으로 행복해질 것입니다!

더 읽어 보기
하느님이 또한 여러분을 부르십니다!: CCC 1877항; CCCC 401항.

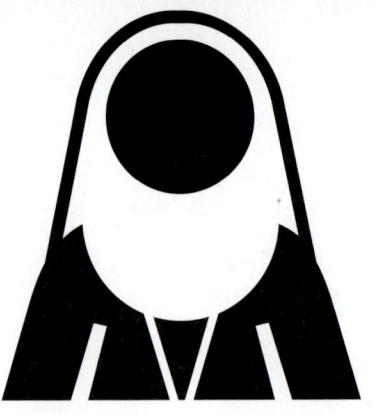

4.4 나는 예수님을 어떻게 따를 수 있나요? 또 나의 부르심은 무엇인가요?

예수님이 우리에게 물으시는 첫 질문은 "너는 나를 사랑하느냐?"입니다(요한 21,15-17 참조). 이 질문에 대한 답이 마음으로부터 "예."라고 나오면, 예수님을 위해 모든 것을 기꺼이 포기할 수 있습니다. 그럴 때 우리는 예수님께 "주님, 제가 무엇을 해야 합니까?" 하고 여쭐 수 있습니다(마태 19,16 참조). 그 질문에 대한 답변은 우리 마음속에 깊숙이 자리하고 있습니다. 물론 우리는 "아니요."라고 말할 수 있습니다. 하지만 하느님은 우리가 자신을 아는 것보다 우리를 더 잘 아십니다. 그분은 무엇이 우리를 참으로 행복하게 해 줄 것인지 아십니다. 사람들 대부분은 혼인하라는 부르심을 받습니다. 또 혼인은 가장 분명한 선택인 듯 보이기도 합니다. 하지만 예수님처럼 혼인하지 않은 채 지내면서 예수님에게 더욱 가까이 다가가도록 우리를 부르시는 것은 아닌지 기도해 보는 시간을 갖는 것도 중요합니다.

혼인하지 않으면?

하느님과 그분의 교회를 섬기기 위해 혼인하지 않는 것이 하느님의 뜻인지 아닌지를 가톨릭 신자라면 누구나 진지하게 고려해 봐야 합니다(tweet 4.21 참조). 그 선택은 그렇게 이상한 것이 아닙니다. 만일 하느님이 그러한 방식으로 당신을 섬기라고 우리를 부르신다면, 우리는 그 길에서 성취감과 행복을 찾을 수 있습니다(더 알기 참조). 설사 지금 연애 중이라 하더라도, 독신 생활이 여전히 여러분의 소명일 수 있습니다. 하느님이 우리를 독신으로 살도록 부르신다는 생각이 들면, 다음 질문은 '어떻게?'입니다. 혼인하지 않은 상태로 하느님을 섬기는 길은 참으로 다양합니다. 그 중 몇 가지 예를 들어 보겠습니다.

수도자, 사제 또는 부제

어쩌면 하느님은 우리에게 수도 공동체의 삶을 원하시는지도 모릅니다. 그런 공동체에서 사는 삶을 수도 생활이라고 부릅니다. 가톨릭에는 수도 공동체들이 무척 많아서 (tweet 2.9 참조) 선택하기가 어려울 수 있습니다. 그렇다고 너무 어렵게 생각할 필요는 없습니다. 그 모든 곳을 다 방문한 후에 결정할 수는 없는 노릇이니까요. 하느님이 수도 생활을 하라고 우리를 부르신다면, 그분은 또한 우리가 올바른 곳을 발견할 수 있도록 도와주실 것입니다. 그러므로 이미 아는 공동체부터 시작하십시오. 하느님이 그런 공동체들 가운데 하나에 입회하라고 부르신다고 느끼나요? 하느님은 사제가 되도록 부르시기도 합니다(tweet 3.41, 3.42 참조). 사제는 사람과 하느님 사이를 중재하는 중요한 일을 합니다. 사제는 자기 백성을 하느님께 바치며, 백성을 위해 간구하고, 하느님에게서 받는 은총을, 특히 성사를 통해 백

| 더 알기

직업인가 소명인가?

직장 생활을 첫째로 여기는 사람이 많습니다. 그들은 일이 행복의 가장 큰 원천이라고 확신합니다. 하지만 일은 부르심과 관련된 것입니다. 어떻게 그것이 부르심과 관련될까요?

- 하느님을 믿는 우리는 직장 생활이 인생에서 가장 중요한 것이 아니라는 것을 잘 압니다. 인생에서 가장 관건은 우리가 하느님과 이웃을 사랑하는 것입니다(tweet 4.7 참조).

- 남녀 수도자들은 자신들의 생각과 상관없이 파견되는 곳에서 하느님 백성에게 봉사하는 데 자신의 모든 것을 하느님이 마음대로 사용하시도록 맡겨 드립니다(tweet 3.42 참조).

- 혼인한 사람들은 가족을 부양하고 사회에 이바지하기 위해 일해야 합니다. 이때 그들의 직장은 그리스도의 사랑을 다른 이들과 나누는 기회가 됩니다. 모든 사업과 직업에서 정직하고 다른 이들의 권리와 존엄성을 존중하는 사람들이 필요합니다.

- 모두가 성공하기를 원합니다. 하지만 거짓이나 사기, 또는 뇌물 착복과 같은 비윤리적인 방법으로 성공하려 해서는 안 됩니다. 그리스도인이라면 더욱 그러합니다. 그리스도인 의사는 안락사 처치를 하지 말아야 하며(tweet 4.38 참조), 그리스도인 군인은 무장하지 않은 시민들을 향해 발포하는 명령을 거부해야 합니다(tweet 4.44 참조).

성에게 전해 줍니다. 사제는 온전히 하느님과 백성을 위해 독신으로 지냅니다. 이는 그가 단지 몇 사람만의 아버지가 아니라 수많은 사람의 아버지가 되게 합니다. 사제가 되기 위해서는 성품성사(tweet 3.41 참조)를 받아야 합니다. 하지만 성품성사를 받아야 하는 것은 사제만이 아닙니다. 부제도 받아야 하지요. 부제는 가난한 이들을 돌보라고 사도들이 선택한 일곱 남자의 후계자로(사도 6,1-6 참조), 부제들 대부분은 나중에 사제로 수품됩니다. 하지만 일생 동안 부제직을 수행하겠다는 종신 부제도 있습니다. 한국에는 종신 부제인 경우가 없지만 종신 부제는 혼인을 할 수도, 하지 않을 수도 있습니다.

혼인

혼인은 참된 부르심입니다. 혼인을 통해 한 남자와 한 여자는 평생 서로 사랑하고 서로에게 헌신할 것을 서약합니다(tweet 3.43 참조). 혼인으로 인해 우리는 자녀라는 더없는 선물을 받습니다. 우리는 자녀들을 책임 있는 그리스도 신자로 키워야 할 의무가 있습니다. 이 자녀가 성장하여 또 그들의 자녀를 가질 것입니다(tweet 4.19 참조).

> 예수님은 우리에게 "너는 나를 사랑하느냐?" 하고 물으십니다. 우리의 성소는 혼인하는 것일 수도 있고 아니면 사제나 수사 또는 수녀가 되는 것일 수도 있습니다.

더 읽어 보기

수도 생활: CCC 873, 914–933, 934, 944–945항; CCCC 178, 192–193항; YOUCAT 138, 145항.
주교, 사제, 부제: CCC 1554, 1593항; CCCC 325항; YOUCAT 251항. 혼인 생활: CCC 1601–1605항; CCCC 337항; YOUCAT 260항.

4.5 하느님의 부르심을 받은 분들은 누가 있나요?

구약 성경에서 하느님은 아브라함을 부르셨고(창세 12,1-9 참조), 기드온을 부르셨으며(판관 6,11-24 참조), 사무엘을 부르셨습니다(1사무 3,1-21 참조). 그리고 이사야를 부르셨고(이사 6,1-13 참조), 예레미야를 부르셨으며(예레 1,4-19 참조), 에제키엘을 부르셨습니다(에제 2,1-3,14 참조). 신약 성경에서 하느님은 마리아를 부르셨고, 예수님은 마태오(마태 9,9 참조)와 바오로(사도 9,1-19 참조; tweet 1.11 참조) 같은 사도들을 부르셨습니다.

모세를 부르심

탈출기에 따르면, 모세는 호렙 산에서 양을 치고 있다가 불타는 떨기나무를 보았습니다. 그 떨기는 불에 타면서도 가지가 타서 없어지지 않았습니다. 그때 그는 "모세야, 모세야."라고 자기 이름을 부르는 하느님의 목소리를 들었습니다. 그래서 그가 "예, 여기 있습니다." 하고 대답하자, 주님은 이렇게 말씀하셨습니다. "나는 이집트에 있는 내 백성이 겪는 고난을 똑똑히 보았고, …… 내가 이제 너를 파라오에게 보낼 터이니, 내 백성 이스라엘 자손들을 이집트에서 이끌어 내어라."(탈출 3,7-10) 모세의 부르심은 모든 이스라엘 백성을 이집트의 속박에서 해방하는 것으로 이어졌습니다. 이것은 모세가 하느님이 자기에게 요청하신 바를 실천했기 때문이었습니다. 그러나 사실 그가 아무런 거부도 하지 않았던 것은 아닙니다(tweet 1.24 참조).

마리아를 부르심

하느님의 어머니인 마리아를 부르신 것은 또 다른 중요한 부르심입니다(tweet 1.39 참조). 마리아가 나자렛의 집에 있을 때에, 천사가 갑자기 나타나 마리아에게 말했습니다. "두려워하지 마라, 마리아야. 너는 하느님의 총애를 받았다. 보라, 이제 네가 잉태하여 아들을 낳을 터이니 그 이름을 예수라 하여라."(루카 1,30-31) 마리아는 하느님의 뜻이 어떻게 성취될지 이해할 수도 없었고 하느님의 뜻이 어떻게 성취될지 정확히 예견할 수도 없었지만, 그래도 거부하지 않고 다만 하느님을 온전히 신뢰했습니다. 마리아는 이렇게 대답했지요. "저는 주님의 종입니다. 말씀하신 대로 저에게 이루어지기를 바랍니다."(루카 1,38) 마리아의 이 겸손하면서도 긍정적인 응답으로 우리 모두의 구원으로 이어진 사건들이 시작되었습니다(tweet 1.38 참조).

다른 부르심들

베드로와 안드레아 두 사도 또한 특별하게 하느님의 부르심을 받았습니다. 예수님은 갈릴래아 호숫가를 걸으시다가 두 형제가 호수에서 그물을 치는 모습을 보셨습니다. 그들은 어부였지요. "나를 따라오너라. 내가 너희를 사람 낚는 어부가 되게 하겠다.' 그러자 그들은 곧바로 그물을 버리고 예수님을 따랐다."(마르 1,17-18) 이와 비슷한 방법으로, 예수님은 다른 사도들도 부르셨습니다. 예를 들면, 예수님은 세관에 앉아 있는 마태오를 보시고 이렇게 말씀하셨습니다. "나를 따라라."(마태 9,9) 그러자 마태오는 모든 것을 버리고 예수님을 따랐지요.

예수님은 또한 우리 한 사람 한 사람도 부르십니다. 여러분에게 하시는 예수님의 말씀 또한 "나를 따라라."(루카 9,59)입니다. 그리고 그분은 먼저 가족들에게 작별 인사를 하고자 하는 사람에게 말씀하셨을 때와 똑같은 말씀을 여러분에게 하십니다. "쟁기에 손을 대고 뒤를 돌아보는 자는 하느님 나라에 합당하지 않다."(루카 9,62) 부르심에 응답한다는 것은 우리 삶의 매 순간에 예수님을 가장 첫자리에 두기로 단호하게 결심하는 것을 의미합니다. 우리보다 앞서서 그 길을 밟은 사람들은 그러한 헌신이 어떻게 참행복에 이르게 하는지를 우리에게 보여 줍니다.

을 꿈꾸기도 했지요.

매력적인 귀부인이나 전쟁을 생각할 때는 잠시 행복하다고 느끼지만 그 생각을 멈추는 순간 그런 행복감은 사라지고 말았습니다. 마치 그 생각은 진짜 자신의 생각은 아닌 것 같았습니다. 반면에, 하느님께 일생을 바칠 생각을 할 때마다, 그는 행복감과 내적인 평화에 머무를 수 있었습니다(tweet 3.4 참조). 그래서 그는 자신이 사제로서 하느님을 섬기라는 부르심을 받고 있다는 것을 알았습니다. 그에게 연애와 전쟁, 사치로 점철된 옛 생활보다 예수님을 따르는 것이 더욱 중요해졌습니다.

....

로욜라의 이냐시오 성인의 이야기

이냐시오 성인은 싸움을 좋아한 스페인의 젊은 귀족이었습니다. 그는 열일곱 살에 군대에 들어가 많은 전쟁에서 싸웠어도 부상하지 않았습니다. 하지만 어느 날 그는 운이 없었나 봅니다. 전투가 시작된 지 얼마 되지 않아 포탄이 터지면서 다리에 부상을 입은 것입니다. 여러 달 동안 그는 침상에서 지내야 했습니다. 따분함을 못 이겨, 그는 예수님과 성인들에 관한 책들을 읽고 또 읽게 되었지요. 그는 책을 읽으며 자신의 삶의 목적에 관해서 생각하기 시작했습니다. 때때로 그는 성인들처럼 '신앙의 기사'가 되어 하느님께 일생을 바치면 얼마나 멋질까 하고 생각하기도 했습니다. 다른 순간들에는 아름다운 귀부인과 연애를 하고 전장에서 명예와 명성을 떨치는 것

> 모세는 하느님이 말씀하신 대로 하여 자기 백성을 이집트 종살이에서 해방시켜 주었습니다. 마리아 또한 하느님께 "예." 하고 응답했고, 이 응답으로 예수님이 우리를 구원하실 수 있게 되었습니다.

더 읽어 보기

마리아의 순명: CCC 494항; CCCC 97항; YOUCAT 84항.

4.6 어떻게 하느님의 뜻을 알 수 있나요?

우리가 깨달아야 할 한 가지가 있습니다. 참으로 행복하기 위해서는 하느님의 뜻을 발견하고 이를 행해야 한다는 것입니다. 하느님이 어떤 결정을 내리도록 우리를 부르신다면, 우리가 하느님을 위해 뭔가를 하는 것이 하느님께 필요하기 때문에 그렇게 하시는 것이 아닙니다. 하느님은 우리 삶에 목적과 의미를 부여하기 위해 우리를 부르십니다(tweet 4.4 참조). 하느님은 우리를 위한 계획을 염두에 두고 계십니다.

하느님이 내게 바라시는 것은 무엇일까요?

이 질문에 대한 답은 우리 내면 깊은 곳에서 찾을 수 있습니다. 하느님이 우리를 창조하셨다는 점을 기억하세요!(tweet 1.2 참조) 하지만 이 대답을 찾으려면 약간의 노력이 필요합니다(tweet 3.4 참조).
내면 깊숙한 소리에 귀 기울이는 일은 어려울 수 있습니다(더 알기 참조). 우리에게는 이미 대단히 많은 일이 있었으며, 우리는 대단히 많은 결정을 해야 했습니다. 그래서 우리는 바쁩니다. 주변에서 우리에게 기대하는 바도 크지요. 또한 삶에 적응하기 위해서는, 매번 다른 사람처럼 행동해야 할지도 모릅니다.

귀 기울여 듣기

이러한 까닭에 자신의 참된 자아를 발견하는 일은 힘듭니다. 참된 자아를 만나려면 자기 자신과 하느님께 귀를 기울여야 합니다. 이렇게 귀를 기울이는 첫 단계는 자기 혼자서는 많은 것을 이룰 수 없음을 받아들이는 일입니다. 우리에게는 하느님이 필요합니다. 우리에게 하느님이 필요하다는 것을 깨닫는 일은 두려울 수 있습니다. 하지만 하느님은 우리를 사랑하십니다! 하느님이 우리에게 무엇을 물으실까 왜 겁내요?
귀 기울여 듣기에서 그다음 단계는 기도를 위한 자리를 우리 삶에 마련하는 일입니다. 기도를 통해 하느님께 인도해 달라고, 또 하느님이 바라시는 일을 할 힘을 달라고 청할 수 있습니다.

우리는 어떻게 기도할 수 있을까요?

기도는 단지 하느님께 말씀을 드리는 것이 아닙니다(tweet 3.2 참조). 기도는 하느님과 더 친밀한 관계가 되기 위해 노력하는 것입니다. 그것은 그분과 함께하기 위해 따로 시간을 마련하는 데서 시작합니다(tweet 3.7 참조). 하느님과 관계 맺기는 친구와 관계 맺기나 가족과 관계 맺기와 비슷합니다. 우리는 그들과 만나고 전화로 통화하며, 문자 메시지를 주고 받거나 SNS로 소통합니다. 이렇게 소통하려는 노

| 더 알기

하느님의 뜻에 어떻게 귀 기울일 수 있을까요?

1. 하느님이 우리를 사랑하신다는 것을 받아들이고 하느님을 신뢰하세요! 하느님과의 관계를 삶의 첫자리에 두세요. 이것이 우리를 위한 하느님의 뜻을 찾아내는 기초입니다.
2. 날마다 기도하세요(tweet 3.3 참조). 진심으로 자유로이 하느님께 말씀드리면서, 하느님께 인도해 달라고 청하고 하느님이 말씀하시는 것에 귀를 기울이세요. 그러면 예수님과 더욱 가까워질 수 있습니다.
3. 성체를 자주 모시고(tweet 3.49 참조), 규칙적으로 고해성사를 보세요(tweet 3.38 참조). 그렇게 할 때 우리는 은총(tweet 4.12 참조)과 하느님의 뜻을 끊임없이 찾고자 하는 갈망을 발견할 수 있습니다.
4. 성경(tweet 4.5 참조)과 성인들의 생애(tweet 4.16 참조)와 우리 주위에 있는 그리스도교 덕행의 본보기를 찾으세요.
5. 충만한 그리스도인의 삶을 누리세요. 같은 신앙을 가진 이들과 우정을 쌓고, 본당이나 공동체 생활에 참여하며, 다른 이들에게 봉사하는 길을 찾으세요(tweet 3.50 참조).
6. 우리에게 잘 조언해 줄 수 있는 영적 지도자를 구하세요. 영적 지도자는 대화를 통해 하느님에게서 오는 부르심을 깨닫도록 도와줄 수 있을 것입니다. 하지만 우리가 무엇을 해야 하는지 아는 것처럼 단정 짓는 사람들을 조심하세요. 이것은 나의 소명이지 그들의 소명이 아닙니다.
7. 열려 있으세요. 참행복에 이르는 길은 우리가 처음 생각한 것과는 다를 수 있습니다. 자기 자신의 뜻이 아니라 하느님의 뜻을 따를 용기가 있나요? 이에 도전할 준비가 돼 있나요? 예수님이 우리를 부르고 계신답니다!

력을 하지 않는다면, 그 관계는 어려움에 처하게 됩니다. 이것은 우리와 하느님의 관계에서도 마찬가지입니다. 기도할 때는 하느님이 우리에게 무엇을 말씀하시려는지 귀 기울이도록 노력하세요. 하느님의 말씀인 성경은 이러한 면에서 중요한 역할을 합니다(tweet 1.10, 3.8 참조).

또한 우리 자신과 우리 자신의 감정을 알려고 노력하세요. 우리는 우리의 가장 깊은 갈망 속에서 하느님을 발견할 수 있으며, 하느님이 우리에게 바라시는 바가 무엇인지 찾을 수 있습니다(tweet 3.4, 4.3 참조). 하느님 앞에서, 우리는 온전한 우리 자신이 될 수 있습니다. 그런 식으로 우리는 무엇을 하도록 부르심 받고 있는지 알아낼 수 있습니다(tweet 4.8 참조). 이를 알아내는 방식들에는 여러 가지가 있습니다(tweet 3.3 참조). 하지만 가장 중요한 것은 규칙적으로 기도하는 것입니다.

> 우리는 하느님과 인격적 관계를 맺을 때만이 우리를 위한 하느님의 뜻을 발견할 수 있습니다. 그분께 기도하는 법과 그분을 온전히 따르는 법을 배우세요.

더 읽어 보기

기도: CCC 2558–2565항, 2590항; CCCC 534항; YOUCAT 469항.

4.7 그리스도인은 다른 사람들과 다르게 사나요?

그리스도인이 아닌 사람들도 기본적으로 착한 사람들입니다. 하지만 하느님이 우리에게 바라시는 것은 선함만이 아닙니다. 하느님의 계획은 이를 훨씬 넘어섭니다(tweet 1.27 참조). 하느님은 우리 삶에 들어오기를 바라시며 우리가 성인이 되기를 바라십니다. 그것은 힘든 일처럼 들립니다. 하지만 예수님과 함께하면 우리는 놀라운 일들을 할 수 있습니다.

사랑인가요, 규칙인가요?

예수님이 말씀하신 것 가운데 가장 중요한 것은 하느님이 우리를 사랑하신다는 것입니다. 그 사랑에 보답하도록 도와주시고자 예수님은 우리에게 두 가지 계명을 주셨습니다. "네 마음을 다하고 네 목숨을 다하고 네 정신을 다하여 주 너의 하느님을 사랑해야 한다. …… 네 이웃을 너 자신처럼 사랑해야 한다. …… 온 율법과 예언서의 정신이 이 두 계명에 달려 있다."(마태 22,37-39) 그러니 우리의 중심 과제는 하느님과 이웃을 사랑하는 것입니다. 예수님의 말씀과 행동 모두는 이 이중 계명을 설명하고 있습니다. 예수님은 당신을 따르는 이들에게 그에 맞갖게 살라는 과제를 주셨습니다. 그것은 우리도 그렇게 하라는 것이지요! 하느님을 사랑한다면, 우리는 하느님이 바라시는 바를 따라서 살려고 할 것입니다. 십계명은 하느님의 목적을 잘 설명해 줍니다. 하지만 예수님은 우리에게 십계명을 지키는 것 이상을 하라고 요청하십니다. 예수님은 우리에게 참행복(마태 5,1-12 참조; tweet 4.14 참조)과 최후 심판에 관한 가르침(tweet 1.44 참조)도 주셨습니다. 최후 심판 때에 그분은 우리에게 이렇게 말씀하실 것입니다. "너희가 내 형제들인 이 가장 작은 이들 가운데 한 사람에게 해 준 것이 바로 나에게 해 준 것이다."(마태 25,40) 교회는 예수님이 우리에게 요청하신 사랑을 자비의 활동으로 요약했습니다(더 알기 참조). 사랑의 이중 계명은 두 가지 방식으로 작용합니다. 즉, 다른 이들이 더 나은 삶을 살도록 우리가 도움으로써 우리는 더 나은 삶을 삽니다. 노숙자에게 먹을 것을 주고, 외로운 노인에게 찾아가며, 장애가 있는 이웃을 돕는 이러한 행동을 하면서 우리의 삶은 더욱 가치 있는 것이 됩니다. 하지만 참된 그리스도교적 사랑과 다른 이들을 돌보는 행동(tweet 3.50 참조)에는 언제나 복음 선포가 따라야 합니다(tweet 4.50 참조). 곧 사람들에게 예수님을 전하는 활동이 함께해야 합니다.

자비의 영적 활동 가운데 가장 중요한 일은 '가르쳐 주기'라고 생각할 수 있습니다. 모든 그리스도인은 예수님의 기쁜 소식을 다른 이들에게 전하도록 사명을 받았습니다. 우리는 예수님에 대한 우리의 신앙을 사람들과 나누고자 합니다. 그것이 우리가 지닌 가장 아름다운 것이며, 모든 사람과 함께하고 싶은 것이기 때문입니다!

사랑하십시오. 그리고 하고자 하는 바를 하십시오

아우구스티노 성인은 이렇게 말했습니다. "사랑하십시오. 그리고 하고자 하는 바를 하십시오."(《요한 1서에 관한 설교》) 이는 참으로 의미가 깊은 말입니다. 정말로 모든 일을 사랑으로 한다면, 나쁠 것이 뭐가 있겠습니까? 참된 사랑은 다른 사람에 대한 관심입니다. 우리는 이를 위해 하느님께 은총을 청할 수 있습니다(tweet 4.12 참조). 그런 식으로, 우리는 차근차근 성장할 수 있으며, 점점 더 참된 그리스도인처럼 행동할 수 있습니다. 이는 바오로 사도가 말한 대로입니다. "그리스도와 하나 되는 세례를 받은 여러분은 다 그리스도를 입었습니다."(갈라 3,27) 세례를 받은 우리는 그리스도인이라는 이름으로 불립니다. 우리가 그리스도께 속하기 때문입니다. 우리는 우리가 그리스도께 속해 있음을 다른 사람들을 사랑하는 방식으로 보여 주어야 합니다.

우정과 하느님의 계명

하느님의 계명은 하느님이 우리를 얼마나 사랑하시는지를 보여 줍니다. 하느님은 우리가 참행복을 발견하려면 우리에게 무엇이 필요한지 우리보다 훨씬 더 잘 아십니다. 계명은 하느님뿐만 아니라 다른 이들과 함께 잘 살기 위한 기본입니다. 토마스 아퀴나스 성인은 이를 다음과 같이 설명했습니다. "하느님과의 우정이 깊어지는 사람은 누구나 하느님의 계명을 지키려는 갈망을 갖게 될 것입니다. 왜냐하면 진정으로 하느님을 사랑한다면 하느님이 사랑하시는 것을 그 역시 사랑하기 때문입니다."

| 더 알기

자비의 육체적 활동
1. 배고픈 이들에게 먹을 것 주기
2. 목마른 이들에게 마실 것 주기
3. 헐벗은 이들에게 입을 것 주기
4. 나그네들을 따뜻이 맞아 주기
5. 병든 이들을 돌보기
6. 감옥에 있는 이들을 찾아가기
7. 장례에 참여하기

자비의 영적 활동
1. (신앙을) 의심하는 이들에게 조언하기
2. (신앙을) 모르는 이들에게 가르쳐 주기
3. 죄인들을 꾸짖기
4. 상처받은 이들을 위로하기
5. 모욕한 자들을 용서하기
6. 괴롭히는 자들을 인내로이 견디기
7. 산 이와 죽은 이를 위해 기도하기

(CCCC 부록 II 참조)

 그리스도인으로서 우리는 세례를 통해 영원히 예수님께 속합니다. 이것이 우리가 하느님과 이웃을 사랑하는 방식에서 드러나기를 희망합니다.

더 읽어 보기
자비의 활동: CCC 2447항; CCCC 부록 II; YOUCAT 450-451항. 사랑의 이중 계명: CCCC 부록 II.

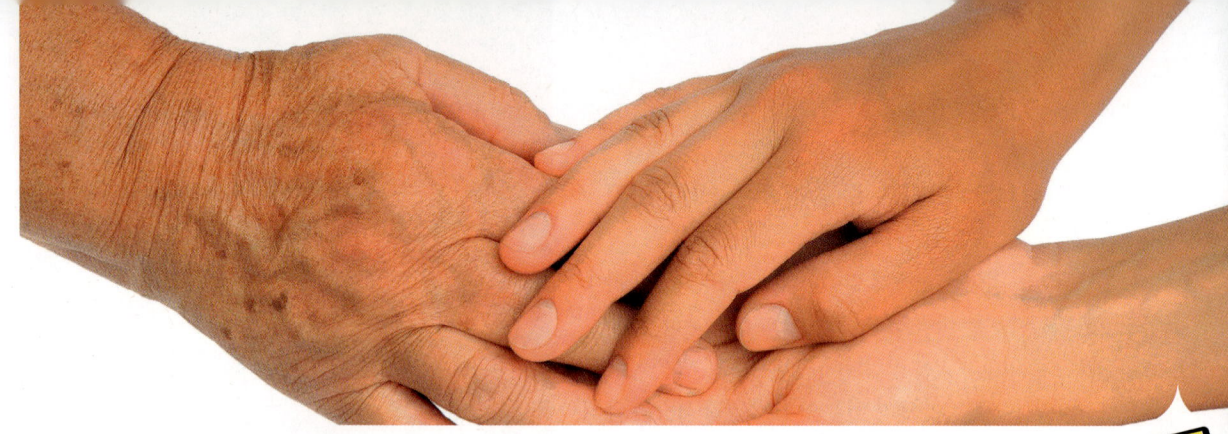

4.8 믿음과 실천은 어떤 관계인가요?

야고보 사도는 믿음과 실천에 대해 "영이 없는 몸이 죽은 것이듯 실천이 없는 믿음도 죽은 것입니다."(야고 2,26)라는 말로 잘 요약했습니다. 정말로 예수님을 믿는다면, 예수님이 바라시는 것을 하고 싶어 할 것입니다. 그것은 하느님의 계명을 따름으로써 하느님과 이웃을 사랑하는 것입니다(tweet 4.7 참조). 하느님을 믿는다고 하면서 하느님을 따르려고 하지 않는다면 우리 신앙이 무슨 가치가 있을까요? 예수님을 믿기로 한 선택은 삶으로 드러나야 합니다. 그렇지 않으면 정말로 믿는 게 아닙니다!

선한 일 그 이상으로?

예수님께 한 젊은이가 물었습니다. "스승님, 제가 영원한 생명을 얻으려면 무슨 선한 일을 해야 합니까?"(마태 19,16) 예수님은 이 질문에 대해 십계명(tweet 4.9 참조)을 지켜야 한다고 대답하셨습니다. 그 젊은이는 십계명을 지켜 왔지만 무엇보다도 하느님과 이웃을 사랑해야 했습니다. 그렇게 할 때에야 그는 하느님이 그에게 주실 선에 참여할 수 있습니다. 이는 우리에게도 마찬가지입니다. 예수님에 대한 우리의 신앙도 중요하지만 그 신앙을 행동으로 옮기는 것도 모두 중요합니다(tweet 4.12 참조). 그 젊은이는 "그런 것들은 제가 다 지켜 왔습니다. 아직도 무엇이 부족합니까?"라고 말합니다. 그러자 예수님은 다음과 같이 대답하셨습니다. "네가 완전한 사람이 되려거든, 가서 너의 재산을 팔아 가난한 이들에게 주어라. 그러면 네가 하늘에서 보물을 차지하게 될 것이다. 그리고 와서 나를 따라라."(마르 10,21) 그 젊은이는 예수님이 도전 의식을 북돋아 주시기를 원했습니다. 그래서 예수님은 그렇게 하셨습니다. 그 젊은이에게 하느님만 신뢰하며 재물이라는 안전장치를 갖지 말고 당신의 제자가 되어 따르라고 요청하신 것입니다. 하지만 그 젊은이는 그렇게 행동하지 않고 조용히 빠져나갔습니다. 예수님은 같은 방식으로 우리에게 도전하라고 하십니다. 이처럼 모든 것을 뒤로하고 예수님을 따를 준비가 돼 있나요?(tweet 4.4 참조)

예수님은 어떻게 하셨을까요?

그리스도인으로 산다는 것은 우리가 할 것과 하지 않을 것의 토대를 예수님과의 관계에 둔다는 뜻입니다. 우리는 이렇게 자문합니다. "이런 상황에서, 예수님은 어떻게 하셨을까?" 이 질문은 우리가 한 걸음 물러서서 우리의 삶과 우리 자신을 살피는 데에 도움이 됩니다. 우리는 "제 뜻이 아니라 아버지의 뜻이 이루어지게 하십시오."(루카 22,42) 하고 기도할 수 있습니다. 성경은 무엇을 해야 할지에 대해 구체적인 조언을 주지는 않습니다. 예를 들면, 예수님이 사실 때는 SNS와 인터넷이 전무했습니다(tweet 4.47 참조). 하지만 성경은 현대의 기술 시대를 사는 우리에게 여전히 착한 그리스도인으로 살아가는 데 필요한 모든 기본 원칙들을 줍니다. 관건은 우리가 삶을 대하는 방식에 하느님 사랑과 이웃 사랑이 들어 있느냐는 것입니다.

도움이 필요한 사람 전부를 도울 수는 없어요!

그리스도인으로서 우리는 우리 이웃들을 돌볼 사명이 있습니다. 우리는 우리의 도움이 필요한 사람들을 거절해서는 안 됩니다(마태 25,34-40 참조). 예수님은 우리에게 '자비의 활동'을 아무 까닭 없이 주신 것이 아닙니다. 하지만 도움이 필요한 사람을 모두 도와주기란 불가능합니다. 하느님은 우리가 얼마나 많은 사람을 도왔느냐보다 우리가 행하는 그 사랑 자체에 더욱 관심을 가지십니다(마르 12,41-44 참조). 다행히도, 우리는 교회에 속해 있습니다. 교회에서는 누구나 해야 할 고유한 일이 있답니다(tweet 2.1 참조).

모든 것을 할 수 없다고 해서 혹은 모든 사람을 다 도울 수 없다고 해서 걱정할 필요는 없습니다. 우리 각자는 전체 교회 안에서 저마다 해야 할 소명을 지니고 있습니다(1코린 12,27-30 참조). 그리하여 예수님의 교회를 구성하는 이들 누구나 교회가 하는 일에 기여합니다. 우리 모두가 함께, 신앙과 실천을 통하여 우리 자신을 예수님께 바칩니다.

| 더 알기

수도원에서 기도해야 할까요? 아니면 사람들을 도와야 할까요?

모든 그리스도인이 자기 이웃을 돌볼 책무를 지닌다면, 수도원에서만 지내면서 어떻게 하느님의 뜻을 따를 수 있나요? 사람들을 돕는 데에 그 시간과 노력을 사용하는 것이 더 낫지 않을까요?

이는 우리에게 드는 의문 가운데 하나입니다. 우리가 사람들에게 제공할 수 있는 최상의 봉사는 그 사람이 천국에 가도록 돕는 것입니다. 그리고 이를 위해 우리는 기도해야 합니다. 수도원의 수도자들은 교회 안팎의 사람들을 위해 기도합니다(tweet 2.9 참조). 궁핍한 이들을 도우려고 할 때, 우리와 우리의 활동, 그리고 교회 전체를 위해 기도하는 사람들이 언제나 있다는 것을 알게 되면 큰 위안이 됩니다. 우리 모두에게는 그런 기도가 정말로 필요하답니다!

> 실천이 없는 신앙은 죽은 신앙입니다. 우리의 과제는 우리가 하느님으로부터 받는 그 은총으로 활동하고, 그럼으로써 우리의 신앙을 증언하는 것입니다.

더 읽어 보기
가난한 이에 대한 사랑: CCC 2443-2449, 2462-2463항; CCCC 520항; YOUCAT 449항.

4.9 십계명은 여전히 중요한가요?

하느님은 시나이 산에서 모세에게 십계명을 주셨습니다(탈출 20,2-17 참조; 신명 5,6-21 참조). 십계명은 모든 사람을 위한 것이었습니다. 십계명은 그리스어로 '데칼로그'라고도 부르는데, 이는 (하느님의) '열 가지 말씀'이란 뜻입니다. 하느님은 우리가 이 말씀에 따라 선하게 살도록 이끌어 주십니다.

누구나 받아들일 수 있나요?

십계명의 첫 세 계명은 우리와 하느님과 맺은 관계에 관한 것입니다. 넷째 계명부터 열째 계명까지는 우리가 다른 사람들과 맺은 관계에 대한 것이지요. 이 일곱 계명은 대다수 사람들이 받아들일 수 있습니다. 하느님을 믿지 않는 사람들도요. 그것은 이 일곱 가지 계명을 우리의 이성이나 양심을 통해 알 수 있고 이해할 수 있기 때문입니다. 이 계명들은 자연법의 일부니까요(tweet 4.1 참조).

하느님의 도움은 계속 필요합니다

각 계명에는 이성적 근거가 있습니다. 이 이성적 근거는 사회의 대다수 사람들에게 통합니다. 하지만 우리가 올바른 것을 알고 행하려면 여전히 하느님의 도움이 필요합니다(tweet 4.12 참조). 원죄로 인해 우리 정신과 의지가 약해졌기 때문입니다(tweet 1.4 참조). 우리 스스로는 하느님께 이를 수 없습니다. 그래서 우리에게는 하느님의 지혜와 힘이 계속 필요합니다.

이기심

우리가 의식하든 그렇지 않든 십계명 중 한 가지를 따르지 않으면, 그것은 하느님이나 다른 사람을 소중히 여기지 않고 자기 자신만 소중히 여기는 것입니다. 문제는 이기적이고 자기중심적인 태도로는 어느 누구도 진정으로 행복해질 수 없다는 것입니다. 설령 "당신 일이나 하세요."라는 말을 들을지라도, 우리는 이기적인 모습을 보여서는 안 됩니다. 이기적인 태도를 취할 때 우리는 자신이 슬프고 외롭다는 것을 발견할 것입니다. 하느님의 뜻과 다른 이들의 선善을 고려할 때에만 우리는 참된 행복을 발견할 수 있습니다. 때로는 이러한 행동으로 인해 뭔가를 희생해야 할 수도 있지만요. 십계명은 그렇게 하도록 도울 수 있으며, 동시에 우리가 자기 자신이 되도록 도울 수 있습니다. 이런 의미에서 십계명은 행복을 위한 일종의 처방입니다.

하느님의 선물: 십계명

1. **한 분이신 하느님을 흠숭하여라.** – 하느님이 우리 삶에서 첫자리에 오셔야 합니다. 그보다 더 중요한 것은 없습니다. 이는 또한 제아무리 짧다 하더라도 날마다 기도할 시간을 마련하도록 우리가 노력해야 한다는 것을 의미합니다(tweet 3.7 참조).

2. **하느님의 이름을 함부로 부르지 마라.** – 주님의 이름은 거룩합니다(tweet 3.15 참조). 우리는 하느님의 이름을 무례하게 부르거나 지킬 의도가 없는 약속을 할 때 하느님의 이름을 부르는 것을 피해야 합니다. 또한 하느님께 바쳐진 모든 것을 조심히 다뤄야 합니다(tweet 3.44 참조).

3. **주일을 거룩히 지내라.** – 예수님이 부활하신 날인 주일에는 일을 쉬고 하느님을 경배하는 시간을 가져야 합니다. 가톨릭 신자들은 이날 미사에 참여할 의무가 있으며(tweet 3.44 참조) 이날은 가족과 친구들과 함께 시간을 보내야 합니다.

4. **부모에게 효도하여라.** – 자녀는 부모에게 순명해야 합니다(에페 6,1 참조). 부모가 병들거나 나이 들었을 때, 자녀는 부모를 보살필 책무가 있습니다(집회 3,12 참조).

5. **사람을 죽이지 마라.** – 인간 생명은 하느님이 주신 큰 선물이며 수태 때부터 자연적으로 사망할 때까지 존중받아야 합니다(tweet 4.26, 4.37 참조). 이 계명은 의도적이고 부당한 모든 죽임, 곧 살인, 낙태, 자살, 안락사를 금합니다(tweet 4.28, 4.41, 4.38 참조). 이 계명은 또한 괴롭힘, 싸움 걸기, 전쟁 도발 등 분노와 증오를 야기하는 행위도 금합니다(tweet 4.43, 4.44 참조).

6. **간음하지 마라.** – 혼외(tweet 3.43 참조)로 발생하는 모든 성적 행위는 나쁩니다. 간음, 간통, 포르노, 매매춘, 자위는 행복을 가져다주지 않습니다. 그것은 부부의 사랑을 대체하거나 깨뜨리기 때문입니다(tweet 4.22 참조).

7. **도둑질을 하지 마라.** – 절도와 공공 기물을 파괴하는 행위는 다른 사람들의 재산을 빼앗거나 파괴하는 것입니다. 커닝과 탈세, 저작권 침해 또한 이 계명을 거스르는 것입니다.

8. **거짓 증언을 하지 마라.** – 거짓말, 사기, 중상, 험담은 다른 사람들에게 해를 끼치기에 나쁩니다. 하지만 정보를 알아야 할 권한이 없는 사람에게 정보를 주지 않는 것은 거짓말을 하는 것이 아닙니다(tweet 4.47 참조).

9. **남의 아내를 탐내지 마라.** – 제6계명에서 금하는 것을 갈망하는 것은 다른 사람을 인간이 아니라 물건으로 취급하는 것입니다. 불순한 쾌락이나 그러한 생각에 빠질 때, 다른 사람들을 존중하지 않게 되며, 음탕한 행동을 하기가 더 쉬워집니다(tweet 4.22 참조).

10. **남의 재물을 탐내지 마라.** – 다른 사람의 소유물을 탐하는 것 또한 나쁩니다. 시기와 탐욕은 우리를 추하고 이기적으로 만들 뿐만 아니라 사기와 절도, 심지어는 살인까지 하도록 합니다.

> 십계명은 자기에게 속한 것을 다른 이들에게 기꺼이 줌으로써 하느님과 이웃을 사랑하는 법을 가르쳐 줍니다.

더 읽어 보기
십계명: CCC 제3편 제2부; CCCC 제3편; YOUCAT 349항. 십계명의 적용: CCC 2052–2557항; CCCC 434–533항; YOUCAT 348–468항.

4.10 어떤 그리스도인들은 왜 위선적이며 하느님의 법을 위반하나요?

하느님은 우리에게 분명한 계명을 주셨습니다만, 누구도 그 계명을 완벽히 지키지 못합니다. 모든 것을 절대적으로 올바로 행한다는 것은 너무도 어려운 일입니다. 이는 우리가 이미 확실히 알고 있습니다! 아담과 하와가 하느님을 거슬러 죄를 짓고 돌아섰기에, 우리는 그 흔적을 지닌 채 태어납니다(tweet 1.4 참조). 또한 우리 마음은 어둡고 우리 의지는 약해서 잘못된 것을 행하려는 유혹에 쉽게 빠집니다. 우리의 본성은 상처를 입어 스스로는 하느님께 돌아갈 수 없습니다. 그래서 우리에게는 하느님의 은총이 필요합니다. 예수님은 이를 구하는 사람 누구에게나 이 은총을 주십니다(tweet 4.12 참조).
그리스도인들이 죄를 짓는다 해서 그들이 위선적이라고 생각해서는 안 됩니다. 그것은 그리스도인들이 완전하지 못하다는 것을 의미합니다. 위선자는 믿는 척하지만 실제로는 그렇지 않은 사람입니다. 그리스도인 가운데 몇몇은 실제로 위선자들입니다. 하지만 그리스도인 대부분은 단지 완전하지 못한 평범한 죄인입니다.

악덕

세례 때에 받은 은총에도 불구하고 세례를 받은 후에도 어떤 나쁜 성향이 모든 사람에게 그대로 남아 있습니다(tweet 1.4 참조). 이 성향을 되풀이해서 따를 때, 나쁜 습관을 갖게 되고 덕의 반대인 악덕을 쌓게 됩니다. 악덕은 종종 좋은 습관이 왜곡된 형태를 보이기도 합니다. 예를 들어 다른 사람들을 돌보는 것은 아주 좋은 일입니다. 하지만 다른 사람을 돕는다는 구실로 쓸데없이 참견하거나 해야 할 책임을 소홀히 해서는 안 됩니다. 우리는 해로운 행동을 되풀이하면서 나쁜 습관을 갖게 됩니다. 비록 어떤 악덕은 흥미롭고 도전적으로 보일 수 있습니다. 그러나 그것은 결코 우리를 참되고 지속적인 행복으로 인도해 주지는 못할 것입니다. 그것은 우리를 기분 좋게 할지는 모르겠으나 잠시 그럴 뿐입니다. 우리가 나쁜 습관이나 악덕에 굴복할수록 그것은 우리를 더욱 강하게 장악합니다. 나쁜 습관의 노예가 될수록, 우리 삶은 더욱 공허하고 무디고 어두워집니다.

교회의 다섯 가지 주요 법규

1. 주일과 의무 축일에는 미사에 참여하고, 이날들을 거룩하게 지내지 못하게 하는 일이나 활동을 피해야 합니다.
2. 매년 적어도 한 번은 죄를 고백해야 합니다(tweet 3.39 참조).
3. 적어도 부활 시기에는 성체를 영해야 합니다(tweet 3.49 참조).
4. 교회가 정한 날에 단식재와 금육재를 지켜야 합니다(tweet 3.29 참조).
5. 교회에 필요한 것을 제공하고 도와야 합니다.

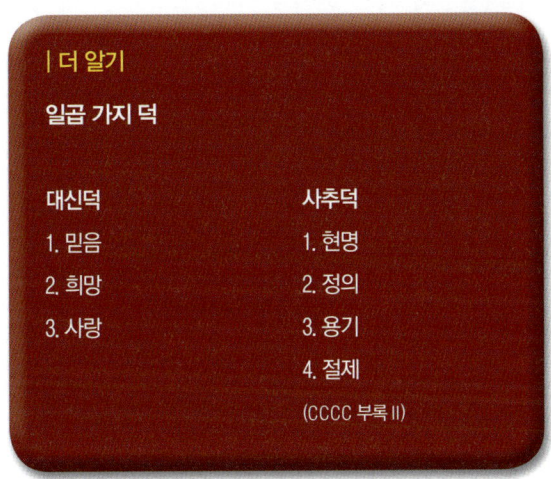

| 더 알기

일곱 가지 덕

대신덕
1. 믿음
2. 희망
3. 사랑

사추덕
1. 현명
2. 정의
3. 용기
4. 절제

(CCCC 부록 II)

용서를 받아야 한다는 것을 깨닫는 것입니다! 지상의 교회는 완벽한 사람들이 모인 공동체가 아닙니다. 프란치스코 교황이 말했듯이, 교회는 인생이라는 전장에서 상처 입은 사람들을 위한 일종의 야전 병원입니다. 우리는 비록 죄인이지만 하느님을 사랑하기에 성인이 되고 싶은 거죠! 하지만 그렇게 되려면 하느님의 은총과 교회의 도움이 필요합니다(더 알기 참조). 성인은 한 번에 되는 것이 아닙니다. 매일 조금씩 되어 가는 것입니다.

덕

덕이란 우리가 바르고 선한 것을 하도록 도와주는 좋은 습관, 또는 안정적 성향입니다(더 알기 참조). 덕을 실천함으로써, 우리는 성취감을 느끼는 삶을 살 수 있습니다. 우리 시대에, 덕이라는 단어는 따분하고 재미없는 것 모두를 일컫는 말이 되었습니다. 하지만 그렇지 않습니다! 덕이 있는 그리스도인, 즉 하느님에 대한 사랑으로 타오르는 사람은, 그 사랑을 다른 이들에게 전하며 세상을 변화시킵니다. 그런 사람 앞에 있을 때는 감화되지 않을 수가 없습니다. 마더 데레사 성녀와 요한 바오로 2세 교황과 같은 분을 생각해 보세요. 그분들은 성인으로 태어나지 않았습니다. 그분들은 하느님의 은총으로 덕을 실천함으로써 신앙의 모범이 되었습니다.

죄

덕을 계속 행하는 것은 쉽지 않습니다. 우리는 거듭해서 죄를 짓기 때문이지요. 하지만 좌절하는 것은 쉽습니다. 그러나 결국 가장 중요한 것은 죄가 아닙니다. 가장 중요한 것은 우리가 하느님의 은총을 필요로 한다는 것과 하느님께

> 죄가 없는 사람은 예수님과 성모 마리아뿐입니다. 하지만 우리는 하느님 은총의 도움을 받아 덕을 행하는 삶을 살고자 최선을 다해 노력할 수 있습니다.

더 읽어 보기
교회의 다섯 가지 법규: CCC 2041–2043, 2048항; CCCC 431–432항; YOUCAT 345–346항.
일곱 가지 덕: CCC 1804–1829, 1833–1844항; CCCC 378–388항; YOUCAT 300–309항.

 ## 4.11 교회법은 왜 필요한가요?

사람들이 함께 일하거나 살아갈 때는 언제나 규칙이 필요합니다. 예절은 상호 존중과 사생활 보호에 도움을 줍니다. 회사의 사규 및 행동 규칙은 직원들이 함께 조화를 이루어 일하도록 도와줍니다. 가정에서도, 집안의 규칙은 식구들이 더불어 평화롭게 살도록 도와줍니다. 교회도 다를 바 없습니다. 교회에서 사람들은 하나의 대가족을 이루어 살면서 사랑과 믿음 안에서 끊임없이 성장하고 싶어 합니다.

국가와 광역자치단체와 기초자치단체에는 시민법이 있으며, 가톨릭 신자들 또한 시민이기에 이 법을 지켜야 합니다. 하지만 시민법이 하느님의 법, 자연법이나 교회법을 거스를 때에는 가톨릭 신자로서 그 법에 반대해야 합니다(CCC 1903항 참조). 예를 들어 종교의 자유를 간섭하거나 반대하는 법이 있다면, 이에 대해 항의해야 합니다. 종교의 자유는 모든 사람의 기본권이니까요! 또한 우리는 생명권을 보호하지 않는 법들도 바꾸려고 노력해야 합니다(tweet 4.30, 4.43 참조).

교회법

교회에는 교회법이라고 부르는 법체계가 있습니다. 교회법은 《교회법전》에 기록되어 있습니다. 이 규칙들은 영구불변한 것이 아닙니다. 때때로 교회법은 개정해야 합니다.

교회법의 목적은 우리가 그리스도인으로 올바르게 살도록 하는 데 있으며, 또한 교회를 통치하도록 도와주는 데 있습니다. 《교회법전》에는 신정법과 자연법(더 알기 참조)의 원칙이 적용되어 있습니다. 그래서 구체적인 법 규정은 각 시대에 적합하게 맞추지만, 그 원칙 자체는 영원히 유효합니다.

교회법에는 수많은 규칙과 법률이 있습니다. 하지만 그것들의 기본 원칙은 동일합니다. 그리고 교회법의 가장 마지막 조항대로 영혼들의 구원이 교회에서 항상 최상의 법이어야 합니다(교회법 제1752항 참조). 이것이 교회법의 목적입니다. 곧 하느님의 뜻에 따라 살도록 사람들을 도움으로써 그리스도가 그들을 구원하실 수 있도록 하는 것이랍니다!

《교회법전》

《교회법전》은 여러 권으로 나뉘어져 있으며, 교회 생활의 모든 측면을 망라합니다. 제1권은 교회법적 규범들이 어디서 유래하는지를 설명합니다. 제2권은 사제, 주교, 수도자를 포함해 모든 신자들의 다양한 권리와 의무를 설명합니다. 제3권은 복음을 선포하고 신앙을 가르치는 올바른 길의 중요성을 강조합니다. 이어서 제4권에서는 성사와 전례를 다룹니다. 마지막으로 제5권부터 제8권까지는 교회의 형법과 법을 위반했을 때 어떻게 해야 하는지에 관해 다룹니다.

교회법은 누구에게나 적용됩니다

교회법은 모든 신자들에게 적용됩니다! 예를 들면 교회법에는 이렇게 되어 있습니다. "모든 그리스도교 신자들은 자기의 고유한 조건에 따라 거룩한 삶을 살며 교회의 성장과 줄기찬 성화를 증진하기 위해 온 힘을 다해야 한다."(교회법 210조) 또한 복음을 전파해야 하는 의무 또한 이렇게 언급됩니다. "모든 그리스도교 신자들은 하느님의 구원의 소식이 온 세상 모든 시대와 전 인류에게 전파될 수 있도록 노력하여야 할 의무와 권리가 있다."(교회법 제211조)

| 더 알기

법의 세 가지 유형

법은 세 가지 유형으로 구별할 수 있습니다. 이 법들은 궁극적으로는 인류를 위한 하느님의 계획에 바탕을 두고 있습니다(tweet 1.27 참조). 다음은 중요도 순서로 본 세 가지 법입니다.

1. 하느님의 법(신정법, Divine law). 성경에서 발견하는 법입니다. 십계명을 들 수 있지요.
2. 자연법(Natrual law). 하느님이 창조계 자체 안에 새겨 놓으신 법입니다(tweet 4.11 참조).
3. 사람의 법(인정법, Human law). 이 법은 위에서 언급한 법들에 기초해야 합니다. 하지만 때때로 바뀔 수 있습니다.

이런 법들 안에서, 우리는 교회법과 시민법을 구별할 수 있습니다.

 모든 가톨릭 신자가 예수님이 성경과 교회를 통해 우리에게 가르치시는 바에 따라서 살도록 도와주는 것, 이것이 교회법의 목적입니다.

더 읽어 보기
법의 권위: CCC 1903-1904, 1921항; CCCC 406항; YOUCAT 326항.

4.12 은총이란 무엇인가요?

은총은 하느님이 주시는 초자연적 선물입니다. 우리에게 주시는 예수님의 큰 선물이지요(요한 1,17 참조). 은총은 우리가 세례를 통해 하느님의 자녀가 되도록 합니다. 또한 은총은 하느님의 친구가 되는 데 필요한 믿음과 희망과 사랑을 우리에게 줍니다. 은총이 없다면 우리는 하느님이 우리에게 요청하시는 일을 할 수가 없습니다. 은총의 효과는 각기 다른 방식으로 분명하게 드러납니다. 성인들의 삶을 보세요(tweet 4.16 참조; 더 알기 참조). 그분들이 행한 모든 선은 하느님 은총의 결과입니다. 루카 복음사가는 어린 예수님에 관해 이렇게 이야기했습니다. "아기는 자라면서 튼튼해지고 지혜가 충만해졌으며, 하느님의 총애를 받았다."(루카 2,40) 하느님은 모든 사람에게도 이렇게 하십니다.

다른 태도

우리는 하느님 은총의 도움이 없이는 하느님을 알 수 없습니다. 죄에 떨어지는 결과가 그러합니다. 죄는 우리 인간 본성을 타락시켰습니다(tweet 1.4 참조). 그렇지만 하느님의 은총을 통해 우리는 우리 삶에 현존하시는 하느님을 찾을 수 있습니다. 다른 이들도 나와 마찬가지로 하느님의 자녀이고 그래서 우리는 모두 형제자매라는 것을 깨닫게 되면 그들을 향한 태도가 바뀝니다. 세상을 대하는 태도 또한 바뀝니다. 전에는 돈, 재산, 명예, 권력이 무척 중요해 보였지만 이제는 그런 것을 덜 중요하게 여깁니다. 반면에 하느님과 이웃에 대한 사랑과 같은 것이 더 중요하게 생각됩니다. 그 모든 것이 하느님 은총의 결과입니다. 바오로 사도는 이렇게 썼습니다. "나는 하느님께서 그리스도 예수님 안에서 여러분에게 베푸신 은총을 생각하며, 여러분을 두고 늘 나의 하느님께 감사드립니다."(1코린 1,4)

하느님과의 관계

은총이 우리에게 줄 수 있는 가장 큰 것은 하느님과 우리의 관계입니다. 우리는 그 관계를 위해 온전히 하느님께 의존합니다. 자연을 살펴보고 이성적으로 생각할 때 우리는 하느님이 틀림없이 존재하신다는 것을 깨닫습니다(tweet 1.6 참조). 하지만 이성적 사유만으로는 더 멀리 나아가지 못합니다. 오직 하느님의 은총을 통해서만이 우리는 하느님을 알 수 있으며, 하느님과 사랑의 관계를 맺을 수 있습니다. 훌륭한 성인들만 하느님의 은총을 받는 것은 아닙니다. 하느님은 당신의 은총을 모든 사람에게 주고 싶어 하십니다. 하지만 그 은총을 받도록 열려 있어야만 은총을 받을 수 있습니다. 우리가 자만과 허영에 가득 차 자기 자신만 생각한다면, 하느님과 그분의 은총을 전혀 받아들이지 못합니다. 이렇게 자만과 이기주의는 모든 죄의 뿌리입니다.

은총과 죄

우리는 하느님의 은총을 특별히 성사를 통해 받습니다 (tweet 3.35 참조). 세례성사를 통해 하느님의 자녀가 되며(성화 은총), 그 이후에는 일상생활에서 하느님과 이웃을 사랑함으로써 하느님의 계명을 따르려고 노력합니다. 이를 위해 우리에게는 또한 은총이 필요합니다(조력 은총). 하지만 우리가 의식적으로 하느님께 불순명하기로 선택하면, 은총은 우리 안에서 작용할 기회를 갖지 못합니다.

왜냐고요? 하느님께 불순명하는 것은 하느님을 거부하는 것이며, 하느님의 선물을 거절하는 것이기 때문입니다. 그렇게 되면 우리 영혼이 황폐해집니다. 은총이 없다면 우리는 선한 그리스도인으로 살 수가 없기 때문이지요! 죄는 하느님을 거스르고 우리 이웃에게 상처를 입힐 뿐만 아니라 또한 선을 행할 능력을 약화시킴으로써 우리 자신에게도 해를 끼친답니다.

우리는 죄에 대해, 미사 때에 참회 예식이나 특히 고해성사를 통해서, 하느님께 용서를 받습니다. 그렇게 한 다음에야 하느님과 맺은 관계를 회복하고 하느님의 은총을 다시 받을 수 있습니다. 하느님의 용서는 우리를 은총의 상태로 돌아가게 해 줍니다. 곧 하느님과 맺은 관계를 회복시켜 주지요(tweet 3.38 참조). 그래서 바오로 사도는 다급하게 요청합니다. "그리스도를 대신하여 여러분에게 빕니다. 하느님과 화해하십시오."(2코린 5,20)

| 더 알기

은총을 느낄 수 있나요?

20년 동안, 마더 데레사 성녀는 하느님이 자기와 함께 계시지 않는다고 느꼈습니다. 기도할 때마다 마더 데레사는 메마르고 공허하고 외롭다고 느꼈지요(tweet 3.6 참조). 마더 데레사는 나중에 이 시기를 '어두운 밤'이라고 불렀습니다. "침묵과 공허함이 너무 커서, 나는 주시했지만 보지 못했고 귀 기울였지만 듣지 못했습니다."

이런 힘든 시련을 겪으면서도, 마더 데레사는 가난한 이들을 위해 많은 선행을 할 수 있었습니다. 그것은 어떻게 가능했을까요? 바로 하느님의 은총 덕분입니다. 마더 데레사는 느끼지 못했지만, 하느님과 그분의 은총은 틀림없이 마더 데레사와 함께 있었답니다!

마더 데레사는 이 은총을 일찍 체험했습니다. 예수님을 향한 불타는 사랑으로 가득 찼을 때였지요. 이 은총 때문에, 마더 데레사는 자신의 삶을 전부 하느님께 바쳤습니다. 가장 가난한 이들을 돌봄으로써 말이지요. 그리고 그들 안에서 예수님을 만날 수 있었습니다.

 은총은 그리스도인으로서 선하게 살도록 도와주는 하느님의 선물입니다. 은총이 없다면, 우리는 믿을 수 없고, 회개할 수 없으며, 선을 행할 수도 없습니다.

더 읽어 보기
은총: CCC 1996-1998, 2005, 2021항; CCCC 423항; YOUCAT 338항.
은총의 종류: CCC 1999-2000, 2003-2004, 2023-2024항; CCCC 424항; YOUCAT 339항.

 ## 4.13 죄란 무엇인가요?

죄는 우리가 생각과 말과 행동으로 해야 할 것을 하지 않으며 하느님께 의도적으로 순명하지 않는 것을 뜻합니다(더 알기 참조). 죄는 우리를 위하시는 하느님의 뜻을 거스르는 것입니다. 생각과 말과 행동으로 알고 있으면서 자유로이 선택한 것, 혹은 다르게 선택하면 피할 수 있었을 문제를 그렇게 하지 않는다면 이는 바로 죄가 됩니다. 하느님의 뜻을 완전하게 따른 분은 오직 예수님과 마리아뿐이었습니다(tweet 1.39 참조). 그 밖에 모든 사람은 누구나 다 죄인입니다.

하느님은 우리를 창조하시며 우리에게 자유를 주셨습니다. 하지만 그분은 우리가 죄를 짓기를 바라지 않으셨습니다. 그분은 우리가 자유 의지로 그분을 선택하기를 바라십니다(tweet 1.4, 1.42 참조). 하느님은 우리를 당신 모습으로, 당신과 닮게 만드셨습니다(창세 1,26 참조). 죄를 지을 때마다, 우리 안에 담긴 하느님의 모습이 가려지고 사라집니다. 죄를 많이 지을수록, 우리는 본래의 우리 자신을 찾을 수 없게 되고, 하느님께 가까이 가기가 더욱더 어려워집니다. 그래서 죄를 짓는 것은 대단히 심각하지요.

대죄

죄를 범하는 것은 모두 나쁘지만, 다른 죄들보다 더 피해야 하는 죄가 있습니다. 그중 가장 나쁜 죄를 대죄(mortal sin, 죽을죄)라고 부릅니다. 대죄를 규정하는 요소는 세 가지입니다.

- 대죄는 중대한 문제와 관련됩니다. 예를 들면 십계명 가운데 어느 하나를 위반하면 대죄가 됩니다(tweet 4.9 참조).
- 대죄는 알면서 지은 죄입니다. 곧 자기가 하고 있는 것이 나쁘다는 사실을 온전히 의식하고 있어야 합니다.
- 대죄는 의도적으로 지은 죄입니다. 어떠한 강압이 없었으나 자유로이 선택해서 지은 죄라는 뜻입니다.

대죄를 이야기하는 이유는 우리가 아주 나쁜 짓을 했다면 하느님의 은총이 우리 안에서 살 수가 없기 때문입니다. 곧 우리는 하느님의 현존을 느낄 수 없게 되고, 곧 사랑 자체가 우리 안에서 죽어 버립니다. 그 결과, 우리는 더 이상 은총의 상태에 있지 않게 됩니다. 그 은총을 받을 수 있는 상태가 되지 않고서는 천국에 갈 수 없습니다(tweet 4.12 참조). 이럴 때 우리는 반드시 하느님의 자비에 마음을 열어야 합니다. 회개하고 하느님께 용서를 청한다면 우리는 이 끔찍한 상황에서 벗어날 수 있습니다(tweet 3.39 참조).

소죄

(대죄가 아닌) 다른 모든 죄는 소죄(가벼운 죄)라고 부릅니다. 가볍다는 말은 덜 심각하다는 뜻으로 들릴 수 있지만 소죄도 여전히 죄입니다. 소죄는 우리 안의 하느님 현존을 완전

히 파괴하지는 않습니다. 그러나 그 죄들은 우리를 약하게 합니다. 그래서 그러한 죄를 계속 짓다 보면 점점 더 약해지지요. 죄를 많이 지을수록 "도대체 누가 상관해? 문제가 뭐냐?"라는 말을 더 쉽게 하게 됩니다. 하지만 자신을 솔직하게 바라보면, 죄 때문에 우리가 얼마나 불행해지는지 깨닫게 됩니다. 그렇기에 죄를 지을 때마다 거듭해서 하느님께 용서를 청하고 하느님과 함께 행복한 삶을 영위하는 것이 좋습니다.

사랑하세요. 그리고 심판하지 마세요

다른 사람들의 죄와 단점을 찾아보기란 아주 쉽습니다. 하지만 자신의 죄를 의식하기는 종종 훨씬 어렵지요! 예수님은 이렇게 말씀하셨습니다. "너는 어찌하여 형제의 눈 속에 있는 티는 보면서, 네 눈 속에 있는 들보는 깨닫지 못하느냐?"(마태 7,3) 그러므로 자기 자신에게 엄격하고 자신의 죄를 정기적으로 고백하면서(tweet 3.38 참조) 다른 이들의 죄를 비난하지 않는 것이 좋은 원칙입니다.

성경에는 간음한 여인을 돌로 치고자 했던 사람들의 일화가 나옵니다. 예수님은 그들에게 이렇게 말씀하셨지요. "너희 가운데 죄 없는 자가 먼저 저 여자에게 돌을 던져라."(요한 8,7; tweet 1.19 참조) 물론 죄가 없는 사람은 아무도 없었고, 그래서 한 사람씩 한 사람씩 떠나가, 예수님과 그 여인만 남았습니다. 그러자 예수님이 그 여인에게 말씀하셨지요. "가거라. 그리고 이제부터 다시는 죄짓지 마라."(요한 8,11) 죄를 지을 때마다 고해성사를 보십시오. 예수님은 우리에게도 거듭해서 이렇게 말씀하실 것입니다. "너의 죄는 용서받았다. 평안히 가거라. 그리고 다시는 죄짓지 마라."

| 더 알기

일곱 죄종

아래의 죄들을 일곱 죄종(罪宗, deadly sin)이라고 부르는데, 영혼의 생명을 죽이기 때문입니다. 이 죄들은 다른 모든 죄와 악덕의 근원적 원인이 됩니다.

1. 교만
2. 인색
3. 질투
4. 분노
5. 음욕
6. 탐욕
7. 나태

 죄를 짓는 것은 곧 하느님께 순명하지 않는 것입니다. 이는 우리와 하느님 사이의 관계를 깨뜨립니다. 그렇지만 고해성사를 통해서 그 관계는 회복됩니다.

더 읽어 보기
그리스도는 여전히 교회를 다스리신다: CCC 869항; CCCC 174항; YOUCAT 137항. 교회의 거룩함: CCC 829항; CCCC 165항; YOUCAT 132항. 일곱 죄종: CCC 1866, 1876항; CCCC 398항; YOUCAT 318항.

4.14 예수님은 용서하는 분이시지만 저도 과연 그럴 수 있을까요?

예수님은 용서가 얼마나 중요한지를 이렇게 말씀해 주십니다. "너희가 다른 사람들의 허물을 용서하면, 하늘의 너희 아버지께서도 너희를 용서하실 것이다. 그러나 너희가 다른 사람들을 용서하지 않으면, 아버지께서도 너희의 허물을 용서하지 않으실 것이다."(마태 6,14-15) 예수님은 우리를 용서하시는 데 조건을 다십니다. 곧 우리 또한 다른 이들을 용서해야 한다는 것이지요. "남이 너희에게 해 주기를 바라는 그대로 너희도 남에게 해 주어라. 이것이 율법과 예언서의 정신이다."(마태 7,12, CCCC 부록 II 참조). 우리는 모두 하느님이 우리 죄를 용서해 주시기를 정말로 바랍니다. 우리 주변 사람들도 마찬가지입니다. 그들도 우리의 용서를 기다리고 있습니다!

다른 사람들을 용서하기

예수님은 고해성사를 통해 우리 죄를 용서하십니다(tweet 3.38 참조). 하지만 우리에게 아픔을 주고 우리를 고통스럽게 한 이들을 어떻게 우리가 용서할 수 있을까요? 그것은 도무지 가능해 보이지 않습니다. 그럴 때 자기 자신에게 이렇게 질문해 보세요. '화를 내는 것이 상처를 준 사람을 벌주는 것일까? 아니면 나를 벌주는 것일까?' 우리에게 상처를 준 그 사람은 어쩌면 벌써 그 일을 전부 다 잊었을 겁니다. 어쩌면 우리에게 상처를 줬다는 것조차 전혀 알지 못할 수도 있지요. 또한 우리에게 상처를 준 행동 자체가 우발적인 것이었을 수도 있고요. 설사 비열하게 정말로 당신을 다치게 하려는 것이었다고 해도, 그 사람은 정말로 미안해하고 있을지도 모릅니다. 만일 그가 머뭇거리면서 용서를 청한다면 어떻게 할 건가요? 또는 무척 힘들어하며 감히 용서를 청하지 못한다면요? 문제가 무엇이든지 우리는 그 사람을 위해서만이 아니라 우리 자신을 위해서라도 그 사람을 용서해야 합니다.

얼마나 자주 용서해야 할까요?

어느 날 베드로가 예수님께 다른 사람들을 얼마나 많이 용서해 주어야 하는지, 일곱 번이면 되는지 물었습니다. 예수님은 이렇게 대답하셨지요. "일곱 번이 아니라 일흔일곱 번까지라도 용서해야 한다."(마태 18,22) 달리 말해서, 숫자를 헤아리지 말고 필요한 만큼 자주 용서해 주어야 한다는 뜻입니다. 설사 그가 우리에게 크나큰 상처를 입혔다 하더라도 말이지요. 용서하는 것은 분위기를 바꾸고, 우리와 상대방 모두에게 삶을 계속할 기회를 줍니다. 예수님은 우리에게 똑같이 하십니다! 예수님은 우리에게 이렇게 말씀하십니다. "남을 심판하지 마라. 그러면 너희도 심판받지 않을 것이다. 남을 단죄하지 마라. 그러면 너희도 단죄받지 않을 것이다. 용서하여라. 그러면 너희도 용서받을 것이다."(루카 6,37) 프란치스코 교황 역시 이렇게 말했습니다. "하느님께서는 여러분을 용서하는 데에 결코 지치지 않으십니다. 오히려 우리가 용서를 청하는 데 지쳐 하지요. 결코 지치지 맙시다. 결코 지치지 맙시다! 그분은 언제나 용서하시는, 우리 모두를 위해 자비의 마음을 지니신, 사랑이 넘치는 아버지이십니다. 그러니 우리도 모든 사람에게 자비로워지는 법을 배웁시다."(2013년 3월 17일 삼종 기도)

자신을 용서하기

자기 자신을 용서하는 것은 다른 사람을 용서하는 것보다 한층 더 어려울지 모릅니다. 하지만 불가능하지 않습니다. 하느님은 우리에게 자기 자신을 용서하는 데에 필요한 은총(tweet 4.12 참조)을 주고 싶어 하십니다. 만약 고해성사를 받은 후에도 자신이 행한 일을 여전히 용서할 수 없다고 느낀다면 잠시 기도하면서 그 죄를 반성하십시오. 그러고 나면 하느님이 이미 우리를 용서하셨다는 것을 깨달을 것입니다. 하느님은 우리가 지은 죄를 우리보다 훨씬 더 잘 아신다는 것도요! 그러면 우리는 자기 자신을 용서할 힘을 달라고 하느님께 청할 수 있습니다. 그렇게 할 계획만 세우지 말고, 단호하게 결심하세요. 그러고는 하느님이 우리에게 주신 그 삶을 계속하세요.

....

참행복(마태 5,3-11 참조)

예수님의 이 말씀은 그리스도를 따르는 이들이 무엇을 받을지 알려 줍니다. 그리스도를 따르는 것이 어려울지라도 이 말씀을 되새기며 우리에게 참된 만족(축복)을 줄 수 있는 것을 행하는 것이 중요합니다. 이는 우리가 천국으로 향하는 길을 도와줄 것입니다.

1. "행복하여라, 마음이 가난한 사람들! 하늘나라가 그들의 것이다."

부, 중요한 경력, 또는 소유물이 아니라 하느님께 마음을 여는 것이 행복으로 이어집니다.

2. "행복하여라, 슬퍼하는 사람들! 그들은 위로를 받을 것이다."

지금 우리가 사는 동안에는 어렵고 고통스럽고 슬프겠지만, 다가오는 시대에서는 그렇지 않을 것입니다.

3. "행복하여라, 온유한 사람들! 그들은 땅을 차지할 것이다."

저항하지 않고 고통을 견디신 예수님의 모범을 따라 분노를 억제하고 인내하면 많은 결실을 맺습니다.

4. "행복하여라, 의로움에 주리고 목마른 사람들! 그들은 흡족해질 것이다."

하느님의 사랑이 현실로 이루어지는 데에 기여하는 사람들은 그것이 실현되는 것을 보게 될 것입니다.

5. "행복하여라, 자비로운 사람들! 그들은 자비를 입을 것이다."

진정으로 다른 이들을 용서하면 자신이 자비를 입습니다.

6. "행복하여라, 마음이 깨끗한 사람들! 그들은 하느님을 볼 것이다."

하느님을 찾는 사람들은 하느님을 발견할 것입니다.

7. "행복하여라, 평화를 이루는 사람들! 그들은 하느님의 자녀라 불릴 것이다."

평화를 이룬다는 것은 가족, 친구, 심지어 원수들까지도 서로 화해하도록 돕는 것을 뜻합니다.

8. "행복하여라. 의로움 때문에 박해를 받는 사람들! 하늘나라가 그들의 것이다."

의로움 때문에 박해를 받은 분이 바로 예수님이십니다!

 예수님의 용서를 온전히 받아들이십시오. 그분은 모든 것을 알고 계십니다. 우리는 참으로 용서받은 것입니다. 이제 우리도 우리 자신과 다른 이들을 용서해야 하겠습니다.

더 읽어 보기

참행복: CCC 1716-1717, 1725-1726항; CCCC 359-360항; YOUCAT 282-284항. 황금률: CCC 1789항; CCCC 375항.

4.15 성인이란 무엇인가요?

성인은 초기 교회에서부터 성덕이 뛰어난 분들에게 붙여진 칭호입니다. 엄밀한 의미에서 말하자면 성인은 살아 있을 때 영웅적인 덕행으로 모든 사람의 모범이 되어, 교회가 성인으로 선포한 분들을 의미합니다. 성인들은 기이하거나 특별한 사람이 아닙니다. 오히려 하느님과 이웃을 사랑하려고 끊임없이 노력한 사람들입니다. 우리가 성인처럼 하느님과 이웃을 끊임없이 사랑해야 하는 까닭은 그것이 의무이기 때문이 아니라, 그렇게 해야 이 세상과 저세상에서 행복을 얻을 수 있기 때문입니다. 성인들만 천국에 가니까요!(tweet 1.45 참조)

우리 모두는 성인이 될 수 있어요

바오로 사도는 성도들에게 종종 편지를 썼습니다(에페 1,1 참조; 2코린 1,1 참조). 이때 성도들이란 성스러운 사람들이라는 의미로 성인이라는 말과 뜻이 같으며 그 공동체의 모든 사람을 일컫는 말이었습니다.

그래서 프란치스코 교황은 다음과 같이 말했습니다. "성인들의 통공은 …… 우리가 혼자가 아니며 그리스도에게 속한 모든 이들 사이에는 삶의 친교가 있다는 것을 일깨워 줍니다. 그것은 신앙에서 생겨나는 친교입니다. 실제로 '성인들'이란 용어는 주 예수님을 믿어 그분에 의해, 세례를 통해 교회 안으로 들어온 이들을 가리킵니다. 이 때문에 첫 그리스도인들을 '성도들'이라고 일컬었습니다."(2013년 10월 30일 일반 알현 연설)

세례를 받으면서 우리는 은총의 선물을 통해(tweet 4.12 참조) 하느님의 자녀로 변화하지만(tweet 3.36 참조), 우리는 여전히 그분의 진행 중인 작품입니다. 하느님과 충만한 친교에 이르는 도중에 있습니다. 예수님은 우리 각자에게 "하늘의 너희 아버지께서 완전하신 것처럼 너희도 완전한 사람이 되어야 한다."(마태 5,48)라고 말씀하십니다. 그리고 우리는 한 번에 한 걸음씩 그분을 따름으로써 이를 행합니다. 그리스도인으로서 우리는 그리스도를 본받고자 노력해야 합니다. 불행하게도 그리스도인들이 모두 성인이 되라는 자신의 소명을 따르는 것은 아닙니다(tweet 4.10 참조). 그렇다고 낙담해서는 안 됩니다. 우리가 더 나은 삶을 살려고 계속 노력하는 한, 하느님은 우리를 도와주실 것입니다. 우리는 하느님의 은총을 필요로 합니다(tweet 4.12 참조). 그리고 그 은총을 받아들이는 데에 참으로 열려 있는 사람은 누구나 성인이 될 수 있답니다!

예수님과 연결되어

아주 모범적인 삶을 사는 그리스도인을 본 사람들은 그를 만날 때마다 예수님을 만나는 것 같다고 했습니다. 그가 이러한 평가를 받는 까닭은 그가 특별히 비범한 행동을 했기

| 더 알기

우리는 성인들을 흠숭하나요?

성인들은 천국에서 예수님과 아주 가까이 있으며, 그곳에서 우리를 위해 기도할 수 있습니다. 그래서 우리는 그분들에게 우리를 위해 하느님께 전구해 달라고 청합니다. 이는 우리가 성인을 흠숭한다는 뜻과는 다릅니다. 우리는 오직 하느님만을 흠숭합니다. 하지만 우리는 성인이 행한 선을 공경할 수 있으며, 성인들이 그랬듯이 우리도 예수님을 가까이 따르고 싶다는 표시로 성인의 유물에 존경을 드러낼 수 있습니다(tweet 3.16 참조).

그런데 왜 성인을 통해 기도할까요? 성경에 보면, 많은 사람들이 다른 이를 대신해서 청하려고 예수님께 다가옵니다. 자기 딸을 낫게 해 달라고 청한 부인이나(마태 15,22 참조) 또는 자기 종을 치유해 달라고 청한 백인대장이(루카 7,2-10 참조) 떠올려 보세요. 예수님은 "아픈 이들이 직접 내게 오게 하라." 하고 말씀하지 않으셨습니다. 오히려 예수님은 이들의 믿음을 보시어 그들이 청한 일을 들어주셨습니다. 이와 같은 이유로, 우리는 성인들에게 기도해 달라고 청할 수 있습니다(tweet 3.9 참조). 물론, 예수님께 직접 기도할 수도 있지만, 성인들에게 기도해 달라고 청하면 성인들과 더욱 친밀해지고, 그들의 모범을 따르려고 더욱 노력하게 됩니다. 또한 우리가 다른 일을 하기 위해 기도를 멈췄을 때에도 그분들은 우리를 위해 천국에서 계속 기도할 것입니다.

나면 교회는 그를 성인으로 선포하는데 이는 그 사람이 확실히 천국에 있다는 것을 의미합니다.

하느님을 위해 살기

성인은 자신을 위해 살지 않고 하느님을 위해 사는 사람입니다. 성인은 죄인의 반대가 아닙니다. 그 반대로, 성인은 자신이 죄인이라는 것을, 착하고 행복하게 살려면 하느님의 도움이 필요하다는 것을 잘 아는 이들입니다. 성인의 이야기는 그와 같은 삶을 스스로 이룰 수 없다는 것을 보여 줍니다. 베드로 사도를 생각해 보세요. 그는 생각하기 전에 말부터 하고, 예수님을 세 번이나 부인했습니다(요한 18,17.25.27 참조).

성인들도 다른 그리스도인들처럼 악과 맞서 싸웠습니다. 그리고 고해성사를 통해(tweet 3.38 참조), 하느님께 거듭 용서를 청했습니다. 성인들은 바오로 사도처럼 이렇게 말할 것입니다. "나에게 힘을 주시는 분 안에서 나는 모든 것을 할 수 있습니다."(필리 4,13) 성인들이 이렇게 말할 수 있는 까닭은 그가 언제나 하느님을 첫자리에 모시기 때문입니다. 우리가 성인들과 함께 그리스도와 한 몸을 이룬다는 사실이 위안을 줍니다. 성인들은 예수님을 통해 천국에 들어간 보통 사람들이며, 우리도 그렇게 할 수 있다고 용기를 주는 사람들입니다.

때문이 아니라 그의 삶의 방식 전체가 훌륭했기 때문입니다. 그들은 끊임없이 예수님과 연결되어 있었으며(tweet 4.8 참조), 그리하여 믿음과 희망과 사랑을 실천할 수 있도록 성령께 자리를 내어 드린 삶을 살았습니다. 그런 사람이 죽고

> 성인은 하느님의 참된 친구로 사는 사람입니다. 하느님의 은총으로 우리 또한 성인이 될 수 있습니다.

더 읽어 보기
성인: CCC 946-962항; CCCC 194-195항; YOUCAT 146항. 성덕으로 부르심: CCC 2012-2016, 2028-2029항; CCCC 428항; YOUCAT 342항.

4.16 성인들이 저렇게 많은데 어느 성인에게 기도해야 하나요?

모든 성인들은 하느님의 사랑을 반영합니다. 하지만 성인들은 저마다 고유한 개성과 배경을 지니고 있습니다. 하느님의 사랑은 한 가지 이미지로만 나타나지 않거든요. 성인들은 하느님의 사랑이 풍요롭다는 것을 보여 줍니다. 성인들은 모두 천국에서 하느님과 함께 있으며 각자 고유한 영역이 있습니다. 예를 들어 뭔가를 잃어버렸을 때는 파도바의 안토니오 성인에게 부탁드리고, 불가능한 일과 마주쳤을 때에는 카시아의 리타 성녀에게 부탁드릴 수 있답니다. 그러니 성인들에 대해서 살펴볼 때 이러한 부분도 함께 찾아보세요. 그러면 성인들과 함께 기도를 드릴 수 있을 것입니다.

잃어버린 물건을 찾고자 할 때

뭔가를 잃어버렸을 때 파도바의 안토니오 성인에게 기도하는 까닭이 무엇인지 궁금할 것입니다. 우선 안토니오 성인에 대해 간략히 설명하겠습니다. 안토니오 성인은 포르투갈의 리스본에서 태어났고 그곳에서 사제가 됐습니다. 1220년에 그는 모로코에서 신앙 때문에 살해된 5명의 프란치스코회 선교사들에 관한 이야기를 듣고 그들의 선교 사업을 계속 잇기로 결심했습니다. 그래서 프란치스코 회원이 되어 모로코로 떠났습니다. 하지만 실망스럽게도, 병 때문에 이탈리아 파도바에서 더 갈 수 없었습니다. 하지만 그는 그곳에서 복음을 전함으로써 그 상황을 극복했습니다. 그리고 곧 훌륭하고 열정적인 설교로 그 지역에 널리 알려졌습니다. 어느 날 한 수련자가 안토니오 성인이 사용하던 귀중한 책을 갖고 도망쳤습니다. 안토니오 성인은 그 수련자가 책을 갖고 돌아오도록 해 주십사 기도했고 마침내 그 기도가 이루어졌습니다. 이 일화 때문에 우리는 뭔가를 잃어버렸을 때 안토니오 성인에게 도와 달라고 청합니다.

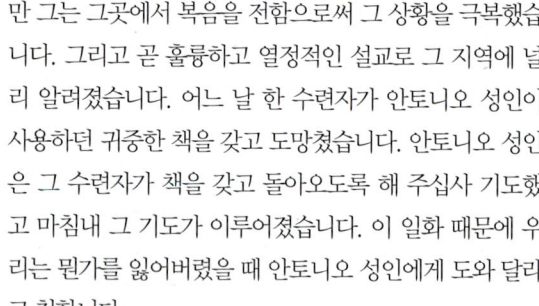

하느님과 함께라면 모든 게 가능합니다

카시아의 리타 성녀는 어떠했을까요? 소녀 리타는 하느님께 자신을 온전히 바치고 싶어 했습니다. 하지만 어렸을 때 부모 손에 이끌려 강제로 결혼했습니다. 남편은 성격이 야수 같은 사람이었지요. 하지만 리타 성녀는 기도와 인내로 결혼 생활 18년 동안 남편이 착한 사람이 되도록 도왔습니다. 그러던 어느 날 그녀의 남편이 살해되었습니다. 그러자 리타 성녀의 두 아들은 아버지의 복수를 하려 했습니다. 리타 성녀는 아들들에게 그러지 말라고 계속 설득했지만 그들은 귀담아듣지 않았습니다. 그래서 리타 성녀는 아들들이 살인자가 되느니 차라리 죽음을 맞이하게 해 달라고 하느님께 기도드렸습니다. 이렇게 기도드리는 것은 말할 필요도 없이 성녀가 한 일 중 가장 어려운 일이었지요. 그런데 그 기도 때문인지 1년도 채 되지 않아 두 아들은 하느님과 화해하고 나서 병으로 죽었습니다. 리타 성녀는 가슴이 무너질 듯 슬펐지만, 하느님께 감사드렸습니다. 그러고는 카시아에 있는 수도원으로 물러나 살았는데 그곳에서 성덕으로 유명해졌습니다. 세상을 뜬 지 얼마 되지 않아 리타 성녀는 불가능한 목표를 이루게 해 주는 성녀로 알려지게 되었습니다.

현대인의 롤 모델

현대의 성인도 있느냐고 물을 수 있겠지요. 피에르 조르조 프라사티 복자는 20세기 그리스도인의 롤 모델입니다. 그는 잘생겼고 건강했으며 저명한 가문 출신이었습니다. 그는 좋은 것은 다 갖췄다고 말할 수 있지요. 하지만 그는 예수님께 자신을 바쳐 가난한 이들을 섬기고 불우한 이들을 보살폈습니다. 이렇게 많은 사람을 돕다가 24살의 나이에 그가 병으로 세상을 떠났습니다. 많은 사람들이 장례 행렬을 따르려고 길에 줄을 이었습니다. 이 밖에도 오늘날 많은 사람들이 예수님 사랑과 이웃 사랑을 위해 힘쓰고 있습니다. 그들은 어떻게 이러한 자기희생을 할 수 있을까요? 어떻게 생명이 위태로운 곳에서 복음을 전할 수 있을까요? 어떻게 폭력적인 남편을 참고 견디며, 어떻게 자식들이 끔찍한 죄를 저지르기 전에 죽게 해 달라고 기도할 수 있을까요? 어떻게 가난한 이들을 위해 그렇게 많은 시간과 재능을 쏟을 수 있을까요? 파도바의 안토니오 성인, 카시아의 리타 성녀, 그리고 피에르 조르조 프라사티 복자는 하느님의 도움으로 이러한 일들을 해낼 수 있었습니다. 그들은 하느님이 자신을 사랑하신다는 것을 깊이 깨닫고, 하느님을 온전히 신뢰했습니다. 그들이 그처럼 자기를 버릴 수 있었던 이유가 바로 여기에 있습니다. 우리도 성인이 될 수 있습니다. 하느님을 신뢰한다면, 하느님을 위해 큰일을 이룰 수 있답니다!

| 더 알기

수호성인

세례를 받을 때 우리는 한 명 이상의 성인의 이름을 받을 수 있습니다. 이를 세례명이라고 하는데, 어떤 신자들은 견진을 받을 때에도 성인의 이름을 선택하곤 합니다(tweet 3.37 참조). 바로 그 세례명이 지칭하는 성인이 우리 각자의 수호성인입니다. 이 성인들은 우리와 특별한 연관이 있습니다. 우리는 그분들의 모범을 따를 수 있고 그분들의 기도에 의지할 수 있습니다. 수호성인은 천국에 있으며, 우리를 위해 기도할 수 있습니다(tweet 4.15 참조). 이를 생각하면 아주 위안이 되지요!

> 어떤 성인은 특수한 대의大義나 상황의 수호자입니다. 그분들의 모범을 따라 우리도 성인이 되어야 하겠습니다!

더 읽어 보기

성인: CCC 946-962항; CCCC 194-195항; YOUCAT 146항. 세례명: CCC 2156-2159, 2165-2167항; YOUCAT 201, 202항.

4.17 성인은 어떻게 될 수 있나요?

어느 시대에나 하느님의 은총에 특별히 열려 있는 그리스도인들이 있었습니다. 교회는 그 초기부터 그런 그리스도인들을 다른 이들의 본보기로 선언하면서 그들을 성인이라고 불렀습니다. 여러 세기가 지나면서 성인들로 여겨진 이들이 정말로 거룩하다는 것을 확실히 하기 위해 특별한 절차가 만들어졌습니다. 교회가 주관한 최초의 시성은 울다리코 성인이며, 시성 절차가 보다 체계적으로 된 것은 식스토 5세 교황 때부터입니다. 현재는 시성성에서 전담하고 있습니다.

시성

시성 과정을 통해서 어떤 사람을 성인으로 선언할 수 있습니다(더 알기 참조). 누군가가 참으로 착하고 덕성스러운 삶을 살았다는 객관적인 증거를 모으는 일이 이 과정에 포함됩니다. 그뿐만 아니라 성인이 되려면 죽은 후에 기적이 일어나야 합니다. 이는 미래에 성인이 될 분이 우리를 위해 하느님께 전구하고 있다는 증거인 셈이지요(tweet 4.18 참조). 그와 같은 기적은 어떤 사람이 중병에서 회복되는 경우 등 대체로 의학적으로는 도저히 설명할 수 없습니다. 그런 사례에 대해서는 의사와 과학자로 구성된 위원회가 비판적으로 검토합니다. 이는 어떠한 의혹의 여지도 없도록 분명히 하기 위해서입니다. 기적으로 인정받으려면 그 기적이 과학적으로는 설명할 수 없는 것이어야 합니다. 그와 같은 증거를 토대로 교황은 어떤 사람을 복자나 성인으로 선포하겠다고 결정할 수 있습니다.

한 가지 기적!

최근에 일어난 전구 기적 가운데 하나는 마리 시몽-피에르라는 프랑스 간호사가 치유된 것입니다. 그녀는 중증의 파킨슨병을 앓고 있었지요. 이 병 때문에 더는 일을 할 수 없을 정도였고 의사들도 더 이상 손을 쓸 수 없는 지경이었지요. 하지만 2005년에 요한 바오로 2세 교황(tweet 2.50 참

....

모두가 거룩하게 돼야 해요!

"예비 신자들에게 '세례받기를 바라십니까?' 하고 묻는 것은 '성화되기를 바라십니까?' 하고 묻는 것과 같습니다. 다시 말하여, 그들에게 '하늘에 계신 아버지께서 완전하신 것같이 너희도 완전한 사람이 되어라.'(마태 5,48) 하신 산상 설교의 엄격한 기준을 제시하는 것과 같습니다. …… 이러한 완덕의 개념을 마치 극소수의 '비범한 성덕의 영웅들'에게만 가능한 어떤 특출한 삶의 방식인 것처럼 오해하여서는 안 됩니다. 각 개인의 소명에 따라 성덕의 길은 다양합니다." (요한 바오로 2세 교황, 〈새 천년기〉 31항)

조)에게 병을 낫게 해 달라고 전구한 후 그녀의 병은 갑자기 완전히 사라져 버렸습니다. 의사들과 과학자들은 이를 설명할 수 있는 그 어떠한 근거도 발견할 수 없었답니다. 철저한 조사 끝에, 베네딕토 16세 교황은 이 치유를 기적으로, 그리고 요한 바오로 2세 교황이 참으로 천국에 있다는 증거로 인정했습니다. 베네딕토 16세 교황은 2011년 5월 2일 요한 바오로 2세 교황을 시복하고 복자로 선포했습니다. 그리고 프란치스코 교황은 2014년 4월 27일 요한 바오로 2세 교황을 시성하고 성인으로 선포했지요.

누구나 성인이 될 수 있습니다!

천국에 있는 사람은 누구나 성인입니다. 돌아가신 할머니나 할아버지가 시성되지는 않았겠지만, 그래도 천국에서 성인으로 있을 수 있어요!(tweet 3.27 참조) 하느님의 은총으로, 우리 또한 기도와 성사와 자비의 활동을 통해 성인이 될 수 있습니다.

| 더 알기

성인에 이르는 단계

성인으로 공포되기까지는 여러 단계를 거쳐야 합니다.

- 첫째, 교구나 수도회가 시성 대상자에 관한 증거 자료를 수집합니다. 그 자료를 시복시성 문제를 다루는 바티칸의 공식 기관인 교황청 시성성이 조사 자료로 받아들이면, 즉시 조사 대상자는 하느님의 종servant of God이 됩니다(tweet 2.5 참조).
- 그 대상자가 착한 그리스도인으로서 살려고 노력했고 영웅적 덕행의 삶을 살았다는 증거가 확인되면 가경자 venerable로 선포됩니다.
- 가경자로 선포된 그 사람의 전구를 통해 한 가지 기적이 일어나면, 교황은 공적인 전례 거행을 통해 그를 복자로 선언하기로 결정할 수 있습니다. 예를 들면 마더 데레사는 2003년 10월 19일에 시복됐지요. 다만 신앙을 위해 죽은 순교자들에게는 기적이 필요하지 않습니다.
- 또 다른 기적이 일어나면, 그 사례가 다시 교황에게 제출되고, 교황은 그 복자를 모든 교회를 위한 모범이자 전구자인 성인으로 선언할 수 있습니다.

 하느님의 은총으로, 누구나 성인이 될 수 있습니다. 하지만 오직 교황만이 공식적으로 어떤 사람을 성인이라고 선포할 수 있습니다.

더 읽어 보기
성인: CCC 946-962항; CCCC 194-195항; YOUCAT 146항. 시성: CCC 828항.
성덕으로 부르심: CCC 2012-2016, 2028-2029항; CCCC 428항; YOUCAT 342항.

4.18 기적은 무엇인가요? 그것은 요술과 어떤 점에서 다른가요?

하느님이 자연의 힘을 넘어서는 뭔가를 하실 때, 우리는 그것을 기적(tweet 4.17 참조)이라고 부릅니다. 하느님은 물리적 세계에 적용되는 법을 만드셨고, 그것을 철회하지 않으십니다. 하지만 기적은 하느님의 개입으로 이러한 물리 법칙이 적용되지 않는 일이 생기는 것을 말합니다. 그래서 과학으로는 기적을 설명할 수가 없습니다. 기적은 하느님에게서 오기 때문이지요. 기적은 초자연적입니다. 한 가지 예로 예수님이 라자로가 죽은 지 며칠 지나서 그를 죽음에서 되살리신 일을 들 수 있습니다(요한 11,38-44 참조).

기적은 계속 일어납니다

하느님만이 전능하신 창조주이십니다. 그리고 오직 그분만이 진정으로 기적을 행하실 수 있습니다. 비록 우리는 기적이 일어나게 할 수 없지만, 기적이 일어나도록 기도할 수는 있습니다(CCC 2734-2741항 참조). 예를 들어 1999년에 아돌프 도르만스는 성 안드레아의 가롤로 성인에게 질병에서 낫게 해 달라고 기도했습니다. 의사들은 그에게 회복될 희망이 전혀 보이지 않는다며 마음의 준비를 하라고 말했지만, 그는 치유를 받았습니다! 의사들은 그에게 무슨 일이 일어났는지 설명할 수 없었습니다. 성 안드레아의 가롤로 신부가 2007년에 성인으로 선포됐을 때(tweet 4.17 참조), 도르만스는 시성식에 참석했습니다. 도르만스가 치유된 일은 진정한 기적의 한 예입니다. 그의 체험은 신앙의 치유자로 자처하여 대중적 관심을 받고자 하는 사람의 모임에서 일어난 체험과는 전혀 달랐습니다. 하느님은 그런 모임에서도 기적을 행하실 수는 있지만, 우리는 이러한 쇼맨십에 속지 않도록 주의해야 합니다.

불가사의

기적은 이른바 불가사의한 활동들과 완전히 다릅니다. 예컨대 UFO나 폴터가이스트 같은 것은 세상을 놀라게 할지는 모르지만 거의 믿을 수 없습니다. 미래를 알아내기 위한 타로 카드, 점괘판, 손금, 점성술과 같은 것들도 믿을 수 없습니다. 그것들은 우리가 하느님께 둔 믿음과 희망을 거스르기에 나쁩니다. 교회는 이런 것들에 관해 아주 분명한 입장을 보입니다. 곧 하느님과 멀어지게 하는 것이라면 어떤 것이라도 멀리해야 한다는 것입니다. 그리스도인의 삶에서 가장 중요한 것은 하느님에 대한 전적인 신뢰입니다. 알려지지 않은 미래에 대한 건전하지 않은 호기심(CCC 2115항 참조)은 이 신뢰를 약하게 합니다. 하느님은 때때로 예언자들과 여러 성인들에게 미래에 일어날 일을 보여 주셨습니다. 하지만 이러한 것들은 하느님께 특별하게 부르심을 받은 이들에게 일어나는 예외적인 경우였지요.

하느님에게서 오는 메시지는 언제나 그리스도교 신앙 전체와 일치하며, 하느님의 메시지를 전달하는 사람은 교회의 권위가 그것을 평가하도록 언제나 겸손하게 자신을 내맡깁니다. 반면에 직업적으로 점을 보는 사람은 다른 이에게 평가받으려고 하지 않으며 돈과 명성을 쫓는 경우가 많습니다. 그들은 고통을 겪고 있거나 두려움에 빠진 사람을 속이거나, 거짓 희망으로 그들을 꾀기도 합니다. 이는 하느님이 우리가 지니길 바라시는 희망과 완전히 반대됩니다.

경고

성경에서는 거짓 메시지를 전하는 사람들을 따르지 말라고 경고합니다. "아무 영이나 다 믿지 말고 그 영이 하느님께 속한 것인지 시험해 보십시오. 거짓 예언자들이 세상으로 많이 나갔기 때문입니다."(1요한 4,1) 요한 바오로 2세 교황은 이렇게 말했습니다. "올바르게 살고자 한다면, 하느님이 우리의 일상생활에 두시는 신비스러운 '도로 표지판'을 읽고서 삶의 계획을 식별하는 법을 배워야 합니다. 이를 위해서는 점성술도, 점술도 전혀 소용없습니다. 필요한 것은 진정한 기도입니다. 진정한 기도에는 언제나 하느님의 법에 따라 살려고 하는 결단이 수반되어야 합니다."(1998년 9월 6일 삼종 기도; tweet 3.4 참조)

| 더 알기

요술은 어떤가요?

요술은 특별한 공식(마법과 주문)이나 동작(마법 지팡이를 흔들기, 어떤 물체를 태우기 등등)을 통해 인간이 자연에 대해 힘을 행사하려는 시도입니다. 요술은 하느님을 거스르는 것입니다. 오로지 하느님께만 속하는 능력을 자연 세계나 악령에게 속하는 것으로 돌리기 때문입니다. 사람들은 인간적인 방법으로 해결이 되지 않을 때, 또는 하느님이 자신이 바라는 것을 주지 않으실 때 요술에 의지합니다. 특히 흑요술(사악한 목적의 요술)은 매우 나쁩니다. 악마에게서 힘을 구하고자 하기 때문이지요. 하지만 악령들은 결코 선을 이룰 수 없습니다. 하느님의 사랑만이 이를 행할 수 있지요. 그래서 흑요술은 종종 끔찍한 일을 저지르는 데에 사용되곤 합니다. 교회는 어떤 종류든 요술에 의지하는 것을 반대합니다(CCC 2117항 참조). 질병을 치유하기 위한 (실제 약이 아닌) 마법의 묘약처럼 순수하게 보이는 것들도 위험합니다. 우리의 이성과 하느님에 대한 믿음을 약하게 하기 때문입니다.

> 하느님은 당신에 대한 우리의 사랑이 성장하도록 돕고자 기적을 행하시곤 합니다. 이에 반해 요술은 그 어떤 종류라도 우리를 하느님에게서 멀어지게 합니다.

더 읽어 보기
기적을 바라며 기도하기: CCC 2734–2741, 2756항; CCCC 575항; YOUCAT 507항. 요술: CCC 2117항; CCCC 445항; YOUCAT 355–356항.
하느님의 섭리를 신뢰하기: CCC 2115항; CCCC 445항; YOUCAT 355항. 주술: CCC 2116항; CCCC 445항; YOUCAT 355–356항.

4.19 교회는 왜 혼인과 가정을 강조하나요?

하느님은 "하느님의 모습으로 사람을 창조하시되 남자와 여자로 그들을 창조"(창세 1,27)하셨습니다. 또한 사람이 하느님의 사랑과 그분의 생명 창조에 참여하게 하셨습니다. 그래서 하느님은 사람에게 "자식을 많이 낳고 번성하여 땅을 가득 채우고 지배하여라."(창세 1,28) 하고 분부하셨습니다. 그리스도인으로서 사랑하라는 이 소명은 혼인이나 하느님을 위한 독신이라는(tweet 4.21 참조) 두 가지 방식으로 구체화할 수 있습니다. 요한 바오로 2세 교황은 이에 대해 이렇게 말했습니다. "둘 중의 어느 것이나 적절한 형태를 유지하는 한, 인간의 가장 심오한 진리의 실현이고 '하느님의 모상대로 창조된' 인간 존재의 실현입니다."(〈가정 공동체〉 11항)

하느님이 거기에 계십니다

한 남자와 한 여자는 혼인성사(tweet 3.43 참조)의 규정을 따라 상대에 대한 자신의 선택을 확인합니다. 그날부터 그들은 자신들의 관계에 하느님이 한 부분이 되도록 노력하며, 함께 그분을 찾아 나서기로 합니다. 그들은 조건 없이 그리고 오로지 서로에게만 자신을 내어 주면서, 일생 서로 배려하며 자녀를 하느님의 선물로 기꺼이 받아들이기로 혼인 서약을 통해 합의합니다. 생명을 주는 이 사랑의 결합은 하느님이 처음부터 의도하신 것입니다. "그러므로 남자는 아버지와 어머니를 떠나 아내와 결합하여, 둘이 한 몸이 된다."(창세 2,24)

사랑하고 자신을 내어 주세요

하느님은 모든 자녀가 혼인을 통해 잉태되기를 바라십니다. 때로는 이러한 점을 부모들이 잊기도 하지만, 아이를 위해 이보다 더 좋은 시작을 고려할 수는 없습니다.

슬프게도, 혼인이 깨어지는 일이 많이 일어납니다(더 알기 참조). 하지만 다행히도 보이지 않는 사랑의 도움으로 죽을 때까지 함께하는 혼인의 본보기들도 많습니다. 이 사랑의 근원은 바로 하느님이십니다. 성공적인 혼인 생활을 하기 위해서는 배우자 서로가 끊임없이 자신을 내어 주어야 합니다. 곧 자신을 위하는 것만큼이나 상대방을 위해 살아야 합니다. 혼인 생활이 잘 안 풀릴 때, 그것은 보통 부부가 이 원칙을 놓쳤기 때문입니다. 하지만 바로 사랑이 시험 당할 때에, 한층 더 큰 사랑이 필요합니다. 상대방을 한층 더 고려해야 하는 것입니다. 시련을 함께 견디어 내고 서로 참고 용서하는 그리스도인 부부들은 그들의 사랑이 시간이 지날수록 더욱 강하고 깊어진다는 것을 발견합니다. 그들은 부부 행복의 열쇠가, 바오로 사도의 말처럼, "그리스도를 경외하는 마음으로 서로 순종"(에페 5,21)하는 것임을 배웁니다.

| 더 알기

교회는 이혼을 어떻게 바라보나요?

혼인을 통해 신랑과 신부는 평생 남편과 아내로서 서로 사랑하고 존경할 것을 약속합니다. 혼인 날 두 사람은 함께 맺어집니다. 그리고 이 일치는 배우자 중 한편이 죽기 전에는 깨뜨릴 수 없습니다. 하지만 혼인 생활 도중에 둘이 함께할 수 없는 것처럼 느껴진다면 어떻게 될까요?

우리 사회에서는 통상적으로 이혼이 수용됩니다. 하지만 교회에서는 이것이 잘 받아들여지지 않습니다. 예수님은 하느님이 맺어 주신 혼인의 유대를 우리가 깰 수 없다고 단호하게 말씀하십니다. "하느님께서 맺어 주신 것을 사람이 갈라놓아서는 안 된다."(마르 10,9) 예수님은 이 말씀으로 사회에서 통상적으로 이뤄지던 이혼의 관행에 강하게 반대하십니다. 교회는 이러한 예수님의 말씀을 바꿀 수 없습니다. 하지만 교회가 조사하여 온전한 그리스도교적 혼인이 이루어지지 않았다는 것이 드러나면, 교회는 그것의 무효를 인정합니다. 그것은 이혼과는 다릅니다.

혼인한 부부가 함께 사는 것이 어렵다고 느낄 때 그것은 아주 크나큰 고통을 줍니다. 그것은 부부 두 사람 모두에게 큰 슬픔을 주며 때로는 그 자녀들에게 더 큰 슬픔을 줍니다. 하지만 이혼은 혼인 문제의 해결책이 전혀 아닙니다. 이혼은 '가정과 사회에 폐단을 일으킵니다.'(CCC 2385항 참조) 한 부부가 일시적으로 또는 영구적으로 결별한다 하더라도, 서로에게 유효한 혼인 서약을 했다면, 하느님과 교회의 눈에 그들은 여전히 혼인한 상태 그대로입니다.

사회의 모퉁잇돌

아이는 서로 사랑하는 부모가 있는 가정에서 자라나는 것이 가장 좋다고 합니다. 안타깝게도, 질병이나 사고 또는 이혼으로 인해, 반드시 그것이 이뤄지는 것은 아닙니다. 사랑으로 이루어진 가정생활 속에서 아이는 더 붙임성 있고 너그럽고 유연하게 자라납니다. 그렇기에 가정생활은 책임 있는 어른이 되는 데 좋은 준비가 됩니다. 가정은 "사회에서 누리는 자유와 안전과 형제애의 기초"(CCC 2207항)입니다. 이런 이유에서 가정을 사회의 모퉁잇돌이라고 하지요.

 혼인은 한 남자와 한 여자가 죽을 때까지 이루는 유대입니다. 혼인을 통해 사랑으로 잉태된 자녀는 가정에서 양육됩니다.

더 읽어 보기
가정: CCC 2207–2208항; CCCC 457항; YOUCAT 369항. 이혼: CCC 2382–2386, 2400항; CCCC 502항; YOUCAT 424항.

4.20 '혼전 성관계를 하지 않는 것'은 구식인가요?

성관계는 혼인의 두 가지 목적을 완성합니다. 남편과 아내의 상호적 사랑 안에서 성장(일치), 그리고 생명의 지속성(출산)을 이룹니다. 교회는 또한 "성은 기쁨과 즐거움의 원천"(CCC 2362항)임을 인정합니다. 남편과 아내는 그들의 사랑이 자신들에게만 머물지 않고, 자신들의 일치로 태어나게 될 자녀들에게도 전해지기를 바랍니다. 이는 창조의 본래적 질서에 속하며 인간의 행복을 위한 하느님의 계획 가운데 하나입니다.

참사랑

사랑에 관해서는 말할 게 많습니다. 참사랑이 무엇인지 알기만 한다면 우리는 하느님이 사랑이시라는 것을 이해할 수 있습니다. "사랑하지 않는 사람은 하느님을 알지 못합니다. 하느님은 사랑이시기 때문입니다."(1요한 4,8) 참사랑은 충실하며, 일단 받아들이면, 기쁠 때나 슬플 때나(tweet 3.43, 4.19 참조) 충실하겠다는 약속을 늘 지킵니다. 참사랑은 자유로운 선택을 바탕으로 합니다. 명령을 바탕으로 해서는 사랑할 수 없습니다. 참사랑은 상대에게 자신을 내어 주고 상대를 선물로 받아들인다는 것을 의미합니다. 참사랑은 아무런 조건도 달지 않으며 사랑하는 사람의 단점을 인내와 이해로 받아들입니다. 참사랑은 새로운 생명에 열려 있으며, 언제나 결실을 맺습니다.

혼전 성관계는 안 돼요

혼인을 맺기 이전에 성관계를 가지려는 생각은 그리 좋지 않습니다. 성관계는 자신을 상대방에게 온전히 내어 준다는 것을 의미합니다(더 알기 참조). 따라서 여생을 상대방에게 충실하고 진실하게 지내겠다고 약속하고 혼인으로 하느님의 축복을 받았을 때, 완전하고 무조건적으로 서로에게 내어 줄 수 있습니다. 또한 성관계는 그 본질상 자녀 출산의 가능성을 지닙니다. 이 역시 혼외 성관계가 문제시되는 부분입니다. 왜냐하면 자녀에게는 안정된 가정이 필요하기 때문입니다(tweet 4.19 참조). 바오로 사도는 혼외 성관계(간음)의 유혹은 정말로 문제가 된다고 여겼습니다. 그가 내놓은 해법은 혼인이 존중되어야 하고 "모든 남자는 아내를 두고 모든 여자는 남편을"(1코린 7,2) 두어야 한다는 것입니다. 성관계는 혼인의 내용에 속하는 것임을 교회는 끊임없이 이야기해 왔습니다. 상대방을 향한 사랑의 가장 인격적이고 친밀한 표현이 성관계에서 드러나는 것이라면, 단 하나의 참된 사랑을 위해, 여생을 함께 보내고 싶은 그 사람을 위해 그것을 간직하는 것은 큰 의미가 있을 것입니다. 성에 대한 이토록 아름다운 이해가 어떻게 구식일 수 있겠습니까?

성관계는 나쁘다?

성은 단지 즐거움을 추구하는 것을 훨씬 넘어선 그 무엇입니다. 따라서 성관계가 혼인 안에서 이루어지지 않으면, 이는 상대방을 개인적 만족의 도구로 이용하는 것이 됩니다. 매매춘과 포르노의 경우가 확실히 그러합니다. 매매춘과 포르노에서는 사람이 한낱 물건으로 취급되니까요(tweet 4.22 참조). 이는 인간으로서 해서는 안 되는 일입니다. 그렇게 이루어지는 성관계는 참으로 나쁜 것입니다. 불행히도, 이기적으로 성을 추구해 끔찍한 성적인 학대로 이어지는 사례들이 많습니다. 단지 즐거움을 위해 두 사람이 성관계를 맺기로 합의했다고 해도, 그것은 두 사람 각자가 상대방을 이용하는 것입니다. 두 사람이 사랑으로 자신을 서로 온전히 내어 주지 않고 있기 때문입니다. 사랑으로 자신을 서로 온전히 내어 줄 때 혼인한 두 사람 사이의 성적 결합은 대단히 아름답습니다. 그리고 무엇보다도 대단히 인간적입니다(더 알기 참조). 이는 바오로 사도가 "나에게 사랑이 없으면 나는 아무것도 아닙니다."(1코린 13,2)라고 말한 대로입니다.

| 더 알기

참으로 인간적인 성

"남자와 여자가 부부에게만 국한된 정당한 행동을 통하여 서로에게 자신을 내어주는 성性은, 결코 순전히 생물학적인 것만은 아니고 인간의 가장 깊은 존재와 관련됩니다. 성은 남자와 여자가 죽을 때까지 서로에게 자신을 완전히 바치는 사랑의 일부일 경우에만 진정으로 인간적입니다. 만일 현세적 차원을 포함해서 전 인간이 걸려 있는 완전한 자기 증여의 징표와 결실이 아니라면, 만일 인간이 완전히 바쳐지지 않는 행동을 통해서 어떤 것을 보류하거나 미래에 달리 결정할 가능성을 유보하는 경우라면, 온몸을 내어 준다는 것은 한갓 거짓에 불과합니다."(요한 바오로 2세 교황, 〈가정 공동체〉 11항)

> 혼인 안에서만 성관계는 사랑으로 상대방에게 온전히 내주는 것이 되고 기쁨의 원천이 되면서 생명(자녀)에 열려 있을 수 있습니다.

더 읽어 보기

사랑, 신앙 그리고 출산: CCC 2360-2367, 2397-2398항; CCCC 495-496항; YOUCAT 416-417항.
매매춘과 포르노: CCC 2354-2355, 2396항; CCCC 492항; YOUCAT 411-412항.

4.21 사람들이 혼인하도록 지어졌다는데 왜 독신을 선택하는 사람들이 있는 건가요?

교회가 시작됐을 때부터 그리스도에 대한 사랑으로 결혼하지 않고 지내기로 선택한 남녀들이 있었습니다(tweet 2.25 참조). 온 세상을 차지할 수 있지만, 가난한 삶을 서약하는 이들이 있습니다. 자유로운 존재로 창조되어 스스로 선택하며 살아갈 수 있지만, 순명을 선택하는 이들이 있습니다. 결혼을 해서 잘 살아갈 수 있지만, 성관계를 맺지 않으며 살기로 서약한 이들이 있습니다. 그들은 정결의 삶을 선택합니다.

예수님

왜냐하면 첫 제자들처럼, 그들은 예수님이 자신에게 하시는 말씀을 들었기 때문입니다. "나를 따라오너라."(마르 1,17; tweet 4.4 참조) 그들이 예수님과 맺은 관계는 다른 이들과 맺은 관계보다 더 강합니다. 그들은 마음과 영혼과 몸으로 예수님께 전적으로 속하기를 바랍니다(더 알기 참조). 예수님은 당신을 따르기 위해 모든 것을, 심지어 배우자가 될 사람까지도 버리는 이들에게 좋은 미래를 약속하셨습니다. "내가 진실로 너희에게 말한다. 누구든지 하느님의 나라 때문에 집이나 아내, 형제나 부모나 자녀를 버린 사람은, 현세에서 여러 곱절로 되받을 것이고 내세에서는 영원한 생명을 받을 것이다."(루카 18,29-30)

정결 서약

사제와 수사, 수녀 그리고 그 밖에도 가능한 한 가깝게 예수님의 모범을 따르도록 하느님께 부르심을 받았다고 느끼는 사람들은 정결 서약이라고도 부르는 동정 서약을 합니다. 이것은 결코 결혼하지 않으며 성적 관계를 맺지 않고 여생을 살겠다는 것을 의미합니다(tweet 4.22 참조).

하느님은 "사람이 혼자 있는 것이 좋지 않으니"(창세 2,18) 하고 말씀하셨습니다. 하지만 하느님께 정결을 봉헌한 사람들은 혼자가 아닙니다. 오히려 하느님께 아주 가까이 있습니다. 그들은 성소로 완전한 행복을 느끼며, 친구들이나 친척들 그리고 그들이 섬기는 사람들로 가득 찬 삶을 삽니다. 그들은 혼인을 하지 않았기 때문에 하느님이 복음을 선포하라고 부르시는 곳 어디에서나 자유로이 봉사합니다.

부르심

주님을 위한 동정 생활은 하느님이 우리를 창조하신 방식에 기본적으로 적합한 성소입니다. 이 삶은 사람들을 자유롭게 하여 예수님께 더욱 가까이 따르게 합니다. 물론 혼인한 사람들과 똑같이 주님을 위한 동정 생활을 선택한 사람들도 때로는 그들의 성소를 이행하지 못해 어려움에 처하기도 합니다. 하지만 그것이 주님을 위한 동정 생활을 시작하지 않을 아무런 이유가 되지 않지요! 그리스도인들은 늘

하느님의 은총의 도움에 의지할 수 있습니다(tweet 4.12 참조). 또한 그리스도 안에 형제자매들의 도움을 받을 수도 있습니다. 혼인의 삶이든 정결의 삶이든, 그러한 은총과 도움 없이 살아갈 수 있는 그리스도인은 아무도 없습니다.

하느님이 주님을 위한 동정 생활로 우리를 온전히 바치라고 부르고 계신가요, 아니면 혼인하라고 부르고 계신가요? 둘 다 숭고한 성소입니다. 하지만 자신에게 더 잘 맞는 부르심이 있을 뿐입니다(tweet 4.4 참조). 아직 찾지 못했다면 찾으세요. 하느님께 여쭙고, 영적 지도자에게 이야기해 보세요(tweet 4.6 참조). 그리고 무엇보다도, 예수님이 말씀하셨듯이, '두려워하지 마세요.' 예수님은 우리가 성소를 살아 내도록 도와주시겠다고 약속하셨습니다. 그분은 이렇게 말씀하셨습니다. "내가 세상 끝 날까지 언제나 너희와 함께 있겠다."(마태 28,20)

| 더 알기

천국에서처럼 결혼하지 않고?

혼인을 해서 남편과 아내가 된 그들은 서로에게 죽기까지 충실하겠다고 다짐합니다. 예수님은 천국에서는 아무도 더는 결혼하지 않으며, 모두가 "하늘에 있는 천사들과 같아진다."(마르 12,25)라고 가르쳐 주셨습니다. 즉 천국에서는 성관계도 하지 않고 성적 욕구도 없다고 하신 것입니다. 따라서 지상에서 거룩하게 동정으로 사는 사람은 천국을 미리 맛봅니다. 천국에는 우리의 모든 갈망이 하느님에 의해 완전히 실현될 것입니다. 그러므로 '하늘나라를 위한'(마태 19,12 참조), 주님을 위한 동정 생활은 교회를 위한 아주 중요한 증거입니다.

 예수님은 결혼하지 않으셨습니다. 예수님을 위해 결혼하지 않기로 한 선택은 예수님의 모범을 따르는 길입니다.

더 읽어 보기
봉헌(축성) 생활: CCC 873, 914-934, 944-945항; CCCC 178, 192-193항; YOUCAT 138, 145항.
독신: CCC 1579-1599항; CCCC 334항; YOUCAT 258항.

4.22 정결은 왜 지켜야 하나요?

정결은 우리의 성적 갈망을 긍정적인 방향으로 조절하도록 도와줍니다. 그리스도교의 정결은 성에 대한 저항이 아니라 찰나적인 육체적 즐거움을 훨씬 뛰어넘는 것임을 증거합니다(tweet 4.20 참조). 우리는 살면서 때로는 자제하기가 어려울 수 있습니다. 하지만 계속 노력해야 할 많은 이유가 있습니다. 정결과 자기 절제는 우정과 사랑 그리고 자기 증여로 가득한 행복한 삶으로 인도합니다. 이러한 행복이 성적인 관계에만 있는 것이 아닙니다.

정결은 모든 이가 지켜야 하는 덕입니다

누구에게나 다 정결의 덕이 필요합니다. 혼인을 하지 않은 사람에게 정결은 성관계를 삼가는 것을 의미합니다(tweet 4.20 참조). 혼인을 한 사람에게 정결은 배우자에게 충실해야 한다는 것과 성관계에서 배우자를 마음대로 해서는 안 된다는 것을 의미합니다. 정결은 우리 존재 전체와 관계됩니다. 육체적으로 행복하고 조화로운 삶을 살아가고, 자아를 완성하기 위해서는, 음식이 주는 즐거움이나 성적인 즐거움과 같은 모든 욕망을 다스릴 수 있어야 합니다. 이러한 자기절제는 어떤 것에 지나치게 빠져서 우리 자신과 다른 사람들에게 상처를 입히지 않도록 하기 위해 반드시 필요합니다. 누구에게나 다 성적 갈망이 있습니다. 하지만 그 갈망을 자기 인생의 적합한 자리에 두는 법을 배워야 합니다.

성

하느님이 우리에게 성을 선사해 주셨습니다. 그분은 자연스러운 욕망과 본능을 지닌 남자 혹은 여자로 우리를 창조하셨습니다. 하느님은 또한 우리에게 자유 의지를 주시어 우리가 욕망의 노예가 되지 않도록 하셨습니다. 우리는 본능과 성을 이성적으로 다룰 수 있다는 점에서 동물과 다릅니다(CCC 2339항 참조; 더 알기 참조). 우리는 성적인 갈망을 어떻게 다룰지 선택할 수 있습니다. 대중 매체를 접하다 보면 마치 성이 인생에서 가장 중요한 것처럼 여겨집니다. 동

자위행위나 포르노는 왜 안 될까요?

좋지 않게 들리겠지만, 자위행위는 나쁩니다(CCC 2353항 참조). 성적 즐거움은 은밀하게 혼자 즐기기 위한 것이 아니라 배우자와 나누기 위한 것입니다(tweet 4.20 참조). 자위행위가 우리를 정말 행복하게 해주지는 못합니다. 왜냐하면 절대로 완전히 만족할 수 없기 때문입니다. 그리고 자위행위는 나쁜 습관이 될 수 있습니다. 이는 사랑하는 사람과의 성적 친밀함을 어렵게 만들 수 있습니다. 포르노와 매매춘은 사람을 쾌락을 위한 물건처럼 이용합니다(CCC 2354항 참조; tweet 4.31 참조). 성인들의 합의하에 이루어진다 하더라도, 이는 관련된 모든 사람을 비하하는 형태입니다.

시에 성이 단순히 개인적인 즐거움뿐인 것처럼 제시합니다. 성에 관한 이러한 묘사는 식상합니다. 우리 대부분은 성적 욕구만을 만족시키는 것 이상을 원합니다. 우리는 사랑을 원합니다(tweet 4.20 참조; 더 알기 참조).

사랑을 선택하기

자신에게 이렇게 물어보십시오. 어떤 사람과 지속적이고 사랑하는 관계를 맺기 위해 찰나적인 즐거움을 조금 희생할 것인가, 아니면 순간의 즐거움을 맛보기 위해 그런 지속적인 사랑을 희생할 것인가? 참다운 관계를 원한다면 정결이 필요합니다. 하지만 이는 그렇게 쉽지만은 않습니다. 성적 욕구는 대단히 강할 수 있어서 많은 사람들이 그 욕구들과 싸웁니다. 고해 사제에게 이에 관해 말하는 것을 두려워하지 마세요(tweet 3.39 참조). 정결을 위한 싸움은 가치 있는 싸움이랍니다. 참된 사랑을 발견하고 또 참으로 자유롭고 행복하기 위해서는 이 덕이 필요하기 때문입니다. 정결은 또한 예수님을 더욱 가까이 따르도록 도와줄 것입니다. 예수님은 우리를 당신의 친구가 되게 하셨고, 우리에게 온전히 당신을, 당신의 정결까지도 내어 주셨습니다(CCC 2347항 참조).

더 알기

어떻게 하면 성에 관해 덜 생각할 수 있을까요?

성적 느낌과 갈망을 억누르지 말고, 그것들을 어떻게 다룰지를 선택하는 것이 해답입니다. 정결을 거스르는 죄는 자위행위, 간통, 간음, 포르노, 매매춘 등입니다(CCC 2352-2356항 참조). 우리는 이러한 죄를 피해야 하며 필요할 때마다 용서를 청해야 합니다. 하지만 성적인 죄에 너무 집착하게 되어서는 안 됩니다. 그렇지 않으면 우리 생각이 늘 성에서 벗어나지 못합니다. 또한 잘못된 것을 알면서도 선택하는 것만큼 죄가 되는 것은 아니지만, 나쁜 습관으로 우리의 자유가 나약해질 수 있음을 이해해야 합니다(tweet 4.13 참조). 성적 강박에서 벗어나는 한 가지 좋은 방법은 다른 사람들에게 봉사하는 것입니다. 봉사에서 얻는 만족은 짧게 끝나는 성적 흥분보다 더 오래 남습니다. 그리고 이는 나쁜 습관에 쉽게 빠지게 만드는 외로움과 슬픔을 극복하도록 도와줍니다.

> 성적 갈망은 인간의 일부입니다. 정결은 성적 갈망을 어떻게 다룰지 선택할 수 있도록 도와줍니다. 음욕이 아니라 진짜 사랑이 우리를 행복하게 해 줍니다.

더 읽어 보기
자제: CCC 2339-2342항; CCCC 489항; YOUCAT 405항. 자기를 내어 줌: CCC 2346-2347항; CCCC 490항; YOUCAT 402항.
정결을 거스르는 죄: CCC 2351-2356, 2396항; CCCC 492항; YOUCAT 409-413항.

4.23 교회는 생명을 보호하고 싶어 하면서 왜 아프리카에서 콘돔을 배포하는 일에 반대했나요?

몇 년 전 베네딕토 16세 교황은 카메룬으로 가는 비행기에서 기자들에게 콘돔 배포는 아프리카에서 유행하는 에이즈에 대한 해결책이 아니며 문제를 더 악화시키는 것일 수도 있다고 말했습니다. 이 말은 엄청난 비난을 불러일으켰으며, 언론의 집중 포화를 받았습니다. 교황은 나중에 이렇게 설명했습니다. "콘돔에 집착하는 것은 성을 진부하게 만들어 버리는 것을 함축합니다. 이는 결국 사람들이 성을 사랑의 표현으로 보지 않고(tweet 4.20 참조), 그저 마약처럼 즐기는 것으로 보도록 만드는 위험한 원천입니다."(《세상의 빛》 187쪽 참조). 교황은 사랑에 초점을 두어야 한다는 말을 한 것입니다. 콘돔이 아니고요!

콘돔은 해결책이 아닙니다

아프리카의 에이즈 문제를 해결하는 최상의 방안이 바로 콘돔을 배포하는 것이라고들 이야기합니다. 하지만 그와 같은 정책의 결과에 의문을 제기하는 과학적 연구들이 있습니다. 그래서 많은 공식적 원조 기구들은 ABC 방법을 권장합니다. 절제Abstinence, 충실하기Be faithful, 콘돔 사용Condom Use이 그것입니다. 혼인 전에 절제할 것과 혼인에 충실할 것은 성적으로 감염되는 질병을 피하는 이상적인 방법입니다. 이 방법은 대단히 그리스도교적인 방법이지요. 세속의 전문가들조차도 콘돔을 사용하는 것을 마지막 수단으로 봅니다. 콘돔을 사용하는 것은 에이즈의 근본 원인을 해결하지 못할 것입니다. 에이즈가 확산되는 근본 원인에는 인간의 성에 대한 왜곡된 시각이 더 주요하다고 볼 수 있습니다.

성의 아름다움

질병의 전염이나 임신을 막기 위해 콘돔을 사용하는 것은 하느님이 인간의 성을 위해 의도하신 바를 거스릅니다(더 알기 참조). 교회는 세계 곳곳에서 에이즈와 싸우기 위해 열심히 활동합니다. 많은 나라에서, 가톨릭 병원들은 환자들을 치료하면서 에이즈를 일으키는 바이러스인 HIV가 더 확산되지 않도록 하고 있습니다. 하지만 에이즈와 싸우는 최상의 길은 인간의 성이 지닌 아름다운 의미와 목적을 다시 발견하는 것입니다(tweet 4.20 참조). 이런 의미에서, ABC 방법의 C는 정결Chastity이라고 생각할 수 있습니다(tweet 4.22 참조).

콘돔을 비롯한 모든 인위적인 출산 조절 방법은 그 방법을 사용하는 전제가 성을 하찮게 여기는 것이라는 데서 문제가 있습니다. 또한 이러한 방법들은 성행위의 자연스러운 결과를 완전히 막을 수 있다는 그릇된 안전감을 줍니다. 콘돔이 임신이나 끔찍한 질병의 전염을 막는 데에 늘 성공하는 것은 아닙니다. 성관계에 관해 고려할 때, 성적인 친밀함은 헌신적인 사랑의 표현임과 동시에 새로운 인간 생명이 태어날 수 있음을 받아들이는 표현이라고 교회는 결론 내립니다.

요한 바오로 2세 교황도 이렇게 말했습니다. "부부가 산아 제한의 방법을 사용해서 창조주 하느님께서 남자와 여자의 됨됨이와 성적 일치의 역동성에 박아 주신 이 두 가지 의미를 분리한다면, 그들은 …… 인간의 성(性)과 더불어 자신들과 결혼 동반자를 '조작하며' 실추시키는 것입니다."

(〈가정 공동체〉 32항)

임신을 피하는 방법

그렇지만 부부가 아이를 갖지 않도록 책임져야 할 때가 있을 수 있습니다. 예를 들어 부부 중 한 명이 병이 났을 때, 먹고살기 위해 또는 이미 낳은 자녀들을 키우기 위해 안간힘을 쓸 때, 가족이 전쟁이나 압제를 피해 달아나는 중일 때 등입니다. 하지만 일정한 기간 임신을 피하기 위해 피임약을 사용할 필요가 없습니다. 혼인한 사람들은 잠시 동안이나 적어도 가임기 동안에 성관계를 하지 않기로 선택할 수 있습니다.

| 더 알기

임신을 피할 좋은 방법이 또 있나요?

피임약과 콘돔 같은 인공적인 출산 조절 방식은 수정과 착상을 막습니다. 성관계로 이루어지는 출산의 가능성을 제거하는 이러한 인위적인 수단은 부부에게 새로운 생명에 대한 개방성을 없앨 뿐만 아니라 서로를 온전히 내어 주고 받아들이지도 못하게 만듭니다. 두 가지 모두 성 원리에 관한 그리스도교적 관점과 어긋납니다.

반면에 자연 주기법(tweet 4.25 참조)은 아주 다릅니다. 자연 주기법은 부부에게 임신 계획에 따라 언제 성관계를 가져야 하는지를 알려 줍니다. 이는 인간의 출산력을 억제하는 것이 아닙니다. 화학적 피임약을 사용할 때보다 자연 주기법을 사용할 때 여성들이 더욱 건강하다고 보고됩니다.

콘돔은 성적 접촉으로 전염되는 질병 문제의 해결책이 아닙니다. 이러한 문제에 대해서는 성에 대한 다른 이해가 도움이 될 것입니다!

더 읽어 보기
출산 조절: CCC 2370, 2391항; CCCC 498항; YOUCAT 421항. 에이즈 예방을 위한 콘돔 사용: YOUCAT 414항.

4.24 왜 교회는 '동성 결혼'을 반대하나요?

프란치스코 교황은 동성애에 관한 도발적인 질문에 이렇게 대답했습니다. "하느님이 동성애자들을 바라보실 때, 그분은 사랑을 담아 그러한 사람의 존재를 인정하실까요? 아니면 그들을 거부하고 단죄하실까요? 대답해 보실래요?"(2013년 8월 19일 기자들과 인터뷰)
교황은 그가 무엇을 위해 애쓰고 있는지 상관없이 그들 모두가 하느님의 사랑을 받는 사람들이라는 사실을 상기시켜 주었습니다. 동성애적 성향 자체는 죄가 아닙니다. 이는 어떤 사람들은 같은 성을 지닌 사람에게 매력을 느끼기도 한다는 단순한 사실입니다. 모든 사람이 이러한 특정한 감정을 느끼지는 않지만 우리 모두는, 우리 자신을 위해, 행동으로 옮겨서는 안 되는 성적 욕망과 싸우고 있습니다.

죄

교회는 혼인 밖에서 이루어지는 모든 성관계는 죄가 된다고 가르칩니다. 이것은 동성인 사람과의 성관계에도 마찬가지입니다. 혼인은 한 남자와 한 여자 사이에서만 가능하기 때문이지요. 구약 성경은 동성애 행위를 "역겨운 짓"(레위 20,13)이라고 부릅니다. 그리고 "여자와 동침하듯 남자와 동침해서는 안 된다."(레위 18,22)라고 합니다. 신약 성경에서 바오로 사도는 동성애를 하는 이들을 이렇게 묘사합니다. "그들은 하느님의 진리를 거짓으로 바꾸어 버리고, 창조주 대신에 피조물을 받들어 섬겼습니다. …… 그들의 여자들은 자연스러운 육체관계를 자연을 거스르는 관계로 바꾸어 버렸습니다. 남자들도 마찬가지로 여자와 맺는 자연스러운 육체관계를 그만두고 저희끼리 색욕을 불태웠습니다. 남자들이 남자들과 파렴치한 짓을 저지르다가……."(로마 1,25-27) 신약 성경의 다른 본문 또한 동성애 행위를 분명하게 배격합니다(1코린 6,9-10 참조; 1티모 1,10 참조).

하느님은 남자와 여자로 창조하셨습니다

교회는 동성애 감정은 무질서이며, 성의 의미와 목적에 부합하지 않는다고 가르칩니다. 동성애 관계는 자연법에 반대됩니다(tweet 4.1 참조). 남자와 여자의 생식 기관은 서로 잘 맞으며, 함께 새로운 생명을 창조하도록 고안돼 있습니다. 하지만 동성애 관계에서는 두 가지가 다 불가능합니다(tweet 4.20 참조). 그러므로 동성애적 행위는 혼인으로 맺어져 출산의 가능성을 지닌 남자와 여자의 일치와는 아주 다릅니다. 이러한 이유에서 동성애적인 결합은 결코 혼인으로 여겨질 수 없습니다. 혼인은 언제나 한 남자와 한 여자 사이에 이루어지는 유대입니다.
하느님이 남자와 여자를 창조하신 이유가 있습니다(창세 1,27. 5,2 참조). 남성과 여성은 서로를 완성해 주기 위한 차이점을 지니고 있습니다. 남성과 여성은 평등합니다. 그러나 똑같지는 않습니다(tweet 2.16 참조). 남성과 여성은 한 가족을 이루기 위해 서로를 필요로 합니다. 아버지와 어머니는 서로 다른 특질들로 자녀를 키웁니다. 이것이 세상의 창조주가 우리에게 바라신 모습입니다. 이에 따라 교회는 동성 커플의 입양을 반대합니다. 아이가 자라는 최상의 길은 아버지와 어머니를 둔 가정이기 때문입니다. 생명을 위해 서로 헌신적으로 사랑하는 친부모면 더 좋습니다(tweet 4.19 참조). 그것은 두 명의 아버지 또는 두 명의 어머니가 있는 것과는 같지 않습니다.

정결

우리는 모두 사랑하고 사랑받으라는 부르심을 받고 있습니다. 하지만 이를 위해 성생활이 필요한 것은 아닙니다. 삶에는 성관계보다 훨씬 더 많은 게 있습니다(tweet 4.22 참조). 우리는 모두 합당한 방식으로 다른 사람들을 사랑하기 위해 정결의 덕을 필요로 합니다. 정결한 삶을 살기란 정말 어려울 수 있습니다. 특히 우리 사회는 순결한 삶을 살려고 노력하는 이들을 돕지 않기 때문입니다. 그래서 교회는 우리에게 성사를 제공합니다. 고해성사(tweet 3.38 참조)와 성체성사(tweet 3.45 참조)는 우리의 성적 갈망을 균형 있게 유지하고 그것을 다루는 데에 필요한 은총(tweet 4.12 참조)을 줍니다.

더 알기

그들을 이해하지만 진실은 바뀌지 않습니다

"불행하게도 …… 대중 매체들은 본질적으로 '반反가정적인' 제안을 합니다. 그것은 가정과 인간의 가치를 손상시키는 제안입니다. …… 여기서 우리는 유럽의회EU의 결의안을 …… 생각해 볼 수 있습니다. 우리는 동성애의 성향을 지닌 사람들을 보호해야 할 뿐 아니라 그들에 대한 부당한 차별을 배격해야 합니다. 교회는 이 일에 전적으로 지지합니다. 모든 인간은 존중받아야 하기 때문입니다. 윤리적으로 받아들일 수 없는 것은 동성애에 대한 법적 승인입니다. 동성애의 경향에서 자유로울 수 없는 사람들에게 이해심을 보여야 한다는 것이 윤리적 기준을 변화시키는 것을 의미하지 않습니다. 그리스도는 간음한 여인을 용서하셨고 돌로 쳐 죽임을 당해야 하는 데서 구해 주셨습니다(요한 8,1-11 참조). 하지만 동시에 이렇게 말씀하셨습니다. '가라. 그리고 이제부터 다시는 죄짓지 마라.'"(요한 바오로 2세 교황, 1994년 2월 20일 삼종 기도)

> 동성애적 감정은 성의 의미와 목적에 배치됩니다. 교회는 동성끼리의 결혼은 불가능하다고 분명히 밝힙니다.

더 읽어 보기
동성애: CCC 2357-2359, 2396항; CCCC 492항; YOUCAT 65, 415항.

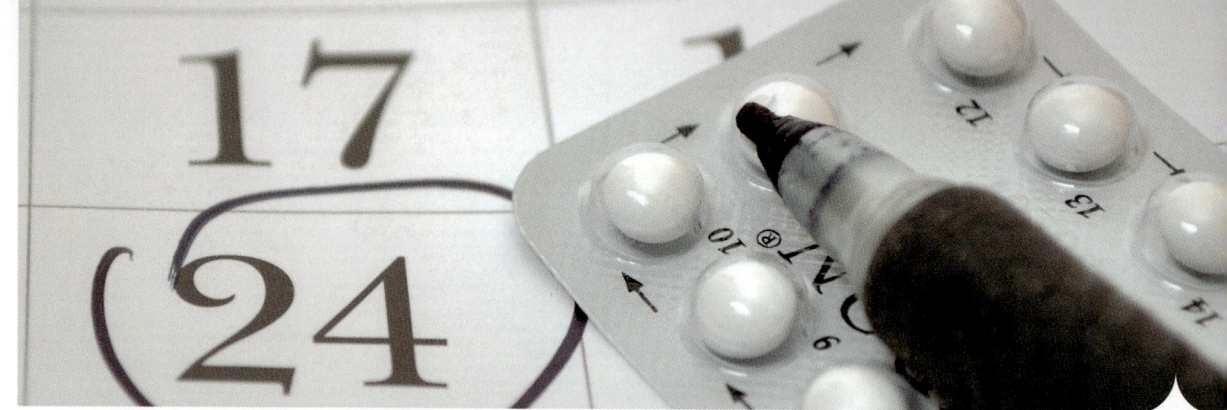

4.25 자연 주기법은 어떻게 하나요?

월경 주기는 서로 다른 단계를 거칩니다. 주기의 일부는 가임기이지만 그 나머지 기간에는 임신할 수 없습니다. 이 시기에는 몸에 일정한 변화가 나타나는데, 이는 여성이 가임기인지 아닌지를 알려 주지요. 자연 주기법은 이 신호들을 관찰하는 방법입니다. 이는 부부가 임신을 피하는 데나 임신하는 데에 도움을 줍니다. 이렇게 부부는 하느님이 창조하신 방식에 따라 성적인 관계 속에서 살아갑니다.

의식하면서 살기

피임약을 비롯한 다른 화학적 피임제들과 반대로, 가임기를 관찰하는 방식은 임신하지 않도록 하기 위해 여성의 생물학적 활동에 개입하지 않습니다. 오히려, 언제 임신할 수 있으며 언제 그렇지 않은지를 여성에게 알려 줍니다. 이를 알면 여성과 그녀의 남편은 언제 성관계를 맺을지 결정할 수 있습니다. 만일 아이를 기꺼이 맞아들일 준비가 돼 있다면 여성의 가임기에 성관계를 하기로 선택할 수 있습니다. 하지만 임신을 피해야 할 이유가 있다면, 여성이 임신할 수 없는 기간에만 사랑을 나누기로 선택할 수 있지요. 가임기와 불임기를 확인하는 방법은 몇 가지가 있습니다.

자연 주기법

하나는 자연 주기법NFP이나 자연 출산 조절NFA이라고 불리는 방법입니다. 이 방법은 아주 신뢰할 수 있습니다. 가임기에 대한 한 가지 이상의 신호를 계속 추적하기 때문입니다(더 알기 참조). 일단 습관이 되고 나면, 가임기에 대한 몸의 신호를 쉽게 판별할 수 있습니다. 많은 부부들이 화학적 피임제를 사용하는 것은 자연 주기법에 대한 확신이 없

출산 조절의 효과

펄 지수	완벽 임신률	실제 임신률
남성 불임 수술	≤0.1 %	0.1 %
여성 불임 수술	0.2~3 %	0.2~3 %
피임약	0.5 %	0.5~10 %
자연 주기법	0.4 %	2 %
빌링스법	1~3 %	3~35 %
생리 주기 피임법	3~5 %	12 %
온도 조절법	1 %	2.5~7 %
콘돔 사용	2~5 %	10~12 %
아무것도 하지 않음	85 %	85 %

※ 펄 지수: 1년 동안 피임 방법을 실시했을 때 임신한 수.

| 더 알기

여성의 가임기를 측정하는 자연적 방법에는 무엇이 있나요?

여성은 이전 생리 주기를 바탕으로 언제가 가임기인지 계산할 수 있습니다. 하지만 인간의 몸은 생리 주기가 늘 정확하게 일정하지 않기에, 이 방법은 아주 부정확합니다. 여성이 아침에 일어나서 기초 체온을 쟀을 때 체온이 0.5도 올라가면 배란이 시작됐음을 알 수 있습니다. 이 며칠 이내에 가임기가 시작됩니다. 체온이 오를 다른 이유가 있을 수 있기 때문에, 가임기의 다른 신호들도 함께 관찰해야 합니다.

가임기의 시작과 끝은 자궁경관 점액의 변화를 통해서 확인할 수 있습니다. 이 자궁경관 점액은 정자가 여성의 몸에서 살아남는 데에 필요합니다. 빌링스법은 이 점액을 관찰하는 방법입니다.

자연 주기법은 점액과 체온 등 여러 가지를 관찰하는 방법입니다.

또 다른 방법은 가임기가 시작됐는지를 보기 위해 아침에 소변의 호르몬 양을 조사하는 것입니다.

불임의 어려움을 겪는 여성이 이를 해결하기 위해 의학적 도움을 받으려 할 때, 임신의 가능성을 알려 주는 신체적 신호에 주의를 기울이도록 교육을 받곤 합니다. 그에 관한 장점을 알고 나면, 조금 더 많은 부부가 자연적 방법을 실천할 것입니다.

기 때문입니다. 하지만 놀랍게도, 자연 주기법은 피임약만큼 신뢰할 수 있으며, 콘돔보다도 다섯 배 이상 신뢰할 수 있습니다(도표 참조).

서로 존중하며 협력하는 방법

원칙적으로 남편과 아내의 성적 관계는 새로운 생명에 늘 열려 있어야 합니다(tweet 4.20 참조). 자연 주기법은 임신에 대한 자연의 능력을 억압하지 않기 때문에 이 방법을 사용하는 부부는 언제나 아이를 가질 가능성에 열려 있습니다. 이것이 인위적 출산 조절과 자연적 출산 조절 사이의 주된 차이입니다. 인위적 출산 조절은 화학적으로 또는 기계적으로 가임을 억제하는 것이지만, 자연적 출산 조절은 부부가 서로 존중하며 협력합니다. 자연 주기법의 실천은 신체에 대한 인식, 소통, 숙고, 그리고 자기 훈련을 촉진합니다. 그 결과 이러한 자연 주기법을 사용하는 부부들의 결혼 생활이 성공할 확률이 더 높습니다.

> 자연 주기법은 여성이 가임기인지 아닌지를 부부에게 말해 주는 신체의 일정한 신호들을 확인하는 것입니다.

더 읽어 보기
출산 조절: CCC 2368-2372, 2399항; CCCC 497-498항; YOUCAT 420-421항.

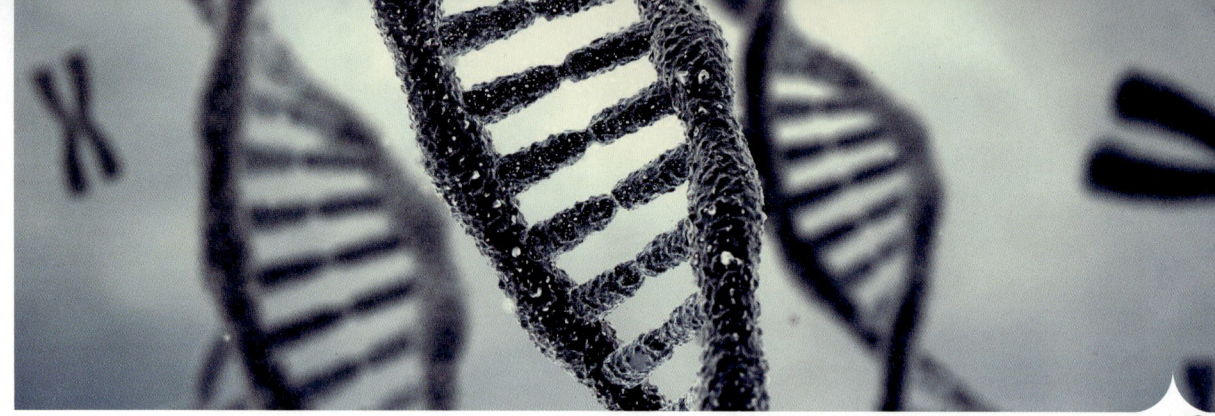

4.26 인간 생명은 언제 시작되나요?

과학은 인간 생명에 관해 대단히 많은 것을 설명해 줍니다. 임신하는 순간은 남성의 정자와 여성의 난자가 결합하는 순간입니다. 그 순간에, 하나의 단일한 세포를 이루는 새로운 인간 유기체가 형성됩니다. 이 단일 세포는 남아거나 여아입니다. 이것이 인간 생명의 출발입니다.

언제부터 인간이라고 부를 수 있나요?

임신 9개월 후에 아이가 태어나면, 그는 꼬마 인간임이 틀림없습니다. 하지만 그 꼬마가 태어나기 이전에는요? 그 꼬마는 조직화되지 않은 세포 덩어리에 불과한가요? 그렇다면, 우리는 이 세포가 언제 꼬마 인간으로 변했는지 구체적인 순간을 가리킬 수 있어야 할 것입니다.

하지만 언제 그런 일이 일어날 것인가요? 18일 후에 심장이 뛰기 시작하는 순간인가요? 23주쯤 돼서 아기가 자궁 밖에서도 살 수 있게 되었을 때인가요? 인간의 세포군이 증식하는 과정 속에서 인간 존재로 순식간에 변화하는 정확한 순간이 있나요? 그렇지 않다면 이 유기적이고 살아 있으며 성장하고 있는 인간의 세포군이 처음부터 인간 존재인 것이 틀림없나요?

피어나는 아이들

현대 과학은 인간에게 필요한 모든 것이 수태되는 순간부터 DNA에 존재하고 있음을 입증했습니다. 이렇게 설명하면 도움이 될 수 있을지 모르겠네요. 우리가 꽃을 받았다면, 꽃망울이 꽃처럼 보이지 않는다고 해서 던져 버리지는 않을 것입니다. 우리는 그 꽃망울이 사실은 꽃이 피는 초기 단계라는 것을 알고 있습니다. 그리고 그 줄기를 물병에 넣으면 결국 꽃망울이 꽃을 피우리라는 것도 잘 알고 있습니다. 마찬가지로, 수정체, 배아, 태아 등은 모두 인간의 발달 단계 중 하나입니다(더 알기 참조). 인간 존재가 이미 거기에 있습니다. 성숙하고 피어나기 위해서 오로지 시간과 영양분이 필요할 따름입니다.

수태

인간은 육체뿐만 아니라 또한 영혼도 지니고 있습니다. 인

| 더 알기

연속적인 과정

생물학은 어머니 배 속에서 성장하는 인간 생명의 상이한 단계들에 많은 이름을 붙였습니다. 수태 직후의 새로운 인간 존재는 수정란(수정체)이라고 부릅니다. 수정란은 바로 분화되기 시작하는데, 이를 상실배라고 부르지요. 수정된 후 4일이 되면 상실배는 어머니의 나팔관을 통해 이동하며 포배로 발전해 자궁에 착상하지요. 포배는 그다음에 배아로 성장하고, 배아가 좀 더 성장하면 태아가 됩니다. 이 태아가 세상으로 나오면 마침내 아기가 되지요.

수태   수정란   상실배   포배   배아   태아   아기

이렇게 서로 다른 이름에 혼란스러워해서는 안 됩니다. 이는 연속적인 성장 과정이 이루어지고 있는 것입니다. 생물학적으로 말해서, 수정 순간부터 탄생의 순간까지 동일한 인간 유기체가 발전하고 성장하고 있는 것입니다.

간의 삶은 수태와 함께 시작하기에 인간의 육체와 인간 영혼 모두 그 순간부터 존재하는 것이 틀림없습니다. 이때 아버지와 어머니는 새 생명을 갖게 되었고, 이 새 생명은 하느님이 그들에게 주신 것입니다. 이 처음 단계부터 지속적으로 우리는 새 생명을 소중히 하고 보호해야 합니다.

> 인간 생명은 여성의 난자와 남성의 정자가 하나가 되어 수태될 때 시작됩니다. 이때부터 인간은 새롭고 유일무이한 존재가 됩니다.

더 읽어 보기
인간 배아는 인간: CCC 2273, 2323항; CCCC 472항; YOUCAT 385항.

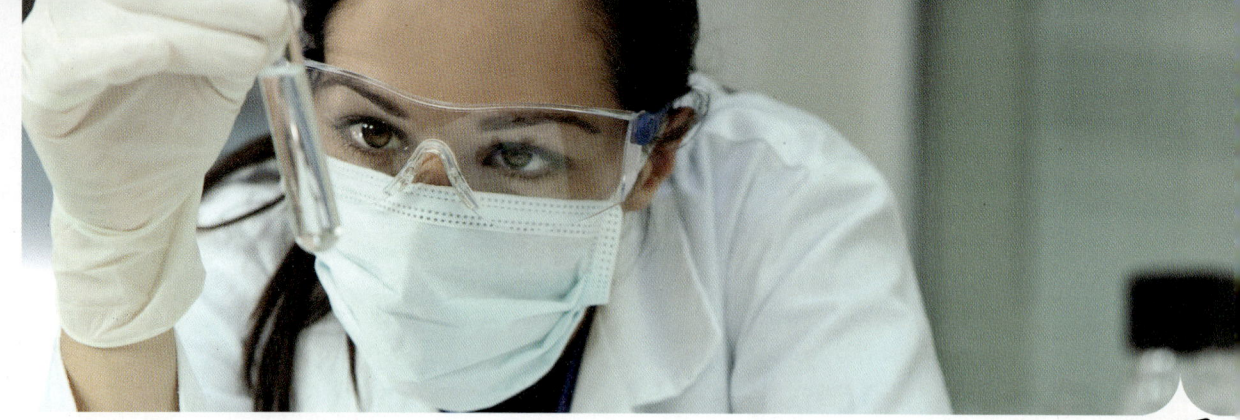

4.27 태아 검사의 문제점이 뭔가요?

태아 검사는 아기가 태어나기 전에 이루어집니다. 그 목적은 태어나지 않은 아기에게 어떤 질병이나 장애가 있는지를 알기 위한 것입니다. 이는 아기가 아직 태내에 있을 때라도, 가능한 한 빨리 필요한 의학적 처치를 준비하는 데에 도움이 됩니다.

태아 검사 방법

최근의 예비 조사에 따르면, 수정 후 8주만 되면, 어머니의 혈액에서 태아의 DNA를 발견할 수 있다고 합니다. 이는 의사들에게 문제를 진단하도록 해 줄 수 있습니다. 하지만 현재로서는 다음과 같은 방법들이 주로 사용됩니다.

- 초음파 검사는 초음파 파동을 사용하여 태아의 이미지를 살펴보는 방법입니다. 초음파 검사는 가장 자주 사용되는 검사법입니다. 임신 기간에 두어 차례의 초음파 파동을 겪는다 해도 태아에게는 해가 되지 않기 때문입니다. 하지만 그 초음파 파동만으로는 태아에게 있을 수 있는 모든 문제를 다 밝힐 수 없습니다. 단지 태아의 외형만을 보여 줄 뿐이죠.
- 융모막 채취(10주부터)는 어머니가 아기에게 산소와 영양을 전달하는 태반에서 샘플을 채취하여 태아에게 유전적 장애가 있는지를 진단하는 데 사용됩니다. 이 처치는 외과적 처치를 동반하기 때문에 아기가 기형이 되거나 유산될 위험이 약간 높습니다.
- 양수 진단(16주부터)은 소량의 양수를 추출해 내어 이 양수를 검사하는 방법입니다. 양수를 추출하기 위해 아기를 감싸고 있는 양수 주머니에 주사용 바늘을 찌르기 때문에 이 방법은 아기에게 출혈이 생기거나 감염, 유산이 될 위험이 다소 있습니다.

사형 선고가 될 수 있습니다

태아 검사가 태어나지 않은 아이의 건강이나 안녕에 기여하거나, 혹은 탄생 전후에 필요한 의료적 처치를 준비하기 위한 것이라면 아주 좋습니다. 이러한 진단의 목적은 언제나 아기를 치료하기 위한 것이어야 합니다. 개별 사례마다, 의사와 아이의 부모는 검사가 아이에게 도움이 될 가능성이 높은지, 아니면 해가 될 가능성이 높은지 신중하게 살펴봐야 합니다. 예컨대 아이가 심각한 기형을 갖고 있을지 모르기에 낙태를 할 것인지를 결정하기 위해 태아 검사를 하는 것은 옳지 않습니다(tweet 4.28 참조; YOUCAT 384항 참조). 인간 존재는 아무리 작아도, 아무리 병들었어도 살해되어서는 안 됩니다. 또한 아기가 기형이 있다거나 장애가 있다고 해서 사람이 아닌 것은 아닙니다. 생명권은 모든 사람에게 해당되며, 그렇지 않으면 그 의미가 없습니다. 그러므로 의학적 검사의 결과가 결코 사형 선고가 돼서는 안 됩니다.

태아 선별

아이가 다운 증후군을 지니고 있다고 해서 그 아이가 태어날 권리가 없다고 할 수 있습니까? 슬프게도, 태아 검사는 때때로 아이를 태어나지 못하게 하는 데 사용됩니다. 어떤 아이들은 여아라는 이유 때문에 낙태되기도 합니다. 그리스도인으로서 우리는 이를 단호히 배격합니다. 장애가 있는 아이라 하더라도, 부모에게 큰 기쁨과 행복을 줄 수 있습니다. 하지만 특별한 어려움이 있는 아이들은 부모에게 무거운 짐일 수도 있기에, 사회가 그러한 아이들의 부모를 충분히 지원해야 합니다. 그렇게 하는 것이 사랑하고 이웃을 돌봐야 할 그리스도인의 책무입니다(더 알기 참조). 프란치스코 교황은 이렇게 말했습니다. "효용성을 중심으로 생각하는 사고방식과 '쓰고 버리는 문화'가 너무도 만연하고 있습니다. 그 결과 오늘날 너무 많은 사람들의 마음과 정신이 노예화되어 큰 대가를 치르고 있습니다. 인간 존재, 특히 신체적·사회적으로 더 약한 인간을 제거하고 있는 것입니다. 이런 사고방식에 대해서 우리는 생명이 소중하다고 응답해야 합니다. 확고하고 서슴없이 '소중하다'고 말해야 합니다."(2013년 9월 20일 가톨릭 의사들과 만남)

| 더 알기

장애인들과 함께 살기

라르쉬 공동체에서는 정신적·육체적 장애를 지닌 사람들이 그들을 돌보는 사람들과 함께 삽니다. 이 공동체의 설립 이념은 각 사람이 위대한 가치를 지니고 있다는 것입니다. '함께 살아가고 함께 기도하라.'는 말은 이 공동체의 삶을 잘 요약해 줍니다. 라르쉬 공동체의 설립자 장 바니에는 인간이라면 누구나 어떤 식으로든 부족한 점이 있다며 이렇게 말합니다. "장애인들과 함께 살기 시작하면, 우리는 우리 자신에 대해 더 많은 것을 배울 수 있습니다." 이처럼 누구나 삶에 기여한다는 것을 라르쉬 공동체는 보여 주고 있습니다.

 태아 검사가 아이를 돕기 위한 목적이라면 좋은 것입니다. 하지만 검사하는 목적이 낙태를 결정하기 위한 것이라면 우리는 이를 단호하게 배격해야 합니다.

더 읽어 보기
태아에 대한 보살핌: CCC 2274항; YOUCAT 384-385항.

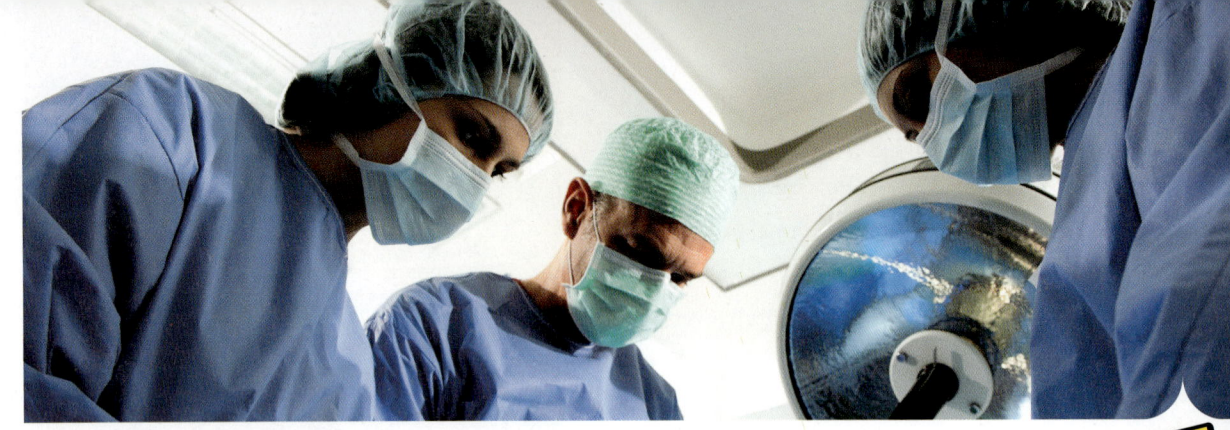

 ## 4.28 낙태는 나쁜가요?

자식을 죽인 가혹한 어머니에 관한 언론 보도가 나올 때마다, 자세한 정황을 알지 못해도 누구나 끔찍한 범죄라고 동의합니다. 하지만 임신한 엄마가 경제적인 이유나 그 밖의 다른 이유로 아이를 원치 않아 낙태를 했을 때 많은 사람들은 어깨를 으쓱하고 말지요. 아이가 10살이 됐든 아니면 엄마 태내에서 자란 지 3개월이 됐든 간에, 두 가지 경우 모두 무죄한 아이를 죽인 것인데도 말입니다! 인간 생명은 엄마의 난자가 아빠의 정자에 의해 수정될 때에 시작합니다(tweet 4.26 참조). 수태된 지 얼마 지났는지와 상관없이, 의도적으로 태아의 성장을 가로막고 그로 인하여 죽음이 발생한다면, 그건 부모가 자기 자녀를 살해한 것입니다. 이는 자녀가 자신의 부모로부터 당연히 받아야 하는 것들, 즉 사랑받고 보호받고 양육되어야 하는 모습과 정반대인 것입니다.

낙태

때로는 누가 잘못하지도 않았는데 임신이 저절로 중단되기도 합니다. 엄마의 몸이 배아를 유산시키는 것입니다. 슬프지만, 이러한 유산은 자연적으로 생길 수 있습니다(tweet 1.34 참조). 이것은 선별적 낙태와는 아주 다릅니다. 선별적 낙태란 의도적으로 행해지는 낙태입니다(더 알기 참조). 부모, 특히 어머니가 낙태에 관해 느끼는 슬픔을 볼 때, 낙태의 비인간성을 좀 더 잘 이해할 수 있습니다. 예수님은 이렇게 말씀하셨습니다. "누구든지 이런 어린이 하나를 내 이름으로 받아들이면 나를 받아들이는 것이다."(마르 9,37) 이 말씀을 진지하게 받아들여야 합니다. 또한 십계명의 다섯째 계명은 "사람을 죽이지 마라."입니다(tweet 4.9 참조). 제아무리 어리다 하더라도, 모든 사람은 생명에 대한 권리가 있습니다. 그래서 교회는 어떠한 상황이라 해도 낙태는 절대로 해서는 안 된다고 말하는 것입니다(tweet 4.30 참조).

한국에서는 1973년 2월에 제정된 모자보건법 제14조에 낙태를 허용하는 조항이 있습니다. 우생학적 또는 유전학적으로 정신 장애나 신체 질환이 있는 경우이거나 법률상 혼인할 수 없는 혈족 또는 인척 사이에 임신된 경우일 때는 인공 임신 중절 곧 낙태를 허용하고 있는 것입니다. 그래서 가톨릭교회와 생명 운동 단체들은 이 법의 폐지를 줄기차게 요구하고 있습니다. 형법에서는 낙태를 처벌토록 하고 있지만 이렇게 허용 범위를 둠으로써 낙태죄로 처벌하는 일을 사실상 무용지물로 만들고 있지요.

창피한 은폐

낙태 산업과 대중문화에서는, 낙태가 무죄한 인간을 살해하는 것임을 가리기 위한 단어들을 사용하고 있습니다. '임신 중절'과 '수정의 산물' 같은 용어들을 통상적으로 사용하는 것이지요(tweet 4.29 참조). 이러한 표현들은 기술적으로는 부정확하지 않습니다만, 태어나지 않은 아이들을 묘사하는 데에 쓰는 일반적인 언어들을 대체하여 태아를 비인간적으로 묘사하고 있는 것입니다.

마더 데레사 성녀는 낙태를 이중의 살인이라고 말한 적이 있습니다. 낙태는 아이를 죽일 뿐 아니라 어머니의 양심도 죽인다는 것입니다. 낙태 결정은 때때로 심각한 고민 없이 냉혹하게 이루어집니다. 하지만 중대하고 돌이킬 수 없는 결과를 초래하는 이러한 결정으로 일생을 고통 속에서 사는 경우가 많습니다. 낙태한 많은 여성들은 죄로, 슬픔으로, 그리고 우울증으로 고통을 겪습니다(tweet 4.29 참조). 낙태한 후 첫 느낌이 문제가 해결됐다는 안도감일 수도 있습니다. 하지만 나중에는 후회가 밀려올 수 있습니다. 하지만 그때 가서는 아이의 생명을 되살리기 위해 할 수 있는 것이 아무것도 없습니다. 그 고통은 거의 참을 수 없는 정도일 수 있습니다. 감사하게도, 하느님은 자기들이 한 일을 후회하는 사람들을 늘 용서하십니다(tweet 3.38 참조). 많은 여성이 낙태를 한 후에 고해성사를 보고 자비와 치유를 받았습니다.

| 더 알기

낙태의 흔적

"낙태로 제거되는 것은 초기 단계의 인간입니다. 이 인간보다 더 절대적으로 무고한 사람은 상상할 수 없습니다. 이 인간을 결코 범죄자라고 생각할 수 없으며, 불의한 범죄자라고는 더더욱 생각할 수 없습니다! 그는 약하며, 방어 능력이 없고, 심지어 신생아의 울음과 눈물이 지닌 가슴을 에는 힘을 가진 최소 형태의 방어 수단조차도 가지고 있지 못합니다. 태아는 그 아기를 태중에 지니고 있는 여인의 보호에 전적으로 맡겨져 있습니다. 그러나 때로는 바로 그 어머니 자신이 낙태를 결정하고, 그 아기를 제거하여 줄 것을 요구하며, 그것을 실행에 옮기게 만듭니다." (요한 바오로 2세 교황, 〈생명의 복음〉 58항)

> 낙태는 태내에 있는 인간을 의도적으로 살해하는 것입니다. 이는 큰 잘못이고 어떠한 상황에서도 단죄받아야 합니다.

더 읽어 보기
낙태: CCC 2270–2274, 2322항; CCCC 470항; YOUCAT 383항.

4.29 낙태는 어떤 방법으로 이뤄지나요?

낙태 수술을 집도하는 병원에서는 낙태 때 실제로 벌어지는 일들을 너무도 하찮게 여깁니다. 낙태 수술을 실제 그대로 묘사하지 않지요. 낙태 수술은 한 인간의 생명을 앗아가는 것입니다(tweet 4.28 참조). 초기 낙태는 간단한 수술처럼 보입니다. 하지만 모든 수술과 마찬가지로, 낙태 수술은 신체적 위험을 안고 있으며, 정서적 아픔과 심리적 문제들을 일으키기도 합니다. 이런 것들은 때로는 몇 년이 지나서 나타나기도 합니다(더 알기 참조).

낙태약

임신 후 7주까지는 낙태를 유도하는 약물을 복용할 수 있습니다. 하지만 7주가 되면, 아기가 팔다리가 생겼다는 첫 신호를 이미 확인할 수 있습니다. 배아는 여전히 아주 작지만 이미 심장은 뛰고 있습니다. 이 약의 첫 번째 성분은 임신 호르몬의 생성을 더디게 하고 배아가 자궁 벽에서 떨어지도록 합니다. 또 다른 성분은 자궁을 수축시켜 배아를 자궁 밖으로 몰아냅니다. 이러한 낙태약들은 경련, 메스꺼움, 구토, 출혈 그리고 설사 같은 부작용이 있습니다.

흡인술 또는 진공 흡인술

임신이 7주에서 12주까지 진행되면, 흡인술 또는 진공 흡인술이라고 불리는 두 가지 수술이 통상적으로 사용됩니다. 이때는 아기가 더 커서 팔과 다리가 형성된 시기입니다. 그래서 아이를 태내에서 쉽게 떼어낼 수 없습니다. 그래서 의사는 우선 자궁경관을 넓힙니다. 그다음에 강력한 흡입기 또는 진공 흡입기를 자궁에 집어넣어 아이를 빨아들입니다. 이 수술은 자궁 경관 또는 자궁에 상처를 입힐 우려가 있습니다. 또한 완전 낙태가 이루어지지 않으면 출혈 또는 염증이 생길 수 있습니다.

적출

임신한 지 12주에 이르면, 아이의 중요한 기관들이 기능을 하며 아이의 눈, 코, 입이 뚜렷이 보입니다. 이 시기에 태아의 크기는 머리부터 엉덩이까지 10센티미터 정도입니다. 이 시기부터는 태아를 자궁에서 조금씩 떼어내는 적출이 필요합니다. 태아의 어느 한 부분도 남아 있지 않도록 하는 것이 대단히 중요합니다. 태아의 조각이 태내에 남아 있으면 심각한 염증을 일으킬 수 있습니다. 임신의 제일 마지막 단계일 때 사용되는 방법은 아이에게 또는 아이가 들어 있는 양수 주머니에 독을 주입한 후 인공적으로 분만을 유도하는 것입니다. 아이가 살아 있으면 바로 죽이거나 죽을 때까지 놔둡니다. 이 단계의 또 다른 낙태 수술법은 살아 있는 아기를 자궁에서 다리부터 부분적으로 끄집어내는 것입니다. 그다음에 뇌를 흡출해 냅니다. 그러면 아이의 몸에서 가장 큰 부분인 머리가 파괴되어 나옵니다.

모닝 애프터 필, 피임인가 낙태인가?

모닝 애프터 필은 종종 피임약으로 묘사됩니다. 하지만 언제 복용하느냐에 따라서 낙태를 유발할 수 있습니다. 사람의 생리 주기는 평균적으로 28일입니다. 최적의 가임기는 배란을 전후한 4~5일간 지속됩니다. 모닝 애프터 필을 배란하기 2~3일 전에 복용한다면(기간 A), 배란이 막혀 버립니다. 이런 상황일 때는 모닝 애프터 필은 피임약과 같은 기능을 합니다(tweet 4.23 참조). 하지만 이 약을 나중에(기간 B) 복용하면, 활동하는 배아가 자궁에 착상하지 못하도록 막을 수 있고, 그때에는 낙태와 같은 기능을 합니다. 일부 화학적 피임제들도 이와 비슷한 방식으로 작용합니다. 그래서 규칙적으로 출산 조절 약을 복용하는 일부 여성들은 자신도 모르는 채 낙태를 할 수도 있습니다.

생리 주기(28일)

| 1 | 12 | 배란기 | 16 | 28 |
| A | B | | | |

| 더 알기

낙태를 선택한 사라

28살인 사라는 뜻하지 않게 임신했습니다. 그녀는 아이를 낳기로 결심하기가 대단히 힘들었습니다. 아이를 가질 엄두가 나지 않았지요. 그러나 낙태한 직후 사라는 후회했습니다. 이후 몇 주 동안 그녀는 서글펐고 걱정이 많아졌으며, 벌을 받을까 봐 두려웠습니다. 이 부정적인 느낌들을 극복하기 위해 그녀는 임신하고 싶다고 결심했습니다. 하지만 다시 임신하게 된 순간, 대단히 혼란스러움을 느꼈습니다. 그녀는 이렇게 말했습니다. "나는 생명을 갖고 놀고 있었어요. 나는 한 아이를 죽여 놓고는, 다시 임신을 했어요. …… 낙태는 엄청난 실수였어요." 출산 후 그녀는 갓난 아들을 보는 것이 정말 좋았습니다. 하지만 그녀의 슬픔과 후회는 그대로 남아 있었지요. 그녀는 밤마다 잠을 이루지 못했고, 첫째 아이가 살아 있었다면 어떻게 됐을까 하고 계속 생각했습니다. "'자식을 잃었다.' 이것이 요즘의 제 심정입니다."(잡지 〈VIVA〉 2001년 5월호)

> 낙태는 약물 또는 다양한 외과적 수술을 통해 이루어지는 끔찍하고 폭력적인 과정입니다.

더 읽어 보기
낙태: CCC 2270-2274, 2322항; CCCC 470항; YOUCAT 383항.

4.30 여성이 성폭행을 당했다거나 아기를 갖고 싶지 않다거나 또는 아프다면요?

생명권은 첫째이자 가장 중요한 권리입니다. 아이는, 비록 태어나기 전이라 해도, 이 권리를 갖고 있다는 데에 사람들 대부분은 동의합니다. 하지만, 어떤 경우에는 태아의 권리를 보호하는 것이 비인간적인 것처럼 보일 수도 있습니다. 그 아기가 엄마에게 아픔과 슬픔과 고통을 불러일으킬 때가 그렇습니다. 다행히, 다음의 상황이 일반적이지는 않습니다.

성폭행으로 임신했을 때

많은 사람들은 성폭행을 당한 여성은 낙태를 해도 된다고 생각합니다. 성폭행은 참으로 끔찍한 범죄입니다. 성폭행범은 오직 사랑으로만 자유로이 내어 줄 수 있는 것을(tweet 4.20 참조) 강탈하고자 다른 사람에게 가혹한 폭력을 행사했습니다. 그래서 여성이 성폭행을 당한 후 임신하게 됐을 때 낙태를 고려하는 것도 이해할 만합니다. 그 여성에게 끔찍한 일이 생겼고, 그녀 몸에서 자라는 그 아이는 계속 그 일을 떠오르게 합니다. 하지만 낙태 또한 폭력 행위입니다(tweet 4.29 참조). 우리는 성폭행의 공포만이 아니라, 낙태의 공포에 대해서도 생각해야 합니다. 그 아이는 아무런 죄가 없습니다. 그 아이를 죽이는 것이 어떻게 성폭행범의 죄를 벌하는 것입니까? 그 엄마와 아이는 다 무고합니다. 그들 모두 보살핌과 지원을 받아야 합니다. 그리고 엄마가 아이를 포기하고 입양을 고려하고 있다면, 그렇게 하는 데에 필요한 도움을 받을 수 있도록 최선을 다해 도와야 합니다.

임신을 후회할 때

어떤 사람은 다른 사람과 자발적으로 성관계를 맺고는 나중에 후회합니다. 그런 만남이 임신으로 이어진다면, 그들은 아이가 태어나지 않도록 막고 싶을 수도 있습니다. 어쩌면 그 둘 다 나이가 아주 어릴 수도 있고, 부모가 다 아이를 제대로 보살필 수 없는 다른 이유가 있을 수도 있습니다. 아니면 여자 혼자 이 상황을 마주하도록 남겨졌을 수도 있지요. 하지만 아이가 이미 존재하고 있다는 것을 고려해야 합니다. 아이는 다른 사람들처럼 살 권리가 있습니다. 모든 사람을 위해 사회는 그 부모가 그 아이를 죽이지 않도록 도와야 합니다. 아이의 엄마가 출산한 뒤, 아이를 입양시키는 것이 최상의 선택이라고 여긴다면 그렇게 지원해 주는 것이 필요합니다. 고맙게도, 이런 처지에 있는 젊은 엄마들을 돕는 기관들이 많으며, 일부는 교회 관련 기관입니다. 낙태는 결코 해서는 안 됩니다! 계획하지 않은 아이이고, 원하지 않았던 아이라 하더라도 그는 여전히 인간 가족의 중요한 구성원입니다.

어머니의 생명이 위험할 때

임신으로 산모의 생명이 위험에 처했을 때는 아주 어려운 상황이 생깁니다. 이런 상황에서 내리는 결정은 그것이 어떠한 것이라고 해도 산모와 아기 모두에 대한 존중에서 출발해야 합니다. 두 생명을 다 구하도록 노력해야 하며, 한 생명을 위해 다른 한 생명을 희생시키지 않도록 해야 합니다. 산모든 아기든 어느 한쪽을 위해 다른 한쪽을 의도적이고 직접적으로 죽여서는 안 됩니다. 하지만 자궁을 제거하여 산모를 살릴 수 있다면, 그 수술은 윤리적일 것입니다. 아이까지도 살려보려고 최선을 다했는데도 수술 과정에서 아이가 죽었다고 해도 그렇습니다. 아이의 죽음을 의도하지 않는 한 그 수술은 윤리적인 것입니다. 또한 그 태아를 구하기 위해 의학적 치료를 자발적이고 용감하게 거부하여 자기 목숨까지 내놓는 엄마들도 있습니다. 이런 어려운 결정들을 내려야 할 때에 정말로 하느님의 도움이 필요합니다. 어떤 결정이든 모든 이를 위한 하느님의 사랑에 늘 토대를 두어야 합니다.

| 더 알기

인권

한 남자의 정자와 한 여자의 난자가 수정된 순간부터, 새로운 인간 생명이 존재합니다(tweet 4,26 참조). 그 처음부터 인간 생명으로 존재하는 것이 아니라고 한다면, 언제가 인간으로 태어나는 때일까요? 궁극적으로, 새 생명은 하느님에게서 옵니다. "정녕 당신께서는 제 속을 만드시고 제 어머니 배 속에서 저를 엮으셨습니다."(시편 139,13)

인간 배아는 생겨난 첫 순간부터 인간입니다. 그러므로 아무리 작고 연약하다 하더라도, 인간 배아에게도 다른 모든 사람들처럼 생명권이 있습니다. 그렇기 때문에 배아에게는 파괴되거나 냉동되거나 복제되거나, 조작되거나, 저장되거나, 보관되지 말아야 할 권리가 있습니다. 인간을 물건으로 취급해서는 안 됩니다. 배아는 성장의 첫 단계를 거치고 있는 인간입니다.

 성폭행은 끔찍한 범죄입니다. 때때로 그러한 범죄로 임신이 될 수 있습니다. 하지만 태아는 살 권리가 있습니다. 그 엄마가 그렇듯이 말이죠!

더 읽어 보기
인간 행위의 윤리성: CCC 1755–1756, 1759–1761항; CCCC 368–369항; YOUCAT 292항.

4.31 내 신체가 만족스럽지 않아요. 그런데도 있는 그대로 받아들여야 하나요?

성경은 이렇게 말합니다. "여러분의 몸이 여러분 안에 계시는 성령의 성전임을 모릅니까? 그 성령을 여러분이 하느님에게서 받았고, 또 여러분은 여러분 자신의 것이 아님을 모릅니까? …… 그러니 여러분의 몸으로 하느님을 영광스럽게 하십시오."(1코린 6,19-20) 하느님은 여러분의 몸을 하느님 친히 거처하고 싶으신 장소로 창조하셨습니다. 사랑이 넘치시는 하느님은 우리가 하느님과 관계를 맺고 있는 우리 자신에게 만족하고 행복하기를 원하십니다(tweet 4.1 참조).

자해와 불임 수술

우리는 하느님과의 관계를 위해 작은 신체적 불편함을 기꺼이 견딜 수 있습니다(tweet 1.37 참조). 이는 단식을 비롯한 다른 속죄 행위(tweet 3.19 참조)의 기초이며, 가능한 한 예수님과 가까이 있고자 하는 우리 갈망의 숭고한 표현입니다. 건강을 위해 통증이 동반되는 행위들, 예를 들면 당뇨 치료를 위해 식이 요법을 하거나 썩은 이를 뽑는 것 또한 용납됩니다. 하지만 이런 이유가 아니라 의도적으로 자기 신체에 고통을 주거나 자기 몸을 잘라내는 행위는 하느님의 뜻에 어긋납니다. 하느님은 우리에게 신체를 주셨고, 이를 잘 보살피며 혹사시키지 말라고 분부하십니다. 다만 건강을 위해 필요한 외과적 수술이라면 허용됩니다(CCC 2297항 참조). 예컨대 불임 수술이 나쁜 이유가 여기에 있습니다. 불임 수술은 한 사람의 건강한 생식 기관에 의도적으로 상해를 가하는 수술입니다. 불임 수술은 신체를 상해하는 것일 뿐 아니라 아기를 가질 수 없도록 합니다. 이는 그리스도교의 혼인관에 위배됩니다(tweet 4.19 참조). 반대로 암이 있는 난소를 제거하는 것은, 비록 그것이 불임이라는 결과를 초래한다 하더라도, 한 여성의 생명을 구하기 위한 것이기 때문에 허용됩니다.

성형 수술

성형 수술은 손상된 신체를 복구하는 데 많은 것을 할 수 있습니다. 심한 화상을 입은 피부의 이식, 절단된 수족의 접합 등은 신체의 완전성을 회복하기 위한 것입니다. 그렇게 갈라진 입천장이나 그 밖의 신체적 기형들을 고치는 것도 마찬가지입니다. 하지만 주름살 제거, 유방 확대, 지방흡입술 같은 수술은 문제가 복잡합니다. 이런 수술들을 하는 목적이 건강 때문인가요, 아니면 허영 때문인가요? 많은 사람들이 자신의 외모에 자격지심을 느낍니다. 객관적으로는 그렇지 않은데도 자기가 뚱뚱하다거나 못났다고 생각하는 일부 사람들은 정신 장애로 고통을 겪기도 합니다. 자신을 받아들이지 못하고 사랑하지 못하는 것은 심리적 또는 영적 문제로 수술로는 이를 해결하지 못합니다.

도구로서의 신체

우리의 가치는 겉으로 드러나는 외모에 있지 않지요! 우리의 삶이 가치를 지니는 것은 하느님이 당신 모습대로 우리를 창조하셨기 때문입니다. 그리고 그 모습은 주로 우리의 영혼에서 발견되고, 거기에 참된 아름다움이 있습니다. 하느님이 우리에게 몸을 주셨기에, 우리가 있는 그대로의 자신의 몸을 거부하고 다른 사람처럼 보이고 싶어 한다면 이는 하느님이 주신 선물을 거부하는 것입니다. 우리는 우리 몸을 마치 한낱 도구인 것처럼 여겨서는 안 됩니다. 예컨대 우리에게 적합하지 않은 인위적 아름다움을 얻기 위해 사용해서는 안 됩니다. 이 타락한 세상에 속한 우리 몸은 완전하지 않으며, 질병과 노화와 죽음의 지배를 받습니다. 우리는 자신의 육체적 건강을 돌봐야 하겠지만, 영원히 젊고 아름다울 수 없다는 사실을 받아들여야 합니다. 또한 경제적 보상 때문에 의학적 실험에 참여하는 이들에 관한 문제도 제기됩니다. 우리 몸은 사고팔 수 있는 것이 아닙니다. 물론 다른 이들을 치유하는 방법을 찾는 데 도움이 되고자 실험에 참여하겠다고 선택할 수 있습니다. 하지만 그게 동기일지라도, 자신의 몸에 부당한 해를 끼쳐서는 안 됩니다. 중요한 것은 하느님이 주신 몸을 돌보고(tweet 4.40 참조) 그 몸을 무분별하게 다루지 않는 것입니다.

| 더 알기

성전환 수술을 할 수 있나요?

남성인데도 불구하고 자신을 여성으로 인식하고, 여성인데도 불구하고 자신을 남성으로 인식하는 사람을 트랜스젠더라고 합니다. 몇몇 트랜스젠더는 자신의 신체가 반대의 성을 가진 사람들의 신체처럼 보이도록 하는 수술을 받습니다. 하지만 교회는 성전환 수술에 반대합니다. 성은 수술로 바꿀 수 없는 육체적·생물학적 실재이기 때문입니다. 성전환 수술은 몸을 훼손하고 아이를 갖지 못하게 하며 혼인을 불가능하게 만듭니다. 트랜스젠더는 큰 고통을 받는 심각한 심리적 문제입니다. 하지만 수술은 해결책이 될 수 없습니다. 트랜스젠더에게는 오히려 자신을 받아들이는 법을 배울 수 있도록, 있는 그대로의 자기 자신에 대해 의미 있는 관계를 맺는 법을 배울 수 있도록 심리적 도움이 필요합니다. 우리를 만드신 하느님은 있는 그대로의 우리를 사랑하십니다. 그리고 누군가가 고통을 겪을 때마다 그리스도는 그 사람과 함께 고통을 겪으십니다 (tweet 1.37 참조).

 우리는 우리 몸의 주인이 아니라 관리인입니다. 우리는 하느님이 주신 신체에 해를 입히거나 불구로 만들어서는 안 됩니다.

더 읽어 보기
신체에 대한 존중: CCC 2297항; CCCC 477항; YOUCAT 387, 392항.
인간을 대상으로 하는 실험: CCC 2292–2295항; CCCC 475항; YOUCAT 390항.

4.32 아기를 가질 수 없을 경우에는 어떻게 해야 하나요?

결혼한 부부가 자기들이 아기를 가질 수 없다는 것을 알면 종종 큰 고통을 겪습니다. 결국 출산은 육체관계로 표현되는 부부 사랑의 목표 가운데 하나니까요(tweet 4.19 참조). 그렇기 때문에 그토록 바라는 아기를 갖기 위해 의학에 의존하는 부부들을 이해할 만합니다. 그리고 현대 의학에서는 놀라운 일들이 이루어지는 경우가 많습니다. 하지만 의학적으로 가능하다고 해서 모든 것이 선인 것은 아닙니다. 불임 치료는 인간의 성과 태아의 생명을 모두 존중하는 한에서만 윤리적입니다. 이와 같은 문제들을 살펴볼 때 교회는 세 가지 점을 중요시합니다.

아이는 선물입니다

첫째, 모든 인간은 선물이며, 아무리 작다 하더라도, 인간으로서 대우받아야 합니다. 아이에 대한 어떤 권리가 부모에게 있는 것은 아니며, 아이를 공산품이나 물건처럼 다뤄서도 안 됩니다. 인간은 결코 실험실에서 생산되어서는 안 되며, 언제나 선물이자 부부 사랑의 결과로 받아들여져야 합니다.

일치와 출산

둘째, 결혼한 부부는 성적 결합을 통해서 친밀하게 일치합니다. 이 성적 결합은 그 자체로 생명에 열려 있습니다. 일치와 출산이라는 이 두 요소가 성관계에서 분리돼서는 안 됩니다(tweet 4.20 참조). 교회는 이러한 연관을 깨지 않는 불임 치료만을 받아들입니다. 그러므로 수정은 남편과 아내의 육체적 결합 안에서 이루어져야 하고, 그 바깥인 실험실에서 이뤄져서는 안 됩니다.

가정의 일치

셋째, 가정의 일치가 언제나 수호돼야 합니다(tweet 4.19 참조). 아이는 혼인한 부모의 품 안에서 잉태돼야 하고 그들에 의해 양육돼야 합니다. 아이들이 생물학적 부모로부터

자녀가 없어도 결실을?

진심으로 자녀를 갖기를 원하는 데도 자녀를 가질 수 없을 때, 부부는 이를 받아들이기가 아주 어려울 수 있습니다. 하지만 슬픔 속에서도, 그들은 다른 많은 방식으로 결실을 맺을 수 있습니다. 자녀가 없는 부부가 다른 이들에게 너그러이 봉사하는 아름다운 본보기들이 많습니다. 예를 들면 그들은 자녀가 있다면 하지 못했을 방식으로, 친척들과 친구들, 그리고 그 밖의 사람들을 도울 수 있습니다. 또한 자녀가 없는 부부는 다른 방식으로 아버지와 어머니가 되는 방법을 찾을 수도 있습니다.

의도적으로 분리되어 잉태될 때에, 그 아이들은 자기 자신에 대해, 부모에 대해, 함께 사는 사람들과의 연관성에 대해 혼란스러워하게 될지 모릅니다. 혼인은 생물학적 자녀 없이도 결실을 맺을 수 있습니다. 그리고 부부는 다른 이들의 삶에 의미를 부여할 수 있습니다(더 알기 참조). 한 가지 가능성이 입양입니다. 입양은 두 가지 이점이 있습니다. 부모 없는 아이에게는 가정이 생길 수 있고, 아이 없는 부부는 자녀를 얻을 수 있습니다. 하지만 이 경우에도, 부부에게는 입양을 요구할 권리가 없습니다. 아이에게 최상의 이익이 되는 것이 언제나 우선이기 때문입니다. 원칙적으로 아이는 그 부모에게서 양육을 받아야 합니다. 부모는 서로 사랑하며 그들의 자녀도 사랑하기 때문입니다. 안타깝게도 이 일이 늘 가능하지는 않습니다. 예를 들어 부모 가운데 한쪽이 사망하는 경우가 그러합니다. 하지만 그것이 가정생활의 중요한 기본 원칙을 포기할 이유가 되지는 않습니다. 프란치스코 교황은 이렇게 이야기했습니다. "하느님의 사랑이 결여돼 있다면, 가정은 조화를 잃고, 자기중심이 지배하며, 기쁨이 바랩니다. 하지만 신앙의 기쁨을 체험하는 가정은 그 기쁨을 자연스럽게 전달합니다. 그 가정은 땅의 소금이요, 세상의 빛이며, 사회의 누룩입니다."(2013년 10월 27일 가정의 날 강론)

| 더 알기

입양을 통한 출산

"가정이 없는 아이들이 많습니다. 그래서 사랑의 구체적 방식인 입양을 권고하는 것입니다. …… 아이들을 입양하는 것, 그들을 자기 자식처럼 여기고 대우하는 것은 부모와 자녀간의 관계가 단지 유전적 기준으로만 측정되지 않는다는 것을 일깨워 줍니다. 자녀를 출산하여 사랑하는 것은 무엇보다도 자아를 증여하는 것입니다. 하지만 수용과 관심과 헌신을 통해 생기는 '출산'이 있습니다. 이로 인한 관계는 대단히 친밀하고 지속적이어서 생물학적 연관에 바탕을 둔 관계에 못지않습니다. 그래서 혼인이라는 안정된 끈으로 결합된 가정에서 입양을 하도록 법적으로 보호한다면, 이는 아이의 온전한 발전에 필요한 평화로운 분위기와 부모의 사랑을 보장하는 것입니다."(요한 바오로 2세 교황, 2000년 9월 5일 입양 가정들에게 한 연설)

 불임은 아주 슬픈 일일 수 있습니다. 때로는 불임이 치료될 수도 있습니다. 하지만 이 치료를 위해 아이를 물건처럼 취급해서는 안 됩니다.

더 읽어 보기
불임: CCC 2375, 2379항; CCCC 501항; YOUCAT 422항.

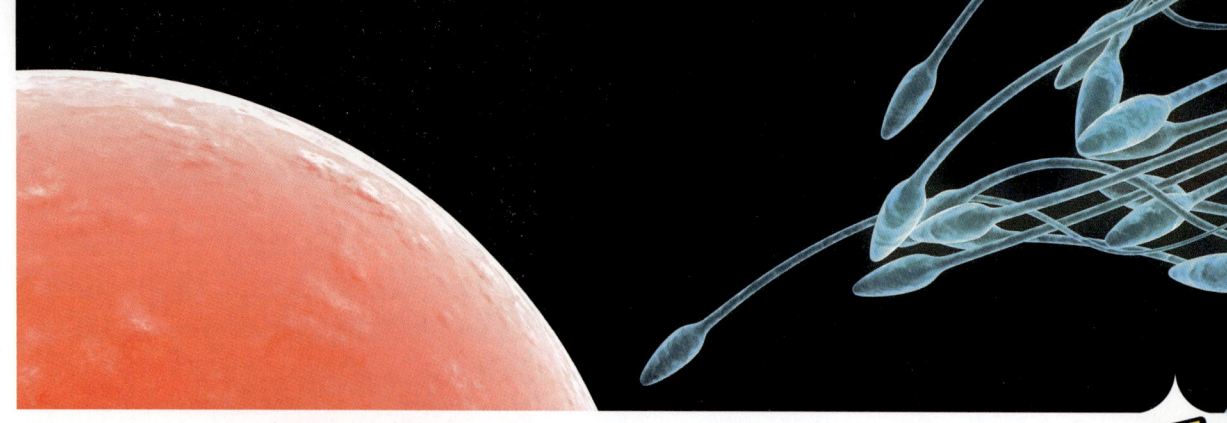

4.33 인공 수정과 대리모에 대해서는 어떻게 생각해야 하나요?

수정은 어떻게 이루어질까요?(tweet 4.26 참조). 자연적으로는 정자가 나팔관을 헤엄쳐 난자에게 갑니다. 이렇게 수정이 이루어지지요. 하지만 뭔가가 잘못돼 정자가 난자에게 도달하지 못할 수 있습니다. 이럴 때 의학으로 많은 것을 해 볼 수 있지만, 그리스도교적 관점에서 그 윤리성을 고려하는 것 역시 중요합니다.

인공 수정이란

아이를 임신하려고 노력하는 부부들은 때때로 인공 수정을 시도합니다. 이 과정에서, 의사는 남성의 정자를 모아 여성에게 삽입합니다. 인공 수정의 다른 방법은 '배우자 나팔관 내 이식GIFT'입니다. 이는 호르몬 주사로 성장된 난자를 외과 시술을 통해 추출한 다음, 정자와 함께 나팔관에 삽입하여 수정이 이루어지게 만드는 방식입니다.

교회는 인공 수정을 인정하지 않습니다

하지만 교회는 인공 수정을 인정하지 않습니다. 아이가 혼인한 부부의 성관계를 벗어나서 임신되기 때문입니다(tweet 4.20 참조). 게다가 관련된 모든 사람들이 그 과정에서 물건처럼 다루어집니다(tweet 4.34 참조). 정자를 얻기 위한 남성의 행위 역시 비윤리적입니다(tweet 4.22 참조). 출산에 있어서 의학적 도움은 결혼한 부부의 성적 결합이 직접 임신으로 연결될 때에만 받아들일 수 있습니다. 부부의 성적 결합으로 나팔관 내에 자리한 난자와 정자가 몸 안에서 자연적인 수정이 일어날 수 있도록 돕는 방식은 문제가 없습니다. 이 방식은 배우자 나팔관 내 이식을 변형한 방식입니다.

정자 기증

남성의 정자가 불완전하거나 여성이 남성과의 직접적인 육체관계 없이 임신하고자 하는 경우, 인공 수정을 위해 기증된 정자를 사용하기도 합니다. 이 경우 아이는 부부 행위를 벗어나 잉태될 뿐 아니라 삶의 첫 순간부터 생물학적 아버지와 의도적으로 분리됩니다. 이때 그 아이를 키우는 남자는 때때로 아이와 거리감을 느낄 수 있고, 생물학적 아버지는 몇이나 되는지도 모르는 낯선 자식을 두었다고 생각하며 후회할 수도 있습니다. 또한 아이가 나중에 자신의 출생 배경을 알게 될 때 상처와 분노를 느낄 수도 있습니다. 그렇게 성장한 아이들은 자기의 생물학적 아버지와 그 아버지의 정자로 잉태된 형제자매들을 추적하는 경향이 있습니다. 의도치 않게 동기간에 연애에 빠져 근친상간을 저지르게 될 수도 있다는 두려움 때문입니다.

| 더 알기

대리모에는 어떤 문제가 있나요?

대리모는 대신 임신해 주는 여성을 뜻합니다. 여성이 아기를 가질 수 없을 때, 다른 여성에게 대리모가 되어 달라고 요청하거나 대리모를 해 줄 여성을 고용하기도 합니다. 사전에 합의한 대로 대리모가 아기를 낳고 그 아기를 상대 여성에게 주면, 아이를 받은 여성은 그 아기를 법적으로 입양합니다. 이런 경우 대부분은 대리모 임신을 위해 인공 수정이나 시험관 수정의 방법을 사용합니다(tweet 4.34 참조). 때로는 아이를 갖고자 하는 사람의 친구나 가족이 대리모로 나서기도 합니다. 그렇지만 대부분 고용된 낯선 사람이 대리모가 되며, 때때로 다른 나라에 사는 가난한 여인이 대리모가 되기도 합니다.

대리모 계약은 여러 가지 다른 문제로 이어집니다. 때로는 임신과 출산으로 대리모의 건강에 문제가 생기기도 합니다. 또 어떤 대리모들은 아이를 넘겨주기를 거부합니다. 아이에 대해 애착이 생겼기 때문인데, 이는 아주 당연한 일입니다. 어떤 대리모들은 태아 검사를 통해 아이에게 의료적인 문제가 있다거나 그 밖에 '고용한 측에 적합하지 않은' 문제가 발견되었을 때 낙태할 것을 강요받기도 합니다. 하지만 이를 거부한 경우가 있습니다. 어떤 이들은 고용한 측으로부터 거부당한 뒤 부양할 수단도 없이 아이와 함께 버려지기도 합니다. 이 모든 사례들에서, 아이는 법적 분쟁의 대상이 됐습니다.

대리모 행위는 부부의 사랑의 일치로 아이가 태어나야 한다는 원칙에 어긋납니다. 대리모에 의존하는 것은 자연적이지 않고 비인간적인 상황으로 이어질 수 있습니다. 그래서 이를 언제나 거부해야 합니다. 배아를 염소나 양 같은 동물에, 또는 심지어는 일부 과학자들이 곧 가능할 것이라고 주장하는 인공 자궁에 착상시키는 것은 대리모보다도 더 한층 비인간적인 행동일 것입니다.

> 교회는 혼인의 사랑과 자녀 간의 유대를 해칠 뿐 아니라 사람을 물건처럼 다룬다는 이유에서 인공 수정과 대리모를 거부합니다.

더 읽어 보기
인공 수정과 대리모: CCC 2376–2377항; CCCC 499항; YOUCAT 423항.

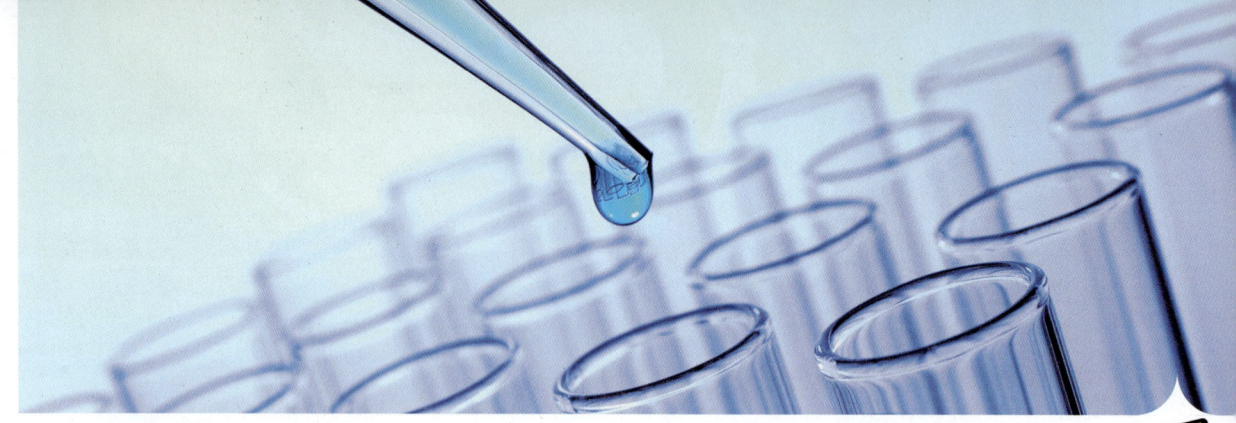

4.34 시험관 아기란 무엇이며 무엇이 잘못된 것인가요?

시험관 아기는 다음과 같은 과정을 거칩니다. 우선 호르몬 처치를 통해 비정상적으로 많은 난자를 성장시킵니다. 이 난자들을 외과적으로 추출하여 유리관에서 수정시킵니다. 이 방법 외에도 정자를 직접 난자에 주입하기도 합니다. 수정이 이뤄지고 나면, 세포들이 분할하고 배아가 자라기 시작합니다(tweet 4.26 참조). 그러고 나서 수정된 지 며칠 이내에 발육 중인 배아 한두 개를 여성의 자궁 또는 나팔관으로 이식합니다. 배아가 태내에 성공적으로 착상하면, 태어날 때까지 계속 성장할 수 있습니다. 이러한 '시험관 아기'로 태어난 첫 사람이 1978년 영국에서 출생한 루이스 브라운입니다.

문제점

시험관 아기의 가장 큰 문제는 여러 개의 난자가 실험실에서 수정되지만 오직 두세 개의 배아들만이 자궁에 착상된다는 것입니다. 심각한 결함이나 장애의 위험이 높은 배아나 부모가 될 사람들이 원하지 않는 특성을 지닌 배아들은 거부됩니다. 거부된 배아들은 파괴되거나 연구용으로 사용됩니다. 때로는 일시적으로 냉동되기도 합니다. 그렇지만 그 냉동 배아들 가운데 해동 과정에서 살아남는 배아는 몇 되지 않습니다(더 알기 참조). 여기서, 인간 배아들, 즉 인간 존재들이 물건이나 원자재로 사용됩니다. 이는 옳지 않습니다. 시험관 아기를 반대하는 또 다른 이유는 난자들이 성장하고 배란되는 과정에서 여성에게 건강상의 위험이 생긴다는 것입니다. 게다가 시험관 아기로 출산과 성적 결합이 서로 완전히 분리됩니다(tweet 4.20 참조). 아이를 가지려는 원의를 완전히 이해할 수 있고, 또 그것이 적법하다 하더라도, 아이가 그 부모에 의해서 한낱 수단으로 취급돼서는 결코 안 됩니다. 아이는 인간이며 하느님이 무상으로 주신 선물이기 때문입니다.

복잡한 관계

시험관 아기로, 온갖 종류의 문제가 생겨날 수 있습니다. 부모는 실험실에서 어떤 배아가 살아남고 어떤 배아가 죽게 될지 선택한 일을 때로는 후회합니다. 또한 냉동 상태에 있는 자식을 어떻게 할 것인지를 두고 괴로워하기도 합니다. 호주의 한 연구 조사에서는 시험관 아기가 자연적 임신으로 태어난 아기보다 유전적 장애가 일어날 가능성이 높은 것으로 나타났습니다. 게다가 기증 세포를 사용함으로써(tweet 4.33 참조), 부모와 자녀의 관계가 대단히 복잡해질 수 있습니다. 극단적인 경우, 아이의 어머니가 셋(생물학적 어머니, 대리모, 입양 어머니)이고, 아버지가 둘(생물학적 아버지와 입양 아버지)일 수도 있습니다. 아이들은 다양한 사람들에게서 다양한 방식으로 조립되어 생산됩니다. 정자, 난자, 그리고 자궁 등이 서로 다른 방식으로 조합됩니다. 또 다른 사람의 유전 형질을 추가로 섞는 실험이 이루어지기까지 하지요. 교회는 인간 생명을 가지고 하는 이런 장난을 받아들일 수 없습니다.

인간의 존엄성

2010년에 로버트 에드워즈는 시험관 수정에 대한 연구로 생리학 및 의약 분야에서 노벨상을 받았습니다. (그의 연구로 1978년 세계 최초의 시험관 아기가 태어났습니다.) 여기에 대해 가톨릭 의사 집단은 대규모로 항의했습니다. 가톨릭 의사들은 이렇게 선언했지요. "비록 시험관 아기가 수많은 부부에게 행복을 가져다주었지만, 엄청난 대가를 치러야 했습니다. …… 시험관 수정 과정에서 수백만 개의 배아가 만들어졌다가 폐기됐습니다. …… 이는 배아들을 고귀한 개별 인간으로 여기기보다는 물품으로 여기는 문화로 이어졌습니다. …… 우리는 인간에게 부여된 특별한 존엄성을 존중하면서 하느님의 뜻에 합당하게 살 때에 비로소 온전한 인간일 수 있습니다."

| 더 알기

네 형제가 냉동실에 있으니

배아 은행에는 수백만 명의 냉동 인간이 있습니다. 이 문제는 우리에게 풀 수 없는 딜레마를 안겨 줍니다. 이 냉동 인간들은 시험관 수정 후에 어머니에게 이식되지 못했거나, 또는 연구 목적으로 특별히 생산된 배아들입니다.

인간으로 가득 찬 이 냉동고로 우리가 무엇을 할 수 있겠습니까? 그들을 직접 살해하는 것은 잘못일 것입니다. 하지만 그들을 죽게 놔두는 것도 잘못인 것 같습니다. 그렇다고 그들을 태어나게 하는 것 또한 심각한 문제를 야기할 것입니다(tweet 4.33 참조). 이는 막다른 길입니다. 온갖 해결책이 여기서는 다 잘못입니다. 이 악의 기원은 출산을 남편과 아내의 성적 결합에서 분리시킨 데 있습니다. 그 결과 마치 우리가 쓰는 물건(tweet 4.26, 4.32 참조)인 것처럼 배아들이 생산되고 있는 것입니다.

 시험관에서 수정된 다수의 인간 배아들 가운데 실제로 사용되는 것은 한두 개뿐입니다. 나머지는 죽이거나 나중에 사용하기 위해 냉동됩니다.

더 읽어 보기
인공 수정: CCC 2376–2377항; CCCC 499항; YOUCAT 428항.

4.35 복제란 무엇이며 우리는 이에 대해 어떤 입장을 취해야 하나요?

복제는 살아 있는 유기체, 곧 식물이나 동물 또는 인간을 똑같이 만들어 내는 것입니다. 복제술은 원래의 유기체와 유전적으로 동일한 복사본을 만들어 내는 것을 말합니다. 하지만 만일 인간을 복제해 자라도록 한다면, 그 복제 인간을 유일무이한 개체로 만드는 다른 요인들이 있을 것입니다. 일란성 쌍둥이는 DNA가 같지만 또한 서로 다른 두 사람이니까요! 복제 방식에는 두 가지가 있습니다.

- 실험실에서 배아를 나누는 방법(저절로 자연스럽게 일란성 쌍둥이가 생기는 것과 마찬가지 방식이지요.)
- 체세포 핵 이입을 이용하는 방법(그림 참조). 이는 난세포의 핵을 복제되는 유기체(부모)의 세포핵으로 대체하는 방법입니다. 일정한 처리를 하고 나면, 새로운 세포는 수정된 세포처럼 행동할 것이고 그에 따라서 성장을 시작하게 됩니다.

생식 세포 복제

생식 세포 복제의 목적은 동물이나 인간의 복제물을 만드는 것입니다. 1996년에 체세포 핵 이입에 의한 복제로 복제 양 돌리가 탄생했습니다. 곧이어 다른 동물들도 복제됐지요. 이 동물들은 종종 기형과 장애, 심각한 건강 문제가 있었고, 보통은 완전 성장을 하기 전에 죽었습니다. 이는 이런 유형의 과정이 겉보기처럼 쉽지 않다는 것을 보여줍니다. 체세포 핵 이입 후에, 복제된 배아는 대리모의 자궁에 이식되어 거기에서 태어날 때까지 계속 발달합니다. 지금까지 인간에 대한 생식 세포 복제는 성공하지 못했습니다. 그리고 그 시술은 많은 나라에서 불법으로 규정되어 있습니다.

치료 복제

치료 복제의 목적은 손상된 조직을 복원하거나 질병을 치

부모가 여덟 명이라고요?

인간에 대해 생식 세포 복제를 하면, 모든 DNA는 한 사람의 것입니다. 하지만 정상적인 배아에는 부모 두 사람의 DNA가 섞여 있습니다. 그러므로 이에 대해 많은 질문을 제기할 수 있습니다. 우선, 복제되고 있는 DNA는 아버지와 어머니에게서 온 것이 아니라 자기 자신에게서 온 것입니다. 따라서 부모님을 부모라고 부를 수 있는지 불확실합니다. 그런 까닭에 복제 인간에게는 부모가 8명이라고 할 수 있습니다. DNA의 원천, 그 원천의 아버지와 어머니, 난세포의 원천, 대리모, 복제 인간을 입양한 어머니나 아버지, 그리고 실험실에서 그 과정을 조작한 사람도 부모라고 할 수 있지요.

체세포 핵 이입에 의한 복제

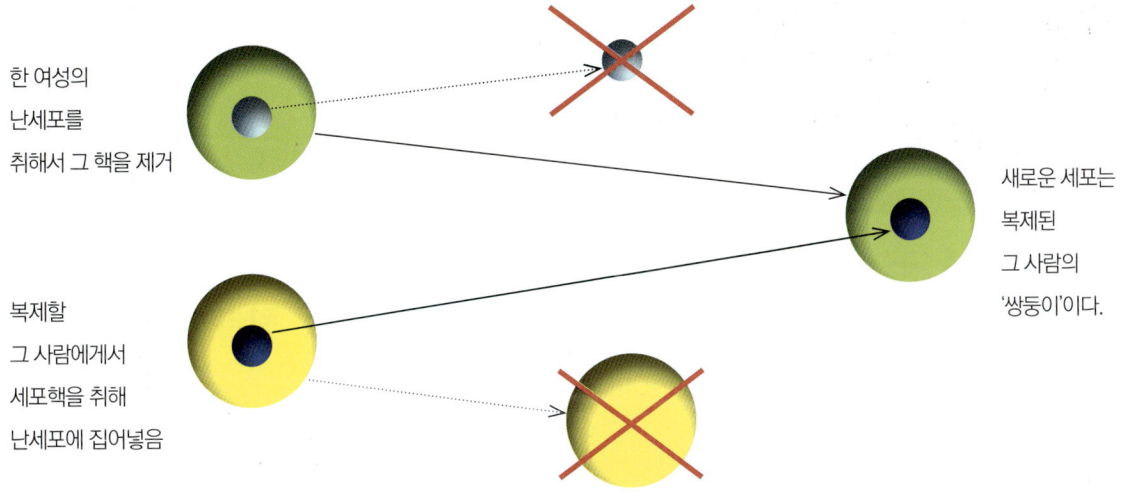

한 여성의 난세포를 취해서 그 핵을 제거

복제할 그 사람에게서 세포핵을 취해 난세포에 집어넣음

새로운 세포는 복제된 그 사람의 '쌍둥이'이다.

유할 수 있도록 인간 세포를 만드는 데 있습니다. 처음에는 앞에서 말한 방식으로 사람의 세포를 복제합니다. 인간 배아가 100여 개의 세포로 자라면, 그 줄기세포들을 빼냅니다. 이 과정에서 물론 배아가 죽습니다. 이 줄기세포들은 환자에게 옮기거나 환자의 치료에 필요한 조직으로 자라도록 하는 데에 사용합니다(tweet 4.36 참조).

질 수 없습니다(tweet 4.20 참조). 게다가 복제가 특수한 유형이나, 종류, 종족의 인간을 생산하는 데에 사용될 수 있다는 위험도 있지요. 이런 까닭에 교회는 모든 형태의 인간 복제를 단호히 거부합니다.

하지 않는 게 더 좋습니다

동물 복제는 인간에게 도움이 되고 관련 동물들에게 불필요한 해를 끼치지 않는다면 수용될 수 있을 것입니다(tweet 4.48 참조). 하지만 인간 복제는 절대적으로 잘못된 것입니다. 복제 인간은 온전한 인간이며, 온전한 인간으로 대우받아야 합니다. 또한 다른 사람을 치유하는 수단으로 취급받아서는 안 됩니다(tweet 4.19 참조). 게다가 생식 세포 복제의 경우에는 인간의 성과 생식 간에 정상적인 관계가 이루어

> 복제는 유전자가 동일한 복제물을 만드는 것입니다. 하지만 인간 복제는 인간을 다른 인간을 위한 수단으로 만드는 행동입니다.

더 읽어 보기
배아 생산: CCC 2275항.

4.36 줄기세포와 유전자 변형 작물은 무엇이며 우리는 이에 대해 어떠한 입장을 취해야 하나요?

줄기세포는 인간 신체의 발달과 회복에 극히 중요한 역할을 하는 부분을 지닌 특별한 세포입니다. 줄기세포는 피부, 혈액 등과 같이 다른 형태의 세포로 발달할 수 있는 세포이지요.

줄기세포의 각기 다른 형태

줄기세포들에는 세 가지 유형이 있습니다.

- 수정 후 포배가 형성되기 전에(tweet 4.26 참조) 만들어진 줄기세포는 온갖 형태의 다양한 세포로 자랄 수 있습니다. 이런 줄기세포를 만능 줄기세포라고 부릅니다. 이 발달 단계에서 유기체가 나뉠 때 일란성 쌍둥이가 되지요(tweet 4.35 참조).
- 발달이 더 진행된 단계가 되면, 줄기세포들은 더 이상 온갖 형태의 세포로 자라지 못합니다. 하지만 그래도 신체가 필요로 하는 다른 많은 세포로 자랄 수 있습니다. 이 세포가 다분화 줄기세포입니다. 이 세포들은 아기의 탯줄, 어머니와 태아를 연결해 주는 태반, 그리고 어린이와 성인의 골수에도 있습니다.
- 혈액 줄기세포와 피부 줄기세포는 인간 몸에 있는 전형적인 줄기세포로, 손상된 조직을 회복시키기 위해 자랄 수 있습니다. 이런 줄기세포들은 다기능 줄기세포라고 부릅니다.

치료용 세포

다분화 줄기세포는 질병 치료에 도움을 줄 수 있는 조직으로 자랄 수 있습니다. 하지만 이를 윤리적으로 받아들일 수 있는지는 문제가 될 수 있습니다. 아이를 출산한 후 산모가 기증한 탯줄이나 태반에서 나온 줄기세포를 사용하면 반대할 이유가 없습니다. 또한 기증자의 동의를 얻어 골수에서 추출한 줄기세포를 사용하는 것도 전혀 잘못이 아닙니다. 문제는 이런 원천들에서 공급되는 줄기세포가 아주 제한적이라는 것입니다. 그리고 성인에게서 채취된 줄기세포들은 환자와 맞추기가 어렵고 잘 분열되지도 않습니다. 이런 까닭에 많은 사람들이 배아 줄기세포를 얻기 위해 인간을 복제하려고 합니다. 요한 바오로 2세 교황은 이를 "인간 복제 실험을 통해 생명의 근원을 통제하려는 인간의 시도는 오만하게도 창조주의 계획을 능가하는 것처럼 비춰지기도 합니다."라고 비난했습니다(2004년 8월 6일).

배아 세포

인간 배아에서 줄기세포를 확보하는 것은 설사 치료용으로 사용된다 하더라도 결코 받아들일 수 없습니다(tweet 4.35 참조). 그 과정에서 인간이 사물로 취급되고 죽임을 당하기 때문입니다. 모든 인간 배아는 인간이며 살 권리가 있습니다! 의학의 목적은 사람들을 치유하고 사람들의 삶을 구하는 것입니다. 하지만 다른 사람을 의도적으로 죽임으로써 그렇게 할 수는 없습니다.

유전자 조작

세포핵에 있는 DNA를 조작하면 식물이나 동물, 사람의 일정한 특징을 실험실에서 바꿀 수 있습니다. 이를 인간의 DNA에 있는 결함을 치유하고 이를 통해 유전자 이상을 치유하기 위해 시도한다면 어느 정도 받아들일 수 있습니다. 시험관 아기(tweet 4.34 참조)나 복제(tweet 4.35 참조)와 같은 인위적인 생식 방법이 아니고 또 그 과정에서 아무도 의도적인 해를 입거나 죽임을 당하지 않는다는 조건을 지킨다면 그렇습니다. 그리고 환자에게 닥칠 수 있는 위험성보다 줄 수 있는 혜택이 더 클 때만 이 방법을 사용할 수 있다고 한정 지어야 합니다.

유전자 조작은 오래전부터 있었습니다. 요컨대, 식물과 동물에 대한 이종 교배는 여러 세기 전부터 진행돼 왔습니다. 유전자 조작에 찬성하는 사람들은 유전자 변형 작물들이 수확을 향상시킬 수 있고 어떤 해충이나 질병에 대해 저항력을 지닐 수 있다고 합니다. 또한 유전자 변형 동물들이 고기나 우유, 털을 더 많이 생산할 수 있고, 질병에 저항하는 힘도 더 뛰어나다고 합니다.

하지만 유전자 조작에 반대하는 사람들은 유전자 조작이 자연에 개입하며 창조주를 거스른다고 주장합니다. 하느님은 식물들이 "제 종류대로" 씨를 내도록 창조하셨고(창세 1,11-12 참조), 그래서 그것들을 바꿔서는 안 된다고 주장하는 것입니다. 그들은 우리가 '하느님 노릇'을 해서는 안 된다고 말합니다. 하지만 문제는 그렇게 간단하지 않습니다. 하느님은 우리를 땅의 관리인으로 삼으셨고, 동식물을 우리에게 맡겨 주셨습니다(창세 1,29 참조). 하느님은 우리에게 이성적 능력을 주시어 모든 이에게 도움이 되게 지상의 것들을 이용할 수 있도록 하셨습니다. 하지만 우리는 그것들을 현명하게 이용해야 합니다(CCC 2293항 참조).

우리의 행동이 "진정한 인간적 삶을 위해 필요한 것들을 누릴 수 있도록"(CCC 1908항) 하는 데 도움이 된다면, 이는 자연을 현명하게 이용하는 것이 될 겁니다. 그러므로 원칙적으로는 유전자 변형 식물이나 동물을 먹거나 이용하는 것에 반대하지 않습니다. 하지만 그것이 인간의 건강이나 환경에 어떤 손상을 입힐 수도 있기에 그것을 지속적으로 세심하게 살펴야만 합니다.

> **t** 줄기세포는 치유를 위해 사용될 수 있습니다. 하지만 인간 생명을 대가로 해서는 결코 안 됩니다. 우리는 경각심을 가지고 유전자 변형 작물을 사용할 수 있습니다.

더 읽어 보기
공동선: CCC 1905–1912, 1924–1927항; CCCC 407–409항. 인간과 과학: CCC 2292–2294항; CCCC 475항; YOUCAT 390항.

4.37 사람이 죽었다고 판단 내리는 때는 언제인가요?

우리는 죽음에 대해 이야기하는 것을 꺼립니다. 죽음을 슬픈 것으로, 큰 상실로 체험하기 때문입니다. 동시에 죽음은 우리를 매료시킵니다. 추리 소설과 공포 영화가 흥행하는 것을 생각해 보세요. 거기에서는 누군가가 틀림없이 죽습니다. 하지만 죽음에 관해 우리가 아직 모르는 것이 많습니다. 사람이 언제 실제로 죽는가에 관한 문제도 그러합니다. 보통은 숨을 더 이상 쉬지 않을 때 죽었다고 합니다. 하지만 인공 호흡기를 한 사람이 숨만 쉰다고 반드시 살아 있는 것일까요? 현재는 의학적으로 모든 뇌 활동이 되살릴 수 없을 정도로 완전히 중지되었을 때 죽었다고 생각합니다.

죽음이란?

제2차 바티칸 공의회(tweet 2.48 참조)는 이렇게 말했습니다. "죽음 앞에서 인간 운명의 수수께끼는 절정에 이른다."(《사목 헌장》 18항) 또한 죽음은 자연의 일부이기도 하지만 "죄가 주는 품삯"(로마 6,23)이기도 합니다. 원죄로 죽음이 세상에 오게 되었습니다. 그 후로 모든 인간이 죽음을 맞이하게 되었습니다(tweet 1.4 참조).

그리스도인들은 죽음을 고대합니다

그리스도인들은 죽음을 고대합니다. 하느님을 만난다는 희망 때문입니다. 예수님으로 말미암아, 죽음이 긍정적인 것으로 보일 수 있게 되었습니다. 바오로 사도는 이렇게 말했습니다. "나에게는 삶이 곧 그리스도이며 죽는 것이 이득입니다."(필리 1,21) 그는 실제로 죽음을 갈망했습니다. "나의 바

> **│ 더 알기**
> **식물인간**
>
> 혼수상태에 있는 사람을때로는 '식물 상태'에 있다고도 말합니다. 마치 그들의 목숨이 식물과 같다는 의미에서 그렇게 부르지요. 그러나 이 용어는 오해의 소지가 있습니다. 혼수상태의 사람들은 보통 호흡을 하고 있고, 심장이 뛰고 있으며, 뇌가 일부 활동하고 있기 때문입니다. 이러한 것들은 모두 살아 있다는 표시들입니다. 혼수상태에 있는 사람은 산소, 수분, 영양을 포함한 적절한 의료적 조치를 받을 권리가 있습니다(tweet 4.39 참조). 우리는 혼수상태에 있는 사람에 대한 가치를 판단할 수 없습니다. 인간 생명을 정말로 식물처럼 여길 수는 없기 때문입니다. 하지만 더 이상의 의료적 개입이 환자에게 선익이 되지 않을 때, 예외적인 치료 수단들을 중지할 수 있습니다.

람은 이 세상을 떠나 그리스도와 함께 있는 것입니다."(필리 1,23) 하지만 언제 죽을 것인지를 결정하는 것은 우리에게 달려 있지 않습니다(tweet 4.38 참조). 그래서 바오로 사도는 이렇게 덧붙입니다. "그러나 내가 이 육신 속에 머물러 있는 것이 여러분에게는 더 필요합니다. 이러한 확신이 있기에, 여러분의 믿음이 깊어지고 기쁨을 누릴 수 있도록 내가 남아 여러분 모두의 곁에 머물러 있어야 한다는 것을 압니다."(필리 1,24-25)

사람은 언제 죽나요?

우리는 이제까지 인간 생명에 관한 질문들을 자세히 살펴봤습니다(tweet 4.26 참조). 하지만 이제는 우리 생명의 끝에 관해서도 주의 깊게 생각해 보겠습니다. 죽음의 정확한 순간을 결정하는 것은 대단히 중요합니다. 죽어 가는 그 사람이 장기 기증자일 경우에는(tweet 4.40 참조) 특히 그러합니다. 장기를 너무 빨리 떼어내 그 사람이 죽게 되면, 살인이 될 것입니다. 하지만 너무 오래 기다리면 장기가 이미 부패하기 시작해 수술을 할 수 없게 되지요. 요한 바오로 2세 교황은 장기 기증에 관해 이야기하는 자리에서 죽음은 영혼이 육신을 떠나는 순간이라는 가톨릭교회의 믿음을 다시금 강조했습니다(2000년 8월 29일). 하지만 과학적 수단으로 그 순간을 정확하게 결정할 수 없는 것은 분명합니다. 그 때문에 교황은 과학자들이 정확히 죽는 순간을 찾으려고 하지 말고 오히려 어떤 사람이 정말로 죽었다고 말할 수 있는 생물학적 표시들을 찾으려고 노력해야 한다고 말했습니다.

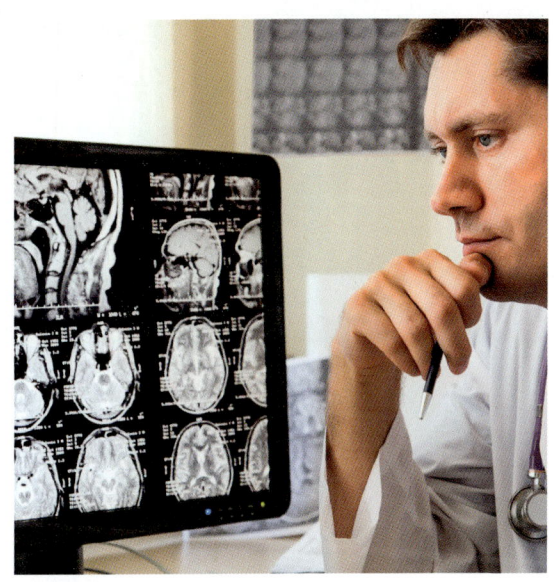

소뇌, 그리고 뇌 세포를 포함한 모든 두뇌 활동이 정지되고 그 상태를 되돌릴 수 없을 때, 분명히 죽었다고 말합니다. 의사들은 이 기준을 엄격하게 적용하여 사람이 정말로 죽었다는 윤리적 확실성에 이를 수 있습니다.

죽음의 결정

일반적으로 심장이 더 이상 뛰지 않으면 죽었다고 볼 수 있습니다. 인공호흡기로 호흡이 유지되고 있는 사람의 경우 그것이 생명의 신호일까요? 현대의 의학적 견해는 대뇌,

> 사람은 영혼이 육체를 떠날 때에 죽습니다. 법적이나 의학적으로는, 뇌가 활동을 중단했을 때 죽었다는 결정이 내려집니다.

더 읽어 보기
죽음은 끝이 아니다: CCC 1005-1014, 1016, 1019항; CCCC 206항; YOUCAT 155항.
육체와 영혼의 분리: CCC 997-1004, 1016-1018항; CCCC 205항; YOUCAT 154항.

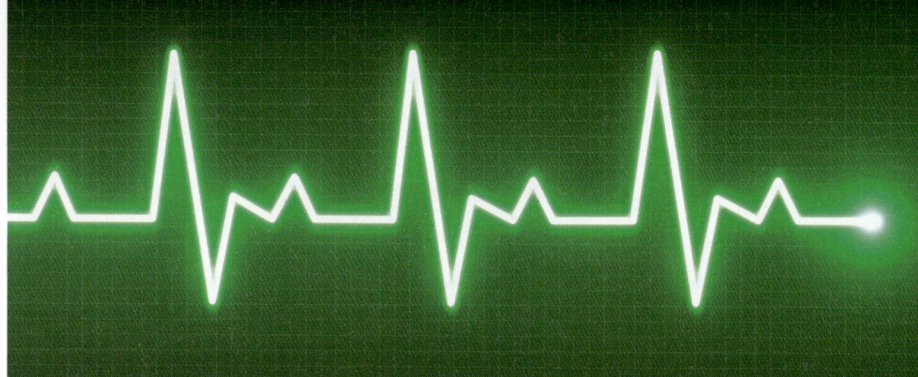

 ## 4.38 안락사는 언제나 나쁜 건가요?

안락사라는 단어는 고대 그리스어에서 유래한 말이며, 글자 그대로는 '편안한 죽음'을 의미합니다. 원래 이 단어는 삶의 끝자락에 있는 사람들이 평화롭고 자연스럽게 죽을 수 있다고 안심시켜 주고자 의학적인 치료의 개념으로 사용된 말입니다. 그러나 제2차 세계 대전 중에, 나치는 장애인들을 비롯해 그들이 달갑게 여기지 않는 수많은 이들을 죽이는 데 이 단어를 오용했습니다. 그리고 최근에 와서는 보조 자살, 곧 더 이상 살고 싶지 않아 죽음을 요청하는 사람을 죽이는 것을 뜻하는 말이 되었습니다. 요한 바오로 2세 교황은 "안락사는 모든 고통을 제거하려는 목적으로, 그 자체로 그리고 의도적으로 죽음을 야기시키는 작위 또는 부작위"(《생명의 복음》 65항)라고 정의했습니다. 교황은 또한 안락사가 하느님의 법에 대한 중대한 위반이라고 말했습니다. 무죄한 이에 대한 고의적인 살해는 언제나 나쁩니다. 안락사 시도는 윤리적으로 자살을 시도하는 사람을 돕는 것과 같습니다(tweet 4.41 참조). 곧 하느님이 어떤 사람에게 주신 생명을 존중하도록 그 사람을 도와주는 게 아니라 그 생명을 끝내도록 도와주는 것입니다.

의사의 선서와 배치됩니다

안락사를 수행하는 것은 그리스 의사 히포크라테스가 고대에 한 선서와 배치됩니다. "나는 극약을 요청받는다 하더라도 그 누구에게도 주지 않을 것이며 그와 같은 조언을 하지 않을 것이다."(히포크라테스 선서 일부) 안락사가 법으로 허용된 네덜란드에서는 의사가 어떤 사람을 안락사시키고 나면 그에게 며칠 휴가를 줍니다. 반면 힘든 수술을 했다고 해도 의사에게 정서적으로 회복할 시간을 따로 주지 않습니다. 사람의 생명을 구하기 위해 최선을 다한 후에는 설사 그 사람이 살지 못했다 해도, 평상심을 유지할 수 있기 때문입니다. 이러한 경우는 안락사와는 분명히 다릅니다.

관심이 필요합니다

우리는 생명력이 감소되고 쇠퇴되는 사람들을 특별히 존중해야 합니다(CCC 2276항 참조). 고령으로, 심신을 약화시키는 질병으로, 혹은 장애로 고통을 겪는 사람들은 가능한 한 정상적인 삶을 영위하도록 도움을 받아야 합니다. 어떤 사람들은 견딜 수 없는 고통, 치유할 수 없는 질병 및 장애가 안락사의 근거라고 말합니다. 물론 사랑하는 사람이 고통을 겪는 모습을 보는 일은 대단히 힘든 일입니다(tweet 4.40 참조). 하지만 어떤 것이 견딜 수 없는 고통인지 누가 어떻게 결정하나요? 환자들은 종종 더 큰 고통을 견디는 법을 배웁니다. 고통이 자기 삶에 이바지하고 있으며 성찰과 영적 성장의 기회가 된다는 것을 발견할 수도 있습니다. 때로는 고통이 오래가지 않습니다. 의사들은 다르게 생각한

| 더 알기

삶이 견딜 수 없게 되는 때는 언제일까요?

어느 날, 마리아라고 하는 한 나이 많은 환자가 심하게 병을 앓고 있어서 의사들은 안락사를 조언했습니다. 가족들은 안락사에 관해 생각해 보고는 반대 결정을 내렸습니다. 그들이 무게를 둔 것은 단순히 종교적 고려가 아니었습니다. 한 인간의 생명에 관해 결정을 내리는 것이 대단히 힘들었기 때문입니다. 이는 물론 올바른 것이었습니다. 온갖 악조건에도 불구하고 마리아는 치유됐고 작은 장애가 있었지만 계속 행복하게 20년이나 더 살았습니다. 물론 언제나 이렇게 되지는 않습니다. 하지만 이 일은 우리가 모든 것을 다 알 수 없다는 것을 보여 줍니다. 한 생명이 더 이상 살 수 없게 됐다는 것을 우리가 어떻게 늘 확신할 수 있을까요? 베네딕토 16세 교황은 안락사를 "고통스러운 드라마에 대한 그릇된 해결책, 인간에게 걸맞지 않은 해결책"이라고 부르면서 이렇게 말했습니다. "과연, 참다운 응답이 될 수 있는 것은 제아무리 '친절하다' 하더라도 누군가를 죽게 하는 것이 아니라 오히려 사람들에게 그들의 고통과 비탄을 인간적으로 대면하도록 도와주는 사랑의 증인이 되는 것입니다."(2009년 2월 1일 삼종 기도)

우리 생명을 책임지는 이

사람들은 할 수 있는 것이 많아질수록, 삶과 죽음을 더 많이 좌지우지할 수 있다고 여깁니다(tweet 3.36 참조). 이런 경향을 우리 시대에 분명하게 볼 수 있습니다.

정말로 우리의 생명을 책임지는 이는 누구인가요? 우리는 달라고 요청하지도 않았는데 생명을 받았습니다. 그리고 우리가 그 생명을 끝내기 위해 뭔가를 하지 않아도 언젠가 그 생명은 끝날 것입니다. 우리는 우리 생명의 주인이 아닙니다. 우리는 관리인입니다. 바오로 사도는 누가 자기 몸을 망가뜨리면 "하느님께서도 그자를 파멸시키실 것"(1코린 3,17)이라고 말했습니다. 그러기에 자살은 선택하는 것이 아닙니다(tweet 4.41 참조). 나아가, 하느님의 아주 특별한 은총을 언제 받을 수 있을지 결코 알지 못합니다. 십자가에 달린 착한 도적을 보십시오. 죽기 직전 큰 고통 속에 있을 때에야 비로소 그는 예수님을 만났습니다(루카 23,40-43 참조). 안락사는 생명의 선물을 거부함으로써 하느님께로부터 돌아서는 것입니다. 따라서 안락사는 언제나 나쁩니다.

다 하더라도 말이지요(더 알기 참조). 인간 생명은 우리가 생각하는 것보다 더 강할 수 있습니다. 그리고 우리는 감당할 수 없는 고통은 겪지 않을 것입니다. "하느님은 성실하십니다. 그분께서는 여러분에게 능력 이상으로 시련을 겪게 하지 않으십니다."(1코린 10,13)라는 말씀을 들어 보셨을 것입니다. 하지만 동시에 우리도 자신과 타인의 아픔과 고통을 상쇄할 수 있는 일을 해야만 합니다.

> 안락사는 어떤 사람을 그 사람이나 그 사람을 돌보는 이들의 요청을 받고 의도적으로 살해하는 것입니다. 안락사는 하느님과 하느님이 주신 사랑의 선물에 대한 거부입니다.

더 읽어 보기
안락사: CCC 2276–2279, 2324항; CCCC 470–471항; YOUCAT 382항.

4.39 어떤 대가를 치르더라도 생명을 계속 유지시켜야 하나요?

자연적인 죽음과 안락사(tweet 4.38 참조)는 큰 차이가 있습니다. 안락사는 언제나 나쁩니다. 그렇지만 교회가 어떤 대가를 치르고서라도 사람을 계속 살아 있게 해야 한다는 입장을 취하는 것은 아닙니다. 이런 맥락에서, 사용할 수 있는 치료의 종류에 관해 신중하게 생각해 볼 필요가 있습니다. 우리는 여기서 일반적인 돌봄과 특수한 돌봄을 구별하는 법을 알게 될 것입니다.

일반적인 돌봄

일반적인 돌봄은 음식과 수분과 표준 약, 상처에 붕대 감는 것, 어쩌면 산소 공급까지 포함합니다. 이런 유형의 돌봄은 생명 유지에 필수적이지요. 만일 먹거나 마시지 않는다면, 흐르는 피를 멈출 수 없다거나 감염을 막을 수 없다면, 혹은 숨을 쉴 수 없다면, 우리는 곧 죽게 될 것입니다. 이는 이러한 종류의 돌봄을 중단하는 것이 적극적 안락사와 마찬가지인 이유입니다. 아무리 죽음이 임박해 보인다 해도, 환자에게 더 이상 아무런 혜택이 안 되거나 또는 해롭지 않는 한에서는 일반적인 돌봄은 계속되어야 합니다. 그렇지만 의료적 돌봄은 환자가 치르는 비용과 어려움에 비례해야 합니다. 어떤 치료들은 대단히 값비싸고, 위험하며, 부담스럽거나 신체의 다른 부분에 해를 끼칩니다. 그러한 특수한 치료를 늘 제공해서는 안 됩니다. 이러한 치료를 하지 않을 때 환자가 죽게 된다 하더라도, 그러한 치료는 중단할 수 있습니다. 의사와 환자 또는 환자를 대신해 결정을 내리는 이들은 이러한 돌봄을 중단할 것인지 결정할 때 모든 요인들을 견주어 봐야 할 것입니다. "이렇게 할 때에는 죽이려고 하는 것이 아니라 막을 수 없는 죽음을 받아들이는 것이다."(CCC 2278항)

일반적인 돌봄과 특수한 돌봄의 차이

일반적인 돌봄과 특수한 돌봄이 어떻게 다른지는 다음의 이야기가 잘 보여 줍니다. 한 젊은 여인이 부유한 자기 할머니가 욕조에서 목욕을 하다가 미끄러져 머리를 부딪친 모습을 봅니다. 할머니의 목숨을 구하는 데는 할머니의 머리를 물 위로 들어올리기만 하면 되지만, 그녀는 그렇게 하지 않습니다. 아마 유산을 생각해서 그런 것이겠지요. 누구나 이 젊은 여인이 할머니의 죽음에 책임이 있다고 생각할 것입니다. 그 여인이 행동한 방식은 환자에게 일반적인 치료를 거부한 것에 비길 수 있습니다. 하지만 그 여인의 할머니가 굶주린 악어가 가득한 강에서 배 밖으로 떨어졌다면 사정은 아주 다를 것입니다. 그 젊은 여인은 여전히 할머니의 유산을 생각하고 있을 수 있습니다. 하지만 사람들은 그녀가 할머니를 구하러 강물에 뛰어들지 않았다고 해서 그 젊은 여인을 탓하지 않을 것입니다. 할머니를 구하려다가 자기 목숨을 잃을 위험이 너무 높기 때문입니다. 따라서 이러한 이유로 의학적 치료를 제공하지 않거나 중단하는 것은 받아들일 수 있습니다.

심폐 소생술

병원에서 환자들은 심폐 소생술을 원하는지에 대한 질문을 종종 받습니다. 그런데 자기 목숨을 구할 수 있는 치료를 거부하는 것이 윤리적으로 용납될 수 있을까요?(tweet 4.40 참조) 통상적으로 심폐 소생술은 비용이 아주 많이 들거나 복잡한 치료가 아닙니다. 그래서 이 경우에는 특수한 치료가 아닙니다. 다른 한편으로, 고령에, 부상도 있으며, 병까지 깊은 환자에게 심폐 소생술을 시행함으로써 자연적인 죽음을 막는 것은 고사하고 호전될 가능성도 전혀 없으며 영구적인 손상만 입을 수 있습니다. 이런 경우 살아서 건강을 회복할 가능성을 따져 보고 환자나 환자를 대신해 결정하는 사람들이 윤리적 선택을 할 수도 있을 것입니다. 이는 이렇게 개별 사례마다 결정을 해야 합니다.

| 더 알기

죽어 가는 사람들을 위한 돌봄

죽어 가는 사람들을 위한 돌봄(완화 의료)은 그들의 고통을 덜고 좀 더 편안해지게 하는 데 목적이 있습니다. 이러한 돌봄은 아주 중요합니다. 치유할 수 없는 질병이 있는 환자에게는 환자를 치유하는 것보다 환자의 고통을 덜어 주고 환자가 죽음을 준비하도록 도와주는 것이 더 강조됩니다. 그와 같은 돌봄은 신체적이고 의료적 돌봄을 넘어서야 합니다. 영적이고 심리적인 문제들에 대한 관심도 마찬가지로 중요합니다.

때때로 완화 의료는 살아 있는 날수를 늘리는 것이 아니라 살아 있는 날에 생명력을 더하는 것이라고들 합니다. 주목할 만한 것은 안락사를 법으로 허용한 네덜란드에서 완화 의료가 신장된 이후에 안락사를 요청하는 숫자가 실제로 감소했다는 것입니다. 적절하고 인도적인 돌봄은 환자의 삶의 질을 크게 향상시킬 수 있습니다. 설사 그들이 얼마 지나지 않아 죽는다 하더라도 말이지요.

> **t** 수단과 방법을 가리지 않고, 비용이 많이 들고 고통스러운 치료를 강제적으로 사용해야 하는 것은 아니지만, 일반적인 돌봄은 죽음에 이를 때까지 지속되어야 합니다.

더 읽어 보기
안락사: CCC 2276–2279, 2324항; CCCC 470–471항; YOUCAT 382항. 의학적 치료의 중단: CCC 2278항; CCCC 471항; YOUCAT 382항.

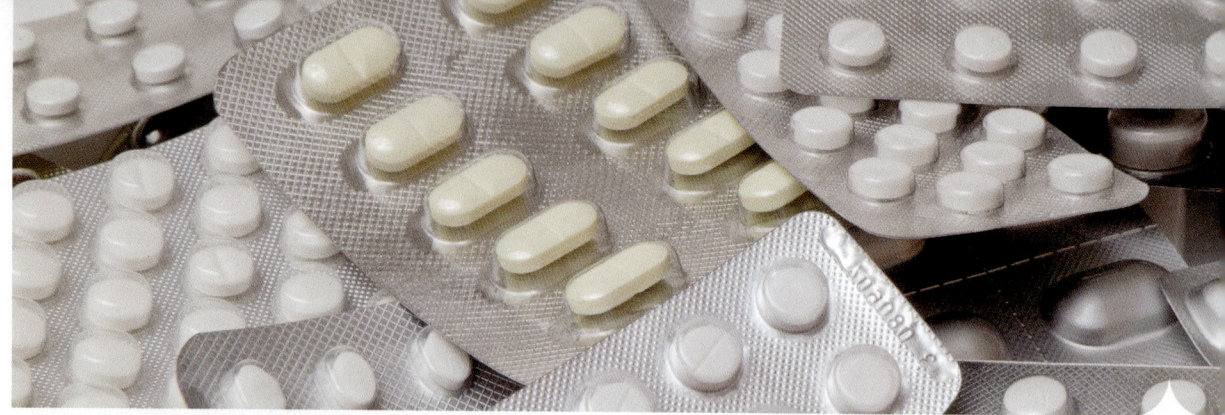

4.40 장기 기증이나 헌혈은 어떤가요? 그리고 견디기 힘든 치료는 거부할 수 있나요?

과 죽음의 문제들과 관련된 의학적 딜레마들은 단순히 "예." 또는 "아니요."라고 대답할 수 없는 경우가 많습니다. 이런 딜레마에 관해 이웃을 향한 우리의 책임과 서로를 대하는 방식에 관해 신중하게 생각하는 것은 대단히 중요합니다.

장기 기증과 헌혈

베네딕토 16세 교황의 말에 따르면, 다른 사람들을 돕기 위해 우리 장기를 내어 주는 것은 그리스도교적 사랑의 구체적 행위입니다(2008년 11월 7일). 헌혈도 마찬가지입니다. 이것이 선물이어야 한다는 점은 매우 중요합니다. 아무도 기증하도록 강요받아서는 안 됩니다. 인간의 장기와 혈액이 매매되어서는 안 됩니다. 또한 기증으로 누군가의 생명의 위험을 초래하는 것이어서도 안 됩니다. 곧 극히 중요한 장기들은 죽은 다음에야 적출할 수 있습니다. 이 때문에 정말로 죽었는지 여부를 판단하는 것이 중요합니다(tweet 4.37 참조). 더 나아가 의대생들이나 학자들을 위해 시신을 의학적 연구에 기증할 수 있습니다. 그런 연구는 언제나 인간의 존엄성을 존중해야 하며, 유해는 적절하게 안장돼야 합니다. 때때로 동물의 조직과 장기를 인간에게 이식하기도 합니다. 이를 이종 이식이라고 합니다. 이는 신중한 접근이 필요합니다. 곧 돼지의 심장이 사람에게 이식될 경우 어떤 효과를 지닐까요? 그것이 사람에게 도움이 된다면 좋은 해결책일 수 있습니다. 인간의 존엄성은 언제나 존중받아야 합니다. 그러나 우리는 인간을 위해 사용되고 있는 그 동물도 존중해야 합니다.

의학적 치료로 생명이 연장되지 않고 오히려 단축된다면

사랑하는 사람이 고통 겪는 모습을 지켜보는 것은 대단히 힘든 일입니다. 다행히도, 모르핀처럼 고통을 줄이는 방법이 있습니다(더 알기 참조). 문제는 모르핀을 비롯하여 고통을 줄이는 여타 약물들이 죽음을 앞당길 수 있다는 것입니다. 그만큼 사용에 신중해야 한다는 말이지요. 하지만 어떤 약의 목적이 고통을 줄이는 데 있다면, 설령 의도하지 않은 부작용 때문에 그의 생명이 단축된다 하더라도, 그 사람에게 투여할 수 있습니다. 고통을 줄여 주는 것은 환자를 위한 사랑에 찬 관심과 돌봄의 한 형태입니다(tweet 4.39 참조). 비록 모든 종류의 고통을 다 줄일 수 있는 것은 아니라 할지라도 말이지요. 하지만 안락사는 결코 받아들일 수 없는 해결책입니다(tweet 4.38 참조).

치료를 거부해도 되나요?

때때로 어떤 치료는 큰 아픔과 고통을 야기하기도 합니다.

어떤 사람이 엄청나게 약물 치료를 두려워하는 것도 이해할 만합니다. 이런 이유에서 예컨대 화학 요법이나 방사선 치료를 통해 생명을 연장시킬 수 있음에도 불구하고 때로는 치료를 거부하기도 합니다. 어떤 대가를 치르고서라도 살아야 한다는 것은 진실이 아닙니다(tweet 4.39 참조). 하지만 실제로는 도움이 될 가능성이 큰데도 단지 고통을 좀 일으킨다고 치료를 거부하는 것은 올바르지 않습니다. 그리스도인에게 고통은 그리스도를 통해 하느님께 더 가까이 다가가 성장하는 길일 수 있습니다(tweet 1.37 참조).

어떤 사람들은 단순히 자기들에게 일어나는 일은 무엇이나 받아들여야 한다는 생각에서 치료를 거부하기도 합니다. 하지만 하느님의 모상으로 창조된(tweet 1.2 참조) 우리는 이성적 능력을 받았습니다. 그러므로 우리의 생명과 건강을 보전하기 위한 길을 찾으려고 노력해야 합니다. 따라서 이성적이고 윤리적인 경계 안에 있는 한 우리는 삶을 향상시키기 위해 할 수 있는 일을 해야 합니다.

더 알기

모르핀인가, 온전한 의식인가?

통증 완화가 환자의 의식을 부분적으로나마 잃게 할 수 있습니다. 그리스도인에게 고통을 덜어야 할 필요성은 죽음을 준비하는 데 충분할 정도로 의식이 있어야 할 필요성과 균형을 이뤄야 합니다. 죽음은 결국 하느님을 만나는 엄청난 순간이기 때문이지요(tweet 1.43 참조). 그래서 죽음의 순간에는 가능한 한 깨어 있으려고 노력하는 것이 아주 좋습니다. 그래서 할 수 있으면 중병에 걸린 사람이 아직 의식이 있을 때에 그 사람 옆에서 기도해 주고 병자성사를 집전해 달라고 사제에게 요청하는 것입니다(tweet 3.40 참조). 물리적 아픔은 악입니다. 그리고 악에는 맞서 싸워야 합니다(tweet 1.34 참조). 하지만 그리스도인으로서 우리는 어떤 아픔에 대해서는 참고, 그리스도의 고통에 동참하기로 선택할 수 있습니다. 그것이 우리가 의식을 지니고 죽을 수 있다는 것을 의미한다면 특히 그러합니다. 하지만 고통을 더는 일을 줄이거나 중지하는 이 선택은 임종하는 사람 그 자신만이 할 수 있습니다. 어느 누구도 그 사람을 위해 그 결정을 내려 줄 수는 없습니다.

 헌혈과 장기 기증은 큰 미덕입니다. 하지만 자신의 생명이나 건강을 불필요하게 위험에 처하게 하는 것은 나쁩니다. 몸은 하느님께 받은 것이니까요.

더 읽어 보기
장기 기증: CCC 2296항; CCCC 476항; YOUCAT 391항. 고통 경감: CCC 2279항; CCCC 471항; YOUCAT 382항.
치료 거부: CCC 2278항; CCCC 471항; YOUCAT 382항.

4.41 자살하면 지옥에 가나요?

자살은 지극히 심각하고 절망적인 행위입니다. 자신이 끝없는 암흑 속에 완전히 갇혔다고 느끼는데 아무런 출구도 보이지 않을 때, 계속 살아간다는 것이 의미 없어 보일 수 있습니다. 그렇지만 자살은 언제나 나쁩니다. 우리는 생명을 하느님에게서 받았기에 그 생명을 언제 끝낼지 결정하는 것은 우리에게 달려 있지 않습니다(tweet 4.38 참조).

출구가 없다?

자살은 자기 생명을 보호하고 보존하려는 우리의 본성적 경향을 정면으로 거스릅니다(CCC 2281항 참조). 하지만 자기 목숨을 끊는 사람은 자신의 문제에 사로잡혀 있어서 더 이상 그 문제들을 올바른 관점에서 볼 수 없는 경우가 많습니다. 그 사람은 희망이 언제나 있다는 것을 잊었고, 하느님을 보지 못했습니다. 그는 성령의 영감에 더 이상 귀를 기울일 수 없습니다. 하지만 삶이 그다지 잘돼 가는 것처럼 보이지 않는 바로 그러한 때가 성령의 감화가 가장 필요한 때이지요! 그래서 바오로 사도는 이렇게 기도했던 것입니다. "희망의 하느님께서 여러분을 믿음에서 얻는 모든 기쁨과 평화로 채워 주시어, 여러분의 희망이 성령의 힘으로 넘치기를 바랍니다."(로마 15,13)

죄

우리의 생명은 우리 것이 아니라 하느님이 우리에게 주신 것입니다(CCC 2280항 참조). 자살은 하느님이 마땅히 받으셔야 할 감사와 사랑을 거스르는 죄입니다. 하느님이 지극한 사랑으로 창조하신 생명을 절망의 순간이라고 파괴해서는 안 됩니다. 그것은 하느님의 뜻에 완전히 배치됩니다. 자살은 하느님이 우리에게 주신 생명의 선물을 가꾸기 위해 필요한, 올바른 의미의 자기 사랑을 거스릅니다. 자살은 또한 이웃 사랑을 거스릅니다. 남은 부모와 가족과 친

다른 사람을 위해 자기 생명을 희생하는 것은 어떤가요?

1941년 폴란드 사제인 막시밀리아노 콜베 성인은 아우슈비츠에 있는 죽음의 수용소로 보내졌습니다. 두 아이를 둔 한 아버지가 나치에 의해 사형을 당하게 됐을 때, 콜베 신부는 그 사람을 대신해 죽겠다고 자원했습니다. 자기 목숨을 희생함으로써 그 아버지의 목숨을 구한 것입니다. 이는 자살과는 아주 다릅니다. 예수님의 모범을 따라 콜베 신부는 사랑으로 다른 사람을 위해 자기 자신을 내어 준 것입니다. 콜베 신부는 자기 손에 죽은 것이 아니라 수용소 경비병들에 의해 살해됐습니다. 콜베 신부는 마침내 성인으로 선포됐습니다(tweet 4.17 참조).

구들이 극심한 비탄과 후회에 빠지게게 하는 등 주위 사람들과 사회 전체에 해를 끼치기 때문이지요(레위 19,18 참조). 어느 누구도 자살하도록 방조해서는 안 된다는 것은 아주 분명한 사실입니다(CCC 2282항 참조; tweet 4.38 참조). 어떤 사람이 우울해하고 있다면, 특히 자살을 생각하고 있다면 그런 사람은 신중한 결정을 내릴 수 없습니다. 우울증은 보통 일정한 기간 동안 지속되지만, 죽음은 영구적입니다! 만일 주위의 사람들이 우울해하고 있는 것처럼 보인다면, 더욱더 주의를 기울여야 합니다. 그들이 도움을 받는 데에 마음을 열도록 또 계속해서 마음을 열도록 세심하게 주의를 기울여야 합니다.

심판하지 마세요

하지만 우리는 자살하는 사람을 심판해서는 안 됩니다. 또 그 사람이 천국에 가지 못할 것이라고 여겨서도 안 됩니다. 행위에 대한 전적인 책임이 자살하는 사람들에게만 있지 않을 때가 많습니다. 그들은 심각한 심리적 문제로 고난을 겪고 있기 때문이지요. 오직 하느님만이 죽은 사람의 영혼을 심판하실 수 있습니다. 오직 하느님만이 한 인간을 이 절망적 행위로 몰아넣은 이유를 아십니다(히브 4,13 참조). 이는 자살하는 사람이 그래도 천국에 갈 것이라고 희망하고 기도해도 좋다는 것을 의미합니다.

| 더 알기

매장인가, 화장인가?

죽은 이를 매장하는 것은 그리스도교의 오랜 전통입니다. 이를 통해서 하느님께 창조된 몸에 대한 존중을 드러내는 것입니다. 이 몸은 우리가 살아 있는 동안에 "성령의 성전"(1코린 6,19) 역할을 했습니다. 우리는 종말에 죽은 모든 이의 몸이 무덤에서 부활할 것이라고 믿습니다(tweet 1.50 참조). 그때 몸은 그 영혼과 다시 결합할 것입니다. 그러나 이 말이 화장 대신 매장을 한다면 부활할 가능성이 더 많다는 의미는 아닙니다. 그래서 교회는 화장을 선택할 여지를 남겨 둡니다. 화장 후에 그 재는 집에 두거나 어딘가에 뿌려서는 안 되며, 예를 갖춰 묻거나 납골당에 안치해야 합니다. 하지만 화장보다는 매장을 더 우선시합니다. 성경에서는, 늘 매장하는 것으로 나옵니다(신명 21,23 참조; 요한 11,38-39. 19,40 참조). 이는 고인이 거룩한 땅에서 부활할 것을 기다리며 "쉬고 있다."거나 혹은 "주님 안에서 잠들어 있다."는 것을 나타냅니다.

> **t** 자살은 아주 심각한 죄입니다. 하지만 자살하는 사람들에게 그 죄를 모두 물을 수 없는 경우가 종종 있습니다. 그러니 그들이 천국에 가기를 희망하고 또 기도할 수 있습니다.

더 읽어 보기
자살: CCC 2280-2283, 2325항; CCCC 470항; YOUCAT 379항.

4.42 그리스도인들은 사형에 반대하나요?

어떤 범죄들은 너무 끔찍해서 사형이 범인들에 대한 가장 정당한 형태인 것처럼 보입니다. 구약 성경에는 살인(탈출 21,12 참조), 유괴(탈출 21,16 참조), 간음(레위 20,10 참조), 동성애 행위(레위 20,13 참조), 성폭력(신명 22,25 참조), 수간(탈출 22,19 참조)에 대해서는 사형을 내려야 한다고 기록되어 있습니다. 분명 이러한 죄는 심각한 문제입니다. 하지만 사형이 언제나 집행되지는 않았습니다. 예를 들면 하느님은 간음한 다윗을 용서하셨고, 다윗은 죽지 않아도 되었습니다(2사무 12,13 참조).

최상의 규범인 용서

예수님은 아주 단호하게 우리에게 새로운 방식을 제시하셨습니다. 그 토대는 사랑과 용서입니다. 십계명은 그대로였지만 예수님은 "눈은 눈으로 이는 이로"가 아니라 사랑과 용서를 가르치셨습니다(tweet 1.19 참조). 예를 들어 어떤 여인이 간음을 했습니다. 율법에는 간음한 여자는 돌을 던져 죽이라고 규정돼 있었지요. 하지만 예수님은, 손에 돌을 들고 형을 집행할 채비를 하고 서 있던 구경꾼들에게 이렇게 말씀하셨습니다. "너희 가운데 죄 없는 자가 먼저 저 여자에게 돌을 던져라."(요한 8,7) 그러나 예수님 자신이 사형 선고를 받았다는 것은 쓰라린 역설입니다.

벌인가요 자기변호인가요?

물론 죄를 저지른 사람은 그 행위에 대한 사회적 처벌을 받아야 합니다. 벌은 각기 다른 목적이 있습니다.

- 죄인을 정당하게 처벌하는 것. 이는 그의 죄에 대한 것입니다.
- 공동체를 방어하고 사람들의 안위를 지키는 것.
- 죄를 범한 사람을 교화하는 것.

어떤 경우에는 사형이 "불의한 공격자에게서 인간 생명을 효과적으로 보호하는"(CCC 2267항) 유일한 방법일 수 있습니다. 하지만 다행히도, 대다수 서구 사회에서는 그런 경우가 더 이상 없습니다(더 알기 참조). 이제는 범죄를 징벌하고 막기 위한 다른 길들이 있습니다. 교회는 사형을 마지막 수단으로만 사용해야 한다고 주장합니다. 이는 인간의 생명이라는 선물을 더 존중하는 다른 방법들로 정의를 집행할 수 있기 때문입니다. 국가는 정의를 집행하여 시민들을 보호할 권리와 의무가 있습니다. 하지만 국가는 범죄인의 목숨을 끊는 것보다 그의 범죄 행위를 중단시키는 데 초점을 맞춰야 합니다. 살인자가 더는 아무도 해칠 수 없는 교도소에 안전하게 갇혀 있을 수 있다면, 사회는 한 인간을 굳이 죽이지 않고서도 보호받을 수 있습니다.

되돌릴 수 없음

사형을 반대하는 또 하나의 논거는 사형이 마지막이라는 것입니다. 사람은 실수를 합니다. 예방책과 규칙들이 있음에도 불구하고, 무죄한 사람들이 실수로 처형받는 경우가 종종 있어 왔습니다. 이런 행위들은 결코 되돌릴 수 없습니다. 이 생명들은 결코 되살릴 수 없습니다. 사형은 또한 독재자가 정적들을 죽이는 데 남용될 수 있습니다. 그리고 어떤 나라에서는 사형 선고가 가난한 이들에게 더욱 편중돼 있습니다. 이처럼 사형을 반대하는 논거는 많습니다.

사형제 폐지?

요한 바오로 2세 교황은 생명과 각 인간의 존엄성에 대한 존중을 촉진하기를 원했습니다. 그래서 그는 후임자인 베네딕토 16세 교황, 그리고 프란치스코 교황과 마찬가지로, 사형제 폐지를 위한 국제 사회의 합의를 여러 차례 촉구했습니다. 요한 바오로 2세 교황은 이렇게 주장했습니다. "처벌의 본질과 범위를 신중하게 평가하고 결정하여야 하며, 절대적으로 필요한 경우가 아니면, 곧 다른 방법으로는 사회를 보호할 수 없는 경우가 아니라면 범죄자를 사형에 처하는 극단까지 가서는 안 된다는 것이 분명합니다. 그러나 오늘날 형벌 제도를 꾸준히 개선한 결과, 그러한 경우는 실제로 전혀 없다고는 할 수 없지만 극히 드뭅니다."(〈생명의 복음〉 56항; CCC 2267항 참조)

| 더 알기

최상의 규범인 용서

예수님은 당신을 따르는 이들에게 서로 거듭거듭 용서하라고 가르치셨습니다(마태 18,22 참조). 날마다 우리는 우리 아버지께 "저희에게 잘못한 이를 저희도 용서하였듯이 저희 잘못을 용서하시고"(마태 6,12) 하고 기도합니다. 모든 범죄자에게는 하느님과 화해하고 용서를 청할 기회가 있어야 합니다.

그렇지만 피해자들은, 그 범죄자가 폭력의 길로 접어들게 된 끔찍했던 어린 시절을 고려하여 용서해 주기가 참으로 어렵습니다. 하지만 범죄의 피해자들에게 용서는 종종 그들 자신이 계속 살아갈 수 있는 유일한 길이기도 합니다. 이는 서로 거듭거듭 용서하라는 예수님의 요청에서 확인됩니다(마태 6,14-15 참조; tweet 4.14 참조). 용서는 그리스도인들이 살아야 하는 가장 숭고한 규범입니다.

> 사형이 정당한 것처럼 보일 수 있지만 그것은 사회를 수호하는 마지막 수단으로만 사용되어야 합니다. 용서는 그리스도인들의 가장 큰 규범입니다.

더 읽어 보기
사형: CCC 2266-2267항; CCCC 469항; YOUCAT 381항.

4.43 정당방위로 폭력을 사용하는 것은 허용되나요?

하느님은 모든 사람을 큰 사랑으로 창조하셨습니다. 모두가 하느님의 모상을 지니고 있습니다(창세 1,26 참조). 또한 우리 인간의 몸은 우리 자신의 것이 아니라 하느님의 것입니다(1코린 6,19 참조). 따라서 생명의 권리는 근본적인 권리이며, 살인은 심각한 죄입니다.

살인해서는 안 됩니다

십계명의 제5계명은 종종 "살인해서는 안 된다."(탈출 20,13)로 번역됩니다. 하지만 히브리어 '라차크'는 글자 그대로 '살인'을 의미합니다. 이 차이는 중요합니다. 의도적으로 무죄한 사람을 죽이는 살인은 언제나 나쁩니다. 하지만 정당방위로 어떤 사람을 죽이는 것은 살인이 아닙니다. 비록 한 사람이 죽는다는 것은 끔찍한 일이기는 하지만 말입니다. 그러므로 비상시라 하더라도, 치명적인 폭력은 최후의 수단으로만 사용될 수 있습니다.

정당방위는 선택입니다

생명은 소중하기에, 우리는 공격자에 맞서 자기 자신을 방어할 권리가 있습니다. "자기 생명을 지키기 위해서라면, 공격자에게 치명적인 타격을 가한다 할지라도 살인죄를 짓는 것은 아니다."(CCC 2264항) 하지만 이때 물리적 행사가 적절해야 합니다. 예를 들어 집에 침입했으나 폭력을 사용하여 위협하지 않은 도둑에게 죽도록 폭력을 행사하는 것은 적절한 대응이 아닙니다(탈출 22,2 참조). 하지만 공격을 당할 때는, 자기 자신을 방어할 수 있습니다. 골리앗에 맞서 자신을 방어한 다윗을 생각해 보세요(1사무 17,40-50 참조).

예수님은 체포되시기 전에 제자들에게 칼을 준비하라고 분부하셨습니다. 스스로를 방어할 수 있도록 말이지요(루카 22,36 참조). 하지만 예수님은 당신 자신은 방어하지 않으시고 다른 이들을 위해, 우리를 위해, 당신을 공격하는 자들을 위해서까지 당신 목숨을 희생하셨습니다. 예수님은 겟세마니에서 병사들이 당신을 체포하러 왔을 때 저항하실 수도 있었습니다. 사도들은 확실히 예수님을 위해 싸울 태세가 돼 있었습니다. 베드로 사도는 예수님을 체포 중이던 한 사람의 귀를 베어 버리기까지 했지요(요한 18,10 참조). 하지만 예수님은 그곳에서 폭력이 일어나는 것을 원치 않으셨습니다. 그리고 그 사람의 귀를 고쳐 주셨지요(루카 22,51 참조). 이렇게 예수님은 당신을 따르던 이들에게 말씀하신 대로 하신 것입니다. "나는 너희에게 말한다. 악인에게 맞서지 마라. 오히려 누가 네 오른뺨을 치거든 다른 뺨마저 돌려 대어라."(마태 5,39) 예수님처럼, 우리 또한 사랑과 자기희생으로 폭력에 응답하기로 선택할 수 있습니다.

다른 사람을 방어하는 것은 의로운 일입니다

우리는 우리 자신을 방어할 권리가 있지만, 예수님을 따라 다른 사람을 구하기 위해 우리 목숨을 희생하기로 결정할 수도 있습니다(tweet 4.41 참조). 하지만 이는 다른 사람이 대신하여 내리는 결정이어서는 결코 안 됩니다. 정반대로, 모든 그리스도인은 위협받는 이들을 보호할 의무가 있습니다(시편 82,4 참조; 잠언 24,11 참조). 여기에는 위험에 처한 사람들에게 경고할 의무가 포함됩니다. 이를 소홀히 하면, 중대한 죄를 짓는 것입니다(에제 33,6 참조).

약한 이들과 도움이 필요한 사람들은 특별히 보호받을 권리가 있습니다. 다른 이들을 보호할 의무는 그들에 대해 직접적인 책임이 있을 경우에 특히 커집니다. 예를 들어, 가장은 자기 가족을 보호해야 합니다. 하지만 이때라도, 필요 이상의 무력을 행사해서는 안 됩니다. 때로는 공격자를 죽여야만 폭력을 멈추게 할 수 있을 때도 있습니다. 그래서 경찰과 군인들이 무기를 지참하는 것입니다. 그들은 공동체를 보호하기 위해 무력을 사용할 수 있다는 도덕적 의무를 지닙니다.

어떤 나라에서는 시민들이 자신을 방어하기 위해 무기를 휴대할 권리가 있습니다. 미국에서는 이 권리가 헌법으로 규정돼 있지요. 하지만 이 권리를 때때로 정치인들과 활동 단체들이 문제시하는 데는 상당한 근거가 있습니다. 총이나 다른 무기의 소유에는 아주 큰 책임이 따른다는 것을 명심하세요. 부주의하게 무기를 보관하거나 사용하는 것은 심각한 죄입니다. 여러분을 공격하는 사람을 죽이기 위해 무기를 사용하는 것은 언제나 마지막 수단이어야 합니다.

> 오직 필요할 경우에만 무기를 사용해 자신과 다른 이들을 보호할 권리가 있습니다. 자신을 위해서는 비폭력을 선택할 수 있습니다.

더 읽어 보기
살인해서는 안 된다: CCC 2258–2262, 2318–2320항; CCCC 466항; YOUCAT 378항.
살인: CCC 2268–2269; CCCC 470항; YOUCAT 379항. 정당방위: CCC 2263–2265, 2321항; CCCC 467항; YOUCAT 380항.

4.44 그리스도인이 군에 입대하거나 전쟁에 참여할 수 있나요?

군사 몇 사람이 요한 세례자에게 와서 "저희는 또 어떻게 해야 합니까?" 하고 물었을 때, 요한은 그들에게 군대를 떠나라고 말하지 않았습니다. 그보다는 힘을 남용하거나 돈을 갈취해서는 안 된다고 말했지요(루카 3,14 참조). 초기의 일부 그리스도인들은 군인으로서 숭고하게 복무하기도 했습니다. 하지만 평화를 지키기 위해 군을 떠난 그리스도인도 있지요. 바오로 사도는 이렇게 말하며 평화를 촉구했습니다. "아무에게도 악을 악으로 갚지 말고, 모든 사람에게 좋은 일을 해 줄 뜻을 품으십시오. 여러분 쪽에서 할 수 있는 대로 모든 사람과 평화로이 지내십시오."(로마 12,17-18)

전쟁과 평화

지금도 전 세계 여러 곳에서는 전쟁이 벌어지고 있습니다. 우리는 전쟁이 빨리 끝나기를 기도합니다. 그런데 전쟁을 벌이는 것이 정당한가요? 죽음, 파괴, 폭력은 예수님의 사랑과 평화의 메시지와 정반대가 아닌가요? 누구나 평화의 확산에 협력해야 합니다. 하지만 "전쟁의 위험이 있고 적절한 힘을 지닌 관할 국제 권위가 없는 동안에는, 참으로 평화 협상의 모든 방법을 다 써 본 정부들의 정당 방위권은 부정할 수 없다."(《사목 헌장》 79항)라고 교회는 가르칩니다. 따라서 아주 엄격한 조건 아래에서, 전쟁은 정당화될 수 있습니다(더 알기 참조). 그런데 그리스도인이 전쟁에 참여할 수 있을까요?

정직한 군인들

평화와 정의를 위해 싸우는 군인은 명예로운 직업입니다. "군인 생활로 조국에 대한 봉사에 헌신하는 사람들은 국민의 안전과 자유를 위한 역군이다. 이 임무를 올바로 수행한다면, 그들은 참으로 국가의 공동선과 평화 유지에 기여하는 것이다."(CCC 2310항) 이러한 찬사는 지휘관들이 도덕률과 자신의 양심에 따라서 지휘한다는 것을 전제합니다. 아무도 무조건 복종이라는 이유로 자신을 변명할 수 없습니다. 모든 군인은 어떤 행동을 취하기 전에 자기 양심에 귀를 기울여야 합니다. 예를 들면 지휘관의 명령이 있다고 해도 대량 학살을 저질러서는 안 됩니다. 오히려 그런 명령을 받은 군인은 거기에 저항할 윤리적 의무가 있습니다.

다른 이들에 대한 방어

군인은 다른 사람들을 위해 자기 생명의 위험을 무릅쓸 준비가 돼 있습니다(tweet 4.43 참조). 그리스도인인 군인은 평화와 안전에 기여하기 위해서 그렇게 합니다. 평화와 안전을 이루기 위한 수단인 전쟁은 야만적이고 끔찍한 것입니다. 하지만 때때로 전쟁은 무죄한 이들을 보호하고 평화를 보장하기 위한 유일한 길이기도 합니다. 이러한 것은 지극히 그리스도교적인 목적입니다. "행복하여라, 평화를 이루는 사람들! 그들은 하느님의 자녀라 불릴 것이다."(마태 5,9; 더 알기 참조).

전쟁은 다른 무력의 사용과 마찬가지로, 마지막 수단으로써만 사용돼야 합니다. 베네딕토 16세 교황은 이렇게 말했습니다. "모든 것 가운데서 평화와 정의와 이해를 추구하는 일이 우선적 목표여야 합니다."(2006년 12월 4일) 요한 바오로 2세 교황은 전 세계에서 온 외교관들에게 이렇게 말했습니다. "전쟁은 안 됩니다! 전쟁은 언제나 불가피한 것이 아닙니다! 인류에게 전쟁은 언제나 패배입니다."(2003년 1월 13일) 프란치스코 교황은 이를 되풀이하면서 동시에 바오로 6세 교황의 말을 인용했습니다. "평화는 오직 평화에서만 드러납니다. 평화는 정의의 요구들과 떨어질 수 없으며, 개인의 희생과 관대함과 자비와 사랑으로 촉진됩니다."(2013년 9월 7일)

| 더 알기

전쟁은 늘 정당화될 수 있나요?

정당방위의 원칙(tweet 4.43 참조)을 토대로, 더 큰 악을 막기 위한 것일 때 전쟁은 정당화될 수 있습니다. 전쟁을 하기 위해서는 반드시 다음 조건들이 충족되어야 합니다.

- 정당한 이유: 실제적이고 급박한 위험이 있어야 합니다 (예컨대, 어떤 나라가 공격을 받고 있을 경우).
- 마지막 수단: 문제를 해결하기 위한 다른 모든 수단들을 고려하고 시도한 후여야 합니다.
- 비례성: 전쟁이라는 악과 그 결과인 평화 사이에 상당한 균형이 있어야 합니다.
- 성공에 대한 기대: 이길 가능성이 정말로 크고 또 타당해야 합니다.

이러한 원칙을 토대로, 정부는 숙고해서 결정을 내려야 합니다. 전쟁을 하는 동안에도 도덕률은 여전히 효력을 지닙니다. "국민을 정당하게 보호하려는 군사 행동과 타국을 정복하고자 하는 것은 전혀 다르다. 또한 …… 불행히도 전쟁이 일어났다 하더라도 전쟁 그 자체로 적대 편의 모든 행동이 허용되는 것도 아니다."(《사목 현장》 79항)

 평화와 정의를 위해 일하는 것이 바로 그리스도교적입니다. 전쟁이 때로는 불가피하겠지만 인류에게 전쟁은 언제나 패배입니다.

더 읽어 보기
전쟁과 평화: CCC 2302-2317, 2327-2330항; CCCC 480-486항; YOUCAT 395-399항.

4.45 그리스도인이 가난한 이들을 돌봐야 하는 이유는 무엇인가요?

예수님은 "가난한 이들에게 기쁜 소식을 전하고 잡혀간 이들에게 해방을 선포하며 눈먼 이들을 다시 보게 하"(루카 4,18)기 위해 오셨습니다. 그분은 그들 가운데 "가장 작은 이"와 자신을 동일시하셨습니다(마태 25,40 참조). 이 동일성이 우리가 가난한 이들을 돌봐야 하는 까닭입니다. 그리스도인들은 가난하고 약하고 병들고 외로운 이들 그리고 그 밖에 도움을 필요로 하는 이들을 늘 특별히 돌보아 왔습니다. 예수님은 우리에게도 이웃을 돌보라고 말씀하십니다(tweet 3.50 참조). 예수님의 눈으로 세상을 본다면, 모든 사람이 저마다의 특별한 존엄성을 지니고 있다는 것을 볼 수 있습니다.

사회 교리

하느님은 사회적 존재이십니다. 하느님은 세 위격의 유대이기 때문이지요(tweet 1.33 참조). 하느님은 세 위격의 사랑을 하느님 자신을 위해서만 유지하지 않으십니다. 그 사랑을 우리와 나누고 싶어 하십니다. 우리 또한 사랑을 다른 이들과 나누도록 요청받습니다. 이것이 인간의 존엄성을 그 핵심에 두고 있는, 교회의 사회 교리의 토대입니다. 모든 사람이 하느님에 의해 사랑으로 창조되었고 우리의 사랑과 도움을 받을 자격이 있습니다. 우리는 이 원리에 따라 부와 가난, 경제적·사회적 조건, 그리고 국가의 역할에 관해 많은 것을 말할 수 있습니다. 베네딕토 16세 교황은 회칙 〈하느님은 사랑이십니다〉와 〈진리 안의 사랑〉에서 이 내용을 강조하고 있습니다. 이 회칙들은 가톨릭 사회 교리를 강조했습니다. 가톨릭 사회 교리는 예수님만큼 오래된 가르침입니다. 시대가 변하면 사랑의 원리를 다르게 적용할 필요가 있습니다. 예를 들어 1891년에 레오 13세 교황은 회칙 〈새로운 사태〉에서 노동자들의 주거 및 노동 조건에 관해 썼습니다(tweet 2.45 참조). 노동자들은 정당한 임금을 받아야 하며 노동권과 사적 소유권을 지닙니다. 노동자들을 위한 정의가 없는 자본주의는 그리스도교적이지 않습니다(tweet 4.48 참조).

연대성과 보조성

연대성은 가톨릭 사회 교리에서 중요한 한 가지 원리입니다. 연대성은 자신의 관심사와 다른 이들의 관심사를 결부시키는 것과 관련됩니다. 우리는 소유한 것을 나누기만 해서는 안 되며 다른 사람들도 세상의 재화를 공유하고 노동의 존엄성에 참여할 수 있도록 돕기까지 해야 합니다(tweet 4.48 참조). 가톨릭 사회 교리의 또 한 가지 중요한 원리는 보조성입니다. 보조성은 비오 11세 교황이 1931년에 발표한 회칙 〈사십주년〉에서 다루었습니다. 간략히 설명하자면, 보조성의 원리는 사람들이 할 수 있는 것을 정부가 해서는 안 된다는 것입니다. "개인의 창의와 노력으로 완수될 수 있는 것을 개인에게서 빼앗아 사회에 맡길 수 없다는 것은 확고 부동한 사회 철학의 근본 원리이다. 따라서 한층 더 작은 하위의 조직체가 수행할 수 있는 기능과 역할을 더 큰 상위의 집단으로 옮기는 것은 불의이고 중대한 해악이며, 올바른 질서를 교란시키는 것이다."(《사십주년》 35항) 그러니 개인과 기구와 정부는 각각에게 적합한 것만을 해야 합니다.

세 가지 초석
요한 바오로 2세 교황은 가톨릭 사회 교리는 "인간 존엄, 연대, 보조성이라는 세 주춧돌을 바탕으로 합니다."(《아메리카 교회》 55항)라고 말했습니다. 이 초석에 반대되는 모든 것은 배격해야 합니다. 그래서 교회는 사회주의, 공산주의, 파시즘, 나치즘, 자유방임주의, 개인주의, 자본주의를 비판합니다. 그리고 인간 존엄성의 중요성, 그리고 재화와 기회의 공정한 분배를 거듭거듭 강조하고 있습니다.

위협을 의미하는 것입니다. 결국, 그것은 민주적인 공존의 의미 자체를 위험하게 할 수 있는 위협입니다. '함께 살아가는 사람들'의 사회가 되기보다는 거부당하고, 소외되고, 뿌리 뽑히고, 억압당한 사람들의 사회가 되어 가고 있습니다. …… 우리는, 여러 나라들이 흔히 채택하고 있는 국제적인 압력과 조절 형태의 한 결과로서, 불의와 폭력이 만연한 상황들을 일으키고 악화시키며 그 안에 살고 있는 모든 사람의 생명이 격하되고 짓밟히는 경제 모델들 자체에 대해 의문을 제기해서는 안 되는 것입니까?"(《생명의 복음》 18항)

....

《생명의 복음》에 나오는 요한 바오로 2세 교황의 견해

요한 바오로 2세 교황은 《생명의 복음》에서 다음과 같이 말합니다. "인종, 국적, 종교, 정치적 견해, 사회 계층에 상관없이 모든 개인이 지니고 있는 인간으로서의 가치와 존엄성에 대한 윤리적 감수성이 전 세계적인 차원에서 성장하고 있"지만, "인간 생명을 공격하는 것에 대한 정당화가 꾸준히 증가하며 널리 확산되는 일 …… 약하고 곤경에 놓인 사람, 또는 노인이나 갓 잉태된 이들을 받아들이지 않겠다고 거부하는 행위"도 동시에 이루어지고 있다고 합니다(tweet 4.26 참조).
이에 그는 이렇게 질문을 던집니다. "이 공격들은 직접적으로 생명 존중을 거스르는 것이며, 인권에 관한 문화 전체에 대한 직접적인

> 형제적 사랑은 교회의 사회 교리를 통해 구체화됩니다. 그것은 인간 존엄성, 연대성, 보조성에 토대를 둡니다.

더 읽어 보기
교회의 사회 교리: CCC 2419–2423항; CCCC 509항; YOUCAT 438항.

4.46 도박, 알코올, 약물에 빠지는 것이 죄가 되나요?

돈과 권력이 사람을 참으로 행복하게 해 줄 수는 없습니다. 하지만 그것들을 좋은 일을 하는 데 사용할 수 있습니다. 예를 들면 자선 활동과 복음을 전하는 활동을 지원함으로써 말입니다(tweet 4.50 참조). 따라서 돈과 권력은 그 자체로 나쁘지는 않습니다. 하지만 탐욕은 그 자체로 악합니다. 탐욕은 필요 이상으로 더 많은 돈, 권력 등을 갖고자 하는 이기적 갈망입니다. 이를 해소하기 위해서는 자비로워져야 합니다. 바오로 사도가 부유한 이들에게 한 말은 실제로는 부자든 가난한 이든 누구에게나 적용됩니다. "좋은 일을 하고 선행으로 부유해지고, 아낌없이 베풀고 기꺼이 나누어 주는 사람이 되라고 하십시오. 그들은 이렇게 자기 미래를 위하여 훌륭한 기초가 되는 보물을 쌓아, 참생명을 차지하는 것입니다."(1티모 6,18-19)

천국에서 누리는 우리의 참된 생명은 우리에게 주어진 유일한 미래이자 영원히 지속될 미래입니다. 천국을 그리면 지상의 부나 명예는 상대적으로 대단히 작아 보이고, 다른 것들이 훨씬 더 중요해 보입니다. "절제의 덕은 …… 온갖 형태의 과잉을 피하게 한다."(CCC 2290항)라는 말을 명심하세요. 무엇이건 간에 지나친 것은 나쁩니다. 지나치게 되면 우리는 우리 자신뿐만 아니라 다른 사람들도 위험에 빠뜨릴 수 있습니다. 그와 같은 무분별함은 중대한 죄를 짓게 하지요(CCC 2290항 참조).

도박에 반대해야 하나요?

도박은 돈이나 가치가 지닌 것을 확률 싸움에 거는 것입니다. 도박은 그 자체로 죄는 아닙니다(CCC 2413항 참조). 따라서 성당 지붕 수리를 위해 복권 추첨 행사를 하는 것이 죄가 되지는 않는다는 것입니다. 하지만 자기가 가진 것이나 잃어도 괜찮은 것만 걸어야 합니다. 도박은 중독될 수 있기 때문에 위험합니다. 게임에 대한 열정이나 탐욕에 휩쓸려 버릴 수 있는 것입니다. 그러면 이성적인 결정을 내리기 어려워지지요. 도박에 빠지게 되면 도움이 필요합니다. 이성을 잃어 스스로는 더 이상 자유로이 선택할 수 없기 때문입니다. 또한 게임에서도 윤리 규칙이 적용됩니다. 포커페이스를 하는 것은 문제가 없습니다. 하지만 카드에 표시를 하는 것처럼 실제 사기를 치는 것은 용납되지 않습니다. 기만과 사기는 중대한 문제입니다(CCC 2413항 참조).

음주는 죄가 되나요?

예수님도 포도주를 드셨습니다(마르 14,23 참조). 또한 그분은 혼인 잔치에 참석하셨을 때 물을 술로 변화시키셨지요(요한 2,3-10 참조). 그리고 예수님의 원수들은 예수님을 술꾼이라고 거짓 비난하기도 했습니다(마태 11,19 참조). 음주가 죄는 아닙니다. 하지만 지나치게 많이 마시는 것은 죄입니다(로마 13,13 참조). 하느님께 받은 육신에 아주 나쁠 수 있기 때문입니다. 취하면, 더 이상 자신을 통제할 수 없습니다. 이렇게 되면 필요한 행동을 할 수가 없습니다. 더 나쁜 것은 술 취한 상태에서 자신과 다른 사람을 위험에 처하도록 할 수 있다는 것입니다(CCC 2290항 참조). 알코올 의존자가 될 위험도 있지요. '즐겨라. 하지만 절제하며 마셔라.'라는 말은 술을 마시는 그리스도인들이 반드시 명심해야 할 슬로건입니다.

교회는 약물에 반대합니까?

환각 상태에 이르기 위해 약물을 사용하는 것은 중대한 죄입니다. 건강을 심각하게 해치거나 생명을 위험에 빠뜨릴 수 있기 때문이지요(CCC 2291항 참조). 약물을 남용하면 의식을 제대로 차리지 못하고 생각을 제대로 할 수 없게 되며 주변 상황에 제대로 반응하지 못합니다. 이런 까닭에 환각 상태에서 운전하거나 기계를 작동하는 것은 범죄입니다. 또한 약물을 남용하는 것은 이기적인 일입니다. 주변 사람들과 삶을 나누는 게 아니라 자신 내면으로 침잠하게 되기 때문입니다. 약물은 중독성도 있습니다. 약물 중독자가 되면 자유를 잃어버립니다. 약을 제조하거나 파는 행위는 더 나쁩니다. 자기 자신뿐만 아니라 다른 사람에게 해를 끼치도록 하기 때문이지요. 치료를 위해 의사가 처방한 약물을 복용하는 것은 괜찮습니다. 하지만 약물을 남용하거나 판매하는 행위는 언제나 나쁩니다.

| 더 알기

부유하게 되는 것은 죄인가요?

부자가 되는 것은 죄가 아닙니다. 예수님은 라자로 같은 부유한 친구들을 두셨습니다. 예수님은 라자로를 죽음에서 되살리셨지요(요한 11,38-44 참조). 예수님을 따른 또 다른 부자, 아리마태아의 요셉은 복음서에서 대단히 긍정적으로 묘사되고 있지요(마태 27,57-60 참조; 루카 23,50 참조). 예수님이 부자가 하늘나라에 들어가기는 어렵다고 말씀하신 것은 부의 위험에 대해 경고하신 것입니다(마태 19,23 참조). 예수님은 당신을 따르는 이들에게 돈에 대해 걱정하지 말라고 촉구하셨습니다. 가장 문제가 되는 것은 지상의 삶이 아니라 천상의 삶입니다. 예수님은 "너희는 자신을 위하여 보물을 땅에 쌓아 두지 마라. 땅에서는 좀과 녹이 망가뜨리고 도둑들이 뚫고 들어와 훔쳐 간다. 그러므로 하늘에 보물을 쌓아라."(마태 6,19-20)라고 말씀하셨습니다. 돈이 있으면, 그 돈을 현명하게 사용해야 합니다. "사실 돈을 사랑하는 것이 모든 악의 뿌리입니다."(1티모 6,10)

 절제는 중요한 덕입니다. 재미를 위한 도박, 적당한 술, 건강을 위한 약은 죄가 아닙니다. 하지만 이를 남용하면 그것은 죄입니다.

더 읽어 보기
도박: CCC 2413항, YOUCAT 434항. 절제: CCC 2290항. 약물: CCC 2290-2291항; CCCC 474항; YOUCAT 389항.

 4.47 사회 매체를 올바로 사용하는 방법은 무엇인가요?

우리는 각기 다른 수많은 매체가 있는 시대에 살고 있습니다. 이 매체들에서 거의 모든 것에 관해 엄청난 양의 정보를 찾을 수 있습니다. 하지만 어떤 것이 진실하고 어떤 것이 그렇지 않은지 어떻게 아나요?(tweet 1.8 참조) 매체들은 치열한 경쟁에서 이기기 위해 보다 자극적인 정보를 제공하곤 합니다. 그래야 팔리고, 사람들을 끌지요. 범죄 혐의자에 관한 뉴스를 볼 때 그 사람이 유죄라는 것이 입증되기 전까지는 무죄하다는 것을 계속 유념해야 합니다. 그렇기 때문에 뉴스만을 토대로 사람들을 단죄해서는 안 됩니다.

알 권리

"대중은 알 권리가 있다."라고 말하는 사람이 많습니다. 하지만 정보에 대한 권리는 절대적이지 않습니다(CCC 2488항 참조). 비밀을 유지해야 하는 정보들도 많지요(더 알기 참조). 사회적 그물망인 인터넷에서도 마찬가지입니다. 인터넷에 다른 사람들에 관해서 알고 있거나 알고 있다고 생각하는 것을 아무것이나 그냥 올릴 수는 없습니다. 각 상황마다, 어떤 것을 알리는 것이 현명한지나 너그러운지를 고려해야 합니다. 그러한 경각심은 사랑과 관계가 있습니다. 누구나 사생활을 지킬 권리가 있습니다. 유명한 사람이나 정치인 심지어 사제일지라도 그렇습니다. 따라서 어떤 사람에 관해 쓸 때는 신중하게 생각한 뒤에 글을 쓰는 것이 좋습니다. '다른 사람이 그것을 읽고 어떻게 이해할까?' 하고 생각해야 합니다. 또한 인터넷에서는 비밀 유지가 불가능하다는 것을 깨닫는 것이 좋습니다. 인터넷은 사적 장소가 아니라 공공 장소이기 때문입니다.

오프라인 상태가 되세요

SNS는 친구들을 아주 빨리 만들게 해 줍니다. 또한 친구들과 계속 접촉하도록 해 주지요. 하지만 그렇기 때문에 오히려 많은 스트레스를 주기도 합니다. 해야 할 일이 많은데도 메시지에 응답해야 하니까요. 전자우편, 트위터, 페이스북, 카카오톡과 같은 커뮤니케이션 수단은 끊임없이 주의를 분산시킵니다. 이로 인해 무의식적으로 스트레스가 생길 수 있지요. 이렇게 되면 기도 같은 중요한 일을 위해 시간을 내기가 어려워질 수 있습니다(tweet 3.7 참조). 메시지가 왔다는 신호음들을 계속 들으면서 어떻게 하느님께 귀 기울일 수 있겠습니까? 기도하기 직전에 답변을 기다리고 있는 전자우편 두어 개를 잽싸게 읽었으면서 정말로 그분을 위한 시간을 낼 수 있겠습니까? 스마트폰이나 컴퓨터를 잠시 꺼 두지 않는다면 우리는 중요한 시간을 갖기가 어렵습니다. 이것을 깨닫는 것이 중요합니다. 하느님이나 사랑하는 사람들과 온라인 상태가 될 수 있도록 어떨 때는 과 과감하게 SNS를 꺼야 합니다!

남용

SNS에 접속해 있으면 재미납니다. 하지만 또한 남용될 수도 있습니다. SNS에 '친구'가 많은 것은 아주 좋습니다. 하지만 그렇기 때문에 '친구를 끊는 것'도 쉽습니다. 또한 사람들을 성가시게 하거나 박해하거나 괴롭히기도 쉽습니다. 이런 식으로 의도적으로 다른 사람에게 상처를 입히는 것은 중대한 죄입니다. 누구나 존중받을 권리가 있기 때문입니다. 우리는 누구나 존엄성을 지닙니다. 그리고 예수님은 당신을 따르는 이들에게 모든 사람을 사랑하라고 요청하십니다! 이 호소는 인터넷에서 사람을 대하는 방식에도 적용됩니다. "원수를 사랑하여라. 그리고 너희를 박해하는 자들을 위하여 기도하여라."(마태 5,44) 하고 예수님이 요청하고 계십니다.

| 더 알기

누군가를 구하기 위한 거짓말은 잘못된 것인가요?

거짓말을 하는 것은 하느님의 계명을 위반하는 것입니다(탈출 20,16 참조). 거짓말, 험담, 비방, 이런 것들은 모두 진실을 왜곡하여 다른 사람들에게 상처를 주는 일입니다. 물론 농담을 할 수도 있고 진짜가 아닌 예시를 들 수도 있습니다. 듣는 사람이 그것이 농담이라는 것을 알거나 다만 예시일 뿐이라는 것을 알고 있다면 그렇지요. 진실이라 해도 다 말하지 않는 것이 나을 때도 있습니다. 예를 들어 못생겼다고 생각하는 사람에게 꼭 그 말을 해야 하는 것은 아닙니다. 상처를 줄 수 있기 때문이지요.

때로는 진실을 숨기기도 해야 합니다. 무고한 사람들이 죽임을 당하는 전쟁에 대해 생각해 보세요. 전쟁 중에 우리가 집에 사람을 숨겨 주었습니다. 그들의 목숨이 우리가 하는 말에 달려 있다면 우리는 거짓으로 그 사실을 숨길 수 있습니다. 이는 누군가를 악한 의도에서 구해내기 위해 진실의 일부를 의도적으로 유보하는 것입니다. 고해 사제나 직업상 사적인 정보를 유지해야 하는 사람도 이렇게 진실의 일부를 유보할 수 있습니다. 하지만 이런 예외적 경우일지라도, 의도적인 거짓말은 피하려고 노력해야 합니다.

> 우리는 온라인에서도 여전히 그리스도인입니다! 그러니 인터넷에 아무 것이나 그냥 올리지 마세요. 그리고 하느님과 다른 사람들을 위해 과감하게 인터넷을 끄세요!

더 읽어 보기

정보에 대한 권리: CCC 2488–2489항; CCCC 524항; YOUCAT 457항. 매체: CCC 2493–2499, 2512항; CCCC 525항; YOUCAT 459항.
고해 비밀과 직업상의 비밀: CCC 2490–2491, 2511항; CCCC 524항; YOUCAT 457–458항.

4.48 정치·경제·환경에 관한 그리스도인의 역할은 무엇인가요?

정치·경제·환경에 관해 우리 그리스도인이 고려해야만 하는 점은 다음과 같습니다.

정치적인 면에서 우리의 역할

공공 생활에 참여하는 것은 그리스도인의 중요한 의무입니다. 우리는 그리스도인과 비그리스도인이 함께 섞여서 사는 세상에 살고 있습니다. 이 둘은 평화롭게 함께 살아야 합니다. 이 과제를 잘 해결하기 위해서 정치적인 면이 중요합니다. 정치에서 활동하는 그리스도인들은 평화와 정의의 일꾼으로 일해야 합니다(CCC 2442항 참조). 복음서와 교회 가르침은 언제나 이를 위한 출발점이어야 합니다.

투표를 하러 갈 때, 가톨릭의 가르침과 온전히 부합하는 정치적 입장을 지닌 후보자를 찾는 것이 어려울 때가 있습니다. 하지만 투표는 나라를 운영하는 방식에 참여하는 행위로 여전히 중요합니다. 쟁점에 관해 우리의 주교나 주교회의가 밝히는 전망에 귀를 기울이세요. 그리고 우리의 기도와 양심에 귀를 기울이세요. 이는 최상의 선택을 하는 데 도움이 될 것입니다.

경제적인 면에서 우리의 역할

정치와 경제는 밀접히 결부돼 있습니다. 정치 체제와 마찬가지로 경제 체제도 모든 사람을 고려해야 합니다. 하지만 그렇지 못한 경우를 종종 발견할 수 있습니다. 자본주의는 사유 재산을 인정하고 시장 경제를 활성화합니다. 이 원리는 우리 사회에 큰 번영을 가져다주었습니다. 하지만 이 체제는 다음과 같은 위험도 함께 가져왔습니다. 그것은 가장 가난한 이들과 가장 약한 이들을 고려하지 않을 수 있다는 것입니다. 정치인들이 개입하지 않는다면, 부유한 이들은 점점 더 부유하게 되고, 가난한 이들은 점점 더 가난하게 될 수 있습니다. 이 일은 세계적인 차원에서도 발생할 수 있습니다. 곧 부유한 나라들은 더욱 부유해지고, 가난한 나라들은 더욱 가난해지는 모습이 나타납니다. 그러므로 지상 재화의 혜택이 누구에게나 돌아가도록 국가 정부들은 서로 협력해야 합니다. 베네딕토 16세 교황은 한 회칙에서 그리스도교적 사랑으로 정치와 경제를 바라보아야 한다고 촉구했습니다(tweet 2.3 참조).

우리는 자연의 관리인입니다

사람은 자연의 관리인이 되라는 명을 받았습니다(창세 1,28 참조; 더 알기1 참조). 우리는 활용할 수 있는 자연 자원을 제대로 또 지속 가능하게 운영할 책임이 있습니다. 이를 위해서는 하느님의 창조물을 존중하는 태도와 자원을 공정하게 나누는 자세가 필요합니다. 또한 현재 세대만이 지상의 재화를 차지하는 것이 아니라 우리 다음에 올 세대 또한 지

| 더 알기 1

동물 실험

세상을 창조하실 때, 하느님은 사람에게 동물을 돌보도록 하셨습니다. 인간과 동물은 다릅니다. 동물은 인간과 같은 권리를 가지고 있지 않습니다. 인간은 동물을 먹고 의복을 마련하는 데 이용할 수 있습니다(CCC 2418항 참조).

하느님은 우리의 삶을 위해 동물을 이용할 수 있도록 해 주셨기 때문에, 과학적 실험에 동물들을 이용할 수도 있습니다(CCC 2417항 참조). 하지만 불필요하게 동물에게 고통을 가하고 죽이는 것은 인간의 존엄성에도 어긋납니다(CCC 2418항 참조). 따라서 동물 실험은 인간 생명의 보존과 향상에 기여할 때에만 정당합니다.

| 더 알기 2

바티칸 시국과 환경

프란치스코 교황은 자신의 첫 미사에서부터 환경을 보호해야 한다고 촉구했습니다(2013년 3월 19일). 베네딕토 16세 교황도 바티칸 시국에 있는 대형 알현 홀 지붕에 태양 전지판을 설치했습니다. 이 태양 전지판을 통해 바티칸 시국은 주민 1인당 가장 많은 녹색 에너지를 생산하는 국가가 되었습니다. 바티칸 시국은 주민 1인당 녹색 에너지 200w를 생산하는데, 이는 독일의 80w, 이탈리아의 4w에 비하면 상당히 많은 것입니다. 성 베드로 광장에서 경찰은 전기 자동차를 이용하고, 바티칸 정원을 방문한 관광객들도 그렇게 합니다. 게다가 바티칸 시국은 전 세계에서 유일한 탄소 중립 국가입니다. 바티칸 시국의 사람들은 자신들이 사용하는 이산화탄소만큼 나무를 심었습니다. 이를 위해서 교황청은 2007년에 헝가리의 삼림 지대를 확보하고 이를 잘 가꾸고 있습니다.

상의 재화를 소유할 수 있도록 고려해야 합니다. 동시에 환경에 대한 관심이 가난한 나라의 경제 발전을 막지 않도록 관심을 가져야 합니다. 인간의 연대성, 세계 평화, 환경 문제에 대한 이런 요청들은 서로 밀접하게 연관된 것입니다. 검소한 생활 양식은 모든 사람이 지상의 자연 재화를 누리도록 하는 데 엄청난 도움을 줄 수 있습니다(tweet 3.19 참조).

환경에 대한 교황의 관심

환경 보호에 관해 이야기할 때 교황이 가장 먼저 떠오르지는 않을 것입니다(더 알기2 참조). 하지만 그리스도인들은 자연 세계를 돌보라고 하느님께 위임을 받았습니다. 동물이나 식물이나 무생물 등은 그 본성상 과거와 현재와 미래의 인류 공동선을 위한 것입니다(CCC 2415항 참조; 더 알기1 참조). 그래서 베네딕토 16세 교황은 누구나 다 환경 보호에 책임이 있다고 단호하게 말했습니다(2010년 1월 1일).

> 정치·경제·환경적인 면에서 우리는 복음에 기반해서 생각해야 합니다. 즉, 이러한 문제에 대해 우리는 언제나 참사랑을 통해 생각해야 합니다.

더 읽어 보기
정치: CCC 2442항; CCCC 519항; YOUCAT 440항. 자본주의와 시장 경제: CCC 2426, 2459항; CCCC 511항; YOUCAT 442항.
세계화: YOUCAT 446항. 환경 돌봄: CCC 2407-2418, 2450-2457항; CCCC 506-508항; YOUCAT 436-437항.

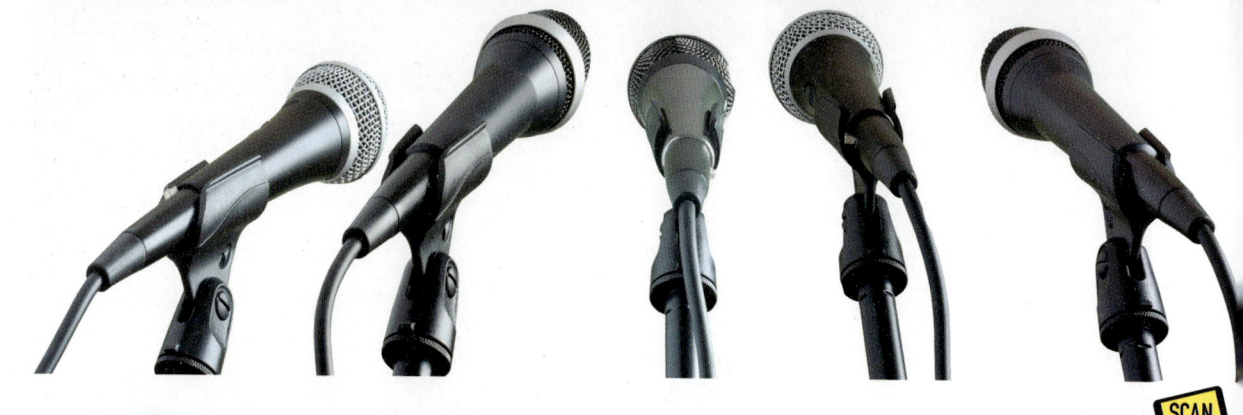

4.49 새로운 복음화란 무엇인가요?

예수님은 하늘로 승천하시기 직전에 제자들에게 이렇게 말씀하셨습니다. "너희는 온 세상에 가서 모든 피조물에게 복음을 선포하여라."(마르 16,15) 따라서 예수님을 따르는 모든 이들은 여전히 이 과제를 수행해야 합니다. 우리에게 하느님의 사랑에 대한 신앙은 가장 소중한 것이며, 우리는 이 신앙을 다른 사람들과 나누어야 합니다.

하느님의 사랑을 말하지 않을 수 없습니다

예수님은 자신의 사명에 관해 이렇게 말씀하셨습니다. "나는 세상에 불을 지르러 왔다. 그 불이 이미 타올랐으면 얼마나 좋으랴?"(루카 12,49) 예수님의 첫 제자들은 예수님에 관해 이야기해야만 한다는 것을 알았습니다. 첫 제자들은 그렇게 하지 않을 수가 없었습니다(1코린 9,16 참조). 하느님의 한 예언자는 이미 이렇게 말한 바 있습니다. "'그분을 기억하지 않고 더 이상 그분의 이름으로 말하지 않으리라.' 작정하여도 뼛속에 가두어 둔 주님 말씀이 심장 속에서 불처럼 타오르니 제가 그것을 간직하기에 지쳐 더 이상 견뎌 내지 못하겠습니다."(예레 20,9) 모든 시대의 사람들이 이러한 체험을 했습니다. 그들은 사람들에게 하느님의 크나큰 사랑을 말하지 않을 수가 없었습니다. 교회는 그 처음부터 온 세상에 하느님의 말씀을 전하고자 사람들을 파견했습니다. 이 선교사들은 혼자 일하지 않았습니다. 그들은 성령과 함께 일합니다. 오늘날에도 선교사들이 필요합니다. 우리는 그 선교사들 가운데 하나입니다(tweet 4.50 참조).

새로운 복음화

1983년에 요한 바오로 2세 교황은 새로운 복음화를 요청했습니다. 요한 바오로 2세 교황은 복음이 "열정에서 새롭고, 방법에서 새롭고, 표현에서 새롭게" 전파되기를 원했습니다(1983년 3월 9일). 교황은 새로운 복음화 이전에 결코 예수님을 들어 보지 못한 이들을 목표로 하고 있지만 또한 세례를 받았음에도 더 이상 신앙 안에서 살고 있지 않은 많은 이들도 목표로 하고 있다고 설명했습니다(〈교회의 선교 사명〉 33항 참조). 어떤 사람들은 자신이 더 이상 교회의 지체가 아니라고 생각합니다. 그리하여 그들은 그리스도뿐만 아니라 그리스도의 복음과 한참 멀어진 삶을 삽니다(tweet 1.27 참조).

교황은 이러한 상황을 보고, 새로운 복음화가 절실하다고 강조했습니다. 베네딕토 16세 교황 또한 자주 새로운 복음화를 촉구했습니다. 프란치스코 교황은 이 과업에 착수하기 위해 우리가 어떻게 해야 하는지 말했습니다. "새로운 복음화는 우리에게 시류를 거슬러 헤엄치는 용기를 가지라고 또 우상들로부터 참된 하느님께로 돌아서라고 촉구합니다. 하지만 이를 위해서는 말보다 몸짓과 태도로 나타

나는 자비의 언어를 사용해야 합니다."(2013년 10월 4일 연설)

이는 우리 모두의 과업입니다

그리스도인은 누구나 새로운 복음화를 하도록 부르심을 받습니다(tweet 3.50 참조). 세례받은 모든 그리스도인은 모든 사람에게 복음을 전하라는 과업을 예수님에게서 받았습니다(마르 16,15 참조). 그분이 우리에게 주신 메시지를 전하는 것은 우리 모두에게 달려 있습니다(tweet 4.50 참조). 예수님은 말씀하십니다. "그러므로 너희는 가서 모든 민족들을 제자로 삼아, 아버지와 아들과 성령의 이름으로 세례를 주고, 내가 너희에게 명령한 모든 것을 가르쳐 지키게 하여라. 보라, 내가 세상 끝 날까지 언제나 너희와 함께 있겠다."(마태 28,19-20)

| 더 알기

새로운 복음화

새 천년기를 시작하며 요한 바오로 2세 교황은 이렇게 썼습니다.

"복음화 활동에서 '말씀의 봉사자'가 되고자 우리 자신을 풍부한 말씀으로 무장하는 것이야말로 새 천년기의 여명을 맞는 교회가 무엇보다 우선하여야 할 일입니다. 인간의 삶을 언제나 특징지어 온 모든 나약함 속에서도, 명백히 복음의 가치를 준거로 삼아 왔던 '그리스도인 사회'의 현실은 오래전에 복음화된 나라들에서조차 이제 사라졌습니다. 오늘날 '세계화'의 맥락에서 여러 민족과 문화가 새롭고 불확실하게 뒤섞이는 상황에서, 우리는 점점 더 다양해져 가고 요구가 많아지는 상황에 용감하게 대처하여야 합니다. 여러 해에 걸쳐 저는 새로운 복음화에 대한 요구를 자주 강조하였습니다. 저는 이 자리에서 다시 한 번 새로운 복음화를 강조합니다. 특히 우리는 우리 안에 처음의 정열을 되살리고, 오순절에 뒤이은 사도들의 복음 선포 열정이 넘쳐나게 하여야 합니다. 우리는 '만일 내가 복음을 전하지 않는다면 나에게 화가 미칠 것입니다.'(1코린 9,16) 하고 외쳤던 바오로의 불타는 신념을 우리 안에 되살려야 합니다. …… 모든 하느님 백성에게 선교의 책임이 있습니다. 참으로 그리스도를 아는 사람들은 그분을 자기 안에만 가두어 둘 수 없으며, 그분을 선포하여야만 합니다."(《새 천년기》 40항)

> 새로운 복음화는 그리스도에게서 멀어진 모든 이, 특별히 세례를 받았으나 더 이상 믿지 않는 이들에게 신앙을 전파하는 것입니다.

더 읽어 보기
복음화: CCC 425-429항; CCCC 80항.

4.50 복음을 전하기 위해 저는 어떻게 해야 하나요?

예수님의 복음은 매우 소중한 것입니다. 그래서 누구나 그것을 들을 기회가 있어야 합니다! 이를 위해서는 신자 모두가 필요합니다. 이를 전하는 일은 강제적인 것이 아닙니다. 그리고 여러분은 복음을 전하기 위해 완벽한 그리스도인이 될 필요도 없습니다. 이 일을 하기 위해서는 열정과 예수님을 향한 사랑만 있으면 됩니다. 함께 하겠습니까?

우리는 할 수 있습니다!

예수님은 하느님의 사랑을 전하는 일을 도우라고 우리를 부르십니다. 베드로 사도의 다음 말씀을 명심하세요. "여러분의 마음속에 그리스도를 주님으로 거룩히 모시십시오. 여러분이 지닌 희망에 관하여 누가 물어도 대답할 수 있도록 언제나 준비해 두십시오. 그러나 바른 양심을 가지고 온유하고 공손하게 대답하십시오."(1베드 3,15-16) 이 마지막 문장은 참으로 중요합니다. 하느님의 눈에는 누구나 큰 가치가 있습니다. 하느님은 우리를 창조하신 분입니다. 아무에게도 하느님의 사랑을 믿으라고 강요할 수 없습니다. 그 믿음은 언제나 자유로운 선택입니다. 우리는 말씀을 증언하고 전할 수 있습니다. 그러나 사람의 마음을 바꿀 수는 없습니다. 오직 성령만이 그렇게 하실 수 있습니다. 다만 우리가 할 수 있는 일은 우리와 예수님과 교회의 유대에 관해 이야기하는 것입니다. 다른 사람을 위해 우리가 할 수 있는 일은 예수님과의 인격적 관계에 대한 모범을 제시하는 것입니다.

가라, 두려워하지 마라, 그리고 섬겨라

이것을 마음에 새기고, 우리가 새로운 복음화로 도울 수 있다는 희망을 가집시다!(tweet 4.49 참조) 가서 사람들에게 말해 주세요. 그들에게 우리의 신앙에 대해, 우리가 겪은 그리스도 체험에 대해 이야기해 주세요. 그리고 그들을 위해 기도해 주세요. 우리는 자신의 신앙이 자라는 것을 느낄 수 있으며, 우리의 신앙이 얼마나 논리적인지 더더욱 발견하게 될 것입니다. 가톨릭 신앙을 반대하는 타당한 논증은 존재하지 않습니다. 가톨릭 신앙은 단 한 가지 중요한 메시지, 예수님이 우리에게 주시러 오신 그 진리를 전할 따름이기 때문입니다. 그 진리란 "하느님은 세상을 너무나 사랑하신 나머지 외아들을 내주시어, 그를 믿는 사람은 누구나 멸망하지 않고 영원한 생명을 얻게 하셨다."(요한 3,16)라는 것입니다. 프란치스코 교황은 이렇게 말했습니다. "가십시오. 두려워하지 마십시오. 그리고 섬기십시오. 이 세 가지 정신을 따른다면 복음을 전하는 그 사람이 복음화되고, 신앙의 기쁨을 전하는 그 사람이 더 큰 기쁨을 얻는다는 것을 여러분은 체험할 것입니다. …… 예수 그리스도는 여러

| 더 알기

복음 선포에 어떻게 이바지할 수 있을까요?

- 우선, 예수님과 더욱 친밀해져야 합니다. 이 일은 기본적으로 기도를 통해서 이루어집니다. 기도를 하며 우리는 예수님을 위한 시간을 마련할 수 있습니다(tweet 3.1 참조). 기도는 복음화의 첫 번째 길입니다. 예수님은 우리에게 신앙이 자라도록 해 주시고 당신 자신에 관해서 이야기할 능력을 주십니다. 예수님은 이를 성사들을 통해 아주 특별한 방식으로 행하십니다(tweet 3.35 참조). 우리는 세례성사와 견진성사를 통해 성령을 받았지요. 예수님은 고해성사를 통해 우리를 거듭해서 용서하실 것입니다. 그리고 우리는 성찬례를 통해 그분의 사랑을 받을 수 있습니다.

- 둘째, 우리는 우리가 무엇에 관해 말하고 있는지를 알아야 합니다. 우리의 신앙에 관해, 예수님과 그분의 교회에 관해, 기도와 그리스도인의 삶에 관해 계속 배우세요. 이 책의 '더 읽어 보기' 목록과 어플리케이션, 그리고 웹사이트를 확인하세요. 하지만 무엇보다도 성경을 자주 읽고 성경 말씀으로 기도하세요. 예수님이 바로 이 순간에 우리에게 이야기하고 싶어 하시는 것이 바로 그 말씀입니다(tweet 1.10 참조). 이렇게 하면서 우리는 우리가 지닌 신앙의 의미에 관해 배울 수 있고 그 신앙이 얼마나 논리적인지 또 얼마나 의미가 잘 통하는지 깨달을 수 있습니다.

- 셋째, 과감하게 진심으로 이야기하세요. 예수님에 대한 자신의 체험을 주변에 과감히 이야기하세요. "그리스도인들은 ……을 믿는답니다."라고 말하지 마세요. 그보다는 이렇게 말하세요. "온 마음으로 하느님께서 당신을 사랑하신다는 것을 저는 믿습니다." 이를 우리 자신의 말로 만드세요. 사람들은 우리가 사용하는 정확한 말마디보다는 우리가 어떻게 말하는지에 관심을 더 많이 쏟습니다. 그러니 우리가 얼마나 예수님에게 마음을 쓰는지 보여 주세요! 두려워하지 마세요. 예수님은 예수님 자신에 대해 이야기하려는 모든 사람에게 성령의 도움을 약속하셨습니다(마르 13,11 참조).

분을 의지하고 계십니다! 교회는 여러분을 의지하고 있습니다! 교황은 여러분을 의지하고 있습니다! 예수님의 어머니시며 우리의 어머니이신 마리아가 여러분과 언제나 함께하실 것입니다. '너희는 가서 모든 민족들을 제자로 삼아라.'(마태 28,19 참조)"(2013년 7월 28일 강론)

> 예수님에 대한 사랑을 키우고, 그분께 기도하며, 그분에 관해 더 많이 배우고, 진심으로 그분에 관해 이야기할 때 우리는 다른 사람들에게 복음을 전할 수 있습니다.

더 읽어 보기
복음화: CCC 425–429항; CCCC 80항.

부록 1 성경 약어

구약 성경

창세	창세기	토빗	토빗기	에제	에제키엘서
탈출	탈출기	유딧	유딧기	다니	다니엘서
레위	레위기	에스	에스테르기	호세	호세아서
민수	민수기	1마카	마카베오기 상권	요엘	요엘서
신명	신명기	2마카	마카베오기 하권	아모	아모스서
여호	여호수아기	욥	욥기	오바	오바드야서
판관	판관기	시편	시편	요나	요나서
룻	룻기	잠언	잠언	미카	미카서
1사무	사무엘기 상권	코헬	코헬렛	나훔	나훔서
2사무	사무엘기 하권	아가	아가	하바	하바쿡서
1열왕	열왕기 상권	지혜	지혜서	스바	스바니야서
2열왕	열왕기 하권	집회	집회서	하까	하까이서
1역대	역대기 상권	이사	이사야서	즈카	즈카르야서
2역대	역대기 하권	예레	예레미야서	말라	말라키서
에즈	에즈라기	애가	애가		
느헤	느헤미야기	바룩	바룩서		

신약 성경

마태	마태오 복음서	1티모	티모테오에게 보낸 첫째 서간
마르	마르코 복음서	2티모	티모테오에게 보낸 둘째 서간
루카	루카 복음서	티토	티토에게 보낸 서간
요한	요한 복음서	필레	필레몬에게 보낸 서간
사도	사도행전	히브	히브리인들에게 보낸 서간
로마	로마 신자들에게 보낸 서간	야고	야고보 서간
1코린	코린토 신자들에게 보낸 첫째 서간	1베드	베드로의 첫째 서간
2코린	코린토 신자들에게 보낸 둘째 서간	2베드	베드로의 둘째 서간
갈라	갈라티아 신자들에게 보낸 서간	1요한	요한의 첫째 서간
에페	에페소 신자들에게 보낸 서간	2요한	요한의 둘째 서간
필리	필리피 신자들에게 보낸 서간	3요한	요한의 셋째 서간
콜로	콜로새 신자들에게 보낸 서간	유다	유다 서간
1테살	테살로니카 신자들에게 보낸 첫째 서간	묵시	요한 묵시록
2테살	테살로니카 신자들에게 보낸 둘째 서간		

부록 2 가톨릭교회에서의 명칭과 표현

해외 봉사 활동, 세계 청년 대회 등에 참여하는 이가 증가하면서 외국의 수도자, 성직자와의 교류도 늘어나고 있습니다. 아래 표에 외국의 수도자, 성직자를 부를 때와 인사할 때, 편지에 인사말을 쓸 때 어떻게 하면 좋은지 알 수 있도록 정리했습니다. 예를 들어 가까운 신부님에게는 'Dear Fr. n.n. (아무개 신부님께)'라고 해도 됩니다. 하지만 그분이 신부님이시기 때문에 'Reverend'를 붙여 쓰는 것이 적절하다는 사실을 알고 있는 게 좋습니다. 교황님에게 편지를 쓸 때도 인사말에 'Dear'를 붙이지 않고 '교황 성하', 또는 '성하'라는 말을 붙입니다. 편지 봉투에는 '프란치스코 교황 성하께'라고 쓰지요. 아래의 표에서 n.n이라는 부분에 이름을 적으면 됩니다.

명칭	명칭(영어)	호칭(영어)	인사말 (*uk는 영국식)	편지 봉투 겉면에 쓰는 호칭
교황	Pope	Holy Father	Most Holy Father (uk: Your Holiness)	His Holiness Pope n.n.
추기경	Cardinal	Your Eminence	Your Eminence (My Lord Cardinal)	His Eminence (first name) Cardinal n.n.
총대주교	Patriarch	Your Beatitude	Your Beatitude	His Beatitude Patriarch n.n.
교황 대사	Nuncio	Your Excellency	Your Excellency (uk: Your Grace)	The Most Reverend n.n.
대주교	Archbishop	Your Excellency	Your Excellency (uk: Your Grace)	The Most Reverend n.n.
주교	Bishop	Your Excellency	Your Excellency (uk: My Lord)	The Most Reverend n.n. (uk: The Right Reverend n.n.)
교황 명예 최고 서기관	Protonotario Apostolic	Monsignor	Dear Monsignor	The Right Reverend Mgr n.n.
교황 명예 고위 성직자	Prelate of Honour	Monsignor	Dear Monsignor	The Reverend Mgr n.n.
교황 전속 사제	Chaplain to His Holiness	Monsignor	Dear Monsignor	The Reverend Mgr n.n.
총대리, 지구장, 교구장 대리/사법 대리	Vicar General, Dean, Episcopal / Judicial Vicar	Father	Dear Reverend Father	The Very Reverend n.n.
대리	Vicar	Father	Dear Reverend Father	The Reverend n.n.
사제	Priest	Father	Dear Reverend Father	The Reverend n.n.
부제	Deacon	Deacon (Reverend)	Dear Deacon n.n.	The Reverend Mr n.n.
신학생	Seminarian	*own name*	Dear Mr n.n.	Mr n.n.
아빠스	Abbot	Father Abbot	Right Reverend Father	The Right Reverend n.n.
원장 신부	Prior	Father Prior	Dear Reverend Father	The Very Reverend n.n.
수사 신부	Religious (male)	Father	Dear Reverend Father	The Reverend n.n.
원장/장상 수녀	Abbess / Superior	Mother	Reverend Mother	The Very Reverend Mother n.n.
평수사	Brother	Brother	Dear Brother	Brother n.n.
수녀	Sister	Sister	Dear Sister	Sister n.n.

부록 3 역대 교황

이 연대표는 교황청 연감(Annuario Pontificio, 2014)을 정리한 것입니다.

번호	교황	재위 기간
1	베드로 성인	(33~64/67년)
2	리노 성인	(68~79년)
3	아나클레토 성인	(80~92년)
4	클레멘스 1세 성인	(92~99년)
5	에바리스토 성인	(96/99~108년)
6	알렉산데르 1세 성인	(108/109~116/119년)
7	식스토 1세 성인	(117/119~126/128년)
8	텔레스포로 1세 성인	(127/128~137/138년)
9	히지노 1세 성인	(138~142/149년)
10	비오 1세 성인	(142/146~157/161년)
11	아니체토 성인	(150/157~153/168년)
12	소테로 성인	(162/168~170/177년)
13	엘레우테리오 성인	(171/177~185/193년)
14	빅토르 1세 성인	(186/189~197/201년)
15	제피리노 성인	(198~217/218년)
16	갈리스토 1세 성인	(218~222년)
17	우르바노 1세 성인	(222~230년)
18	폰시아노 성인	(230~235년)
19	안테로 성인	(235~236년)
20	파비아노 성인	(236~250년)
21	고르넬리오 성인	(251~253년)
22	루치오 1세 성인	(253~254년)
23	스테파노 1세 성인	(254~257년)
24	식스토 2세 성인	(257~258년)
25	디오니시오 성인	(259~268년)
26	펠릭스 1세 성인	(269~274년)
27	에우티키아노 성인	(275~283년)
28	카이오 성인	(283~296년)
29	마르첼리노 성인	(296~304년)
30	마르첼로 1세 성인	(306~309년)
31	에우세비오 성인	(309~309년)
32	밀티아데스 성인	(311~314년)
33	실베스테르 1세 성인	(314~335년)
34	마르코 성인	(336~336년)
35	율리오 1세 성인	(337~352년)
36	리베리오	(352~366년)
37	다마소 1세 성인	(366~384년)
38	시리치오 성인	(384~399년)
39	아나스타시오 1세 성인	(399~401년)
40	인노첸시오 1세 성인	(401~417년)
41	조시모 성인	(417~418년)
42	보니파시오 1세 성인	(418~422년)
43	첼레스티노 1세 성인	(422~432년)
44	식스토 3세 성인	(432~440년)
45	레오 1세 성인	(440~461년)
46	힐라리오 성인	(461~468년)
47	심플리치오 성인	(468~483년)
48	펠릭스 3세(2세) 성인	(483~492년)
49	젤라시오 1세 성인	(492~496년)
50	아나스타시오 2세	(496~498년)
51	심마코 성인	(498~514년)
52	호르미스다스 성인	(514~523년)
53	요한 1세 성인	(523~526년)
54	펠릭스 4세(3세) 성인	(526~530년)
55	보니파시오 2세	(530~532년)
56	요한 2세	(532, 533~535년)
57	아가피토 1세 성인	(535~536년)
58	실베리오 성인	(536~537년)
59	비질리오	(537~555년)
60	펠라지오 1세	(556~561년)
61	요한 3세	(561~574년)
62	베네딕토 1세	(575~579년)
63	펠라지오 2세	(579~590년)
64	대그레고리오 1세 성인	(590~604년)
65	사비니아노	(604~606년)
66	보니파시오 3세	(607~607년)
67	보니파시오 4세 성인	(608~615년)
68	데우스데디트 성인	(615~618년)
69	보니파시오 5세	(619~625년)
70	호노리오 1세	(625~638년)
71	세베리노	(638, 640~640년)
72	요한 4세	(640~642년)
73	테오도로 1세	(642~649년)
74	마르티노 1세 성인	(649~655년)
75	에우제니오 1세 성인	(654~657년)
76	비탈리아노 성인	(657~672년)
77	아데오다토 2세	(672~676년)
78	도노	(676~678년)
79	아가토 성인	(678~681년)
80	레오 2세 성인	(681, 682~683년)
81	베네딕토 2세 성인	(684~685년)
82	요한 5세	(685~686년)
83	코논	(686~687년)
84	세르지오 1세 성인	(687~701년)

85	요한 6세	(701~705년)		131	레오 8세	(963~965년)
86	요한 7세	(705~707년)		132	베네딕토 5세	(964~964/965년)
87	시신니오	(708~708년)		133	요한 13세	(965~972년)
88	콘스탄티노	(708~715년)		134	베네딕토 6세	(972, 973~974년)
89	그레고리오 2세 성인	(715~731년)		135	베네딕토 7세	(974~983년)
90	그레고리오 3세 성인	(731~741년)		136	요한 14세	(983~984년)
91	자카리아 성인	(741~752년)		137	요한 15세	(985~996년)
92	스테파노 2세(3세)	(752~757년)		138	그레고리오 5세	(996~999년)
93	바오로 1세 성인	(757~767년)		139	실베스테르 2세	(999~1003년)
94	스테파노 3세(4세)	(768~772년)		140	요한 17세	(1003~1003년)
95	하드리아노 1세	(772~795년)		141	요한 18세	(1003~1009년)
96	레오 3세 성인	(795~816년)		142	세르지오 4세	(1009~1012년)
97	스테파노 4세(5세)	(816~817년)		143	베네딕토 8세	(1012~1024년)
98	파스칼 1세 성인	(817~824년)		144	요한 19세	(1024~1032년)
99	에우제니오 2세	(824~827년)		145	베네딕토 9세	(1032~1044년)
100	발렌티노	(827~827년)		146	실베스테르 3세	(1045~1045년)
101	그레고리오 4세	(827, 828~844년)		147	베네딕토 9세	(1045~1045년)
102	세르지오 2세	(844~847년)		148	그레고리오 6세	(1045~1046년)
103	레오 4세 성인	(847~855년)		149	클레멘스 2세	(1046~1047년)
104	베네딕토 3세	(855~858년)		150	베네딕토 9세	(1047~1048년)
105	니콜라오 1세 성인	(858~867년)		151	다마소 2세	(1048~1048년)
106	하드리아노 2세	(867~872년)		152	레오 9세 성인	(1049~1054년)
107	요한 8세	(872~882년)		153	빅토르 2세	(1055~1057년)
108	마리노 1세	(882~884년)		154	스테파노 9세(10세)	(1057~1058년)
109	하드리아노 3세 성인	(884~885년)		155	니콜라오 2세	(1058, 1059~1061년)
110	스테파노 5세(6세)	(885~891년)		156	알렉산데르 2세	(1061~1073년)
111	포르모소	(891~896년)		157	그레고리오 7세 성인	(1073~1085년)
112	보니파시오 6세	(896~896년)		158	빅토르 3세 복자	(1086, 1087~1087년)
113	스테파노 6세(7세)	(896~897년)		159	우르바노 2세 복자	(1088~1099년)
114	로마노	(897~897년)		160	파스칼 2세	(1099~1118년)
115	테오도로 2세	(897~897/898년)		161	젤라시오 2세	(1118~1119년)
116	요한 9세	(879/898~900년)		162	갈리스토 2세	(1119~1124년)
117	베네딕토 4세	(900~903년)		163	호노리오 2세	(1124~1130년)
118	레오 5세	(903~903년)		164	인노첸시오 2세	(1130~1143년)
119	세르지오 3세	(904~911년)		165	첼레스티노 2세	(1143~1144년)
120	아나스타시오 3세	(911~913년)		166	루치오 2세	(1144~1145년)
121	란도	(913~914년)		167	에우제니오 3세 복자	(1145~1153년)
122	요한 10세	(914~928년)		168	아나스타시오 4세	(1153~1154년)
123	레오 6세	(928~928/929년)		169	하드리아노 4세	(1154~1159년)
124	스테파노 7세(8세)	(928~931년)		170	알렉산데르 3세	(1159~1181년)
125	요한 11세	(931~936년)		171	루치오 3세	(1181~1185년)
126	레오 7세	(936~939년)		172	우르바노 3세	(1185~1187년)
127	스테파노 8세(9세)	(939~942년)		173	그레고리오 8세	(1187~1187년)
128	마리노 2세	(942~946년)		174	클레멘스 3세	(1187~1191년)
129	아가피토 2세	(946~955년)		175	첼레스티노 3세	(1191~1198년)
130	요한 12세	(955~964년)		176	인노첸시오 3세	(1198~1216년)

177	호노리오 3세	(1216~1227년)		222	마르첼로 2세	(1555~1555년)
178	그레고리오 9세	(1227~1241년)		223	바오로 4세	(1555~1559년)
179	첼레스티노 4세	(1241~1241년)		224	비오 4세	(1559, 1560~1565년)
180	인노첸시오 4세	(1243~1254년)		225	비오 5세 성인	(1566~1572년)
181	알렉산데르 4세	(1254~1261년)		226	그레고리오 13세	(1572~1585년)
182	우르바노 4세	(1261~1264년)		227	식스토 5세	(1585~1590년)
183	클레멘스 4세	(1265~1268년)		228	우르바노 7세	(1590~1590년)
184	그레고리오 10세 복자	(1271, 1272~1276년)		229	그레고리오 14세	(1590~1591년)
185	인노첸시오 5세 복자	(1276~1276년)		230	인노첸시오 9세	(1591~1591년)
186	하드리아노 5세	(1276~1276년)		231	클레멘스 8세	(1592~1605년)
187	요한 21세	(1276~1277년)		232	레오 11세	(1605~1605년)
188	니콜라오 3세	(1277~1280년)		233	바오로 5세	(1605~1621년)
189	마르티노 4세	(1281~1285년)		234	그레고리오 15세	(1621~1623년)
190	호노리오 4세	(1285~1287년)		235	우르바노 8세	(1623~1644년)
191	니콜라오 4세	(1288~1292년)		236	인노첸시오 10세	(1644~1655년)
192	첼레스티노 5세 성인	(1294~1294, 1296년)		237	알렉산데르 7세	(1655~1667년)
193	보니파시오 8세	(1294, 1295~1303년)		238	클레멘스 9세	(1667~1669년)
194	베네딕토 11세 복자	(1303~1304년)		239	클레멘스 10세	(1670~1676년)
195	클레멘스 5세	(1305~1314년)		240	인노첸시오 11세 복자	(1676~1689년)
196	요한 22세	(1316~1334년)		241	알렉산데르 8세	(1689~1691년)
197	베네딕토 12세	(1334, 1335~1342년)		242	인노첸시오 12세	(1691~1700년)
198	클레멘스 6세	(1342~1352년)		243	클레멘스 11세	(1700~1721년)
199	인노첸시오 6세	(1352~1362년)		244	인노첸시오 13세	(1721~1724년)
200	우르바노 5세 복자	(1362~1370년)		245	베네딕토 13세	(1724~1730년)
201	그레고리오 11세	(1370, 1371~1378년)		246	클레멘스 12세	(1730~1740년)
202	우르바노 6세	(1378~1389년)		247	베네딕토 14세	(1740~1758년)
203	보니파시오 9세	(1389~1404년)		248	클레멘스 13세	(1758~1769년)
204	인노첸시오 7세	(1404~1406년)		249	클레멘스 14세	(1769~1774년)
205	그레고리오 12세	(1406~1415년)		250	비오 6세	(1775~1799년)
206	마르티노 5세	(1417~1431년)		251	비오 7세	(1800~1823년)
207	에우제니오 4세	(1431~1447년)		252	레오 12세	(1823~1829년)
208	니콜라오 5세	(1447~1455년)		253	비오 8세	(1829~1830년)
209	갈리스토 3세	(1455~1458년)		254	그레고리오 16세	(1831~1846년)
210	비오 2세	(1458~1464년)		255	비오 9세 복자	(1846~1878년)
211	바오로 2세	(1464~1471년)		256	레오 13세	(1878~1903년)
212	식스토 4세	(1471~1484년)		257	비오 10세 성인	(1903~1914년)
213	인노첸시오 8세	(1484~1492년)		258	베네딕토 15세	(1914~1922년)
214	알렉산데르 6세	(1492~1503년)		259	비오 11세	(1922~1939년)
215	비오 3세	(1503~1503년)		260	비오 12세	(1939~1958년)
216	율리오 2세	(1503~1513년)		261	요한 23세 성인	(1958~1963년)
217	레오 10세	(1513~1521년)		262	바오로 6세 복자	(1963~1978년)
218	하드리아노 6세	(1522~1523년)		263	요한 바오로 1세	(1978~1978년)
219	클레멘스 7세	(1523~1534년)		264	요한 바오로 2세 성인	(1978~2005년)
220	바오로 3세	(1534~1549년)		265	베네딕토 16세	(2005~2013년)
221	율리오 3세	(1550~1555년)		266	프란치스코	(2013년~)

부록 4 성경으로 기도하기

로욜라의 이냐시오 성인의 방법에 따른 기도(tweet 4.5 참조)

1. 준비하는 기도
- 어떤 성경 구절로 기도할지를 결정하십시오. 그리고 얼마 동안 기도할지 정하십시오(tweet 3.4 참조).
- 어느 장소에서 어떤 자세로 기도할지 선택하십시오. 앉거나 서거나 무릎을 꿇을 수 있습니다. 그런 다음 성경을 읽으십시오.
- 성경 구절에 마음을 집중하면서 무슨 일이 일어나고 있는지, 무엇이 보이는지, 무엇이 들리는지 상상해 보십시오. 영상으로 바라보는 것처럼 보셔도 좋습니다. 자신의 오감을 모두 사용하여 맛보고 냄새 맡고 느껴 보십시오.
- 그 순간에 하느님께 받고자 갈망하는 은총을 청하십시오(tweet 4.12 참조).

2. 기도로 시작하기
- 성호경으로 기도를 시작하십시오. "주님, 여기 있습니다. 저는 당신을 찾습니다."라고 하느님께 아뢰십시오.
- 생명을 주신 하느님께 감사드리십시오. 그리고 하느님께 드리는 선물로 그것을 돌려 드리십시오. 하느님께 귀 기울이고 싶고 그분으로 인해 변화하고 싶다고 아뢰십시오.
- 기도를 시작할 때 매번 이런 방식으로 할 수도 있고 자신의 말이나 기존의 기도문을 이용할 수도 있습니다.

3. 하느님께 귀 기울이기
- 이제 여러분이 선택한 성경 구절로 기도하십시오. 기도하는 동안 자신이 아무것도 결정할 수 없다는 것을 인식하면서, 기도할 때 일어나는 것을 하느님이 주시는 선물로 기쁘게 받아들이십시오.
- 마음에 와 닿는 구절을 묵상하십시오. 그 구절이 여러분의 삶에서 어떤 의미가 있는지 이해하려 애쓰십시오.
- 이 시점에서는 여러분은 말하는 사람이 아닙니다. 하느님과 함께 조용히 있기 위해 노력하십시오. 이 부분이 기도에서 가장 긴 부분입니다.

4. 하느님과 대화하기
- 앞에서는 들으려고 했지만 이제는 말할 차례입니다. 여러분은 예수님께 마치 친구에게 이야기하듯이 무엇이든지 말할 수 있습니다. 자비를 청할 수도 있고, 때에 따라 자신의 잘못을 말씀드릴 수도 있고, 그분께 의탁하며 도움을 청할 수도 있습니다.
- 주님의 기도로 끝내십시오. 그리고 십자 성호를 그으십시오.
- 어렵더라도 계획한 기도 시간을 충실히 지키십시오. 기도는 하느님께 무엇을 얻으려고 하는 게 아니라 그분을 찾고 함께하기 위한 것이니까요.

5. 되돌아보기
- 기도가 끝나면 잠시 시간을 내어 자신이 했던 기도를 되돌아보십시오. 가능하면 기도하는 동안 체험한 것을 노트에 적으십시오. 기도 여정을 일기나 일지처럼 기록하면 하느님과 함께하는 자신의 삶의 면모를 알아보는 데 도움이 됩니다.
- 자신에게 두 가지를 물으십시오.

1) 기도 장소의 선택과 태도에 대해
기도의 형식, 기도하려고 고른 장소와 여러분이 선택한 자세가 기도하는 데 도움이 되었는가? 기도 동안 온전히 몰입했는가? 분심과 메마름의 시기를 어떻게 다루었는가? 정한 기도 시간은 지켰는가?

2) 기도 동안 일어난 것에 대해
어떤 느낌이 들었는가? 성경을 읽고 나서 기쁨이나 슬픔을 느꼈는가? 어떤 생각이나 이미지가 떠올랐는가? 자신의 감정, 반응, 갈망에 귀 기울이는 것을 두려워하지 마십시오. 왜냐하면 여러분에 대한 하느님의 뜻은 바로 가장 깊은 갈망을 통해서 드러나기 때문입니다.

부록 5 기도로 하루를 돌아보기

1. 하느님의 현존 속에 당신이 있다는 것을 기억하십시오.
- 여러분을 창조하신 하느님은 여러분이 어디에 있든지 언제나 함께 계시고 모든 것을 알고 계십니다. 자신의 삶과 자신을 둘러싸고 있는 사랑을 느끼고 깨닫도록 성령께 도움을 청하십시오.

2. 오늘 받은 은혜에 감사드리십시오.
- 오늘 받은 특별한 순간을 하나, 또는 그 이상 기억하려고 애쓰십시오. 그것은 커피 한 잔의 향기일 수도 있고, 친구에게 따뜻한 말을 하고 나서 받은 미소일 수도 있고, 새롭게 깨달은 것일 수도 있습니다. 그것이 무엇이든 주님의 선물을 기억하며 감사드리십시오.
- 오늘 여러분에게 힘이 되었던 능력과 선물에 대하여 숙고해 보십시오. 어떤 어려움에 직면했을 때 어디서 희망과 용기를 얻었는지 기억해 보십시오. 건전한 생각과 건강, 가족과 친구를 주신 주님께 감사드리십시오. 결점투성이로 살고 있지만 또 하루를 선물로 주심에 감사하십시오. 여러분은 모든 것에 감사드릴 수 있습니다.

3. 성령의 도움을 청하십시오.
- 성령께서는 자신의 삶을 성찰함으로써 자유롭게 되고 영적으로 성장하도록 여러분을 돕습니다. 그분은 거절하거나 질책하지 않으십니다.
- 하루를 성찰하고 묵상하면서 그날 일어난 일들을 통해 배울 수 있는 능력을 달라고 성령께 청하십시오. 그분께 여러분 자신을 아는 지혜와 하느님과의 관계가 성장하도록 청하십시오.

4. 하루를 묵상하십시오.
- 여기는 기도에서 가장 긴 부분입니다. 오늘 하루 동안 일어난 일을 기억해 보십시오. 자신이 무엇을 했고 그것을 어떻게 했는지 떠올리십시오. 도움과 거절, 신뢰와 의심, 말과 침묵, 비난과 용서 사이에서 슬픔을 느낀 순간을 인식해 보십시오. 이는 잘못을 질책하려는 것이 아니라 하느님이 주신 것을 여러분이 어떻게 다루었는지 성찰하게 하려는 것입니다.
- 하느님이 여러분을 지으신 뜻에 더 가깝고 자유롭게 되도록 자신을 돕는 것이 무엇인지 인식하십시오. 예수님이 어디에서 얼마만큼 여러분의 결정에 역할을 하셨는지, 그리고 어디서 여러분이 그분을 멀리하였는지 보려고 하십시오.
- 이것의 목적은 자신의 내면에서 일어나는 것을 이해하는 능력을 키워 주고, 하느님의 영이 어떻게 올바른 길로 인도하시는지를 깨닫게 해 주려는 것입니다. 하느님과 예수님께서 성령과 함께 어떻게 말씀하고 계시는지, 또한 그분은 어떻게 도움을 주시고 여러분에게 힘을 주시는지 하루를 바라보십시오.

5. 예수님께 마음으로 말씀하십시오.
- 지금까지 오늘 일어난 일들을 보았습니다. 이제 예수님께 자신이 한 것과 해야 할 것을 하지 못한 것을, 느낌과 태도를 말씀드려도 좋습니다. 때로는 여러분이 잘못한 일에 용서를 청할 수도 있고 도움과 힘을 청할 수 있습니다. 그분께 감사드릴 수도 있습니다.
- 하느님과 함께하는 하루를 보내고 나서, 자신을 연민과 사랑으로 바라보십시오. 마치 그분처럼 말입니다. 자신이 그분의 사랑과 도움을 얼마나 필요로 하는 존재인지를 의식하십시오. 또한 그분께서 보여 주신 길과 올바른 행동을 인식하면서 자신이 그분의 이끄심을 얼마나 필요로 하는 존재인지를 깨달으십시오.
- 주님의 기도나 그 외 다른 기도를 바치며 끝내십시오.

색인

가정	4.19
가톨릭	2.12, 2.14, 2.27, 2.37
가톨릭교회에서의 명칭과 표현	부록 2
가톨릭 사회 교리	4.45
간음	4.20
감실	3.21
강론	3.47
강복(축복)	3.15
개별 심판	1.44
개신교 신자	2.37, 2.38
거행	3.21
건축 양식	3.23
견진명	3.37
견진성사	3.37
결혼과 가정	4.19
결혼과 성	4.20
경제	4.48
계명	1.19
계몽주의 시대	2.42
계약	1.27
고통	1.25, 1.37
고통의 신비	3.12
고해성사	1.44, 3.38, 3.39
고해성사 비밀	3.39, 4.47
공동 집전	3.21
공룡	1.3
공산주의	2.45, 2.50
공의회	2.2, 2.22, 2.23
– 니케아 공의회	2.23
– 트리엔트 공의회	2.41
– 제1차 바티칸 공의회	2.44
– 제2차 바티칸 공의회	2.23, 2.48, 2.49
과업	1.2
과학과 신앙	1.1, 1.5
관구	2.2, 2.21

관구장	2.21
관상 생활	2.9
교구 사제	2.2, 2.8
교구의 주교	2.2
교리서	1.9
교부	2.24
교황	2.3, 2.4, 2.17
– 교황 대사	2.8
– 교황 외교	2.3
– 교황청	2.5
– 바티칸	2.3, 2.6, 2.7
– 역대 교황	부록 3
교회 건물	2.11
교회 법규	4.10
교회	2.1, 2.2
– 기원	2.11
– 재산	2.7
– 진리	2.13
– 필요성	2.14
교회법	4.11
교회와 교황의 무류성	2.44
구마	3.18
구약 성경	1.10, 1.15, 1.16
– 제2경전	1.15, 1.16
– 이야기	1.22–1.25
구원	1.27
구원자	1.26
국무원	2.5
군인	4.44
귀 기울이기	4.6
그리스도 → 예수님	
그리스도의 다시 오심	1.49, 1.50
그리스도의 성체 성혈 대축일	3.17, 3.27
그리스도인의 리더십	3.42
그리스도인의 분열	2.12
그리스도인의 일치	2.12
그리스도인의 화합	2.12

근대주의	2.46
금육재	3.19
기념일	3.26
기도	3.1, 4.6
– 기도가 어려운 이유	3.5
– 기도를 위해 시간 내기	3.7
– 기도에 대한 무응답	3.6
– 대상	3.9
– 형태	3.3
– 방법과 이유	3.1
– 성경 구절로 하는 기도	3.8
– 염경 기도	3.1
– 청하는 것과 응답하는 것	3.2
– 하느님의 뜻을 발견	4.6
기도하고 일하라	2.9, 2.29
기적	4.17, 4.18

나폴레옹 보나파르트	2.43
낙태의 비인간성	4.28
낙태 방법	4.29
남자와 여자	1.2
네로 황제	2.19
노아	1.22

다윈	1.3
단식	3.19, 3.29
대교구	2.2
대리모	4.33
대림 시기	3.26, 3.28
대림환	3.28
대립 교황	2.33
대부모	3.36, 3.37
대사	2.35
대성당	2.2, 3.23
대죄	1.46, 4.13

431

대주교	2.2	매매춘	4.22	– 마리아	4.5
대천사	1.41	모닝 애프터 필	4.29	– 모세	4.5
대축일	3.26	모든 성인 대축일	3.27	– 베드로와 사도들	4.5
덕	4.10	모르핀	4.40	부모의 책임	4.32
데보티오 모데르나	2.29	모세	1.24	부서	2.5
데카르트	2.42	모하메드	1.14, 2.26	부자	4.46
도박	4.46	무릎을 꿇는 것	3.25	부제	3.41, 4.4
독서	3.47	묵주 기도	3.12	부활	1.50
독서대	3.21	미사	3.44, 3.45	부활 성야	3.32
독서집	3.21	미사 경본	3.28	부활 팔일 축제	3.33
동로마 제국	2.20	미사가 없을 때의 영성체 예식(공소 예절)		부활초	3.32
동물 실험	4.48		3.45	분열	2.30, 2.33
동물과 인간의 차이점	1.3, 1.48	믿음	1.7, 1.9	불가사의	4.18
동성애	4.24			불가타(대중 라틴말)	1.13
동작	3.25			불임 수술	4.31
		바오로 사도	1.11	비밀 성당	2.38
		박해	2.19, 2.46	비유	1.21
렉시오 디비나	3.8	반유다주의	2.32, 2.47	빅뱅 이론	1.1
로마	2.17	반종교 개혁	2.40	빌리브로르도 성인	2.27
로마 가톨릭	2.17	배아	4.26, 4.34	빛의 신비	3.12
로마 제국	2.18, 2.19, 2.20, 2.21, 2.30	법원	2.5		
		베드로 사도	2.17		
루시퍼 → 악마		베드로와 바오로 사도	2.18	사도	2.11, 2.15
루터교	2.37	병자성사	3.40	사도 교부	2.24
르네상스	2.33	보니파시오 성인	2.27	사도들의 후계자	2.15
림보	1.45	보속	3.38	사도로부터 이어 오는	2.12
		보조성	4.45	사도신경	1.31, 2.23
		보좌 주교	2.2	사도좌	2.3, 2.8
마녀로 여겨지는 이들에 대한 화형 2.32		보편 지향 기도	3.45	사도행전 → 신약 성경	
마르크스주의	2.45	복음	3.47	사순 시기	3.29
마르틴 루터	2.36	복음 선포	4.50	사제	3.41, 4.4, 4.21
마리아		복음적 권고	2.9, 2.25	사제직	3.42
– 고통	1.38	복음화	4.49	사죄경	3.39
– 무염시태	1.39, 1.40	복장	2.10	사추덕	4.10
– 성모송	1.39	복제	4.35	사형	4.42
– 성모의 노래	3.13	본능	1.48	사회주의	2.45
– 우리 모두의 어머니	1.38	부르심	3.42, 4.3, 4.4, 4.21	산업 혁명	2.45
– 축일	1.39			살인	4.43
– 평생 동정	1.40	– 로욜라의 이냐시오 성인	4.5	삼위일체	1.33

삼종 기도	3.1	성상 파괴	2.49	수도회 사제	2.8, 2.9
새로운 복음화	4.49	성	2.5	수사	2.9, 3.42, 4.4, 4.21
샤리아	2.26, 2.19	성수	3.15		
서간→신약 성경		성유 축성 미사	3.30	수호성인	4.16
서원→복음적 권고		성인	4.15	수호천사	1.41
선과 악	4.1	- 성인들과 함께 기도하기	4.16	순교자	2.19
선행	2.36	- 성인의 통공	1.50	스위스 근위대	2.6
설교대	3.21	성작	3.48	스피노자	2.42
성	4.20, 4.22	성전	1.11	시간 전례	3.13
성경		성전 기사 수도회	2.31	시노드	2.21
- 계명	1.19	성전환 수술	4.31	시므온의 노래	3.13
- 사실성	1.21	성주간	3.30	시성	4.17
- 성경 약어	부록 1	성지 순례	3.17	시작 예식	3.45
- 언어	1.13	성체	3.14	시험관 아기	4.34
- 일치	1.1	성체 조배	3.14	식물인간	4.37
- 저자	1.12	성체 축성	3.48	식민지	2.34
- 제대로 읽으려면	1.2	성체 현양	3.14	식별	3.4
- 진리	1.2	성체등	3.21	신앙에 대한 궁금증	1.9
- 성경과 교회	1.2	성체성사	3.48	신약 성경	1.10, 1.17, 1.18
- 성경과 성령	1.12	성촉절	3.27	- 복음서	1.18
- 구약 성경→구약 성경		성탄 구유	3.28	- 사도행전	1.18
- 신약 성경→신약 성경		성탄 팔일 축제	3.28	- 서간	1.18
성공회	2.39	성토요일	3.31	신자	2.1
성광	3.14	성폭행	4.30	실천	4.8
성금요일	3.31	성품성사	3.41	실체 변화	3.48
성당	3.20-3.23	성해	3.16	십계명	1.19, 4.9
성령	1.31, 1.32, 2.18	성형 수술	4.31	십자가 경배	3.31
- 성령 강림 대축일	3.34	성호경	3.15	십자가의 길	3.22, 3.31
- 열매	1.32	성화	3.22	십자군	2.31
- 은사	1.32	세계 청년 대회	2.50		
- 성령과 교회	1.11, 2.13	세례	3.36		
- 성령과 성경→성경		세례명	4.16	아담과 하와	1.2, 1.4
성목요일	3.30	세례소	3.22	아브라함	1.23
성문서	1.15	소생술	4.39	아비뇽	2.33
성물	3.15	수녀	2.9, 3.42, 4.4, 4.21	아우구스티노 성인	2.24
성반	3.48			아이를 가질 수 없음	4.32
성사	3.35	수도 규칙	2.9, 2.25	악	1.4, 1.34, 1.35
성삼일	3.30	수도 생활	2.25, 4.4	악마	1.42, 3.18
성상	3.22	수도회	2.9	안락사	4.38

알라	2.26	우연	1.6	재의 수요일	3.29
알코올	4.46	원수에 대한 사랑	1.19	적자생존	1.3
애완동물 축복	3.27	원죄	1.4	전구 기도	3.9
야곱	1.23	원주민	2.34	전례	3.24
약물	4.46	위령의 날	3.27	전례의 색깔	3.25
양수 진단	4.27	유다인	2.18, 2.47	전례주년	3.26
양심	4.1	유대인 대학살	2.47	전쟁	4.44
에라스무스	2.35	유전자 조작	4.36	정결	4.22
에페소	2.18	융모막 채취	4.27	정교회	2.30
여성의 동등한 가치	2.16	은수자	2.25	정치	4.48
연옥	1.47	은총	1.46, 4.12	제2경전 → 구약 성경	
연중 시기	3.27	이기심	4.9	제2차 세계 대전	2.47
영감	1.32	이단	2.22, 2.32	제대	3.21
영광송	3.9, 3.27	이사악	1.23	제병	3.48
영광의 신비	3.12	이스라엘 백성	1.24	종교 개혁	2.36, 2.38
영성체	3.49	이슬람	1.14, 2.26, 2.31	종교 재판소	2.32
영원한 삶	1.45	이혼	4.19	종말	1.49
영지주의	2.22	인공 수정	4.33	죄	1.4, 1.34, 3.46, 4.13
영혼	1.3, 1.50	일곱 죄종	4.13		
예수 성탄 대축일	3.28	일반적인 돌봄	4.39	죄에 떨어진 타락	1.4
예수님	1.26, 1.27, 1.29	일치 성사	3.35	주교	2.2, 2.8, 3.41
- 고통과 죽음	1.28	입문 성사	3.35	주교회의	2.2
- 승천	1.49			주님 공현 대축일	3.28
- 이름	1.26, 1.40			주님 수난 성지 주일	3.17, 3.29
- 형제와 누이	1.30	자기 방어	4.42, 4.43	주님 승천 대축일	3.34
예언자	1.15	자본주의	4.48	주님을 위한 동정의 삶	4.21
예정론	1.44, 2.22, 2.36	자비	4.7	주님의 기도	3.11
오경	1.15	자비의 활동	4.7	주술	4.18
오로지 성경	2.36	자살	4.41	주아브병	2.44
오순절	2.18	자선과 이웃 돌봄	4.7, 4.8, 4.45	주일 의무	3.26, 4.10
완전한 행복	1.7	자연 주기법	4.25	죽음	1.36, 1.43
외계인	1.3	자위행위	4.22	죽음 판단 시기	4.37
요셉	1.30, 1.38	자유	1.4, 1.34, 1.35, 4.2	줄기세포	4.36
요술	4.18	자유주의	2.43	중세와 권력	2.28
요한 묵시록	1.18	자해	4.31	중세의 영적 쇄신	2.29
요한 바오로 2세 교황	2.50	장기 기증	4.40	지옥	1.46
욥	1.25	재난	1.35	지하드	2.26, 2.31
용서	4.14, 4.42	재를 머리에 얹는 예식	3.15, 3.29	직업상의 비밀	4.47
우르비 엣 오르비	3.33			직장	3.7, 3.19, 4.4

진리	1.8, 2.13	파견	3.50	환경에 대한 책임	1.2
진화론	1.3	파도바의 안토니오 성인	4.16	환생	1.48
		평신도 운동	2.1	환희 주일	3.29
참행복	4.14	평의회	2.5	환희의 신비	3.12
창조설	1.1	포도주	3.48	활동 사도직	2.9
천국	1.45, 2.14	포르노	4.22	회개	1.46
천사	1.41	프랑스 혁명	2.43	회당	1.16
초음파 검사	4.27	피에르 조르조 프라사티 복자	4.16	흠숭	3.14
초자연적 계시	1.11	피임	4.23	희망	3.46
총대리	2.2	피임약	4.23	희생	1.19
총대주교	2.20, 2.21	피정	3.17	흰 연기	2.4
최후의 만찬	3.30, 3.48	피조물과 세상	1.1, 1.2	흰옷	2.10
최후의 심판	1.44	피조물과 인간	1.2		
추기경	2.10			《성무일도》	3.13
추기경 회의	2.2	하느님		70인역	1.13, 1.16
축성 생활(봉헌 생활)	2.9	– 전능하신 분	1.35	9일 기도	3.34
축일	3.26	– 현존	1.6	SNS	4.47
치유 성사	3.35	– 하느님의 뜻	4.3, 4.6		
		– 하느님의 말씀	1.10, 1.12		
카니발	3.29	– 하느님의 사랑	1.35		
카시아의 리타 성녀	4.16	– 하느님의 어린양	1.26		
칼뱅	2.36, 2.37	– 하느님의 집 → 성당			
칼뱅주의	2.37	– 하느님이시며 인간	1.29		
코란	1.14, 2.26	하디스	1.14, 2.26		
콘돔	4.23	하베무스 파팜	2.4		
콘스탄티노폴리스	2.20, 2.30	합리주의	2.42		
콘스탄티누스 황제	2.20	행렬	3.14, 3.17		
콘클라베	2.4	행복	4.1, 4.2		
콜럼버스	2.34	헌혈	4.40		
		혈세	3.36		
타나크	1.15, 1.16	형제	2.9		
타락한 천사	1.42	혼인 성소	4.4, 4.21		
태아 검사	4.27	혼종 혼인	3.43		
토마스 아퀴나스 성인	1.8, 2.45	혼인성사	3.43		
통회	3.38	혼전 성관계	4.20		
		화세	3.36		
		환경	4.48		

감사의 말

E. Peters for her enthusiastic and ongoing commitment to the project Tweeting with GOD, the members of the #TwGOD team, as well as S. van Aarle, K. Beenakker, R. Blesgraaf, Rev Mgr Duarte da Cunha, J. van Halem, Rev Fr H.W.M. ten Have, S. Huig, S. Jansen, B. Lexmond, R. Mozes, E. Oudshoorn, M. Pots, A.M. Rijsdijk, Rev Fr J.H. Smith, E. Severijnen, J.W. and P.A.M. Severijnen-Van Buuren, J. Stuurman, L. Tax, P. Tax-Lexmond, N. Versteeg, B. Voskuil, H. and M. van Zutven-Van Kampen. The youth of the JP2 Group, in particular Alexandra, Anne, Annemieke, Annemarij, Anne-Marijn, Ashley, Barbara, Bart, Bas, Bastiaan, Ben, David, Eline, Eveline, Gerard, Jamie, Lidwine, Liesbeth, Linda, Lodewijk, Maartje, Margreet, Marijke, Merel, Miranda, Myrna, Patrick, Pauline and Rowy. Thanks to His Eminence W.J. Cardinal Eijk, H.E. Abp. A. Dupuy, the Rt Rev J.H.J. van den Hende, the Rt Rev G. De Korte and the Rev Mgr Duarte da Cunha, for their support, and to Rev Fr L.J.M. Hendriks, Lecturer in moral theology at Rolduc Major Seminary, Rev Fr M. Lindeijer S.J., Doctor of Church history, Rev Fr A. Pinsent, Research Director at the Ian Ramsey Centre for Science and Religion of the University of Oxford, Rev Fr H.M.H. Quaedvlieg, Lecturer in dogmatic theology at Rolduc Major Seminary, the Rt Rev H.W. Woorts, episcopal vicar for liturgy, for reviewing the manuscript. Many thanks to J. Price for his great help in translating the text into English, and to Rev Fr N. Brett for all his corrections. 〈하느님과 트윗을〉 프로젝트에 함께해 주신 모든 분들께 감사드립니다.

Photo credits

All pictures come from Shutterstock.com, except 123RF.com: 3.10 (in text), 3.14 (in text), 3.18, 3.21, 3.22 (in text), 3.24 (in text), 3.25, 3.29, 3.30, 3.33, 3.34, 3.36, 3.48, 4.08, 4.21 (in text), 4.26, 4.31, 4.37 (in text), 4.43 (in text), 4.45; Catharijne Convent Museum, Utrecht (Ruben de Heer): 1.46 (in text), 2.24, 2.33, 2.35 (in text: Erasmus), 2.36, 2.44 (in text), 2.46 (in text), 3.13, 4.09; Palazzo Barberini, Rome: 2.39 (in text); Frick Collection, New York: 2.39 (in text: Thomas More); SS. Giovanni e Paolo, Venice: 1.42; C. van Halem-Tax: 1.16, 2.9; The State Hermitage Museum, St Petersburg: 1.23; P. Jiminez: p. 5, 4.17, 4.50; Museo di San Marco, Florence: 1.44, 2.16; L'Osservatore Romano: p. 3 (in text), 2.50 (in text), 4.50; E. Peters: 4.26 (in text); M. Pots: 2.30; Rev Fr M.P. Remery: 1.10 (in text), 1.15, 1.20, 1.44, 2.1, 2.2, 2.4, 2.6 (in text), 2.10, 2.13, 2.23, 2.39, 2.41, 2.47, 2.48, 2.48 (in text), 2.50, 2.50 (in text), 3.5, 3.6, 3.8, 3.14, 3.16, 3.24, 3.26 (in text), 4.16, 4.35 (in text); Regional Archive Voorne-Putten and Rozenburg: 2.38; The State Tretyakov Gallery, Moscow: 1.33 (in text).

www.tweetingwithgod.com

미헬 레메리 · 일세 스프라위트 지음
이창훈 옮김

하느님과 트윗을 활용하기

생각하고 기도하고 행동하기!

 TwGOD 어플리케이션을 무료로 다운로드하세요!
〈하느님과 트윗〉 어플리케이션을 이용하면
이 책의 내용과 관련된 정보를 더 찾아볼 수 있습니다.

- TwGOD 앱 다운로드: www.tweetingwithgod.com
- 앱을 실행한 뒤 (SCAN) 로고가 있는 사진을 향해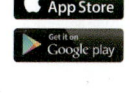
  '책을 스캔하세요.'를 누르세요.
- 손 안에 든 스마트폰을 이용해 동영상을 보고, 외부
  링크, 더 읽어 보기를 볼 수 있습니다.

Tweeting with GOD Manual: Exploring the Catholic Faith Together
© Michel Remery 2016 and © JP2 Stichting | www.jp2.nl
www.tweetingwithgod.com

하느님과 트윗을 활용하기
생각하고 기도하고 행동하기!

2016년 6월 10일 교회 인가
2016년 7월 31일 초판 1쇄 펴냄
2019년 8월 16일 초판 4쇄 펴냄

지은이 · 미헬 레메리, 일세 스프라위트
옮긴이 · 이창훈
펴낸이 · 염수정
펴낸곳 · 가톨릭출판사
편집 겸 인쇄인 · 김대영
디자인 자문 · 이창우
편집 · 김은미, 정주화
디자인 · 강해인

본사 · 서울특별시 중구 중림로 27
지사 · 경기도 고양시 일산동구 노첨길 65
등록 · 1958. 1. 16. 제2-314호
전자우편 · edit@catholicbook.kr
전화 · 1544-1886(대) / (02)6365-1888(물류지원국)
지로번호 · 3000997

비매품
이 책은 《하느님과 트윗을》의 부록입니다.

가톨릭출판사 인터넷쇼핑몰 http://www.catholicbook.kr
직영 매장 명동대성당 (02)776-3601, (070)8865-1886/ FAX (02)776-3602
　　　　　가톨릭회관 (02)777-2521, (070)8810-1886/ FAX (02)6499-1906
　　　　　서초동성당 (02)313-1886/ FAX (02)585-5883
　　　　　서울성모병원 (02)534-1886/ FAX (02)392-9252
　　　　　절두산순교성지 (02)3141-1886/ FAX (02)335-0213
　　　　　부천성모병원 (032)343-1886
　　　　　은평성모병원 (02)363-9119
　　　　　미주지사 (323)734-3383/ FAX (323)734-3380

가톨릭의 모든 도서와 성물을 '가톨릭출판사 인터넷쇼핑몰'에서 만나 보실 수 있습니다.

성경 ⓒ 한국천주교중앙협의회

이 책의 한국어판 저작권은 (재)천주교서울대교구 가톨릭출판사에 있습니다.
저작권법에 의해 한국 내에서 보호를 받는 저작물이므로 무단 전재와 무단 복제를 금합니다.

목차

제1부 〈하느님과 트윗을〉에 관한 질문 · 5
A.1 〈하느님과 트윗을〉 모임은 어떻게 구성됐나요? · 6
A.2 〈하느님과 트윗을〉에는 질문이 왜 있나요? · 8
A.3 〈하느님과 트윗을〉에 나온 답변은 무엇인가요? · 10
A.4 모든 사람이 다 질문과 관련되나요? · 12
A.5 〈하느님과 트윗을〉 이 책을 혼자 또는 모임에서 모두 사용할 수 있나요? · 14
A.6 질문이 어렵지 않을까요? · 16

제2부 모임이나 학교에서 〈하느님과 트윗을〉 활용하기 · 19
B.1 〈하느님과 트윗을〉 모임을 어떻게 시작하나요? · 20
B.2 모임은 어떻게 이루어지나요? · 22
B.3 어떤 질문을 토론해야 할까요? · 24
B.4 〈하느님과 트윗을〉 모임을 어디서 하는 것이 좋을까요? 그리고 어떤 장치가 필요할까요? · 26
B.5 모임 지도자를 위해 실제적인 조언을 해 줄 게 있나요? · 28
B.6 〈하느님과 트윗을〉이 참가자들의 일상생활에 어떻게 영향을 미칠 수 있나요? · 30

제3부 〈하느님과 트윗을〉 다양하게 활용하기 · 33
C.1 〈하느님과 트윗을〉의 다섯 가지 도구는 무엇인가요? · 34
C.2 견진 교리반에서는 〈하느님과 트윗을〉을 어떻게 사용할 수 있나요? · 36
C.3 〈하느님과 트윗을〉이 혼인 준비 교리나 예비자 교리를 대신할 수 있나요? · 38
C.4 〈하느님과 트윗을〉은 부모와 대부모를 어떻게 도울 수 있나요? · 40
C.5 〈하느님과 트윗을〉이 교회 일치 운동과 종교간 대화에서 할 수 있는 역할은 무엇인가요? · 42
C.6 〈하느님과 트윗을〉은 새로운 복음화에 기여하나요? · 44

제4부 순례, 그 준비와 후속 · 47
D.1 〈하느님과 트윗을〉이 순례 행사와 청년 사목을 연결하는 데 어떤 도움을 줄 수 있나요? · 48
D.2 〈하느님과 트윗을〉의 원칙들이 세계 청년 대회에도 적용되나요? · 50
D.3 〈하느님과 트윗을〉으로 순례를 어떻게 준비하나요? · 52
D.4 순례 후에는 어떻게 해야 하나요? · 54
D.5 〈하느님과 트윗을〉로 어떻게 후속 프로그램을 마련하나요? · 56
D.6 세계 청년 대회의 주제를 후속 프로그램에 어떻게 통합하나요? · 58

Tip 1 〈하느님과 트윗을〉과 한 시즌 보내기! · 60
Tip 2 참가자들이 질문하도록 이끌어 주기 · 61
Tip 3 모임을 위한 여러 가지 활동 · 62
Tip 4 모임에서 고해성사 보기 · 66
Tip 5 모임의 시작과 끝에 바치는 기도 · 67
Tip 6 〈하느님과 트윗을〉을 통한 견진 교리 과정 · 68
Tip 7 세계 청년 대회 후속 모임 · 70

제1부

〈하느님과 트윗을〉에 관한 질문

서론

여러분은 모임의 지도자이거나 교사일 수도 있고, 가톨릭 신앙에 관해 질문이 많은 사람일 수도 있습니다. 하지만 여러분은 공통적으로 예수님과 맺은 관계에 관해 배워야 할 것이 많으며, 예수님을 따르기 위해 좀 더 성장해야 한다고 느낄 것입니다. 또한 자신의 신앙을 다른 사람들과 나누고 싶어 하며, "모든 피조물에게 복음을 선포하여라."(마르 16,15) 하시는 예수님의 부르심에 응답하고 싶을 것입니다. 즉, 여러분은 여러분과 같은 생각을 하고 있는 다른 사람들과 함께 하느님께 더 가까이 나아가고 싶을 것입니다.

누구나 신앙에 관해 말하게 되면 "내가 어떻게 할 수 있겠는가?"(1역대 13,12 참조)라는 반응을 보일 것입니다. 또는 모세처럼 "두려워요."(tweet 1.24 참조)라고 하거나 아니면 마리아처럼 "이해할 수 없어요."(tweet 4.5 참조)라고 반응할 수도 있습니다. 저도 주위 사람들이나 함께 모임 활동을 하는 젊은이들에게 질문을 받을 때 제가 정확하게 답변할 수 없을까 봐 겁이 납니다(A.6 참조). 이는 인간적인 반응입니다. 하지만 여러분이 서로 신앙을 나누게 되면, 여러분에게 필요한 모든 것을 하느님이 주시리라 자신합니다.

이 자신감의 근거는 충분합니다. 무엇보다도 우리에게는 예수님의 이러한 약속이 있기 때문입니다. "무엇으로 답변할까, 또 무엇을 말할까 걱정하지 마라. 너희가 해야 할 말을 성령께서 그때에 알려 주실 것이다."(루카 12,11-12) 동시에 우리는 늘 하느님의 은총에 협력하도록 부르심을 받습니다(tweet 4.12 참조). 우리는 신앙에 관해 배움으로써 우리 자신을 준비할 수 있습니다. 〈하느님과 트윗을〉은 우리가 그렇게 하도록 도와줄 것입니다.

신앙에 관한 지식이 성장하면, 모든 것이 우리를 향한 하느님의 사랑과 어떻게 연관되는지 발견할 수 있습니다. 잠시 이 글에서 눈을 떼고 십자가의 예수님을 바라보세요! 여러분이 알게 된 것과 하느님의 구원 계획이 어떻게 연관되는지 확인할 수 없다면 더 알아 봐야 의미가 없습니다(tweet 1.27, 2.11 참조). 이것이 신앙에서 논리를 찾아야 한다고 말씀드리는 이유입니다. 신앙에서 찾은 논리는 우리를 향한 하느님의 사랑에 토대를 두고 있기 때문입니다. 게다가 교회의 가르침들을 뒷받침하는 구체적이고 설득력 있는 논증이 많습니다. 그것이 가톨릭 교리와 관련이 있든, 그리스도인 윤리와 관련이 있든, 영성 생활과 관련이 있든 말이지요.

〈하느님과 트윗을 활용하기〉에는 모든 지혜가 담겨 있지는 않습니다. 이 안내서는 다만 신앙을 나누는 방법을 설명해 줄 뿐입니다. 이 안내서는 우리를 위한 것이며, 세계 곳곳에서 〈하느님과 트윗을〉을 읽는 사람들을 위한 것입니다. 이 프로젝트를 한번 따라와 보세요(A.1 참조). 따라하는 것은 그리 어렵지 않습니다! 그리고 여러분은 더 잘할 수 있습니다. 여러분은 우리의 실수에서도 배울 수 있으니까요!

미헬 레메리 신부

A.1 〈하느님과 트윗을〉 모임은 어떻게 구성됐나요?

미헬 레메리 신부는 본당에서 주일 미사 후에 신자들과 인사할 때에 젊은이들에게 많은 질문을 받곤 했습니다. 〈하느님과 트윗을〉은 바로 여기에서 시작되었습니다. 젊은이들은 너무 많은 질문을 갖고 있었기에 미헬 신부는 그 모든 질문에 정성스럽게 답변하기가 힘들 정도였기 때문입니다.

그래서 미헬 신부는 젊은이들이 궁금해하는 점을 모아 보기로 결정했습니다. 신부는 젊은이들에게 궁금한 점을 보내 달라고 부탁했지요. 그러자 그들은 트위터, 이메일, 페이스북, 편지로 거의 1,000여 가지에 달하는 질문을 보내왔습니다. 그래서 미헬 신부는 〈하느님과 트윗을〉이라는 제목을 생각했고, 각 질문과 그에 대한 답변을 트윗하기로 마음먹었습니다. 미헬 신부는 질문을 주제별로 묶고, 중복되는 것들을 가려낸 다음에, 그 질문에 관해 정기적으로 이야기하는, 젊은이로 이루어진 저녁 모임을 시작했지요. 그리고 모임을 시작하면서부터 토론이 존중받고 또 결실을 맺을 수 있도록 몇 가지 규칙을 만들었습니다(A.2 참조). 요한 바오로 2세 교황(tweet 2.50 참조)에게 바친 이런 모임은 여러 해 동안 계속됐습니다.

토론의 형식

토론 형식은 언제나 동일했습니다. 먼저 젊은이들 가운데 한 사람이 주송자가 돼 간단한 시작 기도를 바쳤습니다. 그 다음에는 한 가지 질문을 꺼내 그에 관해 논쟁을 시작했지요. 한두 가지 질문에 대해 저녁 내내 토론한 적도 종종 있었습니다. 각기 다른 각도에서 바라보는 젊은이들이 많았기 때문입니다. 깊이 있게 조사하기 위해 큰 질문을 여러 개의 작은 질문으로 나눠야 했던 적도 있었지요(B.2, B.5 참조). 모임 끝에는 《성경》과 《가톨릭 교회 교리서》 그리고 그 밖의 자료들을 기초로 하여 교회의 가르침을 뒷받침하는 논거를 간략히 요약했습니다. 이렇게 요약한 내용들이 나중에 〈하느님과 트윗을〉의 토대를 이루게 된 것입니다(C.1 참조). 이 모임은 늘 시간 전례의 끝기도로 마쳤습니다(tweet 3.13 참조).

모임의 효과

모임의 효과는 곧 나타났습니다. 모임에 참가했던 사람들은 미사 후에 미헬 신부를 찾아와 이렇게 말하곤 했습니다.

> "이제는 내 신앙이 어느 정도인지 알아요."
>
> 저는 열일곱 살 때부터 신앙이 도대체 무엇인지 곰곰이 생각했어요. 그래서 〈하느님과 트윗을〉 모임에 참여하게 되었죠. 이 모임에서 그동안 궁금했던 것들을 질문하고 토론할 수 있었습니다. 그동안 들은 것을 그대로 받아들여야만 했던 것과는 전혀 달랐지요. 토론과 질문을 통해서 우리는 교회가 무엇을 믿는지를 찾을 수 있었고, 이 점이 제게 큰 도움이 됐어요. 여기서 저는 그동안 갖고 있던 의문점을 다 질문할 수 있었습니다. 질문들이 교회에 비판적인 것이라고 해도 말입니다. 우리는 한 모임을 구성하여 이에 대한 답변을 찾고자 노력했습니다. 당시에는 이런 질문을 하는 것이 제게 아주 중요했어요. 지금도 그렇고요. 예수님과 하느님과 교회에 대한 제 믿음을 키울 수 있게 한 〈하느님과 트윗을〉에 감사드려요. 그리고 이제는 제가 믿는 것이 무엇인지 예전보다 훨씬 더 잘 안답니다. 그리고 이 신앙으로 날마다 살려고 노력합니다.
>
> — 로이

"신부님, 어제 저녁을 먹으면서 토론을 계속했는데요, 여기 있는 이 비신자 친구에게 다 설명할 수가 없었어요. 신부님이 이야기를 더 해 주셨으면 해요." 그렇지 않으면 미헬 신부에게 그 장소로 와서 자기 친구들이 궁금해하는 질문에 대해 대화를 나누어 달라고 요청했습니다. 그 모임은 누구에게나 열려 있었습니다. 그리고 그 모임에 참석한 사람들 중 한 사람이 세례(tweet 3.36 참조)를 받기로 결심했다는 소식은 대단히 감동적이었습니다. 그들 가운데 수도 성소를 발견한 사람도 있었어요. 때때로 성적인 문제나 살면서 결정하기 힘든 선택과 관련해서 아주 개인적인 논의도 했지요. 교회의 가르침이 이런 문제들(tweet 4.19-4.25 참조)에서도 자기들을 도울 수 있다는 것을 모임에 참석한 사람들은 차츰차츰 깨달았습니다.

다는 것을 깨닫습니다. 우리의 신앙은 일상생활에서 그리고 예수님과 맺은 인격적 관계에서 늘 표현되어야 합니다.

생각하고, 기도하고, 행동하세요

오늘날 〈하느님과 트윗을〉 모임에 참석하는 사람들도 이와 똑같은 효과를 볼 수 있습니다. 모임에 참석한 사람들은 열심히 함께 활동하며 프로젝트의 목표에 관해 정기적으로 이야기를 나눕니다. 또한 시간을 내서 기도하며 우리 이웃과 특별히 소외된 사람들을 돕습니다. 이런 식으로 모임 구성원들은 하느님에 대한 지식만으로는 충분하지 않

〈하느님과 트윗을〉 프로젝트는 젊은이들이 성당 문에서 사제에게 한 질문으로 시작했습니다. 이 질문이 전체의 기초를 이룹니다.

A.2 〈하느님과 트윗을〉에는 질문이 왜 있나요?

오늘날 사회는 점점 세속화되고 있습니다. 〈하느님과 트윗을〉은 이러한 사회를 사는 사람들이 궁금해하는 질문으로 이루어져 있습니다. 이 질문은 '싹을 틔우는 생각'이라고 할 수 있습니다. 현대를 사는 우리는 사방에서 의견들을 듣지만, 실제로 신중하게 생각하지는 않습니다. 〈하느님과 트윗을〉은 신앙을 이해하고 그것을 삶에 통합하는 데에 개인의 생각이 중요하다고 여기기 때문에, 온갖 종류의 질문을 권장합니다. 처음에는 그 질문이 공격적이거나 무례하게 보일 수 있다 하더라도 말이지요. 어디에선가 들은 의견과 비판적 질문으로 대화가 시작될 때도 있습니다. 하지만 서로 토론하는 가운데 젊은이들은 더 많은 질문을 제기합니다. 그러다 보면 처음에 보인 공격적이거나 모욕적인 어조는 사라지고 구성원들은 화제를 더욱 깊이 생각하는 데에 관심을 보이게 됩니다. 처음에 적대감을 드러낸 까닭은 자신의 의구심이 진지하게 받아들여지지 않을 것이라는 불안과 두려움 때문이었던 것이지요. 이러한 체험이 〈하느님과 트윗을〉 '규칙'의 기초를 이루게 됩니다(상자 참조, 규칙 1, 5).

묻고, 생각하고, 배우세요

사람들은 자기 의견을 말하기 전에 다른 사람의 의견을 경청하는 것이 예의 바른 태도라고 여겼습니다. 그런데 최근 이러한 태도는 점차 줄어들고 있습니다. 사람들은 다른 사람의 말을 듣기보다 자기 의견을 제시하며 대화를 시작합니다. 하지만 대화가 열려 있으려면 사람들이 서로에게 참으로 귀 기울일 준비가 돼 있어야 합니다. 그럴 때만 정직하게 의견을 나눌 수 있고 서로에게 배울 수 있습니다. 다른 사람들에게서 배운다는 것은 다른 사람의 의견을 전적으로 받아들인다는 의미가 아닙니다. 그것은 다양한 의견을 듣고 사안의 본질에 대해 더 깊이 이해하게 됨을 의미합니다. 사람들이 하는 말을 주의 깊게 듣고, 살피고, 그 발언 이면에 있는 근거에 관해 생각할 때 진실을 찾을 수 있습니다. 이것이 〈하느님과 트윗을〉의 규칙 2가 생긴 까닭입니다(상자 참조).

그러면 교회의 가르침은?

여기까지 오면서 교회의 가르침에 대해서는 아직 언급하지 않았다는 것을 알아챘을 것입니다. 그러한 가르침은 사람들이 있는 자리에서 나와야 하기 때문입니다. 교사는 누구나 학생들에게 자기 메시지를 전하려면 먼저 학생들의 관심을 끌어야 한다는 것을 알고 있습니다. 항상 그런 것은 아니지만, 우리는 우리와 관련된 주제, 우리 자신의 삶

〈하느님과 트윗을〉의 규칙

1. 신앙과 삶에 관한 어떠한 질문이라도 환영하세요. 그 질문이 나타낼 수 있는 입장이나 그 질문이 함축할 수 있는 답변들에 괘념치 마세요.
2. 모임에서는 다른 사람들의 말을 경청하고 그들의 발언 이면에 있는 근거를 이해하도록 노력하세요.
3. 교회의 가르침에 대한 논증을 분명히 하세요.
4. 다른 사람을 이해시키려고 너무 애쓰지 마세요. 그냥 여러분의 신앙을 증언하세요. 오직 하느님만이 사람들의 마음을 바꾸실 수 있음을 명심하세요.
5. 다른 사람들의 발언을 모임 밖의 사람들에게 이야기하지 마세요.

과 관련된 주제에 특히 관심을 둡니다.

이제야 비로소 교회의 가르침을 언급하는 이유는 교회의 가르침이 참되고 근거가 있다는 것을 강하게 믿기 때문입니다. 우리는 신앙에 대해 논리적으로 설명하거나 다양한 근거를 제시할 수 있습니다. 논리는 〈하느님과 트윗을〉의 중요한 도구입니다(상자 참조, 규칙 3). 그러나 그게 전부는 아닙니다. 교회 가르침의 궁극적인 근거는 지상의 논리가 아니라 인간을 위한 하느님의 사랑입니다. 따라서 신앙에 관한 질문에 올바른 답변을 하기 위해서는 세상과 우리를 위한 하느님의 사랑에 그 답변을 비춰 보아야만 합니다.

우리의 책임이 아닙니다

사람들의 회심은 우리의 책임이 아닙니다. 우리는 협력하고 설명하고 선포하고 증언할 수 있으며, 그렇게 해야 합니다. 하지만 결국 사람들이 회심하게 되는 것은 우리가 할 일이 아닙니다. 그것은 하느님이 하시는 일입니다(상자 참조, 규칙 4; tweet 4.50 참조).

 질문은 비난하기 위해 던지는 것이 아닙니다. 질문은 진리 탐구의 표현입니다. 질문을 진지하게 여겨 보세요.

A.3 〈하느님과 트윗을〉에 나온 답변은 무엇인가요?

질문은 답변을 요청합니다. 하지만 우리는 모든 의견이 똑같이 타당하다고 여기는 사회에서 살고 있습니다. 이러한 사회에서 누구의 답변이 옳다고 할 수 있을까요?(A.2 참조) 자신의 주장이 옳다고 하는데 그중에서 진실은 단 하나라고 어떻게 주장할 수 있을까요?(tweet 1.8 참조) 우리는 질문에 대한 답은 오직 예수님에게서만 찾을 수 있다고 확신합니다. 그분은 이 세상 사람 각자에게 당신과 사랑에 찬 관계를 맺으라고 초대하십니다.

누구의 권위인가요?

오늘날 사람들은 자신의 생각과 관련된 어떠한 권위도 싫어하는 것처럼 보입니다. 그들은 "저는 제 의견이 있고, 당신은 당신 의견을 주장하세요!"라고 이야기하지요. 이를 알기에, 〈하느님과 트윗을〉에서는 "~을 해야 합니다.", "~이어야 해요."와 같은 어구를 되도록 피합니다. 이러한 어구를 피하는 것이 새로운 일은 아닙니다. "당신은 무슨 권한으로 이런 일을 하는 것이오?"(마르 11,28) 하고 사람들은 예수님께 물었습니다. 예수님은 심판하고 판단하는 일부터 시작하지 않으셨습니다. 그분은 가난한 이를 찾아보고 병자를 치유하시는 것부터 시작하셨습니다. 그들의 가난이나 질병이 육체적이든 영적이든 간에 말이지요(상자 참조). 그분은 심지어 잘 알려진 죄인들과 함께 식사도 하셨습니다(루카 5,29 참조). 예수님은 사람들이 있는 곳에서 시작하십니다. 그분은 사람들을 찾아가 그들의 관심사에 관해 이야기를 나누셨고, 사람들에 대한 사랑으로 그들이 확신하도록 하십니다. 그 사랑이 예수님을 재촉합니다. 우리가 예수님께 매력을 느끼는 까닭은 바로 그 사랑 때문입니다. 그래서 예수님과 관계를 맺게 되면, 예수님은 우리가 충만한 삶을 살기 위해 필요한 것을 모두 설명하십니다.

하느님은 당신의 사랑을 우리와 나누기를 바라십니다

〈하느님과 트윗을〉의 방식은 여기에 기초합니다. 우리 또한 사람들이 있는 곳에서 시작합니다. 영적인 질문이든 물질적인 질문이든 우리는 그들이 아파하는 것에서 시작하

> **오늘날의 가난한 사람들**
>
> 불행하게도, 오늘날 많은 사람들이 경제적으로 가난에 시달립니다. 하지만 경제적 가난만큼 인간 존엄성에 해를 끼치는 가난이 또 있습니다. 저는 브라질, 수리남, 탄자니아 등지의 작은 마을들에서 전례를 집전할 때 마음이 벅차오르는 체험을 한 적이 있습니다. 아무것도 가진 것이 없는 사람들 가운데서 기쁨에 넘치는 시간을 보낸 것이지요. 미사를 드릴 때 그들은 함께 기뻐합니다. 하지만 오히려 더 발전된 지역에서는 미사 때 엄숙한 분위기만 느낄 수 있습니다. 이러한 곳에서는 오히려 금전적인 빈곤 대신에 영적인 빈곤을 느낄 수 있었습니다. 개개인이 세속화되어 버린 곳에서는 기쁨에 넘치는 축제에 대해 함께 기뻐하지 않습니다. 그래서 축제는 개인적 만족을 추구하는 곳이 되어 버립니다. 문제는 이러한 만족을 우리 안에서는 결코 찾을 수 없다는 것입니다. 그리스도교의 메시지는 본질적으로 공동체적이기에 우울한 분위기를 참기쁨으로 변화시킬 수 있습니다. 기쁨은 각자가 받는 것이 아니라 각자가 나누는 것입니다. 그것은 사랑 때문입니다. 이 기쁨을 알지 못하는 사람들은 가난한 사람들 가운데서도 가장 가난한 사람들입니다. 이들을 위한 복음화가 반드시 필요합니다(C.6 참조).
>
> – 미헬 신부

고자 합니다. 예수님에 대한 우리의 신앙을 다른 사람에게 강요하지 않고 증언함으로써, 우리는 예수님과 함께 걷는 법을 보여 주고자 합니다. 우리는 하느님이 창조하신 모든 세계를 보고 예수님의 가르침이 지닌 논리를 깨달음으로써 그분을 알게 되도록 다른 사람들을 초대합니다. 하느님이 당신 사랑을 우리와 나누고자 마련하신 구원의 위대한 계획에 우리가 한 질문과 그에 대한 답변들이 얼마나 적합한지 보여 주고자 합니다.

시는 삶의 규칙이 우리를 참으로 행복하도록 도와주는 것임을 깨닫고 그 규칙들을 포용할 수 있습니다.

따라야 할 규칙보다 중요한 것?

궁극적으로, 신앙과 관련된 질문에 대한 답변은 논리나 교회의 권위가 아니라 한 인물에게서 찾을 수 있습니다. 바로 예수 그리스도라는 인물이지요. 그분은 우리가 상상할 수 없는 사랑으로 우리를 사랑하십니다. 바로 이 때문에 조건이나 계명을 이야기하기 전에 사람들이 먼저 예수님을 알도록 도와야 하는 것입니다. 결혼한 부부라면 누구에게나 서로를 위해 포기하는 것이 있습니다. 하지만 그들이 행복하게 포기할 수 있는 까닭은 서로 사랑하기 때문이지요 (tweet 4.19 참조). 그런데 따라야 할 규칙 목록만 있다면, 누가 알지 못하는 사람과 평생 계약을 맺으려 하겠습니까? 예수님과 인격적인 유대가 자랄 때에만 사람들은 그분이 주

> 예수님의 십자가 희생으로 드러난 모든 이를 위한 사랑이야말로 하느님의 궁극적인 답변입니다. 모든 답변은 거기에서 출발합니다.

A.4 모든 사람이 다 질문과 관련되나요?

질문한다는 것은 본질적으로 인간적입니다. 철학은 주변 세계에 대한 체험을 곰곰이 생각하고 질문하는 데에서 시작합니다. 시대를 거쳐 내려오면서 사람들은 같은 질문을 반복하곤 합니다. 곧 '나는 어디에서 오는가?', '내 삶에는 목적이 있는가?', '내가 보는 것 너머에도 삶이 있는가?', '악과 고통은 왜 존재하는가?', '나는 어떻게 행복을 발견할 수 있나?'와 같은 질문을 반복하지요. 하느님의 계시는 이러한 질문에 답을 주거나 적어도 그 질문을 이해할 수 있도록 도와줍니다. 비록 다가올 세상에서 그 삶을 누리기 전까지는 그 진실을 알 수 없다고 해도 말입니다(tweet 1.11 참조).

오늘날의 질문

오늘날 사람들이 제기하는 신앙과 관련된 질문 대다수는 이러한 원초적 질문과 연관된 것입니다. 〈하느님과 트윗을〉에 있는 200가지 질문을 자세히 살펴보면, 일부 질문은 위에서 언급한 기본적인 유형의 질문이라는 것을 발견할 것입니다(〈하느님과 트윗을〉 제1부, 제4부 참조).
다른 질문은 하느님의 본성과 하느님이 창조하신 세계를 비롯해, 시작과 종말, 그리고 성경과 성전에 나오는 하느님 계시에 관한 것들입니다(〈하느님과 트윗을〉 제1부 참조). 또 다른 질문은 예수님과 교회 제도에 관한 것들입니다(〈하느님과 트윗을〉 제2부 참조). 그리고 기도, 전례, 성사와 관련된 질문들도 있습니다(〈하느님과 트윗을〉 제3부 참조). 끝으로 그리스도인으로서 어떻게 살 것인가와 관련된 질문들이 있습니다(〈하느님과 트윗을〉 제4부 참조).

시간과 장소

시간과 장소가 다르다면 사람들은 질문을 다르게 표현할 것입니다. 하지만 〈하느님과 트윗을〉에 있는 질문의 다수는 21세기의 현재 네덜란드 젊은이들뿐만 아니라 인생에서 중요한 것들을 이해하고자 하는 모든 사람에게 적절합니다. 오늘날 〈하느님과 트윗을〉 프로그램은 여러 대륙에서 사용됩니다. 정식 답변은 언제나 시간이나 장소와 관련

성경에 나오는 하느님의 질문

하느님이 던지시는 질문을 성경에서 찾아본 적이 있는지요?(그 질문은 번역에 따라 약간 다를지 모릅니다. 히브리어는 구두점을 사용하지 않기 때문이랍니다.)

하느님은 아담과 하와에게 첫 질문을 던지십니다. "너 어디 있느냐?"(창세 3,9) 이 질문은 우리 각자에게도 하시는 질문입니다. 하느님은 우리를 찾으러 오십니다. 아담과 하와처럼 우리도 어떤 꼬임에 넘어가 하느님께 불순종하고 그게 나쁘다고 느끼기에 진실로부터 숨으려고 합니다.

하느님의 두 번째 질문은 "네 아우 아벨은 어디 있느냐?"(창세 4,9)입니다. 자기 아우를 살해한 카인은 이 질문에 반문으로 답변합니다. "제가 아우를 지키는 사람입니까?"(창세 4,9) 이것 역시 우리 모두에게 던져진 질문입니다. 곧 우리는 형제자매들에 대한 책임이 있습니다. 우리는 선을 행해야 하고 악을 행하지 말아야 합니다. 그리고 이는 하느님께 순종하도록 서로 돕는 것을 포함합니다. 신약 성경의 첫 질문은 동방 박사들이 합니다. 그들은 우리를 대신하고, 온 세상을 대표하여 예수님에 관해 묻습니다. "(그)분이 어디 계십니까?"(마태 2,2) 여기서 우리는 하느님과 트윗을 하기 시작합니다.

이 있습니다. 여러 나라에 공통된 점은 그들이 모두 정도는 다르지만 세속화의 영향을 받고 있다는 점입니다. 〈하느님과 트윗을〉의 답변은 이러한 점을 고려하고 있습니다. 〈하느님과 트윗을〉에서 사용되는 어휘는 아주 현대적입니다. 가능한 한 우리 시대의 언어를 많이 사용하고 있지요. 몇십 년이 지나면 이 본문은 이해하기 어려울 수도 있을 것입니다. 트위터나 페이스북 같은 매체들이 사라지면서 말이지요. 하지만 〈하느님과 트윗을〉의 내용은 그때도 동일할 것입니다. 물론 그 시대의 요구에 답변하기 위해 다른 방식으로 제시될 필요가 있을 것입니다.

모든 세대를 위해

〈하느님과 트윗을〉에서 오늘날의 젊은이들이 하는 질문은 언제 어느 곳에서나 제기되는 보편적인 질문이라고 할 수 있습니다. 어른들조차 〈하느님과 트윗을〉의 단순하고 명확한 설명들에 큰 도움을 받았다고 말합니다. 어떤 사람들은 SNS에 책이 소개된 것을 보고 고마워하기까지 했지요! 우리는 오늘날 사람들이 하는 본질적인 질문에 관해 대화를 계속할 것입니다. 모든 이를 위한 예수 그리스도의 영원한 사랑에 관해 젊은이들의 언어로 이야기할 것입니다.

 저마다 차이는 있지만, 모든 사람은 그들의 실존과 세상과 하느님에 관해 똑같은 근본적인 의문을 가지고 있습니다.

A.5 〈하느님과 트윗을〉 이 책을 혼자 또는 모임에서 모두 사용할 수 있나요?

이 책은 공부를 위한 교재로 혼자서 사용할 수 있습니다(상자 참조). 또한 지속적으로 모이는 단체에서 아주 유용하게 쓰일 것입니다. 사람들은 모임에 참여하면서 서로를 잘 알게 됩니다. 또한 답변을 생각해 보면서 신앙에 관해 진지하게 고민해 볼 수 있습니다(B.3 참조). 단체가 모여 이 책으로 공부한다면 매주 혹은 격주로 모여서 공부하기를 추천합니다. 처음 시작하는 사람들을 위해서는 〈하느님과 트윗을〉 모임에 대한 개요(A.1 참조)와 모임의 구성에 대한 제안(B.2 참조)을 살펴보기를 권합니다.

이 책 〈하느님과 트윗을〉과 웹사이트에 있는 답변들은 각 화제에 관한 후속 공부와 대화에 도움이 될 것입니다. 이 답변들은 모임에서 토의를 할 때나, 모임 밖에서 토론이 계속될 때에 준거로서 기능할 것입니다(A.1 참조).

기도하세요

신앙에 관해 이야기하고 공부하는 것은 대단히 중요합니다. 그러나 신앙에 관해 이야기하고 공부하는 일은 예수님과 〈싹트는〉 인격적 관계에 뿌리를 두지 않으면 의미가 없

질문하고 생각합니다

혼자서든 모임에서든, 모든 〈하느님과 트윗을〉 활동의 출발점은 신앙에 관한 질문입니다(B.3 참조). 신앙에 관해 의문 나는 점이 있으면 이 책의 질문을 살펴보세요. 직접적인 답을 찾을 수도 있고, 그와 관련된 답을 찾을 수도 있을 것입니다. 그리고 답변에 대해 생각하다 보면, 관련된 주제든 아니면 전혀 다른 주제든 간에 더 많은 질문을 제기하게 될 것입니다.

〈하느님과 트윗을〉의 목표는 사람들이 우리 신앙의 논리를 깨닫도록 도와주는 데 있습니다(A.3 참조). 이를 발견하기 위해서는 참가자들이 스스로 생각해야 합니다. 어떤 사람들은 자기들이 믿는 것에 대한 설명도 할 수 없으면서 들은 바를 고집스럽게 단순히 되풀이할 것입니다(A.2 참조). 또 어떤 사람들은 자기들의 요점을 주장하겠지만 그 주장은 그리 근거가 충분하지 않을 것입니다. 하지만 그런 사람들과 모였다고 해서 그다지 문제가 되지는 않습니다. 그런 사람들은 시간이 흘러가면서 스스로 생각하기를 배울 것입니다. 모든 것에 대해 준비된 답을 지닌 사람은 아무도 없으니까요!

혼자서 〈하느님과 트윗을〉을 사용하는 방법

〈하느님과 트윗을〉은 여러분의 질문에 대한 답을 찾을 수 있는 여러 방식을 제공합니다. 여러분은 이 책을 집어 들 수도 있고 아니면 웹사이트(www.tweetingwithgod.com)나 어플리케이션에서 탐색할 수도 있습니다(C.1 참조). 책의 색인은 찾고자 하는 주제를 다룬 트윗 문항을 즉시 찾도록 도움을 줄 것입니다. 특히 웹사이트는 〈하느님과 트윗을〉 어플리케이션을 통해 접속하여 검색하도록 되어 있습니다. 찾은 질문에 대한 답을 읽은 다음에는 여러분이 가지고 있는 성경에서 성경 인용 구절을 찾아볼 수도 있고, 이 책에 나오는 '더 읽어 보기' 항목을 찾아볼 수도 있습니다. 목표는 여러분과 하느님의 관계가 성장하는 것입니다. 이 일은 하느님에 관한 지식을 여러분 삶의 일부가 되도록 할 때에만 가능합니다. 날마다 시간을 내 기도하고 다른 사람들을 도움으로써 여러분의 신앙이 성장하도록 실천하기를 바랍니다.

습니다. 따라서 규칙적으로 기도하는 시간을 갖는 것이 기본입니다. 또한 모임에서 〈하느님과 트윗을〉을 활용할 때는 기도를 그 모임의 필수적인 부분으로 여겨야 합니다. 모임에서 사람들이 오랜 토의 끝에 지쳐서 마침 기도를 하기 전에 집에 가고 싶어 한다면, 기도 시간을 더 많이 갖기 위해 토론을 줄여도 좋습니다. 기도는 하느님과 이야기할 기회를 준다는 점에서 말 그대로 하느님과 트윗을 하는 것입니다(tweet 3.2 참조).

행동하세요

하느님에 대한 지식은 본질적으로 삶의 일부가 되어야 하고, 또 다른 사람들을 대하는 방식이 되어야 합니다. 예수님은 나무는 그 열매로 알 수 있다고 말씀하셨습니다(루카 6,44 참조). 그리고 그리스도인은 그가 사는 방식으로 인정받아야 합니다. "이것이 어떻게 내 삶에 영향을 미칠까?" 하는 질문은 〈하느님과 트윗을〉으로 공부하는 모든 사람에게 대단히 중요한 질문입니다. 모임에서 이 프로그램을 활용할 때에는 매 모임마다 어느 시점에서는 이 질문에 직접 대답할 시간을 마련해야 합니다.

이와 관련하여, 자비의 활동을 하는 것, 곧 주변의 사람들을 아무런 보답을 기대하지 않고 돕는 것은 대단히 도움이 될 수 있습니다. 여러분은 이 책을 혼자 읽거나 모임에서 함께 읽는 것과 상관없이 이렇게 할 수 있습니다.

〈하느님과 트윗을〉은 우리가 궁금해하는 것에 관한 것입니다. 그러니 그 질문으로 시작하세요! 이 프로그램은 답을 찾는 데, 또 우리 자신이 하느님과 트윗을 시작하는 데 도움을 줍니다.

A.6 질문이 어렵지 않을까요?

"어리석게 굴지 마! 이렇게 얼토당토않는 종교를 믿다니!" 하는 친구의 말에 여러분의 믿음이 움츠러들 수 있습니다. 마찬가지로 여러분은 토론을 하다가 누군가가 "정말이야? 이걸 믿지 않는다고?" 하고 물을까 봐 걱정할 수도 있습니다. 여러분이 모임에서 리더 역할을 하고 있을 때, 또 노골적인 질문에 대해 답을 할 수 없을 때 더욱 그러할 것입니다. 젊은이들은 질문하고 촌평하는 데 있어서 단도직입적일 때가 많지요.

여러분 나름의 방법을 발견하세요

이런 경우에 여러분은 어떻게 반응할 건가요? 언제 어디에서나 한 가지 방식만 있는 것은 아닙니다. 다른 사람의 답변을 생각 없이 반복하지 말고 어려운 질문에 답변하는 여러분 나름의 방식을 발견해야 할 것입니다. 그럴 때에만 여러분의 답변이 진정으로 믿을 수 있는 대답이 될 것입니다. 그리고 신앙에 관해 많이 배우고, 좋은 책들을 읽고, 많이 아는 사람들과 대화를 나누면 큰 도움이 될 것입니다. 〈하느님과 트윗을〉의 답변들은 여러분이 토론을 할 때 좋은 출발을 하게 도와줍니다.

기도하세요

늘 마찬가지로, 언제 어디서든 기도가 본질적입니다. 여러분의 신앙에 관해 더 많이 알고 싶다면 우선 하느님을 알아야 합니다! 그분은 온갖 것에 대한 답을 갖고 계십니다. 그렇지만 현세에서 하느님의 생각을 완전히 안다는 것은 불가능합니다. 기도하는 가운데 공부하고 하느님을 찾는다면, 여러분은 우리 신앙의 위대한 논리를 알기 시작하게 될 것입니다(tweet 1.26-1.28 참조). 이 논리는 여러분이 바른 답을 찾는 데에 큰 도움을 줄 것입니다. 하느님의 사랑에 비춰 어려운 질문을 고찰한다면, 여러분은 자신이 생각했던 것 이상으로 많이 안다는 것을 발견할 것입니다.

> **"저는 하느님을 믿지 않는 친구들과 달라지고 싶지 않았어요."**
>
> 처음 〈하느님과 트윗을〉 모임에 참여했을 때에, 저는 한창 사춘기를 겪고 있었어요. 그때는 친구들과의 관계가 아주 중요했지요. 제 학교 친구들은 신앙이나 깊은 현안에 관해서 관심이 없었어요. 저는 그에 관해 이야기하고 싶긴 했지만, 그들과 멀어질 것 같아서 그럴 수 없었지요. 성당에서 신부님이 하시는 강론이 좋기는 했지만, 신앙을 탐구하기에 충분하지는 않았어요. 신앙에 관해 배우고 교회 규정에 따라서 사는 것은 학교 친구들과 함께 사는 삶, 곧 신앙과 양립할 수 없는 현실이었죠. 〈하느님과 트윗을〉 모임에 참여하는 동안에, 저는 신앙에 관해, 실질적인 것들에 관해 제 또래의 사람들과 함께 배울 수 있었어요. 이것은 제게 잘 맞았어요. 저는 사회가 교회와는 다른 방향으로 저를 떠민다고 느꼈지만, 이제는 그것이 '정상적'인 일이며 동시에 '종교적'일 수 있다는 것을 체험했습니다. 〈하느님과 트윗을〉 모임에서, 저는 언제나 안전하다고 느꼈습니다. 〈하느님과 트윗을〉 모임은 제가 무엇을 믿으며 어떻게 믿는지를 분명하게 발언할 수 있는 장소였습니다. 저는 아무 질문이나 할 수 있었고 그 질문이 지나치게 비판적이라며 버려지는 일 또한 없었습니다. 〈하느님과 트윗을〉은 제게 큰 도움이 됐습니다. 저는 주변 사람들의 어려운 질문들을 두려워하지 않는 법을 배웠습니다.
>
> — 리브비네

두려워하지 마세요

답을 모를 때라도 질문을 두려워할 이유가 전혀 없습니다. 누구도 모든 것을 다 알지는 못합니다. 하지만 우리에게는 예수님이 하신 약속이 있습니다. 신앙에 관한 질문을 받을 때에 성령이 답을 알려 주실 것이라는 약속 말입니다(루카 12,11-12 참조). 물론 하느님의 영감을 들을 수 있으려면 하느님의 은총에 우리 자신을 열어야 합니다(tweet 4.12 참조).

"하느님을 먼저 추구하세요."

저는 제 자신과 제가 가진 지식만을 신뢰하지 않게 되었어요. 오직 하느님이 저를 통해 말씀하시도록 할 때만 그들이 제가 말하는 것에 관심을 갖더라고요. 이것은 제가 먼저 하느님과 인격적 유대를 맺고, 기도 안에서 그분을 자주 찾아야 한다는 것을 알게 해 주었습니다.

– 일세

기도하세요. 공부하세요. 알지 못한다고 두려워 마세요. 하느님을 신뢰한다면, 두려워할 이유가 전혀 없습니다.

제2부

모임이나 학교에서 〈하느님과 트윗을〉 활용하기

서론

〈하느님과 트윗을〉은 언제 어디에서나 여러 가지 방법으로 읽을 수 있습니다. 특히 본당이나 학교에서 함께 읽기에 좋습니다. 예비 신자들이 세례를 준비하면서 읽기에도 좋지요. 여기에서는 〈하느님과 트윗을〉을 어떻게 활용해야 풍부한 결실을 맺을 수 있는지 알려 주고자 합니다.

그러니 여기에 제시된 방법을 실제로 따라해 보기를 바랍니다. 이를 여러분의 모임에서 함께 하면 더 좋습니다. 하지만 모임 구성원의 나이와 특징을 고려하는 것도 필요합니다.

물론 여기에서 제안하는 방법들은 모임 구성원들의 나이에 크게 구애받지 않습니다. 〈하느님과 트윗을〉은 모든 연령층을 위한 것이니까요! 원래 이 프로그램(A.4 참조)은 젊은이들을 위해 만들어졌습니다. 그러나 젊은이들뿐만 아니라 신앙에 관해 배우고자 하는 사람이라면 누구에게나 좋습니다. 중요한 점은 나이가 아닙니다. 신앙에 관한 궁금증과 관심, 더 알고 싶다는 열정이 더욱 중요합니다.

제2부에서는 〈하느님과 트윗을 활용하기〉의 팁Tip을 자주 언급합니다. 팁에서는 〈하느님과 트윗을〉과 한 시즌을 보내는 계획(Tip 1 참조), 모임 구성원들이 질문을 하도록 이끄는 몇 가지 방식(Tip 2 참조), 모임에서 사용할 여러 가지 활동(Tip 3 참조), 고해성사와 기도를 모임에 포함시키는 방법(Tip 4, 5 참조), 견진 교리 수업에서 〈하느님과 트윗을〉 사용하는 방법(Tip 6 참조)을 제공합니다.

또한 웹사이트(www.tweetingwithgod.com/howto)에서 제안과 활동에 관한 내용을 내려받을 수 있습니다. 그리고 여러분의 모임에서 어플리케이션을 활용할 수도 있습니다.

여러분은 이 책, 〈하느님과 트윗을 활용하기〉에서 모임의 지도자들을 위한 조언을 찾을 수 있습니다(B.5 참조). 저는 모임의 지도자로 일하면서 지도자는 무엇보다도 섬기는 사람이 되어야 한다는 것을 배웠습니다. 곧 모임을 목표를 향해 이끌어야 하고, 모임을 위해 시간과 에너지를 기꺼이 희생해야 한다는 것을 배운 것입니다. 그렇게 할 때, 신앙의 여정을 걷는 젊은이들을 도우면서, 여러분만이 아니라 여러분이 만나는 사람들의 영적 성장에 핵심이 되는 교훈을 배울 수 있습니다!

"너희 가운데에서 높은 사람이 되려는 이는 너희를 섬기는 사람이 되어야 한다."(마태 20,26)

일세 스프라위트

B.1 〈하느님과 트윗을〉 모임을 어떻게 시작하나요?

함께 모임을 하기를 원하는 사람들과 이야기하며, 그들이 신앙에 관한 질문에 관심을 갖도록 이끄는 것이 〈하느님과 트윗을〉을 가장 유용하게 활용하는 방법입니다. 그렇게 하면 그들이 신앙의 어떤 부분에 관심이 있는지 알 수 있습니다. 물론 신앙에 대해 질문을 던져 주는 방식으로도 시작할 수 있습니다. 어떤 사람들은 신앙에 관한 질문을 접할 때에야 답을 어떻게 찾을지 곰곰이 생각하기 때문입니다. 〈하느님과 트윗을〉은 질문에 대한 답을 찾도록 도와주기도 하지만 질문 이면에 있는 논리에 관해서도 생각하도록 이끌어 줍니다.

준비 모임을 꾸리세요

〈하느님과 트윗을〉 모임을 시작하기로 마음먹었다면 우선 두어 명으로 준비 모임을 꾸리는 것이 좋습니다. 준비 모임을 만든 사람들이 〈하느님과 트윗을〉 모임을 진행하는 동안 모임에 참여할 사람들을 대표할 수 있습니다. 나아가 팀 활동으로 일을 분담할 수 있고 더 많은 재능을 모을 수 있으며, 더 큰 네트워크를 꾸릴 수 있습니다. 그리고 이 네트워크를 통해서 모임에 참여할 사람들을 초대할 수도 있습니다. 준비 모임에 소속된 사람들은 서로에게 동기를 부여할 수 있고 함께 기도할 수 있습니다. 마지막으로 무엇보다 중요한 장점은, 준비 모임을 구성해서 함께 작업해야 더 재미있다는 것이지요!

비전을 공유하세요

〈하느님과 트윗을〉 모임을 계획하고 있다면, 성취하고자 하는 목표가 무엇인지를 아는 것이 중요합니다. 예수님과의 인격적 관계가 성장하고 또 하느님에 관해 더 많이 배우는 것과 관련된 것을 목표로 삼기를 바랍니다(A.3 참조). 여러분은 자신의 질문에 대해 답변을 찾고자 하며, 또한 다른 사람들도 신앙에 관해 생각하도록 도와주려는 생각도 가지고 있을 것입니다.

계획을 짜세요

이제 여러분의 구상을 구체화할 때입니다. 얼마나 자주 만날지, 일정은 어떻게 결정할지 등을 정해야 합니다(Tip 1 참조). 모임의 분위기는 중요한 문제입니다. 그러니 어디에서, 무엇이 갖춰진 데서 만날지도 정해야 합니다(B.4 참조). 사람들을 어떻게 초대할지(Tip 1 참조), 질문은 어떻게 수집할지(B.3 참조), 첫 모임을 특별하게 할 의향이 있는지(Tip 1 참조)도 중요한 문제입니다. 어른들의 모임이라면 곧장 질문을 파고들기가 더 쉽겠지만, 청소년으로 구성된 모임이라면 서먹한 분위기를 깨는 활동들이 더 필요할 것입니다.

....

〈하느님과 트윗을〉은 여러분의 모임이

- 신앙에 관해 생각하고 인류를 위한 하느님 계획의 논리를 보도록
- 예수님과의 관계에서 성장하도록
- 함께 기도하며 신앙을 나누도록
- 신앙을 실천하도록 도울 것입니다.

〈하느님과 트윗을〉 모임은

- 모임 구성원 자신의 질문으로 시작합니다.
- 누구나 참가할 수 있습니다.
- 스스로 생각하도록 참가자들을 격려합니다.
- 매일 신앙 안에서 살기 위한 제안들을 제시합니다.
- 신뢰와 우정의 분위기에서 이루어집니다.
- 다른 의견을 주장하고 표현할 여지를 줍니다.

- 모든 것을 하느님의 손에 맡기면서 잠깐 기도하는 것으로 시작하고 마칩니다.

〈하느님과 트윗을〉의 규칙

1. 신앙과 삶에 관한 어떠한 질문이라도 환영하세요. 그 질문이 나타낼 수 있는 입장이나 그 질문이 함축할 수 있는 답변들에 괘념치 마세요.
2. 모임에서는 다른 사람들의 말을 경청하고 그들의 발언 이면에 있는 근거를 이해하도록 노력하세요.
3. 교회의 가르침에 대한 논증을 분명히 하세요.
4. 다른 사람을 이해시키려고 너무 애쓰지 마세요. 그냥 여러분의 신앙을 증언하세요. 오직 하느님만이 사람들의 마음을 바꾸실 수 있음을 명심하세요.
5. 다른 사람들의 발언을 모임 밖의 사람들에게 이야기하지 마세요.

 사람들을 모아 준비 모임을 구성하세요. 여러분의 비전을 공유하세요. 그리고 〈하느님과 트윗을〉을 시작하세요!

B.2 모임은 어떻게 이루어지나요?

먼저 이 모임에서 어떤 질문을 토론할 것인지 결정하세요(B.3 참조). 그러기 위해서는 모임 구성원들이 사전에 주제에 관한 자료를 읽도록 하는 것이 좋습니다. 모임에서 〈하느님과 트윗을〉을 사용하기 위한 제안(A.5 참조)과 〈하느님과 트윗을〉의 모임 구성에 관한 설명(A.1 참조)을 보세요. 이번이 첫 만남이라면, 모임에서 나온 질문과 교회의 전례 시기를 고려해서 토의할 질문의 순서를 적절하게 짜는 것이 중요합니다(Tip 1 참조).

모임을 시작하기

짧은 기도로 시작하세요. 할 수 있다면 모임 구성원 가운데 한 사람이 주도하게 하세요(Tip 5 참조). 새로운 사람이 참석했을 때는 그들을 먼저 소개하는 것이 좋습니다(Tip 3 참조). 긍정적이고 평화로운 분위기에서 토론이 이루어지도록 도와줄 〈하느님과 트윗을〉의 규칙을 모두에게 알리고 동의를 얻으세요(A.2 참조). 주제가 무엇이든 간에, 많이 웃고 함께 즐길 거리는 언제나 있습니다. 이는 긴장을 풀고 모임 구성원들을 하나가 되게 하는 자연스러운 방식입니다.

질문에 관해 토론하기

그다음에는 질문을 제시할 때입니다. 예를 들면 이런 질문이지요. "과학은 하느님에 대한 믿음과 배치되나요?"(tweet 1.1 참조). 모임에서 이 질문에 관해 적절하게 토론하도록 돕는 방법에는 여러 가지가 있습니다(Tip 2, 3 참조).

• 질문을 제기한 사람이 직접 자신이 왜 그 질문을 하게 되었는지를 설명하고, 그에 관한 자신의 기본적인 생각을 이야기할 수 있습니다.

• 토론을 시작하는 또 다른 방식은 구성원 가운데 한 명에게 〈하느님과 트윗을〉 책에 있는 답변의 내용을 간략히 발표할 수 있게 미리 준비해 오도록 요청하는 것입니다. 이어서, 모임의 다른 사람들은 앞사람의 의견이나 〈하느님과 트윗을〉 책에 있는 답변의 내용에 동의하면서 그렇

분 단위로 제안하는 시간표

한 회합에서 두 개 또는 그 이상의 질문에 대해 토론할 수 있습니다. 이 시간표는 두 질문을 토론하는 상황을 고려한 것입니다. 원한다면 이 시간표는 얼마든지 수정해도 됩니다.

00:00 모임 구성원의 시작 기도
00:02 새로운 구성원 소개하기. 〈하느님과 트윗을〉 규칙에 대한 동의 구하기.
00:05 모임 구성원 중 한 명이 첫 번째 질문 소개하기.
00:10 제1차 토론
00:40 더 많은 자료 읽기('더 읽어 보기' 자료를 읽기)
00:45 제2차 토론
01:05 모임 지도자가 요약해 주기
01:10 두 번째 질문 소개
01:15 제1차 토론
01:45 더 많은 자료 읽기
01:50 제2차 토론
02:10 요약
02:15 성당이나 경당에서 마침 기도 하기
02:30 마침

게 생각하는 이유에 대해 말할 수 있을 것입니다. 그렇지 않으면 그들 나름의 의견과 주장을 펼 수도 있습니다. 모임 구성원들에게 준비된 의견이 없다면, 지도자가 관련된 후속 질문을 할 수 있습니다(B.5 참조). 예를 들면, "창세기의 창조 이야기와 진화론이 어떻게 상생할 수 있나요?", "이에 관해 생각해 봤나요?", "우리 교회는 우주여행을 반대하나요?", "과학으로 하느님이 존재하신다는 증거를 찾을 수 있나요?", "그게 중요한가요?" 등입니다.

모든 사람이 토론에 참여할 기회를 가진 후, '더 읽어 보기' 자료를 읽는 것이 큰 도움이 될 것입니다. 같은 방식으로, 모임의 지도자는 《가톨릭 교회 교리서》, 《가톨릭 교회 교리서 요약편》, 《YOUCAT》에서 관련된 내용을 읽어 줄 수 있습니다. 또한 여러 교황들과 교회 교부들의 인용문도 찾을 수 있을 것입니다. 이는 2차 토론을 시작하는 데 도움을 줍니다.

마무리

토론을 마무리하기 위해, 이제까지 토론에 나온 이야기를 요약할 수 있습니다. 또는 《하느님과 트윗을》 책에 나오는 답변을 함께 읽으면서 어떤 논증들을 모임에서 언급한 것인지 확인할 수도 있습니다. 이 시점에서 중요한 질문은 "이것이 나의 신앙과 예수님과의 관계에 어떤 관련이 있는가?" 하는 것입니다. 이는 요약해서 언급할 수 있습니다. 그다음에는 배운 것을 어떻게 삶으로 실천할 수 있는지에 대해 각자가 자신에게 답해 보도록 시간을 주세요. 이 답변은 끝에 가서는 기도로 이어질 수 있습니다. 각 모임은 성당이나 경당에서 시간 전례의 끝기도 혹은 성체 조배와 같은 전례 기도의 형태로 마무리하는 것이 좋습니다(Tip 5 참조).

하느님께 기도하세요. 모임에 적절한 방식을 찾으세요. 질문하고 답하며 토론하세요. 그리고 여러분의 신앙을 행동으로 실천하세요. 이것은 〈하느님과 트윗을〉을 가장 잘 활용하는 방식입니다.

B.3 어떤 질문을 토론해야 할까요?

〈하느님과 트윗을〉 모임 때에는 토론할 질문을 모임 자체에서 결정하는 것이 이상적입니다. 첫 모임 때 모임 구성원들이 알고 싶어 하는 모든 질문을 함께 살펴보면서 계획을 짜 볼 수 있습니다. 가장 쉬운 것은 모임 구성원들에게 질문을, 종이나 이메일 또는 SNS를 통해 제출하도록 요청하는 것입니다. 전체 목록에는 모든 종류의 질문이 다 담길 것이기 때문에, 체계화하는 데에 노력이 좀 필요할 것입니다.

목록을 손질하세요

모임의 지도자로서, 준비 모임과 함께 어떤 질문이 지나치게 개인적이어서 모임에서 논의하기에 적절치 않은지 등을 결정하세요. 이런 질문은 개인적으로 토론하도록 하거나 답변에 도움을 줄 수 있는 사람을 소개해 줄 수 있을 것입니다.

유형별로 모으고 계획을 세우세요

어떤 질문은 동일한 주제와 관련이 있음을 깨닫게 될 겁니다. 그런 질문을 유형별로 모으세요. 우리가 경험해 본 바로는 책에 나와 있는 순서가 유용할 것입니다. 이 책은 다른 쟁점을 이해하는 데 필요한 신앙의 기본을 고려하고 있기 때문입니다. 예를 들어, 성경을 신뢰할 만한 안내자로 사용하고 싶다면, 이 책에 나오는 대로 교회가 성경을 신뢰할 만하다고 여기는 이유에 관해서 먼저 토론해야 할 것입니다(tweet 1.10-1.21 참조).

그러한 방식으로 모임이 제기하는 첫 번째 질문을 이 책에 나오는 질문으로 시작할 수 있을 것입니다. 나중에 가면 순서는 덜 중요해집니다. 그리고 예를 들면 한 시즌에는 그리스도인의 윤리에 관해(tweet 4.1-4.50 참조), 그다음 시즌에는 교회 역사에 관해(tweet 2.1-2.50 참조) 이야기할 수 있습니다. 때때로, 이 책에서 다루지 않은 질문도 있을 것입니다. 그럴 때는 본당 신부님께 여쭤볼 수 있을 것입니다. 아니면 앞에서 설명한 것과 같은 방식으로 그 질문을 다뤄 보는 것도 좋습니다.

일단 질문의 순서를 매기고 난 뒤에, 각 모임 때마다 어떤 질문에 관해 논의할 것인지를 결정하세요. 원한다면 달력을 만들 수도 있습니다. 그러면 참가자들은 그 기간 동안

유대를 맺고 신뢰를 쌓기

〈하느님과 트윗을〉 모임이 결실을 맺기 위해서는, 모임의 유대감과 신뢰감을 조성하는 것이 중요합니다.

- 〈하느님과 트윗을〉 규칙에 대해서 모든 참가자의 동의를 구합니다(A.2, B.1 참조).
- 모임에 여러 차례(몇 번) 참여하도록 초대하세요. 그렇지 않으면 모임의 신뢰성을 해칠 수 있습니다.
- 참여자들이 서로 알도록 도와주는 데에 시간과 노력을 들이세요(모임을 재미있게 하는 방법에 대해서는 Tip 3을 참조하세요).

서로 신뢰하는 마음이 클수록 모임 구성원들이 서로를 더 편하게 느낄 것입니다. 이는 더 깊이 관계를 맺을 수 있게 해 줍니다. 참가자들 사이에 우정이 싹트면 참가자들은 바쁜 가운데에서도 〈하느님과 트윗을〉 모임에 빠지지 않을 것입니다.

무엇을 할 것인지 준비할 수 있을 것입니다.

질문을 이끌어 내기

모임에 질문을 이끌어 내기 위해서는 여러 가지 활동을 하는 것이 도움이 되는 경우가 있습니다(Tip 2, 3 참조). 참가자들은 너무 부끄럽다거나 마뜩잖다는 이유로 질문지를 보내지 않을 수도 있기 때문입니다. 이러한 경우 첫 모임은 질문을 살펴보는 시간으로 활용할 수도 있습니다. 그렇게 하면 한 질문이 또 다른 질문으로 이어지게 될 것입니다. 편안한 분위기에서 서로 시간을 보내면 참가자들 사이에 신뢰하는 분위기가 구축됩니다(상자 참조). 참가자들이 서로 마주 보고 질문을 제기할 수 있을 만큼 편안함을 느끼도록 해 주세요. 그러기 위해서는 안락하고 환대하는 분위기를 조성해야 합니다(B.4 참조).

토론 조정하기

모임의 지도자는 조정자의 역할을 합니다. 너무 애써 노력하지 않아도 모임을 함께한 시간이 많아지고 참가자들이 서로를 신뢰하게 되면 여러분도 모르는 사이에 시간이 지나가 버릴 것입니다. 침묵을 두려워하지 마세요. 사람들은 말하기에 앞서 생각할 시간이 필요합니다. 하지만 모임에서 침묵 시간이 너무 길어지면 소심해질 수 있습니다. 그럴 때에는 토론이 계속 진행되도록 몇 가지 질문을 해 보세요(B.5, Tip 2 참조). 토론하는 동안에 수많은 이야깃거리가 나오는 것을 보게 될 것입니다. 예를 들어 tweet 1.1을 토론할 때에, 참가자들은 사람과 원숭이가 얼마나 다른지에 관해, 우주의 크기에 관해, 외계인의 존재에 관해 이야기하곤 합니다. 아담과 하와도 아마 언급될 것입니다. 토론하는 범위가 지나치게 넓어지지 않도록 하는 것이 중요합니다. 어떤 질문이 화제와 무관하다면, 그 질문은 다음 모임에서 토론하도록 결정할 수 있습니다.

> 질문은 모임을 함께하는 사람들에게서 나옵니다. 즉 〈하느님과 트윗을〉은 언제나 참가자들의 질문으로 시작합니다. 한 질문은 곧 다음 질문으로 이어질 것입니다.

B.4 〈하느님과 트윗을〉 모임을 어디서 하는 것이 좋을까요? 그리고 어떤 장치가 필요할까요?

이 모임은 참가자들이 환대받는다고 느끼는 곳이면 어디에서나 할 수 있습니다. 어떤 사람들은 하느님에 관해 이야기하는 것을 아주 어렵다고 느낍니다. 따라서 환대하는 분위기가 필요합니다. 이러한 분위기는 참가자들이 편안함을 느끼는 데 큰 도움을 줍니다. 이는 모임에서 신뢰하는 분위기를 이끌 수도 있습니다(B.3 참조). 이러한 모임을 만들기 위해 간략한 〈하느님과 트윗을〉 규칙이 도움이 될 수 있습니다(A.2 참조).

시간과 장소 정하기
〈하느님과 트윗을〉 모임을 위해 시간과 장소를 정할 때, 참가자들이 흥미를 갖고 있는 것과 그들이 가능한 일정을 검토하는 것이 좋습니다. 특히 아래 사항들을 고려해 보세요.

참가자들의 흥미
참가자들의 입장이 되어 어떻게 하면 참가자들을 행복하게 할 수 있는지 생각해 보세요. 많은 것이 필요하지 않습니다. 하지만 간단한 준비로 신뢰하는 분위기(B.3 참조)를 증진시킬 수 있습니다. 청소년들은 과자와 탄산음료를 좋아합니다. 대학생들은 맥주 한잔하는 것을 즐기지요. 그리고 어른들은 커피나 차, 혹은 저녁 식사를 더 좋아할 것입니다. 물론 주류와 함께할 때는 주의를 기울일 필요가 있습니다. 그리고 회합 장소를 꾸미는 문제에 대해서는 아래 상자에 나오는 제안을 고려해 보세요.

참가자들의 일정
모임 시간은 참가자들이 모두 참석할 수 있는 시간으로 결정해야 합니다.

- 모임 참가자가 주로 청소년이라면, 평일 저녁에는 학원이나 학교 공부를 해야 하고, 주말에는 친구를 만나거나 운동을 할 것이라는 점을 고려하세요.
- 모임에 젊은 부부가 있다면, 그들은 가족과 함께 저녁 식사를 하고 싶어 할 것이기에 저녁 식사 후에 시간을 내도록 하면 더 좋아할 겁니다.
- 대학생들이라면 치러야 할 시험이 있다는 것을 고려해야 합니다.

본당 회합실을 아늑하게 꾸며 보세요!

본당에는 모임을 할 수 있는 공간이 있습니다. 칙칙하고 먼지투성이인 낡은 방뿐인 경우도 있겠지요. 그럴 때 어떻게 하면 여러분의 모임이 그곳에서 환대를 받는 느낌을 갖도록 만들 수 있을까요? 분위기를 바꿀 만한 몇 가지 간단한 방법이 있습니다. 테이블보와 초, 그리고 화초(거의 영구적으로 사용할 수 있는 인조 화초)를 준비하세요. 중고 할인 판매점 같은 곳에 가면 멋진 식탁용 식기류나 포스터 등을 저렴하게 구할 수 있을 겁니다. 물론 모임을 지도하는 이가 혼자서도 할 수 있겠지만 모임의 구성원들이 함께 하면 동료애를 쌓는 데 도움이 될 수 있지요. 그렇게 한 뒤에 모두가 얼마나 좋아하는지 결과를 살펴보면 아마 놀라게 될 것입니다.

제1안 술집에서
장소 : 아담한 술집
시간 : 주말 밤
대상 : 대학생
준비할 것 : 술값
분위기 : 따로 모일 수 있는 곳
팁 : 너무 시끄럽지 않은 장소를 택하세요. 서로의 말을 들을 수 있어야 하니까요.

제3안 커피와 함께 또는 브런치를 먹으며
장소 : 본당 회합실이나 누군가의 집
시간 : 주일 아침 미사 후에
대상 : 상관없음
준비할 것 : 커피, 차, 머핀, 케이크, 샌드위치 등
분위기 : 멋진 테이블보와 냅킨
팁 : 각자 먹을 것을 조금씩 갖고 와 브런치를 즐길 수 있도록 하면 좋을 것입니다.

제2안 저녁 식사를 하면서
장소 : 본당 회합실이나 누군가의 집
시간 : 저녁
대상 : 학생 또는 성인
준비할 것 : 음식 재료와 부엌
분위기 : 멋진 테이블보, 초, 흐릿한 조명
팁 : 할 수 있다면 함께 음식을 준비합니다. 그러면 참가자들이 서로를 조금씩 알게 되고 좀 더 활동적인 모임이 될 것입니다.

 식당에서 저녁 식사를 하거나 커피 전문점에서 커피를 나누며 모임을 진행해도 됩니다. 참가자들이 서로 생각을 나누는 데에 편안하다고 느끼는 곳이라면 어디든지 괜찮습니다.

B.5 모임 지도자를 위해 실제적인 조언을 해 줄 게 있나요?

모임 지도자로서 토론을 조정해 본 경험은 그리 중요하지 않습니다. 다만 더 나은 지도자가 되고 더 나은 그리스도인이 되기 위해 계속 노력하는 것이 중요합니다. 여기서는 〈하느님과 트윗을〉 모임을 조정하기 위한 가장 중요한 규칙들을 알려 드립니다. 이 조언을 듣고 좋은 모임 지도자가 되는 것이 그렇게 어렵지 않다는 것을 깨달았으면 좋겠습니다. 단지 몇 가지 조언만 따르면 여러분이 모임 지도자로 활동하는 데 어려움이 없을 것입니다.

해야 할 일

① **기도하세요!** 〈하느님과 트윗을〉 모임을 준비하거나 진행할 때 우리 모두를 인도해 달라고 하느님께 청하세요.
② **말한 것을 실천하세요.** 여러분은 모임에서 롤 모델과 같은 역할을 한다는 것을 의식하세요. 특히 청소년들에게는 그렇습니다. 만일 금요일 밤에 청소년들의 〈하느님과 트윗을〉 모임을 지도하는데, 토요일 밤에 여러분이 술에 취한 모습을 그들에게 보인다면, 여러분은 신뢰를 잃을 것입니다.
③ **꼼꼼하게 잘 준비하세요.** 때때로 일이 잘못될 수도 있습니다. 하지만 모임을 최대한 매끄럽게 진행하도록 최선을 다하세요. 여기에는 여러분이 질문과 답변을 비롯해 모든 자료를 세심하게 준비하는 것도 포함됩니다.
④ **계획을 짜는 일을 참가자들과 함께하세요.** 처음 시작하는 사람에게 질문을 선정하고 분류하는 일을 맡기거나(B.3 참조), 초대하고 물건을 사는 일 등을 그들이 하도록 맡기세요. 다른 사람에게 맡기는 일이 더 힘들고 더 고민될 수도 있습니다. 또 여러분이 직접 하는 것보다 더 많은 시간이 걸릴 수도 있지요. 하지만 여러분의 일은 모임을 구축하는 것이고, 그를 위해서는 다른 사람들과 일을 함께해 나가는 것이 더 좋습니다.
⑤ **참가자들을 격려하고 그들에게 감사의 마음을 표현하세요.** 격려나 감사의 말은 오래 갑니다. 특히 청소년들은 불안함과 자의식을 느끼기 쉽기 때문에 긍정적인 피드백을 받고 싶어 합니다. 음식을 장만한 사람에게 칭찬해 주고, 청소한 사람들에게 고마움을 표시하며, 감정이 예민해진 사람을 편안하게 해 주세요.

하지 말아야 할 일

① **자신의 이야기만 줄곧 늘어놓지 마세요.** 물론 여러분의

> **질문 잘게 나누기**
>
> 참가자에 따라서 "예수님은 여성을 차별하셨나요?" 같은 질문(tweet 2.16 참조)은 잘게 나눌 필요가 있습니다(B.2 참조). 이를 위해 좋은 첫 질문은 "그것을 왜 물었나요?" 하고 다시 묻는 것입니다. 그리고 모임을 준비하며 〈하느님과 트윗을〉 책의 본문을 읽어 보면 몇 가지 작은 질문이 떠오를 것입니다. 예를 들어 "예수님은 여성을 차별하셨나요?"와 같은 질문의 경우에, 여러분은 참가자들에게 예수님에 대해 아는 바를 생각해 보라고 권할 수 있습니다. 곧 "예수님은 남자와 여자를 다르게 대하셨을까?", "여성 사도는 왜 없었을까?", "남성과 여성은 모든 면에서 똑같을까?", "남성과 여성에 대해 성경은 뭐라고 얘기할까?", "성별의 차이가 왜 문제가 될까?"와 같은 질문을 스스로 던져 보라고 권할 수 있는 것이지요.

경험을 나누는 것이 대화에 유익하다면 그렇게 할 수 있습니다. 하지만 참가자들에게 발언권을 주어 그들이 자신의 이야기를 하고 질문할 수 있도록 하세요.

② **단지 정보만을 공유하지 마세요.** 오히려 비전을 공유하세요. 정보만으로는 호소력을 지니지 못합니다. 우리 신앙이 아름다운 까닭은 신앙이 우리를 사랑하시는 하느님과 역동적인 관계를 맺게 해 준다는 것이지요!

③ **사람들을 곤혹스럽게 하지 마세요.** 특히 처음에 그렇게 해서는 안 됩니다. 모든 사람이 다 공개적으로 기도하거나, 자기의 개인 의견을 말하는 것을 편안하게 생각하지는 않습니다. 우선 자원하는 사람 위주로 분위기를 만드는 것이 중요합니다. 모임 구성원들이 서로를 더 잘 알게 될 때, 수줍어하는 구성원에게도 이야기하라고 부드럽게 격려할 수 있습니다.

④ **설명 없이 교회 전문 용어를 사용하지 마세요.** 성찬례, 은총, 죄 같은 단어들은 모든 사람들에게 친숙한 용어가 아닙니다. 〈하느님과 트윗을〉은 신앙을 알게 하기 위한 것이지 구성원들이 배제됐다고 느끼도록 하기 위한 것이 아닙니다. 모든 것이 생소할 때, 구성원은 그런 느낌을 받습니다.

⑤ **모임이 소규모라고 낙담하지 마세요.** 문제가 되는 것은 양이 아니라 질입니다. 여러분의 〈하느님과 트윗을〉 모임은 사람들이 서서히 신앙을 발견하는 안전한 장소이지 일류 신학자를 양산하는 공장이 아닙니다.

여러분 자신이 되세요

특히 젊은이들의 모임을 다루는 데 가장 중요한 규칙은 마음을 다해 진정으로 대하는 것입니다. 곧 여러분 자신이 되는 것입니다! 여러분의 개인적 신앙과 확신을 기꺼이 나누세요. 여러분이 아직 알지 못하는 것에 관해서도 솔직해지세요. 하지만 자기들의 질문에 대한 답변을 찾고 싶어 하는 모임 구성원들을 실망시키지 않도록 조심하세요. 어떤 쟁점에 관해 여러분이 갖고 있는 의혹을 이 자리에서 나누는 것은 적절하지 않을 수 있습니다. 그 의혹들은 여러분의 영적 지도자와 나누세요(tweet 3.4, 4.6 참조). 오히려 언제나 긍정적인 모습을 보이려고 노력하세요!

> 좋은 모임 지도자가 되려면 모임에 헌신하는 자세와 모임 비전에 대한 확신이 반드시 필요합니다. 여러분 자신이 되세요. 그리고 다 대답하지 못하는 것을 겁내지 마세요.

29

B.6 〈하느님과 트윗을〉이 참가자들의 일상생활에 어떻게 영향을 미칠 수 있나요?

예수님의 메시지인 복음은 단지 이야기하기 위한 것이 아닙니다. 그것은 살기 위한 것입니다! 〈하느님과 트윗을〉을 함께 나누면서, 참가자들은 하느님과 그분의 끝없는 사랑에 관해서뿐만 아니라 그분의 교회와 세상을 위한 그분 계획에 관해서도 배웁니다. 이렇게 하느님을 아는 것과 우리의 일상생활에서 그분을 섬기는 것 사이에는 연결 고리가 있습니다. 모임의 구성원들이 이 연관성을 체험하려면, 함께 기도하고, 함께 자비의 활동을 하는 것이 도움이 됩니다. 하지만 재미있는 활동들도 함께해야 한다는 것을 잊지 마세요. 기쁨으로 가득 찬 것이 그리스도인의 삶이기 때문입니다. 〈하느님과 트윗을〉 모임은 신앙에 관해 배우면서 다음 세 가지 요소를 함께하라고 권합니다. 그 세 가지는 기도하기, 재미있게 지내기, 봉사 활동하기입니다.

기도하세요

하느님을 더 잘 알고자 한다면 그 핵심은 기도입니다. 신앙은 무엇보다도 관계에 관한 것이기 때문입니다. 그러므로 모임을 기도로 시작하고 기도로 마치는 것이 중요합니다. 여러 가지 방법으로 함께 기도할 수 있는 모임이 되도록 하세요. 예를 들어 함께 미사에 참여하거나 함께 성체 조배 시간을 가지세요. 또는 참가자들이 그들의 기도 지향을 노래와 연주로 표현하도록 이끌어 주세요(Tip 1, 5, 6 참조).

재미있는 시간을 보내세요

늘 심각한 얼굴을 하는 것은 가톨릭 신자가 아닙니다. 하느님은 그렇게 하지 않으십니다! 하느님이 우리를 사랑하신다는 것을 믿는다면, 하느님이 우리를 구원하신다는 것을 믿는다면, 우리는 마음이 가벼워질 수 있습니다. 또한 깊고 진지한 대화를 더욱 흥미롭게 만드는 데에 유머는 큰 도움을 줍니다. 그래서 〈하느님과 트윗을〉 모임에서는 재미라는 요소를 빼놓아서는 안 됩니다.

신앙과 관련된 질문을 나누는 〈하느님과 트윗을〉 모임과는 별도로 다른 재미있는 뭔가를 하는 것은 참으로 중요합니다. 나가서 모임 구성원들과 함께 재미있게 시간을 보내는 것을 꺼려 하지 마세요! 보트를 타거나, 등산을 하거나, 소풍을 가거나, 바비큐 파티를 하거나, 영화를 보거나, 보드

오늘날 우리는 어떻게 믿음을 나눌 수 있을까요?

"그 답은 세 가지로 말할 수 있습니다. 첫 번째는 바로 '예수님'입니다. 무엇이, 누가 제일 중요하냐고요? 예수님입니다. 만약 우리가 어떤 조직과 함께, 그 어떤 좋은 것들과 함께하더라도 예수님과 함께하지 않는다면, 우리는 앞으로 나아가서는 안 됩니다. 그러면 안 되지요. 예수님이 가장 중요합니다! …… 두 번째는 '기도'입니다. 하느님의 얼굴을 바라보는 거죠. 하지만 무엇보다도 그분이 우리를 바라보는 것을 느껴야 합니다. 주님은 우리를 바라보십니다. 우리를 먼저 보고 계시는 것입니다. …… 세 번째는 '증거'입니다. 참으로 믿음을 나누려면 오직 사랑이라는 증거로 나눌 수밖에 없습니다. 증거는 생각으로 하는 것이 아닙니다. 복음 말씀대로 우리 삶을 참되게 살아야 하는 것입니다. 즉 성령께서 우리 안으로 들어오시어 우리 사이에서 힘을 발휘하시도록 해야 하는 것이지요."
(프란치스코 교황, 2013년 5월 18일 성령 강림 대축일 전야 기도에 참여한 사람들에게 전한 메시지)

게임을 하거나, 어떤 것이나 좋습니다. 목표는 서로 더 잘 알게 되는 것이고, 새 친구들을 사귀는 것이며, 함께 즐거운 시간을 보내는 것입니다. 가톨릭 신자가 되는 것은 따분한 일이 아닙니다! 재미난 활동을 함께하는 것은 토론 시간을 더욱 활기차게 합니다.

자비로이 행동하세요

가톨릭 신앙은 단지 지적이고 지식으로만 이루어지는 것이 아닙니다. 참가자들은 〈하느님과 트윗을〉 모임을 통해 지식을 얻고 하느님과 인격적 관계 안에서 성장할 것입니다. 그리고 하느님과 맺은 이러한 우정은 다른 사람들을 향해 관심을 갖게 하고, 궁핍한 사람들을 향해 자비의 활동을 하도록 자극할 것입니다.

〈하느님과 트윗을〉 모임과 함께 자비의 활동을 계획해 보세요. 누구를 돕고 싶은지를 함께 논의하세요. 양로원에서 봉사할 수도 있고, 푸드뱅크에서 음식을 나눌 수도 있습니다. 방과 후 아이들을 지도하는 일을 할 수도 있겠지요. 이렇게 사회에 봉사할 수 있도록 기회를 마련해 보세요. 그리고 그 활동에 대해 참가자들이 경험을 나누는 시간을 마련해도 좋습니다. 참가자들의 마음과 세계관이 자비로운 활동을 통해 바뀌는 것을 보게 될 것입니다.

 생각하고, 기도하며, 기쁘고 긍정적으로 행동하세요. 이러한 것이 〈하느님과 트윗을〉 활동의 주요한 요소입니다.

제3부

〈하느님과 트윗을〉 다양하게 활용하기

서론

〈하느님과 트윗을〉은 가톨릭 신앙에 관해 뭔가를 배우고자 하는 사람이면 누구에게나 유용한 책입니다. 특히 이 책은 우리 신앙이 얼마나 논리적인지에 관해 스스로 생각하도록 도움을 줍니다. 〈하느님과 트윗을〉이 이용하는 여러 도구들(C.1 참조)은 혼자서든, 모임을 하면서든 서로 다른 바람과 기대를 가진 참가자들이 사용할 수 있도록 고안된 것입니다. 이 도구들을 마련한 까닭은 우리 가톨릭 신앙의 아름다움을 드러내고, 신자들이 하느님과의 관계에 더 열중하게 하며, 자신들의 신앙을 다른 사람들에게 설명하기 쉽도록 도와주고자 하는 데 있습니다.

이 프로그램은 13세 이상의 모든 사람을 위한 것입니다. 이 나이 또래는 신앙에 대해 생각하기 시작하고 답을 찾고자 하지만 배경 지식을 많이 갖고 있지는 않습니다. 여기에는 가톨릭 신자가 되고자 하는 사람들과 세례와 견진성사, 첫영성체 또는 혼인성사를 받고자 준비하는 사람들도 포함됩니다. 또한 신앙에 관해 어려운 질문을 하기 시작하는 아이들의 부모들과 그들과 관련된 사람들도 모두 포함됩니다.

그래서 〈하느님과 트윗을〉 프로그램은
- 무엇을 믿어야 하는지, 또 왜 그것을 믿어야 하는지에 관해 생각하는 사람들
- 가톨릭 신앙에 관해 더 많이 배우고 예수님과의 관계에서 성장하고자 하는 사람들
- 자신의 신앙을 다른 사람들과 나누고 또 신앙에 관한 (어려운) 질문에 대답할 수 있기를 원하는 사람들
- 다른 사람들에게 〈하느님과 트윗을〉 책을 선물함으로써 신앙을 선물로 주고 싶어 하는 사람들

위한 것입니다.

〈하느님과 트윗을 활용하기〉의 제3부에서는 먼저 〈하느님과 트윗을〉 프로그램 기획 전반에 관해 좀 더 많은 정보를 여러분과 나누고자 합니다. 그런 다음에 구체적인 사용자 모임에 초점을 맞춰 그들이 하는 질문에 대한 답을 이 프로그램을 통해 어떻게 발견할 수 있는지에 관해 제시하고자 합니다.

우리의 지향은 하느님께 가는 길에 있는 사람들에게 신앙의 내용을 논의하도록 격려하여 그들을 돕는 것입니다. 예수님은 이렇게 말씀하셨습니다. "선한 사람은 마음의 선한 곳간에서 선한 것을 내놓고, …… 마음에서 넘치는 것을 입으로 말하는 법이다."(루카 6,45) 이 말처럼 여러분은 깊이 사랑하는 것을 말하지 않을 수 없습니다. 〈하느님과 트윗을〉 프로그램은 궁극적으로 여러분에게 모두를 위한 하느님의 크신 사랑을 말할 기회를 주고자 하는 것입니다.

〈하느님과 트윗을〉은 하느님과 사랑에 찬 관계를 깨닫고 하느님과 대화를 나누면서 그에 따라 살고자 하는 것을 의미합니다. 〈하느님과 트윗을〉이 많은 사람에게 그들을 위한 하느님의 사랑을 깨닫게 해 주고, 그들이 그 사랑에 응답하는 데에 도움이 되기를 바랍니다. 하느님은 인내하시면서 기다리고 계십니다!

C.1 〈하느님과 트윗을〉의 다섯 가지 도구는 무엇인가요?

〈하느님과 트윗을〉은 다섯 가지 도구를 기초로 합니다. 그것은 책, 웹사이트, 어플리케이션, SNS, 비디오입니다. 이 도구들은 서로 밀접히 연관돼 있습니다.

책

책은 신앙에 관한 공부와 참고 자료로 혼자 사용할 수도 있고, 아니면 모임에서 대화를 촉진하는 수단으로 사용할 수도 있습니다(B.1-B.6 참조). 책은 200개의 질문과 답변을 4부로 나누어 싣고 있습니다. 〈하느님과 트윗을〉의 모든 도구 가운데서, 책은 질문에 대한 가장 포괄적인 답변을 제시합니다. 물론 책을 처음부터 끝까지 차례대로 읽을 필요는 없습니다. 여러분의 흥미를 끄는 질문으로 바로 넘어가면 되지요. 괄호 안의 참조는 이 책에 있는 관련된 질문을 가리킵니다. 책의 각 장 맨 마지막 하단에 있는 '더 읽어 보기'는 그 장과 직접 관련되는 '교회의 지혜'를 찾아볼 수 있도록 했습니다. '더 읽어 보기'에서 가리키는 해당 항목은 《YOUCAT》, 《가톨릭 교회 교리서》, 《가톨릭 교회 교리서 요약편》에서 적절한 정보를 제공합니다.

웹사이트와 어플리케이션

웹사이트(www.tweetingwithgod.com)에 들어가면 〈하느님과 트윗을〉에 관한 추가 자료를 얻을 수 있습니다. 이 사이트에서는 교황과 교부에 관련된 내용도 제공하고 있어요. 그래서 웹사이트는 추가 공부를 위한 멋진 도구입니다. 추가로 읽을 온라인 자료에 접속하는 더 쉬운 방법은 어플리케이션을 사용하는 것입니다. 어플리케이션의 스캔 기술은 온라인상의 해당 내용과 바로 연결시켜 줍니다(B.1 참조). 책에서 SCAN이라는 로고가 적힌 사진을 스캔하면 어플리케이션에 나오는 해당 웹 페이지와 직접 연결될 수 있습니다. 어플리케이션은 미사 경문과 수십 편의 기도도 담고 있는데, 포르투갈어에서 러시아어, 그리고 라틴어에서 폴란드어까지 다양한 언어로 볼 수 있습니다. 그래서 이 어플리케이션은 들고 다니는 전례 기도서와 같습니다. 여행할 때에도 좋지요! 또한 많은 사제들은 이 어플리케이션이 다른 언어로 미사를 드리거나 고해를 들을 때에 얼마나 도움이 됐는지를 이야기해 주었습니다. 또 이 어플리케이션은 여러분의 모임에서 다양한 자료에 접속하는 데에도 아주 유용합니다.

SNS와 비디오

〈하느님과 트윗을〉 프로그램을 진행하는 수많은 젊은이들이 여러 SNS에 기사를 올립니다. 거기에서 그들은 또래와 접촉하지요. 또한 이곳에서 영감을 주는 인용문, 용기를 북돋우는 비디오, 재미있는 퀴즈, 그리고 현장 정보 이면에 있는 통찰들을 얻습니다. 그러고는 〈하느님과 트윗을〉

〈하느님과 트윗을〉에 새로 추가된 질문이 있나요?

원래의 〈하느님과 트윗을〉에서와 마찬가지로(A.1 참조), 우리는 트위터, 페이스북, 이메일, 그 밖에 여러분과 연결될 수 있는 온갖 종류의 매체를 통해 신앙에 관한 질문을 받고 있습니다. 〈하느님과 트윗을〉 기획팀은 이 질문을 모아 짧고 핵심적인 답변을 마련합니다. 이를 사제가 정리한 뒤에 페이스북으로 전합니다. 답변을 공개적으로 게시하는 것이 적절하지 않다면, 개인적으로 답변을 보내기도 합니다.

에 질문을 하지요. 그러면 〈하느님과 트윗을〉 기획팀과 미헬 신부는 이 질문에 대한 답변을 하곤 합니다. 결국 질문이 〈하느님과 트윗을〉 기획의 핵심인 셈이지요!

〈하느님과 트윗을〉이 재미있도록, 여러 나라 사람들이 만든 비디오도 출시되었습니다. 이 비디오들은 성탄 인사에서부터 신앙에 대한 각기 다른 측면들에 대한 설명에 이르기까지 다양합니다.

> 〈하느님과 트윗을〉의 멀티미디어 기획은 서로 밀접히 연관되는 다섯 도구에 기초하고 있습니다. 그 도구들은 책, 웹사이트, 어플리케이션, SNS, 비디오입니다.

C.2 견진 교리반에서는 〈하느님과 트윗을〉을 어떻게 사용할 수 있나요?

여러분이 맡은 모임의 나이에 맞춰서 여러 가지 방식으로 견진 교리반에서 〈하느님과 트윗을〉을 사용할 수 있습니다. 13세 이상의 청소년이면 스스로 책을 읽을 수 있습니다(B.1~B.6 참조). 하지만 12세 이하의 어린이에게는 이 책이 어려울 수 있습니다. 따라서 견진 교리반에 어린아이들이 있다면, 책에서 해당하는 항목을 읽고, 그것을 여러분 자신의 이야기로 모임 구성원들에게 알려 주면 좋습니다. 이 책은 어려운 질문에 답변하는 데에 큰 참고가 됩니다!

교육 과정

견진 프로그램은 교구에 따라 다릅니다. 견진성사를 받기 위해 알아야 하는 모든 것이 〈하느님과 트윗을〉에 있다는 것은 확실합니다. 하지만 어떤 질문을 다루어야 하는지 알기 위해 여러분 교구의 지침을 확인해 보아야 할 것입니다. 이렇게 질문을 선별해야 함에도 불구하고 질문의 답을 이야기해 보는 방식은 대단히 중요합니다. 젊은이들이 흥미로워하는 질문에 관해 이야기한다면, 그들은 여러분의 말에 관심을 기울이고 그 말을 기억할 것이기 때문입니다. 〈하느님과 트윗을〉은 견진 교리반에서 해야 할 만한 화제들을 모두 담고 있습니다(Tip 6 참조). 물론, 모임에서 나오는 질문에 따라 부분적으로는 화제를 달리할 수 있습니다. 모임 구성원들이 나이가 어릴수록, 모임 지도자가 조정자로서뿐만 아니라 질문에 대한 답변자로서 일해야 하는 경우가 많아집니다.

놀면서 공부하세요

특히 모임 구성원들의 나이가 어리다면, 토론을 하는 것으로만 모임 시간을 보낼 수 없습니다. 잠깐의 놀이 시간과 어쩌면 잠깐의 운동 시간도 필요하지요. 이 책, 〈하느님과 트윗을 활용하기〉에서는 이를 위해 두어 가지 아이디어를 제공하고 있습니다(Tip 2, 3 참조). 이를 바탕으로 여러분 나름의 방식을 고안해 보세요. 질문에 대한 이해를 심화하는 데 도움이 되기만 한다면 어떠한 활동이든 좋을 것입니다. 이런 이유에서, 《하느님과 트윗을》 1장 읽기, 마음으로 기

사제와의 대화

미셸 신부 : 본당에서 자원봉사자들로 구성된 작은 팀과 함께 어린이들이 견진성사를 잘 준비하도록 돕는 게 저의 일 가운데 하나였습니다. 그 일은 아주 재미있었어요! 아이들은 주로 11~12세였는데, 기존의 견진 교리 과정을 이용했지만 필요한 부분에서는 각색했지요. 어린이들의 질문에 대답하는 교리 수업은 즐거웠고, 어린이들 또한 그 수업이 즐거웠다고 종종 말하곤 했지요. 저는 한 어린 소녀의 말을 듣고 충격을 받기도 했습니다. "저는 이제까지 신부님과 이야기해 본 적이 없어요."

물론 때로는 화제에서 완전히 빗나간 질문을 받기도 했습니다. 하지만 아이들이 따분하게 여기는 것에 관해 이야기하는 것보다 아이들이 눈을 반짝반짝이는 흥미로운 뭔가에 관해 이야기하는 게 더 낫지 않을까요? 견진성사 준비 과정이 마무리될 때 즈음에는 아이들이 알아야 하는 것은 모두 다 다루었다는 확신이 들었습니다. 물론 이 일을 실천하는 데에 어려움을 느낄지도 모릅니다. 하지만 견진을 준비하는 모든 어린이가 신부님과 적어도 몇 차례 대화하는 시간을 갖는다는 것은 꼭 필요한 과정이 아닐까요?

도하는 법을 배우기, 보고서 쓰기, 그림 그리기 등등 약간의 숙제를 내주는 것도 좋은 생각입니다. 참가자들의 삶에 그 질문이 녹아 들어가게 하는 것이 대단히 중요하기 때문에 이 질문에 관해 이야기한 것을 어떻게 삶과 연관시킬지를 토론에 포함시키거나 아니면 적어도 결론에 통합하는 것이 좋습니다. 견진 교리반을 사제가 이끌지 않는다면, 적어도 한 번은 사제를 초청해 사제가 참가자들과 대화하는 것이 좋습니다(상자 참조).

함께 기도하세요

마무리 기도를 드리는 시간은 가톨릭 신앙이 전부 하느님과의 인격적 관계에 관한 것임을 보여 주는 데에 꼭 필요합니다. 이 시간은 또한 다른 형태의 기도(찬양, 조배, 전구, 묵주 기도, 촛불 기도 등)를 소개하는 시간이기도 합니다. 이 시간에 변화를 주어도 좋습니다. 주님의 기도, 성모송, 사도신경 같은 중요한 기도들을 규칙적으로 바치면서 마음을 다해 기도하는 법을 익힐 수 있도록 하는 것이 좋습니다.

견진 교리반의 수업 시간의 예

- 간단한 시작 기도(가능하다면, 참가자 중 한 사람이 주도)
- 지난번 수업의 복습과 숙제 검토
- 화제의 제시(가능하면 참가자 중 한 사람이 발표)
- 질문과 모임 토의
- 간식 시간
- 화제를 강화하는 적절한 게임이나 놀이
- 그 수업이 어떻게 일상생활과 관련되는지에 대한 모임 토의
- 마침 기도(가능하다면 성당이나 경당에서)

교구 지침에 따라 질문을 받고, 그 질문에 관해 토론하도록 도와주세요. 그리고 놀면서 배우고, 기도할 수 있도록 나름의 방법을 고안해 보세요.

C.3 〈하느님과 트윗을〉이 혼인 준비 교리나 예비자 교리를 대신할 수 있나요?

무엇보다 먼저, 〈하느님과 트윗을〉은 교리를 대체할 의도가 없습니다. 가톨릭에는 다양한 교리 교육 분야가 있으며 특히 세례성사, 견진성사, 첫영성체, 혼인성사 등을 준비하는 이들을 위한 좋은 교육 과정이 있습니다. 그런데 불행하게도, 조직적인 준비가 안 된 분야도 있습니다. 만일 〈하느님과 트윗을〉이 교리 교육으로 사람들을 성장시키는 데에 어떤 역할을 할 수 있다면 그것은 멋진 일일 것입니다. 하느님과 함께하는 삶을 일깨우고 사람들이 자신의 신앙에 관해 깨우치도록 돕는 곳이라면 어디든지 이 책을 사용할 수 있습니다. 〈하느님과 트윗을〉은 어떠한 형태의 교리 교육에서도 활용하기 좋은 참고서라고 널리 알려져 있습니다. 특히 온라인 자료도 활용할 수 있기에 교리 수업에서 나온 화제를 탐구하거나 교리 자료를 공부하다가 떠오르는 많은 질문에 대한 답변을 찾는 데 큰 도움이 됩니다.

혼인 준비

〈하느님과 트윗을〉은 자주 혼인을 언급합니다. 혼인은 없어서는 안 되는 제도이고(tweet 4.43, 4.19-4.21 참조), 따라서 그것을 준비하는 것이 중요하기 때문입니다. 보통, 사제가 여러분이 혼인을 준비할 수 있도록 돕습니다. 하지만 여러분 혼자서라도 의문점이 생기면 이 책을 살펴보세요. 여러분의 의문점과 관련된 질문을 찾아서 읽어 볼 수 있습니다. 그러면 우리를 위한 하느님의 사랑을 깨닫게 되지요(tweet 1.27 참조). 인간을 위한 하느님의 계획 안에서 혼인을 살펴보고자 한다면 이 책의 다른 부분들도 읽어 보세요. 그것은 큰 도움이 될 것입니다.

나아가, 여러분은 미래의 배우자와 함께 성경의 세 부분을 읽고 이야기를 나눌 수 있습니다. 첫 번째는 카나의 혼인 잔치에 관한 것입니다(요한 2,1-12 참조). 예수님이 당신의 공생활을 혼인 잔치에서 시작하신 것은 아무런 의미가 없는 일일까요? 두 번째는 부부가 서로에게 완전히 복종하며 함께 살아야 한다는 부분입니다(에페 5,21-33 참조). 아내는 자신이 해야 하는 순종적인 역할에 대해 화를 내지 않으며, 남편들은 아내를 위해 그리스도가 교회를 위해 하신 것처럼 자신을 낮추고 고통을 겪고 죽어야 합니다. 세 번째는 혼인 기간에 관한 것입니다(마태 19,1-12 참조). 성경에 따르면 혼인은 평생의 유대입니다.

성경에서의 하느님의 대답

여러분이 가톨릭 신자가 되려고 하거나 성사를 받으려고 준비하고 있을 때에, 가장 중요한 일은 기도입니다. 성경

> "나는 가톨릭에 관해 배웠습니다."
>
> 〈하느님과 트윗을〉 모임은 제가 아직 가톨릭 신자가 아니었을 때에 가톨릭 신앙을 차츰차츰 깨닫도록 도움을 주었습니다. 저는 가톨릭교회에 관해서 모르는 것이 너무 많았습니다. 다른 젊은이들과 함께 매주 만나면서 신앙에 관한 제 질문에 답을 구했지요. 이렇게 하면서 저는 가톨릭 신앙에 대해, 그리고 제가 무엇을 믿어야 하는지에 관해 많이 배웠습니다. 많은 사람들이 신앙에 관한 물음을 갖고 있습니다. 그리고 이러한 질문에 대해 정직한 답변을 듣는 것이 중요하다고 생각합니다. 다행스럽게도, 〈하느님과 트윗을〉 모임 덕분에 저는 그럴 수 있었습니다.
>
> – 애슐리

은 여러분이 기도하도록 도울 수 있습니다. 하지만 성경을 읽으면서, 이해하지 못하는 많은 이야기들을 만나게 될 것이고(tweet 1.10-1.25 참조), 그럴 때에는 도움을 줄 누군가가 필요할 것입니다. 수레에 앉아서 이사야 예언서를 읽고 있던 내시처럼 말입니다. 그 내시가 필리포스를 만났을 때, 필리포스는 그에게 읽고 있던 부분을 이해하느냐고 물었습니다. 그러자 내시는 이렇게 대답했습니다. "누가 나를 이끌어 주지 않으면 내가 어떻게 알아들을 수 있겠습니까?"(사도 8,31) 필리포스의 인도 덕분에, 그 내시는 세례를 받기로 결심했지요. 우리는 모두 예수님과 함께하는 우리 인생의 항로에서 도움과 지도가 필요합니다. 필리포스가 한 것처럼 영적 지도자의 역할은 대단히 중요합니다(tweet 3.4, 4.6 참조). 세례받는 것에 관해 또는 가톨릭 신자가 되는 것에 관해 생각하고 있다면, 우선 사제와 대화를 나눠 보시고 이 책을 읽어 보시기 바랍니다.

신앙에 관한 지식

왜 성당에서 결혼하는지 혹은 왜 가톨릭 신자가 되는지에 관해 단지 친구들에게 설명하기 위해서라도, 신앙에 관한 사실적인 정보가 필요할 것입니다. 이는 또한 여러분과 예수님과의 관계에도 도움이 될 것입니다. 신앙에 관한 지식을 통해 우리는 좀 더 믿게 되고 이 믿음이 예수님과 좀 더 가까워지도록 이끌기 때문입니다. 또한 신앙에 관한 지식은 여러분이 마음과 생각으로 중요한 결정을 하는 데에 도움을 줄 것입니다.

〈하느님과 트윗을〉은 혼인을 준비하는 사람들이나 예비 신자들에게 도움이 됩니다. 이 책은 그들의 신앙에 관한 의문점들을 풀어 주고, 그들이 예수님과 더욱 가까워지도록 이끌어 줄 것입니다.

C.4 〈하느님과 트윗을〉은 부모와 대부모를 어떻게 도울 수 있나요?

여러분은 여러분 자녀나 대자녀가 신앙에 관해 질문하는 것이 두려운가요? 여러분의 자녀가 첫영성체나 견진성사를 준비하는 교리반에 다녀왔을 때가 두려운가요? 어떤 본당은 자녀의 첫영성체나 견진 준비에 부모를 참여시킵니다. 하지만 어떤 본당에서는 부모의 역할이 자녀를 데려오고 데려가는 것으로 그치고 맙니다. 성장하는 기회가 됩니다(B.1-B.6 참조).

모든 본당이나 교구에는 어린이가 첫영성체나 견진성사를 받도록 준비시키는 고유한 교육 과정이 있습니다. 〈하느님과 트윗을〉의 색인이나 어플리케이션, 온라인 탐색 도구를 이용하면, 어떤 질문을 읽어야 할지 빨리 찾을 수 있을 것입니다.

질문에 답하기

바로 이러할 때, 〈하느님과 트윗을〉이 여러분을 도울 수 있습니다! 〈하느님과 트윗을〉은 신앙에 관한 온갖 종류의 질문에 답변하기 위한 참고서 역할을 할 수 있습니다. 이 책의 색인, 웹사이트, 어플리케이션을 활용해 보세요. 자녀의 질문에 관한 답변을 쉽게 찾을 수 있을 것입니다. 그리고 그 과정에서 여러분도 뭔가를 배울 수 있겠지요!

나아가, 특정한 질문에 대한 답변을 찾기 위해 〈하느님과 트윗을〉을 사용하면서, 여러분은 여러 가지 흥미로운 화젯거리들을 발견할 것입니다. 〈하느님과 트윗을〉은 여러분이 호기심에 이끌려 한 화제에서 다른 화제로 탐색할 수 있도록 고안돼 있습니다. 그래서 여러분은 자녀가 묻지도 않은 질문에 대한 답도 읽게 될 것입니다.

미리 작업하세요!

여러분은 자녀가 첫영성체나 견진성사를 준비하면서 다루는 주제들을 《하느님과 트윗을》에서 미리 읽을 수 있습니다. 그러면 자녀와 신앙에 관해 어떠한 대화를 나눠야 할지 미리 생각해 볼 수 있습니다. 이러한 준비는 자녀들의 첫영성체나 견진성사 준비 과정에 맞춰서 부모나 대부모 모임에서 함께하는 것도 좋습니다. 어려운 질문에 대답할 준비를 하는 것과는 별개로, 이런 작업은 다른 사람들과 함께

> **"나는 하느님과의 관계에서 성장했습니다."**
>
> 매주 〈하느님과 트윗을〉 모임에서, 저는 신앙에 대해, 또 그 신앙을 일상생활에서 실천하는 법에 대해 많이 배웠습니다. 그 모임은 제게 신앙에 관한 지식뿐만 아니라 일상생활에서 어떻게 그리스도인으로 살아야 하는지 실제로 도움을 주었지요. 저는 미헬 신부님의 지도로 신앙의 주요 화제들을 공부하고 토론하면서, 신앙을 다른 사람들에게 설명하는 법과 제 자신을 이해하는 법을 배웠습니다. 〈하느님과 트윗을〉은 저와 하느님과의 관계를 굳건히 해 주었습니다. 또한 그리스도인이 된다는 것은 일주일에 한 번 성당에 가는 것 이상을 의미한다는 점, 그러니까 신앙은 참으로 하느님과 인격적인 관계를 맺는 것이라는 점을 깨닫게 해 주었습니다. 이렇게 짧은 시간 동안 그런 깨달음을 얻게 되어 아주 감사하게 생각합니다. 〈하느님과 트윗을〉 덕분에 하느님과 함께하는 저의 여정이 많은 지식들로 가득해지게 되었습니다. 저는 이 모든 것을 나중에 저의 아이들과 나눌 수 있기를 희망합니다!
>
> — 로데뷔크

다 알려고 하지 않기

모임 지도자들에게 당부했듯이, 답변하지 못하는 것을 두려워할 필요가 없습니다(B.5 참조). 누구도 모든 것을 다 알 수는 없으니까요! 모른다는 것은 여러분의 아이와 함께 그리고 어쩌면 아이의 대부모나 조부모와도 함께 답을 찾아나서는 모험을 할 좋은 기회가 되기도 합니다. 어떤 질문은 결국에는 사제에게 물어볼 수밖에 없을지도 모릅니다. 그러나 이 모든 것이 신앙을 나누는 기회가 되지요.

 〈하느님과 트윗을〉은 유용한 참고 자료로, 여러 가지 질문에 대한 답변을 여러분 스스로 준비할 수 있는 길잡이가 될 수 있습니다.

C.5 〈하느님과 트윗을〉이 교회 일치 운동과 종교간 대화에서 할 수 있는 역할은 무엇인가요?

교회 일치 운동Ecumenism은 갈라진 그리스도인 사이의 일치를 추구하는 노력입니다(tweet 2.12 참조). 분열된 그리스도인은 다른 종교의 모범이 될 수 없습니다. 그래서 우리는 성령과 협력하여 새로운 일치를 추구하도록 노력하고 있습니다.

진리를 찾아서

교회의 일치를 위해 노력하더라도 주의해야 할 점은 하느님에 관한 진리를 하나도 잃지 않아야 한다는 것입니다. 오직 하나의 진리가 있다는 것을(tweet 1.8 참조) 참으로 믿는다면, 진짜 일치 운동이란 우리 교회의 성전聖傳을 통해 진리로 물려받은 것을 소중히 한다는 것을 의미합니다. 그래서 일치 운동은 단순히 다른 그리스도인의 전통 가운데 우리가 좋아하는 것을 선택하는 것을 뜻하지 않습니다. 이는 믿음이 한낱 취향의 문제가 아니라는 것을 의미합니다. 〈하느님과 트윗을〉은 가톨릭교회의 전통과 가르침에 충실하며, 명백히 가톨릭 관점에서 쓰였습니다. 동시에 우리는 다른 전통에 관해 존중하면서 이야기할 것입니다.

가톨릭 신자와 모든 그리스도교 신자

교회 일치에 대해 대화를 나누고자 하는 사람이라면 누구나, 다른 사람들과 대화를 나누기 전에 자기 교회의 신앙에 관한 확고한 지식이 있어야 합니다. 이 지식은 외적이고 이론적인 앎에만 기초를 두는 것이 아니라 하느님의 사랑과 자신의 삶에 하느님이 현존하신다는 개인의 신앙에도 기초를 두어야 합니다.

가톨릭 신자로서, 우리는 우리 신앙에 관해 더 배우도록 끊임없이 요청받고 있습니다. 이 공부는 예수님과 우리의 관계에 기초가 됩니다. 〈하느님과 트윗을〉 프로젝트는 지적인 차원과 인격적인 차원에서 가톨릭 신자들의 신앙을 깊게 하는 데에 도움을 줄 수 있습니다. 우리 신앙에 대한 이러한 지식과 체험을 기반으로, 우리는 일치를 추구하여 우리의 동료 그리스도인들이 믿는 것에 대해서도 공부할 수 있습니다.

이는 다른 교파의 그리스도인들에게도 똑같이 적용될 것입니다. 그들은 자신들이 믿는 것을 공부하고 난 후에, 〈하느님과 트윗을〉 프로그램을 익히면서 가톨릭적인 관점의 핵

교회 일치 운동과 진리에 관한 요한 바오로 2세 교황의 말

"교회 일치 운동은 그리스도교 공동체들이 '사도들로부터 이어받은 유산'의 완전한 내용과 모든 요구가 공동체들 안에 참으로 현존하도록 서로 돕는 것을 전제로 합니다. 이러한 협력이 없다면 완전한 친교는 결코 이루어지지 않을 것입니다. …… 일치를 향한 이 꿋꿋한 여정에서, 신앙의 명료성과 신중성은 거짓 평화주의와 교회 규범에 대한 무관심을 회피하도록 요구합니다. 반면 그 명료성과 신중성은 일치에 대한 미지근한 자세 …… 를 버리도록 촉구합니다.

계시 진리의 모든 요구를 고려하는 일치의 개념을 보존하는 것이 일치 운동에 제동을 거는 것을 의미하지는 않습니다. 그것은 오히려 일치의 개념이 불안정하고 확고하지 못한 결과를 초래할 수 있는 피상적인 해결책의 방지를 의미합니다. 진리 존중은 절대적 의무입니다. 이것은 복음의 법이 아니겠습니까?"(〈하나 되게 하소서〉 78–79항)

심을 파악할 수 있을 것입니다. 각자에게 중요한 것을 이렇게 서로 이해하는 것은 자신의 신앙에 충실하면서도 다른 사람의 견해에 열려 있는 대화를 하기 위해서 반드시 필요합니다.

종교간 대화?

사람들은 종종 교회 일치 운동과 종교간 대화를 혼동합니다. 하지만 이 둘은 같지 않습니다. 가톨릭 신자와 개신교 신자 혹은 정교회 신자의 대화는 예수 그리스도의 구원에 대한 공통된 믿음에 바탕을 두고 있고, 이 믿음은 우리 모두에게 본질적입니다. 그런데 이 공통 요인이 종교간 대화에서는 빠져 있습니다. 그래서 종교간 대화는 그리스도 안에서 완전히 일치하는 것을 목표로 하지 않습니다.

다른 종교의 대표들과 하는 대화는 이보다는 대체로 서로 존중하고 또 구체적인 자선 사업이나 정치 활동에 협력하고자 하는 차원에 머무릅니다. 하지만 적절한 대화가 이뤄지려면 자신의 신앙에 대한 지식과 상대방의 믿음에 대한 일반적인 이해가 반드시 필요합니다. 이런 면에서 〈하느님과 트윗을〉은 이 기본 지식을 제공하는 유용한 수단이 될 것입니다.

 자신이 믿는 바를 제대로 알아야만 다른 사람들과 대화를 나눌 수 있고, 차이를 존중하며 공통으로 지닌 것을 공유할 수 있습니다.

C.6 〈하느님과 트윗을〉은 새로운 복음화에 기여하나요?

우리는 큰 가능성과 도전의 시기에 살고 있습니다. 오늘날은 대체로 금전적으로 가능하면 무엇이나 할 수 있고, 무엇이나 만들 수 있는 것처럼 보입니다. 오늘날 여러 분야에서 발전이 많이 이루어졌습니다. 하지만 그럴수록 우리 인간의 근원과 연결되어 머무르는 것, 더 큰 그림을 보는 것이 중요합니다(tweet 1.27 참조). 이에 대한 생각은 많은 질문으로 이어집니다.

신앙에 관한 가장 대담한 질문까지도 답변함으로써 〈하느님과 트윗을〉이 이 시대의 신자들에게 도움이 되기를 희망합니다. 사람들은 그리스도의 메시지에 대한 신뢰할 만하고 확신에 찬 증인들입니다. 그들이 신앙에 관해 많이 알기 때문이 아니라 예수님과 인격적 관계를 맺고 있기 때문입니다. 예수님은 그들에게 행동하라고 부르십니다. 예수님의 사랑의 메시지를 전파하기 위해서는 현대의 모든 매체를 활용할 필요가 있습니다. 이에 부응하여 최근 교황들은 신앙에 대한 쇄신된 설명, 새로운 복음화를 요청했습니다(tweet 4.50 참조).

일상생활

많은 사람이 예수 그리스도에 관해 들었지만, 예수님이 자신의 일상생활과 어떻게 관련되는지는 알지 못합니다. 〈하느님과 트윗을〉은 사람들이 많은 시간을 보내는 곳, 곧 컴퓨터와 스마트폰에서 그들을 만나고자 합니다. 〈하느님과 트윗을〉은 다양한 도구들을 통해(C.1 참조), 신앙이 사람들이 사용하는 매체와 떨어지지 않도록 합니다.

세상 속으로

신앙에 관해 배우는 것은 중요합니다. 하지만 신앙이 지식에 국한될 수는 없습니다. 오히려 정반대입니다! 우리는 믿음과 희망과 사랑을 실천하지 않고서는 그것들에 관해 이야기할 수 없습니다. 모든 그리스도인은 예수님이 우리를 사랑하시듯이 우리 이웃을 사랑하라는 요청을 받았습니다. 성경은 예수님이 어떻게 우리 사회의 가장 궁핍한 사람들, 곧 가난한 사람, 노숙자, 장애인, 불행한 사람 안에 현존하시는지를 말해 줍니다(마태 25,31-46 참조). 우리 자신도 그들과 사랑을 나누는 법을 배우면서, 우리에게 가장 소중한 것, 곧 우리의 신앙도 함께 나누도록 해야 하겠습니다. 이런 까닭에 요한 바오로 2세 교황은 새로운 복음화를 위해 늘 노력할 것을 주창했습니다(tweet 2.50 참조). 요한 바

> "하느님과 더 가까워졌어요."
>
> 누구나 어느 시기가 되면 성경이 가르치는 것이 진짜인지 아닌지 곰곰이 생각하게 됩니다. 많은 질문을 하지만, 스스로는 답을 얻지 못할 때가 종종 있습니다. 저는 운 좋게도 이러한 때 〈하느님과 트윗을〉을 알았습니다. 제 또래의 여러 명과 모임을 이루어 미헬 신부님의 지도로 질문을 토론했지요. 질문에 관해 함께 생각하며, 우리는 우리 힘으로는 결코 찾지 못했을 답변들을 찾았습니다. 게다가 저 혼자서는 떠올리지 못했을 질문도 알게 되었지요. 이 모임을 여러 차례 한 후에, 저는 하느님과의 관계가 끈끈해지고 있다는 느낌을 받았습니다. 하느님께 기도하기가 더 쉬워졌다는 느낌도 받았고요. 이제는 일상생활에서, 하느님이 제게 왜 중요한지 사람들에게 설명하기 쉬워졌습니다. 전에는 그렇게 하기가 쉽지 않았지요.
>
> – 제라드

오로 2세 교황은 이렇게 말했지요. "모든 신자는 단지 사회적 관습의 차원으로 유지되는 신앙에서 벗어나 의식적이고 개인들 스스로 실천하는 신앙으로 나아가야 합니다. 언제나 신앙의 쇄신은 진리이신 그리스도께 사람들을 이끄는 가장 좋은 방법이 될 것입니다."(〈아메리카 교회〉 73항)

하느님과 트윗을!

〈하느님과 트윗을〉에 사용되는 도구는 사람들에게 알리고, 사람들을 격려하고 환대하기 위한 것입니다. 하지만 〈하느님과 트윗을〉은 마술 주문이 아닙니다. 궁극적으로 우리의 마음은 하느님만이 바꾸실 수 있습니다. 우리 각자에게 말씀하시는 분, 나가서 형제자매들을 만나라고, 당신 '뜻'에 따라 살라고, 다른 사람을 용서해 주라고, 그리고 그 모든 것을 더 많이 그렇게 하라고 우리에게 영감을 불어넣어 주시는 분은 바로 하느님이십니다. 많은 사람이 하느님께 더 가까이 가는 데에 〈하느님과 트윗을〉이 도움이 되기를 기도합니다.

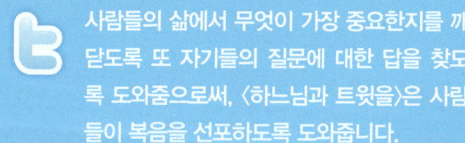

사람들의 삶에서 무엇이 가장 중요한지를 깨닫도록 또 자기들의 질문에 대한 답을 찾도록 도와줌으로써, 〈하느님과 트윗을〉은 사람들이 복음을 선포하도록 도와줍니다.

제4부

순례, 그 준비와 후속

D.1 〈하느님과 트윗을〉이 순례 행사와 청년 사목을 연결하는 데 어떤 도움을 줄 수 있나요?

사람들은 세계 청년 대회와 같은 순례 행사들에 관해 불평하기도 합니다. 교회의 일상생활에 뿌리를 두지 않은 일회적 행사에 불과하다고 말이지요. 만약 참가자들이 마치 휴가를 다녀온 것처럼 단지 행사에만 참석하고 집으로 돌아오면, 이런 비판은 정당할 것입니다. 하지만 열심히 준비하고 열정적으로 참여한 순례 행사는 청년 사목에 큰 영향을 미칩니다. 온 마음으로 참여하는 사람들이 변하지 않은 채 돌아올 리가 없기 때문입니다. 저는 그러한 순례 행사에 참가한 사람들이 어딘가 달라져서 돌아온 경우를 여러 번 볼 수 있었습니다.

단순한 행사 이상

순례 행사의 체험이 지속되려면, 준비 프로그램과 후속 프로그램이 반드시 필요합니다. 그래서 많은 곳에서 준비 프로그램들이 마련됐고, 이 프로그램들은 참가자들에게 열광적인 호응을 받았습니다. 준비 프로그램들은 순례 모임을 구성하고 함께 여행할 준비를 갖추도록 하기 위한 것입니다. 이에 반해 후속 프로그램은 사진을 교환하기 위해 다시 만나는 것이나 어쩌면 후원자들에게 경과를 발표하는 것 이상으로는 진척되지 않는 경우가 많았습니다.

〈하느님과 트윗을〉은 그 여정을 준비하는 데에도 도움이 될 뿐 아니라 특히 프로그램을 마친 청년 순례자들이 하느님과 동료 순례자들에 대한 자신들의 체험을 더욱 굳건히 하는 데에도 큰 도움이 됩니다. 〈하느님과 트윗을〉은 순례 체험이 일상생활에 뿌리내리도록 도울 수 있습니다.

그렇게 되려면, 순례를 한 청년 모임이 폐쇄적인 채로 머물러서는 안 됩니다. 새로운 구성원을 위해 언제나 열려 있으며, 기존 조직에 통합되거나 새로운 사목적 제안으로 진화해야 합니다. 이렇게 할 때 〈하느님과 트윗을〉이 그들에게 보다 명확하게 도움이 될 것입니다.

질문

프란치스코 교황은 이렇게 말했습니다. "청년 사목은 오늘날의 젊은이들이 제기하는 질문과 반드시 연관이 있어야 할 것입니다. 그리고 그 출발점에서부터 그리스도를 그들의 삶으로 모셔오기 위해 참되고 진솔하게 대화를 시작해야 합니다. 그리고 이런 의미에서 진정한 대화는 주 예수님과 인격적인 관계를 체험한 사람들에 의해 이루어질 수 있습니다. 그 인격적인 관계는 그들의 형제들과의 관계로 흘

> ### 준비와 후속
>
> 제 경험에 따르면 세계 청년 대회 준비와 그 후속 모임은 모두 본당과 교구의 사목 생활에 아주 풍부한 결실을 낼 수 있습니다. 세계 청년 대회에서 했던 체험이 예수님, 그리고 교회와 함께하는 일상생활의 일환이 되도록 하려면 준비와 후속 모임 두 가지가 모두 무척 중요합니다. 예를 들어, 네덜란드에 있는 우리 본당 청년과 수리남에서 온 청년 100명은 본당에서 3일간 세계 청년 대회 준비 모임을 가진 후 마드리드에서 열린 세계 청년 대회에 갔습니다. 그런데 단 3일간이었지만 이 3일만으로도 청년 참가자들과 다른 본당 신자들 모두는 큰 영향을 받았습니다. 세계 청년 대회가 큰 성공을 거두도록 모두가 함께 활동했기 때문입니다. 나아가 청년들과 함께한 준비 및 후속 프로그램은 청년들 자신이 직접 창안한 새로운 것이었습니다.
>
> – 미헬 신부

러 들어갈 것입니다."(2014년 12월 11일, 청년 사목을 주제로 한 제4차 유럽 컨퍼런스 참석자들에게 보낸 서한) 이것이 정확히 〈하느님과 트윗을〉에서 하고자 하는 바입니다. 순례 행사를 준비하는 순례자는 누구나 자신의 질문을 갖고 있습니다. 이 질문은 순례하는 동안에 점점 늘어나 순례 행사가 끝난 후에는 훨씬 더 많아질 것입니다. 그러니 그들의 질문을 순례 프로그램과 청년 사목 전체의 중심에 두는 것이 어떻습니까?

머리와 가슴과 손

청년 사목은 청년들이 하느님과의 관계와 그들 자신과의 관계 그리고 그들 주변 사람들과의 관계를 심화시킵니다. 이를 통해 청년들이 모든 면에서 성숙한 어른이 되도록 돕습니다. 청년 사목은 청년들과 함께하는 것과 청년들을 교육하는 것 모두를 포함합니다.

프란치스코 교황은 이렇게 말한 적이 있습니다. "좋은 교육자는 학생들이 스스로 걷도록 가르치려는 모험을 감행합니다."(2015년 11월 25일 케냐 사목 방문) 프란치스코 교황은 교육은 머리와 가슴과 손에 초점을 둬야 하며 이 셋이 조화를 이뤄야 한다고도 말했습니다. 이 세 원칙은 〈하느님과 트윗을〉의 접근 방식에서 확인할 수 있습니다. '생각하라,

기도하라, 행동하라'가 바로 그것입니다(D.2 참조).

〈하느님과 트윗을〉은 순례 행사를 위한 준비와 후속 프로그램을 마련하고 이를 본당 사목에 연결시키는 데 큰 도움이 될 수 있습니다.

D.2 〈하느님과 트윗을〉의 원칙들이 세계 청년 대회도 적용되나요?

생각하고, 기도하고, 행동하라고 초대한다는(D.1 참조) 〈하느님과 트윗을〉의 세 가지 원칙들은 청년 사목과 세계 청년 대회에서도 다 중요시되는 개념입니다. 순서는 바뀔 수 있습니다. 하지만 그 세 가지 개념을 똑같이 중요시한다는 점은 변함없습니다.

생각하세요

청년들을 세계 청년 대회로 가는 길에서 많은 체험을 합니다. 이는 그들에게 생각할 거리를 제공합니다. 교황과 교리 교육을 담당하는 주교들에게서 받는 영적 도움, 사목자들의 강론과 협의 내용뿐 아니라 또래들과 나누는 대화와 논쟁까지도 그렇습니다. 이런 체험들은 그들 개인의 신앙을 심화하는 데 많은 도움을 주는데, 특히 순례자들이 잘 준비돼 있고 순례를 떠나기 전에 신앙과 교회에 대해 함께 공부했다면 더욱 그러합니다.

세계 청년 대회에서 돌아온 직후에 순례자들은 신앙과 관련된 자신들의 의문점과 생각에 대해 이야기하고 싶은 큰 욕구가 생길 수 있습니다. 이는 '통상적인' 청년 사목이 떠맡아야 할 자리입니다. 이러한 청년 사목을 실제로는 세계 청년 대회 사목과 별개로 여길 수는 없다 하더라도 말입니다(D.1 참조). 〈하느님과 트윗을〉은 청년 순례자들이 궁금해하는 바를 토론하는 데 훌륭한 도구입니다. 〈하느님과 트윗을〉을 기초로, 세계 청년 대회의 완벽한 후속 프로그램을 만들 수 있습니다. 이를 위해서 우리는 다음과 같은 제안을 합니다(D.4-D.6, Tip 7 참조).

기도하세요

세계 청년 대회는 단순한 휴가나 나들이 이상입니다. 세계 청년 대회는 순례입니다(tweet 3.17 참조). 매일 아침저녁의 기도 시간, 매일의 성찬례, 성체 조배실에서의 침묵의 순간, 이 모든 것은 기도하는 법을 스스로 배우는 데에 없어서는 안 되는 것들입니다. 순례자들이 기도로 세계 청년 대회를 준비하게 된다면, 세계 청년 대회에서 무슨 일이 벌어지는지를 아는 데, 그리고 그 일에 기도로 동참하는 데 큰 도움이 됩니다. 이를 위해 세계 청년 대회에서는 개인적인 영적 지도가 필요하고, 다른 한편으로는 기도를 청년 사목 전체 안에 통합하는 것이 필요합니다. 〈하느님과 트윗을〉은 정확히 이를 목표로 합니다.

> **세계 청년 대회에서 겪은 특별한 경험**
>
> 세계 청년 대회에서, 생각하기, 기도하기, 행동하기는 큰 역할을 합니다. 우선 날마다 성경의 독서를 읽을 때에 많은 것을 생각하게 됩니다. 매일 성경을 읽으면서 온전히 집중하게 되고 이를 신앙에 대해 배우는 기회로 삼게 됩니다. 또한 동료들과 매일 성경에 대해 이야기할 수도 있습니다. 이는 세계 청년 대회가 끝난 뒤에도 일상생활에서 아주 유용해요! 게다가 기도를 함께 많이 바칠 수 있습니다. 세계 청년 대회에서 가장 특별한 경험은 교황님과 함께하는 폐막 미사였어요. 그것은 아주 특별한 경험이었지요! 세계 청년 대회에서 '행동하기' 미션으로 '프리 허그'를 하는 사람들처럼 행동하는 경험을 하기도 했습니다. 이처럼 세계 청년 대회에서는 일반적으로 할 기회가 없었던 것들을 할 수 있었습니다. 낯선 사람들과 포옹하는 것, 세계 도처에서 온 가톨릭 신자들과 친구가 되는 것…… 그리고 물론 교황님을 만나는 것이 가장 특별한 일이었지요!"
>
> – 마르그리트

행동하세요

실천이 없으면 우리의 신앙은 죽은 것입니다(야고 2,26 참조; tweet 4.8 참조). 세계 청년 대회에 참석하는 데 중요한 점 가운데 하나는 우리가 이 여정에 함께하고 있다는 것입니다. 이는 순례자들에게 우리는 우리 자신만을 위해서 살 수 없고, 다른 사람을 위해서 살아야 한다는 것을 깨닫도록 도와줍니다. 만일 우리가 예수님의 사랑과 배려의 메시지를 믿는다고 말한다면, 이 신앙은 우리의 행동에서 드러나야 합니다. 〈하느님과 트윗을〉은 지적인 자극일 뿐만 아니라 신앙을 삶에 통합하는 길이기도 합니다. 머리와 가슴과 손은 같은 사람에게 속해 있습니다. 그리고 우리가 우리 자신이 되기 위해서는 다른 사람과 조화를 이루어 행동해야 할 필요가 있습니다.

자신이 할 수 있는 한 다른 사람들을 돕는 것은 우리 자신을, 우리의 질문을, 우리와 하느님의 관계를 더 잘 알도록 해 줍니다. 그것은 그리스도인이 받은 과제입니다. 그래서 〈하느님과 트윗을〉은 언제나 실천적 요소들을 프로그램에 넣고 있으며, 세계 청년 대회나 그 후속 프로그램에서 이를 쉽게 활용할 수 있도록 돕습니다.

> '생각하라, 기도하라, 행동하라'는 세계 청년 대회를 준비하거나 후속 프로그램을 준비할 때에 성공적으로 적용될 수 있는 〈하느님과 트윗을〉의 세 가지 원칙입니다.

D.3 〈하느님과 트윗을〉으로 순례를 어떻게 준비하나요?

순례가 지속적으로 영향을 미치려면 준비를 잘해야 하는 것이 핵심입니다(D.1-D.2 참조). 하지만 어떻게 준비를 해야 할까요? 이 준비는 언제나 참가자들의 질문으로 시작하는 것이 가장 좋습니다(B.1-B.3 참조). 이와 함께 여러분의 모임이 순례 여정 동안에 교회와 전례에 관한 어느 정도 기본 지식을 갖추는 것이 좋겠지요. 이는 참가자들이 또래들, 어쩌면 다른 나라에서 온 또래들과 나누는 대화를 이해하고 순례 프로그램과 전례를 따라 하는 데에 도움이 될 것입니다.

교회

"교황은 어떻게 될 수 있나요?", "수도자는 어떤 사람들인가요?"와 같은 질문은 눈에 보이는 교회의 부분에 관한 대화를 끌어내기에 좋은 출발점이 될 것입니다(tweet 2.4, 2.9 참조). 아니면 십자군과 종교 재판소와 같은, 교회 역사에서 숨기고 싶은 점들에 관해 좀 더 미묘한 질문을 다룰 수도 있겠지요(tweet 2.31-2.32 참조). 이런 질문 하나하나가 교회의 역할에 관한 대화를 시작하는 데에 도움이 됩니다. 출발점이 무엇이든 간에, 교회에 관한 지적인 지식만으로는 충분하지 않습니다. 순례는 무엇보다도 우리 모두가 어떻게 교회를 함께 이루는지에 대한 체험입니다. 이와 관련해서 그리스도의 몸이라는 교회에 관한 성경의 표상이 도움이 될 수 있습니다(tweet 2.1, 2.12 참조). 예수님은 머리이시고, 우리는 그 한 몸의 지체들입니다. 이 지체들 가운데 어떤 것들은 보잘것없어 보일지 모르지만 몸이 완전하기 위해서는 모든 지체가 다 필요합니다.

전례

세계 청년 대회 같은 순례 행사 동안에, 고국과는 아주 다른 전례를 체험하는 경우가 종종 있습니다. 성가대의 규모도 다르고, 음악도 다릅니다. 회중 또한 그렇지요! 하지만 예수님과의 개인적이고 공동체적인 만남이라는 전례의 본질은 똑같습니다. 사제든, 주교든, 교황이든 간에 집전자의 역할도 마찬가지입니다! 참가자들이 교회의 전례, 특히 성체성사와 고해성사에 관해 아는 것은 무척 큰 도움이 됩니다. 참가자들은 순례 기간에 이 성사들을 마주하게 될 것이기 때문입니다(tweet 3.38-3.39, 3.44-3.50 참조). 이 준비는 또한 자기 고국에서 전례와 순례 행사 동안의 전례 사이의 연속성을 참가자들이 이해하는 데도 도움이 될 것입니다. 〈하느님과 트윗을〉 어플리케이션은 이와 관련해서 큰 도움을 줄 수 있습니다. 전례의 본질을 알게 되면 순례 때의 전례를 단지 일회적 행사로 체험하기보다 고국에서와 똑같은 성찬례를 더욱 대규모로 거행하는 것으로 체험하게 됩니다. 그리고 이러한 이 성찬례 안에서 참가자들은 그리스도를 직접 만납니다.

준비 프로그램

순례 준비는 큰 행사 몇 달 전에 시작하는 것이 일반적입니다. 미리 만난 참가자들은 서로 알게 된 다음, 필요한 기금을 마련하는 일을 함께할 수 있습니다. 특히 모임과 기도와 활동을 통해 함께 신앙에 관해 배우는 시간도 갖게 됩니다. 이 모든 요소들이 준비 프로그램에 들어 있어야 합니다. 〈하느님과 트윗을〉은 순례 행사 준비를 위해 아주 적합합니다. 사실, 이 책으로 순례 행사를 준비하면 여느 〈하느님과 트윗을〉 모임과 많은 면에서 같아 보일 수 있습니다(B.1-B.3 참조). 하지만 〈하느님과 트윗을〉로 순례 여정을 준비하면 실제적이고 재정적인 면을 넘어서는 여러 가지 주제들을 다룰 수 있어 모임에 큰 도움이 됩니다. 게다가 참

가자들이 언제나 참여할 수 있기에 모두에게 〈하느님과 트윗을〉로 시작하자고 계속 초대할 수 있습니다.

본당에서 봉사하기

저는 젊은이는 아니지만 저희 본당의 세계 청년 대회 준비를 돕다 보니 제 자신의 신앙과 제가 교회를 보는 방식이 많이 바뀌었습니다. 그래서 본당의 세계 청년 대회 준비 기간에 자원봉사자로 일하기로 마음먹은 것이 정말 잘한 결정이라고 생각합니다. 실제로 이웃 본당과 함께 일하며 많은 본당 신자들이 지속적인 영향을 받는 것을 볼 수 있었습니다. 또한 세계 청년 대회에 참가하는 젊은이들의 열정과 다양한 행사를 준비하고자 함께 열심히 일한 본당 신자들의 열정을 통해 제 신앙도 열정으로 가득 차게 되었을 뿐만 아니라 본당 활동에서도 새로운 기쁨을 찾을 수 있었습니다. 그리고 이러한 체험이 저 혼자만의 것이 아니라고 말할 수 있어서 더욱 기쁩니다.

– 세베리넨 부인

〈하느님과 트윗을〉은 순례 여행을 준비하면서, 교회와 전례가 예수님과 함께하는 각자의 길을 어떻게 지원해 주는지를 깨닫도록 도울 것입니다.

D.4 순례 후에는 어떻게 해야 하나요?

세계 청년 대회와 같은 순례 행사에 참가하는 것은 삶을 바꾸는 체험이 될 수 있습니다. 그러한 만큼, 순례 행사는 본당이나 교구의 사목에 크고 긍정적인 영향을 미칠 수 있습니다. 프란치스코 교황은 이렇게 말했습니다. "모든 거리, 모든 광장, 세상의 모든 곳에서 예수님을 기쁘게 전하는 '신앙의 길잡이'로 나서는 젊은이들의 모습이 얼마나 아름답습니까!"(《복음의 기쁨》 106항)

이것은 순례 행사를 마치고 돌아오는 많은 젊은이들의 모습을 잘 묘사하고 있습니다. 그들은 주위 사람들을 보살피는 착한 그리스도인으로서 살려고 노력합니다. 예수님과 만난 것과 같이 자신들이 겪은 일을 열정적으로 이야기하고자 합니다. 이러한 젊은이들은 강하고 확신에 찬 복음 선포자들입니다. 이런 식으로, 순례는 교황이 요청한 '새로운 복음화'에 크게 기여해 왔습니다(tweet 4.49 참조).

다시 일상으로?

그런데 순례 동안 했던 그 특별한 체험을 일상의 청년 사목과 어떻게 연결시켜야 할까요? 이제 청년 지도자들에게는 순례 체험을 마치고 돌아온 순례자들이 그들의 일상생활과 그 체험을 결부시키도록 도와주어야 한다는 과제가 남았습니다. 같은 마음을 지닌 사람들끼리 며칠 혹은 몇 주간 열정적으로 지낸 체험을 한 청년과 청소년들은 돌아와서 일상생활에 바로 적응하기 힘들 수 있습니다. 매일 미사에 참례하는 것이 순례 프로그램에 들어 있을 때는 일상생활에 적응하는 게 그렇게 어렵지 않을 수 있습니다. 하지만 일상으로 돌아오면, 학교와 직장과 그 밖의 다른 활동들이 기다리고 있고 이 모든 것에 관심을 쏟아야 합니다. 마찬가지로, 비신자인 사람들, 심지어 비신자인 식구들과 한 식탁에 앉아 있을 때에는 식사 전 기도를 바치기가 쉽지 않습니다.

순례 후에 하는 질문

순례 동안에 나누었던 대화를 돌아와서도 계속하고자 한다면, 적절한 출발지는 모임 구성원들의 질문입니다. 처음에 이 질문은 주로 순례 자체와 관련될 수 있습니다. 하지만 곧 다른 질문이 제기될 것입니다. 〈하느님과 트윗을〉의 방식은 이 질문을 추리고 젊은이들이 더욱더 신앙에 뿌리를 내리도록 도와주는, 훌륭한 동반자가 될 수 있습니다. 이를 통해 순례는 그들 삶에서 단지 특별했던 한 사건이 아니라 참으로 삶을 변화시키는 체험이 됩니다!(D.1 참조)

이러한 모임에서 나오는 질문의 대부분을 〈하느님과 트윗을〉에서 찾을 수 있습니다. 청년들이 던지는 많은 질문은 대부분 그리스도인 삶의 실제적인 측면들에 관한 것입니다. "왜 성당에 가야 할까요?", "어떻게 기도해야 하나요?", "어떻게 하면 '살아 있는' 그리스도인이 될 수 있을까요?", "성경은 왜 중요할까요?", "예수님이 우리를 위해 하신 일은 무엇인가요?" 등등과 같은 질문들이지요. 그런데 이 질문들에는 다른 근본적인 질문에 대한 답변들이 포함된 경우가 많습니다.

하나가 되기

그들이 찾는 것은 순례 동안 했던 강렬한 체험과 일상생활이 하나가 되는 것이고, 신앙에 관한 이론적 질문과 하느님과의 인격적 관계가 하나가 되는 것이며, 기도와 이웃에 대한 실질적인 도움이 하나가 되는 것입니다. 로욜라의 이냐시오 성인은 "모든 것 안에서 하느님 발견하기"를 언급했습니다. 이것이 정확히 여기에서 필요로 하는 것입니다. 이 책, 〈하느님과 트윗을 활용하기〉는 젊은 순례자들이 제기

하는 질문을 기초로 모임 지도자들에게 유용한 정보를 제공합니다(B.1-B.6 참조). 나아가, 다음 페이지들에서는 특별히 세계 청년 대회 이후를 위해 개발한 후속 프로그램을 개략적으로 제시할 것입니다.

후속이 없으면 진보가 없다

저는 '규칙적으로' 성당에 가곤 했습니다. 매년 예수 성탄 대축일에만 말입니다. 세계 청년 대회는 정말 신나는 경험이었습니다. 저는 친구들과 뜻깊은 시간을 보냈지요. 하지만 집에 돌아와서 이전보다 질문거리가 훨씬 많아졌다는 것을 깨달았습니다. 〈하느님과 트윗을〉의 세계 청년 대회 후속 제안이 없었다면, 예수 성탄 대축일에 성당에 가는 것조차 건너뛰었을 것입니다. 제 질문은 답을 얻지 못한 채 그대로였을 것이고 저는 신앙의 길을 더 이상 걷지 않았을 것입니다. 세계 청년 대회는 훌륭한 체험입니다. 이 시기에 순례자들은 다른 사람들과 함께 신앙 안에서 삽니다. 하지만 이를 우리 삶에 이어지게 하려면 철저한 후속 프로그램이 필요합니다.

— 로비

후속 프로그램은 순례와 관련된 질문에서 그리스도인으로서 어찌 살아야 하는지와 관련된 질문으로 옮겨 가도록 도와주는 것이 이상적입니다.

D.5 〈하느님과 트윗을〉로 어떻게 후속 프로그램을 마련하나요?

순례 후속 프로그램은 처음에는 순례 모임 및 순례자들의 체험에 초점을 두지만, 곧장 다른 질문으로 이어집니다. 이것은 의도적입니다. 순례 체험이 일상생활과 하나 되도록 자극하는 것이 중요하기 때문입니다. 이 모임에서 순례에 참여했든 그러지 않았든 상관없이 누구나 신앙에 관해 이야기할 수 있습니다. 순례의 열정은 전염성이 강해서 신앙에 관해 더 배우려는 다른 청년 가톨릭 신자들을 자극할 것이 분명합니다.

1단계: 체험 나누기

사진을 교환하고 다 못한 얘기를 나누기 위해 관례적으로 다시 모이는 것 또한 더 깊은 체험을 나누기 위해 좋은 기회가 될 수 있습니다. 세계 청년 대회에 참가할 수 없었던 사람들을 위해 자체 프로그램을 조직했다면, 그 프로그램에 참여했던 사람들도 이 후속 프로그램에 초대하는 것이 좋습니다. 그들도 부분적으로는 비슷한 체험들을 하게 될 것이기 때문입니다. 참가자들이 계속 제기할 만한 문제는 순례 동안의 체험과 순례에서 돌아온 다음 평범한 일상생활이 크게 다르다는 것입니다. 이를 해결하려면 그 체험의 열정을 계속 유지시키면서도 이를 일상생활과 하나 되도록 이끌어야 합니다. 그래서 여기서는 이 단계의 모임을 어떻게 이끌어야 할지 예를 들어 보려 합니다(상자 참조).

....

1단계: 체험 나누기의 예

1차 모임
목표: 동료 순례자들과 다하지 못한 이야기와 체험을 나누기 위함
00:00 모임 시작(커피 혹은 음료를 들면서)
- 사진 교환하기
- 새로운 얼굴 알기(Tip 3 참조)

00:45 소모임 나눔(모임을 나누기에 충분하면)
– 모임들을 위한 질문은 다음과 같다.
- 가장 소중한 기억은?
- 가장 싫었던 일은?
- 집에 와서 가장 힘들었던 점은?
- 그 체험을 어떻게 일상생활에 통합할 수 있다고 생각하는지?

01:45 경당에서의 기도
- 순례 노래 부르기
- 참가자들의 자발적인 신자들의 기도
- 가능한 한 성체 조배 시간 갖기

02:00 마침

2차 모임
목표: 그 특별한 체험에서 일상에 기초를 둔 지속적인 신앙 성장으로 자연스럽게 화제를 전환하기

00:00 모임 시작(커피 혹은 음료를 들면서)
- 담소와 다 못한 얘기 나누기

00:30 소모임 나눔(모임을 나누기에 충분하면)
– 모임들을 위한 질문은 다음과 같다.
- 돌아와서 마주친 질문은 어떤 것인가?
- 체험을 일상생활에 결부시키는 데에 가장 힘든 것은 무엇인가?
- 어떻게 하면 착한 그리스도인으로서 살 수 있는가?

01:45 경당에서의 기도
- 순례 노래 부르기
- 참가자들의 자발적인 신자들의 기도
- 함께 끝기도 바치기(tweet 3.13 참조)

02:00 마침

2단계: 질문

참가자들의 질문은 훌륭한 출발점이 됩니다. 이 질문은 순례 동안 체험한 일과 관련된 것일 수도 있고, 아니면 신앙과 삶 전반에 대한 문제일 수도 있습니다. 이 질문은 호기심에서 또 하느님을 알고자 하는 바람에서 나옵니다. 순례 여정과 관련된 질문은 점차 줄어들겠지만, 신앙과 일상생활과 관련된 질문은 점차 늘어날 것입니다. 이것이 2단계를 언급하는 이유입니다. 앞서 이야기했듯이, 참여하는 데에 관심이 있는 사람이라면 누구에게나 이 단계를 개방하는 것이 좋을 것입니다.

〈하느님과 트윗을〉과 한 시즌을

2단계를 구성하는 좋은 방법은 〈하느님과 트윗을〉과 함께 한 시즌을 보내는 것입니다. 이 책, 〈하느님과 트윗을 활용하기〉는 이를 어떻게 시작하는지 차근차근 설명합니다(B.1-B.6 참조). 반면에 뒤에 나오는 Tip은 한 시즌에 구성해야 할 프로그램에 대해 제안합니다(Tip 1, 7 참조). 우리는 2016년 세계 청년 대회의 후속을 위한 구체적인 프로그램을 작업했는데, 이는 〈하느님과 트윗을〉과 함께할 수 있는 아주 다양한 접근 방식의 본보기로서 도움이 될 것입니다(D.6 참조).

 순례와 관련한 두 차례 모임을 한 후에는 모임을 다른 사람들에게 개방하고 질문에 대한 답을 함께 계속 찾습니다.

D.6 세계 청년 대회의 주제를 후속 프로그램에 어떻게 통합하나요?

세계 청년 대회의 주제는 해마다 교황이 젊은이에게 보내는 메시지에서 선포합니다. 예를 들어 2016년에 교황은 젊은이에게 하느님의 자비를 깨닫고 하느님과의 관계에서 잘못된 것에 용서를 청하라고 초대했습니다. 이와 함께 교황은 모두에게 이웃을 더 잘 보살피라고 당부했습니다. 이런 의미에서 이 주제는 하느님을 사랑하고 이웃을 사랑하라는 성경의 명령에 대한 구체적인 답변입니다(tweet 1.19, 4.7 참조).

세계 청년 대회 동안에 청년 순례자들은 "행복하여라, 자비로운 사람들! 그들은 자비를 입을 것이다."(마태 5,7)라는 주제에 관해 많은 것을 들었습니다. 하지만 그것이 그들의 삶에 함축하는 것들을 그들은 이해했을까요? 생각하라, 기도하라, 행동하라는 〈하느님과 트윗을〉의 세 각도에서 그 주제를 간단히 살펴보는 것이 좋을 것입니다(Tip 7 참조).

생각하세요: 하느님의 자비를 깨달으세요

하느님은 우리가 당신을 향하기를 바라시며 언제나 우리를 기다리고 계십니다. 프란치스코 교황은 2015~2016년에 자비의 특별 희년을 선포했습니다. 자비의 특별 희년의 표어처럼, 하느님은 우리에게 '아버지처럼 자비로이' 되기를 요청하십니다. 이는 세계 청년 대회에만 적용되는 것이 아니라 특별히 일상생활에 적용됩니다. 그 과제는 매일 거듭해서 하느님의 자비를 깨닫고 일상생활에 반영하는 것입니다. 나를 위하시는 하느님의 사랑을 깨닫고 또 이 사랑이 나의 죄 많음에 상관없음을 깨닫는 것은 언제나 쉽지만은 않지요!(tweet 4.14, 4.31 참조)

기도하세요: 용서가 필요함을 깨달으세요

자비의 해의 한 가지 특징은 많은 교구에서 성문(자비의 문)이 열렸다는 것입니다. 이 문들은 하느님의 자비에 대한 큰 상징입니다. 특별히 성문을 통과하는 순간은 고해성사에서 용서를 청하는 것과 결부됩니다. 세계 청년 대회 후속 모임과 함께 성문을 통과하고 이 성사의 힘을 체험하면 아주 좋을 것입니다(tweet 3.38~3.39 참조). 물론 다른 참가자들을 포함해서 말이지요. 이는 또한 세계 청년 대회 동안에 생애 처음으로 했을지 모르는 그 고백을 좀 더 일상적인 여건에서 되풀이하고, 참가자들에게 이 성사를 자주 받도록 초대하는 특별한 계기이기도 합니다.

프란치스코 교황이 받은 부르심

하느님의 자비는 참으로 구체적이며 우리 모두는 직접 그 자비를 체험하라고 부르심을 받습니다. 제가 열일곱 살이던 때의 어느 날 저는 친구들과 놀러 나가려다가 먼저 성당에 가려고 마음먹게 되었습니다. 그곳에서 깊이 신뢰할 만한 신부님을 만나게 된 저는 고해성사를 통하여 제 마음을 열고자 하는 열망을 느꼈습니다. 이 만남이 제 인생을 바꾸어 놓았습니다! …… 우리가 하느님을 찾지만, 하느님께서는 우리 앞에 계시며 언제나 우리를 찾으시며 우리를 먼저 발견하십니다. 여러분 가운데 누군가는 마음의 짐을 지고 '나는 이런 일도 저질렀고, 저런 일도 저질렀는데'라고 생각할 수 있습니다. 두려워하지 마십시오! 하느님께서는 여러분들을 기다리고 계십니다. 하느님께서는 아버지이시며 언제나 우리를 기다리고 계십니다!

— 프란치스코 교황, 2016년 청소년 주일 담화 2항

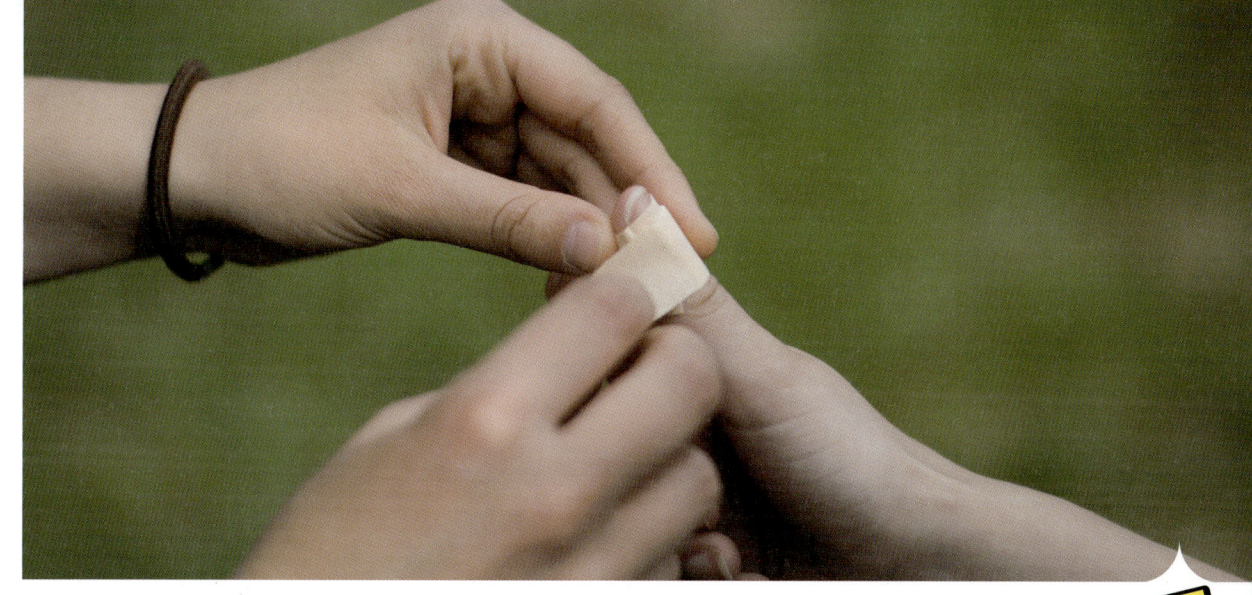

행동하세요: 다른 사람들이 필요로 하는 것을 깨달으세요

가톨릭 신앙과 〈하느님과 트윗을〉 방식에 반드시 필요한 부분은 하느님과의 관계 때문에 자비로이 행동하는 것입니다. 자비로운 행동은 신앙의 실천에 관한 것입니다. 모임의 구성원들과 함께 자원봉사를 하는 것은 이웃을 위해 뭔가를 하고 또 신앙을 실천하는 탁월한 길입니다. 자원봉사 하는 방식에 관해 함께 생각하세요. 피에르 조르조 프라사티 복자는 이렇게 말했습니다. "예수님은 매일 아침 미사 때에 성체로 나를 찾아오십니다. 그리고 나는 그 답례로 가난한 사람들을 방문합니다. 그게 얼마나 변변찮은 일인지 알지만요."

예수님을 깨닫기

저는 자원봉사를 통해 신앙에서 하는 행동은 거창하게 하는 뭔가가 아니라 친절한 작은 행동임을 배웠습니다. 그것은 제 앞에 있는 사람의 나이, 건강 상태 또는 장애와 상관없이 그 사람 안에 예수님이 계심을 깨닫고 제 자신을 둘째 자리에 두는 것입니다. 저는 루르드에서 놀라운 체험을 했습니다. 하지만 여러분은 어디에서나 자비로이 행동할 수 있습니다.

– 엘리네

 생각하세요. 기도하세요. 행동하세요. 하느님의 거룩한 자비라는 주제는 일상생활의 모든 측면을 관통합니다.

Tip 1 〈하느님과 트윗을〉과 한 시즌 보내기!

〈하느님과 트윗을〉의 한 시즌이 어떤 식으로 이뤄질 수 있는지에 대한 예시입니다. 이를 여러분의 필요에 맞춰 보세요. 모임은 언제나 참가자들의 질문을 기초로 해야 합니다(A.2 참조). 참가자들을 가능한 한 많이 준비 모임에 포함시키세요. 더 많은 아이디어를 얻으려면 자유롭게 내려받을 수 있는 www.tweetingwithgod.com/howto를 보세요.

준비(B.1 참조)
- 모임 지도자와 함께하는 준비 모임을 하나 만듭니다.
- 비전(이 일을 하는 이유)을 공유합니다.
- 계획을 세웁니다(표적 모임, 시간, 장소).
- 달력을 만들고 전례주년(대림, 성탄, 사순, 부활, 성령 강림)을 어떻게 지낼지 고려합니다.
- ※ 준비 모임: 〈하느님과 트윗을〉 모임을 홍보하여 사람들을 초대합니다.

제1주: 개시 모임
- 바비큐, 소풍, 파티 등 함께 즐길 수 있는 행사로 시작합니다.
- 모두가 자기 이름과 자신에 관한 뭔가를 말하도록 합니다.
- 분위기를 띄우는 재미있는 활동을 합니다.
- 〈하느님과 트윗을〉의 개념, 자료, 일정 등을 소개합니다.

제2주: 첫 모임
- 서로를 더 잘 알도록 시간을 보냅니다.
- 질문을 모읍니다(Tip 3 참조).
- ※ 준비 모임: 사람들과 나눌 질문을 구성하고 한 시즌 계획을 짭니다(B.3 참조).

제3주: 〈하느님과 트윗을〉 1차 모임(B.2 참조)

제4주: 〈하느님과 트윗을〉 2차 모임(B.2 참조)
※ 준비 모임: 〈하느님과 트윗을〉 모임을 평가합니다.

제5주: 〈하느님과 트윗을〉 3차 모임
제5주 주말: '기도하라' – 함께 기도하는 시간을 갖습니다.

제6주: 〈하느님과 트윗을〉 4차 모임

제7주: 〈하느님과 트윗을〉 5차 모임
제7주 주말: '재미있게 지내라' – 재미있는 무엇인가를 함께합니다.

제8주: 〈하느님과 트윗을〉 6차 모임
※ 준비 모임: 〈하느님과 트윗을〉 모임을 평가합니다.

제9주: 〈하느님과 트윗을〉 7차 모임
제9주 주말: '행동하라' – 다른 사람을 돕기 위해 함께 활동합니다.

제10주: 〈하느님과 트윗을〉 8차 모임

제11주: 〈하느님과 트윗을〉 9차 모임

마지막 주까지 계속합니다.

마지막 주 주말: 마침 모임
※ 준비 모임: 〈하느님과 트윗을〉 모임을 평가합니다.

Tip 2 참가자들이 질문하도록 이끌어 주기

특별히 청소년들로 이뤄진 모임과 함께 작업할 때, 모임 구성원들에게 이야기하도록 하는 것은 꽤 벅찬 일일 수 있습니다. 십대들은 스스로 생각하고 자기 의견을 표현하는 데에 익숙하지 않을 수 있습니다. 하지만 그들이 말하도록 하는 것은 아주 중요합니다. 왜냐하면 우리 신앙은 다른 사람들이 말해 주는 것에서 나오지 않고, 자신이 하느님을 의식적으로 선택하는 데에서 나옵니다. 그리고 신앙에 관해 아는 것이 많을 때 그러한 선택을 할 수 있습니다. 좀 더 구체적으로 표현하면, 여러분이 무난하게 대화를 진행해 나갈 때, 청소년들은 자기들이 과연 대화에 참여할 수 있고 실제로 대화를 즐길 수 있다는 것을 보여 줄 것입니다! 다음 사항들은 다양한 연령별 모임을 시작하는 데 도움이 될 것입니다.

왜 그렇게 어려울까요?

청소년은 자기 의견을 말할 기회가 그리 많지 않았습니다. 사실 그들은 다른 사람들이 자기 말을 경청해 주는 것에 아직 익숙하지 않답니다! 역설적으로, 청소년들은 다른 사람들의 의견에 대단히 신경을 씁니다. 물론 기억해야 할 다른 많은 요소들이 있습니다만, 여기서 언급하는 것들은 대화를 촉진하는 데에 특히 도움이 될 수 있습니다. 알지 못하는 사람들이 모인 곳에서 말하는 일은 버거울 수 있습니다. 서먹한 분위기를 깨뜨리고 서로 미소를 짓게 하는 몇 가지 방법이 Tip 3에 있습니다. 모든 모임에서 그렇듯, 첫 질문이 나오기까지가 가장 힘듭니다. 하지만 첫 질문을 하라고 너무 재촉하지는 마세요. 어색한 침묵은 사람들이 생각하는 데에 도움이 될 수 있으니까요(B.3, B.5 참조). 보통은 한번 질문이 나오면 그 질문은 질문을 낳습니다.

질문에서 질문으로

모임 구성원들에게 몇 가지 직접적인 질문을 하는 것은 대화를 시작하는 데 도움을 줍니다. 모임 구성원들을 대화에 참여시키는 한 가지 좋은 방법은 "신앙에 관해 질문할 사람 있어요?" 하고 묻는 것입니다. 운이 좋다면, 두어 사람이 손을 들 것이고 여러분은 그들의 질문으로 시작할 수 있습니다. 하지만 모든 사람이 질문에 참여하도록 하려면 먼저 다음과 같은 질문을 할 수도 있습니다. "하느님이나 신앙에 관해서 질문할 게 없는 사람 있어요?" 질문할 게 없는 사람은 여기서 모두 손을 들어야 하지요. 하지만 그들은 곧 자기들이 진실하게 답하지 않았음을 깨닫게 될 것입니다. 자, 보세요. 여러분은 벌써 모임에 참가한 사람들이 생각하도록 만들었습니다!

서로 다른 차이들

여러분은 모임 구성원들에게 이런 질문을 해 볼 수도 있습니다. "여러분의 신앙에 관해 다른 사람에게 질문을 받은 적 있나요?" 아니면 이런 질문을 할 수도 있습니다. "친구들과 신앙에 관해 이야기해 본 사람이 있나요?" 사람들은 일상생활과 신앙이 충돌하는 일을 자주 경험합니다. 그렇다면 이러한 충돌은 어디에서 일어날까요? 보통은 다른 사람들과 함께할 때 이러한 충돌을 느끼게 되지요. 만일 모임 구성원 가운데 "내 친구들은 하느님을 믿지 않지만, 나는 믿어요."라고 말하는 사람이 있다면, 여러분은 이어서 다시 이렇게 질문할 수 있습니다. "친구들과 신앙이 다르다고 말했는데, 여러분은 그런 차이에 어떻게 대처하나요?" 좀 더 자극을 주기 위해서, 모임 구성원들에게 이렇게 물을 수도 있습니다. "여러분은 교회가 가르치는 것을 다 믿나요?" 보통은 "아니요."라는 대답이 나올 것입니다. 이런 도발적인 대답을 두려워하지 마세요(A.2 참조). 여러분의 과제는 생각하도록 자극하는 것이지 여러분의 생각을 주입시키는 것이 아닙니다. 여러분의 생각이 아무리 좋다 해도 그들 스스로 답을 찾는 것이 훨씬 더 가치 있을 것입니다.

Tip 3 모임을 위한 여러 가지 활동

여러분의 모임에서 대화가 이뤄지도록 하는 데 도움이 될 몇 가지 활동을 제안합니다. 이 활동들은 우리가 이미 해 본 적이 있는 것들로, 모임에서 생각과 주장을 자유롭게 나누도록 하자는 우리의 목표와 가장 적합한 것들입니다. 여러분 또한 여러분 나름의 방법을 독창적으로 개발해 보세요.

1. 서로 알기

착안 : 참가자들은 흥미로운 진술을 통해 서로 더 잘 알게 된다.

진행 요령

1. 준비 : 종이 한 장에 사람들에 관해 얘기할 수 있는 10가지 (모임의 크기에 따라 더 많이 준비해도 좋습니다.)를 적습니다. 여기에는 간단하면서도 깊이 있는 진술을 포함시킵니다. 예를 들면 다음과 같습니다.

- 나는 개를 한 마리 키운다.
- 나는 노래 부르는 것을 좋아한다.
- 나는 다른 대륙에 가 본 적이 있다.
- 나는 세례를 받았다.
- 나는 아침을 거의 먹지 않는다.
- 나는 하느님이 계시다는 것이 의심스럽다.
- 나는 공정 거래 상품을 사는 것을 좋아한다.
- 나는 화장하지 않고서는 외출하지 않는다.
- 나는 교황님을 직접 뵌 적이 있다.
- 나는 때때로 성모님께 기도한다.

모임 구성원들에게 이러한 내용이 적힌 항목을 한 장씩 나눠 줍니다.

2. 놀이 규칙을 설명합니다. "활기 넘치는 빙고 게임을 하려고 합니다. 여러분은 진술서 한 장씩 받을 것입니다. 목표는 15분 안에 각 항목의 진술에 해당하는 사람을 한 사람씩 찾는 것입니다. 한 사람에게 종이를 보이면서 자기에게 해당하는 항목을 선택하도록 하세요. 항목을 선택하고 나면 그 옆에 그 사람의 이름을 쓰게 하세요. 그런 다음에 다른 사람에게로 옮겨 가세요. 한 항목에는 단 한 사람의 이름만 쓸 수 있습니다."

3. 펜과 종이를 나눠 주고는 시간을 잽니다.

4. 놀이가 끝나면, 모든 항목에 관해 이야기를 나눕니다. 각자에게 각 항목마다 누구의 이름이 적혀 있는지를 이야기하게 하고 또 그 사람과의 만남에 관해 간략히 설명하도록 합니다.

5. 언급되지 않은 사람이 있으면, 그 사람에게 해당되는 항목을 선택하게 하고 그에 관해 간단히 이야기하게 합니다.

> **참고 사항**
> - 청소년들은 특히 경쟁심이 강합니다. 10가지 항목에 해당하는 사람의 이름을 제일 먼저 다 채운 사람에게 작은 상을 줄 수 있습니다.
>
> **준비물**
> - 항목이 적힌 종이
> - 펜
> - 시계

2. 함께 기도하기

착안 : 모임 구성원들이 함께 기도하며 편안해진다.

진행 요령

1. 참가자들에게 기도로 시작할 것이라고 미리 말해 줍니다.

가능하다면, 성당이나 경당에 갑니다. 아마 성체 앞에서 조금 시간을 보낼 수 있을 것입니다. 그렇지 않으면 성상 근처에 의자들을 갖다 놓을 수 있습니다. 참가자들이 마음을 가라앉히도록 침묵 시간을 몇 분 줍니다.

2. 사람들에게 종이와 펜을 줍니다. 종이에는 하느님께 말씀드리고 싶은 것이나 청하고 싶은 것을 쓰라고 합니다. 예를 들어 아픈 사람을 위해, 시험을 잘 치르도록 기도할 수 있습니다. 참가자들에게는 쓴 사람 본인이 허락하지 않는 한 아무도 이 지향을 읽어서는 안 된다고 이야기해 줍니다.
3. 지향을 쓴 종이를 상자에 담습니다.
4. 상자를 제대나 성체 앞이나 성상 앞에 둡니다.
5. 모임 지도자가 기도를 시작합니다. 참고로 이렇게 시작할 수 있습니다. "주님, 오늘 저희를 제대 앞에 함께 모이게 해 주셔서 감사드립니다. 이 상자에는 저희의 기도가 담겨 있습니다. 이 기도를 들어주세요." 그런 다음 참가자들에게 종이에 쓴 기도 지향을 소리 내서 읽은 뒤, 자유롭게 기도하도록 합니다.
6. 마지막 기도 지향을 소리 내어 바치고 나면, 몇 분 동안 침묵한 후 기도를 마칩니다. 참고로 이렇게 마칠 수 있습니다. "주님, 저희의 기도를 들어주세요. 서로 존중하고 배려하도록 저희를 도와주세요." 그리고 주님의 기도를 함께 바칩니다.
7. 원래 장소로 되돌아가 모임을 계속합니다.

> **준비물**
> · 종이
> · 펜
> · 상자
> · 성당이나 경당을 이용할 수 있으면 더 좋음.

#3. 모임 구성하기

소모임으로 모임을 하면 대화에 도움이 될 수 있습니다. 이렇게 하면 말수가 적은 참가자들이 말할 기회를 더 얻게 됩니다. 또한 사람들은 더 작은 모임에서 개인적인 일들을 더 쉽게 공유합니다. 소모임은 3~5명으로 구성할 것을 권합니다. 여러분의 모임에서는 어떻게 되는지 실험해 보세요.

A. 색깔이 다른 냅킨

착안 : 냅킨 색깔에 맞춰 소모임을 구성한다.

진행 요령

1. 모임 구성원들의 수만큼 냅킨을 준비하는데, 냅킨 색상은 나누려고 하는 소모임 수에 맞춥니다. 예를 들어 세 개의 소모임으로 나누고자 한다면, 냅킨은 세 가지 색이어야 합니다. 냅킨 수는 색깔별로 동일하게 하세요.
2. 냅킨은 활동을 시작할 때에, 예를 들면 먹을거리를 내놓을 때에 사용합니다(B.4 참조). 모임 구성원에게는 냅킨을 나중에 사용할 것이기 때문에 잘 간직해 두라고 말합니다.
3. 소모임으로 나눌 준비가 되면, 참가자에게 냅킨을 꺼내라고 요청하고, 같은 색깔의 냅킨을 가진 사람들끼리 모이도록 합니다. 그다음에 소모임마다 화제를 함께 논의할 수 있는 공간을 지정해 줍니다.

> **참고 사항**
> · 참가자들이 알아차리지 못하게 소모임들을 약간 조정할 수 있습니다. 수줍어하는 친구와 활발한 친구가 함께 다닌다면 두 사람에게 서로 다른 색깔의 냅킨을 주세요!
> · 다양한 변화를 줄 수 있습니다. 예를 들면 냅킨을 컵이나 빨대 혹은 이름표로 대체할 수 있습니다.
>
> **준비물**
> · 색상이 다른 냅킨

B. 신발

착안 : 구성원들을 신발의 색이나 종류 등에 따라 소모임으로 나눈다.

진행 요령

1. 참가자 전원에게 신발을 벗어 모두 한 줄로 나란히 두게 합니다. 아직 무슨 목적인지 말하지 마세요.
2. 신발들로 소모임을 나누세요(몇 개 모임으로 나눌 것인지 미리 결정해 놓으세요.). 모임별로 모아진 신발의 주인들이 서로 같은 토론 모임에 속하게 됩니다.
3. 이제 구성원들에게 신발을 다시 신게 하세요.

준비물
- 참가자들의 신발

4. 분위기 띄우기

착안 : 참가자들이 대화 주제에 관해 떠오르는 대로 빨리 말한다.

진행 요령

1. 모임의 대화 주제를 말해 줍니다.
2. 참가자에게 이 활동은 대화 주제에 관해 생각하고 나누는 것이라고 이야기해 줍니다.
3. 놀이를 설명합니다. "이제 모래시계를 돌립니다. 여러분은 각자 차례로 모래시계를 손 위에 올려놓습니다. 모래시계의 모래가 아래로 다 떨어지기 전에 대화 주제와 관련하여 생각나는 대로 이야기할 수 있습니다. 의견이든, 질문이든, 아이디어든, 메모한 것이든 어떠한 이야기도 좋습니다. 모래시계의 모래가 밑으로 다 떨어지면 이야기를 중단하고 모래시계를 다음 사람에게 넘겨야 합니다."
4. 게임을 시작하기 전에, 모두 눈을 감고 이야기 주제에 관해 30초 정도 생각할 시간을 줍니다. 이는 다른 사람이 말하는 것을 그대로 따라 하는 것을 막기 위해서입니다.

5. 첫 번째로 시작할 사람을 선정합니다. 그 사람에게 모래시계를 주고 시작하라고 말합니다.
6. 게임이 끝난 후 나온 말들을 간략히 정리합니다. 그런 다음에 모임을 계속합니다.

참고 사항
- 분위기를 고조시키기 위해 참가자에게 모래시계의 모래가 떨어지는 동안 가능한 한 많이 얘기하라고 권합니다.

준비물
- 모래시계

5. 경청하기

착안 : 모든 참가자가 이 회합 동안에 특정한 한 사람의 이야기에 귀 기울여 듣게 한다. 모두의 말을 더 귀 기울여 듣도록 하기 위해서다.

진행 요령

1. 모든 참가자에게 별도의 종이쪽지에 각자 이름을 쓰고, 이름이 보이지 않도록 쪽지를 접게 합니다. 모두 똑같은 방식으로 쪽지를 접게 하기 위해 참가자에게 어떻게 쪽지를 접으면 좋은지(예를 들면 두 번) 보여 줍니다.
2. 통에 쪽지를 모아 담습니다. 쪽지를 섞은 후 참가자에게 하나씩 나눠 줍니다. 참가자에게는 자기 이름이 적힌 쪽지나 잘 아는 사람의 이름이 적힌 쪽지는 받지 말라고 이야기해 줍니다. 그런 쪽지를 갖고 있는 사람이 있으면 모든 쪽지를 다 수거해서 다시 나눠 줍니다.
3. 모두가 이름이 적힌 쪽지를 하나씩 받고 나면, 이렇게 말합니다. "여러분이 받은 쪽지에 이름이 적힌 그 사람은, 여러분이 대화 중에 더 귀 기울여야 할 사람입니다. 그 사람의 말에는 특히 더 귀를 기울이고 그 사람이 말하는 내용을 이해하려고 노력하세요. 그리고 더 많은 질문을 하세요.

모든 사람에게 주의를 기울여야 하지만, 그 사람의 말에는 별도로 더욱 귀를 기울여야 합니다."

4. 모임 중반에 모임 구성원에게 이 활동에 대해 상기시키면서 자기가 받은 쪽지에 이름이 적힌 사람의 말에 계속 주의 깊게 귀 기울이고, 그 사람이 하는 말을 이해하도록 노력하라고 거듭 당부합니다.

준비물
- 포스트잇과 같은 작은 종이쪽지
- 펜
- 통

#6. 성찰

착안 : 참가자들이 저마다 종이에 적힌 세 가지 질문에 대답함으로써 개인적으로 모임에 대해 성찰한다.

진행 요령

1. 종이에 아래의 질문을 적습니다. 그리고 사람들이 답을 쓸 충분한 공간을 남겨 둡니다. 모임 구성원 모두에게 충분한 만큼 질문지를 복사해 놓습니다.
   - 오늘 모임에서 새롭다고 느낀 것은 무엇인가요?
   - 오늘 모임에서 마음이 움직인 것은 무엇인가요? 그것을 어떻게 느꼈나요? 행복했나요, 화가 났나요, 두려웠나요, 슬펐나요? 그 이유는 무엇인가요?
   - 오늘 더 배우고 싶은 것은 무엇인가요?

2. 성찰을 시작할 때에, 참가자에게 세 가지 질문에 대해 5분 동안 성찰할 시간을 주겠다고 말합니다.
3. 종이와 펜을 나눠 주고는 질문이 있는지를 묻습니다. 질문이 있으면 대답해 줍니다.
4. 침묵을 지키도록 요청하면서 언제 시작할지를 이야기해 줍니다.
5. 5분 동안에 질문이 있는 사람이 있으면 다른 사람에게 방해가 되지 않도록 귓속말로 대답해 줍니다.
6. 필요하면 시간을 추가로 더 줍니다.
7. 시간이 되면 참가자들에게 답을 집으로 가지고 가서 더 성찰하고 공부하라고 당부합니다. 〈하느님과 트윗을〉 책에서 질문에 대한 답을 더 찾을 수 있으며, 더 궁금하면 〈하느님과 트윗을〉 SNS에 물어볼 수도 있다고 말해 줍니다.

참고 사항
이 세 가지 질문으로 회합을 마무리할 수 있습니다. 하지만 참가자 전원에게 작은 노트를 한 권씩 구해 주고 모임 때마다 가지고 오도록 요청하는 것도 좋습니다.

준비물
- 질문을 적은 종이
- 펜
- 시계

Tip 4 모임에서 고해성사 보기

고해성사를 보는 것은, 특히 이 성사에 익숙하지 않을 때는 잘 준비한다고 해도 벅찬 일일 수 있습니다. 사제들이 고해를 들을 장소를 아늑하게 꾸미면 사람들이 성사를 보고 필요한 용기를 얻는 데 도움이 됩니다. 누군가에게 조용하게 성가를 노래하게 하거나 기타로 연주할 수 있고, 조명을 낮추고 제대 근처에 큰 십자가를 놓을 수 있습니다. 십자가 주변이 밝으면 더욱 좋을 것입니다. 제대 위나 경당에 성체를 현시합니다. 고해틀을 사용해도 되고, 그렇지 않다면 사제용과 참회자용으로 의자 두 개를 갖다 놓습니다. 옆에는 성상이나 초를 준비합니다. 사용하기 편한 곳에 성수와 종이와 펜을 준비해 둡니다.

시작 성가
성호경과 시작 기도
성경 봉독과 짧은 강론
(예) 이사 61,1-4; 루카 15,11-32; 요한 3,16-17; 2코린 5,18-21; 에페 1,3-10
공동으로 하는 부분: 용서를 청하는 기도
> 우리 아버지께서 저희에게 가르쳐 주시는 대로, 저희는 하느님께 용서를 청합니다.
> - 좋으신 아버지, 저희는 아버지께 죄를 지었습니다. 우리가 잘못한 모든 것에 대해 용서를 청합니다. ◎ 주님, 자비를 베푸소서.
> - 좋으신 하느님, 하느님께서는 저희를 사랑하십니다. 하느님께서는 저희를 좋게 만드셨지만, 저희는 죄를 저질렀습니다. ◎ 주님, 자비를 베푸소서.
> - 좋으신 아버지, 아버지는 죄인들이 아버지께 돌아오기를 원하십니다. 저희가 거듭거듭 아버지의 사랑을 깨닫도록 도와주소서. ◎ 주님, 자비를 베푸소서.
> - 좋으신 예수님, 저희는 고해성사를 보려고 준비하고 있습니다. 저희를 도와주시고, 저희가 범한 죄를 용서해 주소서. ◎ 주님, 자비를 베푸소서.

주님의 기도
개별적으로 하는 부분: 고해성사
> 궁극적으로, 삶은 우리와 예수님과의 인격적 관계에 관한 것입니다(tweet 3.1, 4.1 참조). 여느 관계에서와 마찬가지로, 잘못된 것에 관해서도 솔직하게 용서를 청하는 것이 중요합니다. 그래서 예수님이 고해성사를 세우신 것입니다. 예수님은 사제를 통해 여러분의 말에 귀 기울이시며 여러분의 잘못을 용서해 주십니다(tweet 3.38-3.39 참조). 이 성사를 준비하면서 여러분은 이 성당에서 다음과 같은 여러 가지 행동을 할 수 있습니다.
> - 성당에 있는 큰 십자가 앞에서 기도하세요. 성수를 찍고 성호경을 바치며 세례로 하느님의 자녀가 된 것을 기억하세요.
> - 가서 성체 안에 계시는 예수님을 만나세요. 그리고 말씀 드리세요(tweet 3.14 참조).
> - 하느님이나 친구에게 편지를 써서 용서를 청하세요. 편지를 제대 근처에 있는 큰 십자가 앞에 두세요. 하느님께 바치는 편지들은 불에 태우고, 다른 편지들은 우편으로 부칠 것입니다.
> - 사제에게 가서 고해성사를 보세요. 어떻게 성사를 봐야 하는지 걱정하지 마세요. 사제가 도와줄 것입니다
> - 사제가 여러분에게 초 한 자루를 줄 것입니다. 제대와 십자가 앞에서 초에 불을 붙이세요. 제대와 십자가는 모두 예수님의 상징입니다. 예수님은 여러분을 위해 당신 목숨을 바치셨습니다. 그러니 참회하세요(tweet 3.38 참조).

성모송
> 한 참가자가 성모상 앞 초에 불을 밝힙니다. 그런 다음 모두가 성모송을 함께 바칩니다.

감사 기도와 축복
마침 성가

Tip 5 모임의 시작과 끝에 바치는 기도

하느님과 대화하는 가장 좋은 길은 기도를 하는 것입니다. 모임에서 기도하는 일은 처음에는 아주 벅찬 일일 수 있습니다. 그러니 모임 구성원들에게 마음으로부터 기도하라고 격려하는 것이 좋습니다. 특히 처음에는, 여러분과 모임 구성원들 모두에게 도움이 필요할지 모릅니다. 다행히도, 교회는 아름다운 기도의 위대한 전통을 지니고 있습니다(〈하느님과 트윗을〉 어플리케이션 참조). 아래에 소개하는 짧은 기도들은 모임에 도움이 될 것입니다. 언제나 기도로 시작하고 기도로 마치세요.

시작 기도

1. 받아 주소서, 주님

선창자: 사랑하올 주님, 저희 가운데 계시는 주님의 위대하심을 생각하고 또 믿음이 좋은 이유를 생각하고자 이 순간 주님께 감사드리려 주님 앞에 나왔나이다. 청하오니 저희를 도와주시어 신앙에 관해 정직하게 생각하고 어떻게 만물이 주님 사랑 안에서 하나가 되는지를 깨닫게 해 주소서. 저희는 저희 자신이 아니라 주님이 저희 삶과 생각의 중심이 되시기를 원하며 이렇게 기도를 바치옵니다.

다 함께: 받아 주소서, 주님, 저의 자유를 모두 받아 주소서. 기억과 지력과 의지까지도 모두 받아 주소서. 저에게 있는 것이나 제가 가지고 있는 것은 무엇이나 주님이 제게 주신 것이오니 그것을 오로지 주님께 도로 드리오며 주님 뜻에 온전히 맡기나이다. 주님의 은총과 사랑만을 주시오면 제게는 부족함이 없사오며 더 이상 아무것도 바랄 것이 없나이다.

— 로욜라의 이냐시오 성인의 '받아 주소서' 기도

2. 오소서, 성령님

선창자: 사랑하올 주님, 이 회합 시간에 주님과 주님의 큰 선물을 생각하고자 모였나이다. 청하오니 당신 성령으로 저희와 함께 하소서. 저희가 함께 기도드리옵니다.

다 함께: 오소서, 성령님, 거룩한 창조주, 빛의 참된 원천이며 지혜의 샘이시여! 당신 광채를 저의 어리석은 지력에 쏟아 주시고, 저를 덮고 있는 죄와 무지의 어둠을 없애 주소서. 통찰력과 좋은 기억력을, 쉽게 배우는 방법을, 맑은 지력을, 자신을 표현하는 풍성한 은총을 허락하소서. 제 일의 시작을 인도하시고 그 과정을 지도하시며 성공적으로 마무리하게 하소서. 이 모든 것을 성령과 성부와 함께 영원히 살아 계시며 다스리시는 참하느님이시며 참사람이신 예수 그리스도를 통하여 비나이다. 아멘.

— 토마스 아퀴나스 성인, 학생의 기도

마침 기도

1. 감사합니다, 주님

선창자: 사랑하올 주님, 저희의 대화에 대해, 주님과 저희 자신에 대해 배운 것에 대해 감사드립니다. 이를 우리 일상생활의 일환으로 삼을 수 있도록 저희를 도와주소서. 저희 자신을 주님께 열도록 저희를 가르쳐 주소서. 거룩하신 마리아, 예수님의 어머니, 저희를 위해 빌어 주소서.

다 함께: 성모송(tweet 3,9 참조)

2. 제 목숨 당신 손에 맡기오니

저희가 배운 모든 것에 대해 감사드리며, 기도합니다.
○ 제 목숨 당신 손에 맡기오니.
● 제 목숨 당신 손에 맡기오니.
○ 주님, 진실하신 하느님, 저를 구원하소서.
● 제 목숨 당신 손에 맡기오니.
○ 영광이 성부와 성자와 성령께
　처음과 같이 이제와 항상 영원히. 아멘.
● 제 목숨 당신 손에 맡기오니(시편 31,5 참조).

교회와 함께 기도하기

여러분의 〈하느님과 트윗을〉 회합을 가능하다면 교회의 끝기도를 바치거나(tweet 3,13 참조), 잠깐 성체 조배를 함으로써(tweet 3,14 참조) 성당이나 경당에서 마무리하도록 노력하세요. 기도 양식을 참고하려면 홈페이지(www.tweetingwithgod.com/howto)를 보세요.

Tip 6 〈하느님과 트윗을〉을 통한 견진 교리 과정

견진성사를 받을 나이에 따라 모임을 구성할 수 있습니다. 여러분은 이 책과 어플리케이션을 학생들과 함께 직접 사용할 수 있습니다. 혹은 온라인 자료만을 사용하고 책은 학생들을 위해 요약할 수 있습니다(C.2 참조). 하지만 적어도 아래에 나열한 주제들은 제시해야 합니다. 제시하는 순서는 모임의 질문을 바탕으로 달라질 수 있습니다. 그래도 마지막까지 다음 모든 주제들을 다 다루어야 합니다. 앞에서 우리는 모임에서 〈하느님과 트윗을〉를 사용하는 법에 관해 이야기했습니다(B.1-B.6 참조). 소모임들과 작업하기 위한 재미난 방법들에 대한 제안도 보세요(Tip 3 참조). 여기서는 자료를 14번의 모임에 맞춰 준비했습니다. 시간을 더 할애할 수 있다면, 더 자세하게 나누면 됩니다.

이 표를 읽는 법
목표 : 이 교리의 목표
Tweet 책에서 교리의 주요 범위
활동 : 토론과는 별도로 모임을 위해 제안하는 활동
기도 : 한 가지 기도 양식을 제안합니다.
('활동'과 '기도' 항목은 여러분이 따르도록 선택할 수 있는 보기들을 담고 있습니다.)

사전 준비
• 준비 모임을 구성해 여러분의 비전을 공유하고 계획을 세우며 일정표를 짭니다(또한 Tip 1 참조).

준비 모임
• 예비 견진자의 부모들을 만납니다. 부모들은 여러분의 계획을 알고 싶어 할 것입니다. 부모들 또한 신앙에 관해 배울 필요가 있다는 것을 깨닫도록 도와주세요(C.4 참조).
• 예비 견진자들을 만납니다. 예비 견진자들이 여러분을, 그리고 함께할 예비 견진자들을 서로 아는 것이 좋습니다.

1교시. 하느님, 창조, 그리고 우리
목표: 우리는 하느님의 자녀이고 하느님은 우리를 사랑하시며 우리의 창조주이심을 알게 한다.
Tweet 1.1, 1.2, 1.3, 1.5, 1.9, 4.1
활동: 우리 자신과 하느님을 그리기
기도: 노래 몇 곡, 주님의 기도, 성모송(외워서 바치기)

2교시. 성경과 성전
목표: 성경은 책 그 이상의 의미가 있다. 성전聖傳에서의 하느님 계시.
Tweet 1.6, 1.11, 1.10, 1.12, 1.15, 1.18
활동: 노트에 우리가 하느님에 관해 아는 것들을 적어 본다.
기도: 시편과 함께하는 기도

3교시. 마리아와 성인들
목표: 우리는 혼자가 아니다. 천국에 계시는 분들이 우리와 함께 기도하신다!
Tweet 1.38, 1.39, 1.40, 1.41, 4.15, 4.16
활동: 묵주 만들기
기도: 묵주 기도 1단

4교시. 위대한 성경 이야기들
목표: 성경의 일부 주요 사건들을 알기. 그 사건들이 어떻게 예수님과 관련되는지를 보기
Tweet 1.22, 1.23, 1.24, 1.25
활동: 성경책을 갖고 와서 성경 본문 빨리 찾기 놀이 하기.
기도: 성경 본문으로 기도하기(tweet 3.8 참조).

5교시. 죄와 악
목표: 우리가 우리 첫 조상의 죄에 어떻게 영향을 받고 있는지를 깨닫는다.
Tweet 1.4, 1.42, 1.34, 1.35, 1.36
활동: 죄를 그림으로 그리고(꼭 자신의 죄를 그려야 할 필요는 없다), 그 그림을 불태운다.
기도: 성체 조배, 예수님의 사랑과 죄와(tweet 3.14, 4.13 참조).

6교시. 실천
양로원이나 기타 자선 기관 등에서 봉사하기.

7교시. 하느님의 위대한 계획
목표: 우리 신앙의 핵심과 하느님이 무엇으로부터 우리를 구하시는지를 알게 한다.
Tweet 1.26, 1.27, 1.28, 1.29
활동: 적어도 이 시간에는 사제를 초청해서 함께 대화를 나눈다(C.2 참조).
기도: 성체 조배와 강복

8교시. 성사, 전례, 기도
목표: 일곱 성사, 기도의 형태, 전례
Tweet 3.35, 3.24, 3.1, 3.2, 3.3, 3.12, 3.14
활동: 우리가 배우는 내용에 대한 목록을 만든다. 좋아하는 내용에도, 이해하지 못하는 내용에도 표시를 한다.
기도: 하느님의 자비를 구하는 기도

9교시. 우리의 소명
목표: 우리 또한 소명을 받았다. 그 소명을 어떻게 발견할 것인지 배운다.
Tweet 3.50, 4.2, 4.3, 4.4, 4.5, 4.50
활동: 20년 후 자신의 모습 그리기
기도: 참가자들의 감사와 자발적인 전구 기도.

10교시. 성령과 견진
목표: 성령은 세례와 견진 때에 받는다.
Tweet 1.31, 1.32, 1.33, 3.36, 3.37, 3.34
활동: 견진 때에 하느님께 여러분이 청하는 선물의 목록 만들기. 그것을 성령의 선물들과 비교하기(tweet 1.32 참조).
기도: 성령께 바치는 기도(tweet 3.9 참조).

11교시. 용서
목표: 우리 또한 하느님의 용서를 필요로 한다. 은총과 죄에 관해 배운다.
Tweet 4.12, 4.13, 4.14, 3.38, 3.39
활동: 하느님께 편지 쓰기, 용서 청하기, 고해성사 준비하기.
기도: 묵주 기도 함께 바치기.

12교시. 기도하라
고해성사를 보기에 알맞은 때다(Tip 4 참조).

견진성사

13교시. 재미있게 지내기
견진을 받은 모든 이를 위한 축하 잔치를 한다. 할 수 있으면 견진 사진들을 함께 보고, 체험을 나누며, 즐긴다. 짧은 감사 기도로 마친다. 기도하는 동안에 사제가 견진 선물들을 축복할 수 있다.

14교시. 신경에 요약된 우리 신앙
칠판이나 큰 종이에 사도 신경을 쓴다. 좋아하는 구절 옆에는 녹색으로, 좋아하지 않는 구절 옆에는 빨간색으로 점을 찍게 한다. 그리고 이해하지 못하는 구절 옆에는 노란색 점을 찍게 한다. 이는 토론할 충분한 자료가 된다. 가능하다면 감사 기도와 성체 강복으로 마무리한다.

Tip 7 세계 청년 대회 후속 모임

세계 청년 대회에서 돌아온 직후에 청년 순례자들은 신앙과 교회에 관한 열정으로 가득 차 있을 것입니다. 또한 질문도 많고 답을 찾고자 하는 열성도 넘칠 것입니다. 아래의 계획표는 격주에 한 번씩 만나도록 짜여 있습니다. 하지만 간단하게 다른 질문을 추가하여 매주 만날 수도 있습니다. 이 계획표는 모임을 준비하는 준비 모임이 있으면 효과적입니다. 흥미를 끄는 질문이나 지나치게 개인적이지 않은 질문으로 시작하도록 하세요. 두세 번 모임을 하고 나면, 그 모임 구성원들은 서로 더 잘 알게 될 것이고 또한 더 개인적인 관심사들에 관해서도 나눌 수 있을 것입니다.

1. 세계 청년 대회 후에 체험을 나누기

대상: 세계 청년 대회 순례자들과 자체 프로그램 참가자들

9월: 세계 청년 대회 후속 첫 모임
- 프로그램에 대해서는 D.5 참조(1차 모임).

9월: 세계 청년 대회 후속 둘째 모임
- 프로그램에 대해서는 D.5 참조(2차 모임).

2. 신앙 관련 질문

대상 : #1의 참가자들과 관심 있는 다른 모든 청년들

10월: 첫 모임
- 서로 잘 알게 되도록 함께 시간 보내기.
- 질문을 수집하기(Tip 2-3 참조).

10월: 〈하느님과 트윗을〉 1차 모임(B.2 참조)
- 신앙의 내용과 관련된 한 가지 질문에 관해 이야기하기.
- 모임에서 할 수 있는 프로그램에 관해서는 B.2 참조.
- 어떤 답이 각자의 신앙에 중요한지 각자에게 자문하기.
- 여러분은 이를 다른 또래들과 어떻게 나눌 수 있는가?

11월: 〈하느님과 트윗을〉 2차 모임(B.2 참조)
- 교회와 관련된 한 가지 질문에 관해 이야기하기.
- 이것이 여러분 개인의 신앙에 어떻게 영향을 미치는가?
- 이를 동료들에게 어떻게 설명할 것인가?

11월 주말: 기도하라
- 아래와 같은 활동을 하면서 함께 기도하는 시간을 좀 더 많이 갖는다.
  - 성체 조배
  - 찬양 성가 함께 부르기
  - 전구하는 기도
  - 촛불 예식
  - 미사
  - 시간 전례 바치기
  - 그 밖의 여러 기도

11월: 〈하느님과 트윗을〉 3차 모임(B.2 참조)
- 기도와 관련된 한 가지 질문에 관해 이야기하기.
- 이것이 하느님과의 개인적 관계에 어떻게 관련되는가?
- 우리가 하느님과 맺고 있는 유대에 관해 다른 사람들에게 어떻게 이야기할 수 있는가?

12월: 〈하느님과 트윗을〉 4차 모임(B.2 참조)
- 그리스도인의 삶에 관련되는 한 가지 질문에 관해 이야기하기.
- 이것이 우리가 그리스도인으로서 살아가는 방식에 무엇을 의미하는가?
- 이것이 우리와 다른 사람들과의 관계에 도움이 되는가?

12월 주말: 행동하라
- 어려움에 처한 사람들을 함께 돕는 시간을 갖는다.
- 무료 급식소나 양로원 등에서 봉사할 수 있다.

12월: 〈하느님과 트윗을〉 5차 모임(B.2 참조)
- 예수 성탄 대축일에 관한 한 가지 질문에 대해 이야기하기.
- 왜 이 대축일이 우리에게 중요한가?
- 예수 성탄 대축일에 성당에 가는 것의 중요성을 어떻게 설명할 것인가?

1월 주말: 재미있게 지내기
- 예수 성탄 대축일과 새해를 함께 경축하기

1월: 〈하느님과 트윗을〉 6차 모임(B.2 참조)
- 성경과 관련된 한 가지 질문에 관해 이야기하기.
- 우리 삶에서 성경이 왜 중요한가?
- 성경의 기본 역할을 다른 사람들에게 어떤 식으로 설명할 수 있는가?

1월: 〈하느님과 트윗을〉 7차 모임(B.2 참조)
- 교회사와 관련된 한 가지 질문에 관해 이야기하기.
- 교회사 전체를 통해 사람들이 교회의 이름으로 범죄를 저지른 것이 우리에게 어떤 의미를 지니는가?
- 그래도 다른 사람들에게 교회에 관해서 열정적으로 이야기할 수 있는가?

2월: 〈하느님과 트윗을〉 8차 모임(B.2 참조)
- 여러분과 하느님과의 관계에 관련된 한 가지 질문에 관해 이야기하기.
- 피정이 우리를 어떤 식으로 도울 수 있는가? 순례를 가 본 적이 있는가?
- 여러분은 피정을 갈 때 다른 사람들에게 뭐라고 말할 것인가?

2월 주말: 피정하며 기도한다.
- 피정을 위해 함께 시간을 보낸다. 아마 하루나 그 이상 걸릴 수 있다. 수도원이나 순례지로 갈 수도 있고 아니면 그냥 본당의 빈 공간에 머물면서 기도 모임을 가질 수도 있다. 피정하는 동안에는 방해받지 않도록 하는 게 좋다. 사제나 다른 사람이 피정을 지도해 주는 것이 좋다.

3월: 〈하느님과 트윗을〉 9차 모임(B.2 참조)
- 그리스도인 윤리에 관련되는 한 가지 질문에 관해 이야기하기.
- 이것이 우리 신앙과 어떻게 관련되는가?
- 다른 사람들을 기분 나쁘게 하지 않으면서 그리스도교 윤리에 관해 어떻게 하면 분명하게 이야기할 수 있나?

기타 등등 : 비슷한 방식으로 시즌을 계속해 나갑니다.

※ 나눔 모임에서는 모임 참가자들의 실제 질문을 토의할 때에 가장 잘될 수 있습니다.

지은이 미헬 레메리

네덜란드의 로테르담 교구 사제. 델프트 공과 대학에서 건축학을 공부한 뒤 네덜란드 공군 등에서 일하던 중 사제 성소를 깨닫고 로마에서 신학을 공부했다. 그레고리안 대학교에서 박사 학위를 받았으며 2004년 사제품을 받고 레이덴의 여러 본당에서 보좌 신부로서 청년 사목에 힘썼다. 본당 청년들 및 대학생들과 함께 세계 청년 대회와 성지 순례를 다니면서 많은 대화를 나누고 모임을 지도했으며, 교황청의 청년 사목 및 인터넷 관련 위원회의 자문 위원을 지냈다. 현재 유럽주교회의연합회CCEE 부사무총장이자 사회홍보위원회 총무다.

지은이 일세 스프라위트

1993년 네덜란드에서 태어났다. 〈하느님과 트윗을〉 사회 매체 팀을 담당하고 여러 본당의 청년 지도자로 활동했다. 현재 틸뷔르흐 대학 석사 과정에 있다.

옮긴이 이창훈

가톨릭대학교 신학대학 및 대학원에서 공부했다. 한국천주교중앙협의회 편집부를 거쳐 1990년부터 평화신문에서 기자로 일하고 있으며 취재부장과 편집국장을 지냈다. 엮은 책으로 《내가 선택한 가장 소중한 것》, 옮긴 책으로 《신약성서—영적 독서를 위한 루가 복음》, 《나쁜 가톨릭 신자의 착한 생활 가이드북》, 《신비 신학자 마이스터 엑카르트》, 《더 높이 올라》, 《제2차 바티칸 공의회로 가는 길》 등이 있다.

감사의 말

Gino Anker, Anne Bakermans, Margreet Beenakker, Rowy van Dijk, Sasheeka Fernando, Fr. Henri ten Have, Mark Heins, Gerard van der Klein, Fr. Stephan Kuik, Daria Maroń-Ptak, Edith Peters, Barbara Schoo, Eline Severijnen, Lidwine Tax, Lodewijk Tax, Petra Tax-Lexmond, Ashley Tax-Nijhof, Annemarie Scheerboom, Pernelle Severijnen, Fr. Grzegorz Zakrzewski, and Marian van Zutven-Van Kampen.
Many thanks to Fr. Johannes van Voorst tot Voorst in the Netherlands and Raluca Cocuț in Romania.
〈하느님과 트윗을〉 프로젝트에 함께해 주신 모든 분들께 감사드립니다.

Photo credits

All pictures come from Shutterstock.com, except those from Mazur/www.catholicnews.org.uk (page 37); T. Oosterveer (pages 19, 35, 49, 51, 57, and 59); H. Ouwehand (pages 7, 15, 27, 39, 55, and 65); 123rf.com (pages 13, 21, 29, and 31); C. Papandreopoulos (page 17); I. Spruit (page 53).